建築に使われる
化学物質事典

CHEMICAL DICTIONARY
FOR ARCHITECTURE

東賢一・池田耕一・久留飛克明・中川雅至・
長谷川あゆみ・森有紀子・山田裕巳　著

風土社

装丁・本文デザイン　鈴木佳代子

CHEMICAL DICTIONARY
FOR ARCHITECTURE

巻 頭 言

　人は有史以来、非人工的な自然界にある毒物(toxin)とはうまく付き合ってきた。それは、例えば、人は何かを食べなければ生きてはいけないが、その食べ物に時として毒が含まれており、それで死んでしまうといったような手痛い失敗の結果、手にした「摂取してはいけない毒物に関する知識」であった。さらには、ただ単に毒物を避けるだけでなく、矢毒ガエル毒を武器として利用したり、トリカブトの毒を鎮痛剤や下痢止め剤などとして使用することさえ行ってきた。
　Toxinは当然のことながら化学物質であり、この観点から見ると人間は自然の化学物質に対してはある種の安心感を持っており、その制御に関しては自信さえ持っているといえる。
　しかしながら、近年、人工的に合成された化学物質が溢れるようになり、人が在来から持ってきた非人工の自然化学物質に対する知識だけでは対応できなくなってきている（人工の化学物質のうち特に毒性が強いものは「poison」と呼ばれ、自然毒素と区別されている）。当然、人工の化学物質のイメージは良くない。質の高い生活のキーワードは「自然」であり、「環境にやさしい」ということのようである。人工化学物質は、建材であれ、合成洗剤であれ、化学肥料であれ、化学物質過敏症やシックハウス症候群などを発症させるものとして、社会問題化している。
　しかし、我々は人工の化学物質と無縁の生活を送りたいと思ってもそれができないのが現代生活である。従って、在来からの自然の化学物質同様、新しく導入された人工の化学物質についても上手に付き合う術を学ぶ必要がある。
　また、自然の化学物質とうまく付き合ってきたからといっても、その中

にも極めて危険な物質があるため(実際、別表に示すとおり、人工的な毒物と比べ、非人工的な毒物の強さが分かる)、慣れているからといって安易に安心してもいけないし、人工の化学物質であるというだけで恐れていてもいけないであろう。化学物質が持つ利便性と危険性を定量的に把握し、正しい評価のもとに、それらを適正に利用していくことが必要である。

本事典は、その際の手助けとなることを目指している。

表・人工毒(poison)と自然毒(toxin)の毒性の強さの比較

Poisons (毒、毒薬)	LD$_{50}$(ng/kg)[*1]	Toxins (毒素)
	2	赤痢菌毒素
	<2.5	破傷風菌毒素
	10	ボツリヌス菌毒素
	100	バトラコトキシン(矢毒ガエル)
	≦100	ジフテリア毒素
	100	リシン(トウゴマ)
	200	サキシトキシン(貝毒)
ダイオキシン	600	
	8,000	テトロドトキシン(フグ毒)
VX	20,000-30,000	
ソマン	100,000-700,000	
サリン	200,000-1,500,000	
	300,000	アフラトキシンB$_1$
タブン	400,000-3,000,000	
青酸(HCN)	570,000	
青酸カリウム	2,900,000	
亜砒酸	1,500,000	

[*1]:LD$_{50}$とはある毒物を動物が摂取したとき、その半数が死ぬ量を動物の単位体重あたりで示したもので、毒性の強さを表す指標として用いられる。

出典:常石敬一:「20世紀の化学物質」NHK人間講座、p.17、1999

CHEMICAL DICTIONARY
FOR ARCHITECTURE

本書のご利用にあたって

　いわゆるシックハウス症候群等、室内空気中の化学物質汚染が原因と思われる居住者の健康問題が社会的に大きくなり、さまざまな取り組みが行われてきた。室内空気中からは、およそ900種類の化学物質が検出されている。これらの化学物質の排出源は、住宅建材、家具、家庭用品、暖房器具、調理器具、喫煙等の住まい方など、多岐におよんでいる。
　本書は、これらの化学物質の使用例、測定方法、諸物性、有害性、法規制等に関する基本データをまとめた事典である。
　建材から空気中に放散される化学物質は、原料として使用されたものだけでなく、副生成物や不純物、あるいは製品中の反応物も含まれる。そのため、原料として使用されていることが明確になっている化学物質だけでなく、これらの副生成物等を含め、室内空気中に放散される可能性のある化学物質を可能な限り網羅するよう努力した。
　本書に収載されている化学物質は、室内空気中で検出される可能性のある化学物質である。有害性の高さ等の基準で選定したものではない。そのため、本書に収載されている化学物質は「有害性が高く、建築に使用してはならないことを意味するものではない」ことにご注意いただきたい。
　本書が、建築に携わる方たち、シックハウス問題に取り組む方たち、あるいは建築分野を専攻する学生たちにとって、建築で使用される化学物質の基本的な特性を知るうえでの参考書になれば幸いである。

CONTENTS

3 ……… 巻頭言
5 ……… 本書のご利用にあたって

第1章　化学物質の安全性と健康リスク
10 ……… 1.1　化学物質とその性質
12 ……… 1.2　化学物質による健康リスク

第2章　建材から放散される化学物質
18 ……… 2.1　建材別化学物質の使用例・実測例
18 ……… 2.1.1　木質建材
29 ……… 2.1.2　接着剤
34 ……… 2.1.3　断熱材
41 ……… 2.1.4　塗料
48 ……… 2.1.5　壁紙
55 ……… 2.1.6　家具・建具
61 ……… 2.1.7　その他
69 ……… 2.2　放散速度と気中濃度の関係
71 ……… 2.3　建材に含まれる化学物質の調査マニュアル
75 ……… 補論　昆虫と害虫

第3章　化学物質の測定
78 ……… 3.1　室内空気中の化学物質濃度の測定方法
78 ……… 3.1.1　簡単な測定方法
84 ……… 3.1.2　専門的な測定方法
105 ……… 3.2　建材からの化学物質放散量の測定方法
105 ……… 3.2.1　放散試験法の種類
107 ……… 3.2.2　デシケーター法によるホルムアルデヒドの放散試験

CHEMICAL DICTIONARY FOR ARCHITECTURE

- 107 ……… 3.2.3　JIS A 1901 小形チャンバー法
- 110 ……… 3.2.4　その他の試験方法
- 117 ……… 補論　アスベストの測定方法

第4章　化学物質の諸物性および有害性

- 120 ……… 4.1　調査マニュアル
- 129 ……… 4.2　個別物質のデータベース
  　　　　　　（459物質の諸物性および有害性）
- 352 ……… 4.3　化学物質の総称および高分子化合物

第5章　建築関連の化学物質の法規・基準

- 362 ……… 5.1　化学物質の室内濃度指針値
- 365 ……… 5.2　建築物における衛生的環境の確保に関する法律
- 367 ……… 5.3　建築基準法
- 369 ……… 5.4　住宅の品質確保の促進等に関する法律
- 371 ……… 5.5　学校環境衛生の基準
- 373 ……… 5.6　有害物質を含有する家庭用品の規制に関する法律
- 374 ……… 5.7　土壌汚染対策法
- 374 ……… 5.8　健康増進法
- 376 ……… 5.9　建材ラベリング
- 382 ……… 5.10　健康で安全な住まい作りを目指して
- 387 ……… 補論　欧米の化学物質対策

- 390 ……… 建築と化学物質に関する年表
- 394 ……… 参考資料一覧
- 399 ……… 索引
  　　　　　400…化学物質名索引　408…別名索引　444…分類別索引
  　　　　　476…用語索引　480…略語一覧

第1章
化学物質の安全性と健康リスク

1.1 化学物質とその性質

■ 化学物質について

　私たちの暮らしはさまざまな種類の化学物質で構成されている。空気は主に窒素と酸素という化学物質で構成されている。水は、2つの水素と1つの酸素が結合した化学物質である。木材は、樹木が光合成をはじめとするさまざまな代謝経路を通じて生合成した生産物で、その主要な構成成分は、セルロース、ヘミセルロース、リグニンの3つの化学物質である。

　世の中にある全ての物質、例えば、水、酸素、鉄、塩、ウラン、カルシウムなどの天然に存在する物質から、トルエン、キシレン、スチレンなどの人工合成物質に至るまで、私たちのまわりにある全てのものは化学物質である。

　アメリカ化学会が設立した世界最大規模のデータベースには、2006年3月7日時点で約2,700万種類の有機および無機の化学物質が登録されている。そのうち世界中で約10万種類、日本で約5万種類が工業的に利用されている。化学物質は、私たちに身近なものであり、私たちは膨大な種類の化学物質を日頃から利用している（図1-1）。

図1-1　化学物質の利用

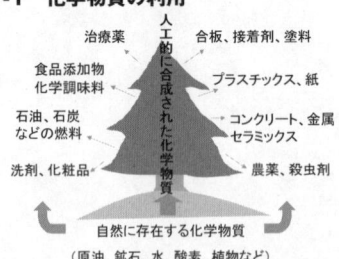

図1-2　化学物質の体内経路

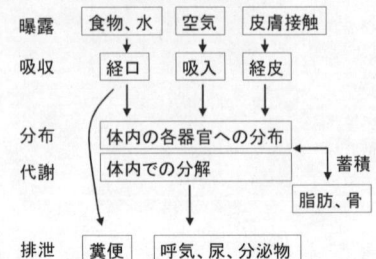

出典：J.V.ロドリックス、危険は予測できるか、化学同人、1994に加筆

　化学物質はさまざまな性質を持っている。ある温度になると固体が融けて液体となる。この温度は融点と呼ばれる。逆にある温度になると液体が激しく沸騰して気体となる。この温度は沸点と呼ばれる。酒のアルコール成分であるエタノールなど、水に溶けやすい化学物質もあれば、接着剤の溶剤として使われるトルエンなど、水に溶けにくい化学物質もある。前者の性質は親水性、後者は疎水性と呼ばれている。

　人に対する作用もさまざまである。人は、水、塩分、酸素、タンパク質、アミノ酸、鉄、カルシウムなど、生命を維持するためにさまざまな化学物質を必要とする。しかし、体に不要な化学物質もある。人は空気や飲食物を肺や消化器系の組織を通じて体の中に取り込み、生命を維持するうえで必要な栄養素となる化学物質を吸収する（図1-2）。そして、体に不要な化学物質は尿や糞便として体の外へ排泄する。これは、代謝機能と呼ばれるものである。

　空気を呼吸し（吸入）、飲食物を取り込み（経口）、さまざまなものに触れる（経皮）。これらの経路により、私たちは、肺や消化器官や皮膚を通じてさまざまな化学物質に接触している。このことは「曝露」と呼ばれている。

曝露する量、頻度、期間が異なれば、体の中での作用が異なる。そして、ある量を超えると、化学物質は人に対して毒性を示すようになる。

■ 化学物質の毒性の種類

化学物質にはさまざまな毒性がある。例えば、ホルムアルデヒドは短期に眼や皮膚や気道を重度に刺激し、人に対して発がん性を示す。トルエンは、中枢神経に影響を与えることがある。また、生殖毒性を有する可能性が動物実験で示されている。どのような毒性を示すかは、化学物質により異なる。そのため、さまざまな毒性試験方法が開発されている。主な毒性を以下に示す。

1) 急性毒性(経口、経皮、吸入)
   1回または短時間(1日以内)に曝露した時に1～2週間以内に現れる毒性
2) 亜急性毒性(経口、経皮、吸入)
   動物に比較的短期間(3カ月まで)反復投与して発現する毒性。
3) 慢性毒性
   比較的長期間曝露するか、または繰り返しの投与により現れる毒性。
4) 発がん性
   正常細胞をがん化させる能力をいい、放射線、化学物質、ウィルスなどが原因となる。
5) 生殖毒性(繁殖毒性)
   生体において生殖過程に何らかの有害作用を起こす能力。
6) 催奇形性
   化学物質等が次世代に対して先天異常を引き起こす性質。
7) 変異原性
   生物の遺伝子に化学物質などが作用して、選択的に化学反応を起こしたり、その分子構造の一部を変えたりする性質。発がん性と深い関係があり、遺伝毒性の原因となる。
8) 感作性
   皮膚や気管等を刺激し、アレルギー様症状を起こす性質。アレルギー誘発性ともいわれ、皮膚接触を通じて皮膚に作用する物質を皮膚感作性物質、呼吸を通じて気道に作用する物質を気道感作性物質という。
9) 遺伝毒性
   遺伝子の突然変異や染色体異常などにより生じる遺伝的過程の障害。
10) 肝毒性
    肝機能の異常、肝成分の異常など肝病変を誘発する毒性。
11) 腎毒性
    腎臓に対して尿路閉塞、尿細管の壊死、アレルギーなどを発現する毒性。
12) 神経毒性
    神経組織に対する毒性。運動麻痺、知覚異常、知覚麻痺などを起こす。
13) 免疫毒性
    免疫系細胞に作用し、免疫機能に有害な作用を示す毒性。

■ 発がん性

発がんのメカニズムは不明な点が多い。しかし、標的細胞の遺伝子を障害する遺伝毒性発がん性物質と、主に遺伝子を直接障害しない非遺伝毒性発がん性物質の2つに分類される。遺伝毒性発がん性物質には、N-ニトロソ化合物、多環芳香族炭化水素、アルキル化剤、ニッケル、クロムなどがある。非遺伝毒性発がん性物質には、アセトアミノフェノン、ア

スベスト、四塩化炭素などがある。

遺伝毒性発がん性物質は、たとえ、どのような量であっても遺伝子を障害する化学物質が遺伝子に到達すると、細胞を腫瘍性へと変化させる確率が増加すると考えられている。つまり、それ以下では化学物質が影響を及ぼさないと考えられる値を意味する「閾値」が存在しない。そのため、遺伝毒性発がん性物質の安全性は、生涯発がん確率で示される。

具体的には、人がある物質に70年間曝露され続けた場合、百万分の1から十万分の1以下の確率の場合は、実質的に安全であるとみなされている。この確率の時の曝露量は実質安全用量(VSD)と呼ばれている。

世界保健機関（WHO）の国際がん研究機関（IARC）が、以下の発がん性分類を作成している。これらのグループに分類されている化学物質は、第4章のデータベースの中でその分類を明記した。

○グループ1：人に対して発がん性を示す
○グループ2A：人に対しておそらく発がん性を示す
○グループ2B：人に対して発がん性を示す可能性がある
○グループ3：人に対する発がん性について分類できない
○グループ4：人に対しておそらく発がん性を示さない

1.2 化学物質による健康リスク

■ 化学物質による健康リスク

15〜16世紀に医師であったパラケルススは、「毒でない物が存在するだろうか？ す

図1-3　パラケルスス（45歳）

出典：日本毒科学会編、毒科学の基礎と実際、薬業時報社、1995

べての物が毒であり、毒とならない物はない。毒でなくするものは、ただ量だけである」と述べている（図1-3）。つまり、あらゆる化学物質が毒となり得るのであり、その量によって毒となるかならないかが異なってくる。

私たちは成人になると法律上、飲酒が可能になる。しかし、急激に多量の酒を飲むと急性アルコール中毒を起こすことがある。また、高い頻度で過度の飲酒を続けると、肝臓や腎臓に機能障害が生じることがある。そのため私たちは、飲酒量を適度に保たなければならないことを知っている。同様に、他の化学物質に関しても、私たちに対して毒となる量を把握し、その量を適切に管理しなければならない。

一般的に、曝露する化学物質の量が多くなると、健康への有害な影響が生じる確率や頻度が高くなる。このような望ましくない結果の起こる確率や頻度を「リスク」という。望ましくない結果とは、健康リスクの場合、例えば、眼や喉の刺激、頭痛、喘息、発がん、肝障害、腎障害などの症状や病態を意味している。

■ 化学物質のリスクアナリシス

あらゆる化学物質には毒があり、私たちが曝露する量によって健康リスクの大きさが異なってくる。わずかな量であっても毒となり体が反応する化学物質もあれば、多量に曝露しないと毒とはならない化学物質もある。また、酒に強い体質と弱い体質があるように、化学物質の毒性に対する反応には個人差がある。

有害性が確認された化学物質に対して、「用量／反応」評価によって、生体が曝露する量と反応との関係を検討し、現実の曝露状況と対比してリスクが許容範囲内にあるかどうかを判定することを、「リスクアセスメント」と呼んでいる。

図1-4に示すように、「用量／反応」評価では、それ以下では化学物質が影響を及ぼさないと考えられる値を意味する「閾値」のある化学物質の場合、動物実験や労働現場の調査など、利用可能な実験や調査結果をもとに、人の健康に有害な影響が現れない無毒性量、または有害な影響が認められた最小毒性量を推測する。その後、動物と人の違い、人の個人差など、実験や調査では明確にできない不確実な関連項目を不確実係数として考慮し、より安全な側の量を耐容一日摂取量TDI（または一日許容摂取量ADI）[1]として求める。

遺伝子障害性を有する発がん性物質など、閾値のない化学物質の場合、用量がいくら低くても生涯発がん確率はゼロにはならないことから、十万人に一人、または百万人に一人の確率で発がんする一日あたりの曝露量を実質安全用量(VSD)として推測する。実質安全用量は、災害等の他のリスクと比較して、私たちが実質的に受け入れ可能と考えられる量とみなされている。

次に、TDIや実質安全用量を、実態調査などにより得られた現実の曝露状況と対比し、リスクが許容範囲内にあるかどうかを検討する。リスクが許容範囲内でなかった場合、それを許容範囲内にするための管理方法を検討しなければならない。管理方法には、何らかの対策によりリスクを削減する方法、使用をやめてリスクを排除する方法、さらにはリスクが許容範囲内にあることを実態調査などに

図1-4 用量／反応の関係

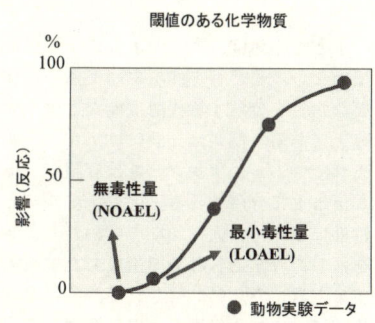
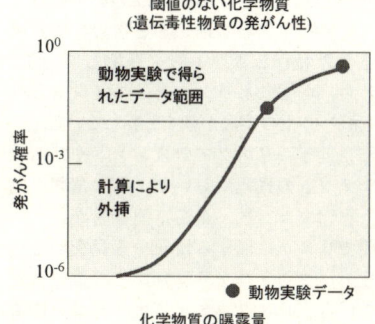

出典：安藤正典、室内空気汚染と化学物質、資源環境対策、33(7)、1997

---

(1) $$\text{TDI} = \frac{\text{無毒性量または最小毒性量}}{\text{不確実係数}}$$

食品添加物や農薬など、私たちの生活に有用性がある場合は、「許容できる」という観点から一日許容摂取量(ADI)が用いられる。しかしながら、ダイオキシン類など有用性がない場合は、「耐える」という観点から耐容一日摂取量 (TDI) が用いられる。いずれも「人が一生涯にわたり摂取しても健康に対する有害な影響が現れないと判断される一日あたりの摂取量」を意味する。

図1-5 リスクアナリシスの概要

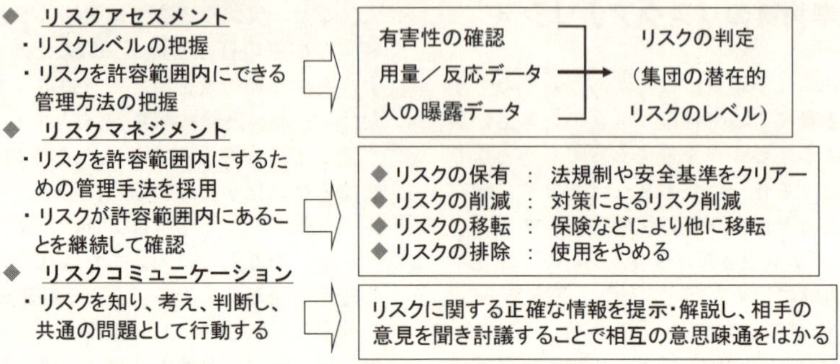

- ◆ **リスクアセスメント**
  - ・リスクレベルの把握
  - ・リスクを許容範囲内にできる管理方法の把握
- ◆ **リスクマネジメント**
  - ・リスクを許容範囲内にするための管理手法を採用
  - ・リスクが許容範囲内にあることを継続して確認
- ◆ **リスクコミュニケーション**
  - ・リスクを知り、考え、判断し、共通の問題として行動する

⇒ 有害性の確認／用量／反応データ／人の曝露データ → リスクの判定（集団の潜在的リスクのレベル）

⇒
- ◆ リスクの保有　：　法規制や安全基準をクリアー
- ◆ リスクの削減　：　対策によるリスク削減
- ◆ リスクの移転　：　保険などにより他に移転
- ◆ リスクの排除　：　使用をやめる

⇒ リスクに関する正確な情報を提示・解説し、相手の意見を聞き討議することで相互の意思疎通をはかる

より継続的に確認する方法などがあり、「リスクマネジメント」と呼ばれている。

リスクマネジメントでは、技術的・社会的実現性、費用／便益解析などによる経済性評価、既存の規制との整合性、リスクアセスメントにおいて実験や調査では明確にできなかった不確実な関連項目などが総合的に考慮され、適正な管理方法が採用される。

第5章で述べる厚生労働省の室内濃度指針値は、化学物質の「用量／反応」評価から得たTDIから指針値が策定されている。厚生労働省の室内濃度指針、改正建築基準法、学校環境衛生の基準は、現実の曝露状況の実態調査により、対象化学物質の選定等を含め、現時点で適正と思われる管理手法を採用している。すなわち、いずれもリスクアセスメントとリスクマネジメントの手法が強く影響している。

また、近年、リスクアセスメントやリスクマネジメントの過程において、その情報を開示し、専門家、行政、企業、消費者などの当事者間でリスクに関する情報や意見交換を行う「リスクコミュニケーション」の重要性が増している。リスクコミュニケーションにより、相互の意思疎通をはかり、信頼と理解を深め、共通の問題としてリスク低減を行っていくことが重要である。

これらリスクアセスメント、リスクマネジメント、リスクコミュニケーションの3つの要素からなるプロセスを「リスクアナリシス」と呼んでいる。我が国では特に、リスクコミュニケーションが不十分とされており、法規や基準の策定、リスク低減活動などにおいて、社会の当事者全員が参画して必要な対策を検討する体制の構築が求められている。

■ 子どもの環境保健

子どもの体は、大人のように十分に発達していない。子どもを作る生殖機能や、体に不要な物質を分解する代謝機能などは、発達の途上にある。例えば、酒にはアルコールが含まれているが、アルコールは肝臓でアセトアルデヒドに分解される。アセトアルデヒドの毒性によって、人は顔を赤らめたり、吐き気を催したりする。肝臓で生成したアセトアルデヒドは、さらに分解されて酢酸になり、最終的には二酸化炭素と水に分解される。しかし、子どもはアセトアルデヒドを分解する機

能が十分に発達していない。そのため日本では、20歳にならないと酒を飲んではならないとされている。

化学物質による毒性を研究する際に、ラットやマウスを用いた動物実験が一般に利用される。その際、図1-4に示すように、体重あたりに曝露した化学物質の量と、実験動物が示した体の反応の関係をみる。この関係を研究し、実験動物の体に反応が現れない曝露量を推定する。そして、種差（人間と動物の違い）や個体差などから定めた不確実係数と呼ばれる数値でさらにその曝露量をわり算し、許容量や指針値を定める。

これらの数値を定めるために、これまで行われてきた実験や調査の大半は、大人の体格が基準にされている。しかし、図1-6に示すように、体重あたりに呼吸する空気の量、摂取する飲食物の量は、大人よりも子どもの方が数倍多い。特に乳児の場合、その倍数はさらに大きくなる。個体差という不確実係数でわり算されているとはいえ、定められている許容量や指針値は、子どもへの影響に対して十分配慮されたものではない。

しかし、すでにドイツでは、室内濃度の指針値を定める際に子どもと大人の呼吸量の差を考慮している。具体的には不確実係数として「2」を採用している。つまり、子どもと大人の呼吸量の差を考慮しない場合の半分の値を指針値として定めている。

子どもと大人の生活習慣の違いも重要である。乳児は手にしたものをつかんで口に入れる習慣がある。そのため、土壌やおもちゃなどを通じて直接的に環境中の化学物質に曝露する可能性がある。また、乳児は床の上をハイハイするため、床から放散される化学物質の影響を受けやすくなる。

つまり、化学物質による健康リスクを調査

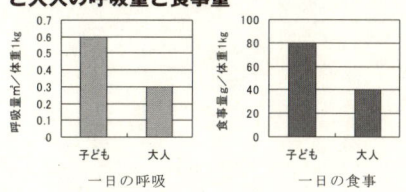

図1-6 体重1kgおよび一日あたりの子どもと大人の呼吸量と食事量

＊子どもの平均体重15kg、大人の平均体重50kg
出典：東京都環境局、化学物質の子どもガイドライン（室内空気編）、2003年6月

する場合、大人と子どもの違いを十分考慮しなければならない。

1997年5月にアメリカのマイアミで開催された先進8カ国環境大臣会合では、子どもの環境保健に関する「マイアミ宣言」が採択された。この宣言では、世界中の子どもたちが環境中の有害物による著しい脅威に直面していること、子どもはとりわけ環境汚染により傷つきやすいこと、既存の汚染レベルや基準値以下で人の健康問題を生じる可能性を示す証拠が増えつつあること、8カ国の現時点での保護レベルではいくつかの場合に子どもを十分保護できない可能性があること、などが確認された。そして、子どもを環境の脅威から守る唯一かつ最も有効な方法として、有害物への曝露を防止すること、子どもの保護レベルの改善を探り、国内あるいは多国間の取組みの中で子どもの環境保健を優先させること、などが示された。このように、子どもの環境保健は国際的にも非常に重要な課題として取り上げられている。

第 2 章
建材から放散される化学物質

2.1 建材別化学物質の使用例・実測例

本章では、建材から放散される化学物質について、実測データに基づき解説した。どのような建材からどのような化学物質が放散されているか、1つの事例として参考にしていただきたい。

本文中に放散速度や気中濃度のデータがある。建材から放散された化学物質は、ある条件のもとで室内空気中にとどまり、室内の気中濃度（室内濃度）となる。「ある条件」とは、部屋の換気回数、部屋の温度や湿度、建材の使用面積、屋外濃度などである。放散速度が速い建材であっても、使用される面積が小さければ、室内濃度はそれほど高くはならない。逆に、放散速度が遅い建材であっても、使用される面積が大きければ、室内濃度は高くなる場合がある。本章2.2項で、これらの関係について、計算式に基づき解説した。

■ 2.1.1 木質建材

木質建材は、単材と複合材に分けられる。建築物に用いられるものの多くは複合材である。複合材は、木材を有効に活用するために単材と接着剤などを用いて製造する。複合材は、単材の形状・性質と接着方式により、合板・MDF・パーティクルボードなどに分類される。従って、木質建材からの化学物質の放散は、単材と接着剤に由来する。

本節では、既往の研究結果から木質建材の化学物質放散性状に関して、単材と複合材に分けて述べる

2.1.1.1 単材

無垢の木材からの化学物質放散については「シックハウスと木質建材　資料集（2004）」に詳しい。ここでは大きく広葉樹と針葉樹の違いによる化学物質放散性状の違いを経時変化とともに明らかにしている（以下、同書より）。

1）材料

以下の材料を対象としている。

針葉樹：アカマツ、エゾマツ、カラマツ、クロマツ、サワラ、スギ、ツガ、トウヒ、トドマツ、ネズコ、ヒノキ、ヒノキアスナロ、モミ

広葉樹：イタヤカエデ、カツラ、サクラ、シナノキ、ハンノキ、ミズナラ

2）化学物質の放散について

これら無垢材の材料からの化学物質の放散は、厚生労働省指針対象物質13種類のうち、ホルムアルデヒドおよびアセトアルデヒド以外はどの試験体からも検出されなかった。

①ホルムアルデヒドの放散

ホルムアルデヒドの放散が多い樹種はヒノキ、トドマツ、シナノキ、ミズナラであった。ホルムアルデヒド放散は、広葉樹種の方が針葉樹種よりも少ない傾向を示したが、樹種の違いによる影響が大きい結果となった。

このうち、トドマツなどは初期においては $16\mu g/m^2h$ 近い放散速度となったものの、700時間程度を経過すると $5\mu g/m^2h$ 以下に減衰した。このように、無垢材からのホルムアルデヒドの放散は少ない。

②アセトアルデヒドの放散

アセトアルデヒドの放散量が多い樹種は、ヒノキ、トウヒ、ハンノキ、シナノキ、ミズナラ、サクラ等であった。ホルムアルデヒドと異なり、アセトアルデヒドは広葉樹の方が針葉樹よりも放散が大きい傾向を示し、最も

大きいシナノキでは初期放散速度が30μg/m²hを超え、700時間程度経過した後も20μg/m²h程度の放散がなされていた。

③揮発性有機化合物（VOCs）の放散

先に述べたとおり、厚生労働省指針対象物質は検出されていない。針葉樹のVOCs類として検出されたものは、テルペン類が主体であり、それらの種類はモノテルペンとセスキテルペンがほとんどであった。またα-ピネンなどのモノテルペンが多い樹種とδ-カジネンなどのセスキテルペンが多い樹種に大別された。

一方で広葉樹で検出された物質の種類は針葉樹ほど多くなく、ヘキサナール、ペンタナール、酢酸、エタノール等が検出されている。

④総揮発性有機化合物（TVOC）の放散

広葉樹のTVOC放散量は、針葉樹に比べて少ない。針葉樹は、その放散程度により3つに分けられ、最も多いグループは、ヒノキ、ヒノキアスナロ、クロマツであり、初期放散速度は20,000μg/m²hを超えた。しかし、200時間を経過する頃には急激に減衰し、5,000μg/m²h程度となった。

広葉樹のTVOC放散量も初期は高い値を示すものの、200時間を経過する頃には50μg/m²hを下回り、ほとんど放散されない状態となった。

2.1.1.2 合板

1）概要

合板は、単板や木材を薄くむいた板を木目が直行するように重ね、その間を接着剤でつないで作ったものである。

合板は、普通合板と二次加工合板である特殊合板に大別される。一般的な合板は、普通合板・コンクリート型枠用合板・構造用合板に分けられる。コンクリート型枠用合板は、

写真 2-1　合板

コンクリートの型枠に用いられ、構造用合板は建築物の構造用耐力部材として用いられる。

二次加工合板である特殊合板は、天然木化粧合板・特殊加工化粧合板に分けられる。普通合板の表面に優良天然木を切削して貼ったものや木目や中小柄をプリント加工したもの、ポリエステル樹脂・メラミン樹脂・塩化ビニル樹脂などの合成樹脂をオーバーレイ加工したもの、または塗装などを施した表面加工合板などの種類がある。

合板の性能による分類は、主に接着強度の確保のための水分に対する耐性により分類され、特類合板・1類・2類の3種に分けられる。特類合板は、建築物の構造用耐力部材であり、常時湿潤状態の場所でも使えるものを指す。1類（タイプ1）は、屋外及び長期間湿潤状態の場所でも使えるものを指す。2類（タイプ2）は、主として屋内で、多少の水のかかりや湿度の高い場所でも使えるものを指す。

合板は、下地材として広い範囲で用いられている。複合フローリングの基材として使われたり、床下地として用いられる。キッチンや洗面などのコンポーネント設備など安価であることや加工のしやすさから様々な部位で

写真 2-2　フローリングの基材に用いられた合板

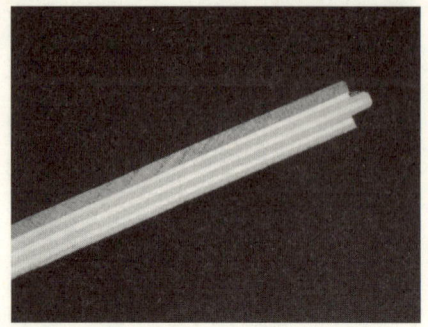

表 2-1　試験体条件

	材料	放散等級	接着剤
①	ラワン材	F☆☆☆☆	ユリア樹脂
②	ラワン材	F☆☆☆☆	メラミンユリア強縮合樹脂
③	ラワン材	F☆☆☆	メラミン樹脂
④	国産杉材	F☆☆☆☆	水性高分子―イソシアネート樹脂
⑤	国産カラマツ	F☆☆☆☆	フェノール樹脂
⑥	ラワン材	F☆☆☆☆	フェノール樹脂

使用されている。

合板の製造方法は、合板を構成する板（単板）に硬化剤を加えた接着剤[1]を塗布して貼り合わせ、100℃以上で加熱しながら圧縮し、接着剤を完全に硬化させて合板を製作する。接着剤の硬化完了までに接着剤中のホルムアルデヒドが完全にユリアなどと反応しきることで、合板中のホルムアルデヒドをなくすことが可能となる。しかし、実際には加水分解などの理由により、ホルムアルデヒドの放散がなされる。

2）化学物質の放散について

合板からの化学物質放散は、木材そのものから放散されるものと、接着剤から放散されるものからなる。その主な化学物質はホルムアルデヒドやアセトアルデヒドなどのアルデヒド類である。

①ホルムアルデヒドの放散

「シックハウスと木質建材　資料集（2004）」では、表2-1に示される普通合板4種類および構造用合板2種類を用いて以下の測定を行った。

（1）ガラスデシケーター法によるホルムアルデヒド放散量測定

（2）小形チャンバー法によるカルボニル化合物およびVOCs放散量の測定

（1）のデシケーター法による放散等級試験は、試験体③を除きF☆☆☆☆であった。

一般に木質建材からのホルムアルデヒド放散量は、雰囲気濃度に影響を受けることが分かっており、気中濃度逆数（1/C）は単位面積あたりの換気量（Q/S）と線形の関係になる。すなわち気中濃度が高いほど見かけ上、放散が抑制され、放散量が低くなるといえる。この基本式を用いて規制対象外となる条件（Q/S=0.05）下の放散速度を求めることができる。

（2）の小形チャンバー試験では、この規制対象外の環境下における放散速度を求めている。その結果、試験体③を除き5μg/m²hを下回った。これから放散等級が高い（F☆☆☆☆）場合の合板からのホルムアルデヒドの放散量は低いことが確認された。試験体③のみ、ホルムアルデヒド放散量が高くなったが、これは接着剤として用いられているメラミン樹脂による影響が大きいとされている。

また合板の原材料の樹種の違いによるホルムアルデヒド放散量の影響に関しては、合板の原材料にホルムアルデヒド気中濃度が影響を受けないことが分かっている。

以上の結果から、F☆☆☆☆仕様を用いる

---

(1) 合板の接着剤には、ユリア樹脂、フェノール樹脂、メラミン樹脂などが使用されている。ユリア樹脂はユリア（尿素）とホルムアルデヒド、フェノール樹脂はフェノールとホルムアルデヒド、メラミン樹脂はメラミンとホルムアルデヒドを反応させて作られる。だが、完全に反応せずにホルムアルデヒドが残る場合がある。また、これらの物質を反応させて作られた樹脂でも、空気中の水分などで加水分解が起こり、ホルムアルデヒドが生成される場合がある。中でもユリア樹脂は加水分解されやすい。こうして樹脂の中に存在するホルムアルデヒドが空気中に放散される。

ことでホルムアルデヒド放散量の少ない建材を選定することが可能であるといえる。

②アセトアルデヒドの放散

アセトアルデヒドの1日後の気中濃度は、試験体⑤（国内産カラマツ＋フェノール樹脂接着剤）は、1日後が126μg/m³であったものの、養生21日後が57μg/m³となった。それ以外の合板ではすべて30μg/m³を下回っていた。

③VOCsの放散

VOCsの放散性状に関しては、厚生労働省指針値対象物質の放散は見られない。これは単材からも接着剤からも放散がなされないことを示している。

その他の厚生労働省指針値対象物質以外の化学物質は、試験体④（スギ材＋水性高分子－イソシアネート系接着剤）からはアセトンが、試験体⑤（国内産カラマツ＋フェノール樹脂接着剤）からは、アセトン、ヘキサナール、α－ピネン、β－ピネンなどのテルペン類が他樹種に比較して多く検出されている。

テルペン類の放散に関しては、木材の乾湿状態により異なることが分かっている。ヒノキ材の場合、乾燥状態ではセスキテルペン類が85％を占めるのに対し、湿潤状態ではその割合が減少し、モノテルペン類が41％まで上昇することが指摘されている。

④TVOCの放散

TVOCに関しては、いずれの試験体も50～400μg/m³程度であった。

3）まとめ

合板からのVOCs類の化学物質放散量は少ないため、F☆☆☆☆などホルムアルデヒドに注意した建材を用いることで、室内空気汚染に対する影響は少ないといえる。

写真 2-3　パーティクルボード

2.1.1.3 パーティクルボード
1）概要

パーティクルボードは、木材を切削または破砕して小片化したものを、合成樹脂接着剤を用いて成形・熱圧した板状材料のことである。原材料は、合板工場や製材工場の残廃材、建築解体材などの使われなかった木材資源を用いる。このため、環境保全型の省資源工業材料といえる。

パーティクルボードの用途は、床下地・壁下地・屋根下地などの部位に用いられているほか、内装材・ドア・カウンターなどの造作材にも使用されている。

使用される接着剤は、ユリア、ユリア・メラミン共縮合、フェノール樹脂系があり、それぞれ、U、M、Pタイプと呼ばれている。建築の構造用パネルに使うためには、ユリア樹脂接着剤（Uタイプ）では耐水性が不十分といわれており、耐水性のあるユリア・メラミン共縮合樹脂接着剤（Mタイプ）、もしくはフェノール樹脂接着剤（Pタイプ）を使う必要があるとされている。なお、ユリア樹脂を接着剤にした場合にホルムアルデヒドの放散が懸念されている。

2) 化学物質の放散について
① ホルムアルデヒドの放散

　建材試験センター（2003）の報告書によると、試験体Aにフェノール樹脂接着剤（Pタイプ）、試験体BおよびCにユリア樹脂接着剤（Uタイプ）の接着剤を用いられているものを対象とした測定結果では、フェノール樹脂接着剤（Pタイプ）の接着剤を用いた建材からのホルムアルデヒド放散は検出下限以下であり、ユリア樹脂接着剤（Uタイプ）のものにおいては10μg/m²h以下であった。

　また「シックハウスと木質建材　資料集（2004）」では、表2-2に示す材料に対して、化学物質放散速度の測定を行っている。

　その結果、ホルムアルデヒド放散量から求めた気中濃度は、試験体③（F☆☆☆）は、1日経過後が164μg/m³と高い値を示し、イソシアネート系接着剤を用いた試験体①（F☆☆☆☆）は49μg/m³と低い値を示した。しかし、同じくF☆☆☆☆規格品である試験体②においては、1日経過後が114μg/m³と厚生労働省指針値を超えた（この際の放散速度は20μg/m²hを超えている）。このことから同一規格であっても、接着剤の種類によってその放散程度が異なることがわかる。資材購入の際にはチャンバー法データを確認することが望ましいといえる。

　これらの建材の放散速度は、いずれも時間の経過とともに減少する傾向を示し、21日後の値は、1日後の値の約60％程度まで減少し、

表 2-2　試験体

No.	ホルムアルデヒド放散等級	接着剤
①	F☆☆☆☆	イソシアネート系
②	F☆☆☆☆	アミノ系
③	F☆☆☆	アミノ系

試験体②においても75μg/m³となった。
② アセトアルデヒドの放散

　建材試験センター（2003）の報告書によると、アセトアルデヒドは接着剤の種類によらず放散がなされたものの、放散速度は低く、最大で15μg/m²hであった。

　一方、表2-2の材料においては、アセトアルデヒド放散速度は、初期で40～60μg/m²h程度と高いものの、時間的な減衰はホルムアルデヒドよりも大きく、21日経過後で最大で75％程度低下した。

　アセトアルデヒド放散量は、ホルムアルデヒド放散規格との関係は少なく、試験体①イソシアネート系の接着剤を用いたもの（F☆☆☆☆）と試験体③（F☆☆☆）の放散速度が同程度に高い結果であった。このことから、ホルムアルデヒドの低減化対策はアセトアルデヒド放散への関係がないことがいえる。

③ VOCsの放散

　パーティクルボードからのVOCs放散に関しては、日本住宅・木材技術センター報告書（2004）の調査においては、厚生労働省の指針値対象物質はトルエンのみ検出されているものの、その放散量は低い。

　また、「シックハウスと木質建材　資料集（2004）」では、厚生労働省指針値対象物質としてトルエンの1日経過後の放散量が試験体①～③とも大きく、特に試験体③（F☆☆☆）が469μg/m³と厚生労働省の指針値を超えたが、21日を経過するとその値は8μg/m³と極端に低下した。これは製造過程や搬送途中でのトルエン曝露により、小形チャンバー法での再放散の影響で高い濃度が測定されたことが考えられる。これらから、パーティクルボードからの指針値対象物質の放散は、ほとんどないといえる。

　一方、厚生労働省指針値対象物質以外の主

な放散物質は、アセトン、α－ピネン、β－ピネンなどであり、パーティクルボードの種類によらず、同様の物質が検出された。

現在最も多く使用されると考えられる試験体②（F☆☆☆☆）における21日後の測定結果は、$10\mu g/m^3$を超える物質は、濃度が高い順にアセトン・α－ピネン・1－ブタノール・ノナナール・β－ピネンであった。しかし、これらはホルムアルデヒド$75\mu g/m^3$、アセトアルデヒド$54\mu g/m^3$に比較しても低い濃度であり、パーティクルボードからのVOCs放散は少ないといえる。

3種類の供試体で最もVOCsが高かったイソシアネート系接着剤を用いた試験体①（F☆☆☆☆）は、21日経過後のα－ピネンは、1日目の濃度$975\mu g/m^3$、21日目の濃度は$148\mu g/m^3$であった。

④TVOCの放散

建材試験センター（2003）の報告書によると、TVOC放散量は、種類によらず同程度の放散速度であり、7日目では$130\sim250\mu g/m^2 h$と概ね低い値であった。

また、「シックハウスと木質建材 資料集（2004）」の調査では、表2-2中の試験体③（F☆☆☆）の1日目濃度は$5,056\mu g/m^3$、イソシアネート系の接着剤を用いた試験体①（F☆☆☆☆）の1日目濃度は、$4,725\mu g/m^3$と高い濃度を測定した。しかし、いずれも21日経過後には放散量は減衰し、最も濃度が低い試験体②（F☆☆☆☆）は$355\mu g/m^3$と厚生労働省のTVOC暫定目標値を下回った。

3）まとめ

パーティクルボードからのVOCs放散は、1日経過後のトルエンが高いのみであり、その他の物質の放散量は少なく、またホルムアルデヒドに関しても従来の低減化の取り組みから放散量が減少しつつある。一方で、木材由来と考えられるアセトアルデヒドが放散される。

2.1.1.4 繊維板
1）概要

繊維板とは、木材などの植物繊維を接着剤を用いて成形したものであり、密度と製法によって表2.3のように大別される。

インシュレーションファイバーボード（IB）は、主に畳み床や断熱用・外壁の下地などに用いられる。ミディアムデンシティファイバーボードまたは中質繊維板（MDF）は、素地MDFと化粧MDFからなる。素地MDFは建築下地材料として用いられる。化粧MDFは、

表2-3 繊維板の分類

種類	記号	密度 (g/cm³)
インシュレーションファイバーボード	IB	0.35 未満
ミディアムデンシティファイバーボード	MDF	0.35 以上
ハードファイバーボード	HB	0.8 以上

写真2-4 MDF

素地MDFに化粧単板や合成樹脂系シートを接着して作成され、家具やキャビネットなどに用いられる。MDFは、使用する接着剤により、Uタイプ・Mタイプ・Pタイプに分けられる。

2）化学物質の放散について

ここでは、主に内装建材に用いられるMDFに関して述べる。

①ホルムアルデヒドの放散

（JIS A 1901）小形チャンバー法（2003）の解説では、ラワン材に接着剤としてMタイプを用いたホルムアルデヒド放散量が多い旧E2グレード仕様（現・放散等級外品）の化学物質放散性状を測定している。その結果、ホルムアルデヒドは$600\mu g/m^2h$と非常に高い放散量を測定し、旧来の建材からの高いホルムアルデヒド放散を示した。

また、「シックハウスと木質建材 資料集（2004）」では、表2-4に示すF☆☆☆☆、F☆☆☆、F☆☆と異なる等級の材料を用いて放散量測定を行っている。

等級による放散量の違いについては、1日経過後のホルムアルデヒド放散速度の結果は、試験体③F☆☆は$120\mu g/m^2h$、②F☆☆☆は$60\mu g/m^2h$、①F☆☆☆☆は、$35\mu g/m^2h$となっており、等級の違いにより放散速度は大きく異なった。これらから、これまで行われてきたホルムアルデヒド低減化対策により放散量の低下が見られる。

接着剤仕様による違いでは、イソシアネート系の接着剤を用いた試験体④は、1日経過後の濃度は$83\mu g/m^3$であるのに対し、アミノ系の接着剤を用いた試験体⑤は$101\mu g/m^3$と高い濃度を示した。イソシアネート系の接着剤を用いることで濃度の低減が見られる。

同一等級および同一接着剤の比較から樹種の違いによるホルムアルデヒド放散量の違いは、あまり見られない。

②アセトアルデヒドの放散

建材試験センター（2003）の報告書によると、アセトアルデヒドは1日目が$12\mu g/m^2h$であったのに対し、7日目が$5\mu g/m^2h$と半減している結果が報告されている。

また、表2-4を対象とした報告では、最も高いアセトアルデヒドの放散を持つ試験体①（F☆☆☆☆）においても$15\mu g/m^2h$であり、最も少ない放散速度は$5\mu g/m^2h$と全般的に低い数字であった。これによる濃度の推定値は、1日目の測定データでF☆☆☆☆品（試験体No.①・④・⑤）で最も高かった濃度は$43\mu g/m^3$で、21日後の値ではいずれも$20\mu g/m^3$を下回り、MDFからのアセトアルデヒドの放散の少なさを示した。

ホルムアルデヒド放散等級とアセトアルデヒド放散量の関係を、21日目の値をもとに見ると、F☆☆☆☆のアセトアルデヒド濃度は$19\mu g/m^3$と少ないものの、これに比べF☆☆☆とF☆☆のアセトアルデヒド濃度の違いは見られなかった。これからホルムアルデヒド対策がアセトアルデヒド濃度に及ぼす影響は見られないといえる。

樹種による違いを21日目の値をもとに見ると、試験体①～③の針葉樹を用いたMDFは、それぞれ19、59、$42\mu g/m^3$であったのに対し、④、⑤の広葉樹を用いたアセトアルデヒド濃

表 2-4　試験体

No.	放散等級	樹種	接着剤	タイプ
①	F☆☆☆☆	針葉樹	アミノ系	U
②	F☆☆☆	針葉樹	アミノ系	U
③	F☆☆	針葉樹	アミノ系	U
④	F☆☆☆☆	広葉樹	イソシアネート系	M
⑤	F☆☆☆☆	広葉樹	アミノ系	U

度はそれぞれ19、18μg/m³と低い傾向を示した。

接着剤仕様による違いでは、イソシアネート系の接着剤を用いた場合でもアセトアルデヒド濃度は変化せず、接着剤の影響はないと考えられる。

③ **VOCsの放散**

(JIS A 1901)小形チャンバー法(2003)の解説では、MDFのVOCs放散は少ない値が示されている。

表2-4を対象とした測定では、検出された物質としては、1-ブタノール、アセトン、トルエン、α-ピネンなどであるが、いずれも21日経過後には濃度は低くなっている。

厚生労働省指針値対象物質では、試験体⑤のトルエンが最も高く、1日経過後の濃度は117μg/m³であった。しかし21日経過後には2μg/m³と非常に低くなった。その他の厚生労働省指針値対象物質に関しても、低い値となった。

④ **TVOCの放散**

(JIS A 1901)小形チャンバー法(2003)の解説では、厚生労働省指針値対象物質のVOCs放散量は低かったものの、TVOC放散速度は、最大で約1,300μg/m²hと高い値を示した。このTVOC値の中では、エステル類が80〜90%を占めていた。

また表2-4ではいずれも1日経過後の濃度は1,300〜3,200μg/m³程度であった。しかし、21日経過後では30〜40%程度低下し、最も濃度が低い試験体⑤は、600μg/m³を下回った。

3) **まとめ**

MDFからのVOCs放散量は、いずれの仕様も21日を経過すると低くなった。ホルムアルデヒドに関してはF☆☆のもので21日経過後においても指針値を超えた。

2.1.1.5 集成材

1) **概要**

集成材とは、木目に沿って長さ・幅・厚さ方向に接着剤を用いて集成させた建築材料である。この集成材の材料は、一定の製造基準に基づいて人工乾燥させ、大きな節や割れなど木の欠点を取り除いた引き板を用いる。

集成材は、造作用集成材・化粧ばり構造用集成材・構造用集成材の3種類に分類される。造作用は、建築内部の造作用部材として使用され、耐力部材として使用することはできないのに対し、構造用は構造耐力を目的とした部材で、柱・梁などに用いられる。

集成材の接着剤として、水性高分子イソシアネート樹脂やレゾルシノール樹脂接着剤が用いられる。

2) **化学物質の放散について**

① ホルムアルデヒドの放散

「シックハウスと木質建材 資料集(2004)」において、表2-5の試験体を用いて化学物質放散速度の測定を行っている。

集成材からのホルムアルデヒド放散量は、デシケーター法によるものはアクリルデシケ

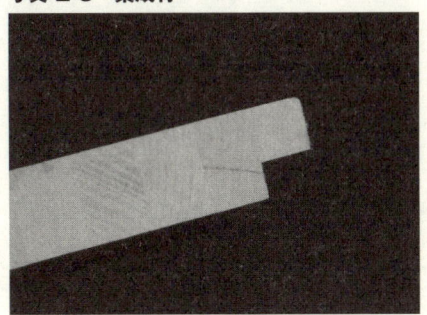

写真 2-5 集成材

ーター法が用いられる。

　試験対象である表2-5の集成材は、デシケーター法による放散量測定法において、いずれもJASのF☆☆☆☆の基準値を満足し、特に水性高分子－イソシアネート系樹脂で接着された造作用集成材においては、0.1mg/L以下の放散量であった。

　次に、小形チャンバー法の結果から建築基準法に定められる規制対象外となる条件における気中濃度を算出した結果（2.1.1.2合板の2）①、20ページ参照）、集成材からは、カルボニル化合物としてホルムアルデヒド、アセトアルデヒドとも放散が見られた。

　接着剤の種類別にホルムアルデヒド放散量の違いを見ると、水性高分子イソシアネート樹脂を用いた試験体①～⑨のホルムアルデヒド濃度が0～34.9μg/m³であるのに対し、レゾルシノール樹脂を用いた試験体⑩～⑭は25.9～118.2μg/m³と高い傾向を示した。

　ホルムアルデヒド放散等級については、試験体⑩を除いてF☆☆☆☆であるため、小形チャンバー内濃度はいずれも100μg/m³を下回った。

表 2-5　試験体

	NO.	材料	接着剤
造作用集成材	①	タモ	水性高分子イソシアネート樹脂
	②	ナラ	
	③	ニレ	
	④	ゴムノキ	
	⑤	青森ヒバ	
	⑥	ラジアタパイン	
	⑦	国産スギ	
構造用集成材	⑧	スプルース	水性高分子イソシアネート樹脂
	⑨	オウシュウアカマツ	
	⑩	ベイマツ	レゾルシノール樹脂
	⑪	スプルース	
	⑫	ダフリカカラマツ	
	⑬	カラマツ	
	⑭	国産スギ	

②アセトアルデヒドの放散

　アセトアルデヒドは、ホルムアルデヒドに比較して、いずれも高い濃度が測定された。

　特に針葉樹のラミナ（スプルース）をレゾルシノール樹脂で接着させた試験体⑪、同じく国産スギをレゾルシノール樹脂で接着させた試験体⑭のアセトアルデヒド濃度が25,000μg/m³を超える極端に高い結果となった。その他の集成材からのアセトアルデヒド濃度も数百を超える値を示すものがあり、集成材からのアセトアルデヒド放散量の高さが見られる。最もアセトアルデヒドの放散が少なかったものは、ニレ材をイソシアネート樹脂で接着させたもの（試験体③）であり、22.6μg/m³であった。

　このように、樹種ごとに異なる傾向を示すことから、使用される接着剤の影響は少ないことが指摘されている。

③VOCsの放散

　小形チャンバー法で測定可能な厚生労働省の指針値対象物質のVOCsは、一部のものからトルエンが検出されたものの、その他の物

写真 2-6　アクリルデシケーター法

質は少ない値となった。VOCsに関しては、おおむね厚生労働省指針値物質は低い濃度であったが、試験体⑤青森ヒバを用いたもののみトルエン濃度が、537.5μg/m³と高い値を示した（なお、28日養生後には100μg/m³まで低下した）。

厚生労働省指針値対象物質以外のVOCsでは、全般的にアセトンの放散量が多く見られた。また、テルペン類はラミナ（スプルース）に針葉樹を用いた試験体⑨オウシュウアカマツ、⑩ベイマツ、⑬カラマツは、多くのα-ピネン放散が見られた。その一方、①〜⑧、⑭の材料では、いずれも低い値であった。

④TVOCの放散

TVOCに関しては、試験体⑤青森ヒバ、⑪スプルースがそれぞれ15,063μg/m³、27,806μg/m³と高い値を示した。

3）まとめ

集成材はホルムアルデヒド放散が少なく、かつ厚生労働省指針値対象VOCs成分も低いものの、樹種によりアセトアルデヒドおよびα-ピネンが大量に放散される。

2.1.1.6 フローリング

1）概要

フローリングは、多くの住宅で用いられる床材であり、木の風味によりあたたかさややさしさを感じることができる床材である。

フローリングは、単層フローリングと複合フローリングに分けられる。単層フローリングは、ブナ・ナラ・カバなどの1枚の板を製材し、床板にしたものであり、複合フローリングは、合板などを基材とした床板である。合板は、その構成上、一種から三種に大別される。

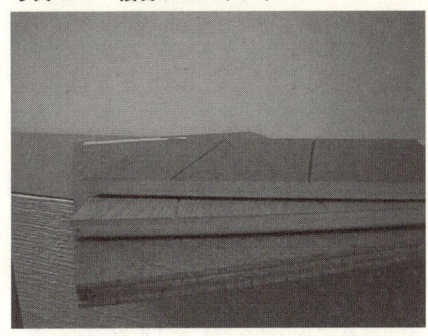

写真2-7　複合フローリング

2）化学物質の放散について

フローリングは、基材・表面材（単板）・基材と表面材との接着剤・表面材の塗料などにより様々なタイプがあり、それぞれにより化学物質の放散量が異なる。

①ホルムアルデヒドの放散

「シックハウスと木質建材　資料集（2004）」において20種類の複合フローリングからの化学物質放散量が測定されている。

小形チャンバー法の結果から建築基準法に定められる規制対象外となる条件における気中濃度を算出した結果（2.1.1.2合板の2)①、20ページ参照）、2種類のフローリングを除き、厚生労働省指針値以下であった。また、そのうち1種類は3週間後には指針値を下回った。

ホルムアルデヒドの放散は基材の接着剤に影響を受け、特に高い濃度を測定したフローリングは尿素—メラミン共縮合樹脂接着剤を用いたものであった。

また、（JIS A 1901）小形チャンバー法（2003）の解説では、3タイプのフローリング材に対して測定が行われている。3タイプとも1日経過後の放散速度は20〜25μg/m²hであり、ほぼ同程度の放散速度となった。1カ月程度の経過では、あまり放散量は変化しない

ことが報告されている。

フローリングをはじめとして、木質建材からのホルムアルデヒド放散は、温度が上がると増す傾向を示すため、床暖房と組み合わせる木質フローリングには、できる限りホルムアルデヒドの放散が少ないものを選ぶ必要がある。

②アセトアルデヒドの放散

アセトアルデヒドは、フローリングの種類によって初期値が大きく異なった。「シックハウスと木質建材　資料集（2004）」の20種類の調査結果では、アセトアルデヒドが高いフローリングは、いずれも基材として針葉樹合板を用いているものであり、その他の材料が100μg/m³を下回っているのに対し、数百μg/m³のオーダーであった

また、（JIS A 1901）小形チャンバー法（2003）の解説によると3種類のフローリングのうち、フローリングCが初期値10μg/m²h程度であったのに対し、Bは50μg/m²hと高い放散を示した。しかし、1カ月程度経過することでほぼ減衰し、いずれも10μg/m²hを下回った。

このことから針葉樹合板を用いない場合、フローリングからのアセトアルデヒドの放散は比較的少ないものと考えられた。

③VOCsの放散

「シックハウスと木質建材　資料集（2004）」において、VOCsの放散性状は、フローリングを構成する材料からは特徴的に読みとることができない。トルエンが強く放散されるフローリングは単板の着色剤がＵＶ（非水性）のものが使われており、このフローリング以外はトルエンの放散は少ない。

その他VOCsの放散がなされているフローリングでは、全般的に酢酸エチル、酢酸ブチル、アセトン、メチルエチルケトン、α－ピネンの放散がなされていた。特に、針葉樹合板を基材として水性高分子イソシアネート接着剤を用いたフローリングは、これらの放散が強く、酢酸エチルで数千μg/m³オーダーの濃度を測定した。

また、（JIS A 1901）小形チャンバー法（2003）の解説では、フローリングBでは約94％がトルエンの放散であったのに対して、Aでは約20％がエチルベンゼンで、そのほかにも芳香族炭化水素系の成分が多く放散されていた。またCでは、約20％が1-メチルブチルエーテルであり、試験片の種類によって放散される成分が異なることが明らかとなった。また、測定した3種類のフローリング全てにおいて、α－ピネンおよびリモネンの放散は検出限界以下であった。

④TVOCの放散

TVOC放散量も建材の種類によって大きく異なり、系統的な傾向は見られない。

「シックハウスと木質建材　資料集（2004）」では、放散量が多いものではその濃度が15,000μg/m³を超えていた。一方で、放散量が少ないものでは100μg/m³程度であり、その差は大きい。放散量が多いものは、いずれも個別VOCsでは酢酸エチル、酢酸ブチル、アセトン、α－ピネンが多く、これらの影響によりTVOC濃度が高まったと考えられている。

また、（JIS A 1901）小形チャンバー法（2003）の解説ではTVOC放散速度は、1日後の約570μg/m²h、Bで490μg/m²h、Cでは300μg/m²hであった。

3）まとめ

複合フローリングから放散される化学物質の放散源として、ホルムアルデヒドは基材の接着剤に由来する傾向が強く、アセトアルデヒドは基材の材料に由来し、VOCs各成分に

表 2-6　接着剤の種類と使用部位（日経ホームビルダー,2004をもとに作成）

	反応硬化形			水性形		溶剤形				でんぷん系のり
	エポキシ樹脂系	ウレタン樹脂系	変性シリコーン樹脂系	酢酸ビニル系エマルジョン形	アクリル樹脂系エマルジョン形	合成ゴム系ラテックス形	合成樹脂系	合成ゴム系	酢酸ビニル系溶剤形	
造作工事			○	○						
床板と床下地材		○			○					
根太と床板		○			○			○		
化粧合板			○					○		
ビニールカーペット	○					○		○		
ビニールクロス										○

2.1.2 接着剤

居室内で用いられる接着剤は、現場施工に用いられるものと、収納やキッチンなどのように商品を製造する際に用いられるものとに分けられる。特に合板やMDFなどの木質建材に用いられるものは、ユリア・メラミン・フェノール樹脂系の接着剤が用いられる（これらの製品からのVOCs放散に関しては、前章で述べた）。ここでは、施工に際して用いられる接着剤からの化学物質放散に関して説明する。

関しては、その放散性状が接着剤および塗料の複合的な原因に起因し、フローリング材によって大きく異なる。このことから、フローリングの選定にあたっては、放散速度データを実際に収集する必要があるといえる。

1）接着剤の種類及び表記

接着剤は様々な種類が存在し、形態と硬化方法による分類で表現される。硬化方法による分類では、硬化のタイプにより、大きく水性形・溶剤形・反応硬化形に分けられる。水性形は、接着剤に含まれていた水分が蒸発することで固まるものを指す。反応硬化形は、空気中の水分、あるいは熱により反応・固化するものを指す。

このため、その種類の表現は、構成される主成分とその状態により表される。例えば、アクリル樹脂がエマルジョン状（水の中に樹脂の粒が混ざっている状態）となっているものは、アクリル樹脂系エマルジョン形となる。

2）接着剤種類別の使用部位に関して

接着剤を使用する部位の別による接着剤種類を表2-6に示す。このように、目的に応じて

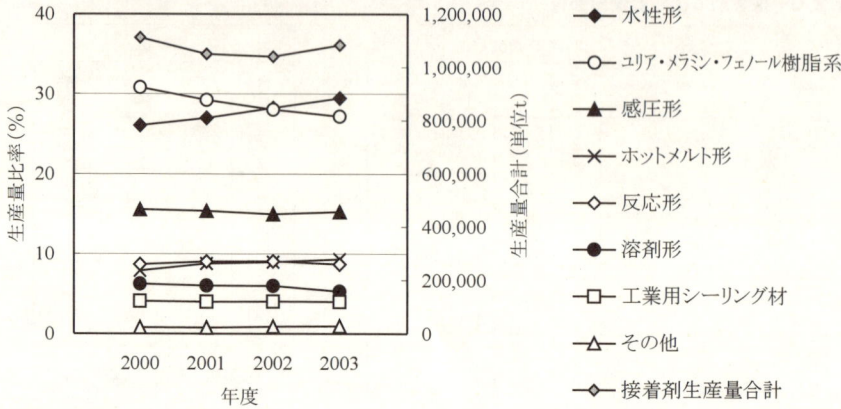

図 2-1 接着剤出荷量（日本接着剤工業会HP, 2004をもとに作成）

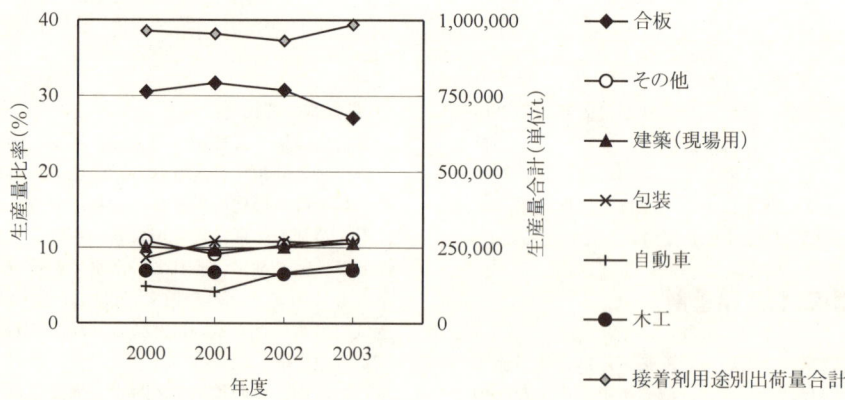

図 2-2 接着剤用途別出荷量（日本接着剤工業会HP, 2004をもとに作成）

使用される接着剤は異なる。

3）**接着剤生産量及び用途別出荷量に関して**

　接着剤の種類別の生産量比率と全体の生産量を図2-1に示す。総生産量は2000年度から2003年度まで大きな変化はないものの、接着剤の種類で見るとユリア・メラミン・フェノ

ール樹脂系接着剤生産量が年々減少している。また、水性形接着剤の生産量が増加しているのは、VOCs対策による影響と思われる。

　接着剤用途別出荷量比率と全体の出荷量を見ると（図2-2）、接着剤が用いられるもので最も大きな製品は、合板である。これも、全体の生産量は大きな変動はないものの、合板

製造量は減少している。

4）建築内装用接着剤JIS改訂による等級区分

　JISの改訂に伴いホルムアルデヒド発散量による等級区分化がなされた。対象は、溶剤形接着剤（酢酸ビニル樹脂系、ビニル共重合樹脂系、ゴム系、再生ゴム系）であり、ホルムアルデヒド放散速度の区分によりF☆☆〜F☆☆☆☆に分けられている。また、これ以外の接着剤に関しては、使用原料の制限があることと、特定の原料を使用していないことによりF☆☆☆☆扱いとなる。

5）接着剤使用時の注意事項

　現場において接着剤を使用する際には、必要以上に塗布すると化学物質の放散が多くなることが考えられる。このため、化学物質放散を抑えるためには、適正な量を塗布することが最も重要である。また、オープンタイム（接着剤塗布から貼り付けるまでの乾燥時間）を適正に確保することも必要といえる。このように、接着剤の使用にあたっては、使用する材料に適した接着剤の選定と、それを適切に使用することが大切である。

　加えて、施工をする際の施工者の安全面への配慮も必要である。作業中は、対象空間を他の居室と隔離した上で、窓などの開放による通風を行うことや機械換気を用いて常に清浄空気が供給するように配慮されなければならない。

　接着剤からの化学物質放散は、初期の固化の過程において多くなされる傾向があるため、竣工後に養生期間を設け、十分な換気をすることが望ましい。また他の建材への化学物質吸着の再放散を生じさせる恐れがあることから、他の建材の養生に対しても十分に配慮することが望ましい。

6）接着剤からの化学物質放散

　主成分の異なる接着剤種類の違いによる化学物質放散に関しては、従来、溶剤形のものが比較的多く化学物質の放散がなされる傾向にあった。しかし、厚生労働省の指針対象物質の指定により、溶剤形においても、近年トルエン・キシレンを使用しない接着剤が低VOCs品として販売されつつある。一方、反応形の変性シリコン樹脂系やエポキシ樹脂系は、化学物質の放散量が少ないといわれている。

　接着剤からの化学物質放散速度の測定は、ガラス板などの上に接着剤を塗布した状態で行う。これは化学物質の放散特性を明らかにするためには有効といえるが、接着剤は表面に露出することがないため、実際に放散される量と異なると考えられる。このため、ここでは実際の使用状態に近い床の複合体で評価したものと、接着剤のみで性能を評価したものとに分けて、化学物質放散影響に関して述べる。

①コンクリートスラブにフローリングを直張りした場合の室内への寄与

　村上ら（2001）は、モルタル板に直接フローリングを接着した「コンクリートスラブにフローリング直張り」の床仕上げを、接着剤に直張り用一液ポリウレタンを用いて再現し、小型チャンバー（ADPAC）によりホルムアルデヒド放散量を測定した。その結果、ホルムアルデヒドはほとんどが床材からの放散であることが分かった。

　しかし、TVOCに関しては、フローリング単体での結果と、接着剤と組み合わせた試験体の放散量の差が非常に大きいことから、VOCsの放散がフローリングからの寄与に加えて、その大部分が床用接着剤からの放散であることを指摘している。

　同様に、涌井ら（2002）も直張り用フロー

リング＋直床用接着剤（ウレタン系）とフローリング単体の場合のTVOC放散量の比較から、その接着剤の影響を把握している。それによると、フローリング単体の場合のTVOC放散量は2,000μg/m²h前後と少ないにもかかわらず（主成分：酢酸ブチル、酢酸メチル、テルペン類などの木質建材由来成分）、直張り用フローリング＋直床用接着剤の場合には、およそ800,000μg/m²hと急激に増加し、直張り用接着剤そのものの放散量である750,000μg/m²hとほぼ同程度の放散量であった。また、その成分は直張り用接着剤のみに含有されているイソパラフィン系粘度調整剤の影響を強く受けていることが指摘された。

②床板3枚構成の床部材における接着剤の影響

村上ら（2003）は、床板3枚構成の床部材（フローリング、捨張合板、下地合板）における上層および下層接着剤の影響を明らかにしている。その方法は、材料の間に既知の化学物質を塗布し、表面から放散される既知化学物質濃度を測定することで、接着剤の影響を見るものである。

試験体の構成は、最下層から下地合板、捨張合板、フローリングの順で、その間に2つの接着剤が用いられている（下層・上層）。それぞれの寄与が分かるように接着剤には、トレーサー物質として、n-デカン、n-ウンデカンが用いられている。

試験の結果、フローリングのサネの有無による影響をみると、「サネあり」は初期から放散量が大きく、そして次第に減少する傾向が見られ、逆に「サネなし」は、初期には小さく、そして徐々に増大する傾向が見られた。このことから、初期においてはサネのあるもののほうがないものに比べて明らかに放散が大きいことが確認された。

また、上層の接着剤と下層の接着剤の比較では、サネがない場合にはその差は少ないものの、サネがある場合には上層の接着剤の影響が大きい結果が得られており、サネを通して接着剤からのVOCs放散がなされることが示されている。

③まとめ

以上から、床用の接着剤は床表面材料の下部に塗布されるものの、室内空気環境におよぼす影響が非常に大きいことが指摘されている。

7）接着剤単独の化学物質放散性状

次に、接着剤単独の放散速度を測定した結果を接着剤の種類別に述べる。

①反応硬化形

エポキシ樹脂系（2液混合型）

本橋ら（1998）は、エポキシ樹脂系接着剤、酢酸ビニル樹脂系エマルジョン接着剤に対してVOCs放散性状を確認した。測定方法は、7×15×0.3cmのガラス板に約200g/m²の割合で塗布し、その後、20℃・60%RHの雰囲気下で1、5、24、48時間乾燥・硬化させた試験体をそれぞれ1.29Lのガラス製広口サンプル瓶に入れ、20℃で1時間保持した後に、広口サンプル瓶内の気体をヘッドスペース法にて採取し、GCにより分析する方法である。エポキシ樹脂系接着剤は、1時間後でも値が検出下限程度であった。

また、建材試験センター（2003）の報告書によると、ホルムアルデヒドを含む厚生労働省指針値対象VOCsはすべてND（検出限界未満）であった。TVOC値は1日目のみ90μg/m²hであったものの3日目にはNDになった。このうち、TVOCではフェノールスルホン酸が約80%を占めた。

変性シリコーン樹脂系

若林ら（2002）は、変性シリコーン系接着

剤のVOCs放散量測定を行っている。壁装材料協会「放散チャンバー法」に基づく試験方法により、ADPAC（20L）を用いて、試料負荷率2.2m²/m³、換気回数0.5回/hの環境条件下での放散速度を測定した。その結果、厚生労働省指針値対象VOCsは検出されなかった。また、TVOCは3日後で280μg/m³、5日後以降検出されなかった。

②水性形
酢酸ビニル系エマルジョン形

本橋ら（1998）の測定では、酢酸ビニル樹脂系エマルジョン接着剤は、TVOC放散量が、1時間後でも値が検出下限程度と、非常にVOCs放散が少ないことが指摘されている。

アクリル樹脂系エマルジョン形

建材試験センター（2003）の報告書によると、2種類のアクリル樹脂系エマルジョン形接着剤からの化学物質放散が調査されている。

この接着剤からの化学物質放散は、厚生労働省指針値対象物質においては、1種類のみ1日経過後にキシレンが微量検出されただけであり、その他の物質は検出限界以下であった。

しかし、TVOC放散速度は、1種類が、1日経過後、3日経過後、7日経過後の値が29,328μg/m²h、17,127μg/m²h、11,075μg/m²hと高い値を示した。これは、アクリル酸2-エチルヘキシル等が20%強を占めていることが報告されている。もう一方の接着剤のTVOC放散速度は、1日経過後、3日経過後、7日経過後の値が1,967μg/m²h、1,078μg/m²h、369μg/m²hであり、時間とともに減少し、7日目の放散速度は低い値となった。TVOCでは、2-エチルヘキサノールが20%を占めたと報告されている。

③溶剤形
合成ゴム系ラテックス形

建材試験センター（2003）の報告書によると、厚生労働省指針対象物質については、テトラデカンの放散が確認されており、1日経過後、3日経過後、7日経過後の値が4,197μg/m²h、2,996μg/m²h、640μg/m²hであった。また、TVOCの放散はいずれも高く、1日経過後、3日経過後、7日経過後の放散速度が189,486μg/m²h、110,431μg/m²h、26,030μg/m²hと高い値を示した。このうち約40%を高級アルコールが占めていた。

ビニル共重合樹脂系溶剤形（酢ビ系、メタノール含有）

建材試験センター（2003）の報告書によると、厚生労働省指針値対象物質では、1日経過後において、アセトアルデヒドが微量検出され、1日経過後、3日経過後、7日経過後の値が475μg/m²h、156μg/m²h、68μg/m²hと高い値を測定した。

TVOC値は、1日経過後、3日経過後の値は、512μg/m²h、165μg/m²hであり、7日経過後には検出限界を下回った。その構成は、2,2'-アゾビス（イソブチロニトリル）が約30%を占め、また、定義上TVOCの範囲外ではあったが、酢酸ビニル（モノマー）の検出もなされた。トルエン換算値にして1日目の放散速度は約580μg/m²hに相当した。

ビニル共重合樹脂系溶剤形（メタノール含有）

建材試験センター（2003）の報告書によると、ホルムアルデヒドは検出限界以下であったが、アセトアルデヒドは、1日経過後、3日経過後、7日経過後の値が1,065μg/m²h、206μg/m²h、143μg/m²hと高い。ノナナールは、1日経過後、3日経過後に32μg/m²h、13μg/m²hであり、7日経過後には検出限界を下回った。TVOC値は1日、3日、5日経過後で、1,489μg/m²h、883μg/m²h、558μg/m²hであった。

④壁紙用接着剤

住宅の壁・天井材の施工には壁紙を用いることが多い。壁や天井を壁紙仕上げとした場合、居室内表面積に対して壁・天井面積は大きな比率を占めることになる。このため、壁紙材料及び壁紙用接着剤からの化学物質放散に関する影響は大きく、極力、化学物質放散量の少ない材料を使用する必要がある。

過去においては、防腐剤としてホルムアルデヒドを使用していたこともあったが、化学物質による室内空気汚染問題が顕在化したことで、ホルムアルデヒドを使用しないものへの変更がなされている。また、VOCsに関しても放散量が少ないものが販売されている。

壁紙施工用でんぷん系接着剤においても、ホルムアルデヒド放散量が規定されている。シックハウス対策のための建築基準法改正により、壁紙施工用でんぷん系接着剤はホルムアルデヒド放散量の基準値が1.0mg/L以下から0.1mg/L以下に改正され、新たにF☆☆☆☆等級として指定された。

ここでは、壁紙に用いられるでんぷん系のりと酢酸ビニル系接着剤からの化学物質放散に関して述べる。

でんぷん系のり（JIS A 6922）

でんぷん系のりは、馬鈴薯など自然の穀物を原料として製造される安全な商品といえ、化学物質の放散が少ない商品がある。

建材試験センター（2003）の報告書によると、でんぷん系のりでは、ホルムアルデヒドおよびアセトアルデヒドを含む厚生労働省指針値対象物質は1日経過後の測定で検出下限以下であった。また、TVOC放散速度も1日経過後で16μg/m²h、3日目以降検出下限以下となるなど、非常に放散量が低い結果が得られている。

酢酸ビニル系接着剤

建材試験センター（2003）の報告書によると、酢酸ビニル系接着剤からの化学物質放散量は、ホルムアルデヒドおよびアセトアルデヒドを含む厚生労働省指針値対象物質は1日目で検出されていない。また、TVOC放散速度は、1種類は1日経過後で検出下限以下であり、プロピレングリコールが約80％を占めた。もう1種類は、1日経過後、3日経過後、7日経過後の値が151μg/m²h、123μg/m²h、71μg/m²hであり、ほぼ100％がプロピレングリコールであった。

⑤まとめ

現場で使用される接着剤では溶剤形からのVOCs放散量が多いことから、放散速度データを確認するなどの十分な配慮が必要である。使用に際しては、適正な施工方法に加え、十分な換気・養生に配慮することが必要である。また、壁紙用接着剤からの化学物質放散は非常に少なく、安全性の高い商品であるといえる。

■ 2.1.3 断熱材

断熱材は、住宅内外の熱の移動を少なくすることを目的に、壁・床・天井部位に用いられるものである。ここでは、断熱材の種類別の化学物質放散性状について述べる。

表 2-7 断熱材一覧

分類	名称
無機質繊維系断熱材	グラスウール
	ロックウール
	セルロースファイバー
	インシュレーションボード
樹脂系断熱材	ビーズ法ポリスチレンフォーム
	押出法ポリスチレンフォーム
	硬質ウレタンフォーム
	ポリエチレンフォーム
	フェノールフォーム

2.1.3.1 断熱材から放散される化学物質の居室への影響

通常、断熱材からの化学物質の室内空気質への影響は、壁や天井の中に施工されるため、内装仕上げ材に比較して少ないと考えられている。しかし、近年の研究において壁や天井の接合部の気密が悪く、第3種換気システムのように居室空間が負圧になる換気方式を用いた場合、非居住空間に設置される断熱材などから放散される化学物質が室内に入ってくることがわかっている。この移流により、室内空気中の化学物質濃度が上昇する懸念がある。2004年に改正された建築基準法においても「天井裏等」という規定を設け、下地建材や断熱材をホルムアルデヒド放散量の少ないものとするか、「天井裏等」の空間を機械換気することになっている。

2.1.3.2 断熱材の種類

住宅で使用されている断熱材は大きく、無機質繊維系断熱材、樹脂系断熱材に分けられる。無機質繊維系断熱材には、グラスウール、ロックウール、セルロースファイバー、インシュレーションボードなどがあり、樹脂系断熱材には、硬質ウレタンフォーム、押出法ポリスチレンフォーム、ビーズ法ポリスチレンフォーム、フェノールフォームなどがある（表2-7）。

2.1.3.3 断熱材からの化学物質放散に関する一般的注意事項

グラスウールおよびロックウールなどの断熱材は、バインダーと呼ばれる接合剤を用いて形状を保持している。このバインダーとして、ホルムアルデヒドを含む熱硬化性の樹脂（フェノール樹脂など）を用いている。そのため、成形後にホルムアルデヒドが放散される懸念があるといわれている。また、フェノールフォームはフェノール樹脂を発泡させ成型したものであることから、ホルムアルデヒド放散の可能性が指摘されている。

2.1.3.4 ロックウール

1）概要

ロックウールは、住宅用人造鉱物繊維断熱材または人造鉱物繊維保温材であり、けい酸分と酸化カルシウム分、高炉スラグや、玄武

写真 2-9 ロックウール

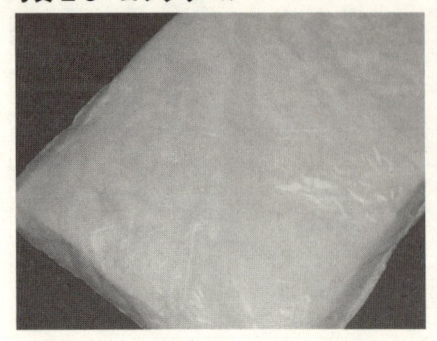

岩その他の天然鉱物などを主原料とするものである。製造方法は、電気炉で1,500～1,600℃の高温で溶融するか、または高炉から出たのち、同程度の高温に保った溶融スラグを炉底から流出させ、遠心力などで吹き飛ばして繊維状にするものである。

断熱材としてのロックウールは、ロックウール保温材とロックウール化粧保温材、住宅用ロックウール断熱材に分類される。

ロックウール保温材は、ロックウールにバインダーまたは外被を用いて板状、フェルト状、帯状、筒状、ブランケット状などに成形したものであり、壁、ボイラー、タンク、ダクト各種配管などの断熱・保温・保冷用に用いられる。パネル芯材、壁間・屋根裏などに用いて建物の断熱・保温・防火にも役立てられる（JIS A 9504 人造鉱物繊維保温材 不燃 NM-8600（ロックウール保温材））。

ロックウール化粧保温材は、ロックウール保温材を基材とし、その表面に化粧材としてGC、ALGC、ALKなどを張ったものを指す。壁、ボイラー、タンク、ダクト各種配管などの断熱・保温・保冷用に用いられる。また、パネル芯・壁間・屋根裏などに用いて建物の断熱・保温・防火用にも役立てられる。

住宅用ロックウール断熱材は、ロックウールをバインダーを用いて弾力性のあるマット状にし、その周囲をポリエチレンシートなどで覆い、片面を防湿層としたもの、あるいはフェルトの片面に外被張りをしたものである。主として住宅の天井、壁、床の断熱に用いられる。

吹込み用ロックウール断熱材は、ロックウールを吹込み施工に適した小塊状に加工したもので、現場で吹込み施工し、主として住宅の天井、壁、床の断熱・防露に用いられる。

2）化学物質の放散について

①ホルムアルデヒド及びアセトアルデヒドの放散

建材試験センター（2003）の報告書によると、ロックウールマットからのホルムアルデヒドおよびアセトアルデヒド放散はほとんどなされなかった。ホルムアルデヒドのみ、1日経過後の放散速度が6μg/m²hであったものの、3日目経過後以降は、ホルムアルデヒド、アセトアルデヒドともに検出下限以下の放散速度であった。

②VOCsの放散

VOCsに関しては、厚生労働省指針値対象物質はほとんど放散しなかった。ただし、テトラデカンのみ確認され、1日目経過後および3日目経過後の放散速度は、それぞれ7μg/m²h、2μg/m²hであった。しかし、7日目経過後では、検出下限以下であり、全ての指針値対象物質が7日経過後で検出下限以下となった。

③TVOCの放散

TVOC放散速度も非常に低く1日目、3日目、7日目経過後でそれぞれ82μg/m²h、36μg/m²h、26μg/m²hであった。内訳は、テトラデカンが約50％を占めていた。

3）まとめ

ロックウールからの化学物質放散量は厚生

写真 2-10　グラスウール

労働省指針値対象物質についてもなされず、またTVOC放散量も7日経過後以降では数十$\mu g/m^2h$程度と非常に低いものである。

2.1.3.5　グラスウール（JIS A 9521）
1）概要

　グラスウールは、ロール状、筒状、板状などに成形して、断熱材、吸音材、保温材、フィルターなどに使われる。その繊維サイズは直径4～8ミクロン、長さ10ミクロン以上の短繊維である。製造方法は、ガラスを溶かした状態にしたうえで、遠心力で吹き飛ばして綿状にした繊維に、少量のフェノール系樹脂などの結合材を加えて固めて作られる。住宅用の人造鉱物系断熱材としては、非常に多く利用されている。断熱材の表面はアルミ箔やプラスチックフィルムなどで包まれる。

　化学物質の放散としては、結合材として少量のフェノール系樹脂が使用されていることから、その樹脂原料の中のホルムアルデヒド放散が懸念される。

2）化学物質の放散について

　ホルムアルデヒドは結合材として微量含まれるが、その他の厚生労働省指針値対象物質に関しては含まれていないとされる。

①ホルムアルデヒドの放散について

　（JIS A 1901）小形チャンバー法（2003）の解説では、シールボックスに入れずに全面からの化学物質放散速度測定を行った結果、ホルムアルデヒド放散速度は、1日経過後で、$10\mu g/m^2h$の放散がなされ、30日経過後も若干であるが放散されている。この理由として成形にフェノール樹脂を用いているためとされている。

　また、建材試験センター（2003）の報告書によると、ホルムアルデヒド放散速度は、1日経過後、3日経過後、7日経過後の値は23$\mu g/m^2h$、$14\mu g/m^2h$、$8\mu g/m^2h$であり、1週間を経過すると放散速度は1桁のオーダーとなった。

②アセトアルデヒドの放散について

　建材試験センター（2003）の報告書によると、アセトアルデヒドに関しては、ほとんど放散されず、$1\mu g/m^3$以下であった。

③VOCsの放散について

　厚生労働省指針対象物質では、テトラデカンのみ放散が認められたが、1日経過後、3日経過後の放散量はそれぞれ$5\mu g/m^2h$、$1\mu g/m^2h$であり、7日目経過後以降では検出下限以下と、非常に少ない値であった。

④TVOCの放散

　TVOC値は、1日経過後、3日経過後の値はそれぞれ$67\mu g/m^2h$、$16\mu g/m^2h$であり、7日経過後は検出下限以下で微量であった。TVOCの内訳は、ジブチルヒドロキシトルエン（BHT）が約50％、テトラデカンが約30％を占めた。

2.1.3.6　硬質ウレタンフォーム（JIS A 9511）
1）概要

　硬質ウレタンフォームとは、NCO（イソシアネート）基を2個以上有するポリイソシア

写真 2-11　硬質ウレタンフォーム

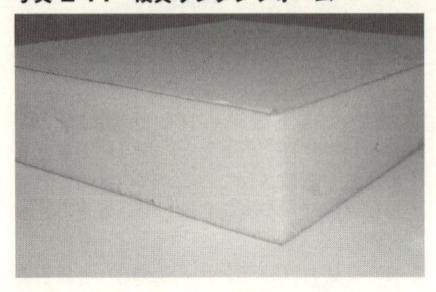

ネートと、OH（ヒドロキシル）基を2個以上有するポリオールを、触媒（アミン化合物等）、発泡剤（水、フルオロカーボン等）、整泡剤（シリコーンオイル）などといっしょに混合して、泡化反応と樹脂化反応を同時に行わせて得られる、均一なプラスチック発泡体のことを指す。

構造は、小さな泡の集合体であり、一つ一つが独立した気泡であり、その中に熱を伝えにくいガスが封じ込められることで、断熱性能が確保されている。

断熱材以外にも、成形の方法を変えることで、フォームクッションなど幅広く使われている。

2）化学物質の放散について

硬質ウレタンフォームは、告示の「ホルムアルデヒド発散建築材料」に該当せず、使用面積の制限を受けない材料である。

①ホルムアルデヒドの放散

（JIS A 1901）小形チャンバー法（2003）の解説では、ホルムアルデヒド放散は認められない。また、建材試験センター（2003）の報告書によると、1日経過後、3日経過後の値は$6\mu g/m^2h$、$8\mu g/m^2h$であり、7日経過後には検出下限以下となった。

②アセトアルデヒドの放散

アセトアルデヒドに若干の放散が認められたが、そのオーダーは$2\mu g/m^2h$程度と非常に低いものであった。

③VOCsの放散

厚生労働省指針値対象物質の放散はほとんどなく、トルエンは、1日目のみ$1\mu g/m^2h$であった。また、テトラデカンは、3日経過後まで$1\mu g/m^2h$であり、それ以降は検出下限以下であった。

④TVOCの放散

（JIS A 1901）小形チャンバー法（2003）の解説では、TVOC放散は少なく、14日間の計測を通じて、$5\mu g/m^2h$程度であった。しかし、TVOCの範囲以外であるフルオルカーボン（発泡剤として使用）は非常に高い放散が見られた。

建材試験センター（2003）の報告書によると、TVOC値は1日経過後、3日経過後の値は$33\mu g/m^2h$、$37\mu g/m^2h$と低く、7日経過後は検出限界以下となった。その内訳は、TVOCでは、1,4-ジオキサンが約5％、ドデカンが約5％を占め、7日で定量下限値を下回った。

2.1.3.7　ポリスチレンフォーム
1）概要

ポリスチレンフォームは、押出法ポリスチレンフォームとビーズ法ポリスチレンフォームに分けられる。

押出法ポリスチレンフォームは、ポリスチレン樹脂に炭化水素および代替フロン等の発泡剤を加えて押出成形されるものであり、製品は板形状となる。

一方、ビーズ法ポリスチレンフォーム（EPS）は、ポリスチレン樹脂と炭化水素系の発泡剤で構成される原料ビーズを予備発泡させ、その後に金型に充填して加熱すること

写真2-12　EPS

で約30〜80倍に発泡させて成形されるものである。金型の形状を変更することで様々な形状の製品をつくることができる。

2）化学物質の放散について

　ビーズ法ポリスチレンフォーム（EPS）は、原料製造時および成形時にホルムアルデヒド、クロピリホスは使用しておらず、2003年7月1日施工の改正建築基準法「シックハウス対策」でも規制対象となるホルムアルデヒド発散建築材には該当しない。

　ここでは、押出法ポリスチレンフォームからの化学物質放散に関して述べる。

①ホルムアルデヒドおよびアセトアルデヒド放散について

　（JIS A 1901）小形チャンバー法（2003）の解説では、アルデヒド類の放散はほとんど見られない。

②VOCsの放散

　トルエンとスチレンの放散が確認された。スチレンの放散が最も多く、28日間の測定を通じて放散が認められている。しかし、減衰も非常に早く、測定3日目には60%減衰し、28日目には初期放散速度の10%程度の放散となった。

写真2-13　フェノールフォーム

2.1.3.8　フェノールフォーム（JIS A 9511）
1）概要

　フェノールフォームは、原材料として、フェノール樹脂・硬化剤・発泡剤などを用いて、これらをいっしょに混合加熱させ、発泡および硬化反応を生じさせることによって製造される発泡体である。フェノールフォームは、一般にレゾール型とノボラック型に大別される。その特徴として、高い断熱性を持つとともに、熱的・化学的に安定した性質を持つといわれている。

　フェノールフォームには、ラミネートボードや複合成形パネル、また近年、高断熱性能を持ったフェノールフォームも開発されている。ラミネートボードとは、不織布、不燃紙、化粧紙、アルミ箔、金属箔などを面材とするものであり、複合成形パネルおよび筒状品は、せっこうボード、木毛セメント板、ロックウールボード、金属板など他の材料と複合させたものである。

　フェノールフォーム保温材の種類としては、（JIS A 9511）に規定する保温板1種（レゾール型フェノール樹脂を面材の間で発泡させ、サンドイッチ状に成形した面材付板状の保温材）および保温板2種（ノボラック型フ

ェノール樹脂を型枠内で発泡させ、単板状に成形した成形スキン、または面材付き板状の保温材。および保温筒フェノール樹脂を筒状に発泡成形、または板状またはブロック状の発泡成形体から切り出した保温材）とフェノールフォーム協会に定める「高性能フェノールフォーム」がある。

2) 化学物質の放散について
①アルデヒド類の放散
　フェノールフォームからの化学物質に関しては、建材試験センター（2003）の報告書で、シールボックスの有無による放散量の違いが示されている。シールボックスを使用した場合、ホルムアルデヒドは、時間経過によらず安定して放散し、7日経過後において$8\mu g/m^2h$であった。シールボックスを用いない場合、ホルムアルデヒド放散速度は若干低く、7日経過後において$5\mu g/m^2h$であった。いずれの場合も、ホルムアルデヒドの放散は少ないことが示されている。

②VOCsの放散
　厚生労働省指針値対象物質は、トルエンが1日目のみ$1\mu g/m^2h$であったことを除くと、シールボックスの有無によらずほとんど検出されなかった。

③TVOCの放散
　TVOC放散速度も非常に低く、1日目経過後の放散速度は、シールボックスの有無によらず、TVOC値は定量下限値を下回った。

2.1.3.9 セルロースファイバー (JIS A 9523)
1) 概要
　セルロースファイバーは、天然の木質繊維を用いている。この特徴は、様々な繊維が絡み合っていることである。断熱性能の確保は、この繊維の絡み合いにより構成される空気層による。また、吸放湿を行う性能があること

写真 2-14　セルロースファイバー

から、湿度の保持を行うとされている。原料は新聞古紙であり、乾式粉砕し、バラ状、綿状に加工されている。一般的に、ホウ素系薬品を添加させて防燃性能を確保している。このホウ素系薬品は、医療や食品にも使用され、人体への影響は少ないとされている。

2) 化学物質の放散について
　セルロースファイバーも改正建築基準法の規制対象となるホルムアルデヒド発散建築材には、該当しない。

①ホルムアルデヒドの放散
　建材試験センター（2003）の報告書によると、2種類の材料に対し、化学物質の放散速度を小形チャンバー法で測定している。試験体①では、ホルムアルデヒドのみ放散が見られ、1日経過後で$6\mu g/m^2h$、3日経過後で$5\mu g/m^2h$であったが、7日経過後では検出限界以下となった。試験体②では、ホルムアルデヒド、アセトアルデヒドともに検出限界以下となった。このことから、ホルムアルデヒドおよびアセトアルデヒドの放散は非常に少ないといえる。

②VOCsの放散
　厚生労働省指針値対象物質に関しては、テトラデカンのみが検出され、試験体①で1日、

3日、7日経過後でそれぞれ$5\mu g/m^2h$、$3\mu g/m^2h$、$2\mu g/m^2h$であった。試験体②では、同$3\mu g/m^2h$、$1\mu g/m^2h$であり、7日経過後は検出限界以下となった。

③TVOCの放散

TVOC値は、試験体①で、1日、3日、7日経過後の放散速度が$610\mu g/m^2h$、$460\mu g/m^2h$、$360\mu g/m^2h$であった。試験体②では、同490・260・240$\mu g/m^2h$であり、1週間を経過すると放散速度は約半分程度に低下することが示されている。

■ 2.1.4 塗料

1）概要

建築で用いられる塗料とは、表2-8に示すように、建材の着色や保護といった目的で使用される。例えば建物の外側では、壁の着色や、外構によく使用される塀やウッドデッキの木材保護として、また建物の内側では、部屋の壁にローラーやスプレー吹付け等による着色に用いられている。これらの塗料は、着色の目的以外に、紫外線や雨水から材料の劣化を防いだり、カビや汚れの付着を抑制する機能を備えたものもあり、建材を使用する上で重要な役割を担っている。

その塗料にはたくさんの種類があり、それに含まれる化学物質はまた数種類あり、トルエンやキシレン、またはアルコール類を主な有機化合物（VOCs）として含んでいる（表2-9）。現在の塗料の分類と2004年10月の生産量を次ページの表2-10、その内訳の

表2-8 建築用塗料の動向

ニーズ、市場要望	対応	建築用塗料
1 意匠、美装の多様化	高弾性、意匠の複合	多彩仕上げ メタリック、パール調
2 擬似性（本物指向）	擬石調、砂岩調 生地仕上	厚膜御影仕上（目地） コンクリート生地仕上 砂岩調仕上
3 本物保護	大理石の保護 御影石の保護	自然石保護クリヤー
4 耐久性	ふっ素、シリコーンアクリル樹脂塗装仕様	ふっ素樹脂塗料 シリコーンアクリル樹脂塗料
5 汚れ防止	低汚染性（雨じみ汚染） 建物ディテール	低汚染弾性塗料
6 耐結露、耐ヒビ割れ モルタル保護	透湿性	弾性透湿型塗料
7 改修・塗替	下地調整材、模様塗材 塗装仕様のバラエティ工法の研究	改修工法の確立
8 環境、水系化 安全性	複層弾性上塗水系化 水系の速乾化、 難燃化、不燃化	水系化仕様の一環
9 労働力不足、省力化	軽量化 調色の簡易、自由化 ワンペイント化（下、中、上）	軽量タイルベース 簡易、軽量調色 ワンペイント塗料

出典：「健康住宅セミナー」1994年11月14日　健康住宅推進協議会テキスト p.18講演題目「建築用塗料（内装用）」日本ペイント㈱建設鉄構塗料部長　三木氏

表2-9 塗料に含まれる有機化合物

材料	有機化合物
ベンキ 合成樹脂ペイント	トルエン、キシレン、トリメチルベンゼン、ケトン類、ミネラルスピリット（デカン類）
ラッカー	トルエン、キシレン、アルコール類、エステル類、ケトン類
非水分散型塗料	ミネラルスピリット（デカン類）
ビニル樹脂系	キシレン
2液ウレタン系	トルエン、キシレン、エステル類、ケトン類
シーラー系	トルエン、キシレン、エステル類、ケトン類
植物油系	脂肪族炭化水素類、オレンジオイル
セラック系	アルコール類
化石樹脂系	トルエン、キシレン、アルコール類
エマルジョン型	アルコール類、グリコール類
水溶性型	アルコール類、グリコール類

出典：「シックハウス対策アドバイザーテキスト」（シックハウスアドバイザー制度資料化学と測定）をもとに作成
http://www1.kcn.ne.jp/'kikyou/SHAdviserText02.htm
2004/01/06確認

表 2-10　2004年10月塗料生産数量

品名			生産数量(トン)
ラッカー			2,189
電気絶縁塗料			2,813
合成樹脂塗料	溶剤系	アルキド樹脂系 ワニス・エナメル	3,675
		アルキド樹脂系 調合ペイント	2,838
		アルキド樹脂系 さび止めペイント	4,549
		アミノアルキド樹脂系	7,447
		アクリル樹脂系 常温乾燥型	4,546
		アクリル樹脂系 焼付乾燥型	4,266
		エポキシ樹脂系	9,758
		ウレタン樹脂系	12,203
		不飽和ポリエステル樹脂系	1,825
		船底塗料	1,498
		その他の溶剤系	8,967
		溶剤系　計	61,572
	水系	エマルジョンペイント	12,612
		厚膜型エマルジョン	5,386
		水性樹脂系塗料	14,630
		水系　計	32,628
	無溶剤	粉体塗料	2,588
		トラフィックペイント	6,451
		無溶剤　計	9,039
		計	103,239
その他の塗料			7,296
シンナー			40,167
合計			155,704
4月以降の累計			1,061,750

2004年12月13日　経済産業省統計調をもとに作成

図 2-3　2004年10月塗料生数量の内訳

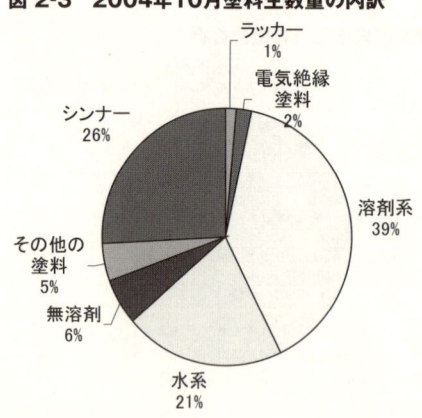

- ラッカー 1%
- 電気絶縁塗料 2%
- シンナー 26%
- その他の塗料 5%
- 無溶剤 6%
- 水系 21%
- 溶剤系 39%

表 2-11　塗料に使用される溶剤一覧

分類	溶剤名
芳香族炭化水素	トルエン
	キシレン
	エチルベンゼン
	スチレン
アルコール系	メタノール
	エタノール
	IPA(イソプロピルアルコール)
	n-ブタノール
	イソブタノール
	エチレングリコール
脂肪族炭化水素	シクロヘキサン
	n-ヘキサン
石油系混合溶剤	低沸点芳香族ナフサ
	中沸点芳香族ナフサ
	高沸点芳香族ナフサ
	ミネラルスピリット
酢酸エステル系	酢酸メチル
	酢酸エチル
	酢酸ブチル
	酢酸イソブチル
	酢酸イソアミル
ケトン系	アセトン
	メチルエチルケトン
	メチルイソブチルケトン
	シクロヘキサノン(アノン)
	イソホロン
エーテルアルコール類	メチルセロソルブ(エチレングリコール モノメチルエーテル)
	ブチルセロソルブ(エチレングリコール モノブチルエーテル)
	プロピレングリコール モノエチルエーテル
	イソプロピルセロソルブ
エーテルアルコール	メチルセロソルブアセテート
	エチルセロソルブアセテート
塩素系*	ジクロロメタン
	トリクロロメタン(クロロホルム)
	四塩化炭素
	トリクロロエタン
	トリクロロエチレン
液化ガス	DME(ジメチルエーテル)
	LPG(C3-C4炭化水素混合物)
可塑剤	DMP(フタル酸ジメチル)
	DEP(フタル酸ジエチル)
	DBP(フタル酸ジブチル)
	DOP(フタル酸ジ-2-エチルヘキシル)
その他	テキサノール(2,2,4-トリメチル-1,3-ペンタンジオール モノ-2-メチルプロパネート)

＊塗料では現在使用なし

出典：日本塗料工業会HP「安全環境へのとりくみ・日本塗料工業会製品安全情報　塗料の知識」
http://tryo.or.jp/jp/anzen/register/index.html
2005/01/06確認

建材別化学物質の使用例・実測例

表 2-12　環境配慮塗料の分類と内容　((社)日本塗料工業会　製品安全委員会、2004年4月19日) をもとに作成

大分類	中分類	分類　塗料名	記号	分類内容
A:大気汚染低減性	低VOCs	A1:水系塗料	W1	TVOC含有が1%未満の水系塗料。芳香族炭化水素が0.1%未満
			W2	TVOC含有が1%以上で5%未満の水系塗料。芳香族炭化水素が1%未満
			W3	W1及びW2以外の水系塗料
		A2:無溶剤型塗料		VOCs1%以下の塗料
		A3:ハイソリッド塗料		VOCs30%以下又は、塗装時VOCsが420g/L以下の塗料
	超低VOCs	A4:粉体(状)塗料		粉末状の塗料
		A5:貼る塗料		シート状に成形された塗料
B:低有害性	安全性	B1:弱溶剤型塗料		トルエン、キシレン、エチルベンゼン、スチレンが1%以下の塗料
		B2:鉛・クロムフリー塗料		塗膜中に鉛・クロムの含有が0.06%以下になる塗料 (JIS K 5674と同等)
		B3:ホルムアルデヒド規制対応塗料		ホルムアルデヒド規制対応の表示がF☆☆☆☆の塗料 (居室用塗料)
		B4:生態系配慮塗料		脱内分泌撹乱物質として生態系への配慮をされていることを表示している
		B5:タールフリー塗料		有害金属を配合しない無タールエポキシ樹脂塗料
C:省資源性	リサイクル、リユース	C1:リサイクル型塗料		繰返し再使用できる塗料
		C2:再資源化塗料		リサイクル原材料を使用している塗料 (例、再生PET、廃油)
	長寿命型	C3:高耐久塗料		塗膜の期待耐用年数が15年以上の塗装系や塗料
		C4:高耐候塗料		外装塗料で期待耐用年数が15年以上の塗装系や塗料
D:省エネルギー性	省エネ型 (塗料機能)	D1:低温焼付塗料		乾燥・焼付け温度が120℃以下の塗料
		D2:活性エネルギー線硬化塗料		UV硬化、電子線硬化タイプの塗料
	省エネ型 (塗膜機能)	D3:熱遮蔽塗料		太陽光線の遮蔽に効果がある塗料
		D4:防汚塗料		脱TBT (トリブチルスズ化合物) であり、アオサ、貝や藻が付着し難い塗料
		D5:保温塗料		熱の保温性に効果がある塗料
		D6:断熱・防音塗料		断熱・防音で軽量化されている塗料
E:分解性	自然循環性	E1:易廃棄処理型塗料		埋め立てで可能、自然分解する塗料、ただし規制されていない物質である事。
F:環境調和性	環境改善機能	F1:防汚染塗料		塗膜塗膜が汚染し難いか、又は自己洗浄性がある塗料
		F2:低臭型塗料		塗装時の臭気がほとんど感知しないか気にならない塗料
		F3:抗菌型塗料		日本塗料工業会　抗菌塗料製品管理のためのガイドラインの基準を満たす塗料
		F4:防藻又は防カビ塗料		塗膜塗膜に防藻又は防カビ性の効果がある塗料

環境配慮塗料とは:「従来の商品より人間や生物及び地球環境負荷への低減と緩和を果たす商品で、環境負荷低減や環境緩和の改善が数値で表せられる商品」

出典:日本塗料工業会HP「安全環境へのとりくみ・日本塗料工業会　製品安全情報　塗料の知識」
http://tryo.or.jp/jp/anzen/register/index.html　2005/01/06確認

割合を図2-3に、また各分類別の使用溶剤を表2-11に示す。

最近は低VOCs化が進み、水系の割合が増えてきており、人体だけではなく環境への影響を少なくするため塗料の改善が図られている (表2-12)。国立環境研究所が推計した1998～2000年度の産業界各種の排出VOCs調査では、塗料・塗装に関わる比率が37%になり、その中で建屋系の固定発生源はその半分の19%に及ぶ。

2) 建築基準法による規制

「建築基準法」により、塗料については、居室で用いる時に規制を受けるものがあるので、使用する塗料の種類や使用面積を注意する必要がある (詳しくは、第5章5.3参照)。

以下、建築基準法上の規制を受ける塗料、受けない塗料を記載する。

[建築基準法の規制対象の塗料 (現場施工)]
アルミニウムペイント
油性調合ペイント
合成樹脂調合ペイント
フタル酸樹脂ワニス[2]
フタル酸樹脂エナメル[3]
油性系下地塗料
一般用さび止めペイント
多彩模様塗料
家庭用屋内木床塗料
家庭用木部金属部塗料
建物用床塗料
(いずれも、ユリア樹脂等を用いたものに限る)

[建築基準法の規制対象外の塗料]
セラックニス類

(2) ワニス:クリアー (透明) タイプのこと。
(3) エナメル:着色タイプのこと。

ニトロセルロースラッカー
ラッカー系シーラー[4]
ラッカー系下地塗料
塩化ビニル樹脂ワニス
塩化ビニル樹脂エナメル
塩化ビニル樹脂プライマー[5]
アクリル樹脂ワニス
アクリル樹脂エナメル
アクリル樹脂プライマー
合成樹脂エマルジョンペイント及びシーラー[6]
合成樹脂エマルジョン模様塗料
合成樹脂エマルジョンパテ[7]
家庭用屋内壁塗料
建築用ポリウレタン樹脂塗料
つや有合成樹脂エマルジョンペイント
アクリル樹脂系非水分散樹脂塗料
オイルステイン
ピグメントステイン

3) 協会による自主管理登録

塗料に含まれるホルムアルデヒドについては、社団法人日本塗料協会のホームページにウレタン樹脂系塗料や合成樹脂エマルジョンペイントなど10分類5169品目（2004年12月1日現在）が登録され、公開されているものもある（表2-13）。

4) 放散される化学物質

市場に流通している塗料は非常に多く、その成分も多数存在するため、ここでは一例を挙げる。

［文献1］（JIS A 1901）解説（2003）では、3種類の塗料A（水系塗料）、B（エマルジョン塗料）、C（合成樹脂ペイント）について、ホルムアルデヒド、アセトアルデヒド、TVOCの放散速度を小形チャンバーで測定している（表2-14）。測定は、1日後、3日後、7日後、14

表 2-13 ホルムアルデヒド規正商品自主管理登録リスト〈塗料分類別〉

(50音順) 10分類5169品目　2004年12月1日現在

記号	分類	件数
AR	アルキド樹脂系塗料	293
V	ビニル樹脂系塗料	45
EP	エポキシ樹脂系塗料	759
U	ウレタン樹脂系塗料	1511
P	不飽和ポリエステル樹脂系塗料	47
EM	合成樹脂エマルジョンペイント	1166
W	水溶性樹脂系塗料	136
AC	アクリル樹脂系塗料	463
L	ラッカー系塗料	262
O	その他	487

出典：社団法人日本塗料工業会HPをもとに作成
「ホルムアルデヒド規制商品自主管理登録リスト」
http://toryo.or.jp/jp/anzen/register/bycat/index.html
2005/01/06確認

表 2-14　塗料概要[8]

種類	塗料A	塗料B	塗料C
分類	水系塗料	エマルジョン塗料	合成樹脂ペイント
材質	展色剤：特殊アクリル樹脂 顔料：着色顔料 体質顔料	着色顔料：27.0% 体質顔料：17.0% 合成樹脂エマルション：22.0% 添加剤（VOCs含まない）：4.0% 水：30.0% pH調整剤：NH3	変性アルキド樹脂（固形分）：30.0% 着色顔料：24.0% 体質顔料：12.0% 溶剤シンナー含む：32.0% 添加剤：2%
試料負荷率 (m²/m³)	2.2		0.022

日後に行っている。

［文献2］同様に（JIS A 1901）解説（2003）において、2種類の塗料（水性ペイント、油性ペイント）について、小形チャンバーを用いて測定している。測定は7日間で10サンプリング以上行っている。

［文献3］財団法人建材試験センター（2003）では、表2-15に示す10品目について、小形チャンバーによる放散量の実態調査を行っている。測定は、ホルムアルデヒド、アセトアルデヒド、VOCs（トルエン、キシレン、エチルベンゼン、スチレン、テトラデカン）、

---

(4)シーラー：施工において下地への吸い込み防止や、耐アルカリ性、密着性向上などを目的にした下塗り塗料のこと。
(5)プライマー：下塗りを用いる塗料の総称。
(6)エマルジョン塗料：塗料の主成分である油や樹脂を水中に乳化した塗料のこと。
(7)パテ：下地のジョイント部のくぼみや凹凸面を埋めるもの。
(8)出典：JIS A 1901解説（2003）をもとに作成。

表 2-15　調査対象塗料 [9]

JIS No.	塗料名	適用範囲
JIS K 5663	合成樹脂エマルジョンペイント	合成樹脂エマルジョンと顔料を主な原料として作った液状のもの
JIS K 5660	つや有合成樹脂エマルジョンペイント	合成樹脂エマルジョンと顔料を主な原料として作った液状のもの
JIS K 5970	建築用床塗料（エポキシ樹脂系）	エポキシ樹脂をワニス成分とする塗料
JIS K 5516	合成樹脂調合ペイント	着色顔料・体質顔料などを、重に長油性フタル酸樹脂ワニスで練り合わせて作った液状・自然乾燥性の塗料
JIS K 5572	フタル酸樹脂エナメル	乾性油変性フタル酸樹脂を炭化水素系溶剤に溶かして作ったワニスに、顔料を分散して作ったもの
JIS K 5961	家庭用屋内木床塗料	油変性ウレタン樹脂を主な原料として溶剤に溶かしたウレタン樹脂ワニス
JIS K 5656	建築用ポリウレタン樹脂塗料	ポリオール樹脂・顔料・溶剤などを主な原料とした主剤と、ポリイソシアネート樹脂などを原料とした硬化剤からなる塗料
JIS K 5531	ニトロセルロースラッカー	工業用ニトロセルロースとアルキド樹脂とを主な塗膜形成要素とする塗料
JIS K 5970	アクリル樹脂系非水分散形塗料	アクリル樹脂系非水分散形塗料からなる塗料
JIS K 5654	アクリル樹脂エナメル	熱硬化性アクリル樹脂を主な塗膜形成要素とする塗料

TVOCについて、1日後、3日後、7日後に行っている（結果は表2-16）。

① ホルムアルデヒドの放散

［文献1］合成樹脂ペイントが1日目に270μg/m²h程度で緩やかに減衰し、14日目では100μg/m²hの放散であった。水系塗料およびエマルジョン塗料は検出限界値以下であった。

［文献2］水性ペイントおよび油性ペイントともにホルムアルデヒドは主要放散物質には該当しなかった。

［文献3］合成樹脂調合ペイントと家庭用木床塗料で検出されたが、いずれも7日後には検出量が小さくなった。

② アセトアルデヒドの放散

［文献1］合成樹脂ペイントが1日目に100μg/m²h程度で緩やかに減衰し、14日目では20μg/m²hの放散であった。

［文献2］ホルムアルデヒド同様、主要放散物質には該当しなかった。

［文献3］ホルムアルデヒド同様、合成樹脂調合ペイントと家庭用木床塗料で検出され、アセトアルデヒドの方がやや検出量は高かった。

③ VOCsの放散

［文献1］水系塗料およびエマルジョン塗料においては検出限界値以下となり、合成樹脂ペイントは、アセトンが測定開始から7日間は安定して30μg/m²h程度の放散が見られたが、測定終了時の14日目には検出限界値以下となった。

［文献2］水性ペイントで検出された化学物質はほぼすべてアルコール類であり、2-(1-メチ

---

(9) 出典：財団法人建材試験センター（2003）をもとに作成。

ルエトキシ)-エタノール、2-ブトキシエタノール、2-(2-ブトキシエトキシ)エタノール、1,1'-[オキシビス(2,1-エタンジオキシル)]ビスブタンが主要化学物質であった。水性エマルジョンペイントを設置した直後に小形チャンバー内の濃度は最大となり、その後、放散速度は徐々に減衰し、7日間の測定で小形チャンバー内の濃度は1/100以下に減衰した。一方、油性ペイントから放散された主要化学物質はデカンおよびヘキサナールであった。

［文献3］合成樹脂エマルジョンペイントでは、トルエン、キシレン等のVOCsはほとんど検出されなかった。溶剤形塗料でも、合成樹脂調合ペイント、フタル酸樹脂塗料、家庭用木床塗料、建築用ポリウレタン樹脂塗料、アクリル樹脂系非水分散形塗料では、トルエン、キシレン等のVOCsの検出量は小さく、7日後となるとさらに小さい値となった。また、建物用床塗料、ニトロセルロースラッカー、アクリル樹脂エナメルでは、トルエン、キシレン等のVOCsが比較的多く検出された。

④TVOCの放散

［文献1］水系塗料は測定開始から1週間でTVOCが95％近く減衰し、その後は大きな減衰はみられなかった。またTVOCの約25％の割合でフルオロカーボンが放散していた。エマルジョン塗料は3種類の塗料の中では最もTVOCが低く、試験開始後2日間で急激に減衰し、7日目にはブランク値以下となった。VOCの中では、ヘキサナールや脂肪族炭化水素の放散が多くみられた。合成樹脂ペイントは3種類の塗料の中で最もTVOCが高かった。ヘキサナール、n-ヘキサン酸、ヘキサン二酸などの物質がTVOCの約50％を占めており、測定開始1日目のTVOCの放散速度は5,000 μg/m²h以上であった。測定開始から7日間で80％近く減衰し、試験終了時の14日目においても300 μg/m²hの放散がみられた。

［文献2］VOCs同様に水性ペイントを設置した直後にTVOCが最大となり、その後は徐々に減衰し、7日間の測定で1/100以下に減衰した。一方、油性ペイントは測定開始後約10時間で放散速度レベルは1/100以下となり、100時間経過後に放散速度は1mg/m²h以下のオーダーとなった。

［文献3］合成樹脂エマルジョンペイントが1日目のTVOC放散が最も低く（196 μg/m²h）、次いで、つや有合成樹脂エマルジョンペイント（750 μg/m²h）、アクリル樹脂エナメル（6,250 μg/m²h）、エポキシ樹脂系建築用床塗料（9,790 μg/m²h）と低い。その他の塗料は、1日目のTVOC放散が17,200～79,300 μg/m²hであった。7日後のTVOC放散が最も低く、1日目からの低減率が大きいのは家庭用屋内木床塗料で（17,200→17 μg/m²h）、合成樹脂エマルションペイントも7日後のTVOC放散が低い（20 μg/m²h）。つや有合成樹脂エマルジョンペイントでは、TVOC放散が低減せず、エポキシ樹脂系建築用床塗料およびアクリル樹脂エナメルは7日後にはTVOC放散が半減した。その他の塗料は、1桁以上低減した。

⑤まとめ

塗料の種類によって、ホルムアルデヒドが放散するものがある。

水性ペイントからはアルコール類が放散し、油性ペイントでは、デカンやヘキサナールが主要放散物質であった。

塗料のTVOC低減速度は著しく速い。またVOCs成分ではトルエン、キシレンが発生する塗料もあるが、その他の物質によるものも大きい。

表 2-16　塗料のVOCs放散速度の測定結果

（試料負荷率 2.2、捕集時間 6分）単位：$\mu g/m^2 h$

	試料	合成樹脂エマルジョンペイント			つや有合成樹脂エマルジョンペイント		
	物質名	1日	3日	7日	1日	3日	7日
	ホルムアルデヒド	ND	ND	ND	ND	ND	ND
	アセトアルデヒド	ND	ND	ND	ND	ND	ND
V O C s	トルエン	1	ND	ND	2	1	2
	キシレン	ND	ND	ND	3	ND	ND
	エチルベンゼン	ND	ND	ND	1	ND	ND
	スチレン	ND	ND	ND	ND	ND	ND
	テトラデカン	ND	ND	ND	23	ND	ND
	TVOC	196	89	20	750	918	855

（試料負荷率 0.55、捕集時間 6分）

	試料	建築用床塗料(エポキシ樹脂系)			合成樹脂調合ペイント			フタル酸樹脂エナメル		
	物質名	1日	3日	7日	1日	3日	7日	1日	3日	7日
	ホルムアルデヒド	ND	ND	ND	40	29	17	35	23	16
	アセトアルデヒド	ND	ND	ND	233	86	36	173	90	45
V O C s	トルエン	1350	970	857	3	1	2	5	2	4
	キシレン	375	92	59	27	ND	ND	44	1	1
	エチルベンゼン	283	78	52	9	ND	ND	14	ND	ND
	スチレン	7	ND	ND	ND	ND	ND	ND	ND	ND
	テトラデカン	4	ND	ND	9	ND	3	15	5	3
	TVOC	9790	5390	4540	31900	4340	2800	34700	4360	1780

（試料負荷率 0.55、捕集時間 6分）

	試料	家庭用屋内木床塗料			建築用ポリウレタン樹脂塗料			ニトロセルロースラッカー		
	物質名	1日	3日	7日	1日	3日	7日	1日	3日	7日
	ホルムアルデヒド	19	14	9	ND	ND	ND	6	ND	ND
	アセトアルデヒド	110	96	46	ND	ND	ND	ND	ND	ND
V O C s	トルエン	1	1	ND	12	13	15	4350	632	67
	キシレン	12	ND	ND	86	7	5	2800	538	86
	エチルベンゼン	2	ND	ND	25	2	2	2440	179	29
	スチレン	ND	ND	ND	ND	ND	ND	ND	ND	ND
	テトラデカン	14	3	5	3	1	15	ND	ND	ND
	TVOC	17200	4650	17	79300	4360	2030	31600	7740	1870

（試料負荷率 0.55、捕集時間 6分）

	試料	アクリル樹脂系非水分散形塗料			アクリル樹脂エナメル		
	物質名	1日	3日	7日	1日	3日	7日
	ホルムアルデヒド	ND	ND	ND	ND	ND	ND
	アセトアルデヒド	32	ND	ND	ND	ND	ND
V O C s	トルエン	36	30	32	830	731	212
	キシレン	51	10	10	1900	3140	983
	エチルベンゼン	27	5	4	1650	3000	2190
	スチレン	1	1	1	789	1370	ND
	テトラデカン	1	ND	10	ND	ND	ND
	TVOC	56290	7460	1890	6250	9080	3540

出典：財団法人建材試験センター（2003）平成14年度経済産業省委託事業成果「基準認証研究開発事業　建材からのVOC等放散量の評価方法に関する標準化」をもとに作成

＊ND：検出限界未満、検出限界値未満、検出下限値未満、不検出

■ 2.1.5 壁紙

1) 概要

壁紙は、居室において最も使用される面積が大きく、建物構成材の最も室内側（表面側）に位置している。そのため室内の空気は、壁紙から発生する化学物質の影響を直接受けることになる。よって、壁紙から発生する化学物質は室内空気質の発生源として特に注意しておく必要があるといえるだろう。

壁紙は、紙製品や樹脂製品など、その種類は多い。ここでは、まず壁紙の種類を記載した。この種類は日本壁装協会のHPより最新の名称にて表記し、過去に名称変更や種類の統合されたものは記載していない。また表2-17には、1997年度から2004年度までの各壁紙の出荷量を、図2-4には、2004年度の出荷割合を記載した。壁紙全体の総量は約7億m²で現在、90%は塩化ビニル樹脂系壁紙である。

壁紙の種類は以下のようにまとめられる。

○紙系壁紙
　紙（普通紙、難燃紙、紙布）を主素材とする壁紙。ただし、表面化粧層にプラスチックを20g/m²以上使用したものを除く。
○繊維系壁紙
　有機質の繊維を主素材とする壁紙。
○塩化ビニル樹脂系壁紙
　塩化ビニル樹脂を主素材とするか、または表面化粧層に20g/m²以上塩化ビニル樹脂を使用している壁紙。
○プラスチック系壁紙
　塩化ビニル樹脂を除くプラスチックを主素材とするか、または表面化粧層に20g/m²以上プラスチックを使用している壁紙。
○無機質系壁紙
　無機質を主素材とする壁紙。ただし、表面化粧層にプラスチックを20g/m²以上使用したものを除く。主素材には、無機質紙、無機質骨材、ガラス繊維などがある。
○その他の壁紙

図 2-4　2004年度壁紙出荷割合

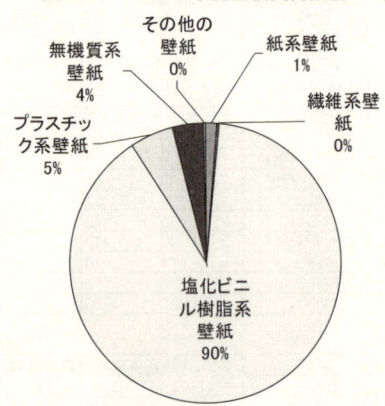

- 塩化ビニル樹脂系壁紙 90%
- プラスチック系壁紙 5%
- 無機質系壁紙 4%
- その他の壁紙 0%
- 紙系壁紙 1%
- 繊維系壁紙 0%

出典：日本壁装協会HP

表 2-17　壁紙統計データ

	1997年度	1998年度	1999年度	2000年度	2001年度	2002年度	2003年度	2004年度
紙系壁紙	16,035,755	18,504,433	25,486,498	28,521,078	22,823,006	16,674,804	12,088,113	9,505,384
織物壁紙	7,653,957	5,525,621	5,677,988	5,070,140	4,466,195			
繊維系壁紙	235,691	439,986	202,403	203,036	172,482	3,755,987	3,519,822	3,142,319
塩化ビニル樹脂系壁紙	701,990,124	622,169,037	644,674,083	629,695,468	626,110,729	603,657,779	626,288,974	639,169,688
プラスチック系壁紙						36,754,545	39,287,310	37,665,315
無機質系壁紙	48,650,829	39,953,987	46,536,067	47,549,740	46,368,679	33,217,714	27,361,070	26,138,540
特定壁紙	10,270,786	10,721,290	14,423,974	26,113,576	31,118,219			
その他の壁紙	50,640	190,931	391,399	308,307	0	2,767,896	2,274,628	1,521,269
総計	784,887,782	697,505,285	737,392,412	737,461,345	731,059,310	696,828,725	710,819,917	717,142,515
新設住宅戸数	1,341,347	1,179,536	1,226,207	1,213,157	1,173,170	1,145,553	1,173,649	1,193,038

出典：日本壁装協会HP出荷量　［単位：m²］
http://wacoa.topica.ne.jp/wacoa/kabe_toukei_backnum.html
2005/07/16確認

特有の施工法による壁紙。上記5種類に該当しないもの。
（例）どんす張り、現場塗装仕上げ
（出典：日本壁装協会HP（2005年7月16日確認）http://wacoa.topica.ne.jp/wacoa/kabe_toukei.html）

2）建築基準法による規制

壁紙は建築基準法の規制対象建材である。ホルムアルデヒドについて規制を受け、JIS（日本工業規格；JIS A 6921（壁紙））のホルムアルデヒド放散量区分F☆☆☆☆商品（詳細は、第5章5.3参照）、または国土交通省大臣認定品のみ室内に使用できることになっている。

団体が定める規格では下記のようになっている。

3）団体が定める規格
○ ISM(イズム): Interior Safety Material

有限責任中間法人・日本壁装協会（WACOA＝Wallcoverings Association of Japan）が制定した、生活環境の安全に配慮したインテリア材料に関するガイドラインである。製造から廃棄されるまでを視野に入れ、ISM製品の製造および使用に際して、環境の保護と人の健康ならびに資源の節減に配慮する目的で環境技術基準を制定している。

（WACOA 環境基準の一部抜粋）
第5条　環境負荷の低減
（1）沸点400℃/760mmHg以上の可塑剤を使用する。
（2）印刷インキは、有機溶剤5%以下の水性インキを使用すること。
（3）希釈又は洗浄にハロゲン系および芳香族系の溶剤を使用しない。
（4）発泡剤にクロロフルオロカーボン類を

図 2-5　ISM

製造段階	① 工場からの排気ガスのVOCs（揮発性有機化合物）量を低く抑えることで環境へのインパクトを最小限にとどめる（排気ガスの処理、有害とされる溶剤を使用しない等）。 ② 有害な重金属類を含まない。 ③ 吟味した安全性の高い原材料を使用する。
施工段階	① 施工に使用する接着剤はホルマリンをはじめとする有害な化学物質等を含まないものを選択する。
使用段階	① 内装材料から放出されるホルムアルデヒドやVOCsを低く抑える。 ② 塩化ビニル樹脂を使うときは、使用量を従来品の半分に抑える。 ③ 重量を制限することによって化学物質の使用量を低減する。 ④ 有害な重金属を含まない。
廃棄段階	上記の規制の結果、 ① 有害物質の発生を抑えることができる。 ② 重金属類の規制によって、焼却後の灰等に含まれる重金属を最小限に抑える。 ③ リサイクルできないときは、壁紙の重量を300g/m²以下とする。

出典：日本壁装協会HPをもとに作成

表 2-18　ISM基準

物質名	基準値
ホルムアルデヒド	0.01 ppm以下
TVOC	300 μg/m³以下
PVCモノマー	0.1 ppm以下
重金属	
(1)バリウム	300 mg/kg以下
(2)鉛	5 mg/kg以下
(3)クロム	5 mg/kg以下
(4)アンチモン	1 mg/kg以下
(5)ひ素	0.5 mg/kg以下
(6)カドミウム	1 mg/kg以下
(7)水銀	0.1 mg/kg以下
(8)セレン	5 mg/kg以下

出典：日本壁装協会HP

使用しない。
(5) 有機リン系およびハロゲン系の難燃薬剤を使用しない。
第7条　安全規定　基準（表2-18）

(出典：日本壁装協会HP（2005年1月16日確認）http://wacoa.topica.ne.jp/wacoa/index.html)

○ SV規格: Standard Value （壁紙製品標準規格）

　壁紙製品規格協議会（2004年10月現在78社加盟）が、一般住宅、商業施設およびオフィスビル等に使用される壁紙製品で、快適・健康・安全を配慮した製品を供給することを目的で制定した。

4) 放散される化学物質

　概要に記載したように壁紙の種類は多く、その使用されている化学物質もたくさんある。壁紙製品規格協議会HPで紹介されている化学物質に関する情報は下記のとおりである。

○壁紙製品中への残留の可能性として、塩ビ加工品に用いられる希釈剤より、炭化水素（芳香族脂肪族）類。化粧印刷層に溶剤インキを使用している場合、トルエン、キシレン、エチルベンゼン等。水性塗料、インキを使用している場合、乾燥遅延剤よりエチレングリコール等の多価アルコール類が考えられるが、高温加熱処理加工により製品への残留は極めて少ないものとなり、検出されない製品が大半を占める。

○ビニル壁紙には、柔軟性を与えるために可塑剤としてフタル酸エステルを使用している。それはDOP（ジー2エチルヘキシルフタレート、沸点：386℃）とDINP（ジーイソノニ

表 2-19　SV規格 （化学物質関連のみ抜粋）

試験項目		規格値
ホルムアルデヒド(mg/L)		0.2 以下
重金属	砒素　　　　(mg/kg)	5 以下
	鉛　　　　　(mg/kg)	30 以下
	カドミウム　(mg/kg)	5 以下
	クロム(VI)　(mg/kg)	20 以下
	水銀　　　　(mg/kg)	2 以下
	セレン　　　(mg/kg)	10 以下
塩化ビニルモノマー(mg/kg)[*1]		0.1 以下
残留VOCs	TVOC　　　(μg/g)	100 以下
	TEX芳香族*　(μg/g)	10 以下

*TEXとはトルエン、キシレン、エチルベンゼンの略称

(使用原材料)

安定剤[*2]	鉛、カドミウム、有機スズを含有する安定剤は、使用しない。
可塑剤[*3]	沸点が300℃以上の難揮発性可塑剤を使用する。ただしDBPは使用しない。
発泡剤[*4]	フルオロカーボン類は、使用しない。
溶剤	トルエン、キシレン、エチルベンゼンは使用しない。

出典：壁紙製品規格協議会HPをもとに作成

*1：塩化ビニルモノマー…塩化ビニル樹脂製造時の未反応物。
*2：安定剤…壁紙の製造時、樹脂などの原材料は熱分解が進行すると変色を生じ、製品の外観を損なう恐れがある。また、製品としては、光や酸素などの作用による経時劣化を受けやすく耐久性が低下する恐れもある。こうした製造時における変色の抑制や加工性の改善、また、製品の経時劣化を防止する目的で、安定剤が使用される。
*3：可塑剤…主に塩化ビニル樹脂に柔軟性を与えたり、加工しやすくするために加える物質で、ほとんどの可塑剤が酸とアルコールから合成されて作られている。
*4：発泡剤…加熱により気泡を発生しプラスチックの発泡体をつくる材料。発泡剤の種類は、加熱により分解して窒素ガスなどを発生するタイプと、加熱により膨張するタイプがある。
　フルオロカーボンとは、メタン、エタンなどの炭化水素の中の水素をフッ素・塩素などのハロゲンで置換した化合物で、一般的にフロンと称される。1990年6月、今世紀中に特定フロンを全廃することを内容とする「オゾン層を破壊する物質に関するモントリオール議定書」の改定に基づいて、SV規格ではフロン系発泡剤のフルオロカーボン類の使用を禁止している。

ルフタレート、沸点：403℃）である。揮発については、実際の居住条件では壁紙からの揮発は現在の試験機の性能では検出されない。溶出については水拭き程度では溶出されないが、シンナーのような有機溶剤では溶出される。

〇塩化ビニルモノマーは、人体に悪い影響を及ぼすといわれている。そのため、精製工程で、モノマーの除去が行われている。また樹脂内に残存した微量のモノマーも、成形加工の際には加熱、混練により揮発し最終製品にはほとんど残らない。

〇ホルムアルデヒドの発生源として考えられる裏打ち紙は、使用する薬剤が改善されてSV規格を充分満足している。また、現在紙の大部分は難燃紙ではなく普通紙を使用している。トルエン、キシレン、エチルベンゼンについては2002年1月1日より使用禁止にしている。また、パラジクロロベンゼンは壁紙には使用していない。
（出典：壁紙製品規格協議会HP（2005年1月16日確認）http://www.svkikaku.gr.jp/first.html）

このように壁紙の自主規制により、使用される化学物質は安全性の高いものに変わり、放散される化学物質の量も削減されるようになった。

壁紙の種類や製品の数は多く、放散される化学物質の種類を特定することはできないが、いくつか放散される化学物質の量を調査した報告を紹介する。

①ホルムアルデヒドの放散

中川ら（1999a）は、壁紙の糊の影響について調査を行った。ホルムアルデヒドを含有している糊（壁紙用接着剤）と非含有糊の2タイプを用意し、石膏ボードに表2-20に示す3種類のクロスを同様にカットしたものを貼り

表2-20 壁紙の種類とデシケーター値 [10]

No.	材質	デシケーター値 [mg/L]
クロス1	塩ビ	0.18
クロス2	紙	0.92
クロス3	オレフィン	0.54

20℃、60%RH、換気回数0.5回/時、試料負荷率2.0m²/m³

図2-6 糊の種類と放散速度との関係 [10]

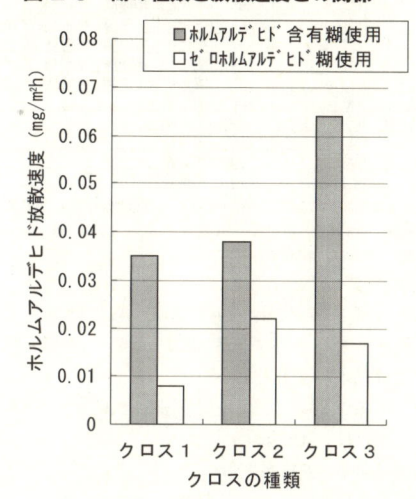

合わせて、小形チャンバーによる放散速度の違いを確認した。結果は、図2-6の通り、ホルムアルデヒドを含有している糊を使用した方が壁紙からの放散が大きく、室内空気質への糊の影響が大きいことがわかる。

舟木ら（2003）は、表2-21に示す16種類の壁紙について1日目、3日目、7日目に放散される化学物質を小型チャンバーで測定を行っている。16サンプル中7サンプルが1日目に1μg/m²h以上のホルムアルデヒド放散を示し、平均低減率は3日目で56%、7日目で61%であった。

財団法人建材試験センターが行った5種類

---

(10)出典：中川ら（1999a）。

表 2-21　試験に用いた壁紙の概要

No.	種類	重量 [g/m²]	素材構成			測定日 [day]		
			主素材	化粧層	裏打材	1	3	7
A	ビニル	275	塩化ビニル樹脂、可塑剤、充填剤	−	紙	○	○	
B	ビニル	245	塩化ビニル樹脂、可塑剤、充填剤	表面処理剤、インキ	紙	○	○	
C	ビニル	295	塩化ビニル樹脂、可塑剤、充填剤	インキ	紙	○	○	
D	ビニル	251	塩化ビニル樹脂、可塑剤、充填剤	表面処理剤、インキ	紙	○	○	
E	ビニル	250	塩化ビニル樹脂、可塑剤、充填剤	−	紙	○	○	
F	ビニル	216	塩化ビニル樹脂、可塑剤、充填剤	EVA*フィルム	紙	○	○	
G	ビニル	285	塩化ビニル樹脂、可塑剤、充填剤	EVAフィルム	紙	○	○	
H	ビニル	268	塩化ビニル樹脂、可塑剤、充填剤	−	紙	○	○	
I	ビニル	257	塩化ビニル樹脂、可塑剤、充填剤	−	紙	○	○	
J	ビニル	264	塩化ビニル樹脂、可塑剤、充填剤	表面処理剤、インキ	紙	○	○	
K	ビニル	238	塩化ビニル樹脂、可塑剤、充填剤	−	紙	○	○	○
L	紙	220	加工紙	インキ、フィルム	−	○	○	
M	紙	150	加工紙	インキ、塗料	−	○	○	
N	紙	220	加工紙	EVAフィルム、フィルム用接着剤、インキ	紙	○	○	○
O	紙	173	加工紙	インキ、コーティング	−	○	○	○
P	オレフィン系	270	無機質充填剤、着色剤	EVAフィルム	難燃紙	○	○	

・試験条件：25±1℃、50±4%RH、換気回数0.5回/h、試料負荷率2.2m　　　　　　*EVA：エチレン酢酸ビニル共重合体
出典：舟木理香、田辺新一「小型チャンバーを用いた壁装材からの揮発性有機化合物の放散速度測定」日本建築学会環境系論文集
第570号,45-51,2003年8月

の壁紙（下記の壁紙A〜E）から放散される化学物質のデータを表2-22に示す。5種類の壁紙は以下のとおり。

壁紙A：塩化ビニル樹脂製壁紙
壁紙B：紙壁紙
壁紙C：繊維系壁紙
壁紙D：オレフィン壁紙
壁紙E：無機質系壁紙

ホルムアルデヒドの放散は、5種類ともに、ほとんどがND（No Detected；検出限界未満、検出限界値未満、検出下限値未満、不検出）であった。

②アセトアルデヒドの放散

舟木ら（2003）の研究では、アセトアルデヒドは16サンプル中3サンプルが1日目に1μg/m²h以上、2μg/m²h未満の放散であった。

財団法人建材試験センターの研究では、オレフィン壁紙が1日目49μg/m²h、3日目25μg/m²h、7日目10μg/m²hのアセトアルデヒド放散があり、他に比べて高めであった。

③VOCsの放散

舟木ら（2003）の研究では、トルエンが16サンプル中9サンプルで1日目に1μg/m²h以上の放散を示し、平均低減率は3日目で88%であった。その他、厚生労働省室内濃度指針値対象物質であるスチレン、エチルベンゼン、キシレンは、ほとんど放散がみられなかった。

財団法人建材試験センター（2003）の研究では、厚生労働省室内濃度指針値であるトルエン、キシレン、パラジクロロベンゼン、エチルベンゼン、スチレン、テトラデカン、ノナナールの7物質のVOCsについて、ほとんどNDであった。

④TVOCの放散

舟木ら（2003）の研究での1日目の主な放散成分を表2-23に示す。ビニル壁紙では、ウンデカン、ドデカン、テトラデカンなどの炭化水素類が多く、紙壁紙では炭化水素の他、アルコール類の放散が多く、オレフィン系壁紙ではエチレングリコールが24%を占めていた。3日目には放散が半減しているサンプルが大半であったことから初期放散の影響が大きい。

財団法人建材試験センターの研究では、

表 2-22 壁紙からの放散速度測定結果

試料 物質名			壁紙-A 塩化ビニル樹脂製壁紙			壁紙-B 紙壁紙			壁紙-C 繊維系壁紙		
			放散速度($\mu g/m^2 h$)								
			1日目	3日目	7日目	1日目	3日目	7日目	1日目	3日目	7日目
ホルムアルデヒド			ND	ND	ND	ND	ND	ND	7	ND	ND
アセトアルデヒド			ND	ND	ND	ND	ND	ND	8	ND	ND
V O C s	トルエン		ND	ND	ND	ND	ND	ND	ND	ND	ND
	キシレン		ND	ND	ND	ND	ND	ND	ND	ND	ND
	パラジクロロベンゼン		ND	ND	ND	ND	ND	ND	ND	ND	ND
	エチルベンゼン		ND	ND	ND	ND	ND	ND	ND	ND	ND
	スチレン		ND	ND	ND	ND	ND	ND	ND	ND	ND
	テトラデカン		ND	ND	ND	ND	ND	ND	ND	ND	ND
	ノナナール		ND	ND	ND	ND	ND	ND	1	1	ND
TVOC			7878	2795	924	722	343	110	128	105	28

試料 物質名			壁紙-D オレフィン壁紙			壁紙-E 無機質系壁紙		
			放散速度($\mu g/m^2 h$)					
			1日目	3日目	7日目	1日目	3日目	7日目
ホルムアルデヒド			ND	ND	ND	ND	ND	ND
アセトアルデヒド			49	25	10	15	ND	ND
V O C s	トルエン		ND	ND	ND	ND	ND	ND
	キシレン		ND	ND	ND	ND	ND	ND
	パラジクロロベンゼン		ND	ND	ND	ND	ND	ND
	エチルベンゼン		ND	ND	ND	ND	ND	ND
	スチレン		ND	ND	ND	ND	ND	ND
	テトラデカン		ND	ND	ND	ND	ND	ND
	ノナナール		ND	ND	ND	ND	ND	ND
TVOC			194	131	25	207	131	22

出典：財団法人建材試験センター（2003） 平成14年度経済産業省委託事業成果「基準認証研究開発事業 建材からのVOC等放散量の評価方法に関する標準化」をもとに作成

TVOC値は、塩化ビニル樹脂製壁紙が約10%、紙壁紙は酢酸ジエチレングリコールモノブチルエーテルが約15%、繊維系壁紙はジエチレングリコールモノブチルエーテルが約50%、オレフィン壁紙はメチルイソブチルケトン（MIBK）が約50%、無機質系壁紙は3-メチル-3-ペンタノール等が約30%を占めている。

⑤まとめ

最近の調査では、壁紙から厚生労働省室内濃度指針値対象物質となるホルムアルデヒドやVOCの放散は少ない、または定量下限値以下であることが多いことがわかる。

ここでは3つの文献のデータを紹介したが、これは一例であり、必ずしもこれらに該当する壁紙が、これらの種類と量の化学物質を放散しているわけではない。壁紙に使用される化学物質は年々変化し、調査された時点によって放散される化学物質の種類や放散量が異なってくると思われる。しかしながら、系統的に調査されたデータは現在のところ少なく、これらは有効に活用できるデータと考えられる。

表 2-23 壁紙からの1日目の主な放散成分(ホルムアルデヒド、アセトアルデヒド、トルエン以外)

A	[μg/m²h]
テトラデカン	120.9
デカン	101.0
エチルヘキサン酸	25.1
2-(2-ブトキシエトキシ)エタノール	4.6
2-ブトキシエタノール	2.2
ホルムアミド	1.7
酢酸	0.7

B	[μg/m²h]
ウンデカン	350.3
プロパン酸	27.7
N,N-ジメチルホルムアミド	4.4
2-ブトキシエタノール	2.8

C	[μg/m²h]
ウンデカン	500.0
ホルムアミド	17.5
3-メトキシ-1-ブタノール	4.5
酢酸	4.4
2-ブトキシエタノール	2.3
2,5-ビス(1,1-ジメチルプロピル)-2,5-シクロヘキサジエン-1,4-ジオン	1.9

D	[μg/m²h]
デカン	
ウンデカン	186.6
ノナン	
3,5,5-トリメチルシクロヘキセノン	77.6
ホルムアミド	8.5
2-(2-ブトキシエトキシ)エタノール	7.6
エチルアセテート	6.9
2-ブタノン	6.0
酢酸	3.9
キシレン	3.7
2-ブトキシエタノール	3.1
エチルベンゼン	2.8
2,5-ビス(1,1-ジメチルプロピル)-2,5-シクロヘキサジエン-1,4-ジオン	2.6

E	[μg/m²h]
ドデカン	91.2
エチルヘキサン酸	80.7
ウンデカン	38.3
トリデカン	14.4
テトラデカン	7.2
2-エチルヘキサノール	4.7
2-ブトキシエタノール	4.0
ホルムアミド	1.7
フェノール	1.6

F	[μg/m²h]
ウンデカン	
ノナン	416.5
デカン	
ドデカン	
ホルムアミド	2.0
酢酸	1.4

G	[μg/m²h]
ウンデカン	127.8
デカン	
2-(2-メトキシエトキシ)エタノール	15.3
2-エチルヘキサノール	9.8
2-ブトキシエタノール	5.4
2-ブトキシエタノール	5.3
2,5-ビス(1,1-ジメチルプロピル)-2,5-シクロヘキサジエン-1,4-ジオン	4.7
ホルムアミド	4.1
酢酸	1.8
N,N-ジメチルホルムアミド	1.5
プロピレングリコール	1.4

H	[μg/m²h]
ウンデカン	54.1
2-(2-ブトキシエトキシ)エタノール	6.8
2-ブトキシエタノール	2.1
3-メトキシブタノール	0.8

I	[μg/m²h]
ドデカン	1473.1
ホルムアミド	7.1
酢酸	2.8
1-ブタノール	2.1
ヘプタン	1.2

J	[μg/m²h]
シクロヘキサノン	113.2
ドデカン	39.5
2-(2-ブトキシエトキシ)エタノール	3.8
酢酸	2.4
ホルムアミド	2.4
n-デシルメタクリレート	1.7
ベンズアルデヒド	1.3
トリデカン	1.0

K	[μg/m²h]
1,2,3-トリメチルベンゼン	16.5
2,6-ジメチルオクタデカン	12.1
ウンデカン	12.0
デカン	8.9
1,3,5-トリメチルベンゼン	7.8
1,2,4-トリメチルベンゼン	7.2
1-メチル-4-(1-メチルエチル)ベンゼン	7.0
1-メチル-4-(1-メチルエチル)ベンゼン	6.4
1-エチル-2,3-ジメチルベンゼン	6.3
4-メチルデカン	5.9
4-エチル-1,2-ジメチルオクタデカン	5.8
3-メチルデカン	5.7
2,3-ジメチルオクタン	5.6
1-メチル-2-プロピルベンゼン	4.2
1-エチル-2-メチルベンゼン	4.1
メチルイソブチルケトン	2.6
2-ブタノン	2.3
酢酸	1.4

L	[μg/m²h]
6-メチルヘプチルアクリレート	34.7
2-(2-ブトキシエトキシ)エタノール	17.2
酢酸	8.6
エチルヘキサノール	2.6
n-オクチルアセテート	2.3
2-イソプロポキシエタノール	2.1
ヘキサデカン	2.0
ペンタデカン	1.9
2-エチルヘキサノール	1.7
テトラデカン	1.2

M	[μg/m²h]
2-ブトキシエタノール	6.7
2-エチルヘキサノール	1.7
2,5-ビス(1,1-ジメチルプロピル)-2,5-シクロヘキサジエン-1,4-ジオン	1.7
フェノール	1.7
酢酸	1.5
1-ブタノール	1.4
ベンゾチアゾール	1.3
ヘキサナール	1.1

N	[μg/m²h]
2-(2-ブトキシエトキシ)エタノール	83.7
2-ブトキシエタノール	1.7

O	[μg/m²h]
2-エチル-1-ヘキサノール	3.2
4-メチル-2-ウンデカン	2.4
1-エチル-2,4-ジメチルベンゼン	2.2
1-エチル-2,4-ジメチルベンゼン	2.2
酢酸	1.8
1,2,4-トリメチルベンゼン	1.8
1-エチル-2,3-ジメチルベンゼン	1.8
1,4-ジクロロベンゼン	1.7
2-ブトキシエタノール	1.7
1,3,5-トリメチルベンゼン	1.6
1,2,4,5-テトラメチルベンゼン	1.2
フェノール	0.8

P	[μg/m²h]
1,2-エタンジオール	69.2
フェノール	52.2
シクロヘキサノン	31.7
ヘキサン	22.5
プロピレングリコール	5.0
2-ブタノン	4.2
メチルイソブチルケトン	2.6
酢酸	2.1
メチルシクロペンタン	1.8
3-メチルペンテン	1.6

出典：舟木理香、田辺新一「小型チャンバーを用いた壁装材からの揮発性有機化合物の放散速度測定」日本建築学会環境系論文集 第570号,45-51,2003年8月

■ 2.1.6 家具・建具

1) 概要

　家具や建具といった建材は、合板やパーティクルボード、MDF等の構成材に化粧プリント紙を貼り合わせたり塗装を行ったりと、複数の建材が合わさってできている。当然、部材を貼り合わせるには接着剤も必要になってくる。そこから発生する化学物質は、合板や塗料等から発生する化学物質が組み合わさった種類や量ということになる（単純に総和というわけではないが）。

　しかし、家具には内部で使用される部材、外側を化粧されている部材があり、家具・建具1個としてどのような化学物質がどれだけ放散されるかは理解し難い。また、表面を塗装することが、化学物質の発生量を増加させて空気質を汚染させるという複合要因や、一方では内部の部材から発生する化学物質を遮蔽する効果も考えられる。

2) 建築基準法による規制、団体が定める規格

　種々の建材が組み合わさった家具・建具について、建築基準法上、どのような表記になっているか説明する（建築基準法に関する詳細は、第5章5.3参照）。これらの複合商品については、日本住宅設備システム協会、日本建材産業協会、リビングアメニティ協会、キッチン・バス工業会の4団体で、ホルムアルデヒド発散に関する表示ガイドラインを定めている。図2-7にその例を示す。

3) 放散される化学物質

　建材から放出される化学物質は、（JIS A 1901）に規格される小形チャンバー法で測定されることが多い。しかし、家具や建具とい

図2-7　ホルムアルデヒド発散に関する表示ガイドライン

```
1) 商品名　：　○○○収納
2) ○○株式会社
3) F☆☆☆☆　　（下地部分 F☆☆☆）
4) 住宅部品表示ガイドラインによる
5) ロット番号、製造年月日など
6)
```

内装仕上部分		下地部分	
ホルムアルデヒド発散建築材料	発散区分	ホルムアルデヒド発散建築材料	発散区分
PB	F☆☆☆☆	PB	F☆☆☆
MDF	F☆☆☆☆	接着剤	F☆☆☆
合板	F☆☆☆☆		
接着剤	F☆☆☆☆		

```
7) 電話番号など
```

写真 2-15　小形チャンバー

写真 2-16　大形チャンバー

図 2-8　使用建材の仕様と放散量の関係[11]

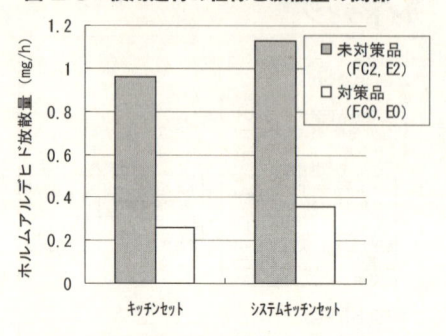

（グラフ：ホルムアルデヒド放散量 (mg/h)　未対策品(FC2, E2)／対策品(FC0, E0)、キッチンセット・システムキッチンセット）

図 2-9　扉や引出しの開閉による放散量の変化[11]

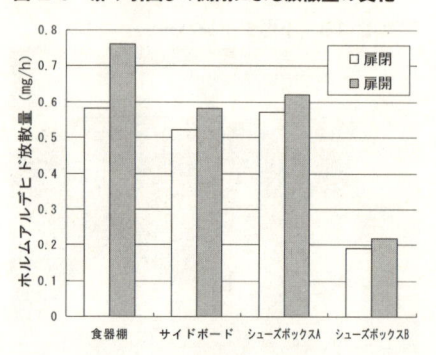

（グラフ：ホルムアルデヒド放散量 (mg/h)　扉閉／扉開、食器棚・サイドボード・シューズボックスA・シューズボックスB）

写真 2-17　洗面脱衣収納家具[12]

写真 2-18　ポリ合板の測定（1m³小形チャンバー）[12]
表面　　裏面 

表 2-24　洗面脱衣収納家具構成部材のホルムアルデヒド放散量[12]

No.	構成材	厚さ [mm]	デシケータ値 [mg/L]	放散速度 [μg/m²h]		
				表面	裏面	全面
1	白ポリ合板	2.5	0.34	13	19	
2	白カラー合板	2.5	0.19	10	11	
3	ラワン合板	12	―	17	―	33
4	ラワン合板	15	0.37	13		30
5	ラワン合板	18	0.13	11		18
6	パーティクルボード	9		35		43

・実験条件：1m³小型チャンバー、28℃、50%RH、0.5回/h、試料負荷率 0.2m²/m³

った建材は、たくさんの部材が構成しあってできたひとつの形をもった製品であり、1m³以下の小形チャンバーでは測定が困難である。通常は各構成部材別に小形チャンバーにて測定を行うか、家具や建具1個を大形チャンバーで測定する。

①ホルムアルデヒドの放散

中川ら（1999b、2004）は、家具のホルムアルデヒド放散に関する一連の研究を行っている。大形チャンバーにて、ホルムアルデヒド対応品Fco,Eo（旧区分、現区分のF☆☆☆☆相当）と未対策品Fc2,E2（旧区分、現区分のF☆相当）で同じように設計した家具（キッチンセットとシステムキッチンセット）2種類を測定した結果、その放散量に非常に違いが見られた。ホルムアルデヒド対応品の方が放散量がかなり低くなった（図2-8）。また、家具の扉や引出しを開放することで室内空間への影響度を調べた結果、約1～2割程度の濃度上昇であることもわかった（図2-9）。

次に家具の個々の構成部材から放散される化学物質について調査した例を挙げる。表2-24では、洗面脱衣収納家具の構成部材各々のホルムアルデヒド放散について、デシケータ

---

(11) 出典：中川ら（1999b）。
(12) 出典：中川（2004）。

表 2-25　家具構成材の化学物質含有成分 [13]

種類	化学名・成分名	割合(%)
ポリエステル化粧合板 （下地接着剤・合板含む）	ポリエステル樹脂	5〜8
	化粧紙	4〜7
	接着剤： A:尿素酢ビ樹脂系接着剤 B:ポリエステル樹脂系接着剤	 1〜3 8〜14
	合板	71〜83
メラミン化粧板	紙基材	60〜70
	メラミン樹脂（硬化物）	1〜20
	フェノール樹脂（硬化物）	20〜40
メラミン化粧板用接着剤	酢酸ビニル樹脂エマルジョン系接着剤： 　酢酸ビニル樹脂等 　酢酸ビニルモノマー	 42.5 0.5以下
	水	57.5
強化化粧紙	原紙：天然長繊維セルローズ	−
	樹脂：ポリウレタン、セルローズ系	−
	溶剤：トルエン、キシレン、酢酸エチル、酢酸ブチル、メチルエチルケトン、メタノール	−
	顔料：二酸化チタン、カーボンブラック、有機顔料（アゾ系、多環高級型）	−
	発泡剤：ニトロソ化合物	−
	その他：シリコン系離型材	−
強化化粧紙用接着剤	酢ビアクリル共重合樹脂（アクリル共重合体水性エマルジョン）	45
	水	55

一法および小形チャンバー法によって測定している。化粧合板である白ポリ合板と白カラー合板は、その塗装面によって合板から発生するホルムアルデヒドを遮蔽（シャットアウト）すると考えられるが、測定の結果では若干の低減効果はあっても完全に封止するには至らなかった。

　涌井ら（2001）は、木質系化粧板に含まれる成分調査とアルデヒド類やVOCsの放散量試験を行っている。建具に使用の木質系化粧版を中心に表2-25の含有成分の調査を行い、表2-26のようにそれぞれの部材および接着剤単体、または複合体として調査を行っている。

　その結果、家具構成材MDF（No.4）からのホルムアルデヒド放散量が多く、その他の建材はほとんど検出されなかった。ただし、強化化粧紙板（No.3）からは強化化粧紙単材（No.8）の時には見られなかったホルムアルデヒドが見られ、下地からの透過あるいは化粧紙からのホルムアルデヒド放散の促進が確認された。

　また、生活用の一般家具について着目すると、野﨑ら（2004a）は、コート掛け、ベッド、オーディオラックから発生する有害化学物質の量について調査を行っている。構成材は表2-27に示す。

　この調査によると、ほぼすべての試験体家具からホルムアルデヒドが発生した（図2-10）。

---

(13)出典：涌井ら（2001）。

表 2-26 試験体 [13]

No.	材料	備考
1	ポリエステル化粧板（台板合板 t=2.5mm）	複合材
2	メラミン化粧板＋酢酸ビニル樹脂エマルジョン系接着剤＋MDF (t=20mm)	複合材
3	強化化粧紙＋酢ビアクリル共重合樹脂接着剤＋MDF (t=20mm)	複合材
4	MDF (t=20mm)	試験体No.2,3の構成材
5	酢酸ビニル樹脂エマルジョン系接着剤	試験体No.2の構成材
6	酢酸ビニル樹脂エマルジョン系接着剤＋MDF (t=20mm)	同上
7	メラミン化粧板	同上
8	強化化粧紙	試験体No.3の構成材

表 2-27 実験対象家具の概要 [14]

検体名		サイズ(mm)	備考
コート掛けA、B	上台	1000×560×470	A:杉無垢材
	下台	1000×560×1830	B:合板、封止系塗料
ベッド	マットレス	97×195×18	ウレタン、スプリング
	ワラマットレス	95×190×16	藁床、炭充填
	杉無垢材	1950×950×270	杉無垢材
オーディオラック	上台	1500×300×930	パーティクルボード（等級F☆☆☆☆） 合板（等級F☆☆☆☆）
	下台	1500×450×770	MDF（等級F☆☆☆☆） 集成材

発生量はコート掛けBが最も大きく360μg/h、次にオーディオラックの286μg/hであった。コート掛けA、Bの発生量を比較すると、コート掛けBはコート掛けAの約7倍の値となる。これは構成材の違いと、塗布された封止系塗料が原因であると考えられる。

② アセトアルデヒドの放散

① ホルムアルデヒドの放散の例で示した涌井ら（2001）の調査では、ホルムアルデヒド同様に家具構成材MDF（No.4）からのホルムアルデヒド放散量が多く、その他の建材はほとんど検出されなかった。

③ VOCsの放散

涌井ら（2001）の調査では、家具構成材MDFからは木質系材料から放散する典型的なVOCsの酢酸やテルペン類が若干見られた。

図 2-10 ホルムアルデヒド発生量 [14]

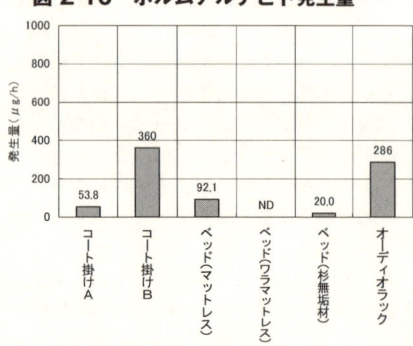

発生量（μg/h）
- コート掛けA: 53.8
- コート掛けB: 360
- ベッド（マットレス）: 92.1
- ベッド（ワラマットレス）: ND
- ベッド（杉無垢材）: 20.0
- オーディオラック: 286

---

(14) 出典：野崎ら（2004a）をもとに作成。

図2-11 コート掛けAのVOCs発生量[14]

図2-12 コート掛けBのVOCs発生量[14]

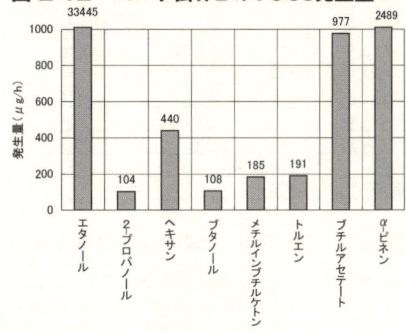

図2-13 TVOC発生量[14]

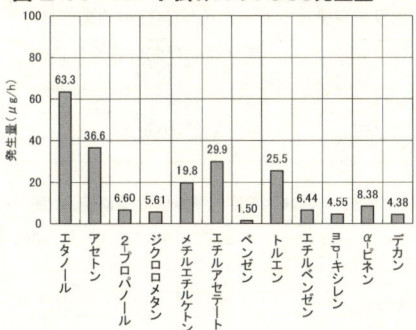

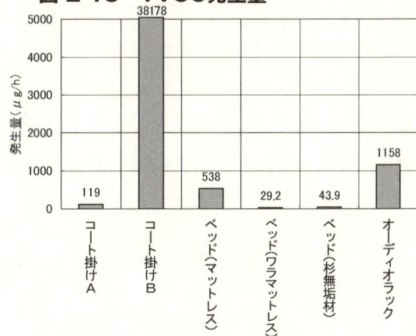

ポリ合板（表2-26、No.1）からはスチレン、ベンズアルデヒドの放散量が多く、これは未反応のビニルモノマー（スチレン）の影響が大きい。メラミン化粧板＋接着剤＋MDF（表2-26、No.2）からは目立った特定成分がほとんど見られなかった。強化化粧紙（No.8）自体はVOCs放散量が少なかったが、強化化粧紙＋接着剤＋MDF（No.3）では溶剤由来のVOCsが顕著に検出された。酢ビエマルジョン系接着剤（No.5）、接着剤＋MDF（No.6）からは酢酸以外の物質はほとんど検出されなかった。また、メラミン化粧板単材（No.7）についても、メラミン化粧板＋接着剤＋MDF（No.2）と同様、放散量は低い値となった。

野崎ら（2004a）の調査では、コート掛けA、Bともにエタノールの発生が多く、トルエン、α-ピネンなども検出されている（図2-11、図2-12）。

④TVOCの放散

涌井ら（2001）の調査では、表2-26試験体に記載の家具の複材（No.1～3）および単材・構成材（No.4～8）各試験体からのTVOC放散量を測定している。メラミン化粧板＋接着剤＋MDFとメラミン化粧板単材がほぼ同じTVOC放散量であることから、メラミン化粧板が下地の接着剤やMDFからの放散を遮蔽していることがわかる。それに対し強化化粧紙＋接着剤＋MDFでは強化化粧紙のみの場合の7倍以上もTVOC放散量が増加してしまっている。

野崎らの調査では、表2-27の家具の中でコート掛けBが最もTVOCが大きな値となった（図2-13）。

⑤濃度予測

鈴木ら（2003）は、家具の構成部材ごとの放散速度から家具ユニット1個として濃度予

表 2-28 洗面化粧台の構成部材 [15]

部位	材質	使用面積 [m²]
カウンター	ポリエステル樹脂	0.80
側板(右)	塗装合板	0.74
側板(左)	塗装合板	0.74
扉(表面)	シート系化粧板	0.57
扉(裏面)	シート系化粧板	0.57
背板	塗装合板	0.57
底板	塗装合板	0.45

表 2-29 構成部材からのVOCs放散速度 [15]

部位	放散速度 [μg/m²h]		
	ホルムアルデヒド	トルエン	キシレン
カウンター	3	24	0
側板(右)	6	7	0
側板(左)	5	9	0
扉(表面)	14	0	0
扉(裏面)	0	8	0
背板	17	2	0
底板	17	1	0

表 2-30 小型チャンバーの実験結果を基にしたラージチャンバー内のVOCs濃度の予測 [15]

C	[μg/m³]	定常状態における予測濃度
M	[μg/m²h]	VOCs放散速度
V	[m³]	空間の体積
A	[m²]	建材の使用面積
N	[1/h]	換気回数

表 2-31 VOCs濃度 予測値と実測値の比較 [15]

物質	予測濃度 [μg/m³]	実測濃度 [μg/m³]	符合率* [%]
ホルムアルデヒド	15	22	68
トルエン	25	25	100
キシレン	0	5	0

＊符号率［％］＝予想濃度／実測濃度×100

測を行っている。表2-28、表2-29のように住設機器である洗面化粧台の構成部材から放散されるホルムアルデヒド、トルエン、キシレンの量を小形チャンバーを用いて測定を行い、式‐1に従い住設機器ユニットとして予測濃度を計算した。

$$C\,[\mu g/m^3] = M\,[\mu g/m^2 h] \times A\,[m^2] / V\,[m^3] / N\,[1/h] \quad \cdots 式-1$$

その予測濃度とラージチャンバーを用いた測定した実測値結果を表2-31に示す。一例であるが予測手法としてよい結果が得られている。

⑥まとめ

家具からのホルムアルデヒドやVOCsの放散は、構成材加工工程で使用する塗料、接着剤等により発生量を増大させる傾向がある。また、化学物質含有量と化学物質放散量には密接な関係があり、特に溶剤についてはそのまま放散成分に反映されやすい。

---

(15)出典：鈴木ら（2003）をもとに作成。

■ 2.1.7 その他

これまでに述べた建材以外にも、細かな部位で観察すると化学物質を放散する建材が住宅に多く使用されている。ここでは、シロアリ防除薬剤や木材保存剤等について記述する。

(1) シロアリ防除薬剤（白蟻駆除剤、防蟻剤）
1) 概要

シロアリ防除薬剤とは、シロアリによる食害から建物を守るため、土壌に散布する薬剤のことである。薬剤には、シロアリを死滅させるものや忌避させるもの等々あり、最近は周辺環境への配慮から、飛散しない粒状タイプやシート状のものが使用されることがある。

厚生労働省の室内濃度指針値が示されている物質に、クロルピリホスがある。これは木材をシロアリの被害から除する目的で使用される薬剤であるが、人体や環境への影響が懸念されるため、建築基準法で使用が禁止された。現在は、より安全性の高い薬剤が使用されている。シロアリ防除薬剤の種類は多く、その安全性に関するデータも各々異なる。また、シロアリ以外の衛生害虫の駆除や食害対策に用いる防虫剤に含まれているものもある。

社団法人日本しろあり対策協会では、「防除薬剤認定制度」を設けて、認定・登録薬剤をホームページで公開している（http://www.hakutaikyo.or.jp/）。また、薬剤の安全性がわかるように、表2-32に示す薬剤についてもHPで公開しており、調査したい薬剤の成分がわかれば、その安全性の情報を確認できる。

2) 放散される化学物質

建築基準法で使用禁止となったクロルピリホスを含む防蟻、防虫剤から発生する有機リン系化合物は、健康影響の観点から、高い危険性が指摘されている。

野崎ら（2000）の研究グループは、有機リン系化合物の室内濃度レベルの実態調査を行っている。宮城県、福島県および鳥取県の3県で防蟻処理を施した築後2年以内の一戸建住宅18件を対象とし（表2-33）、居間および床下における表2-34に示す薬剤成分の測定を行

表 2-32 しろあり防除（予防・駆除）薬剤の安全性

I	防蟻成分		
	有機塩素系	1	ケルセン（別名：ジコホール）
	有機リン系	2	ホキシム
		3	ピリダフェンチオン
		4	フェニトロチオン
		5	テトラクロルビンホス
		6	ジクロフェンチオン
		7	プロペタンホス
	カーバメート系	8	カルバリル
		9	フェブカルブ
		10	プロポクスル（一般名：プロポキサー）
	ピレスロイド系	11	アレスリン
		12	ペルメトリン
		13	トラロメトリン
		14	ビフェントリン
		15	アクリナトリン
		16	アルファシペルメトリン
		17	シフルトリン
		18	シフェノトリン
		19	プラレトリン
	ピレスロイド様	20	エトフェンプロックス
		21	シラフルオフェン
	その他の系	22	イミダクロプリド
		23	アセタミプリド
		24	TPIC（トリプロピルイソシアヌレート）
		25	BDCP
		26	オクタクロロジプロピルエーテル(S-421)
		27	フィプロニル
	天然物	28	カプリン酸（n-カプリン酸）
		29	ヒバ中性油
		30	ウコン
II	防腐成分		
		31	IF-1000
		32	IPBC
		33	サンプラス
		34	シプロコナゾール
		35	アザコナゾール
		36	テブコナゾール
		37	ナフテン酸銅
		38	NCH-A1（キシラデン-A1）
		39	フルメシロックス（キシラデンB）
		40	MGK264
		41	N-290K
		42	IBTE
		43	イソチアゾリン
		44	クレオソート油

出典：社団法人 日本しろあり対策協会HP（2005/01/27確認）
http://www.hakutaikyo.or.jp/msds/msds.htm

表 2-33 汚染源及び室内濃度レベルの実態調査（調査対象住宅の概要）[16]

県	市町村	対象住宅	年数	構造・階数	工法
宮城	仙台	A	3年	木造2階建	不明
		B	2年	木造2階建	在来
		C	1年4カ月	木造2階建	在来
		D	2年	木造2階建	在来
		E	2年	木造2階建	2×4
		F	1年6カ月	木造2階建	不明
		G	2年	木造2階建	在来軸組
		H	1年6カ月	木造2階建	2×4
		I	1年	木造2階建	在来
		J	3カ月	木造2階建	在来
鳥取	青谷	K	1カ月	木造2階建	在来
		L	4年	木造2階建	在来
福島	郡山	M	1カ月	木造2階建	在来
		N	1カ月	木造2階建	在来
		O	1カ月	木造2階建	在来
		P	1年	木造2階建	在来
		Q	6年	木造2階建	在来
		R	1カ月	木造2階建	在来

表 2-34 濃度測定物質[17]

記号	物質名	種類
TBP	トリブチルホスフェート	リン酸エステル系
TCEP	トリス(2-クロロエチル)ホスフェート	リン酸エステル系
DZ	ダイアジノン	有機リン系
TICPP	トリス(β-イソクロロピル)ホスフェート	リン酸エステル系
CPME	クロロピリホスメチル	有機リン系
MEP	フェニトロチオン	有機リン系
CP	クロルピリホス	有機リン系
MPP	フェンチオン	有機リン系
TBEP	トリス(2-ブトキシエチル)ホスフェート	リン酸エステル系
TEHP	トリス(2-エチルヘキシル)ホスフェート	リン酸エステル系
PP	ピリダフェンチオン	有機リン系
TCP	トリクレジルホスフェート	リン酸エステル系

った。表2-35より、有機リン系の薬剤よりもリン酸エステル系のトリス（2-700エチル）ホスフェート（TCEP）、トリブチルホスフェート（TBP）、トリス（2-ブトキシエチル）ホスフェート（TBEP）、トリス（β-イソクロロピル）ホスフェート（TICPP）が比較的高い頻度で検出され、また農薬由来であろうフェンチオン（MPP）、フェニトロチオン（MEP）も検出されている。

さらに宮城県での測定例について、居間と床下での検出割合に着目すると、表2-36より、TBP、TICPPの検出割合は床下よりも室内の方が大きく、これらの物質は床下の防

表 2-35 測定結果一覧[17]

県	居宅	場所	物質	TBP	TCEP	TICPP	MEP	CP	TBEP	TEHP
宮城	A	居間	P						14.50	
			G							
		床下	P						9.798	
			G						8.217	12.62
	B	居間	P							
			G							
		床下	P						6.594	
			G						14.05	
	C	居間	P		11.08	252.2			45.70	
			G	18.08		211.9				
		床下	P							
			G							
	D	居間	P						6.852	13.38
			G							
		床下	P	19.61					12.27	
			G							17.47
	E	居間	P	16.86						
			G					30.10	7.498	10.47
		床下	P							
			G						12.94	17.89
	F	居間	P	77.72		685.9			8.929	
			G					25.83		
		床下	P							
			G						6.002	
	G	居間	P	10.44					8.763	
			G	13.33						
		床下	P						7.068	9.830
			G							
	H	居間	P	111.8					14.75	14.25
			G	7,880				53.71	13.55	11.18
		床下	P							
			G							22.86
	I	居間	P	ND	21.47				33.38	
			G		8,513				21.73	10.85
		床下	P		32.93				23.20	
			G						28.18	13.51
	J	居間	P	72.38		182.4			38.57	4.765
			G	55.96		77.89			21.04	13.03
		床下	P						8.945	
			G						13.52	
鳥取	K	居間	P	23.33					29.07	
			G						16.05	18.12
		床下	P						12.18	
			G						22.45	14.21
	L	居間	P	17.22					6.493	
			G						6.262	14.42
		床下	P						8.049	7.083
			G						11.33	14.69
福島	M	居間	P						16.94	
			G	20.30		166.0				
		床下	P						10.50	
			G							
	N	居間	P						19.15	
			G						15.14	
		床下	P						11.07	
			G						15.69	14.30
	O	居間	P	12.80	16.41	21.58			29.71	
			G			18.5			9.73	
		床下	P						15.78	
			G						9.464	11.74
	P	居間	P						12.09	
			G						5.438	
		床下	P						12.88	
			G							
	Q	居間	P	17.19		16.42			12.70	
			G	17.71		11.91			18.47	14.75
		床下	P				13.84		4.992	
			G			27.39			10.59	
	R	居間	P			18.94			23.28	
			G						19.66	
		床下	P						7.971	
			G						14.00	

P:Particulate compounds（粒子状物質）、
G:Gaseous compounds（ガス状物質）

---

(16) 出典：野﨑ら（2000）。
(17) 出典：野﨑ら（2000）をもとに作成。

蟻・防虫剤由来の汚染物質ではないと考えられる。

また、表2-37に示す防蟻剤や防虫剤から発生する成分について小形チャンバーを用いて実験している。表2-38に防蟻・防虫剤成分の発生量、表2-39にVOCsの発生量を示す。すべての防蟻剤において、ガス状のクロルピリホスが検出された。VOCsについては防蟻剤A（成分：クレオソート99.5%、クロルピリホス0.05w/w%）が20種類以上検出され、芳香族炭化水素のトルエンやキシレン、ハロゲン化炭化水素トリクロロメタン、テトラトリクロロエチレン、p-ジクロロベンゼンが比較的発生量が多かった。防虫剤は、主成分のp-ジクロロベンゼンがVOCs組成比で90%程度の検出であった。

斎藤ら（2004）のグループは、都内の住宅24軒、オフィスビル13棟の室内空気および外気17カ所について4種のクロルデン類を測定している（表2-40、41）。クロルデン類は1986年に「化学物質の審査及び製造等の規制に関する法律」（化審法）の第1種特定化学物質に指定され、それ以来、製造・販売・使用が禁止されている。残留性の高い有機汚染物質で、規制以前は、合板接着剤への添加やシロアリ駆除剤として多く使用されていた。調査では住宅室内において、表2-42の濃度のクロルデン類4物質が検出されたが、オフィスビル室内からは4物質とも検出されず、外気からはcis-ノナクロルを除く3物質が検出されている。住宅におけるクロルデン類の検出率および室内濃度は外気に比べて高く、住宅の建築様式では、集合住宅よりも一戸建住宅で高かった。また、一戸建住宅内では2階よりも1階の室内濃度が高い傾向が見られた。

表 2-36 床下と居室濃度との関係[17]

県・邸	物質名	場所	検出割合
宮城 A～J邸 (10戸)	TBP	居間	6/10
		床下	2/10
	TICPP	居間	4/10
		床下	1/10
	TBEP	居間	7/10
		床下	9/10
	TEHP	居間	8/10
		床下	8/10

表 2-37 実験対象防蟻、防虫剤の仕様[16]

種類	対象剤	成分（カタログによる）	備考
防蟻剤	A	クロルピリホス0.5w/w%、クレオソート油99.5w/w%	木材表面処理用
	B	スミチオン、1F-1000、石油系溶剤	木材表面処理用
防虫剤	A	パラジクロロベンゼン、P.C.M.X.（防カビ剤）	衣装ケース用

表 2-38 チャンバー実験による化学物質の発生[17]

物質名	防蟻剤A		防蟻剤B	
	P	G	P	G
TBP				
TCEP				
DZ				
TICPP				6.559
CPME				
MEP	22.17	271.3	30.61	865.3
CP		88.97		12.97
MPP				
TBEP	4.009	9.686	3.76	5.012
TEHP	4.011	5.288	6.290	4.060
PP				
TCP				

単位：ng/m³
P:Particulate compounds（粒子状物質）、
G:Gaseous compounds（ガス状物質）

表 2-39 VOCs発生量[17]

分類	物質名	防蟻剤A	防蟻剤B	防虫剤A
脂肪族炭化水素	n-ヘキサン	-	0.126～1.76	-
	n-オクタン	-	1.27～2.45	-
	n-ノナン	13.5～15.3	0.777～1.49	-
	n-デカン	-	28.9～66.2	-
	n-ウンデカン	3.61～9.02	38.0～128	1.27～11.1
	n-ドデカン	2.07～4.56	2.97～17.3	1.55～11.8
	n-トリデカン	2.79～6.91	-	-
	n-テトラデカン	0.733～3.13	-	1.58～4.07
	2,2,4-トリメチルペンタン	9.80～34.6	-	-
芳香族炭化水素	トルエン	54.9～77.4	1.60～1.74	-
	エチルベンゼン	17.3～20.2	3.20～5.37	-
	m,p-キシレン	87.9～104	0.285～4.78	1.04～2.45
	1,3,5-トリメチルベンゼン	15.0～30.2	-	-
	1,2,4-トリメチルベンゼン	1.87～3.40	1.50～13.5	0.371～5.53
	1,2,3-トリメチルベンゼン	7.86～13.2	5.98～15.6	0.107～3.61
	1,2,4,5-テトラメチルベンゼン	0.837～1.36	2.79～8.09	-
ハロゲン化炭化水素	ジクロロメタン	2.94～10.3	-	-
	トリクロロエチレン	229～458	-	-
	テトラトリクロロエチレン	29.3～357	-	-
	p-ジクロロベンゼン	1.69～708	0.874～48.7	4210～8230
テルペン	2-ピネン	0.0829～0.368	0.658～1.06	-
	R-(+)-リモネン	0.393～0.817	1.66～13.3	-
ケトン	メチルイソブチルケトン	0.162～31.6	-	-
アルコール	1-ブタノール	0.161～0.591	-	-
アルデヒド	ペラゴンアルデヒド	2.27～3.82	12.6～46.6	-
	1-デカナール	2.47～40.1	3.99～16.1	-

＊3回ずつ実験を行い、共通して検出された物質のみ記載。単位：μg/h

表 2-40 捜査対象建築物の概要[18]

建物	築年数[年]（平均）	採取中(24時間)の温度及び湿度平均値			
		室内		外気	
住宅*	0～25.4（4.7）	16.6℃	43.0%	9.5℃	49.7%
オフィスビル	1.9～39（8.4）	22.2℃	37.5%		

＊3軒が未入居

表 2-41
住宅の建築様式別クロルデン類検出率（％）[18]

物質名	一戸建住宅(17軒) 検出率(検出住宅数)	集合住宅(7軒) 検出率(検出住宅数)
trans-クロルデン	52.9(9)	14.3(1)
cis-クロルデン	47.1(8)	14.3(1)
trans-ノナクロル	35.3(6)	14.3(1)
cis-ノナクロル	5.9(1)	0(0)

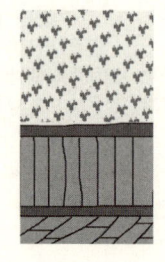

(18)出典：斎藤ら（2004）。

建材別化学物質の使用例・実測例

表 2-42　室内空気および外気中クロルデン濃度 [18]

単位：(ng/m³)

物質名	住宅(n=48)			外気(n=17)		
	Min. - Max.	Med.	検出率*(%)	Min. - Max.	Med.	検出率*(%)
trans-クロルデン	<0.20 - 9.6	<0.20	41.7	<0.20 - 0.57	<0.20	17.6
cis-クロルデン	<0.20 - 5.9	<0.20	37.5	<0.20 - 0.44	<0.20	17.6
trans-ノナクロル	<0.20 - 6.5	<0.20	29.2	<0.20 - 0.34	<0.20	11.7
cis-ノナクロル	<0.20 - 0.38	<0.25	4.2	<0.20 - <0.25	<0.25	0

Min.:最小値、Max.:最大値、Med.:中央値。オフィスビル (n=26) では、いずれの物質も検出されなかった。
＊検出率は室内2ケ所のうち1ケ所以上で検出された住宅数を全住宅数で除して計算した。

表 2-43　JAS普通合板の防虫の規格

第4条　普通合板の規格は、次のとおりとする。（以下抜粋）

区分	基準
防虫（防虫処理を施した旨の表示をしてあるものに限る。）	ほう素化合物で処理するものにあっては単板処理法、ホキシム、フェニトロチオン、ビフェントリン又はシフェトリンで処理するものにあっては接着剤混入法により防虫処理が行われており、かつ、別記の3の(6)の防虫処理試験の結果、薬剤の吸収量が次のとおりであること。 1　ほう素化合物で処理したものにあっては、ほう酸の吸収量が1.2kg/m³以上であること。 2　ホキシムで処理したものにあっては、ホキシムの吸収量が0.1kg/m³以上0.5kg/m³以下であること。 3　フェニトロチオンで処理したものにあっては、フェニトロチオンの吸収量が0.1kg/m³以上0.5kg/m³以下であること。 4　ビフェントリンで処理したものにあっては、ビフェントリンの吸収量が0.01kg/m³以上0.05kg/m³以下であること。 5　シフェトリンで処理したものにあっては、シフェトリンの吸収量が0.01kg/m³以上0.05kg/m³以下であること。

(2) 防虫処理薬剤

　ラワン・メランチといった南洋材や、国産材のミズナラやケヤキなどの木材は、その辺材部分が乾燥すると、ヒラタキクイムシという乾燥材を食害する昆虫が侵入することがある。この被害を防ぐため、木材に防虫処理を行う必要がある。使用薬剤としては、水溶性で低毒性のほう砂、ほう酸混合物がよく使用される。薬剤処理された防虫処理木材がどのように表記されることになるのか、一例として普通合板における防虫の規格を表2-43に示す（出典：日本木材総合情報センターHP）。

(3) 防腐処理薬剤（防腐剤、木材保存剤）

　木材を腐朽から守るために防腐処理を行う必要がある。建築の現場で行うよりは、工場において木材中に深く浸透させるほうが効果的で、一般的には圧力で薬剤を注入する加圧式処理法を用いる。これらの防腐処理薬剤は、揮散による人への健康影響は少ないが、薬剤によっては廃棄時に地下水への影響等が懸念されるため注意が必要である。一般に使用される防腐剤を表2-44に示す（出典：日本木材総合情報センターHP）。

　防腐剤等の木材保存剤については、社団法人日本木材保存協会（JWPA）によって薬剤の認定を行っており、ホームページで公開して

表 2-44 加圧注入用防腐・防蟻剤

薬剤の種類	記号	概要
クロム・銅・ひ素化合物系	CCA	クロム、銅及びひ素化合物を主成分とする薬剤で、定着性、防腐・防蟻効力、経済性など多くの優れた性能を有するため、かつては広く用いられたが、廃材処理の問題から近年わが国では使用は減少している。処理材の外観は緑色。
銅・アルキルアンモニウム化合物系	ACQ	銅化合物とAACをアンモニア又はアミンを用いて水に溶解するように製剤化した薬剤。処理材の外観は緑色～淡褐色。
銅・ほう素・アゾール系	CUAZ	銅化合物、ほう素化合物及びアゾール系化合物をアミン類、界面活性剤などを用いて水に可溶化させた薬剤。処理材の外観は、緑色～淡褐色。
ナフテン酸銅系	NCU	ナフテン酸(石油中の酸性物質)に銅が5～10%結合したもので、有機溶剤に溶ける。石油系の有機溶剤などに溶かして加圧注入するか界面活性剤を用いて乳化性として加圧注入する。処理材の外観は緑色。
ナフテン酸亜鉛系	NZN	ナフテン酸(石油中の酸性物質)に亜鉛が4～16%結合したもので、有機溶剤に溶ける。石油系の有機溶剤などに溶かして加圧注入するか界面活性剤を用いて乳化性として加圧注入する。処理材の外観は通常の木材と変わらない。
アルキルアンモニウム化合物系	AAC	第4級アンモニウム塩(AAC)のうちDDAC(ジデシルジメチルアンモニウムクロライド)を有効成分とする薬剤。処理材の外観は無処理材と変わらない。
ほう素・アルキルアンモニウム化合物系	BAAC	ほう素化合物と、DDACを有効成分とする薬剤。処理材の外観は、無処理材と変わらない。
バーサチック酸亜鉛・ピレスロイド系	VZN	バーサチック酸(合成酸)亜鉛に防蟻成分としてパーメスリンを加えたもの。乳化性として加圧注入する。処理材の外観は、通常の木材と変わらない。
アゾール化合物系	AZP	シプロコナゾールに防蟻成分として、プロペタンホスを加えたもの。乳化性として加圧注入する。処理材の外観は、通常の木材と変わらない。

出典：財団法人 日本木材総合情報センターHP 木のなんでも相談コーナー (2005/01/27確認)
http://www.jawic.or.jp/soudan/items/jpg/220800102.jpg

いる。
http://wwwsoc.nii.ac.jp/jwpa/yakuzai/yukuzai.html

(4) 畳

畳床には従来、稲藁が使用されていたが、現在では藁のみの畳は少なり、藁の代わりに板状の断熱材やインシュレーションボードなどが使用されている。したがって、畳からも化学物質が放散される可能性があり、また従来の稲藁の畳も、米を作るときにかなりの農薬を使用しているため安全とはいえない。
(出典：日本建築学会編、シックハウス対策のバイブル、2002年)

(5) ワックス
1) 概要

ワックスは、美装工事として入居前に、床の艶出しや保護のために実施するものや、日常の手入れで行うものがある。床用ワックスに含まれる主な有機化合物としては、トルエンやキシレン、トリメチルベンゼン、ブチリ

ルベンゼン、トリエタノールアミン、ベンジルアルコールがある。

ワックスについては、建築基準法の規制はない。だが、建材で安全なものを使用していてもワックスで有害な化学物質を発生しては意味がない。最近は、トルエンやキシレンを含んだ溶剤形の油性樹脂ワックスが減り、水性の樹脂ワックスが大半を占めるようになった。

2) 放散される化学物質

大貫ら（2003）は、水性の樹脂ワックスに含まれているVOCsおよび可塑剤について、市販の3製品を調査している。3つから共通して検出されたVOCsはジエチレングリコールモノエチルエーテル（DEGEE）であり、この成分がワックスの主要な揮発成分であると報告されている。また、ジエチレングリコールモノメチルエーテル（DEGME）、リモネン、ジメチルペンタノールは各ワックスによって揮発する成分の割合に違いがみられたが、多く検出された成分である。

ワックスにはフタル酸ジブチル（DBP）やリン酸トリス（ブトキシエチル）（TBEP）などの可塑剤が添加されることがある。斎藤ら（2003）は、前記3製品ワックスの可塑剤成分も調査を行っており、リン酸トリス（ブトキシエチル）（TBEP）がいずれの製品からも検出され、その含有量は1.1～1.4%であった。

(6) 日用品・家電製品等

室内において、建材以外に日用品や家電製品といったものからも化学物質が放散する。例えば、石油ファンヒーターの場合、その燃焼ガスから様々な化学物質が発生する。ここではすべての製品を紹介することはできないため、表2-45（68ページ）に日用品や家電製品等の研究された文献の一部を掲載することにした。参考にしていただきたい。

表 2-45 調査対象製品と文献名

製品名 大区分	製品名 小区分	調査対象化学物質	放散される化学物質	参考文献
レーザープリンター	レーザープリンター	アルデヒド類、VOCs	ホルムアルデヒド、アセトアルデヒド、トルエン、エチルベンゼン、キシレン、スチレン	野中ら (2004) 家具・家電製品等からの放散ガス分析法の検討
パソコン	ディスプレー	アルデヒド類、VOCs	ホルムアルデヒド、トルエン等	徐ら (2004) 大型テストチャンバーにおける建材や家電製品等からの揮発性有機化合物放散量の測定に関する研究－パソコンからの揮発性有機化合物放散量の測定－
	パソコンセット		トルエン等	
学校用木製家具	戸棚	ホルムアルデヒド、VOCs	ホルムアルデヒド、メチルエチルケトン、トルエン、α-ピネン等	野崎ら (2003a) 学校用木製家具からの化学物質の発生に関する研究
	実験台		ホルムアルデヒド、α-ピネン、β-ピネン等	
木材	針葉樹 (スギ、ヒノキ、ベイスギ、ホワイトウッド)、広葉樹 (ミズナラ、レッドセラヤ)	VOCs	α-ピネン等のテルペン類、(ミズナラ) 酢酸やアセトアルデヒド、エタノール、酢酸エチル等	森ら (2001) 小型チャンバー (ADPAC) による木材由来のVOCs放散測定
線香の煙	無臭、芳香、備長炭使用の3種の線香	アルデヒド類、VOCs、浮遊粉塵	ホルムアルデヒド、アセトアルデヒド、トルエン、キシレン、スチレン、エチルベンゼン、p-ジクロロベンゼン	赤羽ら (2004) 線香の煙による室内空気汚染に関する研究
食材の加熱調理	魚、豚肉	多環芳香族炭化水素 (PAH)	ベンゾ[a]ピレン (BaP)	小谷野ら (2004) 加熱調理により発生する浮遊粒子中のPAH
開放型石油暖房器具	反射式石油ストーブ、対流式石油ストーブ、石油ファンヒーター	VOCs	ノナン、デカン、ウンデカン、トルエン、1,2,4-トリメチルベンゼン	野崎ら (2003b) 開放型石油暖房器具からのVOCの発生に関する研究
電気式暖房器具	電気ストーブ、ハロゲンヒーター、セラミックヒーター	ホルムアルデヒド、VOCs	ホルムアルデヒド、VOCs	野崎ら (2004b) 電気式暖房器具から発生する化学物質による室内空気汚染に関する研究
パソコン、携帯電話、リモコン等	ノートパソコン 3台	アルデヒド類、VOCs	ホルムアルデヒド、オクタン、トルエン、ブチルアセテート、1-ブタノール等	舟ら (2002) 小型チャンバーADPACを用いたアルデヒド類、VOC放散量の測定に関する研究 (その7小型チャンバーADPACを用いた電化製品・生活用品の測定)
	テレビリモコン		ドデカン、1-ブタノール、テトラデカン、トルエン、キシレン	
	携帯電話			
	写真雑誌 (フルカラー)		デカン、ノナン、1,2,4-トリメチルベンゼン、ウンデカン、テトラデカン等	
事務機器	コピー機、レーザープリンタ、インクジェットプリンタ	オゾン	オゾン (コピー機、レーザープリンタ)	野崎ら (2004c) 事務機器による室内オゾン汚染に関する研究、室内オゾン濃度予測と発生源発生量算定法
家電製品	電気敷毛布	ホルムアルデヒド、VOCs	ホルムアルデヒド、ウンデカン、テトラデカン、(1,3,5,1,2,4,1,2,3) トリメチルベンゼン、p-ジクロロベンゼン	野崎ら (2003c) 家電製品からの化学物質の発生に関する研究
	コタツヒーターユニット		ホルムアルデヒド、p-ジクロロベンゼン	
事務機器	コピー機、レーザープリンタ、インクジェットプリンタ	VOCs	スチレン、キシレン、エチルベンゼン	野崎ら (2003d) 事務機器からの化学物質の発生に関する研究
建材・家具、家電製品	防ダニ加工した断熱材	VOCs、SVOCs	ドデカン、テトラデカン、ジフェニルスルホン等	勝又ら (2004) 建材・家具・家電製品から発生するSVOC放散量測定
	床材		フェノール、2E1H、BHT、DEHP	
	壁紙 (塩化ビニル系)		フェノール、2E1H	
	カーペット		フェノール、2E1H	
	防炎カーテン		DEHP、DBP	
	ソフトレザーカバー		トルエン、p-キシレン、2E1H等	
	ノートパソコン		トルエン、スチレン、2E1H、DEP、DBP、DEHP、BHT	
建材、家電製品	壁紙	VOCs、SVOCs	DBP、DEHP	朱ら (2002) 実温度条件下における材料から放散される半揮発性有機化合物 (SVOC) 測定に関する研究 (その2) 建材、家電製品からのSVOC放散量の測定
	テレビプラスティックケーシング		スチレン、DEP、DEHP、TBP (トリブロモフェノール)	
	テレビ端子基板		フェノール、DBP、DEHP、TPP (リン酸トリフェニル)	
プリンタ	レーザープリンタ、バブルジェットプリンタ	オゾン、VOCs	オゾン、スチレン、キシレン、ジメチルベンゼン、ペンタノール (バブルジェットのみ)	堀場ら (2003) プリンタから発生する化学物質と室内空気汚染
開放型燃焼器具	反射式石油ストーブ、対流式石油ストーブ、石油ファンヒーター	VOCs	VOCs発生量：反射式＜対流式＜石油ファンヒーター	野崎ら (2003e) 開放型燃焼器具からの化学物質の発生に関する研究
ノートパソコン	ノートパソコン	VOCs、SVOCs	2-ブトキシエタノール、トルエン、メチルカルボネート、エチルカルボネート、2-エチルヘキサノール、シクロヘキシルベンゼン、トリメチルシクロヘキサノン、DBP、DEHP等	星野ら (2003) 実温度条件下における材料から放散される半揮発性有機化合物 (SVOC) 測定に関する研究 (その4) チャンバー内吸着-加熱脱着法によるノートパソコンから放散されるSVOCの測定
殺虫剤	ピレスロイド系殺虫剤	ピレスロイド剤	ピレスロイド剤	野口ら (2004) 熱蒸散型ピレスロイド系殺虫剤の蒸散特性

2.2 放散速度と気中濃度の関係

ここでは、気中濃度と放散速度との関係を明らかにし、許容濃度を満足する放散速度レベルに関して説明する。

2.2.1 化学物質放散速度とは

化学物質放散量は、単位時間あたりに建材から放散される化学物質質量（単位 $\mu g/h$）である。一方、放散速度は、単位面積あたりの放散量（$\mu g/m^2 h$）である。

これらの関係は、下の式で示される。

$$M = EF \times S \quad \cdots (1)$$

ここに、M：放散量（$\mu g/h$）、EF：放散速度（$\mu g/m^2 h$）、S：建材面積（m^2）

2.2.2 換気量・放散量・建材使用面積と気中濃度の関係

化学物質による健康影響は、呼吸により化学物質を摂取することで生じることから、気中濃度が許容濃度以下となる設計が求められる。しかし、濃度の低減化対策は、建築基準法に見られるように建材からの放散速度で規定される。

この気中濃度と化学物質放散速度は、相関があるものの、換気の状態によって影響を受ける。

一般に、換気量と放散量および気中濃度の関係は以下の式で表される。

$$C = \frac{M}{Q} + C_0 \quad \cdots (2)$$

ここに、C：気中濃度（$\mu g/m^3$）、Co：屋外濃度（$\mu g/m^3$）、M：化学物質放散量（$\mu g/h$）、Q：換気量（m^3/h）

(1)式を用いて放散速度と気中濃度の関係を示すと、(3)式で表すことができる。

$$C = \frac{EF \cdot S}{Q} + C_0 \quad \cdots (3)$$

図 2-14 化学物質放散と気中濃度の関係

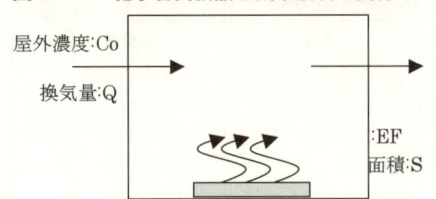

従って、気中濃度は、放散速度および建材の使用面積に比例し、また換気量に反比例する。この関係を図2-14に示す。

2.2.3 放散量が気中濃度の影響を受ける場合の気中濃度と放散速度の関係

(3)式は、一般的な化学物質放散速度と気中濃度の関係である。しかし、化学物質や建材の種類によっては、放散速度が気中濃度に影響を受ける場合がある。よく知られている例として、木質建材からのホルムアルデヒド放散があり、気中濃度の高まりとともに放散速度が低下する傾向を示す。これを温湿度が一定環境下における気中濃度と換気量との関係について見ると、密封時の平衡気中濃度をCeとすると、その関係は (4)式で表すことができる。

$$C = \frac{kC_e}{k + Q/S} = \frac{kC_e}{k + n/L} \quad \cdots (4)$$

ここに、C：気中濃度（$\mu g/m^3$）、Ce：密封時の平衡気中濃度（$\mu g/m^3$）、n：換気回数（1/h）、k：物質移動係数（m/h）、L：試料負荷率（m^2/m^3）、Q：換気量（m^3/h）、S：建材表面積（m^2）

表 2-46 対象建材

建材	設置条件
床用フローリング	床面全面に設置
壁・天井用クロス	壁・天井全面に設置
隙間用シーリング	床・壁・天井・窓の取り合いに設置、幅を5mmとした。
床材用接着剤	床全面に塗布、フローリングからの透過率を10%とする。
壁・天井用接着剤	壁・天井全面に塗布、壁・天井材からの透過率を10%とする。

表 2-47 許容放散速度の算出

ケース名	タイプS	タイプL
室	2.5×3×2.5	4×5×2.5
窓	2×1.5	2×1.5
換気回数	0.5	0.5
容積(m³)	18.75	50
床面積(m²)	7.5	20
壁・天井面積(m²)	39.5	82
シーリング面積(m²)	0.14	0.175
床用接着剤面積(m²)	0.75	2
壁・天井用接着剤(m²)	3.95	8.2
総面積(m²)	66.64	154.18
許容気中濃度(μg/m³)	130	130
許容放散速度(μg/m²h)	17.3	20.0

2.2.4 厚生労働省指針値を満たすための放散速度に関する検討

次に、大きさの異なる具体的な空間を用いて、許容濃度以下とするための放散速度を検討する。表2-46に示すように、居室内に設置される基本構成部材を対象とする。なお、床・壁・天井用接着剤は、表面材を透過した後に放散されることから、その透過率を10%と仮定し、算出した。

以上の材料を用いた大きさの異なる室に対して、許容放散速度の算出を試みる。対象とした室は、タイプSとして、間口2.5m、奥行き3m、天井高さ2.5mのものと、タイプLとして、間口4m、奥行き5m、天井高さ2.5mのものである。いずれも幅2m、高さ1.5mの窓が1カ所設置されているものを想定した（窓からの化学物質放散はないものとした）。なお、許容放散速度の算出に当たっては、対象物質としてトルエンを用い、その濃度は安全率を考慮し、厚生労働省指針値の50%の130μg/m³とした。

この結果から、床面積が大きい場合（タイプL）の許容放散速度は20.0μg/m²h、床面積が小さい場合（タイプM）は17.3μg/m²hとなった（表2-47）。このことから、床面積が小さい場合には、建材の性能は高いものが求められることが分かる。言い換えると、同じ放散量の建材を用いた場合、室容積を大きくすることで気中濃度は低くなることになる。

また、厚生労働省が定めるトルエンの50%気中濃度レベルを満足するためには、小さい室であるタイプSにおいて17.3μg/m³以下が求められることが分かった。

室内には表2-46に示されるもの以外にも、家具など持ち込まれるものが存在することから、厚生労働省指針値を満たすための各化学物質の許容放散速度を求めることは困難である。だが、アルデヒド類を除いたVOCsの場合、概ね15μg/m²hを下回る建材を用いることで、化学物質の指針値程度以下となることが推定された（ホルムアルデヒドの場合、厚生労働省指針値100μg/m³に対して、改正建築基準法において5μg/m²h未満がF☆☆☆☆と規定されている）。

2.3 建材に含まれる化学物質の調査マニュアル

2-1では、木質材料等から放散される化学物質にはどういった物質があり、どのような放散挙動を示すかを述べた。ここでは、実際に建材を使用する場合に、その建材にはどのような化学物質が含まれていて、その物質がどれくらいの有害性があるのかを調査する方法について述べる。

■2.3.1 MSDS、成分表等の入手方法

使用する建材、例えば接着剤に含まれている化学物質を知りたいときは、接着剤またはその箱に記載されている成分表、または内容物などといった表示部分を確認する。そこには○○物質（○○物質が○○％など）と使用されている化学物質（含有量（割合）など）が記載されている（第5章5.6家庭用品規制法、5.9建材ラベリング参照）。表2-48の接着剤を例にすると、A剤とB剤を混ぜる接着剤○○の成分は、A剤には化学物質のエポキシ樹脂が入っており、B剤にはポリチオールと三級アミンが含まれていることがわかる。

実際に工務店等、住宅の建設業者が、使用されている化学物質の成分をホームセンターなどの販売店に行って直接確認できればよいが、一般的には商社や販売店、取扱店に問い合わせるのがよいだろう。最近は製造業者または団体が自主的にホームページに公開している場合があるので、こちらで確認するといった方法もある。

建材そのものまたは箱に記載がない場合、またはもっと詳細な情報が欲しい場合がある。そのときには、化学物質等安全データシート（以下、MSDS）を入手するとよい。製造業者は自社が製造する商品に関して、使用

表2-48 成分表の例＜接着剤○○＞

成分	A剤	B剤
	エポキシ樹脂	ポリチオール、三級アミン

詳細な内容が必要な場合には、製品安全データシート（MSDS）をご参照ください。

表2-49 普通合板のJAS表示例

品　　　名	「普通合板」
寸　　　法	4.5×910×1,820mm
ホルムアルデヒド放散量	「F☆☆☆☆」
製　造　者	○○合板株式会社工場

されている化学物質の安全性を記載したMSDSを提供している場合が多い。

木質のボード類、例えば普通合板を見ると、JAS（日本農林規格）においてホルムアルデヒドについての放散する量が規格されており（第5章5.9参照）、表2-49のような記載が合板に刻印またはシール等によって表示されている。よって、ホルムアルデヒド放散量を知りたい場合は、この表示を確認すればよい。

しかし、発生する化学物質はホルムアルデヒド以外にもある。使用されている接着剤の種類が何か知りたい場合にもMSDSを入手するとよい。また、住宅を建てようとする個人が、住宅に使用される建材の化学物質成分を知りたい場合には、住宅の販売店に相談してみるとよい。ただし、住宅の部品に使用される建材は非常に多く、その色・模様、種類等によってそれぞれにMSDSが存在する。莫大な量になることをあらかじめ心得ておく必要がある。

＊MSDS：Material Safety Data Sheet
（化学物質等安全データシート）
　MSDSとは、化学物質およびそれらを含有する製品（指定化学物質等）の物理化学的性状、危険有害性、取扱上の注意等についての

情報を記載した化学物質等安全データシートのことである。

1999年7月に公布、2001年に施行されたPRTR法（略称を「化学物質排出把握管理促進法」）において、政令で指定された指定化学物質等を取り扱う事業者（指定化学物質取扱事業者）には、人の健康や環境への悪影響をもたらさないよう化学物質等を適切に管理する社会的責任があることから、指定化学物質等を他の事業者に譲渡・提供するときは、その相手方に対してMSDSの提供が義務付けられた（図2-15参照）。住宅生産者や購入者は、このシートの提出をメーカーに対して求めることができる。ただし、現状では、含有量1%未満の物質についてはMSDSに記載する必要がない。

ホルムアルデヒド、トルエン、キシレン等の化学物質を一定以上含有する建材は、このデータシートの中で、その種類、量、性状等に関する情報を記述することになっている。
（参照）経済産業省HP
化学物質排出把握管理促進法 TOP＞概要
http://www.meti.go.jp/policy/chemical_management/law/msds/msds.html （2004/10/09確認）

図 2-15　MSDSの情報提供の例

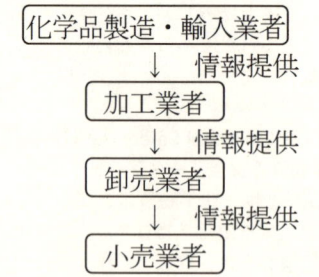

```
化学品製造・輸入業者
    ↓ 情報提供
   加工業者
    ↓ 情報提供
   卸売業者
    ↓ 情報提供
   小売業者
```

■2.3.2 MSDSの見方

経済産業省のホームページにMSDSの例が記載されている（図2-16に抜粋）。図中の「2.組成、成分情報」、「3.危険有害性の要約」を見ると、おおよその製品の概要はつかむことができる。また、「8.暴露防止及び保護措置」では、化学物質の許容濃度（労働安全衛生法等で許容されている濃度）や、「11.有害性情報」では、人体への有害性が、発がん性、変異原性、経口慢性毒性、吸入慢性毒性、生殖／発生毒性、感作性、急性毒性、刺激性などの観点から記載されている。これらから使用される化学物質情報を把握し、第5章に示す「建築関連の化学物質の法規・基準」に該当する物質はないか照らすとよい。

図2-16（73～74ページ）に示す接着剤Aを例にすると、「2.組成、成分情報」、「3.危険有害性の要約」より、この接着剤にはトルエン、n－ヘキサン、アセトン、メチルエチルケトン、ジクロロメタン、シクロヘキサン、クロロプレンゴムが含まれており、溶剤の蒸気を大量に吸入すると、めまいや頭痛を起こす恐れがあることがわかる。また、厚生労働省が「化学物質の室内濃度指針値」として記すトルエンを、この接着剤は含んでいることがMSDSを見て判断できる。

そして、「8.暴露防止及び保護措置」より、その接着剤に含まれる中でトルエン、n－ヘキサン、アセトン、メチルエチルケトン、ジクロロメタン、シクロヘキサンの6物質については、日本産業衛生学会の許容濃度が定められていることがわかる。

「11.有害性情報」からn－ヘキサン以外は急性毒性値が示されており、その有害度合いが理解できる。ここでこの接着剤に示す急性毒性、ラット経口LD50値とは、ラット（ネズミ）に投与して50%が致死する量を、人間

の体重1kgの摂取量に換算した値。よって体重60kgの人は、60倍掛けることになり、理論上、体重の軽い人ほど許容量が少ないことになる。

このように、MSDSは建材に含まれる化学物質を調査するには非常に有効な手段である。ただし、MSDSの見方で注意すべきは、現状では含有量1%未満の物質はMSDSに記載する必要がないということである（第4章4.1.1参照）。

図 2-16　MSDSの例（接着剤A）

```
                                        作成日 2000年1月1日
                                        改訂日 2002年1月1日
化学物質等安全データシート
1. 製品及び会社情報
   製品名        接着剤A
   会社名        ○○工業㈱
   住所          東京都港区○○○1-1
   担当部門      安全部
   担当者        日本一郎
   電話番号      03-5555-1111  FAX番号  03-5555-1112
   製品コード    9001
   緊急連絡先    03-5555-2222
   整理番号      AD9-001

2. 組成、成分情報
   単一製品・混合物の区別：混合物
   化学名：              クロロプレン系接着剤

   成分            化学式       CAS番号   官報公示整理番号  含有量
                                          （化審法・安衛法）
   トルエン        C6H5CH3     108-88-3   (3)-2              10%
   n-ヘキサン      C6H14       110-54-3   (2)-6              25%
   アセトン        CH3COCH3    67-64-1    (2)-542            3.0%
   メチルエチルケトン CH3COC2H5  78-93-3    (2)-542            10%
   ジクロロメタン  CH2Cl2      75-09-2    (2)-36             10%
   （別名：塩化メチレン）
   シクロヘキサン  C6H12       110-82-7   (3)-2233           15%
   クロロプレンゴム -(C4H5Cl)n- 9010-98-4  (6)-743,745,747    25%

   含有量については製品規格上、記載順に次のような幅で変動することがある。
     5～15%、20～30%、1～5%、5～15%、5～15%、10～20%、20～30%
   危険有害成分：ジクロロメタン

3. 危険有害性の要約
   最重要危険有害性：  溶剤の蒸気を大量に吸入するとめまい、頭痛を起こすおそれがある。
   有害性：            ①溶剤の蒸気を大量に吸入するとめまい、頭痛を起こすおそれがある。
                       ②含有しているジクロロメタンは強い変異原性があることが認められている。
   物理的及び化学的危険性：引火しやすい液体。溶剤の蒸気と空気が混合して爆発性混合物を形成し易い。
   分類の名称（分類は日本方式）：引火性液体、急性毒性物質、その他の有害性物質
```

4. 応急措置
- **吸入した場合**: 被災者を直ちに新鮮な空気の場所に移す。保温して安静を保つ。速やかに医師の診断を受ける。
- **皮膚に付着した場合**: 付着物を拭き取り、水と石けんでよく洗う。かゆみや炎症等の症状がある場合は、速やかに医師の診断を受ける。
- **目に入った場合**: 正常な水で口の中をよく洗い、直ちに医師の手当を受ける。
- **飲み込んだ場合**: 水で口の中をよく洗い、直ちに医師の手当を受ける。
- 最も重要な徴候及び症状に関する簡潔な情報: めまい、頭痛

5. 火災時の措置
- **消火剤**: 粉末、二酸化炭素、泡
- **特定の消火方法**: 付近の着火源を断ち、保護具を着用して消火する。
- **消火を行う者の保護**: 消火作業の際には有害なガスを吸い込まないように呼吸用保護具を着用し、風上から消火作業を行う。

6. 漏出時の措置
- **人体に対する注意事項**: 暴露防止のため、保護具を着用して作業を行い、蒸気の吸入や皮膚への接触を防止する。漏出した場所の周辺に関係者以外の立入りを禁止する。付近の着火源を取り除き、消火機材を準備する。
- **環境に対する注意事項**: 本製品を含む廃水の公共用水域への排出又は地下浸透を防止するため、本製品がこぼれた床面などを水で洗い流してはならない。
- **除去方法**: 少量の場合は、土砂などに吸収させて蓋付きの容器器に回収する。花火を発生しない安全なシャベルなどを使用する。多量の場合は、土砂などで流れを止め、液の表面を泡で覆った後に回収する。

7. 取扱い及び保管上の注意
- **取扱い**
  - **技術的対策**: 火気厳禁。電気機材は防爆構造にするほか静電気、スパークなどによる着火源を生じないようにする。吸入・接触のおそれがあるときは適切な保護具を使用する。
  - **注意事項**: 局所排気装置の設置、設備の密閉化又は全体換気を適正に行うことが望ましい。
  - **安全取扱い注意事項**: 暴露防止のため、保護具を着用して作業を行う。蒸気の吸入、皮膚への接触を避ける。
- **保管**
  - **適切な保管条件**: 適切な換気の良く乾燥した冷暗所に密栓して保管する。
  - その他、消防法、労働安全衛生法等の法令で定めることに従う。

8. 暴露防止及び保護措置
- **設備対策**: 蒸気を吸入しないように、局所排気装置の設置、設備の密閉化又は全体換気を適正に行うことが望ましい。

	管理濃度	許容濃度 日本産業衛生学会（2000年）	ACGIH（2000年）
トルエン	50ppm	50ppm	50ppm
n-ヘキサン	50ppm	40ppm	50ppm
アセトン	750ppm	200ppm	750ppm
メチルエチルケトン	200ppm	200ppm	200ppm
ジクロロメタン	100ppm	50ppm	50ppm
シクロヘキサン	未設定	150ppm	300ppm

- **保護具**
  - **呼吸器の保護具**: 有機ガス用防毒マスク
  - **手の保護具**: ゴム手袋
  - **眼の保護具**: 側板付き普通眼鏡型又はゴーグル型保護眼鏡
  - **皮膚及び身体の保護具**: 作業衣、安全靴
  - **適切な衛生対策**: 作業中は飲食、喫煙しない。

9. 物理及び化学的性質[1]
- **物理的状態**
  - **形状**: 粘稠液体
  - **色**: 淡黄色
  - **比重**: 約0.9（20℃）
  - **引火点**: −20〜−15℃
  - **発火点**: 200℃以上

10. 安定性及び反応性
- **安定性**: 通常の条件下では安定
- **反応性**: 特記すべき反応性なし[1]。
- **避けるべき材料**: 通気性のある材料、使用溶剤に可溶性の材料
- **危険有害な分解生成物**: データなし

11. 有害性情報
- **急性毒性**: 含有成分のラット経口LD50値は次のとおり[2]
  - トルエン　5,000 mg/kg[2]
  - アセトン　5,800 mg/kg[2]
  - メチルエチルケトン　2,937 mg/kg[2]
  - ジクロロメタン　1,600 mg/kg[2]
  - シクロヘキサン　12,705 mg/kg[2]
- **局所効果**: 含有する有機溶剤は、目に対して刺激性がある。皮膚に対して繰り返し接触すると、皮膚の脱脂作用がある。
- **変異原性**: ジクロロメタンは厚生労働省通達で変異原性が認められた既存化学物質である。

12. 環境影響情報
現在のところ知見なし。

13. 廃棄上の注意
① 産業廃棄物（廃油と廃プラスチック類の混合物）として許可を受けた専門業者に処分を委託する。
② 乾燥して固形状になったものは、廃プラスチック類として処分する。
③ 空容器を廃棄するときは、内容物を完全に除去しておく。

14. 輸送上の注意
取扱い及び保管上の注意の項の記載に従うこと。
- **注意事項**: 容器漏れのないことを確かめ、転倒、落下、損傷のないように積み込み、荷崩れ防止を確実に行うこと。火気厳禁。陸上輸送　消防法、労働安全衛生法等で定められている運送方法に従う。
- **国内輸送**: 海上輸送　船舶安全法に定められている運送方法に従う。航空輸送　航空法に定められている運送方法に従う。
- **国連分類**: クラス3［引火性液体］
- **国連番号**: 1133［接着剤（引火性液体を含有するもの）］

15. 適用法令
- **化審法**
  - 指定化学物質：ジクロロメタン
- **化学物質管理促進法**
  - 第一種指定化学物質
    - トルエン　政令番号第227番
    - ジクロロメタン　政令番号第145番
- **労働安全衛生法**
  - ① 労働省通達（基発第80号、平成3年2月4日）により公表した変異原性が認められた既存化学物質（ジクロロメタン）
  - ② 法第57条の2の通知対象物（トルエン、n−ヘキサン、アセトン、メチルエチルケトン、ジクロロメタン、シクロヘキサン）
  - ③ 有機溶剤中毒予防規則第1条第1項第4号（第2種有機溶剤）（トルエン、n−ヘキサン、アセトン、メチルエチルケトン、ジクロロメタン）
- **消防法**
  - 危険物第4類引火性液体第1石油類
- **船舶安全法**
  - 危規則25条危険物告示別表第5引火性液体類
- **航空法**
  - 施行規則第194条危険物告示別表第3引火性液体
- **港則法**
  - 施行規則第12条危険物告示引火性液体類
- **廃棄物の処理及び清掃に関する法律**
  - 法規五名：法第2条第5項、施行令第2条の特別管理産業廃棄物（ジクロロメタンを2mg/l以上含有する産業廃棄物）
- **水質汚濁防止法**
  - 施行令第2条有害物質、排出基準を定める総理府令第1条（ジクロロメタン）
  - 排出基準0.2mg/L以下
- **下水道法**
  - 施行令第9条の水質環境物質（ジクロロメタン）
  - 水質基準0.2mg/L以下

16. その他の情報
(1) 引用文献
1) 国際化学物質安全性カード（ICSC）−日本語版−（2000）（国立医薬品食品衛生研究所）
2) Registry of Toxic Effects of Chemical Substances (NIOSH)

① 危険・有害性の評価は必ずしも十分ではないので、取り扱いには十分注意してください。
② この化学物質安全データシートは、当社の製品を適正にご使用いただくために必要で、注意しなければならない事項を簡潔にまとめたもので、通常の取り扱いを対象としたものです。
③ 本製品は、この化学物質安全データシートをご参照の上、使用者の責任において適正に取り扱ってください。
④ ここに記載された内容は、現時点で入手できた情報やメーカー所有の知見によるものですが、これらのデータや評価は、いかなる保証をするものではありません。また法令の改正及び新しい知見に基づいて改訂されることがあります。

出典：経済産業省HP
化学物質排出把握管理促進法 TOP＞作成・提供方法＞作成例3
http://www.meti.go.jp/policy/chemical_management/law/msds/msds71.htm
2004/10/09確認

補論：昆虫と害虫

　最近、話題の昆虫はスズメバチ、クマゼミなどである。環境の変化が原因で、その数は増えているという。スズメバチの被害は「アナフィラキシーショック」といわれるもので、急激なアレルギー反応によるショック死である。年間10人以上の犠牲者が出ている。緑を求めて、自然とふれあう良さを求めて、山近くまで開発された住宅が増えるなど、スズメバチの生活圏にわれわれは入り込みすぎた。そして、スズメバチ自身も町中へ生息範囲を広げている。さらに、クマゼミの発生地も増加しているなど、都市化による大気の乾燥や気温上昇といったことも指摘されている。

　住宅での昆虫をめぐる問題もある。ヒトスジシマカやアカイエカの発生、カツオブシムシなどによる衣類への加害、ゴキブリがもたらす不快感、カメムシの臭いによる被害、畳や寝具に多く生息するダニなどがもたらすアレルゲン物質による健康被害という問題もある。これらの昆虫は駆除する対象として、「害虫」の範疇として取り扱われている。

　私たちが昆虫について最初に勉強する機会は、小学校3年生の理科の時間である。登場する昆虫は、アゲハチョウやモンシロチョウなどだ。最近、周りにキャベツ畑が少なくなったことやミカンの木が庭木として多くなったことから、教材としてアゲハチョウを育てている学校も多い。小学校高学年になると、環境と昆虫の関係である食物連鎖や、環境保全の中で取り扱われる。

　だが、残念なことに、大人になるまでほとんどの子どもたちは、最も身近な昆虫（「害虫」）であるゴキブリやアカイエカについて学ぶ機会はない。家の中に出てきた昆虫たちをどのように扱ったらいいのか、対処法を知らないまま大人になってしまう。成長するにつれ、昆虫を嫌いになり、過剰に反応することも珍しくない。そして、駆除するためには、条件反射のように殺虫剤を選ぶようになりがちである。いつのまにか「昆虫は害虫」という駆除の対象としてイメージすることになる。

　その一方で、カブトムシの姿が写ったカードで遊ぶ「ムシキング」がブームになり、外国産のカブトムシやクワガタムシには人気が集まっている。だが、それは架空の世界での昆虫やペットとしての昆虫にすぎない。そうした知識のもとでは、身近な昆虫は、クワガタムシなどの飼育する対象やペットとしての「昆虫」と、駆除し排除する「害虫」に分かれていってしまう。

　私たちが子どもの頃に楽しんだ、雑草が生い茂った何でもない空き地や家の周りの畑に続く里山的な環境は減少しており、生き物に対する体験がますます少なくなってきた。学校で学ぶ知識は、経験があって初めて吸収できるものだが、知識先行の子どもたちが増えていると感じる。外国産のカブトムシやクワガタムシのことはよく知っていても、セミやチョウを怖がって触れない子どもたち。情報機器の大きな発展によって、リアルな昆虫の生態を見たり聞いたりできることもあり、知った気持になってしまいがちである。

　昆虫の特徴である「からだは頭、胸、腹の3つの部分から成り立っている」ことは知っていても、カブトムシを背中から見ているだけでは前翅しか見えない。手で捕まえて、おなかの側から見て、初めて腹の部分が見える。昆虫を捕まえても、「死んでしまうから、すぐ逃がしてやりなさい」と諭す親たちも多い。「よーく見て」、観察して、時には標本にして、

生きた教材として考える大人は少ないようにも感じる。

　今、子どもたちに必要なのは、命の大切さを学び、一人ひとりがそれぞれ認め合って生きていく力である。そのための絶好の教材が、最も身近な昆虫たちだということを認識すべきだろう。害虫としての昆虫についても正しい知識を持って対処する、生きた道具としての学習が必要ではないだろうか。

第 3 章
化学物質の測定

建材には多種類の化学物質が使われている。建材中の化学物質は室内へ放散し、従って室内でも多数の化学物質が検出される。その中のいくつかについては、室内濃度指針値が策定されている。ここでは、室内濃度指針が策定されている化学物質を中心に、空気中濃度および建材からの放散量の測定方法を紹介する。

3.1 室内空気中の化学物質濃度の測定方法

室内空気中の化学物質を正確に測定することは難しい。化学物質の採取からその分析まで、きちんと管理された中で実施されなければ、信頼性ある結果が得られないため、一般的には専門の会社へ依頼することになる。だが、費用は高額で、個人では少々手が出にくい。一方で、最近ではシックハウス問題も一般市民に認識され、関心も強くなっている。自分自身で少々の判断をしたい場合もあるだろう。それに対応するような商品も多数発売されてきている。

現在、室内空気中の化学物質の測定方法には、専門的なものから簡単なものまである。検出された濃度の正確性も、参考情報程度のものから非常に精密なものまでさまざまである。ここでは、簡単な方法と専門的な方法に分け、それぞれで得られる情報を述べる。

■ 3.1.1 簡単な測定方法

この節では、自分でも手軽に測定できるものや、比較的安価に測定を依頼できるものについてとりあげる。筆者らが使いやすいと考えたいくつかの商品について詳しく紹介し、さらにそれ以外のものも加えて、表3-1に紹介した。また、本書で紹介したもの以外については、それら情報を入手できるウェブサイトを併せて紹介する。

ここでは、(1) 室内に放置して、色の変化からホルムアルデヒドが存在するかどうかを調べるものと、(2) 空気を吸引して、色の変化からおおよその濃度を知る検知管、およびセンサーを用いた簡易機器を取り上げる。

ここで紹介するものはいずれも信頼性のあるものだが、簡易な方法であるため、似たような性質の化学物質も上乗せして検出し、数値を高く評価してしまう場合もある。室内に存在する他の化学物質が妨害となり、過少に評価する場合もある。得られる結果はあくまでも参考程度にとどめておくべきだろう。特に体調不良が空気質によるものではないかと疑われる場合、当初に簡単な機器で本当に空気質の疑いが強いかふるい分ける（専門的にスクリーニングと呼ぶ）には有効であるが、特定ができるものではない。また、室内空気指針値濃度を超えるかどうかという判断もできないものである。

利用する際には得られる情報の正確性に、十分注意してほしい。濃度が低いという結果が出て、安心感を得るには良いが、高濃度が疑われて改善したい時や、体調不良を感じてそれが化学物質による疑いをもっている場合などは、専門の会社へ測定を依頼し、「異常」と思う時期の空気質の状況を正確に得てほしい。

簡易な測定機器は貸し出しを受けることもできる。財団法人住宅保証機構は、全国の関連機関にホルムアルデヒド測定機器を貸与しており、貸し出しや測定サービスを実施している。

＊財団法人住宅保証機構：
　http://www.ohw.or.jp/formu.html

表3-1 簡単に測定できる機器

測定法の分類	測定対象	商品名	測定方法	発売元	価格
検知紙	ホルムアルデヒド	ホルムアルデヒドテストストリップ	検知紙を放置、存在すると赤色に変色	関東化学㈱	5,000円(35枚) 2,000円(10枚) 840円(5枚)
		パッシブフラックスサンプラー	シールを建材や家具に貼る。存在すると赤色に変色。発生源を検知する。	日本リビング㈱	64,000円(一箱:袋5個入り20袋) 800円(1個)
検知管	ホルムアルデヒド	ホルムアルデヒド検知管710A (0.005~2.0ppm)	両端の封を割り、ポンプに接続し空気を吸引。変色域を読み取る。	光明理化学工業㈱	5,000円(20本)
		ホルムアルデヒド検知管91LL (0.05~1ppm)	両端の封を割り、手引きポンプに接続し空気を吸引。変色域を読み取る。	㈱ガステック	1,700円(10本)
		ホルムアルデヒド検知管91LL (0.02~1.2ppm)	両端の封を割り、ポンプに接続し空気を吸引。変色域を読み取る。	㈱ガステック	2,500円(10本)
		パッシブドジチューブ91D (0.1~20ppm)	両端の封を割り、放置。変色域を読み取るポンプは必要ない。	㈱ガステック	2,500円(10本)
	トルエン	トルエン検知管122P (100~7000μg/m³)	両端の封を割り、ポンプに接続し空気を吸引。変色域を読み取る。	㈱ガステック	2,500円(10本)
		トルエン検知管721 (0.05~1ppm)	両端の封を割り、ポンプに接続し空気を吸引。変色域を読み取る。	光明理化学工業㈱	5,000円(10本)
	パラジクロロベンゼン	パラジクロロベンゼン検知管127P (100~3000μg/m³)	両端の封を割り、ポンプに接続し空気を吸引。変色域を読み取る。	㈱ガステック	2,500円(10本)
		パラジクロロベンゼン検知管730 (0.01~0.41ppm)	両端の封を割り、ポンプに接続し空気を吸引。変色域を読み取る。	光明理化学工業㈱	5,000円(10本)
センサー機器	複合	換気予報	電源投入	新コスモス電機㈱	14,800円
	ホルムアルデヒド	ホルムテクターXP308B	操作キーを押す	新コスモス電機㈱	150,000円
		ホルムアルデメータ400	操作キーを押す	PPM TECHNOLOGY(販売ジェイエムエス)	330,000円
	VOCs	VOCアナライザーEGC-2	シリンジで空気を採取し注入	アビリット㈱	1,100,000円
		ポータブルVOC検知器XP-339V	操作キーを押す	新コスモス電機㈱	218,000円

保健所でも、測定法は保健所によって様々だが、対応してもらえる。

1）放置するだけのもの

室内に放置したり、家具の中に入れて使用するものである。ホルムアルデヒドが存在すると薬剤と反応して色が変わる。ホルムアルデヒド用の商品は種々販売されているが、揮発性有機化合物（VOCs）の場合、該当する試験紙やシート状の商品は確認できていない。

①ホルムアルデヒドテストストリップ（関東化学株式会社）

プラスチック製の小さなシート上に試験紙が乗っている。試験紙の黄色の発色によりホルムアルデヒドを検出するものである。室内につるして室内空気を調べる。家具の引き出しに入れたり、壁に貼り付けたりして室内のどこから多く発生しているか調べることもできる。ただし、ホルムアルデヒドの存在は確認できるが、濃度レベルまでは判断できない。

- ○測定対象：ホルムアルデヒド
- ○検出原理：試験紙に塗布されたエナミン基をもつ発色試薬とホルムアルデヒドとの反応
- ○放置時間：5〜10時間
- ○検出感度：おおむね0.05ppm
- ○価　　格：5,000円（35枚入り）、2,000円（10枚入り）
  一般消費者には5枚入り¥840の「ドクターシックハウス」がある。東急ハンズのショッピングサイトから購入できる。
- ○そ の 他：ホルムアルデヒドと選択的に反応し、アセトアルデヒド等他の化合物は影響を受けないとされている。

写真3-1　ホルムアルデヒドテストストリップ

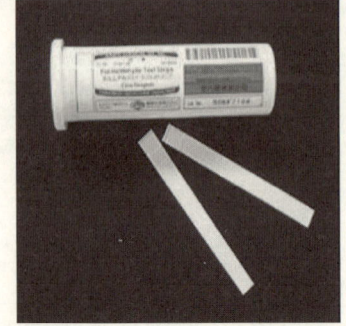

ホルムアルデヒドを検知すると下端の試験紙が黄色に発色する

写真3-2　アルデヒド発生源検知シール　パッシブフラックスサンプラー

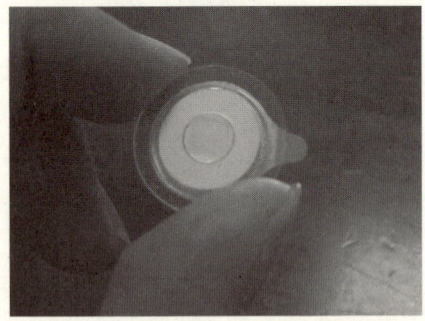

ホルムアルデヒドを検知すると、中心部が赤く発色する

②アルデヒド発生源検知シール　柳沢センサー・ホルムアルデヒド（パッシブフラックスサンプラー）（日本リビング株式会社）

シールになっており、室内の扉・天井・壁等建材に貼り付けたり、持ち込んだ家具に貼り付けて使用する。ホルムアルデヒドを検出すると赤く発色するため、どこが発生源であるか調べることができる。小さなシールのため、例えばフローリングの継ぎ目に貼り、下地が発生源の可能性があるか、なども知ることができる。また発色の強さにより、放散量

写真3-3　ホルムアルデヒド検知管710A

写真3-4　ホルムアルデヒド検知管710Aを用いた測定

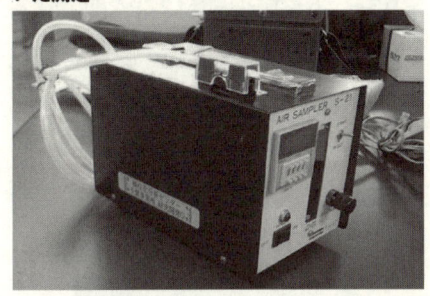

写真3-5　ホルムアルデヒド検知管91LL

写真3-6　ホルムアルデヒド検知管91LLを用いた測定

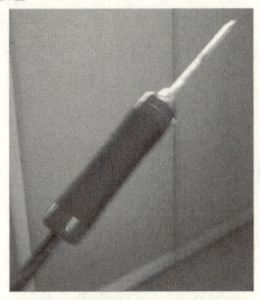

をある程度判断することもできる。
- 測定対象：ホルムアルデヒド
- 検出原理：非公開（特殊な酵素の反応）
- 放置時間：0.5〜1時間
- 検出感度：色調の強さによって、F☆〜F☆☆☆☆まである程度判断することができる。
- 価　格：64,000円（一箱：1袋5個入りが20袋）（消費税・送料別途）一般消費者向けには1個800円で少量販売もしている。
　　購入希望の場合、日本リビング㈱へ問い合わせ（tel；03-5748-3383　fax；03-3751-4302　URL：http://nipponliving.co.jp/）。

2）検知管

ガラス管に化学物質と反応する薬剤が詰められ、両端を溶封されているものである。両端を折って、手引きのポンプや小型ポンプにつないで空気を吸引すると、化学物質と反応して色を示し、濃度を読みとる。反応する薬剤や呈色する色は化学物質やメーカーによって様々である。

工場など事業場における作業環境濃度の測定には、検知管による測定が認められているものも多く、販売されている種類も多いが、一般住宅の室内濃度より高濃度を対象としており、室内の測定には不向きのものもある。最近は一般住宅の室内環境濃度レベルの低い濃度を検出できる検知管も開発されている。

①ホルムアルデヒド検知管710A（光明理化学工業株式会社）
- 測定原理：リン酸ヒドロキシルアミンと反応してリン酸が遊離し、指示薬が赤色に変色する。

$$HCHO+(NH_2OH)_3 \cdot H_3PO_4 \rightarrow H_3PO_4+HCN=NOH+H_2O$$

- 検出範囲：0.05〜1.0ppm（30分測定の場合）
- 価　格：5,000円（20本入り）
- 使用方法：両端を折り、専用のポンプに接続して空気を吸引
- 専用ポンプの価格は95,000円（エアーサ

ンプラーS21)

② ホルムアルデヒド検知管91LL（株式会社ガステック）
　○検出原理：リン酸ヒドロキシルアミンと反応してリン酸が遊離し、指示薬が赤色に変色する。
　　$3HCHO+(NH_2OH)_3 \cdot H_3PO_4 \rightarrow$
　　　$H_3PO_4 + 3HCN=NOH + 3H_2O$
　○検出範囲：0.0～1.0ppm
　○価　　格：1,700円（10本入り）
　○使用方法：両端を折り、手引きのポンプに接続して空気を吸引する
　○手引きポンプの価格は19,000円（検知管式気体測定装置）

③ トルエン検知管122P（株式会社ガステック）
　○検出原理：トルエンと薬剤の反応により、ヨウ素が生成。茶色に変色する。
　　$C_6H_5CH_3 + I_2O_5 + H_2SO_4 \rightarrow I_2$
　○検出範囲：100～7000μg/m³
　○価　　格：2,500円（10本入り）
　○使用方法：両端を折り、ポンプに接続して空気を吸引する
　○ポンプの価格は95,000円（GSP-200）

　この検知管は原理上、エチルベンゼンやキシレンの検知管も兼ねている。これらの化学物質が同時に存在している場合、別々に測定はできない。

3）センサーなどによる簡易測定機器
① 換気予報（新コスモス電機株式会社）
　空気の汚れを検知し、換気時期を教えてくれる機器である。センサーは白金線のコイルに半導体を焼き付けた構造をしている。コイルが半導体を400℃前後に熱し、その半導体に空気の汚れの原因となる物質が付着すると、半導体の表面で化学反応が起こる。このとき半導体の抵抗値が変わり、コイルを流れる電流に生じた変化を取り出し、棒グラフや「ニコニコマーク」のようなフェイスマークで空気の汚れ具合を表示する。

　ホルムアルデヒドやトルエンといった特定の化学物質をターゲットとしたものでないが、これら化学物質を複合的に検出し、空気の汚れ状態として表示するものである。あるレベルに達するとアラームが鳴る。価格は14,800円。新コスモス電機株式会社のホームページから購入できる。
参照：http://www.new-cosmos.co.jp/menu/kanki/airmonitor.htm（新コスモス電機株式会社ホームページ）

写真3-7　トルエン検知管122P

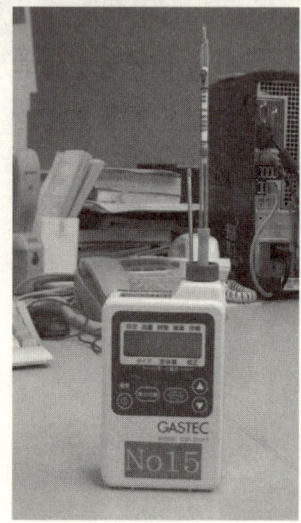

写真3-8　トルエン検知管122Pを用いた測定

②ホルムテクターXP-308B（新コスモス電機株式会社）

ホルムアルデヒドの簡易検出機器で、ビル管理教育センターの簡易測定機器にも認定されている。アルデヒド類を選択的に検出する。ジニトロフェニルヒドラジン（DNPH）フィルターをセンサー前面に装着して測定することによって、アルデヒド類が除かれたVOCs等のガスが出力される。次にDNPHフィルターを取り除いて測定すれば、アルデヒド類を含むガスの出力が出る。その出力差をホルムアルデヒド濃度として表示するものである。

30分と10分の2つの測定モードがあり、10～380μg/m³の範囲で測定できる。測定操作は簡単で、操作キーを押すだけである。DNPHフィルターでVOCsの影響を考慮されているが、ホルムアルデヒド以外のアルデヒド類が多いと指示値が高くなる。価格は150,000円。

③VOCアナライザー（アビリット株式会社）

センサーを検出器として利用したガスクロマトグラフである。シリンジで空気を採取し、装置に注入すると、トルエン、エチルベンゼン、m,p-キシレン、o-キシレン、スチレンが分離し、おのおのに検出できる。ただし、p-ジクロロベンゼンは検出できない。キャリアガスとして高純度空気のボンベが必要なため、その点では簡易機器といいがたい面があるが、VOCsは複合的に検出する簡易機器が多いため、別々に測定できる機器として紹介した。価格は110万円。

ここで紹介したもの以外にも多数の簡単な測定機器がある。機器に関する情報はビル管理教育センターのホームページで公開されている。

http://www.bmec.or.jp/

図3-1　ホルムテクターXP308Bの検出原理

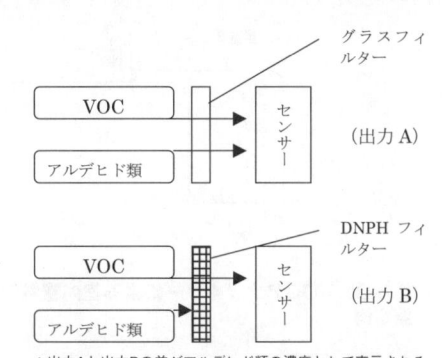

*出力Aと出力Bの差がアルデヒド類の濃度として表示される

写真3-9　ホルムテクターXP-308B

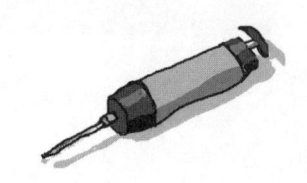

図3-2 VOCアナライザーの概要

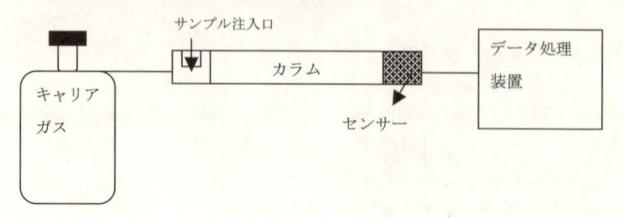

図3-3 VOCアナライザーによる室内空気の測定例

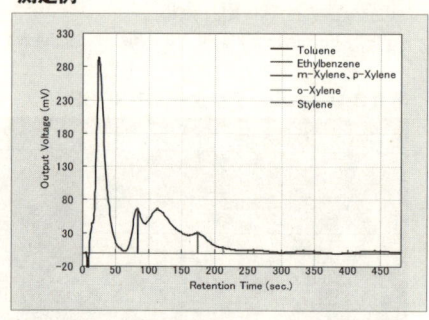

写真3-10 VOCアナライザー

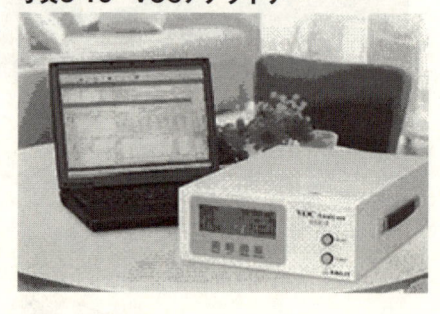

■ 3.1.2 専門的な測定方法

　ここでは分析機器を用いた化学物質の専門的な測定方法を示す。3.1.1に示した簡単な測定方法による結果は目安であるのに対し、ここで紹介する方法では室内空気中に存在する化学物質を正確に測定できる。

　空気質は時間とともに濃度や組成が変化する。そのため、空気質によると思われる体調不良があった場合、体調が悪いと感じた時点からあまり遠くない時期の空気測定結果は、後に原因を突き止める時とても役に立つ場合がある。簡易な測定による自己判断は禁物である。

　室内空気汚染については、様々な指針・法律等の新設・改訂により、その測定は多数行われ、その重要度も増してきている。最近は分析装置も使いやすくなり、様々な機関で専門的な測定が可能となっている。しかし、せっかくのデータもそれなりの管理の下に出されたものでなければ「使える」データにはならない。これには専門的な分析の知識が必要であり、分析に関する専門書を参考とされたい。

　以下、この節で述べる内容は、これから測定を始めようとする学生や技術者、初心者に向けた専門的な内容である。しかし、関心を

持っている市民の方にも、一読いただき、こんな方法で測定されているということを理解してもらえれば幸いである。

なお、専門的な測定ができる専門機関としては、住宅紛争処理支援センターが受託条件の実態を把握し、情報提供を行っている。特に仲介をしているものではないので、各自で分析機関に問い合わせる。

＊住宅紛争処理支援センター：
　http://www.ohw.or.jp/formu.html

民間では、パッシブサンプラーの販売者、シグマアルドリッチジャパンアナリティカル事業部が、自らの製品で分析している機関をホームページで紹介している。こちらも特に仲介をしているものではないので、各自で分析機関に問い合わせる。

＊シグマアルドリッチジャパンアナリティカル事業部：http://www.sigma-aldrich.co.jp/supelco/spl_info/default.php

1）アクティブ法とパッシブ法

室内空気中の化学物質は、化学物質を取り扱う作業場のように高濃度ではないため、空気を直接、分析装置に導入しても化学物質を検出することが難しい。一般的には吸着剤で化学物質を吸着させて捕集し、実験室に持ち帰り分析する。この方法により何リットルもの空気を吸着剤に通して化学物質を捕集できる。空気を直接、分析装置に注入する場合、数mLしか導入できなくても、実質はその何倍もの空気を導入できることになる。つまり濃縮できる。

空気中の化学物質濃度は「$\mu g/m^3$」の単位で示される（もちろんμgに限らずmg、ngなどが使われることもある。またppm、ppbという単位も使われるが、ここでは説明上$\mu g/m^3$で説明する）。$\mu g/m^3$とは$1m^3$の空気中に何μgの化学物質が存在するかを示す。つまり濃度測定のポイントは、①捕集した空気の量を正確に計測できているか、②化学物質の量を正確に計測できたか、の2つの点に尽きる。その点を置いて、以下、説明する。

捕集の方法には大きく分けて、アクティブ法とパッシブ法がある。

アクティブ法は「精密法」とも呼ばれ、吸着剤、ポンプ、積算流量計をつなぎ、ポンプで空気を吸引して吸着剤で化学物質を捕集する。積算流量計によって捕集した空気の量を正確に把握するため、正確な濃度測定が行える。

パッシブ法は「簡易法」と呼ばれ、吸着剤

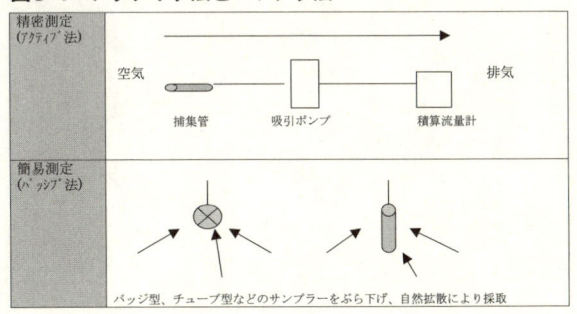

図3-4　アクティブ法とパッシブ法

```
精密測定
(アクティブ法)         空気 →                        → 排気
                    捕集管   吸引ポンプ   積算流量計

簡易測定
(パッシブ法)
            バッジ型、チューブ型などのサンプラーをぶら下げ、自然拡散により採取
```

の入ったバッジ型やチューブ型のサンプラーを2〜24時間吊り下げ、自然拡散により捕集するものである。「サンプリングレート」「アップテークレート」と呼ばれる空気が捕集される速度があらかじめ求められており、その数値を用いて捕集された量を換算し室内濃度を算出する。非常に簡便なものであるが、捕集される空気量はサンプリングレート、アップテークレートがもととなる推測値であり、これらは常に同じとはいえないため、測定の正確さはアクティブ法より若干劣る。

アクティブ法に用いるアルデヒド類捕集管を写真3-11に、VOCs捕集管を写真3-12に、捕集の様子を写真3-13に示す。また、パッシブ法に用いるアルデヒド類捕集管を写真3-14に、VOCs捕集管を写真3-15に、捕集の様子を写真3-16に示す。

以下ではアクティブ法による測定方法を示す（パッシブ法はサンプラーを吊り下げておくだけで化学物質の捕集ができるため、詳細な記述は省く。化学物質を捕集したあとの分析方法はアクティブ法と同様である）。どの方法を用いるかは各サンプラーの取扱説明書に記載してある。

写真3-11　アクティブ法に用いるアルデヒド類捕集管

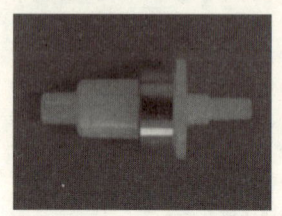

a) Xposure Aldehyde Sampler（Waters）

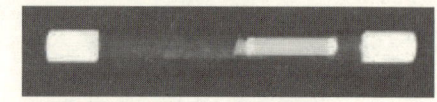

b) ORBO-DNPH Tube（スペルコ）

c) GL-PAK MINI AERO DNPH（ジーエルサイエンス）

d) CNET-A（住化分析センター）

室内空気中の化学物質濃度の測定方法

写真3-12　アクティブ法に用いるVOCs捕集管

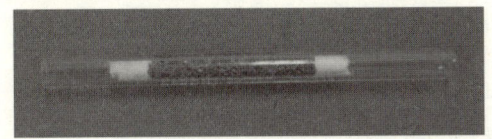

a）Tenax-GR（パーキンエルマージャパン）

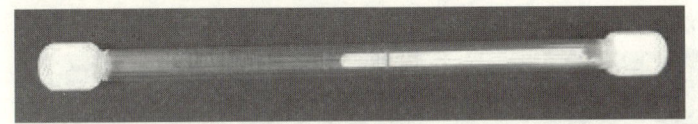

b）Tenax-TA（ゲステル）

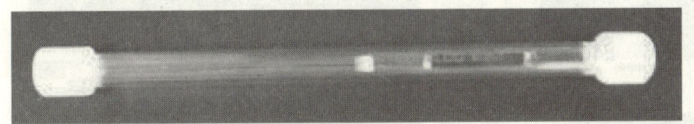

c）Carbo300（スペルコ）

d）Air-Toxics（スペルコ）

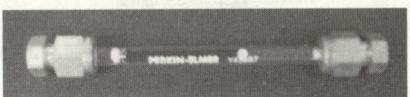

e）PEJ-02（スペルコ）

f）チャコールチューブ（柴田科学）

写真3-13　アクティブ法による捕集

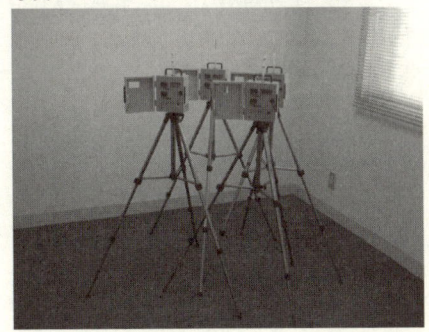

化学物質の測定 | 87

写真3-14　パッシブ法に用いるアルデヒド類捕集管

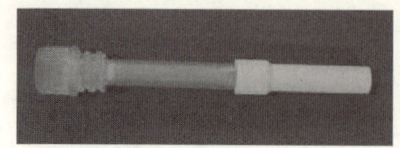

a）DSD-DNPH（スペルコ）

b）パッシブガスチューブ（柴田科学）

写真3-15　パッシブ法に用いるVOCs捕集管

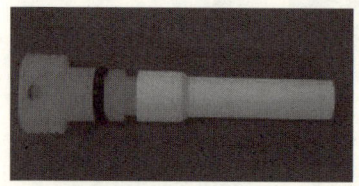

a）VOC-SD（スペルコ）

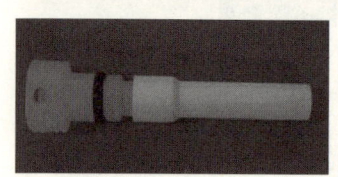

b）VOC-TD（スペルコ）

c）パッシブガスチューブ（柴田科学）

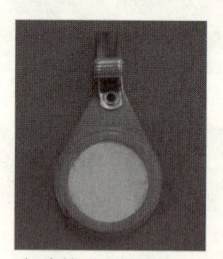

d）有機ガスモニター（3M）

写真3-16　パッシブ法による捕集

2）室内空気測定の規格

　現在、日本では日本工業規格（JIS）による測定方法と、厚生労働省から指針値とあわせて示された測定方法が使用されている。厚生労働省より示された方法を表3-2に示す（厚生労働省、2001をもとに作成）。

　室内空気測定方法の標準化作業（JIS化）は国際規格（ISO）を参考に作成が進み、一部を除き2005年11月に発行された。それらの概要を表3-3に示す（加藤、2005をもとに作成）。厚生労働省から指針値が示されている化学物質の捕集は、厚生労働省の示す方法に従って実施される。新築住宅の場合は、窓や扉をすべて開放して30分換気の後、外気に向く窓・

表3-2 厚生労働省より示された測定方法

測定成分	測定方法	概要
ホルムアルデヒド、アセトアルデヒド	DNPH捕集－溶出－HPLC法	DNPHで誘導化捕集
トルエン、キシレン、パラジクロロベンゼン、スチレン、エチルベンゼン、テトラデカン、ノナナール	固相吸着－加熱脱離－GC/MS/FID法 固相吸着－溶媒抽出－GC/MS/FID法 容器採取－GC/MS/FID法	加熱脱離法はTenax等、溶媒抽出法は活性炭等の固相を使用。ノナナール、テトラデカンは容器採取法では困難。
フタル酸ジブチル、フタル酸ジ-2-エチルヘキシル	固相吸着－加熱脱離－GC/MS/FID法 固相吸着－溶媒抽出－GC/MS/FID法	加熱脱離法はTenax等、溶媒抽出法は活性炭、ODS、SDB等の固相を使用。
クロルピリホス、ダイアジノン、フェノブカルブ	固相吸着－溶媒抽出－GC/MS/FID法	ODS、SDB等の固相を使用。

＊ODS：オクタデシル（C18）基を化学結合させたシリカゲル
＊SBS：スチレンジビニルベンゼン樹脂。別名XAD樹脂

表3-3 室内空気測定方法に関するJIS規格

JIS/ISO No.	JISタイトル	概要
JIS A 1960 ISO 16000-1	室内空気・サンプリング方法の通則	サンプリング時間やサンプリング場所など
JIS A 1961 ISO 16000-2	室内空気中のホルムアルデヒドサンプリング方法	サンプリング時間やサンプリング場所など
JIS A 1962 ISO 16000-3	室内空気中のホルムアルデヒド及び他のカルボニル化合物の定量 ポンプサンプリング	DNPHで誘導化捕集するアクティブ法
JIS A 1963 ISO 16000-4	室内空気中のホルムアルデヒドの定量 パッシブサンプリング	DNPHで誘導化捕集するパッシブ法
JIS A 1964 ISO/DIS 16000-5	室内空気中の揮発性有機化合物（VOC）の測定方法通則	サンプリング時間やサンプリング場所など
JIS A 1965 ISO 16000-6 ＊2005年11月現在JIS未発行	室内空気 TENAX TA 吸着剤でのポンプサンプリング、加熱脱着及びMS/FIDを用いたガスクロマトグラフィーによる室内及びチャンバー内空気中の揮発性有機化合物（VOC）の定量	Tenax-TAによる加熱脱離法
JIS A 1966 ISO 16017-1	室内空気中の揮発性有機化合物（VOC）の吸着捕集/加熱脱離/キャピラリーガスクロマトグラフ法によるサンプリング及び分析 ポンプサンプリング	大気、室内、作業場にも適用される。種々の吸着剤を用いたアクティブサンプリング・加熱脱離法
JIS A 1967 ISO 16017-2	室内空気中の揮発性有機化合物（VOC）の吸着捕集/加熱脱離/キャピラリーガスクロマトグラフ法によるサンプリング及び分析 パッシブサンプリング	大気、室内、作業場にも適用される。種々の吸着剤を用いたパッシブサンプリング・加熱脱離法
JIS A 1968 （対応するISOなし。日本独自規格）	室内空気中の揮発性有機化合物（VOC）の吸着捕集/溶媒抽出/キャピラリーガスクロマトグラフ法によるサンプリング及び分析 ポンプサンプリング	種々の吸着剤を用いた、アクティブサンプリング・溶媒抽出法
JIS A 1969 （対応するISOなし。日本独自規格）	室内空気中の揮発性有機化合物（VOC）の吸着捕集/溶媒抽出/キャピラリーガスクロマトグラフ法によるサンプリング及び分析 パッシブサンプリング	種々の吸着剤を用いた、パッシブサンプリング・溶媒抽出法

＊JIS規格番号下には対応するISOの規格番号を示した。

図3-5 室内化学物質の捕集

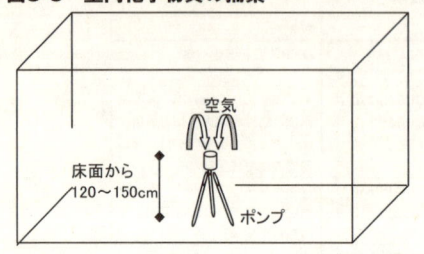

図3-6 加熱脱離法の概要

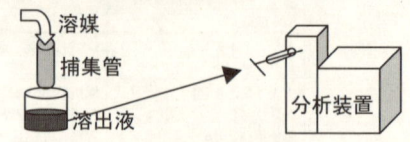

溶媒抽出法の概要

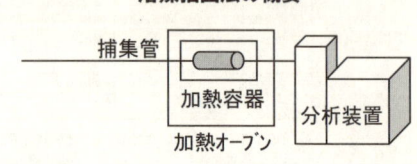

写真3-17 キャニスター

扉を閉鎖して5時間密閉後、化学物質の捕集を始める。捕集の時間帯は14～16時頃がよいとされ、これは一日の時間の中で、気温が高く化学物質が最も高い濃度になる時間帯といわれている。新築以外の住宅の場合、日常生活している状態で24時間採取する。

タイムスケジュールの例・・・新築住宅の場合		
8:30	9:00	14:00
窓・建具の開放	窓・ドアの閉鎖	空気採取開始

化学物質の捕集は、床から1.2～1.5mの高さ、壁から2～5m離れた部屋の中心部に、三脚などを用いて捕集管を設置、採取を行う。この採取位置は人が呼吸する高さに設定されている。

捕集管に濃縮捕集された化学物質は、溶媒脱着、加熱脱着などの方法により、捕集管から脱離させ、分析装置に導入する。

厚生労働省より示される測定方法には、上記の他、容器捕集法も記載されている。一例を紹介すると、減圧された容器（キャニスター）に空気を採取して持ち帰り、分析する方法がある。

3）ホルムアルデヒドの測定方法

①ホルムアルデヒドおよび他のアルデヒド類の捕集

ホルムアルデヒドは非常に熱的に不安定で変化しやすく、分子量も小さく、そのままで分析するのは困難である。捕集の際、誘導化剤を用いて安定な誘導体とし、分析するのが一般的である。様々な誘導化剤があるが、一般的には2,4-ジニトロフェニルヒドラジン（DNPH）を含浸したシリカゲルカートリッジに室内空気を流通させ、捕集と同時にヒドラゾン形成させる方法が用いられる。それ以外の誘導化剤もほとんどはアルデヒド基、カルボニル基の反応性を利用している。

DNPHとホルムアルデヒドの反応スキームを図3-7に示す。

一般的にはDNPHがシリカゲルなどにコートされ、チューブに充填されて販売される。捕集管をポンプに取りつけ、0.1～1L/min程度の流量で空気を捕集する。

空気捕集後の捕集管はアセトニトリルで1mL/min程度の流速で溶出し、メスフラスコに受けて一定容とする。その溶液を、高速液体クロマトグラフに注入し、分析する。

捕集管には製造や輸送、保管において混入・汚染したホルムアルデヒドがブランク値[1]として存在するため、ホルムアルデヒド、他

---

(1) ブランクとは、全く存在しないはずなのに、汚染したり除去し切れずに残る測定対象（このページの場合、ホルムアルデヒド）のこと。測定する場所自体の汚れかどうか区別するためにも、あらかじめ測定しておくことが重要である。

図3-7　ホルムアルデヒドと2,4-DNPHの反応

のアルデヒド類の場合もブランク量を測定し、差し引くことが必要である。捕集管ブランクとトラベルブランクを準備する。トラベルブランクは捕集に行く際持ち運び、捕集する現場にて吸着管のキャップの開け閉め操作のみを行うもので、輸送時と分析までの保管の間の汚染を評価するものである。DNPH吸着管の場合、ロットによりブランク値が異なる場合があるため、同一ロットの捕集管を使用する。

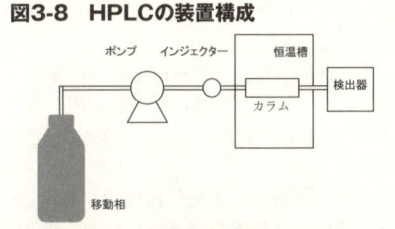

② ホルムアルデヒドおよび他のアルデヒド類の分析

　アルデヒド類の分析には高速液体クロマトグラフ（HPLC）が用いられる。HPLCは分離部と検出部の組み合わせからなる。HPLCの装置構成を図3-8に示す。分離部は分離カラムが主要な部分となる。さまざまな物質の混合物である抽出溶液中の物質は、カラムにより分離される。詳しい記述は専門書を参考とされたいが、ホルムアルデヒドおよび他のアルデヒド類の場合、シリカゲルにオクタデシル（C18）基を化学結合させた充填剤のカラム（非極性）と極性移動相（アセトニトリル、メタノール、水など）の組み合わせによる逆相分配モードが用いられる。非極性のカラムと極性の移動相の間で分配を繰り返し、混合物は各々単一の化合物に分離され、カラムから溶出してくるので、それを検出する。検出にはアルデヒド類の場合、紫外（可視）分光

図3-8　HPLCの装置構成

写真3-18　高速液体クロマトグラフ

島津製作所（LC-VP）

アジレントテクノロジー（LC1100）

光度計検出器が用いられる。吸光度の大きさと濃度の間には比例関係が成り立つため、溶液中の濃度が計算される。

HPLCの詳しい専門書としては、以下のものがある。
- 『機器分析のてびき』②（第2版）化学同人、1,260円
- 『高速液体クロマトグラフィーハンドブック』日本分析化学会関東支部編、丸善株式会社、16,000円
- 『液クロ虎の巻』日本分析化学会液体クロマトグラフー研究懇談会編、2,940円、つくば出版会。ほかにも犬の巻、龍の巻、彪の巻がある。

アルデヒド類の分析条件は使用する機器、カラム等により最適な分離条件が異なるが、一般的な分析条件を表3-4に示す。

表3-4の条件では、ホルムアルデヒド～アセトンまでしか測定ができないが（図3-9）、表3-5のような分析条件では多数のアルデヒド類が測定できる。分析条件表3-5による、標準溶液の測定例を図3-10に示す。

③ホルムアルデヒドおよび他のアルデヒド類の定量

クロマトグラフィーでは、対象の化合物のピークの大きさと溶液中の濃度の間に比例関係が成り立つ。濃度がわかっている溶液を対象とすれば、濃度が未知の溶液中の対象化合物の濃度を測定することができる。

アルデヒド類の場合、DNPHで誘導化されたアルデヒド類が一定濃度に調整された標準試薬が販売されているので、この試薬をアセトニトリルで希釈して、濃度がわかっている標準溶液を調整する。これらを測定すると、

表3-4 一般的なHPLC分析条件

カラム	C18化学結合型シリカゲル（ODS）
カラム温度	室温～40℃
移動相*	アセトニトリル/水（60/40）体積比
移動相流量	1 mL/min
注入量	20μL
検出器	紫外分光光度計検出器 波長360nm

＊注 移動相の切り替えバルブやデガッサー設備がない装置の場合、あらかじめアセトニトリルと水を混合しておくが、その際、超音波照射等による脱気が必要である。

図3-9 室内空気中のホルムアルデヒドの測定例

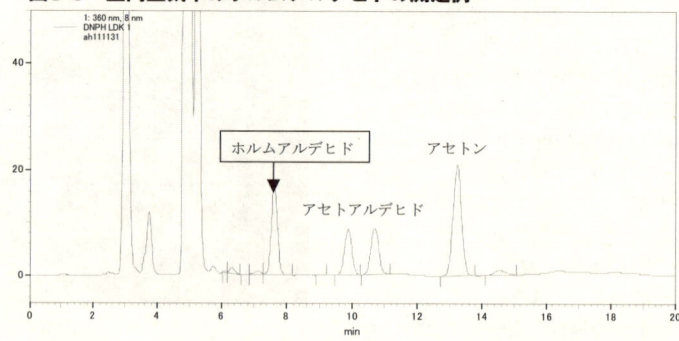

表3-5　HPLC分析条件例（多数のアルデヒド類の分析）

ＨＰＬＣ	LC-10Avp（島津製作所）
検出器	紫外分光光度計検出器
カラム	Discovery　RP　AmideC16　25cm×4.6mmφ（粒径5μm）
移動相	アセトニトリル/水＝50/50　―　100/0　（グラジェント）
カラム温度	40℃　　注入量　　20μL
検出波長	365nm

図3-10　ホルムアルデヒド及び他のアルデヒド類の測定例

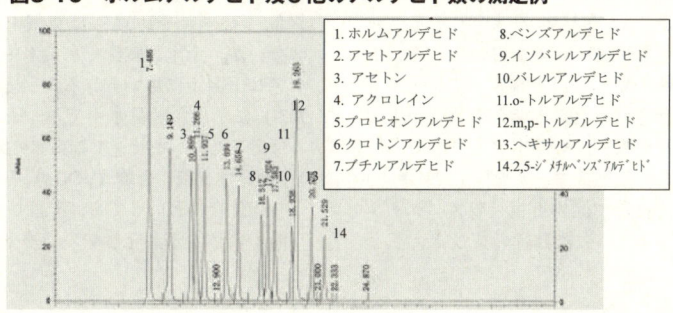

1. ホルムアルデヒド
2. アセトアルデヒド
3. アセトン
4. アクロレイン
5. プロピオンアルデヒド
6. クロトンアルデヒド
7. ブチルアルデヒド
8. ベンズアルデヒド
9. イソバレルアルデヒド
10. バレルアルデヒド
11. o-トルアルデヒド
12. m,p-トルアルデヒド
13. ヘキサルアルデヒド
14. 2,5-ジメチルベンズアルデヒド

濃度とピーク面積の関係を描いた「検量線」が作成できる。

溶液中濃度（ng/mL）と、測定クロマトグラムの該当ピークの面積をプロットしたものが、図3-11に示す「検量線」である。一般的に直線関係が成り立ち、回帰分析により回帰式が得られる。次式を用いて、空気中の濃度が算出できる。

空気濃度（$\mu g/m^3$）＝ピーク面積×溶出液量（mL）／検量線勾配／空気捕集量（L）

（検量線勾配とは、回帰式y＝axのaにあたる）

たとえば、空気15Lを捕集したDNPH吸着管をアセトニトリルで溶出して5mLにした抽出液を測定したところ、ピークエリアが「141028」であった場合は次のように計算される。

空気濃度（$\mu g/m^3$）＝ピーク面積（141028）×溶出液量（5mL）／検量線勾配（714.51）／空気

図3-11　検量線の例

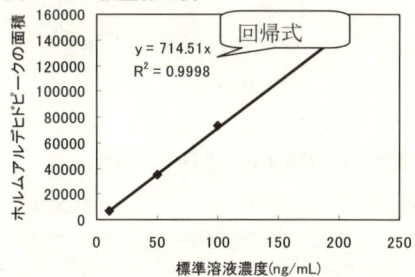

回帰式
y = 714.51x
R^2 = 0.9998

捕集量（15L）＝66 $\mu g/m^3$

ホルムアルデヒド及び他のアルデヒド類の測定の場合、測定者の化粧品や酒気でコンタミネーション[(2)]を起こしやすい。測定者のみならず、室内空気やチャンバー空気のサンプリングの際には、採取作業者以外の立ち入りは極力制限した方がよい。また、アセトンは

---

(2)一連の測定操作を行うときに汚染させてしまうこと。

分析室内できわめて頻繁に用いられ、試料保存や溶出の際のコンタミネーションを受けやすいので、同様に溶出する場所の制限等が必要である。

④その他の測定方法

JIS K 0303による排ガス中のホルムアルデヒドの測定などでは、4-アミノ-3ヒドラジノ-5-メルカプト-1,2,4-トリアゾール吸光光度法（AHMT吸光光度法）もよく用いられる。アルカリ性条件下でAHMTとホルムアルデヒドが反応し酸化されると、赤紫色の物質が生成する。550nmの吸光度を測定することで濃度を測定できる。反応スキームを図3-12に示す。なお、吸光光度法（紫外可視吸収スペクトル法）については、『機器分析のてびき①』などを参考とされたい。

その他、ヒドロキシルアミン系化合物もカルボニル基とよく反応することが知られている。O-（4-シアノ-2-エトキシベンジル）ヒドロキシルアミン（CNET）の反応スキームを図3-13に示す。また、同じくヒドロキシルアミン系のo-ペンタフルオロベンジルヒドロキシルアミン（PFBOA）は空気中の測定法ではないが、上水試験法で水道水中のホルムアルデヒド測定に用いられる。反応スキームを図3-14に示す。試験水中でホルムアルデヒドと反応させ、ヘキサンで抽出して分析される。

4）揮発性有機化合物（VOCs）の測定方法

有機化合物といっても、常温で気体のもの、常温で液体だが蒸発しやすく速やかに蒸気に

図3-12　AHMTとホルムアルデヒドの反応

AHMT　　　　HCHO　　　（二環性化合物）　　　KIO₄　　　赤紫色の物質
（6-メルカプト-1,2,4-トリアゾール）

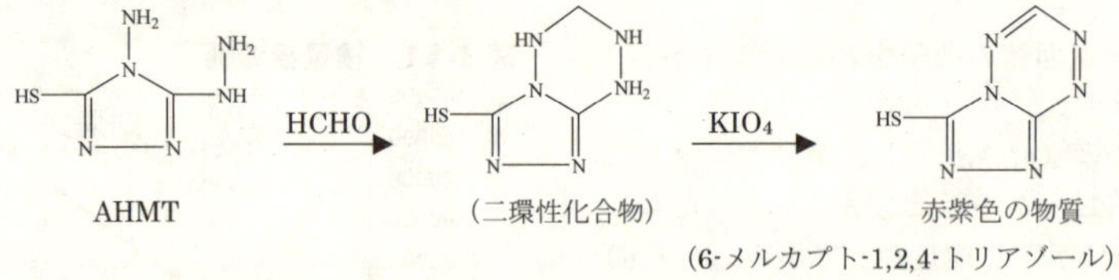

図3-13　アルデヒドとCNETの反応

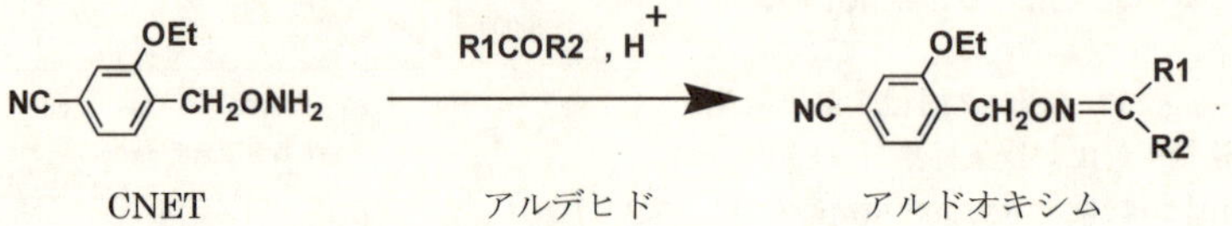

CNET　　　アルデヒド　　　アルドキシム

図3-14　PFBOAとホルムアルデヒドの反応

PFBOA　　　ホルムアルデヒド　　　アルドキシム

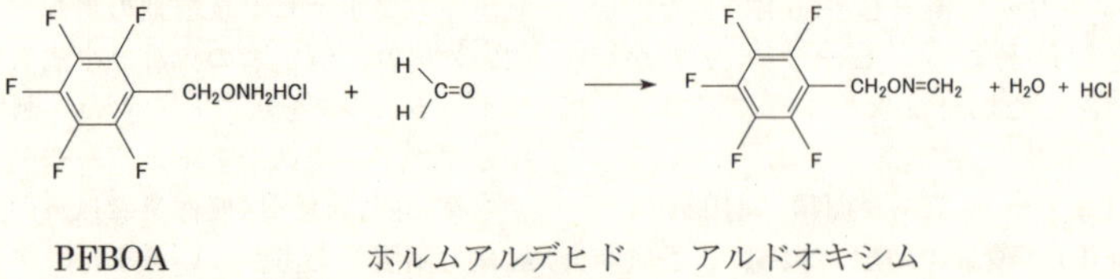

なるもの、蒸発しにくいもの、固体のものまで様々である。その性質は測定上、非常に重要であり、測定したい化学物質によって特に捕集方法を選ばなくてはならない。

一般的に揮発性の有機化合物は、表3-6のように分類されている。

捕集後、捕集管に捕集された化学物質の分析には、加熱脱離法と溶媒抽出法の2つの種類がある。

①加熱脱離法による脱離

加熱脱離法は、捕集管内の吸着剤に捕集された化学物質を、熱により追い出し、ガスクロマトグラフまたは、ガスクロマトグラフ質量分析計へ導入するものである。捕集管は各装置メーカーや機種によって専用の物が販売されている。捕集管は吸着剤が充填されて販売されているが、空管を購入し各自で吸着剤を充填して使用することもできる。捕集管の材質は、硬質ガラス製、ステンレス製などが販売されているが、ステンレス製は化合物によっては接触分解を起こす可能性もあり、注意が必要である。

吸着剤には、炭素系、シリカゲル、合成樹脂系など様々なタイプがある。一般的な大気捕集用吸着剤の種類と特性を表3-7に示す。これらを単独で、あるいは2～3種類を多層にして（マルチベッドタイプ）使用する。一般的にはTenax-TAが多用される。Tenax-TAやTenax-GRは単独で熱脱離対象範囲も広いため使いやすい。また、低沸点用のカーボンモ

表3-6 揮発性有機化合物の分類

名称	略称	沸点範囲	
		From	To
超揮発性有機化合物 Very Volatile Organic Compounds	VVOCs	<0	50-100
揮発性有機化合物 Volatile Organic Compounds	VOCs	50-100	140-260
準揮発性有機化合物 Semi Volatile Organic Compounds	SVOCs	240-260	380-400
粒子状物質 Particulate Organic Matter	POM	>380	

＊日本のJISでは便宜上、沸点範囲より炭素数でC6~C16の範囲を揮発性有機化合物として定義している。

図3-15 加熱脱離用捕集管の一例

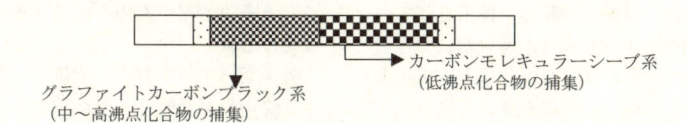

グラファイトカーボンブラック系
（中～高沸点化合物の捕集）

カーボンモレキュラーシーブ系
（低沸点化合物の捕集）

表3-7　一般的な大気捕集用吸着剤の種類と特性

タイプ	吸着剤名称	形状	表面積 (m^2/g)	耐熱 (℃)	表面性質	極性	熱脱離対象範囲
2,6-diphenylene oxide polymer	TenaxTA	破砕形	35*	350	疎水性	中	C7~26
	TenaxGR	破砕形	?*	350	疎水性	中	C7~26
Styrene/divinyl-benzene polymer	Chromosorb106	球状	750	250	疎水性	中	>C12
	Supelpack 2	球状	300	200	疎水性	中	>C12
	Supelpack 2B	球状	300	200	疎水性	中	>C12
シリカゲル	Silica Gel 15	破砕形	750	180	親水性	強	C2~5
グラファイトカーボンブラック	Carbotrap F**	顆粒状	5	>400	高疎水性	低	>C20
	Carbotrap C**	顆粒状	10	>400	高疎水性	低	C12~20
	Carbotrap Y**	顆粒状	25	>400	高疎水性	低	C12~20
	Carbotrap (B)**	顆粒状	100	>400	高疎水性	低	C5~12
	Carbotrap X**	顆粒状	250	>400	高疎水性	低	C3~5
天然活性炭	ヤシガラ活性炭	破砕形	1070	220	(疎水性)	低	C2~5
カーボンモレキュラーシーブ	Carbosieve G	顆粒状	755	>400	疎水性	微	C2~5
	Carbosieve S-II	球状	900	>400	疎水性	微	C2~5
	Carbosieve S-III	球状	820	>400	疎水性	微	C2~5
	Carboxen564	球状	400	>400	疎水性	微	C2~5
	Carboxen569	球状	485	>400	疎水性	微	C2~5
	Carboxen1001	球状	500	>400	高疎水性	微	C2~5
	Carboxen563	球状	510	>400	弱疎水性	低	C2~5
	Carboxen1003	球状	1000	>400	高疎水性	無	C2~5
	Carboxen1002	球状	1100	>400	高疎水性	無	C2~5
	Carboxen1000	球状	1200	>400	高疎水性	無	C2~5

* TenaxTA、GRの表面積は資料によってTA:18m^2/g、GR:35m^2/gとなっているものもある。
**大気捕集に用いる20/40meshをCarbotrap、これ以下の小さなサイズをCarbopackと呼ぶ。
（シグマアルドリッチジャパン　スペルコ事業部技術資料をもとに作成）

レキュラーシーブ系のものと、中～高沸点用のグラファイトカーボンブラック系のものを組合せて（例えば、Carbotrap（B）とCarboxen1000など）使用されることもある（図3-15）。

吸着剤には様々なメッシュサイズ（粒径）が販売されているが、メッシュサイズは捕集対象の分子の浸透速度と流通抵抗に関わってくる。一般的に吸着剤粒径と捕集管内径比（dp/dc）が0.10～0.25の間となることが望ましいとされる。現在、一般的に使用されている捕集管の内径は4mm程度が多いが、その場合20/40メッシュ程度が適当となる。マルチベッドタイプの場合、捕集前段にグラファイトカーボン系の20/40メッシュ、後段にカー
ボンモレキュラーシーブ系の45/60あるいは60/80メッシュ程度を配置する。より詳しくは、『有害大気汚染物質測定の実際』（有害大気汚染物質測定の実際編集委員会編）などが参考にできる。

吸着剤の充填量は、メッシュサイズや流通抵抗、破過量などを考慮しなくてはならないが、内径4mmの捕集管の場合、200mg程度である。吸着剤の破過は、その吸着容量のみを考えた場合、破過より分析装置側で許容範囲を超える方が早いため、あまり神経質にならなくてもよい。

捕集管はエージング（空焼き）を行い、ブランクの低減を行う。不活性ガス（窒素やヘリウム）を流しながら、分析時の脱着温度以

上の温度で10～60分、あるいは300℃で10～60分程度エージングする。ISO16017-1、16000-6にもエージングについて記載があり、参照するとよい。しかし、新品の吸着管の場合は280℃程度で8時間以上行うことを勧める。エージングを行った後は、専用の容器やキャップをして雰囲気から汚染しないようにする。

Tenax-TAやTenax-GRは、吸着剤の劣化により分解物が検出されるようになる。分析時の後半に大きなピークが検出されたり、フェニルエーテル系化合物が検出されるようになった場合は廃棄する。他の吸着剤を用いた場合も何らかの廃棄期限を設定したほうがよい。

捕集の際、加熱脱離時の取り付け方向に合わせて、捕集方向を決定する注意が必要である。分析装置のコールドトラップ側に向くように捕集しなければならない。捕集時の入口側(分析対象物質の局在側)には、空気中の化学物質が偏って吸着されているため(局在する)、その部分の化学物質を効率的に装置に導入する必要があるためである。

捕集管にくぼみや止め具がある場合は判別しやすいが、ない場合は印字されているメーカー名の文字の方向などで確実に目印にする必要があるほど重要な点である。この捕集管の捕集方向は、エージングや検量線用捕集管の作成時にも同様に該当する(図3-16)。

加熱脱離装置は大きく2つの種類がある。捕集管から熱で脱離した化学物質は「コールドトラップ部」といわれる部分で冷却して一度トラップされ、急速加熱によりカラムへ導入されていく。このトラップの部分に2種類ある。ひとつはトラップ部がヒューズドシリカやガラス製の、液体窒素で冷却するタイプ(図3-17)、もうひとつはトラップ部にTenaxTAなどの吸着剤を用い、電子冷却するタイプ(図3-18)である。それぞれのタイプによって加熱脱離の条件は若干異なる。

加熱脱離の条件は、ISO 16017-1およびISO／DIS 16000-6にも記載があるので参照されたい。

脱離された化学物質は、全量を導入する場合(スプリットレス)と、一部を棄て、一部のみ導入する場合(スプリット)の2つの条件がある。スプリットを大きくすると、感度を落とす側になり(低い濃度は検出できないが高濃度は検出できる)、スプリットレスではもっとも感度が高くなることになる(低い濃度は検出できるが高濃度は飽和してしまう)。検出したいレベルにあわせてスプリットの条件は設定する。

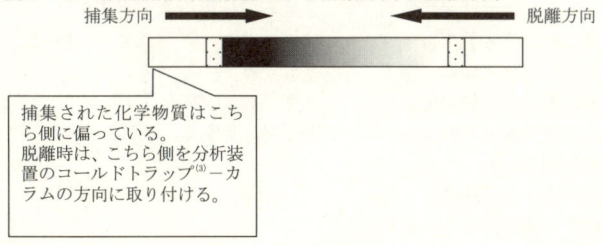

図3-16 加熱脱離用捕集管による捕集方向と脱離方向

捕集方向　　　　　　　　　　　　脱離方向

捕集された化学物質はこちら側に偏っている。
脱離時は、こちら側を分析装置のコールドトラップ[3]－カラムの方向に取り付ける。

---

(3)捕集管から熱で脱着したものを冷却してもう一度集める部分。コールドトラップ部という部位で集める管をトラップ管という。

図3-17 加熱脱離-GC／MS装置概要（トラップ部を液体窒素で冷却するタイプ）

捕集管
加熱：250℃前後

トラップ管[注]
冷却：〜−180℃
加熱：250℃前後

スプリット

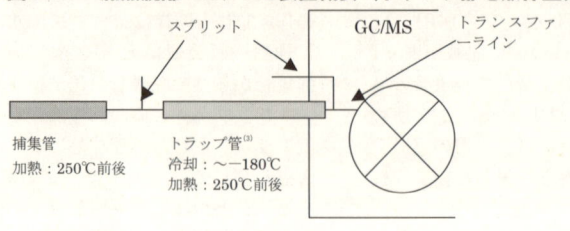

GC/MS

トランスファーライン

図3-18 加熱脱離-GC／MS装置概要（トラップ部を電子冷却するタイプ）

捕集管
加熱：250℃前後

トラップ管
冷却：〜−30℃
加熱：250℃前後

スプリット

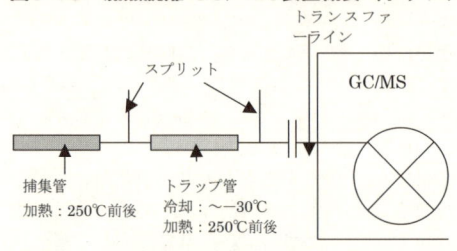

GC/MS

トランスファーライン

表3-8 一般的な加熱脱離条件

設定条件	液体窒素冷却の場合	電子冷却の場合
脱着温度（℃）	250〜325	250〜325
脱着時間（min）	5〜15	5〜15
脱着ガス流量（ml/min）	30〜50	30〜50
冷却トラップの加熱温度（℃）	250〜350	280
冷却トラップの冷却温度（℃）	−50〜−180	−30〜20
冷却トラップの吸着剤	用いる場合、一般的には吸着管に使用したものと同じ吸着剤。	一般的には吸着管に使用したものと同じ吸着剤。

②溶媒抽出法による脱離

　溶媒抽出法の場合、吸着剤は活性炭が多用される。活性炭を充填したガラス製チューブが販売されているので、それを用いる。溶媒抽出用捕集管も、捕集の方向が空気が流れる方向の矢印としてガラス管に表示されていることがあるので、その表示に従う。

　捕集後は捕集管から吸着剤を試験管などに取り出し、内部標準物質と抽出溶媒（一般的に二硫化炭素）を加え、一定時間放置・溶出させる。抽出溶液をガスクロマトグラフまたはガスクロマトグラフ-質量分析計に注入し、分析する。

　多くのVOCs用パッシブサンプラーはこの方法で分析する。

室内空気中の化学物質濃度の測定方法

図3-19 加熱脱離法によるVOCsの測定例

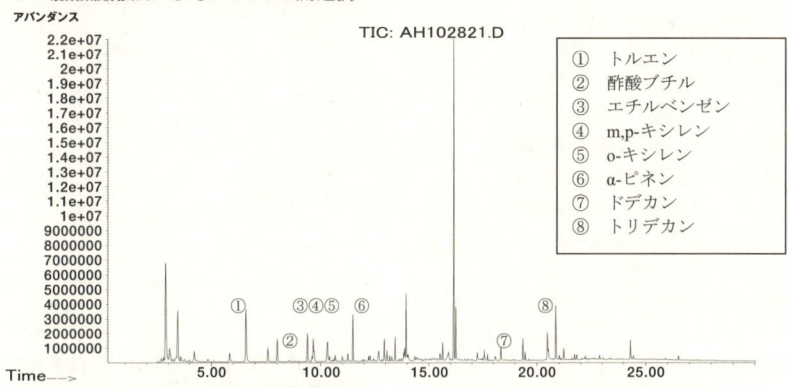

① トルエン
② 酢酸ブチル
③ エチルベンゼン
④ m,p-キシレン
⑤ o-キシレン
⑥ α-ピネン
⑦ ドデカン
⑧ トリデカン

図3-20 溶媒抽出法によるVOCsの測定例

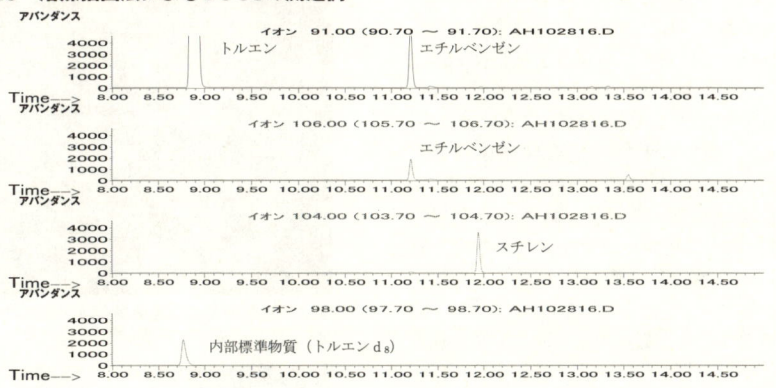

イオン 91.00 (90.70 〜 91.70): AH102816.D
トルエン
エチルベンゼン

イオン 106.00 (105.70 〜 106.70): AH102816.D
エチルベンゼン

イオン 104.00 (103.70 〜 104.70): AH102816.D
スチレン

イオン 98.00 (97.70 〜 98.70): AH102816.D
内部標準物質（トルエン d_8）

化学物質の測定

③VOCsの分析

揮発性有機化合物（VOCs）の測定に用いる分析装置には、ガスクロマトグラフ（GC）、ガスクロマトグラフ-質量分析計（GC／MS）が用いられる。GCは検量線を引ける濃度の範囲が広く、高濃度まで測定可能な利点がある。だが、マススペクトル、あるいは選択イオンによる化合物の特定の確実性が高いことや、後にマススペクトルから指針値策定化合物以外の化合物の推定が可能であること等からGC／MS法がよく使用されている。

ここでは加熱脱離-GC／MS法を中心に述べる。GC／MSはガスクロマトグラフ（GC）の一種である。GCはHPLC（高速液体クロマトグラフ）と同様に、分離部と検出部の組み合わせからなり、検出部に質量分析計を接続したものがGC／MSである。GC／MSの装置構成を図3-21に示す。分離部は同様に分離カラムが主要な部分となる。カラムの選択が一つの技術であるが（これについては専門書を参照）、室内環境中の濃度指針値が制定されている化合物は無〜微極性のカラムを用いる。

分離された化合物はイオン化部で電子衝撃によりイオン化され、イオンは質量分析部へ導入される。質量分析部には4つのタイプがあるが（これも専門書を参照されたい）VOCsの分析には「四重極型」[(4)]が用いられる。

ガスクロマトグラフの検出部は、質量分析計以外にも多数の種類がある。VOCsの場合、MS以外では水素炎イオン化検出器（FID）が多用される。FIDは炭化水素（HC）の数に応答が依存するため、HC数の多いVOCsの定量には適している。また、室内からは有機塩素系化合物も多数検出されることから、電子捕

図3-21　ガスクロマトグラフ-質量分析計（GC／MS）の装置構成

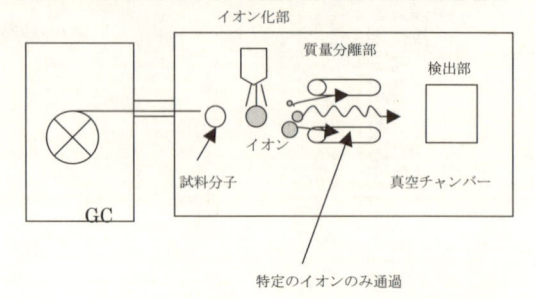

写真3-19　加熱脱離-ガスクロマトグラフ質量分析計（GC／MS）

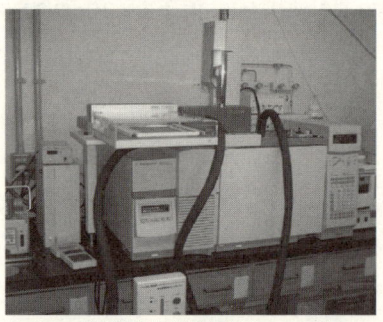

ゲステル社製加熱脱離装置付きのGC／MS
（図3-17に相当する装置）

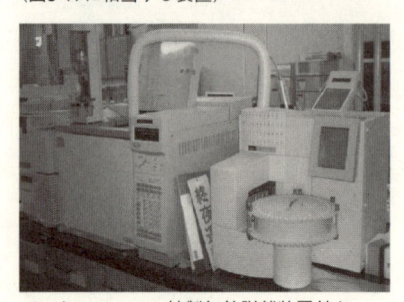

パーキンエルマー社製加熱脱離装置付き
（図3-18に相当する装置）

---

(4) 質量分解能はm/z=1であるが、小型で操作も簡便であり、構造情報を得られる。近年は構造の特定よりは高選択性・高感度の検出器として利用されることが多い。

表3-9 一般的なGC／MSの条件例

カラム	メチルシリコン系、5%フェニルメチルシリコン系カラム等 内径 0.25〜0.32mm、膜厚 0.25〜1μm、長さ 60m
カラム温度（昇温条件）	40℃（5分）－（10℃/min）－280℃（10min）
キャリアガス	ヘリウム
キャリアガス流量	0.8〜1mL/min
検出モード	SCAN

写真3-20 標準溶液添加操作の例

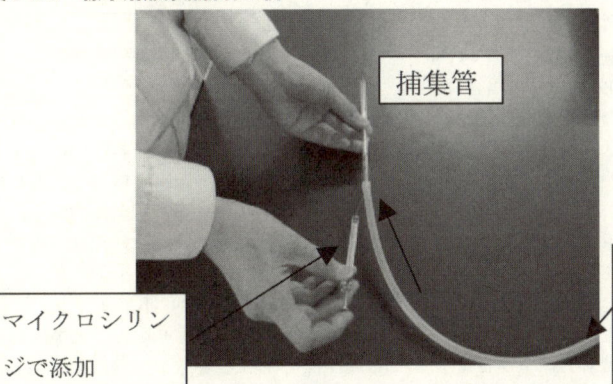

（捕集管／マイクロシリンジで添加／ボンベからガスを供給（空気、窒素等））

獲型検出器（ECD）も良く用いられている。

MSでは目的化合物に由来する質量を検出していくため選択性が高いが、FID、ECDは保持時間のみで化合物を特定するため、特に共存物質の確認などに注意する必要がある。

GCおよび質量分析の詳しい専門書としては以下のものを紹介する。
・『機器分析のてびき』①②（第2版）、化学同人、各1,260円
・『マススペクトロメトリーってなあに』日本質量分析学会編、国際文献印刷社、1,000円

測定条件は、使用する機器やカラム等により最適な条件が異なるが、一般的なGC／MSの設定例を表3-9に示す。

また、吸着管持ち運びの間の汚染を把握するトラベルブランクとは別に、捕集管自身のブランク測定を実施するほうが望ましい。捕集管自身のブランクは定量下限に影響を与える他、エージング状態の確認やトラベルブランクが検出された場合に輸送雰囲気の由来かどうか等を考察する材料となる。

試料の測定を行う際、濃度の高い標準の後や、濃度の高いサンプルを測定した後は分析装置内に吸着し残っている場合があるので、空の捕集管を測定するか、脱着後の温度を長めにしておくなどの配慮が必要である。

④VOCsの定量

VOCsが一定濃度に調整された標準試薬が販売されているので、この試薬を溶媒で希釈して検量線用の標準溶液を調整する。また、

各VOCsの試薬を購入して実験室で調整もできるが、揮発しやすいもののため、慣れが必要である。

加熱脱離法の場合は、標準溶液をエージング後、未使用の吸着管に不活性ガスを流しながら一定量添加して、検量線用の吸着管を作成する。

溶媒抽出法の場合は、標準試薬を二硫化炭素で希釈し、内部標準物質を一定量加えたものを調整する。内部標準物質には、トルエン-d_8などが用いられる。FIDで検出する場合は、他の化合物とピークが重ならない内部標準物質を選定する。内部標準法の場合、検量線は測定対象物質の内部標準物質の、重量の比vs面積の比をプロットすることになる（図3-22）。検量線から未知試料中の重量比が求められるので、重量比に内部標準添加量を掛けて測定対象物質の量を求める。

たとえば内部標準法で未知試料中のトルエン濃度を求める場合は、試料の測定クロマトグラムから

　　　［面積比＝トルエンのピーク面積／ISピーク面積］

により面積比を求め、その面積比を次式に当てはめ、以下のように重量比を求める。

　　　［重量比＝トルエンの面積比／検量線勾配］

空気中の濃度は次式により求めることができる。

　　　［室内空気濃度（$\mu g/m3$）＝重量比×IS添加重量（ng）／空気捕集量（L）］

装置のダイナミックレンジの把握（飽和濃度の把握）のため、検量線は多点検量線とする方がよい。

⑤TVOCの測定と定量に与える影響

総揮発性有機化合物（TVOC）は、理論的には空気中に存在するすべてのVOCsの合計値となるはずである。しかし、実際の分析

図3-22　トルエンの検量線（内部標準法）

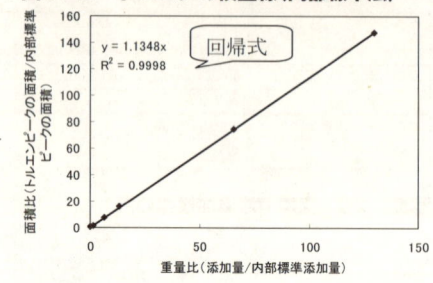

ではすべてを定性・定量することは、現実的に不可能である。厚生労働省法ではヘキサンからヘキサデカンの範囲に検出されるピークの少なくとも上位10物質、全体の2／3以上を定性し、標準試薬で定量、残りは面積をトルエン換算で求めることとなっている。

また、（JIS A 1901）小形チャンバー法では、ヘキサンからヘキサデカンの範囲の面積の総和をトルエン換算で求めることになっている。

いずれにしても「TVOCは捕集方法や分析条件に依存する」ことが顕著で、ISO／DIS16000-6にもその旨は記されている。トルエン換算となると、それはさらに顕著となる。トルエン換算の場合、あくまでもトータルのピーク面積の換算値であり、個別の化合物の定量値の足し算ではない。また、トルエンの応答に対し、個々の物質の応答は様々なので、トルエン換算による定量は「半定量値」である。

GC-FIDを用いてトルエン換算定量を行う場合、FID検出器におけるレスポンスは炭化水素（HC）の数に比例するため、トルエン換算であっても感度面からTVOCを考察しやすい。しかし、GC／MSで行う場合は影響因子がいくつかあり、TVOCの定量値に影響す

与える要因には次のようなものが考えられる。

- カラムの種類等が異なり、分離が異なる。
- SCAN法を用いるか、選択イオン検出（SIM）法を用いるか（選択したイオンの強度が化合物によって差が大きいので、SCAN法を用いる）。
- 質量検出器の設定範囲。設定範囲を極端に広くしたり、狭くしたりすると、GC-FIDによるTVOC値とかけ離れる。
- チューニングパラメータ
- スプリット比（スプリット比が大きいと、沸点の高い化合物の整合が取れなくなる）

5）準揮発性有機化合物（SVOCs）の測定方法

室内空気指針値程度の濃度のフタル酸エステル類（DBP、DEHP等）は加熱脱離法で分析できるが、クロルピリホスに代表される防蟻剤は熱分解を起こすため、また指針値が非常に低いために加熱脱離法では測定できない。また、フタル酸エステル類は環境ホルモン作用を持つと疑われている化合物で、環境ホルモン類は微量濃度で作用するといわれ、室内空気質評価のレベルでは定量下限が高濃度となり評価できない（実際は低濃度で存在しているため、低濃度が評価できる条件が必要となる）。そのような場合、ディスク型（フィルターのような形状のもの）の吸着剤を使用して大量に空気を捕集することで、低い定量下限に対応することができる。

ディスク型の吸着剤には、オクタデシル基を化学結合させたシリカゲルを担持したEmpore™ Disk C18などが用いられる。その

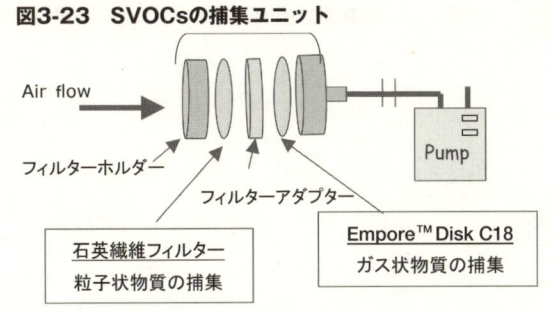

図3-23　SVOCsの捕集ユニット

（図：Air flow → フィルターホルダー（石英繊維フィルター 粒子状物質の捕集）→ フィルターアダプター（Empore™ Disk C18 ガス状物質の捕集）→ Pump）

他、スチレンジビニルベンゼン樹脂カートリッジ（XAD樹脂）などもSVOCs分析用の吸着剤としてよく利用されている。大量に空気を吸引し、捕集した後の吸着剤は溶媒抽出法で抽出し、分析する。

図3-23にフタル酸エステル類やアルキルフェノール類[5]のような環境ホルモン作用が疑われるSVOCsのフィルター捕集に用いるユニットを図解した。これらの化学物質は沸点が高く、空気中でガス状の他、埃等に吸着し粒子状でも存在する。フィルター捕集では、前段の石英フィルターで粒子状物質を、後段のエムポアディスクC18ではガス状と、存在の状態を分けて捕集することができる。図3-24に、室内空気中のアルキルフェノール類を捕集し、分析した例を示す。アルキルフェノール類はフタル酸エステル類より沸点が低いため、ほとんどをガス状体で検出した。

---

[5] フェノール類の一種で長いアルキル基を持つもの。住居用、衣料用洗剤やワックス等に含まれる洗剤成分や、すべりを良くする非イオン系界面活性剤の分解物。

図3-24 室内空気中のアルキルフェノール類の測定例

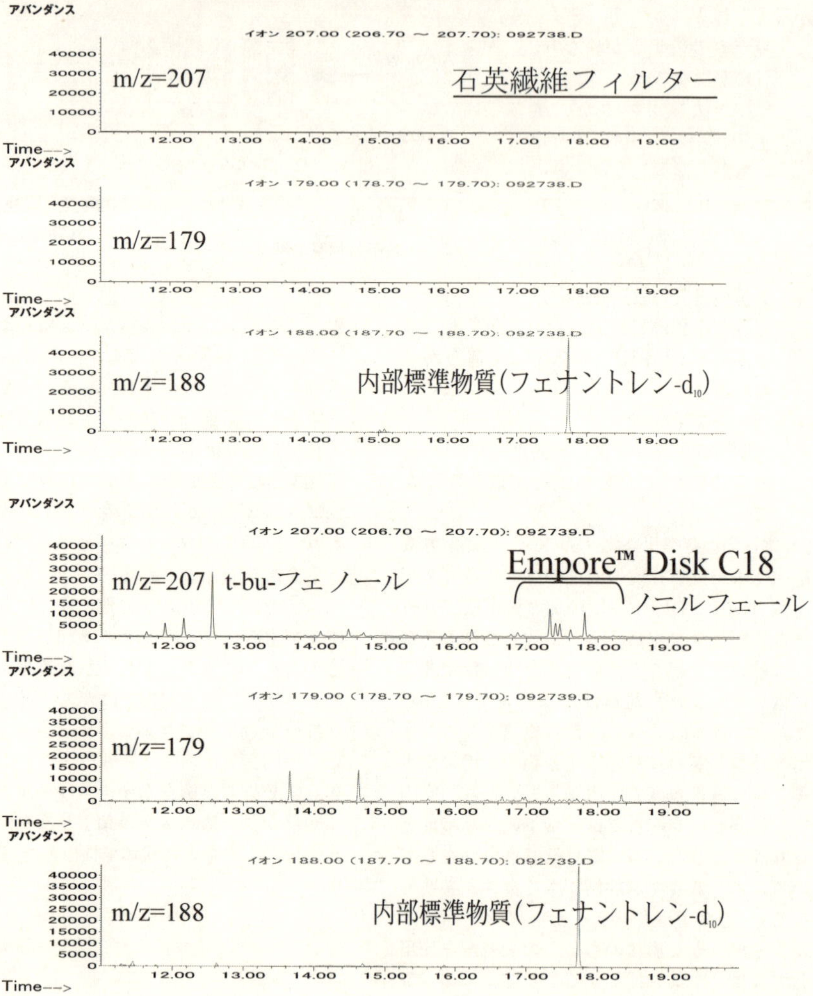

3.2 建材からの化学物質放散量の測定方法

■ 3.2.1 放散試験法の種類

　建材から発生する化学物質の測定方法には大きく分けて、ダイナミックヘッドスペース法とスタティックヘッドスペース法がある（表3-10）。ダイナミックヘッドスペース法は1m²あたり、1時間あたりに放出される化学物質を「放散量（μg/m²・h）」として求められるため、室内濃度の予測や、その建材を使用することによる室内濃度への寄与を予測できることが特徴である。

　建材の放散量の測定は、空気中の化学物質の測定のように情報提供されることが少ない。だが、分析会社などでは測定を扱っているところも多く、ホームページなどで取り扱いを確認して問い合わせるとよい。しかし、非常に専門性が高いため、空気測定のように機器の貸し出しはなく、費用も個人的に支払うには高額となっている。だが、115ページの「現場測定法」で紹介したものは、比較的安価に対応してもらえる。

　以下、この節で述べるものは、「安全な建材を提供したい」「化学物質放散の少ない建材を使用したい」といった企業や、実際に測定を行う技術者・学生などに向けた内容である。

　化学物質放散の少ない建材を使用して住宅を建てたい場合、住宅購入者が各建材の放散量を測定することは現実的ではない。使用する建材の製品安全データシート（MSDS）の入手や、ホルムアルデヒドに限っては、F☆☆☆☆建材を使用することを指定する、その他のVOCsについては放散量測定結果の提示を求める、または、放散量測定を行って十分低放散であると確認できる建材の使用を求める、等が現実的といえる。しかし、以下に記載するとおり、測定法は様々あり、得られるデータの正確性も様々である。化学物質に配慮した住宅を建てたい方には、提示されている結果の正確性の判断などに役立ててほしい。

表3-10　建材から発生する化学物質の測定方法

ダイナミックヘッドスペース法	スタティックヘッドスペース法
空気や不活性ガスを流通させながら、発生するガスを吸着管などに捕集する。放散量（μg/m²・hr）として算出が可能＝室内濃度予測が可能。小形チャンバー法、大形チャンバー法、マイクロチャンバー法などが相当。	デシケーターやヘッドスペースボトルなどに密閉し、密閉空間に発生したガスを分析する。密閉空間での平衡濃度を測定するため放散量として算出はできない。デシケーター法、テドラーバッグ法、パッシブフラックス法などが相当。

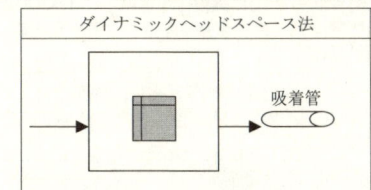

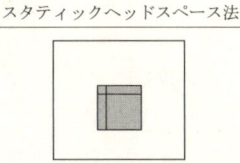

表3-11 代表的な建材の放散量評価方法と特徴

分類	試験法	特徴など
ダイナミックヘッドスペース法（動的法）	小形チャンバー法	JIS A 1901の小形チャンバー法である。一般的に20Lのチャンバーを用いる。居住空間に近い条件で測定されるため、実態に近い放散速度が得られる。フタル酸エステル類など高沸点化合物は測定できない。
	大形チャンバー法	$1m^3$〜$80m^3$の大形のチャンバーである。こちらも居住空間に近い条件で測定される。フタル酸エステル類などの高沸点化合物は測定できない。家具や建具を丸ごと測定できるため、材料を切り出して放散量を測定するより製品ベースでの評価ができる。
	マイクロチャンバー法	小形チャンバー法で測定できない高沸点化合物の放散試験用に考案されたもの。室温条件下でチャンバーに吸着したSVOCsを、加熱により追い出し捕集、分析する方法。
	低減化建材の評価法	化学物質を吸着分解する性能があるとされる建材をチャンバーに入れ、濃度既知の汚染ガスをチャンバーに供給し、入口・出口の濃度差でもって低減化性能を評価するものである。
	加速試験法	加熱下で加速測定するため、チャンバー容積を小型化して試験体やその表面からの放散速度を測定できる。約1時間で1試料の測定が可能で、建材の一次スクリーニングに適する。測定結果は高温下の値であるため、換算式によって室温での放散速度を推定する。自動化された装置もある。この方法は一般住宅の建材よりもクリーンルーム建材等の半導体関係によく使われる。
	FLEC法	現実の居住空間(現場)で直接評価する方法。円盤状のセルを建材に置き、清浄空気を供給し、出口で化学物質を捕集する。現場測定の場合は室温で行うのが一般的。
スタティックヘッドスペース法（静的法）	フラスコ法	密封容器(デシケーター)に試験体を室温下で1〜6日間、静的保持し、気相部空気を検知管等で測定する簡単な方法。建材の相対的比較に好適。
	テドラーバッグ法	テドラーバッグに建材を入れて封をし、清浄空気や不活性ガス等を満たして、その気相を捕集したり、そのまま分析装置に注入して測定する。
	ヘッドスペース法	専用のヘッドスペースボトルに材料を入れ、シールをして加熱。気相をそのまま分析装置に注入するもの。
	パッシブフラックス法	建材にかぶせ、密閉できる容器にパッシブサンプラーを差し込んだり、吸着剤を取り付けて、発生する化学物質を測定する方法。小形チャンバー法に準じる簡易な方法として考案されている。また、建築済みの住宅にて、各建材からの放散量を調べることもできる。

■ 3.2.2 デシケーター法によるホルムアルデヒドの放散試験

下部に純水を入れたシャーレを置き、発生するホルムアルデヒドを吸収させる、スタティックヘッドスペース法の一種である。純水中のホルムアルデヒド濃度（mg/L）として測定し、等級分けする。VOCsは該当する試験法としてパッシブ法のJIS化がすすめられている。

住宅性能表示では、建材のホルムアルデヒド放散量の等級付けがされている。なお、建築基準法の改正により内装に使用されるホルムアルデヒドを発散する建築材料の等級は変更されている（これについては第5章を参照）。

■ 3.2.3 JIS A 1901小形チャンバー法

建材から放散されるホルムアルデヒドの測定として、揮発性有機化合物（VOCs）にも対応する小形チャンバー法が2003年1月20日に制定された。

この方法は、改正された建築基準法にある、新たな建材等級の測定にも用いられる。一般の高気密住宅相当の環境下で試験を行うため、実情に合った評価が可能な方法である。

一般的には20LのSUS製チャンバーを用い、2時間に1回、チャンバー内の空気が入れ替わるように空気を供給する（換気回数0.5回/hr）。チャンバー出口から排出されてくる空気を捕集し、建材から放散される化学物質を分析する。

①小形チャンバー法の基本条件

小形チャンバー法で放散量を測定する際の基本的な条件は次のとおりである。
○チャンバー：20L（研磨SUS製）
○換気回数：0.5回/hr

写真3-21　ホルムアルデヒド試験用デシケーター

ホルムアルデヒド試験用デシケーター

建材を保持する冶具

○試料負荷率：2.2m²/m³
○温　　度：28℃
○試験期間：1・3・7・14日目〜最大28日目まで

ここで、換気回数とは1時間当たりチャンバー内の空気が何回入れ替わるかを示すものである。20Lチャンバーを用いた場合は167mL/minで清浄空気を供給すると、0.5回/hrの換気回数となる。

試料負荷率とは、チャンバーの体積に対する測定試料の表面積のことである。建材の切り口や裏面の影響を受けないようにするた

写真3-22　20Lチャンバー用のシールボックス

図3-25　建材の設置

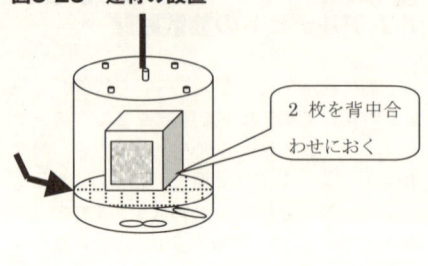

2枚を背中合わせにおく

図3-26　小形チャンバー法試験フロー

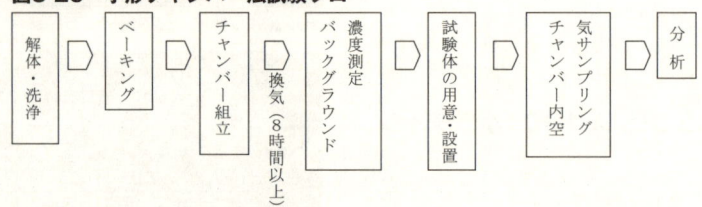

解体・洗浄 → ベーキング → チャンバー組立 → 換気（8時間以上） → 濃度測定バックグラウンド → 試験体の用意・設置 → 気サンプリングチャンバー内空 → 分析

表3-12　サンプリング条件

測定対象成分	アルデヒド類	VOC
捕集管	DNPHカートリッジ	Tenax TA
流量	167mL/min	167mL/min
吸引量	10L	3.2L

め、試験体はシールボックスに入れて表面だけ露出するようにする。20Lチャンバーの場合、建材は大きさ165mm×165mmに切り出し、シールボックスに入れると、露出面の大きさが147mm×147mmとなるように調整されている。これを2セット用意することにより、試料負荷率を2.2m²/m³に調整できる。測定の際、用意した試験体はチャンバーの中央部に入れ、内部の風向きに対して平行となるように建材を立てて設置する。

②化学物質の捕集

チャンバーはあらかじめブランク低減や汚れ除去のために解体、洗浄を行う。解体したチャンバーを水で洗浄後、オーブンに入れ、焼きだしする（260℃で15分程度）。放冷後、チャンバーを組み立て、インキュベーター内に設置して、換気を行う。8時間以上の換気後、チャンバー内空気を捕集、分析し、バックグラウンド濃度を測定する。その後、試験体を設置し、換気を開始する。試験体設置後

建材からの化学物質放散量の測定方法

図3-27　小形チャンバー法システムフロー

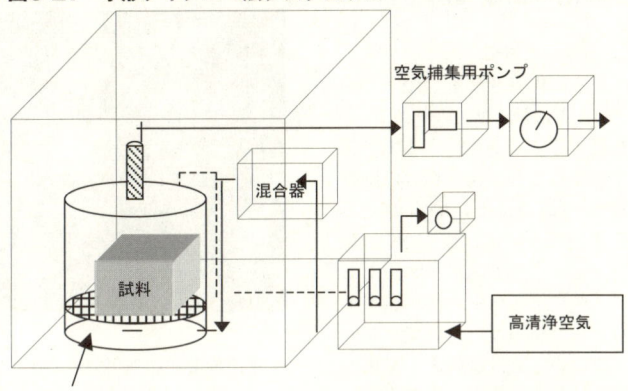

写真3-23　小形チャンバーシステム

1、3、7、14±1、最大28±2日まで、チャンバー内の空気を上蓋のサンプリングポートに捕集管を取り付けて採取、分析する（図3-26）。サンプリング条件を表3-12に示す。捕集した捕集管の分析は、前に示した空気中の化学物質と同様に行う。ただし、VOCsの分析において、脱離方法は加熱脱離法のみとなっている。

③ 放散速度の算出

アルデヒド類、VOCsの分析結果から以下の式を用いて放散速度を算出する。

$$EF = \frac{nV}{A}(Ct - Ctb)$$

ここで、EF：放散速度（μg/(m²·h)）
　　　　Ct：チャンバー内濃度（μg/m³）
　　　　Ctb：バックグラウンド気中濃度
　　　　　　（μg/m³）
　　　　n：換気回数（回/h）
　　　　V：チャンバー容積（m³）

化学物質の測定 | 109

■ 3.2.4 その他の試験方法

1）密閉容器による簡易な評価

　小形チャンバー法に代表される、JIS、ISOなどに規格化された方法は、専用のシステム、分析機器などを要する。しかし、そこまで専門的な評価ができなくても、化学物質の放散に関してある程度の情報は得たいものである。密閉容器を用いた方法は、表3-10に示したとおりスタティックヘッドスペース法である。ダイナミックヘッドスペース法に該当する小形チャンバー法の結果とは比較できないが、複数の建材について放散量の大小を比べることや、放散される化学物質の種類程度は知ることができる。

①フラスコ法

　簡単な密閉装置を使用し、検知管等の簡易式測定器を使って評価する方法である。
　一定の大きさ（10cm×10cm）に切断した建築材料を、2方向（上部方向、横方向）のコックのあるデシケーター（容積は2L程度）の中に一定時間（5～7日間）封じ込めた後、デシケーターのコックを開き、コックより各簡易式測定装置を用いてVOCやホルムアルデヒドを測定する。デシケーターは23℃等に定めた一定温度の中に置く（熊野ら、2002）。

②テドラーバッグ法

　テドラーバッグに試験体を入れて封をし、空気または窒素を満たし、一定温度に一定時間放置後、気相をガスタイトシリンジで取って直接分析するか、捕集管に捕集して分析する。テドラーバッグは容量が様々あり、試験体を切り出して大きさをそろえられないようなものでも、試料負荷率をほぼ合わせることも可能である。また、テドラーバッグは100℃程度まで加熱することも可能である。高温下に置かれる建材の温度別の化学物質発

写真3-24　テドラーバッグ法による試験

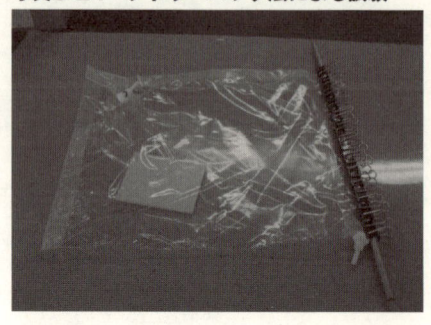

生量比較などに利用できる。
　ただし、テドラーバッグも樹脂製であり、バッグ自体から化学物質が検出されることもあるので、ブランク対策は必須である。

③ヘッドスペース法

　ガラス製のヘッドスペースボトルに試験体を入れて、セプタムおよびキャップをし、加熱。気相をガスタイトシリンジで取り、分析する。自動で注入を行うためのヘッドスペースオートサンプラーのついた分析装置もあるため、大量の建材を比較したいときには有用である。ただし、気相をDNPHカートリッジに導入することができないので、誘導体化の必要なアルデヒド類は測定できない。
　分析のため気相を採取するとボトル内は減圧になり、ガス発生特性が変化する。そのため、ひとつのボトルから繰り返し測定はできない。一方、テドラーバッグ法の場合はバッグが萎むため減圧にならないので、繰り返し採取を行いたい場合はテドラーバッグ法のほうが良い。

2）大形チャンバー法による大型製品の評価

　最近は、建材以外にも居住者が持ち込む家具や家庭電化製品も、化学物質の室内への放散源として注目されている。一部の切り出し

写真3-25　ヘッドスペースGC／MSシステムとヘッドスペースボトル

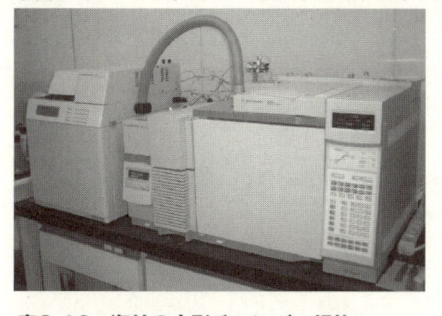

表3-13　海外の大形チャンバー規格

規格名	対象製品	測定対象	チャンバーサイズ
ENV 13419-1-2004	木質製品	VOCs	規定なし
ENV 717-1-2003	木質製品	ホルムアルデヒド	$12m^3$以上
ASTM E1333-2002	木質製品	ホルムアルデヒド	$22m^3$以上
ASTM D6670-2001	建築製品	VOCs	規定なし

が製品全体を反映しないような家具・家電等を丸ごと設置して、化学物質の放散量を測定する方法のJIS化が検討されている（財団法人建材試験センター、2005）。家具などを丸ごと設置する場合もあるため、放散量の表記は$\mu g/m^2 \cdot h$ではなく$\mu g/unit \cdot h$となる。

　JIS化は検討段階であり、規格の内容は詳細になっていないが、大まかな試験の流れは小形チャンバー法と同様と考えられる。一部については変更されると予測されるが、現段階で発表されている部分についてスペックを紹介する。

写真3-26　大形チャンバー（$20m^3$外観）

　○チャンバーサイズ：1～$80m^3$
　○材　　質：ステンレスまたはガラス
　○換気回数：0.5回
　○試験温度および湿度：28℃、50%RH
　大形チャンバーの場合、小形チャンバーの

図3-28　マイクロチャンバー法の概要

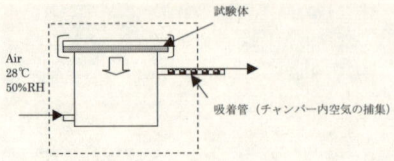

Step1：室内環境条件下で放散するSVOCsをチャンバー内壁に吸着させる

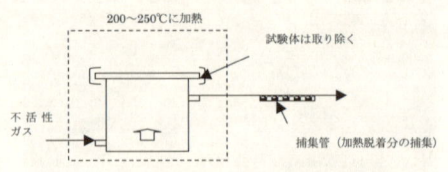

Step2：チャンバー内壁に吸着したSVOCsの加熱脱着

ように解体して加熱処理することができない。しかし、バックグラウンド濃度が高いと放散が抑制されるため、バックグラウンド濃度の維持管理が重要である。小形チャンバー法と異なりバックグラウンド濃度は差し引くことができるが、無制限に差し引いてはいけないとされている。現在、チャンバー内濃度はホルムアルデヒドでは$12\mu g/m^3$、TVOCで$50\mu g/m^3$程度以下にすることが望ましいとされる。ただし、規格化された数値ではないため、今後の情報に注意されたい。

日本において工業規格は未制定であるが、海外ではすでに規格が制定されている（表3-13に示す）。

3）準揮発性有機化合物（SVOCs）の放散試験

SVOCsは沸点240-260℃～380-400℃の範囲に検出されるものと定義されているが、日本工業規格（JIS）化において脂肪族炭化水素の炭素数がC13～C26の範囲と定義される予定である。

小形チャンバー法は温度、換気回数等の点から実際の住宅状況に近い条件での評価が可能だという利点がある。しかしながら、例えばフタル酸エステル類のような蒸気圧が小さな化合物では蒸散速度も小さく、また、チャンバーシステム系内に吸着してしまい、正確な測定が行えないという問題がある。その問題に対応したSVOCsの放散試験法も、現在JIS化が検討されている。ここではマイクロチャンバー法と加熱加速試験法を紹介する。

①マイクロチャンバー法

マイクロチャンバー法は現在、JIS原案として検討がなされている方法である。規格が制定されていないため現状公表されている範囲を紹介する。マイクロチャンバー法は、Step1：室温条件下で放散されたSVOCsを捕集、Step2：建材を取り出し空にしたチャンバーを再びシステムにセットし加熱を行う、という2つの手順を踏む方法である（図3-28）。Step2で加熱することで、チャンバーや系内に吸着したSVOCsを追い出して捕集する。加熱するときは、チャンバーの換気には空気でなく不活性ガス（窒素ガスやヘリウムガス）を用いる（財団法人建材試験センター、2005）。

②加熱加速試験法

マイクロチャンバー法は吸着分を加熱して捕集するものの、放散試験自体は常温下で行われる。これに対して加熱加速試験法は放散試験自体も加熱して行い、放散量は換算式を用いて常温に換算する。この方法はクリーンルームを構成する建材のSVOCs放散試験法となっている（JACA No34 クリーンルーム構成材料から発生する分子状汚染物質の測定方法指針、日本空気清浄協会）。

加熱加速試験法の概略を図3-29に、加速試験条件を表3-14に示す。キャリアガスとして純空気または窒素を用い、加熱発生ガスを吸着剤に捕集する。

建材からの化学物質放散量の測定方法

図3-29 加熱加速試験法チャンバー及び試験装置

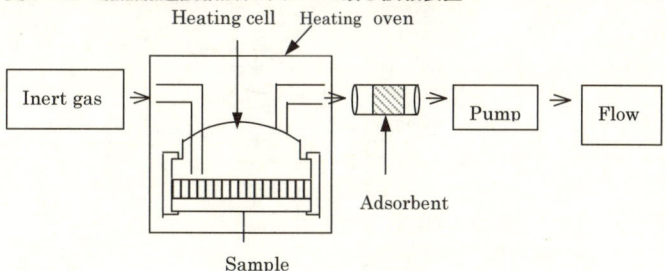

（Inert gas → Heating cell / Heating oven → Sample → Adsorbent → Pump → Flow）

80℃における放散量から常温での放散量の予測は、材料からの有機物の放散量と試験温度の間において経験的に成立する、以下の関係式（1）を用いて行うことができる。これはアレニウス式の一種である。この式を用いて80℃での放散量を常温に換算する。

$$\mathrm{Log}V = -C_1/T + C_2 \quad (1)$$

ここで、Vは放散速度（μg/m²·h）、Tは試験温度（絶対温度；K）、C_1, C_2は定数。

4）低減化建材の評価

最近、ホルムアルデヒドやVOCsの空気中濃度を低減するという建材が販売されている。これらの評価法についても、標準化が検討されている。簡便な方法として、テドラーバッグ等の密閉容器に建材を入れ、汚染ガスを仕込んで経時変化を測定する方法と、JISの原案となっている小形チャンバーを利用した方法を紹介する。

①テドラーバッグによる簡便な方法

テドラーバッグの中に低減化建材を入れ空気をみたし、汚染物質を添加する。添加直後から経時にテドラーバッグ内の汚染物質濃度を検知管など簡易機器で測定、または捕集管に捕集し、分析する。

表3-14 加熱加速試験条件

加熱温度	80℃
チャンバー容積	150ml
有効表面積	68cm²
換気回数	200 回/hr

図3-30 テドラーバッグを用いた試験の概略

（汚染物質の供給／バッグ内濃度の測定）

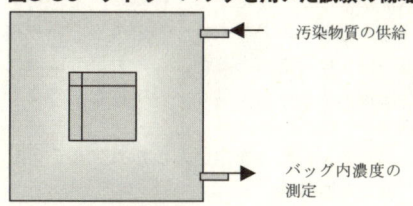

表3-15 試験条件

温度：28℃
湿度：50%RH
換気回数：0.5 回/hr
物質伝達率：15±20% m/h
試料負荷率：2.2m²/m³
ホルムアルデヒド供給濃度：室内環境指針程度（100μg/m³）
およびその 1/2、2倍の 3 水準

図3-31 小形チャンバーを用いたホルムアルデヒド低減性能試験の概略

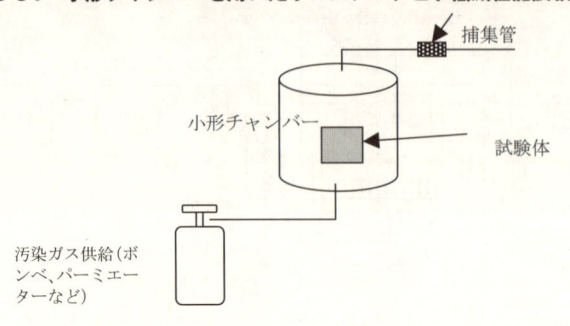

テドラーバッグを用い、密閉系で試験を行う場合、ある濃度までは汚染ガス濃度は減少していくが、平衡関係となってしまい、それ以上変化しなくなる。また、建材表面付近と離れた周囲で濃度差が生じる。したがって、汚染された空気が衝突する実際の環境下とは状況が異なることになる。材料が汚染物質を吸着・分解する効果を持つかどうかという程度の評価は可能であるが、この方法では効果を定量できるものではないので注意が必要である。

② 小形チャンバーを用いたホルムアルデヒド低減性能試験

試験体を設置した小形チャンバーに、室内環境指針程度（100μg/m³）に調整した汚染空気を、換気回数0.5回/hrとなるように供給し、出口濃度を測定する。供給濃度と出口濃度の差を、低減性能とするものである。(財)日本建築センターや(財)ベターリビングが同様の方法を用いて認定事業を行っており、本法はJISの原案となっている（財団法人建材試験センター，2005）。試験条件を表3-15に示す。

低減化性能は、吸着速度および換気量換算値として定量化される。両者の計算式は次のとおりである。

図3-32 破過曲線の例

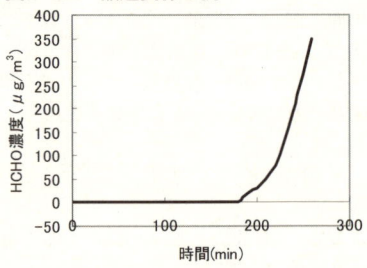

吸着速度：$ads = (C_{in,t} - C_t) \, Q / A$

換気量換算値：$Qads = (C_{in,t} / C_t - 1) \, Q / A$

ads：単位時間、単位面積あたりの吸着速度（μg/(m²・h)）

$C_{in,t}$：経過時間tにおけるホルムアルデヒドの供給濃度（μg/m³）

C_t：経過時間tにおける小形チャンバー濃度（μg/m³）

Q：小形チャンバーの換気量（m³/h）

A：試験片の表面積（m²）

$Qads$：換気量換算値（m³/(h・m²)）

低減化する性能が高く、試験が長期にわたる建材は、吸着破過法による飽和除去量とし

て評価することが可能である。粉砕した試料を充填したチューブに、濃度を調整したホルムアルデヒドガスを流通させ、チューブの出口濃度をセンサーなどの簡易機器でモニターし、供給濃度に対し0.5%の濃度の破過が得られた時間を記録する（図3-32）。次式により破過容量を求めることができる。

$$B = \frac{C_B \times F \times T_B}{M \times 1000}$$

B：破過容量（μg/g）
C：供給ホルムアルデヒドガス濃度（μg/m³）
F：ホルムアルデヒドガス流量（L/min）
T：供給濃度に対し0.5%の濃度の破過が得られた時間（min）
M：試料重量（g）

5）現場測定方法

施工後、室内空気中の化学物質濃度が高濃度であり、どの建材が原因であるか調べる場合、すでに建築された家の材料を切り出すわけにはいかない。建材の上にかぶせて、現場で放散量を測定できる方法が必要である。すでにセル法として、FLECセルを用いた方法がISO16000-10として規格になっている。しかし、この方法は現地でもチャンバー内を換気する必要があるため、キャリアガス供給ユニットが必要となる。ここではそのような大がかりなユニットが必要ない2つの方法を紹介する。

いずれも小型容器に市販のパッシブサンプラーや吸着剤を仕込むタイプのもので、容器を建材に密着させると、吸着剤に捕集された分だけ放散されることを繰り返し、常に容器内が平衡状態になるという原理に基づいている。

図3-33　ADSEC法による測定の概略

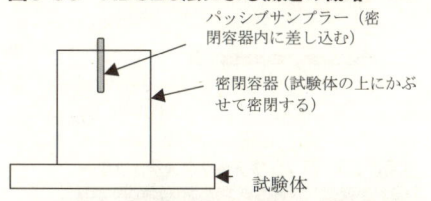

パッシブサンプラー（密閉容器内に差し込む）
密閉容器（試験体の上にかぶせて密閉する）
試験体

写真3-27　ADSEC

①ADSEC法

この方法は、小形チャンバー法より簡単な設備で、小形チャンバー法になるべく近い放散量が測定できるよう考案されたものである。小型であるため、現場測定用としても便利である。

SUS性の小型容器上部に市販のパッシブサンプラーが差し込めるようになっている。建材の上に容器を置き、パッシブサンプラーを差し込むと測定がスタートする。24時間後パッシブサンプラーを取り出し、VOCsサンプラーは溶媒抽出-GC／MS法、アルデヒド類は溶媒抽出-HPLC法で分析を行う。放散量は次式により求められる（田辺ら，2002）。

本法は小形チャンバー法の簡易法のJIS原案になっており、施工済み現場だけでなく建材製品の放散量の簡易チェック法としても使

図3-34 PFSによる測定の概略

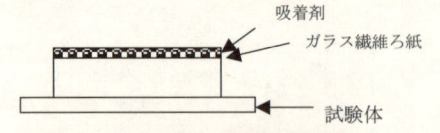

写真3-28 パッシブフラックスサンプラー

アルデヒド類は溶媒抽出-HPLC法で分析を行う。放散量はADSECと同様の式により求められる。

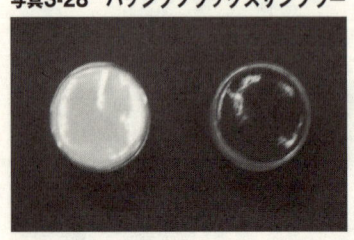

用できる。

$$J_a = (M_t - M_{tb.t}) / (A \cdot t)$$

J_a：単位面積あたりの放散量（$\mu g/m^2 \cdot h$）
M_t：捕集量（μg）
$M_{tb.t}$：トラベルブランク値（μg）
A：試験片の表面積（m^2）
t：捕集時間（min）

②パッシブフラックスサンプラー（PFS）

　46mmφのガラス製シャーレの底面に吸着剤を入れ、ガラス繊維フィルターを置き、パッキンでとめつける構造（藤井ら、2004）。容器自体がパッシブサンプラーとなっており、建材にかぶせると捕集がスタートする。ADSECよりさらに小型で、大量に作成し現場へ運ぶこともできるため、より現場測定に向いている方法である。一定時間捕集後、吸着剤を取り出し、VOCs用吸着剤は加熱脱離用チューブに移して加熱脱離-GC／MS法で、

補論：アスベストの測定方法

　アスベストの測定には、建材と吹き付け材中のアスベストの検出や測定、環境大気中のアスベスト測定法など様々な方法がある。室内空気中のアスベスト測定として一般的に用いられるのは、「環境省告示第93号」によるフィルター捕集―顕微鏡計数法である。直径47mmのセルロースエステル製円形ろ紙（平均孔径0.8μm）を有効ろ過面の直径35mmのホルダーにセットし、10L/minの流量で室内空気を4時間通気して捕集する。捕集ろ紙は顕微鏡用スライドガラスに載せ、フタル酸ジメチルとシュウ酸ジメチルの混合溶媒を滴下して、ろ紙を透明にし、倍率が400倍の位相差顕微鏡を用いてアスベスト繊維（長さ5μm、長さと幅の比が3対1以上のもの）の数を計測する。測定結果は空気1L中のアスベスト繊維数で表す。

　空気中にはアスベスト以外に繊維状のものは多数あり、その中からアスベスト繊維を識別することは容易でなく、経験、熟練を要し、計測技術者による個人差も出てしまう。計測技術者の養成も容易でなく、自動計数装置などの開発が望まれている。

第4章
化学物質の諸物性および有害性

4.1 調査マニュアル

本編では、化学物質の物理化学的性質や毒性等に関する調査方法を概説する。調査方法は、1）化学物質等安全データシートまたは製品安全データシート（MSDS）の入手、2）インターネットで提供されているデータベースの活用の2つに大別できる。

■ 4.1.1 MSDSの入手

1）MSDSについて

例えば、接着剤や塗料などの製品に含まれる化学物質の成分や性質、有害性、取扱上の注意、保管や廃棄方法等の情報について、従来は製造者から提供を受ける仕組みがなかった。

しかしながら、製品の加工および流通過程において、事業者が化学物質の管理を正しく行うためには、これらの情報を知る必要がある。MSDSは、事業者が製品や化学物質を他の事業者に出荷する際に、その相手方に対して化学物質に係わる情報を提供する制度である（図4-1）。

2）化学物質排出把握管理促進法における位置付け

これまで製造者が自主的にMSDSを提供する場合があった。ところが1999年7月に制定された化学物質排出把握管理促進法（PRTR法）に基づいて、2000年12月22日に「指定化学物質等の性状及び取扱いに関する情報の提供の方法等を定める省令」（通産省令第401号）が公布された。そして2001年1月1日からMSDSの交付が義務づけられた。

PRTR法の目的は、有害性の恐れのあるさまざまな化学物質の環境への排出量を把握することなどにより、化学物質を取り扱う事業者の自主的な化学物質の管理の改善を促進し、化学物質による環境保全上の支障が生ずることを未然に防止することである。

この法律では、有害性についての国際的な評価や生産量などを踏まえ、環境中に広く存在すると認められる「第一種指定化学物質」354種類、そのうち人への発がん性が認められている「特定第一種指定化学物質」12種類、第一種ほどは存在していないと見込まれる「第二種指定化学物質」81種類が政令によって定められている。

PRTR法では、政令で指定された対象事業者が、第一種指定化学物質の排出量と廃棄物に含まれて移動する量を事業所ごとに把握し、都道府県を経由して国に届け出る。国は、家庭、農地、自動車などからの排出量を推計し、事業者から届け出された量と併せて公表する。そして国は、請求があれば、個別の事業所ごとの情報を開示することができる仕組みとなっている。

MSDSは、事業者がPRTR法に基づいて化学物質を適切に管理するうえで、重要な位置付けとなっている。そして、第一種指定化学物質、第二種指定化学物質、およびこれらを含む一定の製品「指定化学物質等」に対してMSDSの交付が義務化された。その概要を表4-1に示す。

図 4-1　MSDSの提供段階

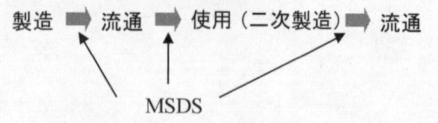

製造 ➡ 流通 ➡ 使用（二次製造）➡ 流通

MSDS

事業者が製品の譲渡又は提供等を行うに際し、相手方に対してその製品の性状及び取扱いに関する情報を提供

表 4-1　MSDS交付義務の概要

項目	内容
交付義務化の目的	相手方における、指定物質の環境への排出量及び移動量の把握と届出、及び化学物質管理の改善を行うための情報提供
指定化学物質等	1)第一種指定化学物質（特定第一種含む） 2)第二種指定化学物質 3) 1)または2)の含有量が1重量％以上（金属・シアン換算後、特定第一種は0.1重量％以上）の製品
対象外製品	指定化学物質等の 3)の製品で以下に該当する製品 1)取扱過程で固体以外の状態、粉状、粒状にならない製品 2)指定化学物質が密封されて取り扱われる製品 3)一般消費者の生活用品 4)再生資源、廃棄物
提供すべき 情報（抜粋）	1)製品名、化学物質の名称・含有量、性質、安定性、反応性 2)取扱、保管、廃棄、輸送上の注意 3)有害性、曝露性

3) MSDSの活用

　現行のMSDS制度には、指定化学物質等や対象外製品が規定されており、これらの規定外である場合はMSDSを公布する義務はない。しかしながら、PRTR法におけるMSDS制度の施行により、規定外の化学物質や製品であっても、請求すればMSDSを交付する事業者が増えている。

　建材・家具・家庭用品等の製造者、建物の設計者や施工者、あるいはこれらの製品の販売者は、MSDS制度を活用し、取り扱う製品中に含まれる化学物質や、その安全性に関する情報を可能な限り入手し、化学物質による室内空気汚染を未然に防止するうえで役立てていただきたい。

　また、一般消費者であっても、住宅であれば建築設計者や施工者、学校であれば学校関係者などに対し、製品の提供元からMSDSを入手し、より健康と安全に配慮した室内環境を構築するよう働きかけることも可能であろう。

　しかし、現行のMSDS制度には課題がある。MSDSで提供される情報を理解するには、化学物質の性状や有害性に関する専門的な知識が必要である。そのためMSDSを入手し、その内容に関して不明な点がある時は、提供元や化学物質の専門家に問い合わせ、正しく理解するよう心がけることが重要である。

　現在、家庭用品業界の一部において、MSDSの内容をより一層理解しやすくするために、製品の取扱いに関して注意すべき具体的な事例をMSDSに含める動きがある。今後、そのような動きも含め、MSDSの内容をより一層理解しやすくするための見直しが必要である。

■ 4.1.2 インターネットで提供されているデータベースの活用

1) 化学物質情報のデータベース

　インターネットの普及により、化学物質の

性質に関するデータベースが国内外に多数作成された。現在では、これらのデータベースへアクセスすることにより、容易に化学物質に関する情報を入手することができる。その主なデータベースを表4-2に示す。

2) CAS（Chemical Abstracts Service）登録番号

CASは、アメリカ化学会の化学情報検索サービス機関が提供している情報提供サービスである。これまで開発されたほとんどの化学物質がCASに登録され、CAS登録番号が付与されている。化学物質固有の識別番号であるため、この番号を使えば、表4-2に示すデータベースの多くで化学物質情報を正確に検索することが可能である。

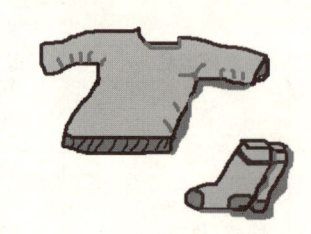

表 4-2 化学物質情報のデータベース

	提供元	データベース	概要	URLアドレス
日本語サイト	国立医薬品食品衛生研究所	国際化学物質安全性カード	物理化学的性質、毒性、予防、処置、貯蔵	http://www.nihs.go.jp/ICSC/
		環境保健クライテリア	物理化学的性質、分析方法、曝露源、環境中の挙動、体内動態、毒性	http://www.nihs.go.jp/DCBI/PUBLIST/ehchsg/ehctran.html
		化学物質に関する法律	法令関連サイトへのリンク	http://www.nihs.go.jp/law/law.html
	厚生労働省	化学物質毒性データベース	毒性試験結果	http://wwwdb.mhlw.go.jp/ginc/html/db1-j.html
	国立環境研究所	化学物質データベース(WebKis-Plus)	物理化学的性質、毒性、法規制、用途、事故事例	http://w-chemdb.nies.go.jp/
	環境省	PRTR法指定化学物質有害性データ		http://www.env.go.jp/chemi/prtr/db/index.html
	神奈川県環境科学センター	Kis-net	物理化学的性質、毒性、法規制、用途、事故事例	http://www.k-erc.pref.kanagawa.jp/kisnet/
	和光純薬工業株式会社	Siyaku.com	製品安全データシート(MSDS)	https://www.siyaku.com/
	財団法人日本中毒情報センター	中毒情報データベース	中毒情報	http://www.j-poison-ic.or.jp/homepage.nsf
英語サイト	国際化学物質安全性計画(IPCS)	INCHEM	環境保健クライテリア、国際化学物質安全性カード、中毒情報、農薬データシートなど	http://www.inchem.org/
	アメリカ国立医学図書館(NLM)	TOXNET	物理化学的性質、毒性、環境動態、環境基準、分析方法、取り扱い、生産・用途	http://toxnet.nlm.nih.gov/
	国際がん研究機関(IRAC)	発がん性分類データベース	発がん性	http://www.iarc.fr/
	Cambridge Soft Co.	Chem Finder	物理化学的性質	http://chemfinder.camsoft.com/
	経済協力開発機構(OECD)	Screening Information Data Set	物理化学的性質、毒性、曝露情報	http://www.chem.unep.ch/irptc/sids/OECDSIDS/sidspub.html

4.2 個別物質のデータベース

建築に使われる化学物質は、塗料、接着剤、ワックス、防水材、断熱材、防腐剤、防虫剤など、多種多様な製品の成分として含まれる。そのため、建物の室内空気中から検出される化学物質は、約900種類にも及んでいる。

従来の化学物質に対する規制措置は、個々の化学物質の有害性に着目していた。例えば、強い急性毒性を有する化学物質は、毒物劇物取締法で規制されている。しかし、化学物質による健康への有害な影響は、個々の化学物質が有する有害性の強さだけでなく、私たちが曝露[1]する量をあわせて考えられる。つまり、化学物質は、有害性そのものが低くても、私たちが曝露する量が多ければ、健康に対して有害な影響を生じることがある。このような有害性と曝露量に基づいて求められる影響の度合いを「リスク」と呼んでいる。私たちは、このリスクを受け入れ可能な範囲内にするために、化学物質の使用を適切に管理していかなくてはならない。したがって、化学物質の多様化や量的拡大にともない、個々の化学物質の有害性に着目した従来の規制措置だけでは限界がある。現代の生活において、多種多様な製品すべてを使わないということは非常に難しい。

現実に、「リスク」を目に見えるかたちにしようとすると、化学物質の有害性と曝露量を定量的に把握しなければならない。しかし、有害性が定量的に把握できている化学物質はそれほど多くない。また、曝露量を把握するためには、室内濃度を測定しなければならない。そのため、私たちが実際の室内空気中に存在する化学物質によるリスクを定量的に把握することは、容易なことではない。

このような状況を踏まえ、化学物質による有害な影響を防止するための施策は、個々の化学物質に関する有害性や性状などの情報を提供し、製造者の自主的な管理の改善や使用者の適正な選択を促進する方向へと進んでいる。そこで、建築に使用される化学物質を可能な限り調査し、用途、外観的特徴、性状、毒性、法規制などをデータベースとしてまとめた。ここで提供される情報は、個々の物質の性質に関するものである。各データや毒性情報の意味については、第1章や後述する用語説明を参考にしていただきたい（製品に含まれる個々の化学物質の情報を得る方法は第2章「2.3建材に含まれる化学物質の調査マニュアル」に述べた。データベースに掲載されていない化学物質については、本章の4.1に情報の調査方法をまとめている）。

これらの情報をもとに、自らの自主的な管理や選択に活用するためには、「リスク＝有害性×曝露量」であることと、製品はただ1種類の化学物質から成り立っているのではないということを念頭に置くことが重要である。まずは、実際の環境下で製品が使用されている状況をよく把握しておこう。「曝露量」については、製品がどの場所にどのくらい使用されているのか、どのように使用されているのか、製品中に含まれている各成分の量はどのくらいであるのか、その製品から揮発し出てくる成分にどの程度の時間触れ続けることになるのか、常に定量的に考える視点が必要となる。実際にどの建材からどのような化学物質が検出されたかについては、第2章が参考になるだろう。

そして自主的な管理や選択は、個々の化学物質の有害性の種類や程度も含めて、「リスク＝有害性×曝露量」の観点から全体の判断として行わなければならない。住まいづくり

---

(1) 10ページ参照。

に関わる人々が、これらの情報を共有しリスクコミュニケーションをすることによって、相互の理解の促進に役立てていただければ幸いである。

■ 用語の解説

1) CAS番号
アメリカ化学会の科学情報センターが提供するサービスで、化学物質を識別する番号。2006年3月7日時点で27,463,281件の有機及び無機化合物と57,252,437件のシーケンス、合計84,715,718件が登録されている。コンピュータによるオンライン検索が普及するとともに、化学物質を特定する番号として普及しており、さまざまな化学物質に関する情報の検索に利用されている。

2) 可塑剤
樹脂の添加物の一種である。樹脂の中に浸透することによって、樹脂全体が柔らかくなったり、樹脂を加工する際に流動性が向上して加工しやすくなる。可塑剤の大半はポリ塩化ビニル用で、フタル酸エステル類、リン酸エステル類、アジピン酸エステル類などが使用されている。

3) 化学用語
○蒸気圧：揮発しやすさを示す指標。蒸気圧が高いほど揮発性が高い。
○比重：水＝1としたときの密度の比。1以上であれば水より重く、1以下であれば水より軽い。
○相対蒸気密度：空気＝1としたときの蒸気密度の比。1以上であれば空気より重く、1以下であれば空気より軽い。
○分配係数（LogPow）：水に分配されやすいか、油に分配されやすいかによって、生物蓄積性を判断する指標。分配係数が大きいほど生物蓄積性が高い。
○ヘンリー定数：空気中／水中のいずれに存在しやすいか。同じ蒸気圧、同じ温度下であれば、この数値が大きいほど水に溶けにくい、つまり空気中に放散しやすい。

4) 悪臭防止法
規制地域内の工場・事業場の事業活動に伴って発生する悪臭について必要な規制を行うこと等により生活環境を保全し、国民の健康の保護に資することを目的とする。不快なにおいの原因となり、生活環境を損なうおそれのある物質として特定悪臭物質を定めている。

5) 海洋汚染防止法
船舶、海洋施設及び航空機から海洋に油、有害液体物質等及び廃棄物の規制及び防除、船舶及び海洋施設における焼却の規制、廃油処理、海上火災、船舶交通の危険の防止などにより、海洋におけるさまざまな汚染や災害の防止を行い、海洋環境の保全並びに人の生命及び身体並びに財産も保護を目的とする。油以外の液体物質のうち、海洋環境の保全の見地から有害である物質として有害液体物質を政令で定めており、有害度に応じ、A類、B類、C類、D類に4分類されている。

6) 化学物質排出把握管理促進法（PRTR法）
人の健康や生態系に有害なおそれのある化学物質について、工場や事業場から環境（大気、水、土壌）中への排出量及び廃棄物に含まれて工場や事業場外へ移動する量を事業者が自ら把握して国に届け出ることにより、事業者による化学物質の自主的な管理の改善を促進し、環境保全上の支障を未然に防止することが目的。
○第一種指定化学物質
有害性に関する指標として、①人の健康や生態系に悪影響を及ぼすおそれがある、②自

然の状況で化学変化を起こし容易に有害な化学物質を生成する、③オゾン層を破壊し、太陽から放射される有害な紫外線が地表に達する量を増加させるオゾン層破壊物質の3つのいずれかの条件を満たし、曝露レベルに関する指標として、年間の製造・輸入量が100トン以上（発がん性物質は10トン以上）、または過去10年間の「化学物質環境汚染実態調査」におけるモニタリング結果等により複数の地域から検出された物質。第一種指定化学物質のうち人への発がん性が認められている化学物質は「特定第一種指定化学物質」に分類される。
○第二種指定化学物質

第一種指定化学物質の指標のうち、曝露レベルに関する指標において、1年間の製造・輸入量が1トン以上、過去10年間のモニタリング結果等により1カ所の地域から検出された物質。

7）化審法（化学物質の審査及び製造等の規制に関する法律）

一般化学物質による環境汚染や人の健康障害を未然に防止するために制定された法律で、新規に開発された化学物質の事前審査を行い、その毒性や性状等に応じた規制が行われる。
○第一種特定化学物質

難分解性、高蓄積性、人の健康に対して高い有害性を有する化学物質で、許可を受けた場合を除き、製造及び輸入が禁止されている。
○第二種特定化学物質

難分解性及び低蓄積性を有し、相当広範な地域で相当程度残留しており、人の健康に対して高い有害性を有する化学物質で、製造・輸入数量の届け出、容器・包装等の表示義務がある。
○第二種監視化学物質（従来の指定化学物質）

難分解性、低蓄積性、人の健康に対して高い有害性を有する化学物質で、製造・輸入数量の届け出義務がある。

8）家庭用品規制法

有害物質を含有する家庭用品による健康被害を未然に防止するために定められた規制で、繊維製品、家庭用エアロゾル製品、洗浄剤などの家庭用品に含有されている有害物質の含有量、溶出量又は発散量に関して基準が定められている。家庭用品の製造、輸入、販売業者は、家庭用品の基準に適合しない家庭用品を販売、授与または販売、授与の目的で陳列することが禁止されている。

9）建築基準法

建築物の敷地、構造、設備及び用途に関する最低の基準を定め、国民の生命、健康及び財産の保護を図り、もって公共の福祉の増進に資することを目的とする。シックハウス症候群対策として、2002年にホルムアルデヒドとクロルピリホスの規制に係わる技術的基準が公表された。

10）建築物衛生法

多数の人が使用あるいは利用する建築物の維持管理に関し、環境衛生上必要な事項等を定め、それらの建築物における衛生的な環境の確保をはかることを目的とする。いくつかの化学物質について、空気環境に係わる維持管理基準が定められている。

11）消防法

火災の予防・警戒・鎮圧等を目的として、建築物の構造、設備の規制、消火設備、警報設備、保有空地などに対して規制基準を設けた法律。その中で、発火、爆発、燃焼などの危険性を有する化学製品を法で定める危険物に指定している。
○第1類：酸化性固体
○第2類：可燃性固体
○第3類：自然発火性物質

○第4類：引火性液体（引火点の低い順に、特殊引火物、第1、第2、第3、第4石油類に分類し、さらに別途、アルコール類、動植物油の分類がある）
○第5類：自己反応性物質
○第6類：酸化性液体

12）食品衛生法による残留農薬基準
　農産物を食べた人の健康が損なわれないよう定められた農作物中の残留農薬の基準値。

13）水質汚濁防止法
　工場及び事業場から公共用水域へ排出される化学物質を抑制し、生活廃水対策の実施を推進することにより、公共用水域及び地下水の水質汚濁を防止することを目的とする。
○人の健康に係わる物質
　人の健康の保護に関する物質
○生活環境に係わる物質
　生活環境に被害を生じるおそれがある程度のものである物質
○要監視項目
　人の健康の保護に関する物質ではあるが、公共用水域等における検出状況等からみて引き続き知見の集積に努めるべきと判断された物質
○要調査項目
　平成10年度に環境リスクに関する知見の集積が必要な物質として選定された物質

14）水道法
○水質基準
　人の健康に悪影響を生じさせず、異常な臭味や洗濯物の着色などの生活利用上の支障をきたさないとして定めた基準。
○水質管理目標設定項目
　水質基準とする必要はないとされる、あるいは毒性評価等の関係上水質基準とすることは見送られたものの、一般環境中で検出されている、あるいは使用量が多く今後水道水中でも検出される可能性がある項目など、水道水質管理上留意すべきとして関係者の注意を喚起するための項目。
○要検討項目
　毒性評価が定まらない、浄水中の存在量が不明等の理由から水質基準及び水質管理目標設定項目のいずれにも分類できない項目。
○農薬類

15）大気汚染防止法
　大気汚染に関して、国民の健康保護と生活環境の保全を目的とする。
○特定物質
　物の合成、分解その他の化学的処理に伴い発生する物質のうち、人の健康又は生活環境に係る被害が生ずるおそれがある物質
○有害大気汚染物質
　低濃度であっても長期的な摂取により健康影響が生ずるおそれのある物質
○指定物質
　有害大気汚染物質のうち、未然防止の観点から、早急に排出抑制を行わなければならない物質
○優先取り組み物質
　有害大気汚染物質のうち、優先的に対策に取り組むべき物質

16）毒物及び劇物取締法
　動物による急性毒性の知見、皮膚及び粘膜に対する刺激性に関する知見、人の事故等の知見、物性、特性等の判定基準より、毒物及び劇物を判定する。特に毒性が強い化学物質を毒物とし、そのうち極めて毒性が強く広範囲に使用され、危害発生が著しい化学物質は特定毒物と判定される。

17）土壌汚染対策法
　土壌汚染の状況の把握、土壌汚染による人の健康被害の防止に関する措置等の土壌汚染対策を実施することを目的とする。

○第一種特定有害物質（揮発性有機化合物）
○第二種特定有害物質（重金属等）
○第三種特定有害物質（農薬等）

18）農薬取締法による農薬登録保留基準値
　農薬利用に伴う被害防止の観点から、農薬取締法に基づき環境大臣が定める基準。この基準に該当する農薬は登録が保留される。
(1) 農作物残留性
　農作物等への農薬残留が原因となり、人畜に被害が生じることを防止するための基準。
(2) 水田残留性
　水田の水中への農薬残留により農作物等が汚染され、それが原因となって人畜に被害が生じることを防止するための基準
(3) ゴルフ場で使用される農薬による水質汚濁防止に係わる暫定指導指針
　水産動植物に被害を生じることを防止するための基準
(4) 公共用水域等における農薬の水質評価指針
　公共用水域の水質汚濁が原因となり、人畜に被害が生じることを防止するための基準。
(5) 航空防除農薬に係わる気中濃度評価値
　航空防除農薬による散布地周辺の地域住民への健康危害を防止するための気中濃度評価値

19）労働安全衛生法
(1) 名称等を表示すべき有害物
　労働者に健康障害を生ずるおそれのある物、あるいは労働者に重度の健康障害を生ずるおそれのある物を譲渡し、または提供する者は、その容器又は包装に所定の事項を表示しなければならない。
(2) 名称等を通知すべき有害物
　対象物を譲渡し、または提供する者は、文書の交付等により、所定の事項を相手方に通知しなければならない（MSDSの通知）。

(3) 有機溶剤中毒予防規則
　有機溶剤による中毒を防止することが目的。
　○第1種有機溶剤
　　有害性の程度が高く蒸気圧が高い（蒸気圧が高い物質ほど揮発しやすい）
　○第2種有機溶剤
　　第1種以外の単一物質
　○第3種有機溶剤
　　沸点が200℃以下の混合系の石油系溶剤及び植物系溶剤
(4) 特定化学物質
　がん、皮膚炎、神経障害等の健康障害を生ずるおそれのある有害物質。第1類物質は、製造許可を要する物質。第2類物質は、発生源の密閉装置または局所換気装置を設置し、作業環境気中濃度を基準以下にすべき物質。第3類物質は、特定化学設備からの大量漏洩による急性障害を防止するために管理すべき物質。

20）コリンエステラーゼ阻害剤
　神経の刺激伝達物質であるアセチルコリンの働きを調節しているコリンエステラーゼの活性を阻害し、神経の過剰刺激を引き起こす。

21）発がん性
　世界保健機関（WHO）の研究機関である国際がん研究機関（IARC）による発がん性分類を示した（表4-3）。ただし、分類されていない化学物質については省略した。IARC

表 4-3　IARCの発がん性分類

分類	概要
1	人に対して発がん性を示す
2A	人に対しておそらく発がん性を示す
2B	人に対して発がん性を示す可能性がある
3	人に対する発がん性について分類できない

の発がん性分類の1・2Aは、包装・容器等への表示が必要であり、1・2A・2Bは、MSDSに記載する必要がある。

22）ヒューム

蒸気、ガス、煙、煙霧、噴煙、熱気。

23）変異原性

生物の遺伝子に作用し、化学反応を選択的に起こしたり、その分子構造の一部を変えたりする性質。発がん性と深い関係があり、遺伝毒性の原因となる。

個別物質データベース

※以下、数字は掲載ページを示す。

数字順………………130
アルファベット順………157
ギリシャ文字順…………171
五十音順
　ア行………………173
　カ行………………209
　サ行………………228
　タ行………………268
　ナ行………………285
　ハ行………………292
　マ行………………329
　ヤ行………………343
　ラ行………………344

1-オクテン／1-デセン／1-ナフトール

1 1-octen
1-オクテン

CAS番号：111-66-0
脂肪族炭化水素

- **別名**　オクテン
- **建築での主な使用例**　接着剤や塗料等の溶剤
- **他の用途**　溶剤（接着剤や塗料等の樹脂の溶解）
- **外観的な特徴等**　無色の液体、特異臭
- **性状**　［沸点］121℃　［水溶解性］溶けない　［融点］－102℃　［蒸気圧］2.32kPa（25℃）　［比重（水=1）］0.7　［相対蒸気密度（空気=1）］3.9　［分配係数］4.57　［ヘンリー定数］0.627atm㎥/mol（概算値）
- **曝露経路**　吸入、経口摂取により体内へ吸収される
- **毒性症状**　［短期］眼、鼻、気道への刺激。吸入、経口摂取による吐き気・嘔吐。神経系への影響、意識低下。皮膚の乾燥。眼の発赤。［長期］皮膚の脱脂、皮膚炎。
- **法規制**　水質汚濁防止法：要調査項目に係わる物質、消防法（危険物）：危険物第4類第1石油類、海洋汚染防止法：B類物質等
- **備考**　蒸気は引火しやすい。また、この液体を下水に流してはならない。

2 1-decene
1-デセン

CAS番号：872-05-9
脂肪族炭化水素

- **別名**　デセン
- **建築での主な使用例**　接着剤や塗料等の溶剤
- **他の用途**　合成中間体
- **外観的な特徴等**　無色の液体、特異臭
- **性状**　［沸点］172℃　［水溶解性］難溶　［融点］－66℃　［蒸気圧］0.22kPa（25℃）　［比重（水=1）］0.74　［相対蒸気密度（空気=1）］4.84　［分配係数］8　［ヘンリー定数］0.541atm㎥/mol（概算値）
- **曝露経路**　吸入、経口摂取により体内へ吸収される
- **毒性症状**　［短期］眼、鼻、気道への刺激。吸入、経口摂取によるめまい・吐き気・失神・化学性肺炎、血尿・蛋白尿・チアノーゼを起こし死に至ることもある。皮膚の乾燥。［長期］皮膚の脱脂。
- **法規制**　水質汚濁防止法：要調査項目に係わる物質、消防法（危険物）：危険物第4類第2石油類、海洋汚染防止法：B類物質等
- **備考**　蒸気は引火しやすい。

3 1-naphtol
1-ナフトール

CAS番号：90-15-3
フェノール類

- **別名**　α-ナフトール、1-ヒドロキシナフタレン
- **建築での主な使用例**　酸化防止剤、防腐剤
- **他の用途**　染料、酸化防止剤、防腐剤
- **外観的な特徴等**　特徴的な臭気のある無色、白色、薄褐色または薄灰紅色の結晶
- **性状**　［沸点］288℃　［水溶解性］難溶　［融点］96℃　［蒸気圧］0.133kPa（94℃）　［比重（水=1）］1.0954（98.7℃）　［相対蒸

[3] 1-ナフトール

気密度（空気＝1）] 5.0　［分配係数］2.84　［ヘンリー定数］5.7×10^{-8} atm·m³/mol　［生物分解性］分解性良好

■ **曝露経路**　経皮、経口摂取により体内へ吸収される

■ **毒性症状**　［短期］大量摂取により水晶体の混濁・嘔吐・腹痛・貧血等を生じ、腎炎・循環器障害・血尿・全身痙攣を起こして死亡することがある。皮膚の刺激・かぶれやすい、皮膚からの吸収による全身中毒。［長期］腎臓や肝臓に障害が生じることがある。

4　1-nitropropane
1-ニトロプロパン

CAS番号：108-03-2
含窒素化合物

■ **別名**　ニトロプロパン
■ **建築での主な使用例**　溶剤、剥離剤など
■ **他の用途**　溶剤・洗浄剤、燃料、染料、ドライクリーニング
■ **外観的な特徴等**　無色の液体、特異臭
■ **性状**　［沸点］132℃　［水溶解性］微溶　［融点］－108℃　［蒸気圧］1.35kPa（25℃）　［比重（水＝1）］0.99　［相対蒸気密度（空気＝1）］3.1　［分配係数］0.87　［ヘンリー定数］8.7×10^{-5} atm·m³/mol　［代謝性］胃・腸から吸収されて亜硝酸に分解、その後酸化されて硝酸となる。一部は未変化のまま呼気に排出される。
■ **曝露経路**　吸入、経口摂取により体内へ吸収される
■ **毒性症状**　［短期］眼、気道への刺激。中枢神経系への影響。吸入、経口摂取による頭痛・吐き気・嘔吐・腹痛、重症の場合は意識

喪失・肺水腫を起こすこともある。麻酔作用あり。肝臓・腎臓への影響。眼の発赤。
■ **法規制**　化審法：第二種監視化学物質、労働安全衛生法（名称等の表示）：名称等を通知すべき有害物、消防法（危険物）：危険物第4類第2石油類、海洋汚染防止法：D類物質等

5　1-butanol
1-ブタノール

CAS番号：71-36-3
アルコール類

■ **別名**　n-ブタノール、n-ブチルアルコール、セイブタノール、ブタノール、ブチルアルコール
■ **建築での主な使用例**　接着剤、塗料、インキ、ワックスの溶剤、フタル酸ジ-n-ブチル・酢酸ブチル・アクリル酸ブチルの合成原料
■ **他の用途**　溶剤（接着剤や塗料等の樹脂の溶解）、洗浄剤、医薬、医薬中間体、合成中間体、可塑剤、安定剤、酸化・老化防止剤、合成樹脂、香料、顔料、洗浄剤の安定剤
■ **外観的な特徴等**　無色透明の液体、特徴的な臭気
■ **性状**　［沸点］117℃　［水溶解性］微溶　［融点］－90℃　［蒸気圧］0.6kPa（20℃）　［比重（水＝1）］0.8　［相対蒸気密度（空気＝1）］2.6　［分配係数］0.9　［ヘンリー定数］8.81×10^{-6} atm·m³/mol
■ **曝露経路**　吸入、経皮、経口摂取により体内へ吸収される
■ **毒性症状**　［短期］眼や気道への刺激。中枢神経系への影響、意識低下。吸入による咳・めまい・嗜眠・頭痛、皮膚の乾燥・ざらつき、

眼のかすみ・灼熱感・流涙・羞明・角膜傷害の可能性。経口摂取による腹痛・嗜眠・嘔吐。
[長期] 皮膚炎、騒音による聴力喪失の増大。

■**法規制**　水質汚濁防止法：要調査項目に係わる物質、大気汚染防止法：有害大気汚染物質、労働安全衛生法（名称等の表示）：名称等を表示すべき有害物・名称等を通知すべき有害物、労働安全衛生法（特化物等）：第2種有機溶剤、消防法（危険物）：危険物第4類第2石油類、化学物質排出把握管理促進法：第一種指定化学物質

■**備考**　樹脂の溶解性に優れ揮発しやすいため、塗料やインキ等の有機溶剤によく用いられる。

6　1-bromo-2-methylpropane
1-ブロモ-2-メチルプロパン

CAS番号：78-77-3
含ハロゲン類

■**別名**　イソブチルブロミド、臭化イソブチル
■**建築での主な使用例**　樹脂やゴムの添加剤など
■**他の用途**　合成中間体
■**外観的な特徴等**　特徴的な臭気のある無色の液体
■**性状**　[沸点] 91.1℃　[水溶解性] 難溶　[融点] −119℃　[蒸気圧] 9.6kPa（25℃）　[比重（水=1）] 1.266　[相対蒸気密度（空気=1）] 4.75　[分配係数] 2.58（概算値）　[ヘンリー定数] 1.99×10^2 atm㎥/mol（概算値）
■**曝露経路**　吸入、経皮、経口摂取により体内へ吸収される
■**毒性症状**　[短期] 眼、鼻、のど、皮膚への刺激と薬傷。吸入または経口摂取による強い麻酔作用やめまい・頭痛・吐き気、重症の場合は意識喪失や肺水腫などを起こす恐れがあり、皮膚からも吸収されて同様の症状があらわれる。[長期] 中枢神経系、肝臓、腎臓、粘膜に影響が現れることがある。

■**法規制**　消防法（危険物）：危険物第4類第1石油類

7　1-bromo-3-ethoxycarbonyloxy-1,2-diiodo-1-propene
1-ブロモ-3-エトキシカルボニルオキシ-1,2-ジヨード-1-プロペン

CAS番号：52465-53-1
有機ヨウ素

■**別名**　サンプラス
■**建築での主な使用例**　防腐・防かび剤
■**他の用途**　防かび剤
■**外観的な特徴等**　灰白色粉状結晶
■**性状**　[水溶解性] 難溶　[融点] 40℃　[蒸気圧] 2.5×10^{-5} kPa（25℃）　[分配係数] 3.77（概算値）
■**曝露経路**　吸入、経皮、経口摂取により体内へ吸収される
■**毒性症状**　[短期] 軽度の皮膚刺激性。軽度に眼や粘膜を刺激する。

8 1-hexanal
1-ヘキサナール

CAS番号：66-25-1
アルデヒド類

■ **別名** ヘキサナール、n-ヘキシルアルデヒド、カプロンアルデヒド
■ **建築での主な使用例** 意図した用途は不明、何らかの製品の不純物として検出されると考えられる
■ **他の用途** 香料
■ **外観的な特徴等** 無色の液体、強い青草臭（刺激の強い不快臭）
■ **性状** ［沸点］131℃ ［水溶解性］微溶 ［融点］−56℃ ［蒸気圧］1.50kPa（25℃）［比重（水=1）］0.8335 ［相対蒸気密度（空気=1）］3.45 ［分配係数］1.78 ［ヘンリー定数］2.13×10^{-4} atm㎥/mol ［生物分解性］分解性良好
■ **曝露経路** 吸入、経口摂取により体内へ吸収される
■ **毒性症状** ［短期］眼、皮膚、鼻への刺激。吸入による咳・咽頭痛・息切れ、重症の場合は急性気管支炎・肺水腫を起こすことがある。
■ **法規制** 消防法（危険物）：危険物第4類第2石油類
■ **備考** 蒸気は引火しやすい。大豆や玄米の臭みの主成分。

9 1-methyl butyl ether
1-メチルブチルエーテル

CAS番号：628-28-4
エーテル類

■ **別名** ブチルメチルエーテル、1-メトキシブタン、メチルブチルエーテル
■ **建築での主な使用例** 意図した用途は不明、何らかの製品の不純物として検出されると考えられる
■ **他の用途** 添加剤
■ **外観的な特徴等** 液体
■ **性状** ［沸点］71℃ ［水溶解性］溶ける ［融点］−115℃ ［蒸気圧］21.3kPa（25℃）［比重（水=1）］0.744 ［分配係数］1.66 ［ヘンリー定数］1.79×10^{3} atm㎥/mol（概算値）
■ **曝露経路** 吸入、経皮、経口摂取により体内へ吸収される
■ **毒性症状** ［短期］眼や皮膚を刺激する。
■ **法規制** 消防法（危険物）：危険物第4類第1石油類

10 1-methoxy-2-propanol
1-メトキシ-2-プロパノール

CAS番号：107-98-2
エーテル類

■ **別名** プロピレングリコールモノメチルエーテル、プロピレングリコールモノアルキルエーテル
■ **建築での主な使用例** 接着剤や塗料などの溶剤
■ **他の用途** 溶剤（接着剤や塗料等の樹脂の溶解）、洗浄剤

1,1-ジクロロエタン／1,1-ジクロロエチレン

■ **外観的な特徴等**　無色の液体、特異臭（エーテル臭）
■ **性状**　［沸点］120℃　［水溶解性］非常に良く溶ける　［融点］-96℃　［蒸気圧］1.58kPa（25℃）　［比重（水=1）］0.92　［相対蒸気密度（空気=1）］3.11　［ヘンリー定数］9.2×10⁻⁷atmm³/mol　［生物分解性］分解性良好
■ **曝露経路**　吸入、経皮、経口摂取により体内へ吸収される
■ **毒性症状**　［短期］眼、皮膚、気道への刺激。吸入、経口摂取によるめまい・頭痛・吐き気・嗜眠・咳・息切れ・胸痛、重症の場合は意識喪失・化学性肺炎・肺水腫を起こすこともある。非常に高濃度の蒸気の吸入は中枢神経系の機能低下。皮膚の乾燥・発赤。眼の流涙・発赤・痛み。［長期］皮膚の脱脂。
■ **法規制**　労働安全衛生法（名称等の表示）：名称等を通知すべき有害物、消防法（危険物）：危険物第4類第2石油類、海洋汚染防止法：D類物質等
■ **備考**　蒸気は引火しやすい。

■ **外観的な特徴等**　特徴的な臭気のある無色の液体
■ **性状**　［沸点］57℃　［水溶解性］微溶　［融点］-98℃　［蒸気圧］24kPa（20℃）　［比重（水=1）］1.2　［相対蒸気密度（空気=1）］3.4　［分配係数］1.8　［ヘンリー定数］5.62×10⁻³atmm³/mol
■ **曝露経路**　吸入、経口摂取により体内へ吸収される
■ **毒性症状**　［短期］吸入によるめまい・嗜眠・感覚鈍麻・吐き気・意識喪失。皮膚の乾燥・ざらつき。眼の発赤・痛み。経口摂取による灼熱感、中枢神経系への影響。高濃度の場合は意識喪失。［長期］皮膚の脱脂、腎臓や肝臓に影響を与えることがある。
■ **法規制**　水質汚濁防止法：要調査項目に係わる物質、大気汚染防止法：有害大気汚染物質、労働安全衛生法（名称等の表示）：名称等を通知すべき有害物、消防法（危険物）：危険物第4類第1石油類、海洋汚染防止法：D類物質等
■ **備考**　この蒸気は空気より重く、地面あるいは床に沿って移動することがある。

11　1,1-dichloroethane
1,1-ジクロロエタン

CAS番号：75-34-3
含ハロゲン類

■ **別名**　エチリデンクロライド、エチリデンクロリド、エチリデンジクロライド、塩化エチリデン、ジクロロエタン、二塩化エチリデン
■ **建築での主な使用例**　燻蒸剤
■ **他の用途**　溶剤、洗浄剤、殺虫剤、防虫剤、医薬、医薬中間体、燻蒸剤、麻酔剤

12　1,1-dichloroethylene
1,1-ジクロロエチレン

CAS番号：75-35-4
含ハロゲン類

■ **別名**　1,1-ジクロロエテン、塩化ビニリデン、ジクロロエチレン、ビニリデンクロライド、ビニリデンクロリド、ビニリデンジクロライド
■ **建築での主な使用例**　油脂・樹脂・ゴム等の溶剤

■ **他の用途** 油脂・樹脂・ゴム等の溶剤、医療用麻酔剤、合成樹脂、合成中間体、塩化ビニリデン樹脂の原料
■ **外観的な特徴等** 甘い臭気のある無色澄明の液体
■ **性状** ［沸点］32℃ ［水溶解性］難溶 ［融点］－122℃ ［蒸気圧］66.5kPa（20℃） ［比重（水＝1）］1.2 ［相対蒸気密度（空気＝1）］3.3 ［分配係数］1.32 ［ヘンリー定数］2.61×10^{-2} atm³/mol
■ **曝露経路** 吸入、経口摂取により体内へ吸収される
■ **毒性症状** ［短期］吸入によるめまい・嗜眠・意識喪失、皮膚や眼の発赤・痛み。経口摂取による腹痛、咽頭痛、眼・皮膚・気道の刺激。経口摂取による化学性肺炎。高濃度の場合は意識低下。［長期］皮膚への接触により皮膚炎を起こすことがある。腎臓や肝臓に影響を与えることがある。［発がん性］人に対する発がん性について分類できない（IARC発がん性分類3）。
■ **法規制** 化審法：第二種監視化学物質、水質汚濁防止法：人の健康に係わる物質、大気汚染防止法：有害大気汚染物質、土壌汚染対策法：第一種特定有害物質、水道法：基準項目、労働安全衛生法（名称等の表示）：名称等を通知すべき有害物、消防法（危険物）：危険物第4類第1石油類、海洋汚染防止法：D類物質等、化学物質排出把握管理促進法：第一種指定化学物質、廃棄物処理法：規制物質
■ **備考** 許容濃度を超えても、臭気として十分に感じないので注意すること。

13 1,1,1-trichloroethane
1,1,1-トリクロロエタン

CAS番号：71-55-6
含ハロゲン類

■ **別名** TCA、トリクロロエタン、メチルクロロホルム
■ **建築での主な使用例** 溶剤など
■ **他の用途** 溶剤（接着剤や塗料等の樹脂の溶解）、洗浄剤、染み抜き剤、合成中間体
■ **外観的な特徴等** 無色の液体、甘い特異臭（クロロホルムに似る）
■ **性状** ［沸点］74℃ ［水溶解性］溶けない ［融点］－30℃ ［蒸気圧］16.5kPa（25℃） ［比重（水＝1）］1.34 ［相対蒸気密度（空気＝1）］4.6 ［分配係数］2.49 ［ヘンリー定数］1.7×10^{-2} atm³/mol ［生物分解性］難分解性、蓄積性、オゾン層破壊物質 ［代謝性］大部分は呼気中に未変化体のまま、一部は尿中に代謝物として排泄される。生物学的半減期は8〜9時間。
■ **曝露経路** 吸入、経皮、経口摂取により体内へ吸収される
■ **毒性症状** ［短期］眼、皮膚、気道への刺激。心臓、腎臓、肝臓、及び神経系への影響。心疾患、不整脈、呼吸不全の恐れ。高濃度の場合は死に至ることがある。吸入によるめまい・頭痛・吐き気・嗜眠・運動失調、意識喪失、重症の場合は意識喪失・肺水腫を起こすこともある。経口摂取による下痢・吐き気・嘔吐。皮膚の乾燥・発赤。眼の発赤。［長期］皮膚の脱脂。肝臓への影響。［発がん性］人に対して発がん性について分類できない（IARC発がん性分類3）。
■ **法規制** 水質汚濁防止法：人の健康に係わる物質、大気汚染防止法：有害大気汚染物質、

土壌汚染対策法：第一種特定有害物質、水道法：目標設定項目、労働安全衛生法（名称等の表示）：名称等を表示すべき有害物・名称等を通知すべき有害物、労働安全衛生法（特化物等）：第2種有機溶剤、海洋汚染防止法：C類物質等、化学物質排出把握管理促進法：第一種指定化学物質、廃棄物処理法：規制物質、オゾン層保護に関する法律：特定物質

■ **備考**　飲酒により有害作用が増大。添加された安定剤や抑制剤がこの物質の毒性に影響を与える可能性がある。モントリオール議定書（付属書B グループⅢ）により、1996年よりエッセンシャルユース[1]を除き生産、消費が原則禁止されている。

14　1,1,2-trichloroethane
1,1,2-トリクロロエタン

CAS番号：79-00-5
含ハロゲン類

■ **別名**　トリクロロエタン、ビニルトリクロライド、ビニルクロリド、β-トリクロロエタン、1,1,2-TCE
■ **建築での主な使用例**　油脂・ワックス・天然樹脂溶剤
■ **他の用途**　溶剤、洗浄剤、潤滑剤、合成中間体、油脂、ワックス
■ **外観的な特徴等**　特徴的な臭気のある無色の液体
■ **性状**　［沸点］114℃　［水溶解性］溶けない　［融点］－36℃　［蒸気圧］2.5kPa (20℃)　［比重（水=1）］1.44　［相対蒸気密度（空気=1）］4.6　［分配係数］2.35　［ヘンリー定数］$8.24 \times 10^{-4} atm \cdot m^3/mol$
■ **曝露経路**　蒸気の吸入、経皮、経口摂取により体内へ吸収される

■ **毒性症状**　［短期］吸入によるめまい・嗜眠・頭痛・吐き気・息切れ・意識喪失。皮膚の乾燥。中枢神経系・腎臓・肝臓へ影響して中枢神経抑制・肝臓障害・腎臓障害を生じることがある。高濃度の場合は意識喪失。［長期］皮膚の脱脂。［発がん性］人に対する発がん性について分類できない（IARC発がん性分類3）。

■ **法規制**　化審法：第二種監視化学物質、水質汚濁防止法：人の健康に係わる物質、大気汚染防止法：有害大気汚染物質、土壌汚染対策法：第一種特定有害物質、水道法：基準項目、労働安全衛生法（名称等の表示）：名称等を通知すべき有害物、海洋汚染防止法：C類物質等、化学物質排出把握管理促進法：第一種指定化学物質、廃棄物処理法：規制物質

■ **備考**　皮膚から吸収される可能性あり。蒸気は空気より重い。床面に沿って換気。

15　1,2-dichloroethane
1,2-ジクロロエタン

CAS番号：107-06-2
含ハロゲン類

■ **別名**　EDC、sym-ジクロロエタン、エチリデンジクロライド、ジクロロエタン、二塩化エタン
■ **建築での主な使用例**　塩化ビニルの合成原料、塗料、インキ、ワックスの溶剤、塗料剥離剤、燻蒸剤
■ **他の用途**　溶剤、洗浄剤、殺虫剤、防虫剤、医薬、医薬中間体、イオン交換樹脂、合成中間体、燻蒸剤、塩化ビニルの原料
■ **外観的な特徴等**　無色の粘稠（ねんちゅう）な液体、特徴

---

(1) 健康および安全の保持に必要な場合、ならびに社会活動に不可欠な機能に必要なものであって、環境および人の健康に対し受け入れ可能な技術的ならびに経済的に実用可能な代替手段がないもの。

的な臭気
■ **性状**　［沸点］83.5℃　［水溶解性］難溶　［融点］－35.7℃　［蒸気圧］8.7kPa（20℃）　［比重（水＝1）］1.235　［相対蒸気密度（空気＝1）］3.42　［分配係数］1.48　［ヘンリー定数］1.18×10^{-3}atmm^3/mol　［代謝性］ウサギの投与実験では、大部分は未変化体として呼気中に排出され、尿中の代謝物としてはシュウ酸が考えられている
■ **曝露経路**　吸入、経皮、経口摂取により体内へ吸収される
■ **毒性症状**　［短期］眼・皮膚・気道への刺激。肺水腫、中枢神経系・腎臓・肝臓への影響、機能障害。吸入による腹痛・咳・めまい・嗜眠・頭痛・吐き気・咽頭痛・嘔吐、皮膚の発赤、眼の発赤・痛み・かすみ。経口摂取による胃痙攣・下痢。［長期］皮膚炎、変異原性あり。［発がん性］人に対して発がん性を示す可能性がある（IARC発がん性分類2B）。
■ **法規制**　化審法：第二種監視化学物質、水質汚濁防止法：人の健康に係わる物質、大気汚染防止法：有害大気汚染物質（優先取り組み物質）、土壌汚染対策法：第一種特定有害物質、水道法：目標設定項目、労働安全衛生法（名称等の表示）：名称等を表示すべき有害物・名称等を通知すべき有害物、労働安全衛生法（特化物等）：第1種有機溶剤、消防法（危険物）：危険物第4類第1石油類、海洋汚染防止法：B類物質等、化学物質排出把握管理促進法：第一種指定化学物質、廃棄物処理法：規制物質
■ **備考**　主な用途は塩化ビニルの合成原料。樹脂に対する強い溶解力をもつ。

16　1,2-dichloropropane
1,2-ジクロロプロパン

CAS番号：78-87-5
含ハロゲン類

■ **別名**　塩化プロピレン、二塩化プロピレン、プロピレンジクロライド
■ **建築での主な使用例**　溶剤など
■ **他の用途**　ドライクリーニングの溶剤、トリクロロエチレン・テトラクロロエチレン・四塩化炭素の合成原料、金属製品の脱脂洗浄剤、殺虫剤・防虫剤、燻蒸剤、合成中間体
■ **外観的な特徴等**　無色の液体、クロロホルム臭
■ **性状**　［沸点］96℃　［水溶解性］微溶　［融点］－100℃　［蒸気圧］7.1kPa（25℃）　［比重（水＝1）］1.16　［相対蒸気密度（空気＝1）］3.9　［分配係数］2.02（計算値）　［ヘンリー定数］2.82×10^{-3}atmm^3/mol　［生物分解性］難分解性、低濃縮性　［代謝性］代謝物は主に尿中に、また二酸化炭素に分解されて呼気中に排出される
■ **曝露経路**　吸入、経皮、経口摂取により体内へ吸収される
■ **毒性症状**　［短期］眼・皮膚、気道への刺激。吸入、経口摂取による頭痛・吐き気・嘔吐・咳・咽頭痛・嗜眠・腹痛・下痢・胃や食道の炎症。中枢神経系への影響。皮膚の乾燥・発赤・痛み。眼の発赤・痛み。［長期］皮膚の脱脂。肝臓・腎臓・心臓への影響。［発がん性］人に対して発がん性について分類できない（IARC発がん性分類3）。
■ **法規制**　化審法：第二種監視化学物質、水質汚濁防止法：要監視項目に係わる物質、大気汚染防止法：有害大気汚染物質、労働安全衛生法（名称等の表示）：名称等を通知すべき

有害物、消防法（危険物）：危険物第4類第1石油類、海洋汚染防止法：C類物質等、化学物質排出把握管理促進法：第一種指定化学物質、廃棄物処理法：規制物質

■ **備考**　蒸気は空気よりも重く、床に沿って移動することがあり、引火しやすいので火気に注意が必要である。また、この液体を下水に流してはならない。症状は遅れて現れることもある。殺線虫剤として使用される1,3-ジクロロプロペン（D-D剤）にも含まれている。

17　1,2,3-trichlorobenzene
1,2,3-トリクロロベンゼン

CAS番号：87-61-6
含ハロゲン類

■ **別名**　TCB、三塩化ベンゼン、トリクロロベンゼン
■ **建築での主な使用例**　溶剤など
■ **他の用途**　染料、顔料、塗料、潤滑剤、合成中間体、トランス油
■ **外観的な特徴等**　特徴的な臭気のある白色結晶
■ **性状**　［沸点］218.5℃　［水溶解性］溶けない　［融点］53.2℃　［蒸気圧］17.3Pa（25℃）　［比重（水=1）］1.45　［相対蒸気密度（空気=1）］6.26　［分配係数］4.05　［ヘンリー定数］1.25×10^{-3} atm³/mol
■ **曝露経路**　エアロゾルの吸入、経口摂取により体内へ吸収される
■ **毒性症状**　［短期］吸入による咳・咽頭痛、眼の発赤・痛み。経口摂取による腹痛・下痢・吐き気・嘔吐。眼や気道の刺激。皮膚・粘膜を刺激し薬傷を起こす。眼に入ると角膜障害を生じる。吸入または経口摂取により、めまい・頭痛・吐き気を生じて中枢神経を麻痺させ、意識喪失・チアノーゼ、肝臓・腎臓障害等を起こすことがある。
■ **法規制**　水質汚濁防止法：要調査項目に係わる物質

18　1,2,3-trimethylbenzene
1,2,3-トリメチルベンゼン

CAS番号：526-73-8
芳香族炭化水素

■ **別名**　トリメチルベンゼン、ヘミメリテン
■ **建築での主な使用例**　接着剤や塗料等の溶剤
■ **他の用途**　溶剤（接着剤や塗料等の樹脂の溶解）、洗浄剤、合成中間体
■ **外観的な特徴等**　無色の液体、特異臭
■ **性状**　［沸点］176℃　［水溶解性］溶けない　［融点］-25℃　［蒸気圧］0.225kPa（25℃）　［比重（水=1）］0.89　［相対蒸気密度（空気=1）］4.1　［分配係数］3.7　［ヘンリー定数］4.36×10^{-3} atm³/mol　［生物分解性］難分解性、低濃縮性
■ **曝露経路**　吸入、経口摂取により体内へ吸収される
■ **毒性症状**　［短期］眼、皮膚、気道への刺激。中枢神経系への影響。経口摂取による化学性肺炎。吸入によるめまい・頭痛・錯乱・嗜眠・嘔吐・咳・咽頭痛、重症の場合は意識喪失・肺水腫を起こすことがある。皮膚の発赤。眼の発赤・痛み。
■ **法規制**　大気汚染防止法：有害大気汚染物質、労働安全衛生法（名称等の表示）：名称等

[17] 1,2,3-トリクロロベンゼン

を通知すべき有害物、消防法（危険物）：危険物第4類第3石油類、海洋汚染防止法：A類物質等
■ **備考**　飲酒により有害作用が増大。蒸気は引火しやすい。また、この液体を下水に流してはならない。

19 1,2,4-trichlorobenzene
1,2,4-トリクロロベンゼン

CAS番号：120-82-1
含ハロゲン類

■ **別名**　TCB、三塩化ベンゼン、トリクロロベンゼン
■ **建築での主な使用例**　溶剤など
■ **他の用途**　染料、顔料、塗料、溶剤、洗浄剤、潤滑剤、合成中間体、熱媒、トランス油
■ **外観的な特徴等**　特徴的な臭気のある無色の液体または白色の結晶
■ **性状**　［沸点］213℃　［水溶解性］難溶　［融点］17℃　［蒸気圧］40Pa（25℃）　［比重（水＝1）］1.5　［相対蒸気密度（空気＝1）］6.26　［分配係数］3.98　［ヘンリー定数］1.42×10^{-3} atmm³/mol
■ **曝露経路**　吸入、経皮、経口摂取により体内へ吸収される
■ **毒性症状**　［短期］吸入による咳・咽頭痛・灼熱感。皮膚の乾燥・発赤・ざらつき。眼の発赤・痛み。経口摂取による腹痛・咽頭痛・嘔吐、眼・皮膚・気道の刺激、皮膚・粘膜を刺激し薬傷を起こす。眼に入ると角膜障害を生じる。吸入または経口摂取によりめまい・頭痛・吐き気を生じて中枢神経を麻痺させ、意識喪失・チアノーゼ、肝臓・腎臓障害等を起こすことがある。［長期］皮膚の脱脂。肝臓に影響を与えることがある。
■ **法規制**　水質汚濁防止法：要調査項目に係わる物質、大気汚染防止法：有害大気汚染物質、労働安全衛生法（名称等の表示）：名称等を通知すべき有害物、消防法（危険物）：危険物第4類第3石油類、海洋汚染防止法：B類物質等

20 1,2,4-trimethylbenzene
1,2,4-トリメチルベンゼン

CAS番号：95-63-6
芳香族炭化水素

■ **別名**　シュードキュメン、トリメチルベンゼン、プソイドキュメン、プソイドクメン、プソイドクモール
■ **建築での主な使用例**　塗料、インキ、ワックスの溶剤
■ **他の用途**　溶剤（接着剤や塗料等の樹脂の溶解）、医薬、医薬中間体、合成中間体
■ **外観的な特徴等**　無色の液体、特徴的な臭気
■ **性状**　［沸点］169℃　［水溶解性］難溶　［融点］－44℃　［比重（水＝1）］0.88　［相対蒸気密度（空気＝1）］4.1　［分配係数］3.8　［ヘンリー定数］6.16×10^{-3} atmm³/mol
■ **曝露経路**　吸入により体内へ吸収される
■ **毒性症状**　［短期］眼・皮膚・気道への刺激。経口摂取による化学性肺炎、中枢神経系への影響。吸入による錯乱・咳・めまい・嗜眠・頭痛・咽頭痛・嘔吐、皮膚の発赤・乾燥、眼の発赤・痛み。［長期］皮膚の脱脂、慢性気管支炎、中枢神経系への影響、血液への影響。
■ **法規制**　大気汚染防止法：有害大気汚染物質、労働安全衛生法（名称等の表示）：名称等

を通知すべき有害物、消防法（危険物）：危険物第4類第2石油類、海洋汚染防止法：A類物質等
■備考　飲酒により有害作用が増大。樹脂の溶解性に優れ、塗料等の有機溶剤に用いられる。

21 1,3,5-trichlorobenzene
1,3,5-トリクロロベンゼン

CAS番号：108-70-3
含ハロゲン類

■別名　TCB、三塩化ベンゼン、トリクロロベンゼン
■建築での主な使用例　溶剤など
■他の用途　染料、顔料、塗料、溶剤、洗浄剤、潤滑剤、農薬全般、合成中間体、トランス油
■外観的な特徴等　特徴的な臭気のある白から黄色の結晶あるいは粉末
■性状　[沸点] 208℃　[水溶解性] 溶けない　[融点] 63℃　[蒸気圧] 24Pa（25℃）[相対蒸気密度（空気＝1）] 1.0　[分配係数] 4.15　[ヘンリー定数] 1.89×10^{3}atmm^3/mol
■曝露経路　エアロゾルの吸入、経皮、経口摂取により体内へ吸収される
■毒性症状　[短期] 吸入による咳・咽頭痛。眼の発赤・痛み。眼や気道の刺激。
■法規制　水質汚濁防止法：要調査項目に係わる物質

22 1,3,5-trimethylbenzene
1,3,5-トリメチルベンゼン

CAS番号：108-67-8
芳香族炭化水素

■別名　トリメチルベンゼン、メシチレン
■建築での主な使用例　塗料、インキ、ワックスの溶剤
■他の用途　溶剤（接着剤や塗料等の樹脂の溶解）、合成中間体
■外観的な特徴等　無色の液体、特徴的な臭気
■性状　[沸点] 165℃　[水溶解性] 難溶　[融点] −45℃　[蒸気圧] 0.25kPa（20℃）[比重（水＝1）] 0.86　[相対蒸気密度（空気＝1）] 4.1　[分配係数] 3.42　[ヘンリー定数] 8.77×10^{-3}atmm^3/mol
■曝露経路　吸入により体内へ吸収される
■毒性症状　[短期] 眼・皮膚・気道への刺激。経口摂取による化学性肺炎、中枢神経系への影響。吸入による錯乱・咳・めまい・嗜眠・頭痛・咽頭痛・嘔吐。皮膚の発赤・乾燥。眼の発赤・痛み。[長期] 皮膚の脱脂、慢性気管支炎、中枢神経系への影響、血液への影響。
■法規制　大気汚染防止法：有害大気汚染物質、労働安全衛生法（名称等の表示）：名称等を通知すべき有害物、消防法（危険物）：危険物第4類第2石油類、海洋汚染防止法：A類物質等、化学物質排出把握管理促進法：第一種指定化学物質
■備考　飲酒により有害作用が増大。樹脂の溶解性に優れ、塗料等の有機溶剤に用いられる。ガソリンにも含まれている。

[21] 1,3,5-トリクロロベンゼン

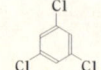

1,4-ジオキサン／1,5-ペンタンジオール

23 1,4-dioxane
1,4-ジオキサン

CAS番号：123-91-1
エーテル類

■ **別名** 1,4-ジエチレンジオキサイド、1,4-ジエチレンジオキシド、ジエチレンエーテル、ジエチレンオキサイド、ジオキサン、ジオキシエチレンエーテル

■ **建築での主な使用例** 油脂・ロウ・樹脂・ペンキ・ワニス・ラッカー・グリースなどの溶剤・洗浄剤

■ **他の用途** セルローズエステル及びセルローズエーテル類の溶剤、有機合成反応溶剤、トランジスター用、合成皮革用、塗料・医薬品用、塩素化有機溶剤の安定剤及び洗剤の調製、繊維処理・染色・印刷時の分散・潤滑剤、パルプ精製時の溶剤等

■ **外観的な特徴等** 無色の液体、特異臭

■ **性状** ［沸点］101℃ ［水溶解性］混和する ［融点］12℃ ［蒸気圧］4.93kPa（25℃） ［比重（水=1）］1.03 ［相対蒸気密度（空気=1）］3.0 ［分配係数］－0.42 ［ヘンリー定数］4.8×10^{-6} atm³/mol ［生物分解性］難分解性・低濃縮性 ［代謝性］詳しくはわかっていない

■ **曝露経路** 吸入、経皮、経口摂取により体内へ吸収される

■ **毒性症状** ［短期］眼、気道への刺激。吸入によるめまい・頭痛・吐き気・嘔吐・腹痛・咳・咽頭痛・嗜眠、高濃度吸入の場合は意識喪失・肺水腫を起こし、死に至ることもある。中枢神経系、肝臓、腎臓への影響。眼の発赤・痛み・催涙。皮膚の発赤。［長期］皮膚の脱脂。［発がん性］人に対して発がん性を示す可能性がある（IARC発がん性分類2B）。

■ **法規制** 化審法：第二種監視物質、水質汚濁防止法：要調査項目に係わる物質、大気汚染防止法：有害大気汚染物質、水道法：基準項目、労働安全衛生法（名称等の表示）：名称等を表示すべき有害物・名称等を通知すべき有害物、労働安全衛生法（特化物等）：第2種有機溶剤、消防法（危険物）：危険物第4類第1石油類、海洋汚染防止法：D類物質等、化学物質排出把握管理促進法：第一種指定化学物質

■ **備考** あらゆる接触を避ける！ 皮膚から吸収される可能性があり、症状は遅れて現れることがある。飲酒により有害作用が増大。蒸気は空気よりも重く、床に沿って移動することがあり、引火しやすいので火気に注意が必要である。

24 1,5-pentanediol
1,5-ペンタンジオール

CAS番号：111-29-5
アルコール類

■ **別名** 1,5-ジオキシペンタン、ペンタメチレングリコール

■ **建築での主な使用例** ポリウレタン・ポリエステルの原料

■ **他の用途** ポリウレタン・ポリエステルの原料、染料、香料、合成樹脂、合成中間体、可塑剤

■ **外観的な特徴等** 弱い不快臭のある無色の粘稠な液体（ねんちゅう）

■ **性状** ［沸点］約240℃ ［水溶解性］溶ける ［融点］－18℃ ［蒸気圧］1.33Pa（20℃） ［比重（水=1）］0.988～0.995 ［相対蒸気密度（空気=1）］3.6 ［分配係数］

[23] 1,4-ジオキサン

0.27（概算値）　［ヘンリー定数］3.06×10⁻⁷ atmm³/mol（概算値）
■ **曝露経路**　吸入、経口摂取により体内へ吸収される
■ **毒性症状**　［短期］眼・鼻・のど・皮膚の刺激、薬傷を起こす恐れあり。吸入または経口摂取によりめまい・頭痛・嘔吐・感覚鈍麻・呼吸不全・腎不全・心不全・脳障害を起こすことがある。
■ **法規制**　消防法（危険物）：危険物第4類第3石油類

25　2-ethyl butanol
2-エチルブタノール

CAS番号：97-95-0
アルコール類

■ **別名**　2-エチルブチルアルコール、s-ヘキサノール、2-エチル-1-ブタノール、2-エチル-1-ブチルアルコール
■ **建築での主な使用例**　塗料等の溶剤
■ **他の用途**　ラッカー等の溶剤、医薬・ゴム薬品・樹脂等の合成原料
■ **外観的な特徴等**　特異臭を有する無色からほとんど無色の液体
■ **性状**　［沸点］148.9℃　［水溶解性］微溶　［融点］－15℃　［蒸気圧］120Pa（20℃）　［比重（水=1）］0.83　［相対蒸気密度（空気＝1）］3.5　［分配係数］1.75（概算値）　［ヘンリー定数］5.14×10⁻⁵atmm³/mol（概算値）
■ **曝露経路**　吸入、経皮、経口摂取により体内へ吸収される
■ **毒性症状**　［短期］眼・鼻・喉・気管支・皮膚への接触による発赤・灼熱感・痛み。吸入または経口摂取による頭痛・めまい・胃痙攣・嘔吐・息苦しさ。重症の場合は意識喪失。
■ **法規制**　消防法（危険物）：危険物第4類第2石油類

26　2-octanol
2-オクタノール

CAS番号：123-96-6
アルコール類

■ **別名**　s-オクチルアルコール、2-オクチルアルコール、1-メチル-1-ヘプタノール、2-ヒドロキシ-n-オクタン
■ **建築での主な使用例**　塗料等の溶剤
■ **他の用途**　可塑剤、消泡剤、香料、ラッカー等の溶剤
■ **外観的な特徴等**　弱い刺激性芳香臭のある無色の油状液体
■ **性状**　［沸点］178.5℃　［水溶解性］溶けない　［融点］－38.6℃　［蒸気圧］32Pa（25℃）　［比重（水=1）］0.82　［相対蒸気密度（空気＝1）］4.5　［分配係数］2.72　［ヘンリー定数］1.23×10⁻⁴atmm³/mol
■ **曝露経路**　吸入、経皮、経口摂取により体内へ吸収される
■ **毒性症状**　［短期］吸入による咳・咽頭痛。皮膚の乾燥。眼の発赤や痛み。経口摂取による灼熱感、眼・気道の刺激。軽度に皮膚を刺激。経口摂取による化学性肺炎。［長期］皮膚の脱脂。
■ **法規制**　労働安全衛生法（名称等の表示）：名称等を通知すべき有害物、消防法（危険物）：危険物第4類第3石油類、海洋汚染防止法：C類物質等

27 2-naphtol
2-ナフトール

CAS番号：135-19-3
フェノール類

■ **別名** β-ナフトール、2-ヒドロキシナフタレン、イソナフトール、ナフタレン-2-オール

■ **建築での主な使用例** 酸化防止剤、防腐剤、防かび剤

■ **他の用途** 染料、殺菌剤、防かび剤、防汚剤、防腐剤、医薬、医薬中間体、合成中間体、選鉱剤

■ **外観的な特徴等** 特徴的な臭気のある白色から帯黄白色の結晶

■ **性状** ［沸点］285℃ ［水溶解性］難溶 ［融点］121～123℃（145℃） ［蒸気圧］670Pa ［比重（水=1）］1.22 ［相対蒸気密度（空気＝1）］5.0 ［分配係数］2.7 ［ヘンリー定数］2.74×10^{-8} atmm³/mol ［生物分解性］分解性良好

■ **曝露経路** エアロゾルの吸入、経口摂取により体内へ吸収される

■ **毒性症状** ［短期］吸入による咳・咽頭痛。皮膚や眼の発赤・痛み。経口摂取による腹痛・痙攣・下痢・嘔吐。眼・皮膚の刺激。経口摂取による腎炎・水晶体混濁・循環虚脱・溶血性貧血を起こす可能性があり、場合によっては死に至る。［長期］皮膚の感作、腎臓に影響を与えることがある。

■ **法規制** 大気汚染防止法：有害大気汚染物質、毒物及び劇物取締法：劇物、消防法（危険物）：危険物第2類

28 2-nitropropane
2-ニトロプロパン

CAS番号：79-46-9
含窒素化合物

■ **別名** イソニトロプロパン、ジメチルニトロメタン、ニトロイソプロパン、ニトロプロパン

■ **建築での主な使用例** ペンキ、ワニス、油脂、樹脂など塗料・接着剤の溶剤

■ **他の用途** 溶剤・洗浄剤、燃料、火薬・爆薬原料、染料・殺菌剤・防かび剤・殺虫剤・農薬・医薬品などの原料

■ **外観的な特徴等** 無色の油状液体、果実臭

■ **性状** ［沸点］120℃ ［水溶解性］微溶 ［融点］-93℃ ［蒸気圧］2.67kPa（25℃） ［比重（水=1）］0.99 ［相対蒸気密度（空気＝1）］3.1 ［分配係数］0.93 ［ヘンリー定数］1.19×10^{-4} atmm³/mol ［生物分解性］難分解性、低濃縮性 ［代謝性］胃・腸・肺から吸収され、一部は亜硝酸と硝酸として尿中に、一部は未変化のまま呼気中に排出される

■ **曝露経路** 吸入、経口摂取により体内へ吸収される

■ **毒性症状** ［短期］眼、皮膚、気道への刺激。高濃度の場合は肝臓損傷、死に至ることもある。吸入、経口摂取によるめまい・頭痛・吐き気・嘔吐・咳・嗜眠・脱力感。眼の発赤・痛み。［長期］肝臓、中枢神経系への影響。吐き気・嘔吐・下痢・食欲不振・重度の頭痛。［発がん性］人に対して発がん性を示す可能性がある（IARC発がん性分類2B）。

■ **法規制** 労働安全衛生法（名称等の表示）：名称等を通知すべき有害物、海洋汚染防止法：D類物質等

[27] 2-ナフトール

29 2-pyrrolidone

2-ピロリドン

CAS番号：616-45-5
含窒素化合物

■ **別名** 2-ピロリジノン、2-ケトピロリジン、2-オキソピロリジン
■ **建築での主な使用例** 溶剤
■ **他の用途** ポリマー原料、溶剤
■ **外観的な特徴等** 淡黄色液体
■ **性状** ［沸点］245℃ ［水溶解性］溶ける ［融点］25℃ ［蒸気圧］1.2652Pa（25℃）［比重（水＝1）］1.1 ［相対蒸気密度（空気＝1）］2.9 ［分配係数］－0.85 ［ヘンリー定数］1.06×10^9 atm·m³/mol（概算値）
■ **曝露経路** 経皮により体内へ吸収される
■ **毒性症状** ［短期］皮膚の発赤。眼の痛み・発赤、かすみ眼。皮膚・眼・気道の刺激。［長期］不快感・吐き気・頭痛等が起こる恐れあり。
■ **法規制** 消防法（危険物）：危険物第4類第3石油類
■ **備考** 床面に沿って換気。

30 2-butanol

2-ブタノール

CAS番号：78-92-2
アルコール類

■ **別名** SBA、s-ブタノール、s-ブチルアルコール、ダイ2ブタノール、メチルエチルカルビノール
■ **建築での主な使用例** 接着剤、塗料、インキ、ワックスの溶剤、フタル酸ジ-n-ブチル・酢酸ブチル・アクリル酸ブチルの合成原料
■ **他の用途** 香料中間体、溶剤、洗浄剤、界面活性剤、合成中間体、可塑剤、安定剤、酸化・老化防止剤、脱水剤、浮遊選鉱剤、消泡剤、ブレーキ油の調整
■ **外観的な特徴等** 特徴的な臭気のある無色の液体
■ **性状** ［沸点］100℃ ［水溶解性］溶ける ［融点］－115℃ ［蒸気圧］1.7kPa（20℃）［比重（水＝1）］0.8 ［相対蒸気密度（空気＝1）］2.6 ［分配係数］0.6 ［ヘンリー定数］9.06×10^6 atm·m³/mol
■ **曝露経路** 蒸気の吸入、経口摂取、経皮により体内へ吸収される
■ **毒性症状** ［短期］吸入によるめまい・嗜眠・頭痛。皮膚の乾燥。眼の発赤や痛み、かすみ眼。蒸気による眼の刺激、中枢神経系への影響。高濃度の場合は意識が低下することがある。［長期］皮膚炎。
■ **法規制** 大気汚染防止法 有害大気汚染物質、労働安全衛生法（名称等の表示）：名称等を表示すべき有害・名称等を通知すべき有害物、労働安全衛生法（特化物等）：第2種有機溶剤、消防法（危険物）：危険物第4類第2石油類

[29] 2-ピロリドン

31 2-butoxy ethoxy ethanol
2-ブトキシエトキシエタノール

CAS番号：112-34-5
エーテル類

■ **別名** ジエチレングリコールモノブチルエーテル、2-(2-ブトキシエトキシ)エタノール、ジエチレングリコールブチルエーテル、ブチルカルビトール、ブチルジグリコール
■ **建築での主な使用例** 接着剤や塗料などの溶剤
■ **他の用途** 溶剤（接着剤や塗料等の樹脂の溶解）、洗浄剤、ブレーキフルード
■ **外観的な特徴等** 無色の液体、特異臭
■ **性状** ［沸点］230℃ ［水溶解性］非常に良く溶ける ［融点］−68℃ ［蒸気圧］2.91Pa（25℃） ［比重（水=1）］0.95 ［相対蒸気密度（空気＝1）］5.6 ［分配係数］0.3 ［ヘンリー定数］7.2×10^{-9}atmm³/mol ［生物分解性］分解性良好
■ **曝露経路** 経皮、経口摂取により体内へ吸収される
■ **毒性症状** ［短期］眼、鼻、皮膚への刺激。皮膚の乾燥。眼の発赤・痛み。経口摂取による頭痛・嘔吐・意識低下・意識喪失。［長期］皮膚の脱脂。
■ **法規制** 消防法（危険物）:危険物第4類第3石油類
■ **備考** 床面に沿って換気。皮膚から吸収されることがあり、同様の症状を示す。

32 2-propoxy ethanol
2-プロポキシエタノール

CAS番号：2807-30-9
エーテル類

■ **別名** エチレングリコールモノプロピルエーテル、イソプロピルグリコール、イソプロピルセロソルブ、エチレングリコールイソプロピルエーテル
■ **建築での主な使用例** 接着剤や塗料などの溶剤
■ **他の用途** 合成樹脂の溶剤
■ **外観的な特徴等** 無色の液体、特異臭
■ **性状** ［沸点］149〜152℃ ［水溶解性］混和する ［融点］−90℃ ［蒸気圧］0.387 kPa（25℃） ［比重（水=1）］0.91 ［相対蒸気密度（空気＝1）］3.6 ［分配係数］0.08 ［ヘンリー定数］1.5×10^{-8}atmm³/mol（概算値）
■ **曝露経路** 吸入、経皮、経口摂取により体内へ吸収される
■ **毒性症状** ［短期］眼を重度に刺激、皮膚、気道への刺激。吸入による咳・咽頭痛。眼の発赤・痛み。皮膚の乾燥・発赤。血液障害を起こす可能性あり。［長期］皮膚の脱脂。
■ **法規制** 消防法（危険物）:危険物第4類第2石油類

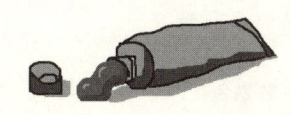

33 2-bromobutane
2-ブロモブタン

CAS番号：78-76-2
含ハロゲン類

- **別名**　臭化s-ブチル、s-ブチルブロマイド
- **建築での主な使用例**　樹脂やゴムの添加剤など
- **他の用途**　合成中間体、農薬全般
- **外観的な特徴等**　特徴的な臭気のある無色の液体
- **性状**　［沸点］91.2℃　［水溶解性］難溶　［融点］－112℃　［蒸気圧］7.6kPa（25℃）　［比重（水=1）］1.253　［相対蒸気密度（空気=1）］4.75　［分配係数］2.58（概算値）　［ヘンリー定数］1.58×10^2 atm㎥/mol（概算値）
- **曝露経路**　吸入、経皮、経口摂取により体内へ吸収される
- **毒性症状**　［短期］眼・鼻・のど・皮膚の刺激と薬傷。吸入または経口摂取による強い麻酔作用やめまい・頭痛・吐き気。重症の場合は意識喪失や肺水腫などを起こす恐れあり。皮膚からも吸収されて同様の症状が現れる［長期］中枢神経系、肝臓、腎臓、粘膜に影響が現れることがある。
- **法規制**　消防法（危険物）：危険物第4類第2石油類

34 2-bromo-2-methylpropane
2-ブロモ-2-メチルプロパン

CAS番号：507-19-7
含ハロゲン類

- **別名**　t-ブチルブロミド、臭化t-ブチル
- **建築での主な使用例**　樹脂やゴムの添加剤など
- **他の用途**　合成中間体
- **外観的な特徴等**　特徴的な臭気のある無色の液体
- **性状**　［沸点］73.3℃　［水溶解性］難溶　［融点］－16.2℃　［蒸気圧］18.0kPa（25℃）　［比重（水=1）］1.225　［相対蒸気密度（空気=1）］4.75　［分配係数］2.54（概算値）　［ヘンリー定数］4.07×10^2 atm㎥/mol（概算値）
- **曝露経路**　吸入、経皮、経口摂取により体内へ吸収される
- **毒性症状**　［短期］眼・鼻・のど・皮膚の刺激と薬傷、吸入または経口摂取による強い麻酔作用やめまい・頭痛・吐き気、重症の場合は意識喪失や肺水腫などを起こす恐れあり。皮膚からも吸収されて同様の症状が現れる。［長期］中枢神経系、肝臓、腎臓、粘膜に影響が現れることがある。
- **法規制**　消防法（危険物）：危険物第4類第1石油類

35 2-heptanol
2-ヘプタノール

CAS番号：543-49-7
アルコール類

- **別名**　2-ヘプチルアルコール、1-メチルヘキサノール、2-ヒドロキシヘプタン
- **建築での主な使用例**　塗料等の溶剤
- **他の用途**　溶剤、洗浄剤、合成中間体
- **外観的な特徴等**　特異臭を有する無色の液体
- **性状**　［沸点］150～160℃　［水溶解性］難溶　［融点］－34℃　[蒸気圧］0.133kPa

(20℃)　［比重（水=1）］0.82　［相対蒸気密度（空気＝1）］4.0　［分配係数］2.31　［ヘンリー定数］5.56×10^{-5} atm³/mol（概算値）
■ **曝露経路**　吸入、経皮、経口摂取により体内へ吸収される
■ **毒性症状**　［短期］吸入による咳・咽頭痛。皮膚の乾燥。眼の発赤や痛み。経口摂取による灼熱感。眼・気道・皮膚を著しく刺激。経口摂取による化学性肺炎。［長期］皮膚の脱脂。
■ **法規制**　消防法（危険物）：危険物第4類第2石油類、海洋汚染防止法：C類物質等

36 2-pentyl furan
2-ペンチルフラン

CAS番号：3777-69-3
フラン類

■ **別名**　2-アミルフラン
■ **建築での主な使用例**　細菌やカビなどの微生物によって放出される揮発性有機化合物（MVOC）として検出されている（B. Wessen et al., 1996）。ベイマツやサザンパインなどから検出されている（Melissa G.D. et al., 1999）。
■ **他の用途**　香料、食品添加物
■ **外観的な特徴等**　淡黄色透明液体
■ **性状**　［沸点］107℃　［水溶解性］溶けない　［融点］45℃
■ **曝露経路**　吸入、経皮、経口摂取により体内へ吸収される

37 2-methylcyclohexanol
2-メチルシクロヘキサノール

CAS番号：583-59-5
アルコール類

■ **別名**　ヘキサヒドロクレゾール、メチルシクロヘキサノール、o-メチルシクロヘキサノール、2-ヘキサヒドロメチルフェノール、o-ヘキサヒドロメチルフェノール
■ **建築での主な使用例**　塗料等の溶剤
■ **他の用途**　ラッカー等の溶剤、洗浄剤、添加剤
■ **外観的な特徴等**　特徴的な臭気のある無色の粘稠な液体
■ **性状**　［沸点］165～166℃　［水溶解性］微溶　［融点］-9.5℃　［蒸気圧］330Pa（30℃）　［比重（水=1）］0.93　［相対蒸気密度（空気＝1）］3.9　［分配係数］1.84　［ヘンリー定数］7.58×10^{-6} atm³/mol
■ **曝露経路**　蒸気の吸入、経口摂取により体内へ吸収される
■ **毒性症状**　［短期］吸入による咳・頭痛。皮膚や眼の発赤。眼・皮膚をわずかに刺激。高濃度の蒸気に曝露すると眼や上気道が過敏になることがある。［長期］皮膚への接触により皮膚炎を起こすことがある。
■ **法規制**　大気汚染防止法：有害大気汚染物質、労働安全衛生法（名称等の表示）：名称等を表示すべき有害物・名称等を通知すべき有害物、労働安全衛生法（特化物等）：第2種有機溶剤、消防法（危険物）：危険物第4類第2石油類

[37] 2-メチルシクロヘキサノール

38 2-(thiocyannomethylthio)benzothiazole
2-(チオシアノメチルチオ)ベンゾチアゾール

CAS番号：21564-17-0
チアゾール系化合物

■ **別名**　TCMTB
■ **建築での主な使用例**　防腐・防かび剤
■ **他の用途**　農薬
■ **外観的な特徴等**　帯赤色の粘稠液体（ねんちゅう）、刺激臭
■ **性状**　［沸点］120℃　［水溶解性］難溶　［融点］－10℃　［蒸気圧］4.16×10^{5}Pa（25℃、概算値）　［比重（水=1）］1.4　［相対蒸気密度（空気=1）］8.2　［分配係数］3.3　［ヘンリー定数］6.49×10^{-12}atmm^3/mol（概算値）　［生物分解性］難分解性、低濃縮性
■ **曝露経路**　吸入、経口摂取により体内へ吸収される。
■ **毒性症状**　［短期］皮膚を刺激、乾燥・発赤・ざらつき・灼熱感。眼を刺激（腐食性）、発赤・痛み・重度の熱傷。吸入による咳。［長期］皮膚の感作。
■ **法規制**　化審法：第二種監視化学物質、水質汚濁防止法：人の健康に関わる物質、土壌汚染対策法：第二種特定有害物質、水道法：基準項目
■ **備考**　市販の製剤には溶剤が用いられていることがあり、その溶剤の毒性にも注意すること。また、溶剤によってこの物質の毒性に変化を及ぼすことがある。溶剤が皮膚吸収を増強することがある。

39 2-ethyl-1-hexanol
2-エチル-1-ヘキサノール

CAS番号：104-76-7
アルコール類

■ **別名**　オクチルアルコール、2-エチルヘキサノール、2-エチルヘキシルアルコール
■ **建築での主な使用例**　接着剤や塗料等の溶剤、アクリル樹脂中に不純物として含まれる可能性がある
■ **他の用途**　溶剤（接着剤や塗料等の樹脂の溶解）、洗浄剤、香料、潤滑剤、可塑剤、合成中間体
■ **外観的な特徴等**　無色の液体、特異臭
■ **性状**　［沸点］184～185℃　［水溶解性］難溶　［融点］＜－76℃　［蒸気圧］18.1Pa（25℃）　［比重（水=1）］0.83　［相対蒸気密度（空気=1）］4.5　［分配係数］2.73（概算値）　［ヘンリー定数］2.65×10^{-5}atmm^3/mol（概算値）　［生物分解性］分解性良好
■ **曝露経路**　吸入、経口摂取により体内へ吸収される
■ **毒性症状**　［短期］眼、皮膚、気道への刺激。中枢神経系への影響。吸入、経口摂取によるめまい・頭痛・咳・咽頭痛・脱力感。眼、皮膚の発赤・痛み。
■ **法規制**　消防法（危険物）：危険物第4類第3石油類
■ **備考**　皮膚から吸収されることがある。

40 2,2,4-trimethyl-1,3-pentanediol diisobutyrate
2,2,4-トリメチル-1,3-ペンタンジオールジイソブチレート

CAS番号：6846-50-0
エステル類

■ 別名　CS-16
■ 建築での主な使用例　溶剤、塩化ビニル樹脂用可塑剤、成型助剤
■ 他の用途　溶剤（接着剤や塗料等の樹脂の溶解）、洗浄剤、可塑剤
■ 外観的な特徴等　無色の液体
■ 性状　［沸点］280℃　［水溶解性］溶けない　［融点］－70℃　［分配係数］4.3　［生物分解性］難分解性、低濃縮性
■ 曝露経路　吸入、経口摂取により体内へ吸収される
■ 法規制　水質汚濁防止法：要調査項目に係わる物質、消防法（危険物）：危険物第4類第3石油類

41 2,2,4-trimethylpentane
2,2,4-トリメチルペンタン

CAS番号：540-84-1
脂肪族炭化水素

■ 別名　イソオクタン、イソブチルトリメチルメタン
■ 建築での主な使用例　接着剤や塗料、防蟻剤などの溶剤
■ 他の用途　溶剤（接着剤や塗料等の樹脂の溶解）、修正液・コピー用溶剤、洗浄剤、燃料
■ 外観的な特徴等　無色の液体、ガソリン臭
■ 性状　［沸点］99℃　［水溶解性］溶けない　［融点］－107℃　［蒸気圧］6.57kPa（25℃）　［比重（水=1）］0.69　［相対蒸気密度（空気＝1）］3.9　［分配係数］4.09（概算値）　［ヘンリー定数］3.04atm^3/mol（概算値）　［生物分解性］難分解性、低濃縮性
■ 曝露経路　吸入、経口摂取により体内へ吸収される
■ 毒性症状　［短期］眼、皮膚、気道への刺激。吸入、経口摂取によるめまい・頭痛・吐き気・嘔吐・錯乱・咳・化学性肺炎、重症の場合は泡混じりの痰を吐き肺水腫を起こす。腎臓、肝臓、神経系への影響。皮膚の乾燥・発赤・痛み。眼の発赤。［長期］皮膚の脱脂、皮膚炎。
■ 法規制　大気汚染防止法：有害大気汚染物質、労働安全衛生法（名称等の表示）：名称等を通知すべき有害物、消防法（危険物）：危険物第4類第1石油類、海洋汚染防止法：C類物質等
■ 備考　症状は遅れて現れることもある。蒸気は空気よりも重く、床に沿って移動することがあり、引火しやすいので火気に注意が必要である。

42 2,3,7,8-tetrachlorodibenzo-p-dioxin
2,3,7,8-テトラクロロジベンゾ-p-ジオキシン

CAS番号：1746-01-6
ダイオキシン類

■ 別名　TCDD、2,3,7,8-TCDD、2,3,7,8-テトラクロロジベンゾ-1,4-ジオキシン、2,3,7,8-テトラクロロジベンゾジオキシン、ダイオキシン
■ 建築での主な使用例　塩素を含む化合物が

燃焼すると生成する
■ **他の用途** 産業廃棄物の焼却炉などからの非意図副生物
■ **外観的な特徴等** 無色〜白色の針状結晶
■ **性状** [水溶解性] 溶けない [融点] 305〜306℃ [蒸気圧] $2×10^{-7}$Pa (25℃) [比重 (水=1)] 1.8 [分配係数] 6.8〜7.02 [ヘンリー定数] $5×10^{-5}$atmm³/mol (概算値) [生物分解性] 生物濃縮あり [代謝性] 体内に取り込まれたダイオキシンは主に肝臓と脂肪組織に蓄えられる。半減期は7〜10年と推定されている。
■ **曝露経路** 吸入、経皮、経口摂取により体内へ吸収される
■ **毒性症状** [短期] 眼、皮膚、気道への刺激。心血管系・内臓・中枢神経系・内分泌系への影響。塩化皮膚の発赤・痛み、塩素痤瘡。眼の発赤・痛み。死に至ることもある。[長期] 変異原性あり。皮膚炎。肝臓・骨髄・内分泌系・免疫系・中枢神経系への影響。動物では生殖・発生毒性が認められている。[発がん性] 人に対して発がん性を示す (IARC発がん性分類1)。
■ **法規制** 大気汚染防止法:有害大気汚染物質(優先取り組み物質、指定物質)、水道法:要検討項目、労働安全衛生法(名称等の表示):名称等を通知すべき有害物、化学物質排出把握管理促進法:第一種指定化学物質、廃棄物処理法:規制物質
■ **備考** 様々な化学工程の副産物として生じるダイオキシンと総称されるポリクロロジベンゾ-p-ジオキシン類中、最も毒性の強い化合物。皮膚から吸収されることがある。人にとって重要な食物連鎖において、魚類、植物、哺乳類、乳汁で生物濃縮が起こる。

43 2,4-dimethylpentane
2,4-ジメチルペンタン

CAS番号:108-08-7
脂肪族炭化水素

■ **建築での主な使用例** 有機溶剤等
■ **他の用途** 工業用原料、有機溶剤等
■ **外観的な特徴等** 無色の液体
■ **性状** [沸点] 81℃ [水溶解性] 溶けない [融点] −119℃ [蒸気圧] 11.06 kPa (21℃) [比重 (水=1)] 0.67 [分配係数] 3.63 (概算値) [ヘンリー定数] 1.9 atmm³/mol (概算値)
■ **曝露経路** 吸入、経皮、経口摂取により体内へ吸収される
■ **毒性症状** [短期] 皮膚・眼・粘膜の刺激。高濃度の場合は、めまいや昏睡が生じる可能性がある。

44 2-(4-thiazolyl)benzimidazole
2-(4-チアゾリル)ベンゾイミダゾール

CAS番号:148-79-8
チアゾール系化合物

■ **別名** チアベンダゾール、2-(4-チアゾリル)-1H-ベンズイミダゾール、サイアベンダゾール、TBZ
■ **建築での主な使用例** 防腐・防かび剤
■ **他の用途** 殺菌剤、防かび剤、防汚剤、ポストハーベスト[(2)]農薬、食品添加物(保存料)、医薬、医薬中間体
■ **外観的な特徴等** 白色〜わずかに薄い褐色の粉末、無臭
■ **性状** [水溶解性] 難溶 [融点] 304〜

---

(2) 農作物を収穫後に長期保管や長距離輸送に耐えるように害虫やカビの発生を防ぐ目的で施される処理。

305℃　［蒸気圧］5.33×10⁻⁷Pa（25℃）［分配係数］2.47　［ヘンリー定数］2.12×10⁻¹¹ atmm³/mol（概算値）　［生物分解性］難分解性（土壌中半減期は400日）
■ 曝露経路　吸入、経口摂取により体内へ吸収される
■ 毒性症状　［短期］大量に摂取すると有害。［長期］変異原性あり。動物実験で催奇形性を示す。
■ 法規制　農薬取締法（作物残留性に係わる登録保留基準）：対象物質、食品衛生法（残留農薬基準）：対象物質
■ 備考　食品添加物（保存料）：柑橘類に10ppmまで、バナナに3ppmまでの使用が認められている。

45　2,4,6-tribromophenol
2,4,6-トリブロモフェノール

CAS番号：118-79-6
含ハロゲン類

■ 別名　ブロモール
■ 建築での主な使用例　難燃剤、殺菌剤、木材防腐剤
■ 他の用途　難燃剤、防腐剤、殺菌剤、難燃剤の合成中間体
■ 外観的な特徴等　白色の結晶性粉末
■ 性状　［沸点］286℃　［水溶解性］溶けない　［融点］94〜96℃　［蒸気圧］4.04×10²Pa（25℃、概算値）　［比重（水=1）］2.55　［分配係数］4.13　［ヘンリー定数］3.55×10⁻⁸ atmm³/mol（概算値）　［生物分解性］分解性良好
■ 曝露経路　吸入、経口摂取により体内へ吸収される

■ 毒性症状　［短期］眼、皮膚、気道への刺激。［長期］長期曝露による不快感・吐き気・頭痛。
■ 法規制　水質汚濁防止法：生活環境に係わる物質・要調査項目に係わる物質、水道法：基準項目、化学物質排出把握管理促進法：第一種指定化学物質

46　3-carene
3-カレン

CAS番号：13466-78-9
テルペン類

■ 建築での主な使用例　δ-3-カレンはマツ科、モクレン科、シソ科などの精油成分のひとつ。
■ 性状　［沸点］165℃　［水溶解性］微溶　［融点］<25℃　［蒸気圧］0.496kPa（25℃、概算値）　［比重（水=1）］0.857　［分配係数］4.38（概算値）［ヘンリー定数］0.107 atmm³/mol（概算値）
■ 曝露経路　吸入、経皮、経口摂取により体内へ吸収される
■ 毒性症状　［短期］皮膚の刺激。蒸気やミストは眼・粘膜・上気道を刺激。δ-3-カレンはアレルギー性の皮膚病の原因とみなされている。

[45] 2,4,6-トリブロモフェノール

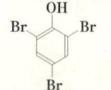

47 3-heptanol
3-ヘプタノール

CAS番号：589-82-2
アルコール類

- ■ **別名** 3-ヘプチルアルコール
- ■ **建築での主な使用例** 塗料等の溶剤
- ■ **他の用途** 溶剤、洗浄剤、合成中間体
- ■ **外観的な特徴等** 特異臭を有する無色の液体
- ■ **性状** ［沸点］156℃ ［水溶解性］難溶 ［融点］－70℃ ［蒸気圧］67Pa（20℃）［比重（水＝1）］0.82 ［相対蒸気密度（空気＝1）］4.0 ［分配係数］2.24 ［ヘンリー定数］2.83×10^5 atmm^3/mol（概算値）
- ■ **曝露経路** 吸入、経皮、経口摂取により体内へ吸収される
- ■ **毒性症状** ［短期］眼・鼻・皮膚の刺激。吸入または経口摂取による咳・息切れ・吐き気・嘔吐。重症の場合は意識混濁、運動障害を起こす恐れあり。
- ■ **法規制** 消防法（危険物）：危険物第4類第2石油類、海洋汚染防止法：C類物質等

48 3-methylpentene
3-メチルペンテン

CAS番号：760-20-3
脂肪族炭化水素

- ■ **別名** 3-メチル-1-ペンテン
- ■ **建築での主な使用例** 意図した用途は不明、何らかの製品の不純物として検出されると考えられる
- ■ **他の用途** 有機合成原料
- ■ **外観的な特徴等** 無色～淡黄色液体、特異臭
- ■ **性状** ［沸点］54℃ ［水溶解性］難溶 ［融点］－154℃ ［蒸気圧］35.86kPa（25℃）［比重（水＝1）］0.678 ［相対蒸気密度（空気＝1）］2.9 ［分配係数］3.08（概算値）［ヘンリー定数］0.359atmm^3/mol（概算値）
- ■ **曝露経路** 吸入、経皮、経口摂取により体内へ吸収される
- ■ **毒性症状** ［短期］眼、鼻、喉、気管支、皮膚を刺激する。吸入したり、飲み込んだ場合、咳、喉の痛み、息切れがあり、重症の時は急性気管支炎や肺炎を起こす。中枢神経系に影響を与え、反射運動喪失、意識喪失を起こすことがある。
- ■ **法規制** 消防法（危険物）：危険物第4類第1石油類、海洋汚染防止法：C類物質等

49 3-methoxybutanol
3-メトキシブタノール

CAS番号：2517-43-3
エーテル類

- ■ **別名** 3-メトキシ-1-ブタノール、メトキシブタノール
- ■ **建築での主な使用例** 接着剤、塗料、インキなどの溶剤
- ■ **他の用途** 各種樹脂溶剤、塗料溶剤、印刷インキ、接着剤
- ■ **外観的な特徴等** 無色の液体
- ■ **性状** ［沸点］160℃ ［水溶解性］混和する ［融点］－85℃ ［蒸気圧］0.216kPa（25℃、概算値） ［比重（水＝1）］0.92 ［相対蒸気密度（空気＝1）］3.59 ［分配係数］0.00（概算値） ［ヘンリー定数］7.38×10^{-8} atmm^3/mol（概算値） ［生物分解

性］分解性良好
■ 曝露経路　吸入、経口摂取により体内へ吸収される
■ 毒性症状　［短期］眼、皮膚、気道への刺激。吸入・経口摂取によるめまい・頭痛・咳・吐き気・嘔吐・感覚鈍麻、重症の場合は意識喪失・肺水腫を起こすこともある。眼の発赤。皮膚の乾燥・灼熱感。［長期］皮膚炎、皮膚の脱脂。
■ 法規制　消防法（危険物）：危険物第4類第3石油類
■ 備考　肺水腫の症状は2～3時間経過しないと現れないことがあり、安静を保たなければ悪化する。

50　3-methyl-3-pentanol
3-メチル-3-ペンタノール

CAS番号：77-74-7
アルコール類

■ 別名　メチルジエチルカルビノール
■ 建築での主な使用例　意図した用途は不明、何らかの製品の不純物として検出されると考えられる
■ 他の用途　合成中間体、香料
■ 外観的な特徴等　無色液体
■ 性状　［沸点］123℃　［水溶解性］溶ける　［融点］－38℃　［蒸気圧］0.741kPa（25℃）　［比重（水=1）］0.824　［分配係数］1.71（概算値）　［ヘンリー定数］1.76×10⁻⁵ atmm³/mol（概算値）
■ 曝露経路　吸入、経皮、経口摂取により体内へ吸収される
■ 毒性症状　［短期］軽度に目や皮膚を刺激する。経口摂取、皮下注射により中程度の毒性を示す。
■ 法規制　消防法（危険物）：危険物第4類第2石油類

51　3-iodo-2-propynyl butylcarbamate
3-ヨード-2-プロピニルブチルカーバメート

CAS番号：55406-53-6
有機ヨウ素

■ 別名　IPBC
■ 建築での主な使用例　防腐・防かび剤
■ 他の用途　防かび剤
■ 外観的な特徴等　ほとんど無色～淡黄色白色固体
■ 性状　［水溶解性］難溶　［融点］64～66℃　［比重（水=1）］1.57～1.58
■ 曝露経路　吸入、経皮、経口摂取により体内へ吸収される
■ 毒性症状　［短期］中程度に粘膜を刺激する。

52　3,3'-dichloro-4,4'-diaminodiphenyl-methane
3,3'-ジクロロ-4,4'-ジアミノジフェニルメタン

CAS番号：101-14-4
アミン類

■ 別名　4,4'-メチレンビス（2-クロロアニリン）、4,4'-ジアミノ-3,3'-ジクロロジフェニルメタン、ビスアミン、MOCA
■ 建築での主な使用例　塗料・接着剤、床材のコーティングなどに用いられるエポキシ樹脂やウレタン樹脂の硬化剤
■ 他の用途　染料などの合成原料

53 4-phenylcyclohexane

4-フェニルシクロヘキセン

CAS番号：4994-16-5
芳香族炭化水素

■ **外観的な特徴等**　無色～淡茶色のペレット
■ **性状**　［沸点］378.9℃　［水溶解性］溶けない　［融点］110℃　［蒸気圧］3.81×10⁻⁵Pa（25℃ 概算値）　［比重（水=1）］1.44　［分配係数］3.94　［ヘンリー定数］4.06×10⁻¹¹atm㎥/mol（概算値）　［生物分解性］難分解性、低濃縮性
■ **曝露経路**　吸入、経皮、経口摂取により体内へ吸収される
■ **毒性症状**　［短期］眼、皮膚、気道への刺激。吸入、経口摂取によるめまい・頭痛・吐き気・腹痛・胸痛、重症の場合はチアノーゼ・錯乱・痙攣・意識喪失・窒息（メトヘモグロビン血症）を起こすこともある。症状は遅れて現れる場合もあり、肝不全・腎臓障害を起こすことがある。皮膚の灼熱感。［長期］肝臓・腎臓障害。［発がん性］人に対しておそらく発がん性を示す（IARC発がん性分類2A）。
■ **法規制**　化審法：第二種監視化学物質、水質汚濁防止法：要調査項目に係わる物質、大気汚染防止法：有害大気汚染物質、労働安全衛生法（名称等の表示）：名称等を表示すべき有害物・名称等を通知すべき有害物、労働安全衛生法（特化物等）：特定化学物質第2類、化学物質排出把握管理促進法：第一種指定化学物質
■ **備考**　あらゆる接触を避ける！　皮膚からも吸収される。

■ **別名**　4-PC、4-PCH
■ **建築での主な使用例**　スチレンブタジエンゴム製造時の副生成物として、このゴムの中に残留している。このゴムは、カーペットの裏打ち等に使用されている。
■ **他の用途**　工業的な利用はない
■ **外観的な特徴等**　無色の液体
■ **性状**　［沸点］242.9℃　［水溶解性］溶けない　［蒸気圧］12.8Pa（25℃）　［比重（水=1）］0.99　［分配係数］4.281
■ **曝露経路**　吸入、経皮、経口摂取により体内へ吸収される
■ **毒性症状**　［短期］頭痛、眼の刺激、吐き気。人で臭いを感じる閾値が2μg/㎥（0.3ppb）。
■ **備考**　カーペットの裏張りにスチレンブタジエンゴムが裏打ちされている場合、このゴムから4-フェニルシクロヘキセンが放散する可能性がある。これは、ゴムの製造工程において、4-フェニルシクロヘキセンがスチレンとブタジエンの重合の際に副生成物として生じるからである。およそゴム中に100ppm程度含まれている。4-フェニルシクロヘキセンは、アメリカのカーペット・ラグ協会のグリーンラベルという建材ラベリングの測定対象物質である。また、中国のカーペットの放散規格（GB 18587-2001）では放散基準が定められている。

54 4-methyl-2-pentanol
4-メチル-2-ペンタノール

CAS番号：108-11-2
アルコール類

■ **別名**　メチルイソブチルカルビノール、イソブチルメチルカルビノール、イソブチルメチルメタノール、メチルアミルアルコール、sec-ヘキサノール
■ **建築での主な使用例**　塗料等の溶剤
■ **他の用途**　顔料や塗料の添加剤または溶剤、洗浄剤、合成中間体
■ **外観的な特徴等**　刺激臭を有する無色の液体
■ **性状**　［沸点］132℃　［水溶解性］難溶　［融点］−90℃　［蒸気圧］370Pa（20℃）　［比重（水=1）］0.82　［相対蒸気密度（空気=1）］3.5　［分配係数］1.43　［ヘンリー定数］4.45×10^{-5} atm㎥/mol
■ **曝露経路**　蒸気の吸入、経皮により体内へ吸収される
■ **毒性症状**　［短期］吸入による咳・咽頭痛・意識喪失。皮膚の乾燥・発赤・痛み。眼の発赤・痛み。眼・皮膚・気道の刺激。意識の低下。［長期］皮膚の脱脂。
■ **法規制**　労働安全衛生法（名称等の表示）：名称等を通知すべき有害物、消防法（危険物）：危険物第4類第2石油類、海洋汚染防止法：C類物質等

55 4-bromo-2,5-dichlorophenol
4-ブロモ-2,5-ジクロロフェノール

CAS番号：1940-42-7
含ハロゲン類

■ **別名**　BDCP
■ **建築での主な使用例**　シロアリ防除剤
■ **他の用途**　殺虫剤
■ **外観的な特徴等**　黄色〜褐色の固体
■ **性状**　［沸点］250℃　［水溶解性］微溶　［融点］68.8℃　［比重（水=1）］2.16
■ **曝露経路**　吸入、経皮、経口摂取により体内へ吸収される
■ **毒性症状**　［短期］中程度に皮膚や粘膜を刺激する。

56 4-chlorophenyl-3-iodopropargyl formal
4-クロロフェニル-3-ヨードプロパルギルホルマール

CAS番号：29772-02-9
有機ヨウ素

- ■ 別名　IF-1000
- ■ 建築での主な使用例　防腐・防かび剤
- ■ 他の用途　防かび剤
- ■ 外観的な特徴等　淡黄色液体
- ■ 性状　[沸点] 130℃（26.7Pa）　[水溶解性] 難溶　[蒸気圧] 1.3×10^{-4} kPa（25℃）以下　[比重（水=1）] 1.6〜1.75
- ■ 曝露経路　吸入、経皮、経口摂取により体内へ吸収される
- ■ 毒性症状　[短期] 軽度の皮膚刺激性、粘膜の刺激性。

57 4,4'-diphenylmethane diisocyanate
4,4'-ジフェニルメタンジイソシアネート

CAS番号：101-68-8
イソシアネート化合物

- ■ 別名　MDI、メチレンビスフェニルイソシアネート、ジフェニルメタンジイソシアネート、1,1'-メチレンビス-4-イソシアナートベンゼン、4,4'-ビアセトアニリド、メチレンジ-4-フェニルイソシアネート、メチレンビス-4-フェニルイソシアネート
- ■ 建築での主な使用例　接着剤・塗料・断熱材（ウレタン樹脂）の原料、硬化剤
- ■ 他の用途　塗料、接着剤など合成樹脂（ウレタン樹脂）の硬化剤
- ■ 外観的な特徴等　白色〜薄黄色の結晶または薄片（固体）
- ■ 性状　[沸点] 314℃　[水溶解性] 反応する　[融点] 37℃　[蒸気圧] 6.7×10^{-4} Pa（20℃）　[比重（水=1）] 1.2　[相対蒸気密度（空気=1）] 8.6　[分配係数] 5.22（概算値）　[ヘンリー定数] 8.95×10^{-7} atm㎥/mol（概算値）　[生物分解性] 難分解性、低濃縮性
- ■ 曝露経路　吸入により体内へ吸収される
- ■ 毒性症状　[短期] 眼、皮膚、気道への刺激（催涙性）。喘息。肺への影響、機能障害、肺水腫。吸入による頭痛・吐き気・咳・咽頭痛・息切れ。皮膚の発赤。眼の痛み。[長期] 皮膚の感作。喘息。[発がん性] 人に対して発がん性について分類できない（IARC発がん性分類3）。
- ■ 法規制　水質汚濁防止法：要調査項目に係わる物質、労働安全衛生法（名称等の表示）：名称等を通知すべき有害物、海洋汚染防止法：B類物質等、化学物質排出把握管理促進法：第二種指定化学物質
- ■ 備考　あらゆる接触を避ける！　喘息などの症状は遅れて現れることがある。この物質に感作された場合、他のイソシアネート類でも喘息などを起こす可能性がある。

58 4,4'-methylendianiline
4,4'-メチレンジアニリン

CAS番号：101-77-9
アミン類

- ■ 別名　4,4'-ジアミノジフェニルメタン、MDA、p,p'-ジアミノジフェニルメタン、4,4'-メチレンビスベンゼンジアミン
- ■ 建築での主な使用例　塗料・接着剤、床材のコーティングなどに用いられるエポキシ樹

脂やウレタン樹脂の硬化剤
- **他の用途** 金属防錆・防蝕剤、染料などの合成中間体
- **外観的な特徴等** 無色〜淡黄色の薄片、特異臭
- **性状** ［沸点］398℃ ［水溶解性］難溶 ［融点］91.5〜92℃ ［蒸気圧］396Pa(25℃、概算値) ［比重（水=1）］1.056 ［分配係数］1.6 ［ヘンリー定数］5.6×10^{-11} atmm³/mol（概算値） ［生物分解性］難分解性、低濃縮性
- **曝露経路** 吸入、経皮、経口摂取により体内へ吸収される
- **毒性症状** ［短期］眼、皮膚、気道への刺激。肝機能障害。吸入、経口摂取によるめまい・頭痛・咳・吐き気・嘔吐・腹痛・発熱・悪寒・黄疸。［長期］皮膚の感作。［発がん性］人に対して発がん性を示す可能性がある（IARC発がん性分類2B）。
- **法規制** 化審法：第二種監視化学物質、水質汚濁防止法：要調査項目に係わる物質、大気汚染防止法：有害大気汚染物質、労働安全衛生法（名称等の表示）：名称等を通知すべき有害物、化学物質排出把握管理促進法：第一種指定化学物質
- **備考** あらゆる接触を避ける！ 皮膚からも吸収される。

59 D-limonene
D-リモネン
CAS番号：5989-27-5
テルペン類

- **別名** リモネン
- **建築での主な使用例** 塗料・ワックスなどの溶剤
- **他の用途** 柑橘類に含まれる精油成分
- **外観的な特徴等** 無色の液体、特異臭
- **性状** ［沸点］178℃ ［水溶解性］溶けない ［融点］−75℃ ［蒸気圧］0.264kPa(25℃) ［比重（水=1）］0.84 ［相対蒸気密度（空気=1）］4.7 ［分配係数］4.2 ［ヘンリー定数］0.380atmm³/mol（計算値） ［生物分解性］分解性良好
- **曝露経路** 吸入、経皮、経口摂取により体内へ吸収される
- **毒性症状** ［短期］眼、鼻、のど、皮膚への刺激。高濃度の蒸気吸入によるめまい・頭痛・吐き気・咳。皮膚や眼の発赤。［長期］皮膚炎、酸化物では皮膚感作の可能性あり。
- **法規制** 消防法（危険物）：危険物第4類第2石油類

60 liquefied petroleum gas
LPG(C3-C4炭化水素混合物)
CAS番号：68476-85-7
脂肪族炭火水素

- **別名** 液化石油ガス
- **建築での主な使用例** 燃料
- **他の用途** 燃料、合成中間体、家庭用燃料、洗浄剤

■ **外観的な特徴等**　気体
■ **性状**　［沸点］＞－42.2℃　［水溶解性］溶けない
■ **曝露経路**　吸入、経皮により体内へ吸収される
■ **毒性症状**　［短期］高濃度では酸欠により窒息を起こす。液体が皮膚に触れると凍傷の恐れがある。
■ **備考**　LPGの臭いに気づいた時は、すでに危険な濃度に達している。

61　n-undecane
n-ウンデカン
CAS番号：1120-21-4
脂肪族炭化水素

■ **別名**　ウンデカン
■ **建築での主な使用例**　接着剤や塗料などの溶剤
■ **他の用途**　溶剤（接着剤や塗料等の樹脂の溶解）、洗浄剤、合成中間体
■ **外観的な特徴等**　無色の液体
■ **性状**　［沸点］195.9℃　［水溶解性］溶けない　［融点］－25.6℃　［蒸気圧］54.9 Pa（25℃）　［比重（水=1）］0.7402　［相対蒸気密度（空気＝1）］5.4　［分配係数］6.50（概算値）　［ヘンリー定数］1.93atmm³/mol（概算値）　［生物分解性］分解性良好
■ **曝露経路**　吸入、経口摂取により体内へ吸収される
■ **毒性症状**　［短期］眼、皮膚、気道への刺激。吸入、経口摂取によるめまい・吐き気・失神、血尿・蛋白尿・チアノーゼを起こし死に至ることがある。
■ **法規制**　消防法（危険物）：危険物第4類第2石油類
■ **備考**　蒸気は引火しやすいので火気に注意。

62　N-ethylmorpholine
N-エチルモルホリン
CAS番号：100-74-3
含窒素化合物

■ **別名**　4-エチルモルホリン
■ **建築での主な使用例**　発泡ポリウレタン触媒、溶剤
■ **他の用途**　溶剤・洗浄剤、合成中間体
■ **外観的な特徴等**　無色の液体、特異臭
■ **性状**　［沸点］138℃　［水溶解性］混和する　［融点］－63℃　［蒸気圧］0.80kPa（20℃）　［比重（水=1）］0.99　［相対蒸気密度（空気＝1）］4.0　［分配係数］0.14（概算値）　［ヘンリー定数］2.74×10⁻⁸ atmm³/mol（概算値）　［生物分解性］難分解性
■ **曝露経路**　吸入、経皮、経口摂取により体内へ吸収される
■ **毒性症状**　［短期］眼、皮膚、気道への刺激。吸入、経口摂取による咳・咽頭痛・頭痛・めまい・吐き気・嘔吐、高濃度の場合は肺・腎臓障害。眼の発赤・痛み・かすみ・視覚の乱れ。皮膚の発赤。
■ **法規制**　労働安全衛生法（名称等の表示）：名称等を通知すべき有害物、消防法（危険物）：危険物第4類第2石油類、海洋汚染防止法：D類物質等
■ **備考**　蒸気は引火しやすい。

［62］N-エチルモルホリン
O　NC₂H₅

63 n-octanol

n-オクタノール

CAS番号：111-87-5
アルコール類

■ **別名**　オクタノール、1-オクタノール、1-オクチルアルコール、n-オクチルアルコール、オクチルアルコール、1-ヒドロキシオクタン
■ **建築での主な使用例**　塗料等の溶剤
■ **他の用途**　香料、化粧品、合成中間体、溶剤、可塑剤・安定剤・界面活性剤・架橋剤・潤滑油の原料
■ **外観的な特徴等**　弱い刺激性の芳香臭のある無色の液体
■ **性状**　［沸点］194〜195℃　［水溶解性］難溶　［融点］－15.5℃　［蒸気圧］10.6Pa（25℃）　［比重（水=1）］0.827　［相対蒸気密度（空気＝1）］4.5　［分配係数］3.0　［ヘンリー定数］2.45×10^{-5} atmm^3/mol
■ **曝露経路**　吸入、経口摂取により体内へ吸収される
■ **毒性症状**　［短期］吸入による咳・咽頭痛。皮膚の乾燥。眼の発赤や痛み。経口摂取による灼熱感。眼・気道の刺激。軽度に皮膚の刺激。経口摂取による化学性肺炎。［長期］皮膚の脱脂。
■ **法規制**　水質汚濁防止法：要調査項目に係わる物質、消防法（危険物）：危険物第4類第2石油類、海洋汚染防止法：C類物質等、化学物質排出把握管理促進法：第一種指定化学物質

64 n-octane

n-オクタン

CAS番号：111-65-9
脂肪族炭化水素

■ **別名**　オクタン
■ **建築での主な使用例**　接着剤や塗料等の溶剤
■ **他の用途**　溶剤（接着剤や塗料等の樹脂の溶解）
■ **外観的な特徴等**　無色の液体、特異臭
■ **性状**　［沸点］126℃　［水溶解性］溶けない　［融点］－56.8℃　［蒸気圧］1.88kPa（25℃）　［比重（水=1）］0.70　［相対蒸気密度（空気＝1）］3.94　［分配係数］4.00〜5.18　［ヘンリー定数］3.21atmm^3/mol（概算値）
■ **曝露経路**　吸入、経口摂取により体内へ吸収される
■ **毒性症状**　［短期］眼、皮膚、気道への刺激。吸入、経口摂取によるめまい・頭痛・吐き気・嘔吐・咳・咽頭痛・息苦しさ・化学性肺炎・肺水腫・嗜眠・錯乱・歩行失調・意識喪失、血尿・蛋白尿・チアノーゼを起こす可能性もある。高濃度の場合は麻酔性あり、意識低下することがある。皮膚の乾燥・発赤・水泡。眼の発赤・痛み。［長期］皮膚の脱脂、皮膚炎。
■ **法規制**　労働安全衛生法（名称等の表示）：名称等を通知すべき有害物、消防法（危険物）：危険物第4類第1石油類、海洋汚染防止法：C類物質等
■ **備考**　蒸気は空気よりも重く、床に沿って移動することがあり、引火しやすいので火気に注意が必要である。また、この液体を下水に流してはならない。

65 n-decanol

n-デカノール

CAS番号：112-30-1
アルコール類

■ **別名**　1-デシルアルコール、1-デカノール、デカノール、n-デシルアルコール、デシルアルコール
■ **建築での主な使用例**　塗料等の溶剤
■ **他の用途**　界面活性剤、合成中間体、可塑剤、ラッカー等の溶剤
■ **外観的な特徴等**　特異臭のある無色透明液体
■ **性状**　［沸点］約230℃　［水溶解性］難溶　［融点］7℃　［蒸気圧］1.13Pa（25℃）　［比重（水=1）］0.83　［相対蒸気密度（空気=1）］5.3　［分配係数］4.57　［ヘンリー定数］3.2×10^5 atmm³/mol
■ **曝露経路**　吸入、経皮、経口摂取により体内へ吸収される
■ **毒性症状**　［短期］眼・皮膚・粘膜への刺激作用。［長期］不快感、吐き気、頭痛などが起こることがある。
■ **法規制**　水質汚濁防止法：要調査項目に係わる物質、消防法（危険物）：危険物第4類第3石油類、海洋汚染防止法：C類物質等

66 n-decane

n-デカン

CAS番号：124-18-5
脂肪族炭化水素

■ **別名**　デカン、セイデカン
■ **建築での主な使用例**　接着剤や塗料などの溶剤
■ **他の用途**　溶剤（接着剤や塗料等の樹脂の溶解）、洗浄剤、合成中間体
■ **外観的な特徴等**　無色の液体、特異臭
■ **性状**　［沸点］174.2℃　［水溶解性］溶けない　［融点］－29.7℃　［蒸気圧］0.17kPa（25℃）　［比重（水=1）］0.7　［相対蒸気密度（空気=1）］4.9　［分配係数］5.98（概算値）　［ヘンリー定数］5.15atmm³/mol（概算値）
■ **曝露経路**　吸入、経口摂取により体内へ吸収される
■ **毒性症状**　［短期］皮膚の乾燥・発赤。眼の発赤・痛み。吸入によるめまい・吐き気・失神、経口摂取による化学性肺炎、血尿・蛋白尿・チアノーゼを起こし、死に至ることがある。高濃度で麻酔剤。［長期］皮膚の脱脂。
■ **法規制**　消防法（危険物）：危険物第4類第2石油類
■ **備考**　蒸気は非常に引火しやすく、わずかな火気（1本のたばこ、マッチの火など）でも火災になるので、火気には十分注意が必要である。

67 n-tetradecane
n-テトラデカン

CAS番号：629-59-4
脂肪族炭化水素

- ■ **別名**　テトラデカン
- ■ **建築での主な使用例**　塗料、インキ、ワックスの溶剤
- ■ **他の用途**　溶剤（接着剤や塗料等の樹脂の溶解）、洗浄剤、合成中間体、灯油の揮発成分
- ■ **外観的な特徴等**　無色透明の液体
- ■ **性状**　［沸点］253℃　［水溶解性］溶けない　［融点］5.9℃　［蒸気圧］0.133kPa(76.4℃)　［比重（水=1）］0.765　［相対蒸気密度（空気=1）］6.9　［分配係数］7.2　［ヘンリー定数］9.2atmm^3/mol（概算値）
- ■ **曝露経路**　吸入、経口摂取により体内へ吸収される
- ■ **毒性症状**　［短期］眼・皮膚・粘膜への刺激。［長期］不快感、吐き気、頭痛。
- ■ **室内濃度指針値**　330μg／m^3（0.04ppm）
- ■ **法規制**　消防法（危険物）：危険物第4類第3石油類
- ■ **備考**　樹脂の溶解性に優れ、塗料やインキ等の有機溶剤に用いられる。灯油に含まれる。

68 n-dodecane
n-ドデカン

CAS番号：112-40-3
脂肪族炭化水素

- ■ **別名**　ドデカン
- ■ **建築での主な使用例**　接着剤や塗料などの溶剤
- ■ **他の用途**　溶剤（接着剤や塗料等の樹脂の溶解）、洗浄剤、合成中間体
- ■ **外観的な特徴等**　無色の液体
- ■ **性状**　［沸点］216.3℃　［水溶解性］溶けない　［融点］-9.6℃　［蒸気圧］18.0Pa(25℃)　［比重（水=1）］0.7487　［相対蒸気密度（空気=1）］5.9　［分配係数］6.10　［ヘンリー定数］8.18atmm^3/mol（概算値）
- ■ **曝露経路**　吸入、経口摂取により体内へ吸収される
- ■ **毒性症状**　［短期］眼、皮膚、気道への刺激。高濃度蒸気の吸入によるめまい・頭痛・吐き気・咳、重症の場合は肺水腫を起こすことがある。高濃度で麻酔剤。
- ■ **法規制**　石油類
- ■ **備考**　症状は遅れて現れることもある。

69 n-tridecane
n-トリデカン

CAS番号：629-50-5
脂肪族炭化水素

- ■ **別名**　トリデカン
- ■ **建築での主な使用例**　接着剤や塗料などの溶剤
- ■ **他の用途**　溶剤（接着剤や塗料等の樹脂の

溶解）
- **外観的な特徴等**　無色の液体、特異臭
- **性状**　［沸点］235.4℃　［水溶解性］溶けない　［融点］-5.3℃　［蒸気圧］7.47Pa（25℃）　［比重（水=1）］0.7564　［分配係数］6.73（概算値）　［ヘンリー定数］2.88 atmm³/mol（概算値）
- **曝露経路**　吸入、経口摂取により体内へ吸収される
- **毒性症状**　［短期］眼、皮膚、気道への刺激。［長期］不快感・吐き気・頭痛などを起こすことがある。
- **法規制**　消防法（危険物）：危険物第4類第3石油類

70　n-nonanol
n-ノナノール

CAS番号：143-08-8
アルコール類

- **別名**　1-ノニルアルコール、n-ノニルアルコール、1-ノナノール、ノナノール、ノニルアルコール
- **建築での主な使用例**　塗料等の溶剤
- **他の用途**　香料中間体、界面活性剤、合成中間体、可塑剤、ラッカー等の溶剤
- **外観的な特徴等**　特有の香気を有する無色透明の粘稠性液体
- **性状**　［沸点］約215℃　［水溶解性］難溶　［融点］-8～-6℃　［蒸気圧］3.03Pa（25℃）　［比重（水=1）］0.828　［相対蒸気密度（空気=1）］5.01　［分配係数］4.26　［ヘンリー定数］3.08×10⁻⁸atmm³/mol（概算値）
- **曝露経路**　吸入、経皮、経口摂取により体内へ吸収される

- **毒性症状**　［短期］眼・鼻・皮膚への刺激。吸入または経口摂取により咳・息切れ・吐き気・嘔吐を起こす恐れがあり、重症の場合は意識混濁や運動障害を起こす恐れあり。
- **法規制**　水質汚濁防止法：要調査項目に係わる物質、消防法（危険物）：危険物第4類第3石油類、海洋汚染防止法：C類物質等

71　n-nonane
n-ノナン

CAS番号：111-84-2
脂肪族炭化水素

- **別名**　ノナン
- **建築での主な使用例**　接着剤や塗料等の溶剤
- **他の用途**　溶剤
- **外観的な特徴等**　無色の液体、芳香臭
- **性状**　［沸点］150.8℃　［水溶解性］溶けない　［融点］-51℃　［蒸気圧］0.59 kPa（25℃）　［比重（水=1）］0.7　［相対蒸気密度（空気=1）］4.4　［分配係数］5.65　［生物分解性］分解性良好
- **曝露経路**　吸入、経口摂取により体内へ吸収される
- **毒性症状**　［短期］眼、皮膚、気道への刺激。吸入、経口摂取による吐き気・嘔吐、咳・化学性肺炎、運動失調・痙攣・意識喪失、血尿・蛋白尿・チアノーゼを起こし、死に至ることがある。中枢神経系への影響、意識低下。高濃度で麻酔作用。皮膚の乾燥・発赤。眼の発赤。［長期］皮膚の脱脂。
- **法規制**　労働安全衛生法（名称等の表示）：名称等を通知すべき有害物、消防法（危険物）：危険物第4類第2石油類、海洋汚染防止

法：C類物質等
■ **備考** 蒸気は空気よりも重く、床に沿って移動することがあり、引火しやすいので火気に注意が必要である。

物）：危険物第4類アルコール類
■ **備考** 飲酒により有害作用が増大。蒸気は引火しやすいので火気に注意が必要である。

72 n-propylal alchol
n-プロピルアルコール
CAS番号：71-23-8
アルコール類

■ **別名** 1-プロパノール、プロパノール、プロピルアルコール
■ **建築での主な使用例** 接着剤や塗料などの溶剤
■ **他の用途** 殺虫剤・清浄剤・化粧品などの溶剤、不凍液
■ **外観的な特徴等** 無色透明の液体、特異臭（エタノール臭）
■ **性状** ［沸点］97℃　［水溶解性］混和する　［融点］－127℃　［蒸気圧］2.8kPa（25℃）　［比重（水=1）］0.8　［相対蒸気密度（空気=1）］2.1　［分配係数］0.25　［ヘンリー定数］7.41×10^{-6} atm㎥/mol
■ **曝露経路** 吸入、経口摂取により体内へ吸収される
■ **毒性症状** ［短期］眼、気道への刺激。中枢神経系への影響。吸入によるめまい・頭痛・吐き気・嗜眠・錯乱・酩酊・運動失調。経口摂取による腹痛・咽頭痛・嘔吐。高濃度の場合、麻酔作用・意識低下・意識喪失。眼の発赤・痛み・かすみ・角膜損傷・視力障害。皮膚の乾燥。［長期］皮膚の脱脂。
■ **法規制** 水質汚濁防止法：要調査項目に係わる物質、労働安全衛生法（名称等の表示）：名称等を通知すべき有害物、消防法（危険

73 n-propyl benzene
n-プロピルベンゼン
CAS番号：103-65-1
芳香族炭化水素

■ **別名** 1-フェニルプロパン、プロピルベンゼン、ノルマルプロピルベンゼン、イソキュメン、イソクメン
■ **建築での主な使用例** 接着剤や塗料等の溶剤
■ **他の用途** 溶剤、工業用原料
■ **外観的な特徴等** 無色の液体
■ **性状** ［沸点］159.2℃　［水溶解性］微溶　［融点］－99.5℃　［蒸気圧］0.456kPa（25℃）　［比重（水=1）］0.8620　［相対蒸気密度（空気=1）］4.14　［分配係数］3.69　［ヘンリー定数］1.05×10^{-2} atm㎥/mol
■ **曝露経路** 吸入、経口摂取により体内へ吸収される
■ **毒性症状** ［短期］眼、皮膚、気道への刺激。高濃度蒸気の吸入によるめまい・頭痛・吐き気・咳・咽頭痛・意識喪失。経口摂取による化学性肺炎。中枢神経系への影響。
■ **法規制** 消防法（危険物）：危険物第4類第2石油類、海洋汚染防止法：A類物質等
■ **備考** 蒸気は引火しやすい。

74 n-hexadecane
n-ヘキサデカン

CAS番号：544-76-3
脂肪族炭化水素

- **別名**　ヘキサデカン
- **建築での主な使用例**　接着剤や塗料などの溶剤
- **他の用途**　溶剤（接着剤や塗料等の樹脂の溶解）
- **外観的な特徴等**　無色の液体
- **性状**　［沸点］286.5℃　［水溶解性］難溶　［融点］18.14℃　［蒸気圧］133Pa（105.3℃）　［比重（水=1）］0.77335　［相対蒸気密度（空気＝1）］7.9　［分配係数］8.25（概算値）　［ヘンリー定数］0.228 atmm³/mol　［生物分解性］低濃縮性
- **曝露経路**　吸入、経口摂取により体内へ吸収される
- **毒性症状**　［短期］眼、皮膚、粘膜への刺激。［長期］不快感・吐き気・頭痛などを起こすことがある。
- **法規制**　消防法（危険物）：危険物第4類第3石油類

75 n-hexanol
n-ヘキサノール

CAS番号：111-27-3
アルコール類

- **別名**　1-ヘキサノール、n-ヘキシルアルコール、1-ヘキシルアルコール、ヘキシルアルコール
- **建築での主な使用例**　塗料等の溶剤
- **他の用途**　防腐剤、医薬中間体、ニトロセルロースラッカー溶剤、天然樹脂溶剤
- **外観的な特徴等**　特徴的な臭気のある無色の液体
- **性状**　［沸点］157℃　［水溶解性］微溶　［融点］－44.6℃　［蒸気圧］0.124kPa（25℃）　［比重（水=1）］0.82　［相対蒸気密度（空気＝1）］3.52　［分配係数］2.03　［ヘンリー定数］1.71×10⁻⁵atmm³/mol
- **曝露経路**　吸入、経口摂取により体内へ吸収される
- **毒性症状**　［短期］吸入による咳・咽頭痛。皮膚の乾燥。眼の発赤・痛み。気道・皮膚・眼の刺激、特に眼を著しく刺激。経口摂取による化学性肺炎。［長期］皮膚の脱脂。
- **法規制**　消防法（危険物）：危険物第4類第2石油類、海洋汚染防止法：D類物質等

76 n-hexane
n-ヘキサン

CAS番号：110-54-3
脂肪族炭化水素

- **別名**　ヘキサン、ノルマルヘキサン
- **建築での主な使用例**　接着剤、塗料、インキ、ワックスの溶剤
- **他の用途**　溶剤（接着剤や塗料等の樹脂の溶解）、洗浄剤、食用油脂の抽出
- **外観的な特徴等**　無色透明の液体、特徴的な臭い、揮発性
- **性状**　［沸点］69℃　［水溶解性］溶けない　［融点］－95℃　［蒸気圧］17kPa（20℃）　［比重（水=1）］0.7　［相対蒸気密度（空気＝1）］3.0　［分配係数］3.9　［ヘンリー定数］1.8atmm³/mol（概算値）

■ **曝露経路**　吸入、経口摂取により体内へ吸収される
■ **毒性症状**　［短期］皮膚の刺激。経口摂取による化学性肺炎、意識低下。吸入によるめまい・嗜眠・感覚鈍麻・頭痛・吐き気・脱力感・意識喪失。皮膚の乾燥・発赤・痛み。眼の発赤・痛み。経口摂取による腹痛。［長期］皮膚炎、中枢神経系（特に末梢神経系）への影響、生殖毒性の可能性あり。
■ **法規制**　水質汚濁防止法：要調査項目に係わる物質、労働安全衛生法（名称等の表示）：名称等を表示すべき有害物・名称等を通知すべき有害物、労働安全衛生法（特化物等）：第2種有機溶剤、消防法（危険物）：危険物第4類第1石油類、海洋汚染防止法：C類物質等
■ **備考**　樹脂の溶解性に優れ揮発しやすいため、接着剤・塗料・インキ等の有機溶剤によく用いられる。

77　n-heptanol
n-ヘプタノール

CAS番号：111-70-6
アルコール類

■ **別名**　1-ヘプタノール、ヘプタノール、ヘプチルアルコール、1-ヘプチルアルコール、n-ヘプチルアルコール
■ **建築での主な使用例**　塗料等の溶剤
■ **他の用途**　香料、可塑剤、合成中間体、化粧品用溶剤、有機合成用溶剤
■ **外観的な特徴**　特異臭を有する無色の液体
■ **性状**　［沸点］176℃　［水溶解性］難溶　［融点］-34℃　［蒸気圧］28.8Pa（25℃）　［比重（水=1）］0.82　［相対蒸気密度（空気=1）］4.0　［分配係数］2.72　［ヘンリー定数］$1.88×10^5$atm³/mol
■ **曝露経路**　吸入、経皮、経口摂取により体内へ吸収される
■ **毒性症状**　［短期］眼・鼻・皮膚への刺激。吸入または経口摂取による咳・息切れ・吐き気・嘔吐、重症の場合は意識混濁や運動障害を起こす恐れがある。
■ **法規制**　消防法（危険物）：危険物第4類第3石油類、海洋汚染防止法：C類物質等

78　n-heptane
n-ヘプタン

CAS番号：142-82-5
脂肪族炭化水素

■ **別名**　ヘプタン
■ **建築での主な使用例**　接着剤や塗料等の溶剤
■ **他の用途**　溶剤（接着剤や塗料等の樹脂の溶解）、洗浄剤、燃料、分析試薬
■ **外観的な特徴等**　無色の液体、特異臭
■ **性状**　［沸点］98℃　［水溶解性］溶けない　［融点］-91℃　［蒸気圧］6.1kPa（25℃）　［比重（水=1）］0.68　［相対蒸気密度（空気=1）］3.46　［分配係数］4.66　［ヘンリー定数］2atm³/mol（概算値）　［生物分解性］分解性良好
■ **曝露経路**　吸入、経口摂取により体内へ吸収される
■ **毒性症状**　［短期］眼、皮膚、気道への刺激。吸入による感覚鈍麻・頭痛、重症の場合は気管支炎・肺水腫・意識喪失・痙攣を起こすことがある。経口摂取による胃痙攣・下痢・嘔吐・灼熱感・化学性肺炎。中枢神経系への影

響。高濃度で麻酔剤。皮膚の乾燥。眼の発赤・痛み。［長期］皮膚の脱脂。肝機能障害。
■ **法規制**　労働安全衛生法（名称等の表示）：名称等を通知すべき有害物、消防法（危険物）：危険物第4類第1石油類、海洋汚染防止法：C類物質等
■ **備考**　蒸気は空気よりも重く、床に沿って移動することがあり、引火しやすいので火気に注意が必要である。また、この液体を下水に流してはならない。

79 n-penta decane
n-ペンタデカン

CAS番号：629-62-9
脂肪族炭化水素

■ **別名**　ペンタデカン
■ **建築での主な使用例**　接着剤や塗料などの溶剤
■ **他の用途**　溶剤（接着剤や塗料等の樹脂の溶解）
■ **外観的な特徴等**　無色の液体、特異臭
■ **性状**　［沸点］270.6℃　［水溶解性］難溶　［融点］9.9℃　［蒸気圧］0.45Pa（25℃）　［比重（水=1）］0.7685　［生物分解性］分解性良好、低濃縮性
■ **曝露経路**　吸入、経口摂取により体内へ吸収される
■ **毒性症状**　［短期］眼、皮膚、気道への刺激。［長期］不快感・吐き気・頭痛などを起こすことがある。
■ **法規制**　消防法（危険物）：危険物第4類第3石油類

80 n-pentane
n-ペンタン

CAS番号：109-66-0
脂肪族炭化水素

■ **別名**　ペンタン
■ **建築での主な使用例**　接着剤や塗料等の溶剤
■ **他の用途**　溶剤（接着剤や塗料等の樹脂の溶解）、洗浄剤、農薬、医薬、医薬中間体、合成中間体、麻酔剤、低温温度計
■ **外観的な特徴等**　無色の液体、芳香臭
■ **性状**　［沸点］36℃　［水溶解性］溶けない　［融点］－129℃　［蒸気圧］68.5kPa（25℃）　［比重（水=1）］0.63　［相対蒸気密度（空気＝1）］2.5　［分配係数］3.39　［ヘンリー定数］1.25atmm³/mol　［生物分解性］分解性良好
■ **曝露経路**　吸入、経口摂取により体内へ吸収される
■ **毒性症状**　［短期］眼、皮膚、気道への刺激。吸入、経口摂取によるめまい・嗜眠・意識喪失・頭痛・吐き気・嘔吐・咳・咽頭痛・息切れ・化学性肺炎、重症の場合は急性気管支炎・肺炎・肺水腫を起こすことがある。中枢神経系への影響。高濃度で麻酔剤。皮膚の乾燥。［長期］皮膚炎。
■ **法規制**　労働安全衛生法（名称等の表示）：名称等を通知すべき有害物、消防法（危険物）：危険物第4類特殊引火物、海洋汚染防止法：C類物質等
■ **備考**　症状は遅れて現れることもある。極めて引火しやすい蒸気で、気体は空気よりも重く、床に沿って移動することがあるので火気には十分注意が必要である。また、この液体を下水に流してはならない。

81 N-methyl-2-pyrrolidone
N-メチル-2-ピロリドン

CAS番号：872-50-4
含窒素化合物

■ **別名** N-メチルピロリドン
■ **建築での主な使用例** 塗料やインキなどの溶剤、洗浄剤
■ **他の用途** 洗浄剤、剥離剤、各種溶剤、樹脂表面コーティング剤
■ **外観的な特徴等** 無色の液体、特異臭
■ **性状** ［沸点］202℃　［水溶解性］溶ける　［融点］−24℃　［蒸気圧］66Pa（25℃）［比重（水＝1）］1.03　［相対蒸気密度（空気＝1）］3.4　［分配係数］−0.54　［ヘンリー定数］3.2×10^{-9} atm㎥/mol　［生物分解性］分解性良好
■ **曝露経路** 吸入、経皮、経口摂取により体内へ吸収される
■ **毒性症状** ［短期］眼、皮膚、粘膜への刺激。経口摂取による化学性肺炎。吸入による頭痛・悪心・吐き気・嘔吐・咳・呼吸障害・胃腸障害。眼の発赤・痛み・かすみ・視力障害。皮膚の乾燥・発赤。［長期］皮膚炎。動物実験では人の生殖に影響を及ぼす可能性が指摘されている。
■ **法規制** 大気汚染防止法：有害大気汚染物質、消防法（危険物）：危険物第4類第3石油類、海洋汚染防止法：D類物質等
■ **備考** 皮膚から吸収されることがあり、他の物質の皮膚浸透性を増強する。人の健康への影響に関するデータが不十分であり、最大の注意を払う必要がある。

82 N,N-didecyl-N-methyl-polyoxyethyl ammonium propionate
N,N-ジデシル-N-メチル-ポリオキシエチルアンモニウムプロピオネート

CAS番号：107879-22-1
第4級アンモニウム塩

■ **別名** DMPAP
■ **建築での主な使用例** 防腐・防かび剤
■ **曝露経路** 吸入、経皮、経口摂取により体内へ吸収される

83 N,N-dibutyl ethanol amine
N,N-ジブチルエタノールアミン

CAS番号：102-81-8
アミン類

■ **別名** 2-N-ジブチルアミノエタノール、2-(N,N-ジブチルアミノ)エタノール、N,N-ジ-n-ブチルアミノエタノール、2-(ジ-n-ブチルアミノ)エタノール、2-(ジ-ノルマル-ブチルアミノ)エタノール
■ **建築での主な使用例** ポリウレタン樹脂の触媒
■ **他の用途** 繊維助剤、乳化剤
■ **外観的な特徴等** 無色の液体、特異臭
■ **性状** ［沸点］222〜232℃　［水溶解性］難溶　［融点］−70℃　［蒸気圧］3.4kPa　［比重（水＝1）］0.9　［相対蒸気密度（空気＝1）］6　［生物分解性］難分解性、低濃縮性
■ **曝露経路** 吸入、経皮、経口摂取により体内へ吸収される
■ **毒性症状** ［短期］眼、皮膚、気道への刺激、腐食性。中枢神経系への影響、コリンエステ

ラーゼ阻害剤。吸入によるめまい・頭痛・吐き気・咳・咽頭痛・息苦しさ・痙攣・縮瞳・唾液分泌過多・筋痙直・発汗、重症の場合は呼吸不全・意識喪失を起こし、死に至ることもある。経口摂取による腹痛・下痢・嘔吐・灼熱感・胃痙攣・ショックまたは虚脱。眼の発赤・痛み・重度の熱傷（化学薬傷）。皮膚の発赤・痛み・皮膚熱傷（化学薬傷）。[長期]不快感・吐き気・頭痛などを起こすことがある。

■**法規制** 化審法：第二種監視化学物質、労働安全衛生法（名称等の表示）：名称等を通知すべき有害物、消防法（危険物）：危険物第4類第3石油類、化学物質排出把握管理促進法：第一種指定化学物質

■**備考** 皮膚から吸収されることがある。症状は遅れて現れることもある。アセチルコリンエステラーゼ活性阻害はジエタノールアミンより阻害作用が大きい。

84 N,N-dimethyl aniline

N,N-ジメチルアニリン

CAS番号：121-69-7
含窒素化合物

■**別名** N,N-ジメチルフェニルアミン、N,N-ジメチルベンゼンアミン、ジメチルアニリン、DMA

■**建築での主な使用例** エポキシ樹脂硬化剤、有機ゴム薬品の加硫促進剤、合成樹脂の硬化促進剤・触媒

■**他の用途** 塩基性染料原料（オーラミン、マラカイトグリーン、メチルバイオレッド、クリスタルバイオレット、メチレンブルー）、溶剤・洗浄剤、有機ゴム薬品の加硫促進剤、火薬、医薬品、感圧色素、農薬、エポキシ樹脂硬化剤、ポリエステル樹脂硬化促進剤、ビニル樹脂化合物重合用助触媒、医薬品中間体、合成中間体

■**外観的な特徴等** 黄色の油状液体、特異臭
■**性状** [沸点] 192～194℃ [水溶解性] 溶けない [融点] 2.5℃ [蒸気圧] 93Pa (25℃) [比重（水=1）] 0.96 [相対蒸気密度（空気=1）] 4.2 [分配係数] 2.3 [ヘンリー定数] 5.68×10^{-5} atmm³/mol（概算値）[生物分解性] 難分解性、低濃縮性 [代謝性] 体内でメトヘモグロビンを形成する

■**曝露経路** 吸入、経皮、経口摂取により体内へ吸収される

■**毒性症状** [短期]中枢神経系、循環器系機能、血液への影響（メトヘモグロビン血症）。経口摂取による化学性肺炎。吸入、経口摂取によるめまい・頭痛・吐き気・腹痛・チアノーゼ・耳鳴り・視覚障害・錯乱・痙攣、重症の場合は意識喪失することもある。眼や皮膚の発赤・痛み。[長期]皮膚炎。変異原性あり。[発がん性]人に対する発がん性について分類できない（IARC発がん性分類3）。

■**法規制** 水質汚濁防止法：要調査項目に係わる物質、大気汚染防止法：有害大気汚染物質、労働安全衛生法（名称等の表示）：名称等を通知すべき有害物、消防法（危険物）：危険物第4類第3石油類

■**備考** 皮膚からも吸収され、同様の症状を起こすことがある。症状は遅れて現れることもある。

85 N,N-dimethyl formamide
N,N-ジメチルホルムアミド

CAS番号：68-12-2
含窒素化合物

■ **別名**　ジメチルホルムアミド、DMF、ジメチルホルムアマイド、ホルミルジメチルアミン
■ **建築での主な使用例**　ウレタン塗料及び接着剤の溶剤
■ **他の用途**　溶剤・洗浄剤、アクリル繊維・スパンデックス繊維・人工皮革・ウレタン系合成皮革原料、ガス吸収剤、分析化学用試薬
■ **外観的な特徴等**　無色〜黄色の液体、特異臭（微アミン臭）
■ **性状**　[沸点]153℃　[水溶解性]混和する　[融点]−61℃　[蒸気圧]約492Pa（25℃）　[比重（水=1）]0.95　[相対蒸気密度（空気=1）]2.5　[分配係数]−0.87　[ヘンリー定数]7.39×10^{-8} atmm^3/mol　[生物分解性]難分解性・低濃縮性　[代謝性]吸収されたものは代謝後、また一部はそのまま尿中に排泄される
■ **曝露経路**　吸入、経皮、経口摂取により体内へ吸収される
■ **毒性症状**　[短期]眼、皮膚、粘膜への強い刺激。吸入、経口摂取による頭痛・悪心・吐き気・嘔吐・腹痛・下痢・咳・肝臓障害・黄疸。眼、皮膚の発赤・痛み。[長期]肝機能障害。動物実験では人の生殖に毒性影響を与える可能性が指摘されている。[発がん性]人に対する発がん性について分類できない（IARC発がん性分類3）。
■ **法規制**　化審法：第二種監視物質、水質汚濁防止法：要調査項目に係わる物質、大気汚染防止法：有害大気汚染物質、労働安全衛生法（名称等の表示）：名称等を表示すべき有害物・名称等を通知すべき有害物、労働安全衛生法（特化物等）：第2種有機溶剤、消防法（危険物）：危険物第4類第2石油類海洋汚染防止法：D類物質等、化学物質排出把握管理促進法：第一種指定化学物質
■ **備考**　妊婦への曝露を避ける！　皮膚からも吸収され、吸収量は比較的多いと考えられる。

86 N,N,N',N'-tetramethyl ethylenediamine
N,N,N',N'-テトラメチルエチレンジアミン

CAS番号：110-18-9
含窒素化合物

■ **別名**　1,2-ジ-(ジメチルアミノ)-エタン、1,2-ビス(ジメチルアミノ)エタン、テトラメチルエチレンジアミン
■ **建築での主な使用例**　ポリウレタン発泡触媒
■ **他の用途**　ポリウレタン発泡触媒
■ **外観的な特徴等**　わずかに特異臭のある無色の液体
■ **性状**　[沸点]約120℃　[水溶解性]溶ける　[融点]−55℃　[蒸気圧]2.23kPa（25℃）（概算値）　[比重（水=1）]0.772〜0.777　[相対蒸気密度（空気=1）]4.03　[分配係数]0.3　[ヘンリー定数]2.4×10^{-8} atmm^3/mol（概算値）
■ **曝露経路**　吸入、経皮、経口摂取により体内へ吸収される
■ **毒性症状**　[短期]皮膚・粘膜への刺激、眼の薬傷。[長期]不快感・吐き気・頭痛などの症状を起こすことがある。
■ **法規制**　消防法（危険物）：危険物第4類第

1 石油類
■ 備考　皮膚から吸収される恐れあり。

87　p-cymene
p-シメン

CAS番号：99-87-6
芳香族炭化水素

■ 別名　イソプロピルトルエン、1-メチル-4-(1-メチルエチル)ベンゼン、p-イソプロピルトルエン、p-メチル-キュメン、p-メチルイソプロピルベンゼン、シメン、パラシメン
■ 建築での主な使用例　テレピン油中に存在する。エタノールやアセトンとの混合物は塗料・ワニスの溶剤
■ 他の用途　クレゾールの原料、合成樹脂各種添加物、合成中間体
■ 外観的な特徴等　無色の液体、特異臭
■ 性状　［沸点］177℃　［水溶解性］溶けない　［融点］−68℃　［蒸気圧］0.200kPa (25℃)　［比重（水=1）］0.85　［相対蒸気密度（空気=1）］4.62　［分配係数］4.1　［ヘンリー定数］1.1×10^2 atmm³/mol（概算値）　［生物分解性］分解性良好
■ 曝露経路　吸入、経皮、経口摂取により体内へ吸収される
■ 毒性症状　［短期］眼、皮膚、気道への刺激。吸入・経口摂取によるめまい・頭痛・吐き気・嘔吐・下痢・嗜眠、重症の場合は意識喪失。経口摂取による化学性肺炎。眼の発赤。皮膚の乾燥・発赤。［長期］皮膚の脱脂。
■ 法規制　消防法（危険物）：危険物第4類第2石油類、海洋汚染防止法：C類物質等
■ 備考　皮膚からも吸収されることがある。蒸気は空気よりも重く、引火しやすいので火気に注意が必要である。

88　p-phenylenediamine
p-フェニレンジアミン

CAS番号：106-50-3
アミン類

■ 別名　1,4-ベンゼンジアミン、p-ジアミノベンゼン、パラミン、フェニレンジアミン、PPD
■ 建築での主な使用例　ゴムの加硫剤・加硫促進剤
■ 他の用途　写真現像薬、染料や白髪染めの合成原料、ゴムやガソリンの酸化防止剤
■ 外観的な特徴等　白色～わずかに赤色の結晶（空気に触れると黒ずむ）
■ 性状　［沸点］267℃　［水溶解性］冷水に微溶　［融点］139～147℃　［蒸気圧］0.667Pa（25℃、概算値）　［比重（水=1）］1.1　［相対蒸気密度（空気=1）］3.7　［分配係数］−0.25　［ヘンリー定数］6.73×10^{-10} atmm³/mol（概算値）　［生物分解性］難分解性、低濃縮性
■ 曝露経路　吸入、経皮、経口摂取により体内へ吸収される
■ 毒性症状　［短期］眼、皮膚、気道への刺激。吸入によるめまい・頭痛・咳・息苦しさ・息切れ・喘息・吐き気・嘔吐・嗜眠・脱力感・痙攣・チアノーゼ、重症の場合は意識喪失・窒息（メトヘモグロビン血症）を起こし、死に至ることもある。眼の発赤・痛み・かすみ・まぶたの腫れ、重症の場合は永久的な視力喪失。皮膚の発赤。［長期］皮膚の感作。喘息。腎臓・肝臓障害。変異原性あり。［発がん性］人に対する発がん性について分類でき

[87] p-シメン
CH(CH₃)₂

CH₃

ない（IARC発がん性分類3）。
■ **法規制**　大気汚染防止法：有害大気汚染物質、労働安全衛生法（名称等の表示）：名称等を通知すべき有害物、毒物及び劇物取締法：劇物、化学物質排出把握管理促進法：第一種指定化学物質
■ **備考**　喘息の症状は2〜3時間経過しないと現れないことがあり、安静を保たなければ悪化する。この物質により一度喘息の症状を示した場合、以後この物質に触れないこと。

89 t-butanol
t-ブタノール

CAS番号：75-65-0
アルコール類

■ **別名**　2-メチル-2-プロパノール、TBA、t-ブチルアルコール、第3ブタノール、トリメチルカルビノール
■ **建築での主な使用例**　接着剤、塗料、インキ等の溶剤
■ **他の用途**　香料、溶剤、洗浄剤、合成中間体、ガソリン添加剤、塗料除去剤
■ **外観的な特徴等**　特徴的な臭気のある無色の液体または粉末
■ **性状**　［沸点］83℃　［水溶解性］非常によく溶ける　［融点］25℃　［蒸気圧］4.1kPa（20℃）　［比重（水＝1）］0.8　［相対蒸気密度（空気＝1）］2.6　［分配係数］0.4　［ヘンリー定数］9.05×10^{-6} atmm^3/mol
■ **曝露経路**　蒸気の吸入、経口摂取により体内へ吸収される
■ **毒性症状**　［短期］吸入によるめまいや頭痛。皮膚の乾燥や発赤。眼の発赤や痛み。蒸気は眼を刺激、中枢神経系への影響、高濃度の場合は意識が低下することがある。［長期］皮膚炎を起こすことがある。
■ **法規制**　化審法：第二種監視化学物質、労働安全衛生法（名称等の表示）：名称等を通知すべき有害物、消防法（危険物）：危険物第4類第1石油類
■ **備考**　許容濃度を超えても臭気として十分に感じないので注意する。

90 α-cypermethrin
α-シペルメトリン

CAS番号：67375-30-8
ピレスロイド系殺虫剤

■ **別名**　(S)-α-シアノ-3-フェノキシベンジル=3-(2,2-ジクロロビニル)-2,2-ジメチル-cis-シクロプロパンカルボキシラート
■ **建築での主な使用例**　シロアリ駆除剤
■ **他の用途**　殺虫剤、農薬（小麦・とうもろこし・小豆・しゃがいもなどのアブラムシに適用）
■ **外観的な特徴等**　黄褐色の粘稠（ねんちゅう）性液体〜無色の結晶
■ **性状**　［沸点］200℃（9.3Pa）　［水溶解性］難溶　［融点］78〜81℃　［蒸気圧］2.3×10^{-3} Pa（25℃）　［比重（水＝1）］1.28　［分配係数］6.94　［ヘンリー定数］9.48×10^{-6} atmm^3/mol（概算値）
■ **曝露経路**　吸入、経口摂取により体内へ吸収される
■ **毒性症状**　［短期］粘膜を軽度に刺激、皮膚をわずかに刺激。
■ **法規制**　水質汚濁防止法：人の健康に係わる物質、土壌汚染対策法：第二種特定有害物質、水道法：基準項目、毒物及び劇物取締

法：劇物（「(S)-α-シアノ-3-フェノキシベンジル＝(1R,3R)-3-(2,2-ジクロロビニル)-2,2-ジメチルシクロプロパン-カルボキシラートと(R)-α-シアノ-3-フェノキシベンジル＝(1S,3S)-3-(2,2-ジクロロビニル)-2,2-ジメチルシクロプロパン-カルボキシラートとの等量混合物0.88%以下を含有する製剤」は該当除外）、食品衛生法（残留農薬基準）：対象物質、化学物質排出把握管理促進法：第二種指定化学物質
■ 備考　除虫菊の成分ピレトリンに似せて合成された合成ピレスロイドである。

91　α-pinene
α-ピネン

CAS番号：80-56-8
テルペン類

■ 別名　アルファ-ピネン、2,2,6-トリメチルビシクロ(3.1.1)ヘプト-2-エン、2-ピネン
■ 建築での主な使用例　針葉樹の揮発成分
■ 他の用途　溶剤、洗浄剤、香料・香料中間体、合成中間体
■ 外観的な特徴等　無色の液体、テレピン油臭（針葉樹的な香気）
■ 性状　[沸点] 156℃　[水溶解性] 溶けない　[融点] －62.5℃　[蒸気圧] 0.633kPa (25℃)　[比重（水=1）] 0.8592　[相対蒸気密度（空気=1）] 4.7　[分配係数] 4.83　[ヘンリー定数] 0.294atmm^3/mol（概算値）
■ 曝露経路　吸入、経口摂取により体内へ吸収される
■ 毒性症状　[短期] 眼、皮膚、粘膜への激しい刺激。
■ 法規制　海洋汚染防止法：A類物質等

92　β-pinene
β-ピネン

CAS番号：127-91-3
テルペン類

■ 別名　ベータ-ピネン、2(10)ピネン、6,6-ジメチル-2-メチレン-ビシクロ(3.1.1)ヘプタン、シュードピネン、ノピネン、プソイドピネン
■ 建築での主な使用例　針葉樹の揮発成分
■ 他の用途　香料中間体、合成中間体
■ 外観的な特徴等　無色の液体、テレピン油臭（針葉樹的な香気）
■ 性状　[沸点] 166℃　[水溶解性] 溶けない　[融点] －61.5℃　[蒸気圧] 0.39kPa (25℃)　[比重（水=1）] 0.860　[分配係数] 4.16　[ヘンリー定数] 0.161atmm^3/mol（概算値）
■ 曝露経路　吸入、経口摂取により体内へ吸収される。
■ 毒性症状　[短期] 眼や粘膜の刺激。皮膚の発赤。高濃度の場合は、精神錯乱・失調・腎臓障害。吸入による動悸・めまい・神経障害・胸痛・気管支炎・腎炎。
■ 法規制　海洋汚染防止法：B類物質等

93　γ-butyrolactone
γ-ブチロラクトン

CAS番号：96-48-0
エステル類

■ 別名　γ-オキシ酪酸ラクトン、テトラヒドロ-2-フラノン
■ 建築での主な使用例　塗料・インキ等の溶剤
■ 他の用途　染料、塗料、インキ、溶剤、洗

浄剤、医薬、医薬中間体、合成中間体
■ **外観的な特徴等** 無色の油状の吸湿性液体
■ **性状** ［沸点］204℃ ［水溶解性］混和する ［融点］−44℃ ［蒸気圧］0.15kPa（20℃） ［比重（水=1）］1.1 ［相対蒸気密度（空気=1）］3.0 ［分配係数］−0.57 ［ヘンリー定数］$5.27×10^{-8}$ atm㎥/mol（概算値）［生物分解性］分解性良好
■ **曝露経路** 蒸気の吸入、経口摂取により体内へ吸収される
■ **毒性症状** ［短期］眼の発赤や痛み。経口摂取による嘔吐・嗜眠・息苦しさ・意識喪失。眼の刺激、中枢神経系への影響。経口摂取により呼吸不全を起こすことがある。意識が低下することがある。［長期］変異原性あり。［発がん性］人に対する発がん性について分類できない（IARC発がん性分類3）。
■ **法規制** 消防法（危険物）:危険物第4類第3石油類、海洋汚染防止法:D類物質
■ **備考** アルコール飲料の使用により有害作用が増大する。

94 zinc
亜鉛

CAS番号:7440-66-6
重金属

■ **建築での主な使用例** 亜鉛メッキ鋼板など鉄製品の防錆メッキ、しんちゅう（銅と亜鉛の合金）製品、化合物として木材防腐剤、顔料などに使用される
■ **他の用途** 写真材料、合金、化合物として農薬、軟膏、触媒
■ **外観的な特徴等** 銀灰色〜青色の粉末、無臭

■ **性状** ［沸点］907℃ ［水溶解性］反応する ［融点］419℃ ［蒸気圧］$5.16×10^{-7}$ Pa（25℃、概算値） ［比重（水=1）］7.14 ［分配係数］−0.47（概算値） ［ヘンリー定数］$2.45×10^{-2}$ atm㎥/mol（概算値） ［生物分解性］生物濃縮あり
■ **曝露経路** 吸入、経口摂取により体内へ吸収される
■ **毒性症状** ［短期］吸入すると数時間後に悪寒・発熱（金属熱）。肺への影響。皮膚の乾燥。経口摂取による腹痛・吐き気・嘔吐。［長期］皮膚炎。貧血、肝臓、すい臓障害。
■ **法規制** 水質汚濁防止法:生活環境に係る物質・要調査項目に係る物質、大気汚染防止法:有害大気汚染物質、水道法:基準項目、下水道法:環境項目
■ **備考** 金属熱の症状は遅れて現れる場合がある。生物にとって必須元素であるが過剰摂取は有毒。

95 acrinathrin
アクリナトリン

CAS番号:101007-06-1
ピレスロイド系殺虫剤

■ **別名** (S)-α-シアノ-3-フェノキシベンジル (Z)-(1R,3S)-2,2-ジメチル-3-[2-(2,2,2-トリフルオロ-1-トリフルオロメチルエトキシカルボニル)ビニル]シクロプロパンカルボン酸
■ **建築での主な使用例** シロアリ駆除剤
■ **他の用途** 殺虫剤・防虫剤
■ **外観的な特徴等** 白色の結晶
■ **性状** ［水溶解性］難溶 ［融点］81.5℃ ［蒸気圧］$4.4×10^{-8}$ Pa（20℃） ［分配係数］5.00 ［ヘンリー定数］$1.18×10^{-8}$ atm㎥/mol

（概算値）
■ 曝露経路　吸入、経口摂取により体内へ吸収される
■ 毒性症状　[短期]眼、皮膚、粘膜への刺激。[長期]不快感・吐き気・頭痛などを起こすことがある。
■ 法規制　水質汚濁防止法：要監視項目に係わる物質、土壌汚染対策法：第二種特定有害物質、水道法：基準項目、食品衛生法（残留農薬基準）：対象物質、廃棄物処理法：規制物質
■ 備考　除虫菊の成分ピレトリンに似せて合成された合成ピレスロイドである。

96 acrylic acid
アクリル酸

CAS番号：79-10-7
（メタ）アクリル酸エステル類

■ 別名　2-プロペン酸、エチレンカルボン酸
■ 建築での主な使用例　アクリル系接着剤・塗料、アクリル系樹脂製品の原料
■ 他の用途　接着剤・塗料など合成樹脂の原料、不織布バインダー、繊維改質剤、歯科用接着剤
■ 外観的な特徴等　無色の液体、刺激臭
■ 性状　[沸点]141℃　[水溶解性]混和する　[融点]14℃　[蒸気圧]0.529kPa（25℃）　[比重（水=1）]1.05　[相対蒸気密度（空気＝1）]2.5　[分配係数]0.36　[ヘンリー定数]3.7×10^7 atmm³/mol（概算値）[生物分解性]分解性良好
■ 曝露経路　吸入、経皮、経口摂取により体内へ吸収される

■ 毒性症状　[短期]眼、皮膚、気道への刺激（腐食性）。吸入による咳・咽頭痛・息切れ・息苦しさ・灼熱感。経口摂取による胃痙攣・下痢・灼熱感・ショック・意識低下。肺水腫。皮膚の発赤・水泡・痛み。眼の発赤・痛み・重度の熱傷・視力喪失。[長期]皮膚のアレルギー症状。[発がん性]人に対して発がん性について分類できない（IARC発がん性分類3）。
■ 法規制　水質汚濁防止法：要調査項目に係わる物質、大気汚染防止法：有害大気汚染物質、水道法：要検討項目、労働安全衛生法（名称等の表示）：名称等を通知すべき有害物、消防法（危険物）：危険物第4類第2石油類、毒物及び劇物取締法：劇物、海洋汚染防止法：D類物質等、化学物質排出把握管理促進法：第一種指定化学物質
■ 備考　あらゆる接触を避ける！　樹脂中の残留モノマーの溶出に注意。皮膚から吸収されることがある。肺水腫などの障害は遅れて現れることがある。蒸気は空気より重く、引火しやすい。また、この物質を下水に流してはならない。添加された安定剤や抑制剤がこの物質の毒性に影響を与える可能性がある。重合したポリアクリル酸は増粘剤や排水処理用の凝集剤、吸水性樹脂として使用される。

97 2-ethylhexyl acrylate
アクリル酸-2-エチルヘキシル

CAS番号：103-11-7
（メタ）アクリル酸エステル類

■ 別名　（2-エチルヘキシル）アクリレート、2-エチルヘキシルアクリレート
■ 建築での主な使用例　アクリル系接着剤・

塗料、アクリル系樹脂製品の原料
■ **他の用途**　接着剤・塗料など合成樹脂の原料、繊維・紙・皮革などの加工剤
■ **外観的な特徴等**　無色の液体、特異臭
■ **性状**　［沸点］213.5℃　［水溶解性］溶けない　［融点］－90℃　［蒸気圧］23.7Pa（25℃）　［比重（水＝1）］0.89　［相対蒸気密度（空気＝1）］6.29　［分配係数］3.67　［ヘンリー定数］4.32×10^{-4} atm³/mol（概算値）　［生物分解性］分解性良好
■ **曝露経路**　吸入、経口摂取により体内へ吸収される
■ **毒性症状**　［短期］眼、皮膚、気道への刺激。吸入による咳・咽頭痛。経口摂取による腹痛・下痢・嘔吐。皮膚や眼の発赤・痛み。［長期］皮膚の感作。長期曝露による不快感・吐き気・頭痛。動物実験では催腫瘍性あり。［発がん性］人に対して発がん性について分類できない（IARC発がん性分類3）。
■ **法規制**　水質汚濁防止法：要調査項目に係わる物質、消防法（危険物）：危険物第4類第3石油類、海洋汚染防止法：B類物質
■ **備考**　あらゆる接触を避ける！　樹脂中の残留モノマーの溶出に注意。添加された安定剤や抑制剤がこの物質の毒性に影響を与える可能性がある。

98　butyl acrylate
アクリル酸-n-ブチル

CAS番号：141-32-2
（メタ）アクリル酸エステル類

■ **別名**　アクリル酸ブチル、アクリル酸ノルマルブチル、ブチルアクリレート
■ **建築での主な使用例**　アクリル系接着剤・塗料、アクリル系樹脂製品の原料
■ **他の用途**　接着剤・塗料など合成樹脂の原料、繊維・紙・皮革などの加工剤
■ **外観的な特徴等**　無色の液体、特異臭
■ **性状**　［沸点］145〜149℃　［水溶解性］微溶　［融点］－64℃　［蒸気圧］0.727kPa（25℃）　［比重（水＝1）］0.90　［相対蒸気密度（空気＝1）］4.42　［分配係数］2.38　［ヘンリー定数］6.57×10^{-4} atm³/mol（概算値）　［生物分解性］分解性良好
■ **曝露経路**　吸入、経皮、経口摂取により体内へ吸収される
■ **毒性症状**　［短期］眼、皮膚、気道への刺激。吸入、経口摂取による灼熱感・咳・咽頭痛・息切れ・腹痛・下痢・吐き気・嘔吐・化学性肺炎。皮膚や眼の発赤・痛み。［長期］皮膚の感作。［発がん性］人に対して発がん性について分類できない（IARC発がん性分類3）。
■ **法規制**　水質汚濁防止法：要調査項目に係わる物質、大気汚染防止法：有害大気汚染物質、労働安全衛生法（名称等の表示）：名称等を通知すべき有害物、消防法（危険物）：危険物第4類第2石油類、海洋汚染防止法：B類物質等
■ **備考**　あらゆる接触を避ける！　樹脂中の残留モノマーの溶出に注意。添加された安定剤や抑制剤がこの物質の毒性に影響を与える可能性がある（抑制剤には通常、ヒドロキノンやヒドロキノンエチルエーテルが使用される）。

99 ethyl acrylate
アクリル酸エチル

CAS番号：140-88-5
(メタ)アクリル酸エステル類

■ **別名** 2-プロペン酸エチル、エチルアクリレート

■ **建築での主な使用例** アクリル系接着剤・塗料、アクリル系樹脂製品の原料

■ **他の用途** 接着剤・塗料など合成樹脂の原料、繊維・紙・皮革などの加工剤、歯科用充填剤

■ **外観的な特徴等** 無色の液体、刺激臭

■ **性状** ［沸点］99℃ ［水溶解性］溶ける ［融点］−71℃ ［蒸気圧］5.14kPa（25℃）［比重（水=1）］0.92 ［相対蒸気密度（空気=1）］3.45 ［分配係数］1.32 ［ヘンリー定数］$3.39×10^{-4}atmm^3/mol$（概算値）［生物分解性］分解性良好 ［代謝性］胃腸・呼吸器からすみやかに吸収、胃・肝臓・肺・腎臓などで分解されて最終的には二酸化炭素として呼気中に排出される。

■ **曝露経路** 吸入、経皮、経口摂取により体内へ吸収される

■ **毒性症状** ［短期］眼、皮膚、気道への刺激。吸入による灼熱感・咳・咽頭痛・息切れ。経口摂取による腹痛・下痢・吐き気・嘔吐・胃腸障害。皮膚や眼の発赤・痛み、かすみ目。［長期］皮膚の感作。肺・肝臓・腎臓・胃腸への影響。遺伝子毒性の可能性あり。［発がん性］人に対して発がん性を示す可能性がある（IARC発がん性分類2B）。

■ **法規制** 水質汚濁防止法：要調査項目に係わる物質、大気汚染防止法：有害大気汚染物質、労働安全衛生法（名称等の表示）：名称等を通知すべき有害物、消防法（危険物）：危険物第4類第1石油類、海洋汚染防止法：A類物質等、化学物質排出把握管理促進法：第一種指定化学物質

■ **備考** あらゆる接触を避ける！ 樹脂中の残留モノマーの溶出に注意、包装材より食物へ移行することがある。添加された安定剤や抑制剤がこの物質の毒性に影響を与える可能性がある。

100 acrylonitrile
アクリロニトリル

CAS番号：107-13-1
含窒素化合物

■ **別名** 2-プロペンニトリル、アクリル酸ニトリル、シアノエチレン、シアン化エチレン、シアン化ビニル

■ **建築での主な使用例** 塗料、接着剤の合成原料

■ **他の用途** 顔料、塗料、合成樹脂、合成繊維

■ **外観的な特徴等** 無色あるいは薄黄色の液体、刺激臭

■ **性状** ［沸点］77℃ ［水溶解性］溶ける ［融点］−84℃ ［蒸気圧］11kPa（20℃）［比重（水=1）］0.8 ［相対蒸気密度（空気=1）］1.8 ［分配係数］0.25 ［ヘンリー定数］$1.38×10^{-4}atmm^3/mol$ ［生物分解性］分解性良好 ［代謝性］体内に侵入したアクリロニトリルの約15％が未変化のまま呼気と尿中に排泄される。約15％がニトリル基を遊離してシアンになり、その大部分がチオシアンとなり、尿中に排泄される。

■ **曝露経路** 吸入、経皮、経口摂取により体内へ吸収される

■ **毒性症状**　[短期]眼・皮膚・気道への刺激。中枢神経系への影響。吸入によるめまい・頭痛・吐き気・息切れ・嘔吐・脱力感・痙攣・胸部圧迫感。皮膚の発赤・痛み・水疱。眼の発赤・痛み。経口摂取による腹痛・嘔吐。[長期]皮膚の感作。中枢神経系・肝臓への影響。変異原性あり。[発がん性]人に対して発がん性を示す可能性がある（IARC発がん性分類2B）。
■ **法規制**　水質汚濁防止法：要調査項目に係わる物質、大気汚染防止法：有害大気汚染物質（優先取り組み物質）、労働安全衛生法（名称等の表示）：名称等を表示すべき有害物・名称等を通知すべき有害物、労働安全衛生法（特化物等）：特定化学物質第2類、消防法（危険物）：危険物第4類第1石油類、毒物及び劇物取締法：劇物、海洋汚染防止法：B類物質等、化学物質排出把握管理促進法：第一種指定化学物質（特定第一種）
■ **備考**　皮膚から吸収される可能性あり。アクリル系合成繊維の合成原料、ABS樹脂・AS樹脂・NBR合成ゴムの合成原料。

101　azaconazol
アザコナゾール

CAS番号：60207-31-0
トリアゾール系化合物

■ **別名**　1-((2-(2,4-ジクロロフェニル)-1,3-ジオキソラン-2-イル)メチル)-1H-1,2,4-トリアゾール
■ **建築での主な使用例**　防腐・防かび剤
■ **他の用途**　農薬、殺菌剤
■ **外観的な特徴等**　ベージュ褐色粉末
■ **性状**　[水溶解性]難溶　[融点]104〜112℃　[蒸気圧] 8.7×10^{-9} kPa（20℃）[比重（水=1）]1.511　[分配係数]2.32　[ヘンリー定数] 8.61×10^{-11} atm$\cdot$m^3/mol（概算値）
■ **曝露経路**　吸入、経皮、経口摂取により体内へ吸収される
■ **毒性症状**　[短期]皮膚を軽度に刺激。
■ **法規制**　食品衛生法（残留農薬基準）：対象物質

102　adipic acid
アジピン酸

CAS番号：124-04-9
有機酸

■ **別名**　1,4-ブタンジカルボン酸、1,4-ブタンカルボン酸、ヘキサン二酸
■ **建築での主な使用例**　合成樹脂や可塑剤の合成原料
■ **他の用途**　ナイロン66の原料、医薬品・合成樹脂・可塑剤などの合成中間体、香料固定剤
■ **外観的な特徴等**　白色の結晶粉末
■ **性状**　[沸点]338℃　[水溶解性]微溶　[融点]152℃　[蒸気圧] 4.24×10^{-5} Pa（25℃、外挿値）　[比重（水=1）]1.36　[相対蒸気密度（空気=1）]5.04　[分配係数]0.08　[ヘンリー定数] 4.71×10^{-12} atm$\cdot$m^3/mol（概算値）　[生物分解性]分解性良好
■ **曝露経路**　吸入、経口摂取により体内へ吸収される
■ **毒性症状**　[短期]眼、皮膚、気道への刺激。吸入による咳・咽頭痛・喘息発作。経口摂取による腹痛・下痢・嘔吐・痙攣・呼吸障害。眼の発赤・痛み。皮膚の発赤。[長期]皮膚の

感作。喘息。
■ **法規制** 水質汚濁防止法：要調査項目に係わる物質、労働安全衛生法（名称等の表示）：名称等を通知すべき有害物
■ **備考** 喘息の症状は2～3時間経過しないと現れないことがあり、安静を保たなければ悪化する。一度でも喘息発作を起こした場合は、以後この物質に接触しないようにすること。

103 di-n-hexyl adipate
アジピン酸ジ-n-ヘキシル

CAS番号：110-33-8
アジピン酸エステル類

■ **別名** アジピン酸ジノルマルヘキシル、アジピン酸ジヘキシル、ジヘキシルアジペート、ジノルマルヘキシルアジペート
■ **建築での主な使用例** 塩ビ壁紙など合成樹脂の可塑剤
■ **他の用途** 可塑剤
■ **外観的な特徴等** 液体
■ **性状** ［蒸気圧］3.84×10^{-4} Pa（25℃）　［分配係数］6.30（概算値）　［ヘンリー定数］1.66×10^{-5} atmm^3/mol（概算値）
■ **曝露経路** 吸入、経皮、経口摂取により体内へ吸収される
■ **法規制** 消防法（危険物）：危険物第4類第3石油類、海洋汚染防止法：B類物質等

104 diisodecyl adipate
アジピン酸ジイソデシル

CAS番号：27178-16-1
アジピン酸エステル類

■ **別名** ジイソデシルアジペート
■ **建築での主な使用例** 塩ビ壁紙など合成樹脂の可塑剤
■ **他の用途** 潤滑剤、可塑剤
■ **外観的な特徴等** 無色の液体
■ **性状** ［沸点］349℃　［水溶解性］溶けない　［比重（水=1）］0.912
■ **曝露経路** 吸入、経口摂取により体内へ吸収される
■ **法規制** 消防法（危険物）：危険物第4類第4石油類

105 diisononyl adipate
アジピン酸ジイソノニル

CAS番号：33703-08-1
アジピン酸エステル類

■ **別名** DINA、ジイソノニルアジペート
■ **建築での主な使用例** 塩ビ壁紙など合成樹脂の可塑剤
■ **他の用途** 可塑剤
■ **外観的な特徴等** 無色～わずかに薄黄色の液体
■ **性状** ［沸点］227℃（66.5kPa）　［水溶解性］難溶　［比重（水=1）］0.924
■ **曝露経路** 吸入、経口摂取により体内へ吸収される
■ **毒性症状** ［短期］眼、皮膚、粘膜への接触による刺激。

アジピン酸ジイソブチル／アジピン酸ジエチル／アジピン酸ジオクチル

■ **法規制** 消防法（危険物）：危険物第4類第4石油類、海洋汚染防止法：D類物質等

106 diisobutyl adipate
アジピン酸ジイソブチル

CAS番号：141-04-8
アジピン酸エステル類

■ **別名** ジイソブチルアジペート
■ **建築での主な使用例** 塩ビ壁紙など合成樹脂の可塑剤
■ **他の用途** 合成樹脂の可塑剤
■ **外観的な特徴等** 無色～わずかに薄黄色の液体
■ **性状** ［沸点］278～280℃ ［水溶解性］難溶 ［融点］－20℃ ［蒸気圧］0.75Pa（25℃、概算値）［比重（水=1）］0.9534 ［分配係数］4.19（概算値）［ヘンリー定数］5.35×10^{-6} atm$\cdot$m^3/mol（概算値）
■ **曝露経路** 吸入、経口摂取により体内へ吸収される
■ **毒性症状** ［短期］眼、皮膚、粘膜への接触による刺激。［長期］不快感・吐き気・頭痛などを起こすことがある。動物実験では催奇形性あり。
■ **法規制** 消防法（危険物）：危険物第4類第3石油類

107 diethyl adipate
アジピン酸ジエチル

CAS番号：141-28-6
アジピン酸エステル類

■ **別名** ジエチルアジペート
■ **建築での主な使用例** 塩ビ壁紙など合成樹脂の可塑剤
■ **他の用途** 可塑剤
■ **外観的な特徴等** 無色の液体、特異臭
■ **性状** ［沸点］245℃ ［水溶解性］難溶 ［融点］－19.8℃ ［蒸気圧］7.73Pa（25℃）［比重（水=1）］1.0076
■ **曝露経路** 吸入、経口摂取により体内へ吸収される
■ **毒性症状** ［短期］眼、皮膚、粘膜への接触による刺激。［長期］不快感・吐き気・頭痛などを起こすことがある。
■ **法規制** 消防法（危険物）：危険物第4類第3石油類

108 dioctyl adipate
アジピン酸ジオクチル

CAS番号：103-23-1（n-：123-79-5）
アジピン酸エステル類

■ **別名** アジピン酸ジ-2-エチルヘキシル、アジピン酸ジエチルヘキシル、アジピン酸-2-エチルヘキシル、アジピン酸ビス（2-エチルヘキシル）、アジピン酸ビス2-ヘチルヘキシル、ジオクチルアジペート、ビス（2-エチルヘキシルアジペート）
■ **建築での主な使用例** 壁紙、床材などに使用される軟質塩化ビニル樹脂系の可塑剤、接

[108] アジピン酸ジオクチル

$$\text{COOCH}_2\text{CH}(\text{CH}_2)_3\text{CH}_3 \atop \text{COOCH}_2\text{CH}(\text{CH}_2)_3\text{CH}_3}$$
（ただし各CH側鎖に C_2H_5、C_2H_5）

化学物質の諸物性および有害性

着剤・塗料・インキの可塑剤
■ **他の用途** ゴム、合成樹脂、特に塩化ビニル樹脂製のレインコート・レザー品・食品包装用フィルム・シートの可塑剤、化粧品（口紅など）の可塑剤、潤滑油、機械油
■ **外観的な特徴等** 無色～黄色の液体
■ **性状** ［沸点］214℃（n-:404.84℃）［水溶解性］溶けない ［融点］－67.8℃（n-:7.49℃） ［蒸気圧］1.13×10^{-4}Pa（25℃）（n-:1.13×10^{-4}Pa（20℃）） ［比重（水＝1）］0.92（n-:0.92～0.927） ［相対蒸気密度（空気＝1）］12.8 ［分配係数］6.114（n-:6.11（概算値）） ［ヘンリー定数］4.34×10^{-7} atmm³/mol ［生物分解性］分解性良好 ［代謝性］体内で加水分解されて生じたアジピン酸は速やかに酸化されて二酸化炭素になる
■ **曝露経路** 吸入、経皮、経口摂取により体内へ吸収される
■ **毒性症状** ［短期］眼、皮膚、粘膜への刺激。中枢神経系への影響。経口摂取による下痢。眼の発赤・痛み。［長期］肝臓・腎臓への影響。不快感・吐き気・頭痛などを起こすことがある。［発がん性］人に対して発がん性について分類できない（IARC発がん性分類3）。
■ **法規制** 水質汚濁防止法：要調査項目に係わる物質、大気汚染防止法：有害大気汚染物質、消防法（危険物）：危険物第4類第4石油類、海洋汚染防止法：D類物質等、化学物質排出把握管理促進法：第一種指定化学物質

---

109 dibutyl adipate
アジピン酸ジブチル

CAS番号：105-99-7
アジピン酸エステル類

■ **別名** ジブチルアジペート
■ **建築での主な使用例** 塩ビ壁紙など合成樹脂の可塑剤
■ **他の用途** 可塑剤
■ **外観的な特徴等** 無色の液体、特異臭
■ **性状** ［沸点］約305℃ ［水溶解性］溶けない ［融点］－32.4℃ ［比重（水＝1）］0.962 ［相対蒸気密度（空気＝1）］8.97 ［分配係数］4.33（概算値） ［生物分解性］分解性良好
■ **曝露経路** 吸入、経口摂取により体内へ吸収される
■ **毒性症状** ［短期］眼、皮膚、粘膜への接触による刺激。［長期］不快感・吐き気・頭痛などを起こすことがある。動物実験では催腫瘍性あり。
■ **法規制** 消防法（危険物）：危険物第4類第3石油類

---

110 dimethyl adipate
アジピン酸ジメチル

CAS番号：627-93-0
アジピン酸エステル類

■ **別名** ジメチルアジペート
■ **建築での主な使用例** 塗料等の溶剤、塗料剥離剤、可塑剤
■ **他の用途** 合成中間体、発泡スチロールの減容溶液、化粧品、可塑剤

■ **外観的な特徴** 無色～わずかに薄黄色の液体、特異臭
■ **性状** ［沸点］115℃（1.7kPa）　［水溶解性］難溶　［融点］10.3℃　［蒸気圧］8.05Pa（25℃、外挿値）　［比重（水=1）］1.060　［分配係数］1.03　［ヘンリー定数］$2.31 \times 10^6 \text{atmm}^3/\text{mol}$（概算値）
■ **曝露経路** 吸入、経口摂取により体内へ吸収される
■ **毒性症状** ［短期］眼、皮膚、粘膜への接触による刺激。［長期］不快感・吐き気・頭痛などを起こすことがある。動物実験では催奇形性あり。
■ **法規制** 消防法（危険物）：危険物第4類第3石油類、海洋汚染防止法：B類物質等

111 asphalt
アスファルト

CAS番号：8052-42-4
その他

■ **別名** アスファルトヒューム
■ **建築での主な使用例** 道路資材・舗装材、シーリング材、防水材
■ **他の用途** 道路舗装材
■ **外観的な特徴** 暗茶～黒色の固体、タール臭
■ **性状** ［沸点］300℃以上　［水溶解性］溶けない　［融点］54～173℃　［比重（水=1）］1.0～1.18
■ **曝露経路** 吸入により体内へ吸収される
■ **毒性症状** ［短期］眼、気道への刺激。吸入による咳・息切れ。眼の発赤・痛み。加熱されたものに触れると重度の皮膚熱傷を起こす。［長期］発がん性成分を含む可能性がある。

［発がん性］人に対して発がん性を示す可能性がある（IARC発がん性分類2B）。
■ **備考** あらゆる接触を避ける！

112 acetamiprid
アセタミプリド

CAS番号：135410-20-7
ネオニコチノイド系殺虫剤

■ **別名** トランス-N-(6-クロロ-3-ピリジルメチル)-N'-シアノ-N-メチルアセトアミジン
■ **建築での主な使用例** シロアリ防除剤
■ **他の用途** ネオニコチノイド系殺虫剤
■ **外観的な特徴** 無臭の白色粉体
■ **性状** ［水溶解性］微溶　［融点］98.9℃　［蒸気圧］1.333×10^6Pa　［分配係数］0.8
■ **曝露経路** 吸入、経皮、経口摂取により体内へ吸収される
■ **毒性症状** ［短期および長期］哺乳類に対して軽度の急性及び慢性毒性を有する。
■ **法規制** 毒物及び劇物取締法：劇物、農薬取締法（作物残留性に係わる登録保留基準）：対象物質、食品衛生法（残留農薬基準）：対象物質

113 tributyl acetylcitrate
アセチルクエン酸トリブチル

CAS番号：77-90-7
エステル類

■ **別名** クエン酸アセチルトリブチル、o-アセチルクエン酸トリブチル
■ **建築での主な使用例** 合成樹脂の可塑剤
■ **他の用途** 香料、溶剤、洗浄剤、可塑剤、香

［112］アセタミプリド

料希釈剤
■ **外観的な特徴等** 無色〜わずかに薄黄色の液体、わずかに甘い果実臭
■ **性状** ［沸点］172〜174℃（0.13kPa）［水溶解性］溶けない ［融点］-80℃ ［蒸気圧］$6.07×10^{-4}$Pa（25℃、概算値）［比重（水=1）］1.046 ［分配係数］4.29（概算値）［ヘンリー定数］$3.78×10^{-10}$atmm^3/mol（概算値）［生物分解性］分解性良好
■ **曝露経路** 吸入、経口摂取により体内へ吸収される
■ **毒性症状** ［短期］眼、皮膚、粘膜への接触による刺激。［長期］不快感・吐き気・頭痛などを起こすことがある。
■ **法規制** 消防法（危険物）：危険物第4類第4石油類

114 acetaldehyde
アセトアルデヒド

CAS番号：75-07-0
アルデヒド類

■ **別名** エタナール、エチルアルデヒド、酢酸アルデヒド
■ **建築での主な使用例** 塗料や接着剤の溶剤として使用される酢酸エチル、ブタノール、2-エチルヘキサノール、ペンタエリスリトール等の合成原料に使用されている
■ **他の用途** 燃料、写真感光材料、染料、溶剤、洗浄剤、殺菌剤、防かび剤、防汚剤、防腐剤、医薬、医薬中間体、合成樹脂、合成中間体、可塑剤、還元剤
■ **外観的な特徴等** 無色の気体もしくは液体、刺激的な青臭いにおい
■ **性状** ［沸点］21℃ ［水溶解性］混和する ［融点］-123℃ ［蒸気圧］101kPa（20℃）［比重（水=1）］0.78 ［相対蒸気密度（空気=1）］1.5 ［分配係数］0.63 ［ヘンリー定数］$6.67×10^{-5}$atmm^3/mol ［生物分解性］分解性良好 ［代謝性］体内では速やかに酢酸に酸化され、さらに二酸化炭素と水になる
■ **曝露経路** 吸入、経口摂取により体内へ吸収される
■ **毒性症状** ［短期］眼、皮膚、気道を重度に刺激。吸入による肺水腫、中枢神経系への影響、意識低下。吸入による咳・嗜眠・息切れ・意識喪失。皮膚の発赤・灼熱感・痛み。眼の発赤・痛み・かすみ。経口摂取による下痢・めまい・吐き気・嘔吐。［長期］皮膚炎。中枢神経系への影響。気道・腎臓への影響。慢性アルコール中毒様症状。変異原性あり。［発がん性］人に対して発がん性を示す可能性がある（IARC発がん性分類2B）。
■ **室内濃度指針値** 48μg／m^3（0.03ppm）
■ **法規制** 水質汚濁防止法：要調査項目に係わる物質、大気汚染防止法：有害大気汚染物質（優先取り組み物質）、悪臭防止法：特定悪臭物質、水道法：要検討項目、労働安全衛生法（名称等の表示）：名称等を通知すべき有害物、消防法（危険物）：危険物第4類特殊引火物、化学物質排出把握管理促進法：第一種指定化学物質
■ **備考** 飲酒により摂取したエチルアルコールは、体内でアセトアルデヒドに分解され、さらに酢酸を経て二酸化炭素と水に分解される。そのため、アセトアルデヒドは、酒を飲んだ人の呼気に含まれる。アセトアルデヒドは化学的に極めて反応性が高く、さまざまな化学物質の合成に使用されており、その代表的な化学物質は、塗料や接着剤等の有機溶剤に用いられる酢酸エチルである。

115 acetonitrile
アセトニトリル

CAS番号：75-05-8
含窒素化合物

■ **別名** シアン化メチル、エタン酸ニトリル、エタンニトリル、シアノメタン、シアン化メタン、メチルシアナイド
■ **建築での主な使用例** ニトリルゴムなどの樹脂の原料
■ **他の用途** 溶剤、香料・医薬品（ビタミンB1、サルファ剤）・農薬・合成繊維・合成樹脂の原料、抽出溶媒、コールタールにも含有
■ **外観的な特徴等** 無色の液体、芳香臭
■ **性状** ［沸点］82℃ ［水溶解性］混和する ［融点］－46℃ ［蒸気圧］11.8kPa（25℃） ［比重（水=1）］1.4 ［相対蒸気密度（空気=1）］1.4 ［分配係数］－0.3 ［ヘンリー定数］3.45×10^{-5} atmm³/mol ［生物分解性］分解性良好 ［代謝性］体内で一部シアンの遊離があり、チオシアンとなり尿中に排泄される
■ **曝露経路** 吸入、経皮、経口摂取により体内へ吸収される
■ **毒性症状** ［短期］眼、皮膚、気道への刺激。中枢神経系への影響。吸入、経口摂取による咳・咽頭痛・息苦しさ・腹痛・嘔吐・脱力感・痙攣・呼吸不全・意識喪失、重症の場合はチアノーゼを起こし、死に至ることもある。症状は遅れて現れることもある。眼や皮膚の発赤・痛み。
■ **法規制** 水質汚濁防止法：要調査項目に係わる物質、大気汚染防止法：有害大気汚染物質、土壌汚染対策法：第二種特定有害物質、労働安全衛生法（名称等の表示）：名称等を通知すべき有害物、消防法（危険物）：危険物第4類第1石油類、毒物及び劇物取締法：劇物、化学物質排出把握管理促進法：第一種指定化学物質
■ **備考** 皮膚から吸収されることがある。蒸気は引火しやすい。燃焼すると分解し、シアン化水素などの有毒ガスを生じることがある。また、この液体を下水に流してはならない。

116 acetophenone
アセトフェノン

CAS番号：98-86-2
ケトン類

■ **建築での主な使用例** アクリル樹脂などの光硬化性樹脂の触媒や増感剤
■ **他の用途** 溶剤、洗浄剤、香料（食品、石鹸、化粧品など）、触媒、増感剤
■ **外観的な特徴等** 無色の油状液体あるいは白色結晶、甘い刺激臭（ジャスミン様）
■ **性状** ［沸点］202℃ ［水溶解性］難溶 ［融点］20℃ ［蒸気圧］53Pa（25℃）［比重（水=1）］1.03 ［相対蒸気密度（空気=1）］4.1 ［分配係数］1.58 ［ヘンリー定数］1.04×10^{-5} atmm³/mol ［生物分解性］分解性良好
■ **曝露経路** 吸入、経皮、経口摂取により体内へ吸収される
■ **毒性症状** ［短期］眼、皮膚、粘膜への刺激。吸入によるめまい・頭痛・嗜眠・咳・息切れ、重症の場合は急性気管支炎・肺水腫を起こすこともある。中枢神経系への影響、高濃度では麻酔性あり、催眠剤。経口摂取による吐き気。眼の発赤・痛み・薬傷。皮膚の乾燥。

[116] アセトフェノン
○-COCH₃

[長期]皮膚の脱脂。
■ 法規制　労働安全衛生法（名称等の表示）：名称等を通知すべき有害物、消防法（危険物）：危険物第4類第3石油類
■ 備考　皮膚からも吸収される。飲酒により有害作用が増大。

117 acetone
アセトン

CAS番号：67-64-1
ケトン類

■ 別名　2-プロパノン、ケトプロパン、ジメチルケタール、ジメチルケトン、β-ケトプロパン、メチルアセチル
■ 建築での主な使用例　接着剤、塗料、インキ、ワックスの溶剤
■ 他の用途　溶剤（接着剤や塗料等の樹脂の溶解）、洗浄剤、合成中間体
■ 外観的な特徴等　無色の液体、特徴的な臭気
■ 性状　[沸点] 56℃　[水溶解性] 溶ける　[融点] −95℃　[蒸気圧] 24kPa（20℃）[比重（水=1）] 0.8　[相対蒸気密度（空気=1）] 2.0　[分配係数] −0.24　[ヘンリー定数] 3.97×10^5 atm㎥/mol
■ 曝露経路　吸入、経皮により体内へ吸収される
■ 毒性症状　[短期]眼や気道の刺激。中枢神経系への影響。肝臓・腎臓・消化管への影響。吸入による咽頭痛・咳・錯乱・頭痛・めまい・嗜眠・意識喪失。皮膚の乾燥。眼の発赤・痛み・かすみ・場合により角膜損傷。経口摂取による吐き気・嘔吐。[長期]皮膚炎。血液及び骨髄への影響。

■ 法規制　水質汚濁防止法：要調査項目に係わる物質、労働安全衛生法（名称等の表示）：名称等を表示すべき有害物・名称等を通知すべき有害物、労働安全衛生法（特化物等）：第2種有機溶剤、消防法（危険物）：危険物第4類第1石油類
■ 備考　飲酒により有害作用が増大。樹脂の溶解性に優れ揮発しやすいため、接着剤や塗料等の有機溶剤に用いられる。マニキュア除去剤、パーティクルボード、カーペットの裏張り、塗料除去剤、ワックス等にも使用される。

118 dioctyl azelaic acid
アゼライン酸ジオクチル

CAS番号：103-24-2
エステル類

■ 別名　アゼライン酸ジ-2-エチルヘキシル、ジオクチルアゼレート、アゼライン酸ビス-2-エチルヘキシル、アゼライン酸ビス（2-エチルヘキシル）、ジ-2-エチルヘキシルアゼレート、ビス-2-エチルヘキシルアゼレート、ビス（2-エチルヘキシルアゼレート）
■ 建築での主な使用例　合成樹脂の可塑剤
■ 他の用途　潤滑剤、可塑剤、合成潤滑油
■ 外観的な特徴等　無色〜わずかに薄黄色の液体、特異臭
■ 性状　[沸点] 237℃（0.66kPa）　[水溶解性]溶けない　[融点] −78℃　[蒸気圧] 0.66kPa（237℃）　[比重（水=1）] 0.915　[相対蒸気密度（空気=1）] 14.3　[分配係数] 9.59（概算値）　[生物分解性]分解性良好
■ 曝露経路　吸入、経口摂取により体内へ吸

収される
- ■ **毒性症状** ［短期］眼、皮膚、粘膜への接触による刺激。［長期］不快感・吐き気・頭痛などを起こすことがある。
- ■ **法規制** 消防法（危険物）：危険物第4類第4石油類

119 azobis isobutyronitrile
アゾビスイソブチロニトリル

CAS番号：78-67-1
含窒素化合物

- ■ **別名** アゾビスイソブチロニトリル、2,2'-アゾビスイソブチロニトリル、2,2'-アゾビス(2-メチルプピオニトリル)、2,2'-アゾビス-2-メチルプピオニトリル、2,2'-アゾビス（2-メチルプロパンニトリル)、2,2'-アゾビス-2-メチルプロパンニトリル、AIBN
- ■ **建築での主な使用例** 塗料・接着剤などの合成樹脂の重合開始剤（触媒）
- ■ **他の用途** 重合開始剤、発泡剤
- ■ **外観的な特徴等** 白色の固体（結晶）、特異臭
- ■ **性状** ［水溶解性］溶けない ［融点］101.5℃（分解） ［蒸気圧］0.89Pa（25℃）［比重（水=1）］1.1 ［分配係数］1.10 ［ヘンリー定数］$4.14×10^{-6} atm·m^3/mol$（概算値）［生物分解性］難分解性・低濃縮性
- ■ **曝露経路** 吸入、経口摂取により体内へ吸収される
- ■ **毒性症状** ［短期］眼、皮膚、粘膜への刺激。中枢神経系への影響。吸入、経口摂取による頭痛・吐き気・脱力感・痙攣。体内でシアン化水素を発生。［長期］肝臓への影響。不快感・吐き気・頭痛などを起こすことがある。

- ■ **法規制** 化審法：第二種監視物質、水質汚濁防止法：人の健康に係わる物質、土壌汚染対策法（第二種特定有害物質）、水道法：基準項目、消防法（危険物）：危険物第5類、毒物及び劇物取締法：劇物、化学物質排出把握管理促進法：第一種指定化学物質
- ■ **備考** この物質自体は非常に酸化されやすく不安定である。自己反応性があり、衝撃や熱で爆発することがある。単独の熱分解で生成するテトラメチルスクシノジニトリルは猛毒。

120 linseed oil
亜麻仁油

CAS番号：8001-26-1
その他

- ■ **別名** アマニ油、フラックスシードオイル、フラックスオイル
- ■ **建築での主な使用例** 塗料
- ■ **他の用途** 食品、油絵の具
- ■ **外観的な特徴等** 微褐色から黄褐色の液体
- ■ **性状** ［沸点］343℃ ［水溶解性］溶けない ［融点］-19℃ ［比重（水=1）］0.920～0.935（20/4℃）
- ■ **曝露経路** 吸入、経口摂取により体内へ吸収される
- ■ **毒性症状** ［短期］眼、皮膚、粘膜に接触すると刺激作用がある。［長期］不快感、吐き気、頭痛などの症状を起こすことがある。
- ■ **備考** 亜麻の種である亜麻仁からとれた油。主成分はアルファリノレン酸。

121 amylbenzene
アミルベンゼン

CAS番号：538-68-1
芳香族炭化水素

■ **別名**　1-フェニルペンタン、n-アミルベンゼン
■ **建築での主な使用例**　パラフィンワックスの溶剤
■ **他の用途**　溶剤
■ **外観的な特徴等**　無色から微黄色の液体
■ **性状**　［沸点］201～202℃　［水溶解性］溶けない　［融点］－75℃　［蒸気圧］58.5Pa（25℃）　［比重（水=1）］0.859　［分配係数］4.9（概算値）　［ヘンリー定数］2.54×10^{-2} atmm³/mol（概算値）　［生物分解性］分解性良好
■ **曝露経路**　吸入、経口摂取により体内へ吸収される
■ **毒性症状**　［短期］眼・のど・粘膜への刺激。
■ **法規制**　消防法（危険物）：危険物第4類第2石油類

122 allethrin
アレスリン

CAS番号：584-79-2
ピレスロイド系殺虫剤

■ **別名**　DL-3-アリル-2-メチルシクロペンタ-2-エン-4-オン-1-イル-DL-シス,トランス-クリサンテメート、2-メチル-4-オキソ-3-(2-プロペニル)-2-シクロペンテン-1-イル=2,2-ジメチル-3-(2-メチル-1-プロペニル)シクロプロパンカルボキシラート（cis,trans異性体混合物）
■ **建築での主な使用例**　防虫剤
■ **他の用途**　防虫剤
■ **外観的な特徴等**　淡黄色の粘稠な液体
■ **性状**　［沸点］140℃（13Pa）　［水溶解性］溶けない　［融点］約4℃　［蒸気圧］1.6×10^{-4} Pa（21℃）　［比重（水=1）］1.01　［分配係数］4.78　［ヘンリー定数］1.04×10^{-7} atmm³/mol（21℃、概算値）　［生物分解性］難分解性
■ **曝露経路**　吸入、経口摂取により体内へ吸収される
■ **毒性症状**　［短期］眼、皮膚、気道への刺激。吸入による咳。眼、皮膚の発赤。
■ **備考**　この液体を下水に流してはならない。市販の製剤には溶剤が用いられていることがあり、その溶剤の毒性にも注意すること。また、溶剤によってこの物質の毒性に変化を及ぼすことがある。

123 antimony
アンチモン

CAS番号：7440-36-0
重金属

■ **建築での主な使用例**　触媒、化合物として合成樹脂や繊維製品の難燃剤・添加剤に使われる
■ **他の用途**　電子工業材料、医薬中間体、メッキ、合金、花火、マッチ
■ **外観的な特徴等**　銀白色で光沢のある硬くてもろい金属、または暗灰色の粉末
■ **性状**　［沸点］1653℃　［水溶解性］溶けない　［融点］630℃　［蒸気圧］91.2kPa（25℃、概算値）　［比重（水=1）］6.7　［分

---

［121］アミルベンゼン
CH₃CH₂CH₂CH₂CH₂–

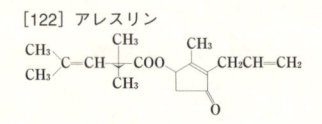

［122］アレスリン

配係数］0.73（概算値）　　［ヘンリー定数］
2.45×10^{-2} atmm³/mol（概算値）
■ **曝露経路**　吸入、経口摂取により体内へ吸収される
■ **毒性症状**　［短期］眼、鼻、気道への刺激。吸入、経口摂取による呼吸器系・消化器系への影響、咳・嘔吐・腹痛・下痢・嘔吐・灼熱感。大量に摂取すると肺充血・血便・昏睡を起こし、死に至ることもある。歯肉炎や鼻腔内潰瘍・のどの潰瘍・貧血との関連も疑われる。皮膚の乾燥。［長期］皮膚炎。眼、気道、肺への影響、じん肺症。慢性の経口摂取による頭痛・食欲不振・不眠。
■ **法規制**　水質汚濁防止法：要調査項目に係わる物質、大気汚染防止法：有害大気汚染物質、水道法：目標設定項目、労働安全衛生法（名称等の表示）：名称等を通知すべき有害物、化学物質排出把握管理促進法：第一種指定化学物質
■ **備考**　成人の全アンチモン量は7〜9g、その約1/4は骨に、約1/4は血中に存在している。食物などからの1日の平均摂取量は0.15mg以下、尿中排泄量は1日に0.07mg以下、汗中排泄量は1日に0.01mg程度。

124 ammonia
アンモニア

CAS番号：7664-41-7
その他

■ **建築での主な使用例**　腐敗物や糞尿から放散
■ **他の用途**　火薬・爆薬などの原料、燃料、肥料・農薬の合成原料、合成樹脂原料、触媒、安定化剤、冷媒（液化物）

■ **外観的な特徴等**　無色の気体、刺激臭
■ **性状**　［沸点］－33℃　［水溶解性］溶ける　［融点］－78℃　［蒸気圧］1001kPa（25℃）　［比重（水＝1）］0.7（－33℃）［相対蒸気密度（空気＝1）］0.59　［分配係数］0.23（概算値）　　［ヘンリー定数］1.61×10^{-5} atmm³/mol
■ **曝露経路**　吸入により体内へ吸収される
■ **毒性症状**　［短期］眼、皮膚、気道への刺激、腐食性。吸入による灼熱感・咳・息苦しさ・息切れ・咽頭痛。高濃度での吸入は肺水腫を起こすことがある。眼の発赤・痛み・重度の熱傷。皮膚の熱傷・痛み・水泡。液化物に触れた場合は凍傷を起こす。［長期］呼吸器系疾患、気管支炎。
■ **法規制**　水質汚濁防止法：要調査項目に係わる物質、大気汚染防止法：特定物質、悪臭防止法：規制物質、労働安全衛生法（名称等の表示）：名称等を通知すべき有害物、労働安全衛生法（特化物等）：特定化学物質第3類、毒物及び劇物取締法：劇物、高圧ガス保安法：可燃性ガス、高圧ガス保安法：毒性ガス
■ **備考**　この気体は空気より軽い。水に溶解させた水溶液（アンモニア水）として使用されることも多い。肺水腫の症状は2〜3時間経過しないと現れないことがあり、安静を保たなければ悪化する。

125 sulfur
硫黄

CAS番号：7704-34-9
その他

■ **建築での主な使用例**　ゴムの硬化剤など
■ **他の用途**　殺菌剤・防かび剤・防汚剤・殺

虫剤・防虫剤・漂白剤などの合成中間体、火薬、爆薬、燃料、医薬中間体、ゴムの加硫剤
■ **外観的な特徴等**　様々な形状の黄色の固体、無臭
■ **性状**　[沸点] 445℃　[水溶解性] 溶けない　[融点] 107℃ (gamma-sulfur)、115℃ (beta-sulfur)、120℃ (非晶質)　[蒸気圧] 5.27×10^{-4} Pa (25℃)　[比重 (水=1)] 2.1　[分配係数] 0.23 (概算値)　[ヘンリー定数] 8.69×10^{-3} atmm³/mol (概算値)
■ **曝露経路**　吸入、経口摂取により体内へ吸収される
■ **毒性症状**　[短期]眼、皮膚、気道への刺激。吸入による灼熱感・咳・咽頭痛、鼻や気道の炎症。経口摂取による下痢・灼熱感。皮膚の発赤、炎症。眼の発赤・痛み・かすみ・結膜炎。[長期]皮膚炎。慢性気管支炎。
■ **法規制**　消防法 (危険物): 危険物第2類
■ **備考**　過敏症の皮膚には影響が大きい。

126 isoamyl alcohol
イソアミルアルコール
CAS番号：123-51-3
アルコール類

■ **別名**　3-メチル-1-ブタノール、イソペンチルアルコール
■ **建築での主な使用例**　接着剤や塗料等の溶剤
■ **他の用途**　溶剤 (接着剤や塗料等の樹脂の溶解)、洗浄剤、香料中間体
■ **外観的な特徴等**　無色の液体、特異臭
■ **性状**　[沸点] 132℃　[水溶解性] 微溶　[融点] -117℃　[蒸気圧] 0.3kPa (25℃)　[比重 (水=1)] 0.8　[相対蒸気密度 (空気=1)] 3.0　[分配係数] 1.42　[ヘンリー定数] 1.41×10^{-5} atmm³/mol　[生物分解性] 難分解性
■ **曝露経路**　吸入、経口摂取により体内へ吸収される
■ **毒性症状**　[短期]眼、皮膚、気道への刺激。吸入によるめまい・頭痛・吐き気・咳・咽頭痛。経口摂取による腹痛・下痢・嘔吐・灼熱感・脱力感・意識喪失、中枢神経系への影響の可能性あり。吸入、経口摂取により [酩酊] に似た症状を示すことがある。皮膚の乾燥・発赤・痛み・ざらつき。眼の発赤・痛み。[長期]皮膚の脱脂。
■ **法規制**　労働安全衛生法 (名称等の表示): 名称等を表示すべき有害物・名称等を通知すべき有害物、労働安全衛生法 (特化物等): 第2種有機溶剤、消防法 (危険物): 危険物第4類第2石油類、海洋汚染防止法: D類物質等

127 isooctyl alcohol
イソオクチルアルコール
CAS番号：26952-21-6
アルコール類

■ **別名**　イソオクチルアルコール (異性体混合物)、イソオクタノール
■ **建築での主な使用例**　意図した用途は不明、何らかの製品の不純物として検出されると考えられる。
■ **他の用途**　合成中間体
■ **外観的な特徴等**　無色の液体、特異臭
■ **性状**　[沸点] 83〜91℃　[水溶解性] 溶けない　[融点] -76℃　[蒸気圧] 50Pa (20℃)　[比重 (水=1)] 0.83　[相対蒸気密度 (空気=1)] 4.5　[分配係数] 2.73

（概算値）　［ヘンリー定数］3.1×10⁻⁵ atmm³/mol（概算値）
■ **曝露経路**　吸入、経皮、経口摂取により体内へ吸収される
■ **毒性症状**　［短期］眼を激しく刺激。皮膚、気道への刺激。中枢神経系への影響。吸入によるめまい・頭痛・吐き気・咳・咽頭痛・感覚鈍麻。経口摂取による下痢・嘔吐。皮膚の乾燥・発赤。眼の発赤・痛み。［長期］皮膚の脱脂。
■ **法規制**　消防法（危険物）：危険物第4類第3石油類

128 isoquinoline
イソキノリン

CAS番号：119-65-3
含窒素化合物

■ **建築での主な使用例**　ゴム加硫促進剤
■ **他の用途**　食品添加物、ゴム加硫促進剤、殺虫剤、香料
■ **外観的な特徴等**　刺激臭のある無色の液体または塊
■ **性状**　［沸点］約240℃　［水溶解性］難溶　［融点］23～27℃　［蒸気圧］9.3Pa（25℃、推定値）　［比重（水=1）］1.10　［分配係数］2.08　［ヘンリー定数］6.88×10⁻⁷ atmm³/mol（概算値）
■ **曝露経路**　吸入、経皮、経口摂取により体内へ吸収される
■ **毒性症状**　［短期］眼・皮膚・粘膜への刺激。［長期］不快感・吐き気・頭痛などが起こることがある。

129 isobutylamine
イソブチルアミン

CAS番号：78-81-9
アミン類

■ **建築での主な使用例**　食品の辛み成分、熟成時の揮発物に含まれていることがある
■ **他の用途**　意図した用途は不明
■ **外観的な特徴等**　無色の液体、特異臭
■ **性状**　［沸点］68～69℃　［水溶解性］混和する　［融点］－85℃　［蒸気圧］18.3kPa（25℃）　［比重（水=1）］0.7　［相対蒸気密度（空気=1）］2.5　［分配係数］0.79～0.88　［ヘンリー定数］1.36×10⁻⁵ atmm³/mol（概算値）　［生物分解性］分解性良好
■ **曝露経路**　吸入、経皮、経口摂取により体内へ吸収される
■ **毒性症状**　［短期］眼、皮膚、気道への刺激、腐食性。吸入による咳・息切れ・灼熱感、重症の場合は肺水腫・チアノーゼ・呼吸不全・全身痙攣を起こし死に至ることもある。経口摂取による腹痛・灼熱感・ショックまたは虚脱。肝臓・腎臓、中枢神経系、造血器官への影響。催涙性。眼の発赤・痛み・重度の熱傷（化学薬傷）。皮膚の痛み・水泡。
■ **法規制**　消防法（危険物）：危険物第4類第1石油類、海洋汚染防止法：C類物質等
■ **備考**　あらゆる接触を避ける！　皮膚から吸収されることがある。肺水腫の症状は2～3時間経過しないと現れないことがあり、安静を保たなければ悪化する。蒸気は空気よりも重く、床に沿って移動することがあり、引火しやすいので火気に注意が必要である。

---

[128] イソキノリン

130 isobutyl alcohol

イソブチルアルコール

CAS番号：78-83-1
アルコール類

- **■ 別名** 　イソブタノール、2-メチル-1-プロパノール
- **■ 建築での主な使用例** 　接着剤、塗料、インキ等の溶剤
- **■ 他の用途** 　香料、溶剤、洗浄剤、合成中間体
- **■ 外観的な特徴等** 　特徴的な臭気のある無色の液体
- **■ 性状** 　［沸点］108℃　［水溶解性］溶ける　［融点］－108℃　［蒸気圧］1.2kPa（20℃）　［比重（水=1）］0.8　［相対蒸気密度（空気＝1）］2.6　［分配係数］0.8　［ヘンリー定数］$9.78 \times 10^{-6} atmm^3/mol$　［生物分解性］分解性良好
- **■ 曝露経路** 　蒸気の吸入、経皮、経口摂取により体内へ吸収される
- **■ 毒性症状** 　［短期］吸入による咳・めまい・嗜眠・頭痛。皮膚の乾燥。眼の発赤・痛み・かすみ目。経口摂取による下痢・吐き気・嘔吐。蒸気は眼や気道を刺激、中枢神経系への影響、高濃度の場合は意識が低下することがある。［長期］皮膚炎を起こすことがある。
- **■ 法規制** 　大気汚染防止法：有害大気汚染物質、悪臭防止法：特定悪臭物質、労働安全衛生法（名称等の表示）：名称等を表示すべき有害物・名称等を通知すべき有害物、労働安全衛生法（特化物等）：第2種有機溶剤、消防法（危険物）：危険物第4類第2石油類

131 isobutylene

イソブチレン

CAS番号：115-11-7
脂肪族炭化水素

- **■ 別名** 　イソブテン、2-メチルプロペン
- **■ 建築での主な使用例** 　ブチルゴムの原料
- **■ 他の用途** 　合成ゴム・樹脂の原料
- **■ 外観的な特徴等** 　無色の気体、特異臭
- **■ 性状** 　［沸点］－6.9℃　［水溶解性］溶けない　［融点］－140.3℃　［蒸気圧］308kPa（25℃）　［比重（水=1）］0.59　［相対蒸気密度（空気＝1）］1.94　［分配係数］2.35　［ヘンリー定数］$0.218 atmm^3/mol$
- **■ 曝露経路** 　吸入により体内へ吸収される
- **■ 毒性症状** 　［短期］吸入によるめまい・吐き気・嘔吐・嗜眠・感覚鈍麻・意識喪失。中枢神経系への影響。圧縮液化物（液体）に触れた場合、凍傷。
- **■ 備考** 　この気体は空気よりも重く、床に沿って移動することがあり、引火しやすいので火気に注意が必要である。

132 isoprene

イソプレン

CAS番号：78-79-5
脂肪族炭化水素

- **■ 別名** 　2-メチル-1,3-ブタジエン、2-メチルブタジエン、2-メチルジビニル、2-メチルエリスレン、ペンタジエン、β-メチルブタジエン
- **■ 建築での主な使用例** 　イソプレンゴム、ブチルゴムの合成原料

■ **他の用途**　合成・天然ゴムの原料
■ **外観的な特徴等**　無色の液体、特異臭
■ **性状**　［沸点］34℃　［水溶解性］溶けない　［融点］－146℃　［蒸気圧］73.3kPa（25℃）　［比重（水=1）］0.7　［相対蒸気密度（空気＝1）］2.4　［分配係数］2.30　［ヘンリー定数］7.67×10^{-2} atmm³/mol（概算値）　［生物分解性］難分解性、低濃縮性
■ **曝露経路**　吸入、経口摂取により体内へ吸収される
■ **毒性症状**　［短期］眼、皮膚、気道への刺激。中枢神経系への影響。吸入によるめまい・吐き気・咳・咽頭痛・息苦しさ・息切れ・灼熱感・呼吸機能低下、高濃度の場合は呼吸麻痺・意識低下を起こすこともある。経口摂取による腹痛・灼熱感。眼や皮膚の発赤・痛み。［長期］肺への影響。［発がん性］人に対して発がん性を示す可能性がある（IARC発がん性分類2B）。
■ **法規制**　化審法：第二種監視化学物質、水質汚濁防止法：要調査項目に係わる物質、労働安全衛生法（名称等の表示）：名称等を通知すべき有害物、消防法（危険物）：危険物第4類特殊引火物、海洋汚染防止法：C類物質等、化学物質排出把握管理促進法：第一種指定化学物質
■ **備考**　非常に揮発性の高い液体で、蒸気は空気よりも重く、床に沿って移動することがあり、極めて引火しやすいので火気に注意が必要である。この液体を下水に流してはならない。純粋な液体には重合抑制剤が含まれ、添加された安定剤や抑制剤がこの物質の毒性に影響を与える可能性がある。人の健康への影響に関するデータが不十分であり、最大の注意を払う必要がある。イソプレンゴムは天然ゴムと同じ構造をもつ。

133　isopropyl alcohol
イソプロピルアルコール

CAS番号：67-63-0
アルコール類

■ **別名**　2-プロパノール、IPA、イソプロパノール、ジメチルカルビノール
■ **建築での主な使用例**　接着剤、塗料、インキ、ワックスの溶剤
■ **他の用途**　溶剤（接着剤や塗料等の樹脂の溶解）、香料、洗浄剤、界面活性剤、殺菌剤、防かび剤、防汚剤、医薬、医薬中間体、衛生材料、農薬、合成中間体、脱水剤、凍結防止剤、ブレーキ油調合剤
■ **外観的な特徴等**　無色の液体、弱い臭気
■ **性状**　［沸点］83℃　［水溶解性］混和する　［融点］－90℃　［蒸気圧］4.4kPa（20℃）　［比重（水=1）］0.79　［相対蒸気密度（空気＝1）］2.1　［分配係数］0.05　［ヘンリー定数］8.1×10^{-6} atmm³/mol
■ **曝露経路**　吸入により体内へ吸収される
■ **毒性症状**　［短期］眼や気道への刺激。中枢神経系への影響、意識喪失。吸入による咳・めまい・嗜眠・頭痛・咽頭痛。皮膚の乾燥。眼の発赤。経口摂取による腹痛・息苦しさ・吐き気・意識喪失・嘔吐。［長期］皮膚の脱脂。［発がん性］人に対する発がん性について分類できない（IARC発がん性分類3）。
■ **法規制**　水質汚濁防止法：要調査項目に係わる物質、労働安全衛生法（名称等の表示）：名称等を表示すべき有害物・名称等を通知すべき有害物、労働安全衛生法（特化物等）：第2種有機溶剤、消防法（危険物）：危険物第4類アルコール類
■ **備考**　飲酒により有害作用が増大。樹脂の溶解性に優れ揮発しやすいため、塗料やイ

ンキ等の有機溶剤によく用いられる。エアロゾル式スプレー、外用薬剤、化粧品等にも含まれている。

134 isopropyl cellosolve
イソプロピルセロソルブ

CAS番号：109-59-1
エーテル類

■ **別名**　2-イソプロポキシエタノール、2-(1-メチルエトキシ)-エタノール、イソプロポキシエタノール、イソプロピルグリコール、エチレングリコールモノイソプロピルエーテル、エチレングリコールイソプロピルエーテル

■ **建築での主な使用例**　接着剤や塗料などの溶剤

■ **他の用途**　合成中間体

■ **外観的な特徴等**　無色の液体、特異臭

■ **性状**　[沸点] 145℃　[水溶解性] 混和する　[融点] -60℃　[蒸気圧] 0.693kPa (25℃)　[比重 (水=1)] 0.903　[相対蒸気密度 (空気=1)] 3.6　[分配係数] 0.05　[ヘンリー定数] 9.2×10^{-7} atmm³/mol　[生物分解性] 難分解性・低濃縮性

■ **曝露経路**　吸入、経皮、経口摂取により体内へ吸収される

■ **毒性症状**　[短期] 眼、皮膚、気道への強い刺激。吸入、経口摂取によるめまい・頭痛・吐き気・咳・血尿、重症の場合は意識喪失・肺水腫を起こすこともある。

■ **法規制**　化審法：第二種監視物質、労働安全衛生法 (名称等の表示)：名称等を通知すべき有害物、消防法 (危険物)：危険物第4類第2石油類

■ **備考**　皮膚からの吸収量も多い。引火しやすいので火気に注意が必要である。

135 iso-propylebenzene
イソプロピルベンゼン

CAS番号：98-82-8
芳香族炭火水素

■ **別名**　(1-メチルエチル) ベンゼン、クメン、キュメン、クモール、1-メチルエチルベンゼン、2-フェニルプロパン

■ **建築での主な使用例**　塗料等の溶剤

■ **他の用途**　燃料、合成中間体、ラッカー希釈剤

■ **外観的な特徴等**　特徴的な臭気のある無色の液体

■ **性状**　[沸点] 152℃　[水溶解性] 溶けない　[融点] -96℃　[蒸気圧] 427Pa (20℃)　[比重 (水=1)] 0.90　[相対蒸気密度 (空気=1)] 4.2　[分配係数] 3.66　[ヘンリー定数] 1.15×10^{-2} atmm³/mol (概算値)

■ **曝露経路**　吸入、経皮により体内へ吸収される

■ **毒性症状**　[短期] 吸入によるめまい・運動失調・嗜眠・頭痛・意識喪失。皮膚の乾燥。眼の発赤・痛み。眼・皮膚への刺激。経口摂取による化学性肺炎、中枢神経系への影響、許容濃度をはるかに超えると意識喪失。[長期] 皮膚への接触により皮膚炎を起こすことがある。

■ **法規制**　労働安全衛生法 (名称等の表示)：名称等を通知すべき有害物、消防法 (危険物)：危険物第4類第2石油類

[135] イソプロピルベンゼン

136 isophorone
イソホロン

CAS番号:78-59-1
ケトン類

■ **別名** 3,5,5-トリメチルシクロヘキセノン、3,5,5-トリメチル-2-シクロヘキセン-1-オン、3,5,5-トリメチルシクロヘキセン-1-オン、イソアセトフォロン、イソアセトホロン
■ **建築での主な使用例** 塗料、印刷インキ等の溶剤
■ **他の用途** 溶剤・洗浄剤、合成中間体、缶コーティング
■ **外観的な特徴等** 無色の液体、特異臭
■ **性状** [沸点] 215℃ [水溶解性] 微溶 [融点] -8℃ [蒸気圧] 58.4Pa (25℃) [比重 (水=1)] 0.92 [相対蒸気密度 (空気=1)] 4.8 [分配係数] 1.67 [ヘンリー定数] $6.64×10^{-6}$ atmm³/mol (概算値) [生物分解性] 難分解性、低濃縮性
■ **曝露経路** 吸入、経皮、経口摂取により体内へ吸収される
■ **毒性症状** [短期]眼、皮膚、気道への刺激。中枢神経系への影響。吸入、経口摂取によるめまい・頭痛・吐き気・腹痛・咳・息切れ・咽頭痛・灼熱感。肺・腎臓・肝臓・脾臓・胃・脳への障害。高濃度の場合は意識低下・麻酔作用を起こすこともある。眼の発赤・痛み・かすみ。薬傷。[長期]動物実験では発がん性、発腫瘍性の可能性が指摘されている。
■ **法規制** 水質汚濁防止法:要調査項目に係わる物質、大気汚染防止法:有害大気汚染物質、労働安全衛生法 (名称等の表示):名称等を通知すべき有害物、消防法 (危険物):危険物第4類第3石油類、海洋汚染防止法:D類物質等

137 itaconic acid
イタコン酸

CAS番号:97-65-4
有機酸

■ **別名** メチレンコハク酸、2-メチレンコハク酸
■ **建築での主な使用例** 塗料、インキ
■ **他の用途** ポリオレフィン改質剤、塩ビ共重合用モノマー、顔料、塗料、インキ、潤滑剤、合成樹脂、合成繊維
■ **外観的な特徴等** 特異臭のある白色の結晶粉末
■ **性状** [水溶解性] 溶ける [融点] 164～168℃ [比重 (水=1)] 1.573 [分配係数] -0.34 (概算値)
■ **曝露経路** 吸入、経口摂取により体内へ吸収される
■ **毒性症状** [短期]眼・皮膚・粘膜への刺激。多量の経口摂取により口腔や食道の粘膜を刺激、吐き気・嘔吐・腹痛・下痢・痙攣・発作・呼吸障害等を起こす恐れあり。

138 carbon monoxide
一酸化炭素

CAS番号:630-08-0
その他

■ **建築での主な使用例** 石油やガスの不完全燃焼で生じる。たばこの煙にも含まれる。
■ **他の用途** 燃料、合成中間体
■ **外観的な特徴等** 無色の気体、無味無臭
■ **性状** [沸点] -191℃ [水溶解性] 微溶 [融点] -205℃ [蒸気圧] 2.07×

[136] イソホロン

10^7kPa（25℃、外挿値）　［比重（水=1）］1.250　［相対蒸気密度（空気＝1）］0.97　［分配係数］1.78（概算値）
■ **曝露経路**　吸入により体内へ吸収される
■ **毒性症状**　［短期］血液、心血管系、中枢神経系への影響。高濃度の場合、意識低下することがあり、場合によっては死に至る。吸入によるめまい・頭痛・吐き気・錯乱・脱力感・意識喪失。［長期］中枢神経系・心血管系への影響、神経疾患・神経系障害、心疾患。生殖毒性の可能性あり。
■ **法規制**　大気汚染防止法：特定物質、排出基準等に係わる物質（煤煙）、労働安全衛生法（名称等の表示）：名称等を通知すべき有害物、労働安全衛生法（特化物等）：特定化学物質第3類、建築物衛生法：維持管理基準、高圧ガス保安法：可燃性ガス、高圧ガス保安法：毒性ガス
■ **備考**　妊婦への曝露を避ける！　中毒症状は血液中のヘモグロビンと結合し、体内の酸素供給能力を妨げることで起こる。石油、石炭、木材の不完全燃焼により生じ、自動車排気ガスやたばこの煙中にも存在する。

139 imidaclopride
イミダクロプリド

CAS番号：105827-78-9
クロルニコチニル系殺虫剤

■ **別名**　1-(6-クロロ-3-ピリジルメチル)-N-ニトロイミダゾリジン-2-イリデンアミン
■ **建築での主な使用例**　シロアリ防除剤
■ **他の用途**　シロアリ防除剤
■ **外観的な特徴等**　白色結晶性粉末、弱い特異臭

■ **性状**　［水溶解性］難溶　［融点］143.8℃　［蒸気圧］$2×10^{-7}$Pa（25℃）　［比重（水=1）］1.54　［分配係数］0.57
■ **曝露経路**　吸入、経口摂取により体内へ吸収される
■ **毒性症状**　［短期］皮膚・粘膜への刺激。眼の発赤・かすみ。吸入または経口摂取によるめまい・頭痛・腹痛・下痢・吐き気・嘔吐、神経系への影響、運動失調、痙攣。
■ **法規制**　化審法：第二種監視化学物質、消防法（危険物）：危険物第5類、毒物及び劇物取締法：劇物、農薬取締法（作物残留性に係わる登録保留基準）：対象物質、農薬取締法（水田残留性に係わる登録保留基準）：対象物質、農薬取締法（公共用水域等における水質評価指針）：対象物質
■ **備考**　防蟻性に優れるため、シロアリ防除剤等に用いられる。

140 imidazole
イミダゾール

CAS番号：288-32-4
含窒素化合物

■ **建築での主な使用例**　エポキシ樹脂の硬化剤
■ **他の用途**　防錆剤、殺菌剤、エポキシ樹脂の硬化剤、農薬
■ **外観的な特徴等**　白色結晶性粉末
■ **性状**　［沸点］257℃　［水溶解性］溶ける　［融点］88〜91℃　［蒸気圧］6.16Pa（25℃、概算値）　［分配係数］0.06　［ヘンリー定数］$3.76×10^{-6}$atm·m³/mol（概算値）
■ **曝露経路**　吸入、経皮、経口摂取により体内へ吸収される

[140] イミダゾール

■ **毒性症状**　［短期］眼・皮膚・粘膜の刺激、薬傷。
■ **備考**　エポキシ樹脂の硬化剤として幅広く使用されている。

141 turmeric
ウコン抽出物
その他

■ **別名**　(E,E)-1,7-ビス(4-ヒドロキシ-3-メトキシフェニル)-1,6-ヘプタジエン-3,5-ジオン
■ **建築での主な使用例**　シロアリ防除剤
■ **他の用途**　香料、染料、食品
■ **外観的な特徴等**　橙黄色結晶性粉末
■ **性状**　［水溶解性］溶けない　［融点］183℃
■ **曝露経路**　吸入、経皮、経口摂取により体内へ吸収される
■ **備考**　熱帯アジア原産のショウガ科の植物。根茎を湯通しして乾燥したものをウコンと呼ぶ。

142 urushiol
ウルシオール
CAS番号：53237-59-5
その他

■ **建築での主な使用例**　自然塗料
■ **他の用途**　塗料
■ **外観的な特徴等**　青味がかった黄色の液体
■ **性状**　［沸点］200〜210℃　［比重（水=1）］0.9687
■ **曝露経路**　吸入、経皮、経口摂取により体内へ吸収される
■ **毒性症状**　［短期］アレルゲン。皮膚の炎やかぶれを引き起こす。
■ **備考**　漆の主成分。

143 ethanol
エタノール
CAS番号：64-17-5
アルコール類

■ **別名**　エチルアルコール
■ **建築での主な使用例**　接着剤、塗料、インキ、ワックスなどの溶剤
■ **他の用途**　溶剤（接着剤や塗料等の樹脂の溶解）、洗浄剤、燃料、殺菌剤、防かび剤、防汚剤、医薬、医薬中間体、合成中間体、飲料、化粧品
■ **外観的な特徴等**　無色の液体、爽快なアルコール臭
■ **性状**　［沸点］79℃　［水溶解性］混和する　［融点］−117℃　［蒸気圧］7.9kPa（25℃）　［比重（水=1）］0.8　［相対蒸気密度（空気=1）］1.6　［分配係数］−0.32　［ヘンリー定数］5×10^{-6} atmm³/mol　［生物分解性］分解性良好
■ **曝露経路**　吸入、経口摂取により体内へ吸収される
■ **毒性症状**　［短期］眼を刺激。高濃度の場合、眼や気道の刺激。中枢神経系への影響。吸入による頭痛・咳・疲労感・嗜眠。経口摂取による灼熱感・頭痛・錯乱・めまい・歩行のよろめき・発語不明瞭・意識喪失。重症の場合、まれに全身痙攣を起こすことがある。皮膚の乾燥。眼の発赤・痛み・灼熱感。［長期］皮膚の脱脂、皮膚炎。気道、神経系への

影響。頭痛、疲労感、集中力欠如。肝機能障害、肝硬変。
■**法規制**　労働安全衛生法（名称等の表示）：名称等を通知すべき有害物、消防法（危険物）：危険物第4類アルコール類
■**備考**　妊娠中の摂取は胎児への有害影響の可能性あり。多量の服用や繰り返しの摂取はアルコール中毒を引き起こす可能性がある。蒸気は引火しやすい。

144 ethyl butyl ketone
エチル-n-ブチルケトン

CAS番号：106-35-4
ケトン類

■**別名**　ブチルエチルケトン、3-ヘプタノン
■**建築での主な使用例**　塗料等の溶剤
■**他の用途**　ラッカー・合成樹脂塗料溶剤
■**外観的な特徴等**　特徴的な臭気のある無色の液体
■**性状**　[沸点] 147℃　[水溶解性] 難溶　[融点] -39℃　[蒸気圧] 187Pa (25℃)　[比重 (水=1)] 1.08　[相対蒸気密度 (空気=1)] 3.9　[分配係数] 1.73 (概算値)　[ヘンリー定数] 9.08×10^{-5} atmm³/mol (概算値)
■**曝露経路**　蒸気の吸入、経口摂取により体内へ吸収される
■**毒性症状**　[短期] 吸入による咳・咽頭痛・頭痛・めまい・意識喪失。皮膚の乾燥や発赤。眼の痛みや発赤。眼・皮膚・気道の刺激、中枢神経系への影響、意識低下。[長期] 反復あるいは長期にわたる皮膚の接触による皮膚炎。
■**法規制**　労働安全衛生法（名称等の表示）：名称等を通知すべき有害物、消防法（危険物）：危険物第4類第2石油類

145 ethylcellosolve
エチルセロソルブ

CAS番号：110-80-5
エーテル類

■**別名**　2-エトキシエタノール、エチルグリコール、エチレングリコールモノエチルエーテル
■**建築での主な使用例**　塗料、インキ、ワックスの溶剤
■**他の用途**　溶剤（接着剤や塗料等の樹脂の溶解）、洗浄剤、ワニス除去剤、医薬用抽出剤
■**外観的な特徴等**　無色の粘稠液体、特徴的な臭気
■**性状**　[沸点] 135℃　[水溶解性] 混和する　[融点] -70℃　[蒸気圧] 0.5kPa (20℃)　[比重 (水=1)] 0.93　[相対蒸気密度 (空気=1)] 3.1　[分配係数] -0.54　[ヘンリー定数] 4.7×10^{-7} atmm³/mol　[生物分解性] 分解性良好
■**曝露経路**　吸入、経皮、経口摂取により体内へ吸収される
■**毒性症状**　[短期] 眼・皮膚・気道への刺激。中枢神経系の抑制、肝臓や腎臓の病変、意識喪失。吸入による咳・嗜眠・頭痛・息切れ・咽頭痛・脱力感、眼のかすみ。経口摂取による腹痛・吐き気・嘔吐。[長期] 皮膚の脱脂、骨髄・血液への影響、貧血、血液細胞の損傷、生殖毒性の可能性あり。
■**法規制**　大気汚染防止法：有害大気汚染物質、労働安全衛生法（名称等の表示）：名称等

を表示すべき有害物・名称等を通知すべき有害物、労働安全衛生法（特化物等）：第2種有機溶剤、消防法（危険物）：危険物第4類第2石油類、海洋汚染防止法：D類物質等、化学物質排出把握管理促進法：第一種指定化学物質
■ 備考　妊婦への曝露を避ける！　皮膚から吸収される可能性あり。揮発速度が遅く、樹脂の溶解性に優れており、塗料等の有機溶剤によく用いられる。

146 ethylhexanoic acid
エチルヘキサン酸

CAS番号：149-57-5
有機酸

■ 別名　2-エチルヘキサン酸、ブチルエチル酢酸
■ 建築での主な使用例　塩化ビニルの安定剤
■ 他の用途　金属塩が金属石けんや塩化ビニルの安定剤に用いられる。グリセリンエステルは化粧品基剤。合成中間体
■ 外観的な特徴等　無色の液体、特異臭
■ 性状　［沸点］226〜229℃　［水溶解性］溶けない　［融点］−59℃　［蒸気圧］4Pa (20℃)　［比重（水=1）］0.90　［相対蒸気密度（空気=1）］5　［分配係数］2.64　［ヘンリー定数］$2.85×10^{-6}$ atmm^3/mol（概算値）
■ 曝露経路　吸入、経口摂取により体内へ吸収される
■ 毒性症状　［短期］眼、皮膚、気道への刺激。吸入による咳・咽頭痛・胸痛、重症の場合は呼吸困難・気管支炎・肺水腫を起こすこともある。経口摂取による腹痛・下痢・嘔吐・灼熱感。眼の発赤・痛み。皮膚の発赤。［長期］肝臓への影響。

■ 法規制　労働安全衛生法（名称等の表示）：名称等を通知すべき有害物、消防法（危険物）：危険物第4類第3石油類、海洋汚染防止法：D類物質等

147 ethylbenzene
エチルベンゼン

CAS番号：100-41-4
芳香族炭化水素

■ 別名　エチルベンゾール、フェニルエタン
■ 建築での主な使用例　接着剤、塗料、インキ、ワックス、防水剤の溶剤
■ 他の用途　溶剤（接着剤や塗料等の樹脂の溶解）、洗浄剤、合成中間体
■ 外観的な特徴等　無色の液体、芳香臭
■ 性状　［沸点］136℃　［水溶解性］微溶　［融点］−95℃　［蒸気圧］0.9kPa (20℃)　［比重（水=1）］0.9　［相対蒸気密度（空気=1）］3.7　［分配係数］3.2　［ヘンリー定数］$7.88×10^{-3}$ atmm^3/mol　［生物分解性］分解性良好
■ 曝露経路　吸入、経皮、経口摂取により体内へ吸収される
■ 毒性症状　［短期］眼・皮膚・気道への刺激。中枢神経系への影響。経口摂取による化学性肺炎、意識低下。吸入による咳・めまい・嗜眠・頭痛。皮膚の乾燥・発赤。眼の発赤・痛み・かすみ。［長期］皮膚炎。［発がん性］人に対して発がん性を示す可能性がある（IARC発がん性分類2B）。
■ 室内濃度指針値　3,800 μg／m^3（0.88ppm）
■ 法規制　水質汚濁防止法：要調査項目に係わる物質、大気汚染防止法：有害大気汚染物

[147]　エチルベンゼン
CH$_2$CH$_3$

化学物質の諸物性および有害性

質、労働安全衛生法（名称等の表示）：名称等を通知すべき有害物、消防法（危険物）：危険物第4類第2石油類、海洋汚染防止法：B類物質等、化学物質排出把握管理促進法：第一種指定化学物質
■ **備考**　スチレンの合成原料。樹脂の溶解性に優れ、揮発しやすいため、有機溶剤に用いられる。ガソリンに含まれている。

148 ethyl methyl benzene
エチルメチルベンゼン

CAS番号：o-:611-14-3、m-:620-14-4、p-:622-96-8
芳香族炭化水素

■ **別名**　エチルトルエン
■ **建築での主な使用例**　塗料やインキなどの溶剤
■ **他の用途**　溶剤
■ **外観的な特徴等**　無色～わずかに薄い黄色の液体、特異臭
■ **性状**　［沸点］o-:165.2℃、m-:161.3℃、p-:162℃　［水溶解性］溶けない　［融点］o-:−80.8℃、m-:−95.5℃、p-:−62.3℃　［蒸気圧］o-:0.35kPa（25℃）、m-:0.41kPa（25℃）、p-:0.40kPa（25℃）　［比重（水=1）］o-:0.882、m-:0.866、p-:0.862　［相対蒸気密度（空気=1）］4.2　［分配係数］o-:3.53、m-:3.98、p-:3.63　［ヘンリー定数］o-:5.53×10^{-3}atmm^3/mol、m-:8.71×10^{3}atmm^3/mol、p-:5.01×10^{-3}atmm^3/mol、（いずれも概算値）
■ **曝露経路**　吸入、経口摂取により体内へ吸収される
■ **毒性症状**　［短期］眼、皮膚、気道への刺激。吸入・経口摂取によるめまい・頭痛・咳・吐き気・嘔吐、重症の場合は意識喪失・肺水腫

を起こすこともある。
■ **法規制**　消防法（危険物）：危険物第4類第2石油類、海洋汚染防止法：B類物質等
■ **備考**　蒸気は引火しやすいので火気に注意が必要である。

149 ethylene
エチレン

CAS番号：74-85-1
脂肪族炭化水素

■ **別名**　エテン
■ **建築での主な使用例**　ビニル系樹脂（ポリエチレン、エチレン酢酸ビニル樹脂など）の原料
■ **他の用途**　合成樹脂の原料・中間体
■ **外観的な特徴等**　無色の気体、特異臭（オレフィン臭）
■ **性状**　［沸点］−104℃　［水溶解性］溶けない　［融点］−169.2℃　［蒸気圧］695kPa（25℃、外挿値）　［比重（水=1）］0.30～0.61　［相対蒸気密度（空気＝1）］0.98　［分配係数］1.13　［ヘンリー定数］0.228atmm^3/mol
■ **曝露経路**　吸入により体内へ吸収される
■ **毒性症状**　［短期］吸入による嗜眠・意識喪失。空気中の濃度が高いと酸素の欠乏により、死亡に至ることがある。［発がん性］人に対する発がん性について分類できない（IARC発がん性分類3）。
■ **法規制**　大気汚染防止法：有害大気汚染物質、高圧ガス保安法：可燃性ガス
■ **備考**　植物に対して変異原性あり。植物ホルモンのひとつであり、果実の成熟・拡大成長促進、細胞伸長阻害などの作用がある。

150 ethylene glycol
エチレングリコール

CAS番号：107-21-1
アルコール類

■ **別名**　1,2-エタンジオール、1,2-ジヒドロエタン、sym-ジオキシエタン
■ **建築での主な使用例**　接着剤、塗料、インキ、ワックス、防水剤の溶剤
■ **他の用途**　溶剤（接着剤や塗料等の樹脂の溶解）、火薬、洗浄剤、界面活性剤、潤滑剤、医薬、医薬中間体、合成樹脂、合成繊維、合成中間体、冷媒、不凍液、化粧品、乾燥防止剤、ダイナマイト
■ **外観的な特徴等**　無色の粘稠な吸湿性液体、無臭
■ **性状**　［沸点］198℃　［水溶解性］混和する　［融点］−13℃　［蒸気圧］7Pa（20℃）　［比重（水=1）］1.1　［相対蒸気密度（空気＝1）］2.1　［分配係数］−1.36　［ヘンリー定数］6.0×10^{-8} atm㎥/mol　［代謝性］体内ではグリコール酸を経てシュウ酸となる
■ **曝露経路**　吸入、経皮により体内へ吸収される
■ **毒性症状**　［短期］眼や気道への刺激。腎臓・中枢神経系への影響、腎不全、脳損傷、意識低下。吸入による咳・めまい・頭痛。皮膚の乾燥。眼の発赤・痛み。経口摂取による腹痛・感覚鈍麻・吐き気・意識喪失・嘔吐。［長期］中枢神経系への影響、眼の動きの異常（眼振）。
■ **法規制**　水質汚濁防止法：要調査項目に係わる物質、大気汚染防止法：有害大気汚染物質、労働安全衛生法（名称等の表示）：名称等を通知すべき有害物、消防法（危険物）：危険物第4類第3石油類、海洋汚染防止法：D類物質等、化学物質排出把握管理促進法：第一種指定化学物質
■ **備考**　樹脂の溶解性に優れ、揮発しやすいため、接着剤や塗料等の有機溶剤に用いられる。ペットボトルの樹脂であるポリエチレンテレフタレートの合成原料。

151 ethylen glycol diacetate
エチレングリコールジアセテート

CAS番号：111-55-7
エステル類

■ **別名**　エチレンジアセテート、1,2-エタンジオールジアセテート、エチレングリコール酢酸エステル、エチレンジアセテート、グリコールジアセテート、1,2-ジアセトキシエタン、二酢酸エチレングリコール
■ **建築での主な使用例**　溶剤
■ **他の用途**　インキ、溶剤、洗浄剤
■ **外観的な特徴等**　弱い特異臭のある無色の液体
■ **性状**　［沸点］190.2℃　［水溶解性］溶ける　［融点］−41.5℃　［蒸気圧］33Pa（20℃）　［比重（水=1）］1.107　［相対蒸気密度（空気＝1）］5.07　［分配係数］0.40（概算値）　［ヘンリー定数］8.4×10^{-8} atm㎥/mol（概算値）
■ **曝露経路**　吸入、経口摂取により体内へ吸収される
■ **毒性症状**　［短期］眼・鼻・のど・皮膚への弱い刺激。吸入または経口摂取により咳・悪心・嘔吐・呼吸困難等の症状を起こす。腎臓や肝臓に影響が生じる可能性がある。
■ **法規制**　消防法（危険物）：危険物第4類第3石油類、海洋汚染防止法：C類物質等

[151] エチレングリコールジアセテート
CH₂COOCH₂
　　　|
CH₂COOCH₂

化学物質の諸物性および有害性

エチレングリコールジエチルエーテル／エチレングリコールモノアセテート／エチレングリコールモノフェニルエーテル

152 ethylen glycol diethyl ether
エチレングリコールジエチルエーテル

CAS番号：629-14-1
エーテル類

■ **別名**　1,2-ジエトキシエタン、ジエチルセロソルブ
■ **建築での主な使用例**　溶剤
■ **他の用途**　樹脂やゴムの溶剤、洗浄剤
■ **外観的な特徴等**　特異臭のある無色澄明の液体
■ **性状**　［沸点］121.4℃　［水溶解性］溶ける　［融点］－74℃　［蒸気圧］1.29kPa（20℃）　［比重（水=1）］0.843　［相対蒸気密度（空気=1）］6.56　［分配係数］0.66　［ヘンリー定数］6.32×10^{-5}atm³/mol（概算値）
■ **曝露経路**　吸入、経皮、経口摂取により体内へ吸収される
■ **毒性症状**　［短期］眼・皮膚・粘膜への刺激。［長期］不快感・吐き気・頭痛などの症状を起こすことがある。
■ **法規制**　消防法（危険物）：危険物第4類第2石油類

153 ethylene glycol monoacetate
エチレングリコールモノアセテート

CAS番号：542-59-6
エステル類

■ **別名**　モノ酢酸エチレングリコール、1,2-エタンジオールモノアセテート
■ **建築での主な使用例**　溶剤
■ **他の用途**　溶剤
■ **外観的な特徴等**　ほぼ無臭の無色の液体

■ **性状**　［沸点］182℃　［水溶解性］溶ける　［比重（水=1）］1.108　［相対蒸気密度（空気=1）］3.59　［分配係数］－0.60（概算値）
■ **曝露経路**　吸入、経皮、経口摂取により体内へ吸収される
■ **毒性症状**　［短期］眼の刺激。経口摂取により中程度の毒性を示す。
■ **法規制**　消防法（危険物）：危険物第4類第3石油類、海洋汚染防止法：D類物質等

154 ethylene glycol monophenyl ether
エチレングリコールモノフェニルエーテル

CAS番号：122-99-6
エーテル類

■ **別名**　フェニルセロソルブ、2-フェノキシエタノール、エチレングリコールモノフェニルエーテル、ローズエーテル
■ **建築での主な使用例**　殺菌剤、防かび剤等
■ **他の用途**　殺菌剤、防かび剤、防汚剤、殺虫剤、防虫剤、香料、医薬、医薬中間体、合成中間体
■ **外観的な特徴等**　特徴的な臭気のある無色油状の液体
■ **性状**　［沸点］245℃　［水溶解性］微溶　［融点］14℃　［蒸気圧］1.3Pa（20℃）　［比重（水=1）］1.1　［相対蒸気密度（空気=1）］4.8　［分配係数］1.2　［ヘンリー定数］4.72×10^{-8}atm³/mol（概算値）
■ **曝露経路**　エアロゾルの吸入、経皮、経口摂取により体内へ吸収される
■ **毒性症状**　［短期］吸入による咳・咽頭痛・多幸感・頭痛・嗜眠・不明瞭言語。皮膚の発赤・乾燥、手と指の痺れ。眼の発赤や痛み。

[154] エチレングリコールモノフェニルエーテル
⌬－OCH₂CH₂OH

眼・皮膚・気道の刺激。中枢神経系や末梢神経系に影響を与えて機能障害を生じることがある。[長期]皮膚の脱脂、中枢神経系に影響を与えて機能障害を生じることがある。
■**法規制**　消防法（危険物）：危険物第4類第3石油類、海洋汚染防止法：D類物質等

155 ethylen glycol monohexyl ether
エチレングリコールモノヘキシルエーテル

CAS番号：112-25-4
エーテル類

■**別名**　2-(ヘキシロキシ)エタノール、エチレングリコール-n-ヘキシルエーテル、n-ヘキシルセロソルブ
■**建築での主な使用例**　溶剤
■**他の用途**　樹脂・油脂溶剤
■**外観的な特徴等**　液体
■**性状**　[沸点]208.3℃　[水溶解性]溶ける　[融点]-45℃　[蒸気圧]13Pa(20℃)　[比重(水=1)]0.8894　[相対蒸気密度(空気=1)]5.04　[分配係数]1.86　[ヘンリー定数]1.73×10⁻⁷atm㎥/mol（概算値）
■**曝露経路**　吸入、経皮、経口摂取により体内へ吸収される
■**毒性症状**　[短期]皮膚・眼への刺激。経口摂取と皮膚接触で中程度の毒性。
■**法規制**　消防法（危険物）：危険物第4類第3石油類

156 ethylenediamine
エチレンジアミン

CAS番号：107-15-3
アミン類

■**別名**　1,2-エタンジアミン、1,2-ジアミノエタン、ジメチレンジアミン、EDA
■**建築での主な使用例**　エポキシ樹脂硬化剤など
■**他の用途**　繊維の防しわ加工剤、紙の湿潤強化剤、殺虫剤・防虫剤・農薬の原料、界面活性剤、添加剤、合成樹脂の原料、エポキシ樹脂硬化剤、紙力増強剤、キレート剤、潤滑油添加剤、アスファルト添加剤、界面活性剤
■**外観的な特徴等**　無色～黄色の液体、刺激臭
■**性状**　[沸点]117℃　[水溶解性]混和する　[融点]8.5℃　[蒸気圧]1.61kPa(25℃)　[比重(水=1)]0.9　[相対蒸気密度(空気=1)]2.1　[分配係数]-1.2　[ヘンリー定数]1.73×10⁻⁹atm㎥/mol　[生物分解性]分解性良好　[代謝性]経口摂取について少量であれば代謝を受けるが、大量の場合は一部が未変化体のまま尿中に排出される。ラットへの投与実験では24時間以内に投与量の70～80%が排泄された。
■**曝露経路**　吸入、経皮、経口摂取により体内へ吸収される
■**毒性症状**　[短期]眼、皮膚、気道への刺激、腐食性。吸入による咳・咽頭痛・息切れ・喘鳴・灼熱感、重症の場合はチアノーゼ・肺水腫を起こし、死に至ることもある。経口摂取による腹痛・灼熱感・ショックまたは虚脱。肝臓・腎臓障害。眼の発赤・痛み・かすみ・重度の熱傷（化学薬傷）。皮膚の発赤・痛み・熱傷（化学薬傷）。[長期]皮膚炎・皮

の感作。喘息。
■ **法規制**　労働安全衛生法（名称等の表示）：名称等を通知すべき有害物、消防法（危険物）：危険物第4類第2石油類、海洋汚染防止法：C類物質等、化学物質排出把握管理促進法：第一種指定化学物質
■ **備考**　あらゆる接触を避ける！　皮膚から吸収されることがある。喘息の症状は2〜3時間経過しないと現れないことがあり、安静を保たなければ悪化する。この物質によって一度喘息の症状を示した者は、以後この物質に触れないこと。

157 etofenprox
エトフェンプロックス

CAS番号：80844-07-1
ピレスロイド系殺虫剤

■ **別名**　2-(4-エトキシフェニル)-2-メチルプロピル-3-フェノキシベンジルエーテル、α-[(p-エトキシ-β，β-ジメチルフェネチル) オキシ]-m-フェノキシトルエン、エトキシプロフェン
■ **建築での主な使用例**　シロアリ駆除剤
■ **他の用途**　殺虫剤・防虫剤
■ **外観的な特徴等**　無色〜白色の結晶
■ **性状**　[沸点] 200℃ (24Pa)　[水溶解性] 難溶　[融点] 37℃　[蒸気圧] 9.05×10^{-7} Pa (25℃、概算値)　[分配係数] 7.05　[ヘンリー定数] 2.26×10^{-8} atmm³/mol（概算値）
■ **曝露経路**　吸入、経口摂取により体内へ吸収される
■ **毒性症状**　[短期] 眼、皮膚、粘膜への刺激。吸入によるめまい・頭痛・腹痛・下痢・吐き気・嘔吐。神経系への影響、運動失調・痙攣。眼の発赤・かすみ。[長期] 皮膚炎・皮膚の感作。喘息。
■ **法規制**　水道法：対象農薬、労働安全衛生法（名称等の表示）：名称等を通知すべき有害物、農薬取締法（作物残留性に係わる登録保留基準）：対象物質、農薬取締法（水田残留性に係わる登録保留基準）：対象物質、農薬取締法（ゴルフ場使用農薬に係る暫定指導指針）：対象物質、農薬取締法（公共用水域等における水質評価指針）：対象物質、食品衛生法（残留農薬基準）：対象物質

158 epichlorohydrin
エピクロロヒドリン

CAS番号：106-89-8
含ハロゲン類

■ **別名**　1-クロロ-2,3-エポキシプロパン、γ-クロロプロピレンオキシド、3-クロロプロピレンオキシド、2-(クロロメチル)オキシラン、クロロメチルオキシラン、(D,L)-α-エピクロロヒドリン
■ **建築での主な使用例**　塗料・接着剤、床材のコーティングなどに用いられるエポキシ樹脂の原料
■ **他の用途**　可塑剤、安定剤、界面活性剤、繊維処理剤、イオン交換樹脂、殺菌剤、防かび剤、防汚剤、殺虫燻蒸剤、医薬品原料
■ **外観的な特徴等**　無色の液体、特異臭
■ **性状**　[沸点] 116℃　[水溶解性] 難溶　[融点] −48℃（−25.6℃、−57℃）　[蒸気圧] 2.19kPa (25℃)　[比重 (水=1)] 1.2　[相対蒸気密度 (空気=1)] 3.2　[分配係数] 0.26　[ヘンリー定数] 3.04×10^{-5} atmm³/mol（概算値）　[生物分解性] 分解性良好

[157] エトフェンプロックス

C_2H_5O —〇— C(CH₃)₂ — CH₂OCH₂ —〇— O —〇—

[158] エピクロロヒドリン
CH₂—CHCH₂Cl
  \O/

159 epoxidised soybean oil
エポキシ化大豆油

CAS番号：8013-07-8
その他

■ **曝露経路**　吸入、経皮、経口摂取により体内へ吸収される
■ **毒性症状**　［短期］眼、皮膚、気道への刺激、腐食性。中枢神経系、腎臓、肝臓への影響。吸入による咳・咽頭痛・灼熱感・息苦しさ・息切れ・喘息様症状・頭痛・吐き気・嘔吐・麻酔作用・痙攣、重症の場合は意識喪失・肺水腫を起こすこともある。高濃度蒸気の吸入では死に至る場合もある。経口摂取による下痢・嘔吐・灼熱感・胃痙攣・ショックまたは虚脱。眼の発赤・痛み・熱傷、重度の場合は永久的な視力喪失。皮膚の発赤・痛み・熱傷・水泡・灼熱感。［長期］皮膚の感作。腎臓・肝臓・肺機能障害。変異原性あり。［発がん性］人に対しておそらく発がん性を示す（IARC発がん性分類2A）。
■ **法規制**　水質汚濁防止法：要調査項目に係わる物質、大気汚染防止法：有害大気汚染物質、労働安全衛生法（名称等の表示）：名称等を表示すべき有害物・名称等を通知すべき有害物、消防法（危険物）：危険物第4類第2石油類、毒物及び劇物取締法：劇物、海洋汚染防止法：A類物質等、化学物質排出把握管理促進法：第一種指定化学物質、廃棄物処理法：規制物質
■ **備考**　あらゆる接触を避ける！　皮膚から吸収されることがある。肺水腫の症状は2〜3時間経過しないと現れないことがあり、安静を保たなければ悪化する。

■ **別名**　ESBO
■ **建築での主な使用例**　塗料やインキの可塑剤、塩化ビニル樹脂の可塑剤
■ **他の用途**　滑剤、安定剤
■ **外観的な特徴等**　淡黄色透明液体
■ **性状**　［沸点］分解　　［水溶解性］溶けない　　［融点］<0℃　　［比重（水=1）］0.99
■ **曝露経路**　経皮、経口摂取により体内へ吸収される
■ **毒性症状**　［短期］皮膚や眼に対する刺激性。
■ **備考**　大豆油を構成する脂肪酸をエポキシ化したもの。

160 paraffin chloride
塩化パラフィン

CAS番号：63449-39-8
含ハロゲン類

■ **別名**　塩素化パラフィン、塩パラ、クロロパラフィン
■ **建築での主な使用例**　合成樹脂の可塑剤
■ **他の用途**　電線被覆、顔料・塗料の添加剤、インキ、潤滑剤、可塑剤、皮なめし剤
■ **外観的な特徴等**　淡い琥珀色の粘稠性液体（塩素化率40%）、淡黄色の樹脂状固体（塩素化率70%）
■ **性状**　[水溶解性]（塩素化率によって異なるが、ほとんど溶けない）　[比重（水=1）] 1.00～1.07
■ **曝露経路**　吸入、経口摂取により体内へ吸収される
■ **毒性症状**　[短期]有害性はパラフィンの炭素数により異なる。眼、皮膚への刺激は短鎖（C10～13）のパラフィンに限られている。[発がん性]人に対して発がん性を示す可能性がある（IARC発がん性分類2B）。
■ **法規制**　水質汚濁防止法：要調査項目に係わる物質、海洋汚染防止法：A類物質等（炭素数が10から13までのもの及びその混合物に限る）
■ **備考**　水溶解性は塩素化率68～72%で不溶。

161 vinyl chloride
塩化ビニル

CAS番号：75-01-4
含ハロゲン類

■ **別名**　VCM、塩化ビニルモノマー、塩ビモノマー、クロロエチレン、クロロエテン、ビニルクロライド、ビニルクロリド
■ **建築での主な使用例**　壁紙・床材などに使用される塩化ビニル樹脂の原料
■ **他の用途**　合成樹脂（ポリ塩化ビニル・塩化ビニル - 酢酸ビニル共重合体、塩化ビニル - 塩化ビニリデン共重合体）の原料
■ **外観的な特徴等**　無色の液体または気体、ほのかに甘い臭い
■ **性状**　[沸点] -13℃　[水溶解性] 溶けない　[融点] -154℃　[蒸気圧] 397kPa (25℃)　[比重（水=1）] 0.9　[相対蒸気密度（空気=1）] 2.2　[分配係数] 0.6　[ヘンリー定数] 2.78×10^2 atmm³/mol　[生物分解性]難分解性、低濃縮性　[代謝性]肺から容易に吸収され、吸入量の2～3%が呼気に排出される。
■ **曝露経路**　吸入、経皮により体内へ吸収される
■ **毒性症状**　[短期]眼の刺激。中枢神経系への影響。麻酔作用があり、意識低下することがある。吸入によるめまい・頭痛・嗜眠・意識喪失。液体が皮膚についた場合、凍傷を起こす。眼の発赤・痛み。[長期]全身に影響を及ぼす。悪性腫瘍。[発がん性]人に対して発がん性を示す（IARC発がん性分類1）。
■ **法規制**　化審法：第二種監視化学物質、水質汚濁防止法：要調査項目に係わる物質、大気汚染防止法：有害大気汚染物質（優先取り組み物質）、労働安全衛生法（名称等の表

示）：名称等を表示すべき有害物・名称等を通知すべき有害物、労働安全衛生法（特化物等）：第3種有機溶剤、家庭用品規制法：規制物質、化学物質排出把握管理促進法：第一種指定化学物質
■ **備考** 皮膚から吸収されることがある。添加された安定剤や抑制剤がこの物質の毒性に影響を与える可能性がある。

162 butyl chloride
塩化ブチル

CAS番号：109-69-3
含ハロゲン類

■ **別名** 1-クロロブタン、n-ブチルクロライド、塩化-n-ブチル、ブチルクロライド
■ **建築での主な使用例** 塩化ビニル安定剤
■ **他の用途** 合成中間体
■ **外観的な特徴等** 刺激臭のある無色の液体
■ **性状** ［沸点］77～79℃　［水溶解性］溶けない　［融点］－123℃　［蒸気圧］10.7kPa（20℃）　［比重（水=1）］0.89　［相対蒸気密度（空気=1）］3.2　［分配係数］2.64　［ヘンリー定数］$1.67×10^2$atmm³/mol
■ **曝露経路** 蒸気の吸入、経口摂取により体内へ吸収される
■ **毒性症状** ［短期］吸入による咳・嗜眠・咽頭痛。皮膚や眼の発赤。経口摂取による胃痙攣・吐き気。眼・皮膚・気道の刺激、神経系に影響を与えることがある。
■ **法規制** 化審法：第二種監視化学物質、消防法（危険物）：危険物第4類第1石油類
■ **備考** この物質の蒸気は空気より重く、地面あるいは床に沿って移動することがある。

163 benzalkonium chloride
塩化ベンザルコニウム

CAS番号：8001-54-5
第4級アンモニウム塩

■ **別名** BKC、アルキルジメチルベンジルアンモニウムクロリド、塩化アルキルジメチルベンジルアンモニウム、ベンザルコニウムクロリド、ベンジルドデシルジメチルアンモニウムクロリド
■ **建築での主な使用例** 防腐・防かび剤
■ **他の用途** 殺菌剤、抗菌剤（消毒液、洗浄液、化粧品、日用品など）、防かび剤、防汚剤
■ **外観的な特徴等** 無色～わずかに薄黄色の液体、特異臭
■ **性状** ［水溶解性］混和する　［比重（水=1）］0.9884（50%水溶液）
■ **曝露経路** 吸入、経口摂取により体内へ吸収される
■ **毒性症状** ［短期］眼、皮膚、粘膜、気道への刺激。経口摂取による吐き気・嘔吐・下痢・筋肉の麻痺・中枢神経系への影響。［長期］不快感・吐き気・頭痛・眠気・手足の運動失調などの症状を起こすことがある。
■ **法規制** 水質汚濁防止法：要調査項目に係わる物質

164 methyl chloride
塩化メチル

CAS番号：74-87-3
含ハロゲン類

■ **別名**　クロルメチル、クロロメタン、クロロメチル、メチルクロライド、モノクロロメタン
■ **建築での主な使用例**　ブチルゴム、シリコーン樹脂等の原料、溶剤等
■ **他の用途**　溶剤・洗浄剤・界面活性剤・農薬全般・医薬・医薬中間体・合成中間体・噴射剤・化学合成原料（ブチルゴム、シリコーン樹脂）、冷媒、難燃剤、各種添加物、発泡剤
■ **外観的な特徴等**　無色の液化ガス
■ **性状**　［沸点］－24.2℃　［水溶解性］微溶　［融点］－97.6℃　［蒸気圧］506kPa（21℃）　［比重（水=1）］0.92　［相対蒸気密度（空気=1）］1.8　［分配係数］0.91　［ヘンリー定数］8.82×10^{-3} atm㎥/mol
■ **曝露経路**　吸入、経皮により体内へ吸収される
■ **毒性症状**　［短期］吸入によるよたつき歩行・めまい・頭痛・吐き気・嘔吐・痙攣・意識喪失、凍傷を起こすことがある。中枢神経系への影響、意識を喪失することがある。許容濃度をはるかに超えると肝臓・心血管系・腎臓に障害を生じることがある。医学的な経過観察が必要。［長期］中枢神経系への影響。動物試験では人の生殖に毒性影響を及ぼす可能性があることが示されている。変異原性あり。［発がん性］人に対する発がん性について分類できない（IARC発がん性分類3）。
■ **法規制**　大気汚染防止法：有害大気汚染物質、化審法：第二種監視化学物質、水質汚濁防止法：要調査項目に係わる物質、労働安全衛生法（名称等の表示）：名称等を通知すべき有害物、毒物及び劇物取締法：劇物、化学物質排出把握管理促進法：第一種指定化学物質
■ **備考**　皮膚から吸収される可能性あり。液体に触れた場合は凍傷になることがある。この気体は空気より重く、地面あるいは床に沿って移動することがある。床面に沿って換気。

165 chlorine
塩素

CAS番号：7782-50-5
その他

■ **建築での主な使用例**　塩素を含む物質の燃焼により生成することがある
■ **他の用途**　殺菌剤、防かび剤、防汚剤、漂白剤、農薬などの合成中間体
■ **外観的な特徴等**　緑黄色の気体、刺激臭
■ **性状**　［沸点］－34℃　［水溶解性］微溶　［融点］－101℃　［蒸気圧］780kPa（25℃）　［比重（水=1）］1.4（液体）　［相対蒸気密度（空気=1）］2.5　［分配係数］0.85（外挿値）　［ヘンリー定数］1.17×10^{-2} atm㎥/mol
■ **曝露経路**　吸入により体内へ吸収される
■ **毒性症状**　［短期］催涙性ガス。吸入によるめまい・頭痛・吐き気・息切れ・息苦しさ・咳・咽頭痛・灼熱感・肺炎・肺水腫・反応性気道障害（RADS）、死に至ることもある。腐食性があり、眼の痛み・かすみ・熱傷。皮膚の熱傷・痛み。液体に触れた場合は凍傷を起こす。［長期］肺への影響、慢性気管支炎。歯の腐食。
■ **法規制**　水質汚濁防止法：要調査項目に係

わる物質、大気汚染防止法：特定物質、排出基準などに係わる物質（煤煙）、労働安全衛生法（名称等の表示）：名称等を通知すべき有害物、労働安全衛生法（特化物等）：特定化学物質第2類、毒物及び劇物取締法：劇物、高圧ガス保安法：毒性ガス
■ **備考** あらゆる接触を避ける！ 症状は遅れて現れることもある。「混ぜるな危険！」の表示のある家庭用塩素系漂白剤と酸素系漂白剤を混合した場合にも生じる。

166 octachlorodipropylether
オクタクロロジプロピルエーテル

CAS番号：127-90-2
エーテル類

■ **別名** 2,3,3,3-2',3',3',3'-オクタクロロジプロピルエーテル、S-421
■ **建築での主な使用例** シロアリ防除剤
■ **他の用途** 家庭用殺虫剤、家庭用蚊取り線香、電気蚊取り、電気掃除機用紙パック、衣料用防虫剤
■ **外観的な特徴等** 無色〜淡黄色透明液体
■ **性状** ［沸点］144〜150℃（0.133kPa）　［水溶解性］難溶　［融点］−50℃　［比重（水=1）］1.65　［分配係数］5.1（概算値）
■ **曝露経路** 吸入、経皮、経口摂取により体内へ吸収される
■ **毒性症状** ［短期］軽度に皮膚を刺激する。
■ **備考** ピレスロイド系殺虫剤の効果を増強する共力剤として主に使用される。

167 octyl phenol
オクチルフェノール

CAS番号：140-66-9
フェノール類

■ **別名** p-（1,1,3,3-テトラメチルブチル）フェノール、p-オクチルフェノール、4-オクチルフェノール
■ **建築での主な使用例** 酸化防止剤、防錆剤
■ **他の用途** 合成原料（フェノール樹脂、界面活性剤）、酸化防止剤、防錆剤
■ **外観的な特徴等** 弱い特異臭のある白色の固体
■ **性状** ［沸点］283℃　［水溶解性］溶けない　［融点］80〜86℃　［蒸気圧］11.3kPa（150℃）　［分配係数］5.28（概算値）　［ヘンリー定数］6.89×10^{-6} atm³/mol（概算値）
■ **曝露経路** 吸入、経皮、経口摂取により体内へ吸収される
■ **毒性症状** ［短期］眼・皮膚の刺激、呼吸器を刺激する恐れあり。
■ **法規制** 化学物質排出把握管理促進法：第一種指定化学物質

168 ozone
オゾン

CAS番号：10028-15-6
その他

■ **建築での主な使用例** トイレの脱臭装置、浄水・排水処理（殺菌）
■ **他の用途** 漂白剤、殺菌剤、脱臭剤、合成中間体

---

［167］オクチルフェノール
HO—⟨ ⟩—C(CH₃)₂CH₂C(CH₃)₂CH₃

■ **外観的な特徴等** 無色または帯青色の気体、特異臭
■ **性状** ［沸点］−112℃ ［水溶解性］微溶 ［融点］−193℃ ［蒸気圧］3.19×10⁻⁶ Pa（25℃、外挿値）［比重（水=1）］2.144（0℃気体）1.614（−195.4℃液体）［相対蒸気密度（空気=1）］1.6 ［分配係数］−0.87（概算値）
■ **曝露経路** 吸入により体内へ吸収される
■ **毒性症状** ［短期］眼、気道への刺激。吸入による頭痛・咳・咽頭痛・息切れ、肺水腫、喘息。中枢神経系への影響、意識障害、行動障害。眼の発赤・痛み・視力消失。液体に触れた場合は皮膚に凍傷を起こす。［長期］肺への影響。
■ **法規制** 労働安全衛生法（名称等の表示）：名称等を通知すべき有害物
■ **備考** 低濃度では安全な水の殺菌剤として使用される。1ppm程度で不快な硫黄様臭気を感じ、眼、気道への刺激を感じる。曝露が止めば症状は消える。肺水腫や喘息の症状は2〜3時間遅れて現れることが多く、安静を保たなければ悪化する。この物質により喘息の症状を示した場合、以後接触しないこと。アメリカ環境保護庁は、オゾン発生装置を空気清浄機として使用しないよう勧告している。

169 o-dichlorobenzene
オルトジクロロベンゼン

CAS番号：95-50-1
含ハロゲン類

■ **別名** o-ジクロロベンゼン、1,2-ジクロロベンゼン、ODB
■ **建築での主な使用例** うじ殺し剤、塗料・ワックスの溶剤
■ **他の用途** 溶剤、洗浄剤、殺菌剤、防かび剤、防汚剤、殺虫剤、防虫剤、熱媒、有機溶媒
■ **外観的な特徴等** 無色〜淡黄色の粘稠（ねんちゅう）な液体、特徴的な臭気
■ **性状** ［沸点］180〜183℃ ［水溶解性］溶けない ［融点］−17℃ ［蒸気圧］0.16 kPa（20℃）［比重（水=1）］1.3 ［相対蒸気密度（空気=1）］5.1 ［分配係数］3.38 ［ヘンリー定数］1.92×10⁻³atm³/mol
■ **曝露経路** 吸入、経口摂取により体内へ吸収される
■ **毒性症状** ［短期］眼・皮膚・気道への刺激。皮膚の発赤・水疱・灼熱感、中枢神経系への影響、意識低下。吸入による咳・嗜眠・咽頭痛・意識喪失、眼の発赤・痛み。経口摂取による灼熱感・下痢・吐き気・嘔吐。［長期］皮膚の感作、肝臓や腎臓への影響。［発がん性］人に対する発がん性について分類できない（IARC発がん性分類3）。
■ **法規制** 化審法：第二種監視化学物質、水質汚濁防止法：要調査項目に係わる物質、大気汚染防止法：有害大気汚染物質、労働安全衛生法（名称等の表示）：名称等を表示すべき有害物・名称等を通知すべき有害物、労働安全衛生法（特化物等）：第2種有機溶剤、消防法（危険物）：危険物第4類第3石油類、海洋汚染防止法：B類物質等、化学物質排出把握管理促進法：第一種指定化学物質
■ **備考** ハエの幼虫（うじ）の駆除特性に優れるため、防疫用薬剤等によく用いられる。

[169] オルトジクロロベンゼン

170 oleic acid
オレイン酸

CAS番号：112-80-1
有機酸

- **別名** 9-オクタデセン酸（シス）、9-オクタデセン酸、CIS-9-オクタデセン酸、シス-9-オクタデセン酸
- **建築での主な使用例** 溶剤、インキ
- **他の用途** 可塑剤、潤滑剤、油脂成分、石鹸、溶剤、洗浄剤、安定剤、酸化・老化防止剤、潤滑油添加剤、インキ、界面活性剤、油剤
- **外観的な特徴等** 無色の液体、空気にさらされると黄色から茶色に変色する
- **性状** ［沸点］286℃ ［水溶解性］溶けない ［融点］13.4℃ ［蒸気圧］0.133kPa（176.5℃） ［比重（水=1）］0.89 ［分配係数］7.73（概算値） ［ヘンリー定数］4.48×10^{5}atm·m^3/mol（概算値）
- **曝露経路** 経口摂取により体内へ吸収される
- **毒性症状** ［短期］皮膚や眼の発赤、眼・皮膚を軽度に刺激。経口摂取により吸収されることがあるが、有害影響は見られない。［長期］不快感・吐き気・頭痛などが起こることがある。
- **法規制** 消防法（危険物）：危険物第4類第3石油類、海洋汚染防止法：D類物質等
- **備考** オリーブ油の約80%がオレイン酸である。紅花油、ひまわり油、キャノーラ油などに多く含まれている。

171 orange oil
オレンジ油

CAS番号：8008-57-9
その他

- **別名** 橙花油、オレンジ花油
- **建築での主な使用例** 塗料
- **他の用途** 石鹸、洗浄剤、香料
- **外観的な特徴等** 特異臭を有する黄色から黄褐色の液体 臭い：
- **性状** ［水溶解性］難溶 ［比重（水=1）］0.834〜0.854
- **曝露経路** 吸入、経皮、経口摂取により体内へ吸収される
- **毒性症状** ［短期］眼、皮膚、粘膜に接触すると刺激作用がある。［長期］不快感、吐き気、頭痛などが起こることがある。
- **法規制** 消防法（危険物）：危険物第4類動植物油類
- **備考** リモネンを85%以上含有。オレンジの木の果皮から採れる精油。

172 carbon black
カーボンブラック

CAS番号：1333-86-4
その他

- **別名** アセチレンブラック、チャンネルブラック、ファーネスブラック
- **建築での主な使用例** 黒色顔料、防音材、ゴムの補強剤
- **他の用途** 燃料、火薬、爆薬、塗料・インキなどの添加剤、ゴム補強剤、鉛筆・クレヨン

- ■ **外観的な特徴等**　黒色のペレットまたは粉末、無臭
- ■ **性状**　［沸点］約3550℃　［水溶解性］溶けない　［蒸気圧］ほとんどない　［比重（水=1）］1.8〜2.1
- ■ **曝露経路**　吸入、経口摂取により体内へ吸収される
- ■ **毒性症状**　［短期］吸入による咳・咽頭痛。皮膚接触による刺激。［長期］肺への影響、多量の粉塵を長期間吸入すると、塵肺に罹患する可能性あり。［発がん性］人に対して発がん性を示す可能性がある（IARC発がん性分類2B）。
- ■ **法規制**　労働安全衛生法（名称等の表示）：名称等を通知すべき有害物
- ■ **備考**　PAHs（多環式芳香族炭化水素）や有機抽出物などの発がん性物質を含んでいる可能性が指摘されている。また、肺への影響は夾雑物によることがある。揮発性物質を含む場合、粉塵爆発の可能性がある。

173　hydrogen peroxide
過酸化水素

CAS番号：7722-84-1
その他

- ■ **建築での主な使用例**　木材漂白剤、殺菌剤、防かび剤、防汚剤
- ■ **他の用途**　燃料、火薬・爆薬、消毒剤、浄水・排水処理、触媒、酸化剤、医薬中間体
- ■ **外観的な特徴等**　無色の液体
- ■ **性状**　［沸点］152℃　［水溶解性］混和する　［融点］−0.43℃　［蒸気圧］263Pa（25℃）　［比重（水=1）］1.4425　［相対蒸気密度（空気=1）］1　［分配係数］−1.57（概算値）　［ヘンリー定数］7.04×10^{-9} atmm^3/mol
- ■ **曝露経路**　吸入、経口摂取により体内へ吸収される
- ■ **毒性症状**　［短期］眼、皮膚、気道への刺激、腐食性。吸入によるめまい・頭痛・吐き気・咳・咽頭痛・息切れ、重症の場合は肺水腫を起こすこともある。経口摂取による腹痛・腹部膨満・吐き気・嘔吐、重症の場合は吐血・腸穿孔、また血液中に酸素の気泡を生じて（塞栓症）ショック症状を引き起こすこともある。眼の発赤・痛み・かすみ・重度の熱傷。皮膚の白斑・発赤・痛み・熱傷。［長期］気管支炎・肺炎。皮膚の発疹。毛の脱色。［発がん性］人に対する発がん性について分類できない（IARC発がん性分類3）。
- ■ **法規制**　労働安全衛生法（名称等の表示）：名称等を通知すべき有害物、消防法（危険物）：危険物第6類、毒物及び劇物取締法：劇物、海洋汚染防止法：C類物質等（濃度が8重量パーセントを超え70重量パーセント以下のものに限る）
- ■ **備考**　原液や高濃度水溶液についてはあらゆる接触を避ける！　通常は水溶液の状態で市販されている。3％水溶液はオキシドールと呼ばれる医療用消毒薬に用いられる。過酸化水素は動植物の体内で生成や分解が繰り返されている。そのため、生鮮食料品や加工食品の中に微量含まれている。

［173］過酸化水素
H_2O_2

174 catechol
カテコール

CAS番号：120-80-9
フェノール類

■ **別名**　1,2-ジヒドロキシベンゼン、1,2-ベンゼンジオール、o-ジヒドロキシベンゼン、ピロカテキン、ピロカテコール
■ **建築での主な使用例**　酸化・老化防止剤、加硫剤、加硫促進剤
■ **他の用途**　香料、医薬、医薬中間体、合成中間体、重合開始剤、安定剤、酸化・老化防止剤、加硫剤、加硫促進剤、分析試薬、写真用現像試薬
■ **外観的な特徴等**　特徴的な臭気のある無色の結晶。空気や光に曝露すると茶色になる。
■ **性状**　［沸点］245.5℃　［水溶解性］溶ける　［融点］105℃　［蒸気圧］1.33 kpa（118.3℃）　［比重（水=1）］1.3　［相対蒸気密度（空気=1）］3.8　［分配係数］0.88　［ヘンリー定数］3.14×10^{-9} atm³/mol（概算値）　［生物分解性］分解性良好
■ **曝露経路**　エアロゾルの吸入、経皮、経口摂取により体内へ吸収される
■ **毒性症状**　［短期］吸入による灼熱感・咳・息苦しさ。皮膚の発赤、眼の発赤・痛み・重度の熱傷。経口摂取による腹痛・下痢・嘔吐、皮膚・気道・消化管の刺激。眼に対する腐食性。中枢神経系に影響を与え抑制・痙攣・呼吸不全を生じることがある。血圧が上昇することがある。［長期］皮膚が感作されることがある。［発がん性］人に対する発がん性について分類できない（IARC発がん性分類3）。
■ **法規制**　水質汚濁防止法：生活環境に係わる物質、大気汚染防止法：有害大気汚染物質、水道法：基準項目、労働安全衛生法（名称等の表示）：名称等を通知すべき有害物、化学物質排出把握管理促進法：第一種指定化学物質
■ **備考**　皮膚から吸収される可能性あり。床面に沿って換気。

175 cadmium
カドミウム

CAS番号：7440-43-9
重金属

■ **建築での主な使用例**　化合物として顔料・塗料（赤、黄）、合成樹脂の安定剤に使用される
■ **他の用途**　酸化・老化防止剤、合成中間体、ニッケル・カドミウム電池、合金、メッキ
■ **外観的な特徴等**　青白色のやわらかい金属または灰色の粉末
■ **性状**　［沸点］765℃　［水溶解性］溶けない　［融点］321℃　［蒸気圧］5.52×10^{-7} Pa（25℃、概算値）　［比重（水=1）］8.6　［分配係数］-0.07（概算値）　［ヘンリー定数］3.08×10^{-2} atm³/mol（概算値）　［生物分解性］環境中に残存
■ **曝露経路**　吸入、経口摂取により体内へ吸収される
■ **毒性症状**　［短期］眼、気道への刺激。吸入による頭痛・咳・胸痛・気管支炎・肺炎・肺水腫・金属熱。経口摂取による腹痛・下痢・吐き気・嘔吐・頭痛。眼の発赤・痛み。［長期］粉塵粒子は肺を冒すことがある。肺気腫。腎臓への影響、蛋白尿・腎障害、骨変化。［発がん性］人に対して発がん性を示す（IARC発がん性分類1）。
■ **法規制**　水質汚濁防止法：人の健康に係わる物質、大気汚染防止法：有害大気汚染物質、

[174] カテコール
OH
OH

排出基準に係わる物質（煤煙）、土壌汚染対策法：特定有害物質、水道法：基準項目、労働安全衛生法（名称等の表示）：名称等を表示すべき有害物・名称等を通知すべき有害物、労働安全衛生法（特化物等）：特定化学物質第2類、化学物質排出把握管理促進法：第一種指定化学物質、下水道法：有害物質、廃棄物処理法：規制物質
■ **備考** 肺への影響は遅れて現れることがある。

176 caprolactam
カプロラクタム

CAS番号：105-60-2
含窒素化合物

■ **別名** ε-カプロラクタム、ε-アミノカプロラクタム、6-ヘキサンラクタム、6-アミノカプロン酸ラクタム、2-オキソヘキサメチレンイミン、ヘキサヒドロ-2H-アゼピン-2-オン
■ **建築での主な使用例** 塗料の添加剤など
■ **他の用途** 合成樹脂（6-ナイロン）・合成繊維原料、添加剤（繊維、塗料、顔料、紙）
■ **外観的な特徴等** 白色の薄片または結晶
■ **性状** ［沸点］267℃ ［水溶解性］溶ける ［融点］70℃ ［蒸気圧］0.26Pa（25℃）［比重（水=1）］1.02 ［相対蒸気密度（空気=1）］3.91 ［分配係数］－0.19 ［ヘンリー定数］$2.53×10^{-8}atm·m^3/mol$（概算値）［生物分解性］分解性良好
■ **曝露経路** 吸入、経口摂取により体内へ吸収される
■ **毒性症状** ［短期］眼、皮膚、気道への刺激。神経系への影響。吸入によるめまい・頭痛・咳・吐き気・嘔吐・腹痛・下痢・胃痙攣・錯乱。眼の発赤・痛み。皮膚の乾燥・発赤。［長期］皮膚炎・皮膚の感作。神経系、肝臓への影響。［発がん性］人に対しておそらく発がん性がない（IARC発がん性分類4）。
■ **法規制** 労働安全衛生法（名称等の表示）：名称等を通知すべき有害物、海洋汚染防止法：D類物質等、化学物質排出把握管理促進法：第一種指定化学物質

177 carnauba wax
カルナバ蝋

CAS番号：8015-86-9
脂肪族炭化水素

■ **別名** ブラジルワックス、カルナウバワックス
■ **建築での主な使用例** 自然塗料、ワックス
■ **他の用途** 食品添加物、光沢剤、離型剤、化粧品、pH調整剤、ガムベース
■ **外観的な特徴等** 淡黄〜淡褐色固体、芳香臭
■ **性状** ［水溶解性］溶けない ［融点］81〜86℃ ［比重（水=1）］0.99
■ **曝露経路** 吸入、経皮、経口摂取により体内へ吸収される
■ **備考** ブラジルロウヤシの葉から得られたヒドロキシセロチン酸セリルを主成分とするもの。

[176] カプロラクタム

178 carvacrol
カルバクロール

CAS番号：499-75-2
フェノール類

- **別名**　イソチモール、5-イソプロピル-2-メチルフェノール
- **建築での主な使用例**　ヒバ中性油成分、シロアリ駆除剤
- **他の用途**　防虫剤
- **外観的な特徴等**　無色～黄褐色の液体、特異臭（フェノール様）
- **性状**　[沸点] 237～238℃　[水溶解性] 溶けない　[融点] 1℃　[比重（水=1）] 0.976
- **曝露経路**　吸入、経口摂取により体内へ吸収される
- **毒性症状**　[短期] 眼、皮膚、粘膜への刺激。[長期] 不快感・吐き気・頭痛などを起こすことがある。
- **法規制**　消防法（危険物）：危険物第4類第3石油類

179 soldium carboxymethylcellulose
カルボキシメチルセルロースナトリウム

CAS番号：9004-32-4
その他

- **別名**　繊維素グリコール酸ナトリウム
- **建築での主な使用例**　増粘剤
- **他の用途**　食品添加物、化粧品、歯磨きの増粘剤、安定剤、懸濁剤
- **外観的な特徴等**　白色～わずかにうすい褐色の無臭の粉末
- **性状**　[水溶解性] 溶ける
- **曝露経路**　吸入、経皮、経口摂取により体内へ吸収される
- **毒性症状**　[短期] 多量に吸入または経口摂取すれば有害である。通常の取り扱いでは危険性は低い。[長期] 不快感、吐き気、頭痛などを起こすことがある。
- **備考**　植物繊維の成分であるセルロースを水酸化ナトリウムなどで処理して製造される。

180 formic acid
ギ酸

CAS番号：64-18-6
有機酸

- **別名**　カルボキシ水素酸
- **建築での主な使用例**　ホルムアルデヒドの酸化生成物
- **他の用途**　殺菌剤、防かび剤、防汚剤、香料、溶剤、洗浄剤、可塑剤、合成原料
- **外観的な特徴等**　無色の発煙性液体、刺激臭
- **性状**　[沸点] 101℃　[水溶解性] 混和する　[融点] 8℃　[蒸気圧] 5.68kPa（25℃）　[比重（水=1）] 1.2　[相対蒸気密度（空気=1）] 1.6　[分配係数] －0.54　[ヘンリー定数] 1.67×10^{-7} atm㎥/mol　[生物分解性] 分解性良好
- **曝露経路**　吸入、経皮、経口摂取により体内へ吸収される
- **毒性症状**　[短期] 眼、皮膚、気道への非常に強い刺激（腐食性）。エネルギー代謝への影響があり、アシドーシスを生じることがある。吸入による灼熱感・咳・咽頭痛・息切

れ・息苦しさ・呼吸困難・肺水腫・意識喪失。経口摂取による咽頭痛・灼熱感・腹痛・下痢・嘔吐・胃痙攣・食道や胃の穿孔。皮膚の痛み・水泡・重度の熱傷。眼の発赤・痛み・かすみ・重度の熱傷。[長期] 変異原性あり。
■ 法規制　大気汚染防止法：有害大気汚染物質、労働安全衛生法（名称等の表示）：名称等を通知すべき有害物、消防法（危険物）：危険物第4類第2石油類、毒物及び劇物取締法：劇物、海洋汚染防止法：D類物質
■ 備考　肺水腫の症状は2～3時間経過しないと現れないことがあり、安静を保たなければ悪化する。皮膚への刺激は酢酸よりも強い。人に対する発がん性が疑われている。引火しやすい。

181 xylenol
キシレノール

CAS番号：1300-71-6
フェノール類

■ 別名　ジメチルフェノール
■ 建築での主な使用例　可塑剤、防かび剤
■ 他の用途　可塑剤、難燃剤、2,6-キシレノール：合成原料（合成樹脂、防かび剤、抗酸化剤）、2,4-キシレノール：合成原料（殺虫剤、抗酸化剤、医薬品）
■ 外観的な特徴等　特徴的な臭気のある白色から黄色の液体または結晶
■ 性状　[沸点] 203～225℃　[水溶解性] 微溶　[融点] 25～75℃　[蒸気圧] 0.5～37Pa　[比重（水=1）] 1.02～1.13　[相対蒸気密度（空気=1）] 4.2　[分配係数] 2.23～2.36　[ヘンリー定数] 6.83×10^{-7}atmm³/mol

（概算値）　[生物分解性] 分解性良好
■ 曝露経路　吸入、経皮、経口摂取により体内へ吸収される
■ 毒性症状　[短期] 吸入による咳・めまい・頭痛。皮膚の灼熱感・発赤・皮膚熱傷。眼の発赤・痛み・重度の熱傷。経口摂取による灼熱感・腹痛・吐き気・嘔吐・下痢・めまい・頭痛・ショック・虚脱。眼や皮膚の腐食性。経口摂取による腐食性、気道の刺激。
■ 法規制　水質汚濁防止法：生活環境に係る物質、水質汚濁防止法：要調査項目に係る物質、水道法：基準項目、海洋汚染防止法：B類物質等、化学物質排出把握管理促進法：第一種指定化学物質（2,6-キシレノール）、第二種指定化学物質（2,4-キシレノール）
■ 備考　6つの異性体（2,3-キシレノール、2,4-キシレノール、2,5-キシレノール、2,6-キシレノール、3,4-キシレノール、3,5-キシレノール）がある。皮膚から吸収される可能性あり。

182 xylene
キシレン(o-,m-,p-)

CAS番号：1330-20-7（o-:95-47-6）（m-:108-38-3）（p-:106-42-3）芳香族炭化水素

■ 別名　キシロール、メチルトルエン
■ 建築での主な使用例　接着剤、塗料、インキ、ワックス、防水剤の溶剤
■ 他の用途　溶剤（接着剤や塗料等の樹脂の溶解）、洗浄剤、合成中間体
■ 外観的な特徴等　無色透明の液体、ガソリンのような臭い（p-キシレンは融点13℃のため、低温では透明な板状結晶）
■ 性状　[沸点] o-:144℃、m-:139℃、p-:138℃　[水溶解性] 溶けない　[融点] o-:

-25℃、m-:-48℃、p-:13℃　［蒸気圧］o-:0.7kPa (20℃)、m-:0.8kPa (20℃)、p-:0.9kPa (20℃)　［比重（水=1）］o-:0.88、m-:0.86、p-:0.86　［相対蒸気密度（空気=1）］3.7　［分配係数］o-:3.12、m-:3.20、p-:3.15　［ヘンリー定数］6.63×10^{-3} atmm³/mol　［生物分解性］分解性良好　［代謝性］尿中代謝物によるm-キシレンの生物学的半減期は推定4～7時間

■ **曝露経路**　吸入、経皮、経口摂取により体内へ吸収される

■ **毒性症状**　［短期］眼や皮膚の刺激、中枢神経系への影響。経口摂取による化学性肺炎。吸入によるめまい・嗜眠・頭痛・吐き気、皮膚の乾燥・発赤、眼の発赤・痛み。経口摂取による灼熱感・腹痛。［長期］皮膚の脱脂、中枢神経系への影響、騒音による聴覚障害の増強、生殖毒性の可能性あり。［発がん性］人に対する発がん性について分類できない（IARC発がん性分類3）。

■ **室内濃度指針値**　870μg/m³ (0.2ppm)

■ **法規制**　水質汚濁防止法：要監視項目に係わる物質、大気汚染防止法：有害大気汚染物質、水道法：要検討項目、悪臭防止法：特定悪臭物質、労働安全衛生法（名称等の表示）：名称等を表示すべき有害物・名称等を通知すべき有害物、労働安全衛生法（特化則）：第2種有機溶剤、消防法（危険物）：危険物第4類第1石油類、毒物及び劇物取締法：劇物、海洋汚染防止法：C類物質等、化学物質排出把握管理促進法：第一種指定化学物質

■ **備考**　妊婦への曝露を避ける！　樹脂の溶解性に優れ揮発しやすいため、接着剤・塗料・インキ等の有機溶剤によく用いられる。o-キシレン、m-キシレン、p-キシレンの3つの異性体がある。最も生産量が多いキシレンは、p-キシレンである。

183 valeric acid
吉草酸

CAS番号：109-52-4
有機酸

■ **別名**　n-吉草酸
■ **建築での主な使用例**　汗の臭い、畜産事業場などの悪臭
■ **他の用途**　畜産事業場、鶏糞乾燥場、魚腸骨処理場、畜産食料品製造工場、でん粉製造工場、し尿処理場等で発生する悪臭物質、香料、汗の臭いの原因となる
■ **外観的な特徴等**　無色の液体、特異臭（不快臭、蒸れた靴下のような臭い）
■ **性状**　［沸点］186～187℃　［水溶解性］溶ける　［融点］-34.5℃　［蒸気圧］26.1Pa (25℃)　［比重（水=1）］0.94　［相対蒸気密度（空気=1）］3.52　［分配係数］1.39　［ヘンリー定数］4.72×10^{-7} atmm³/mol
■ **曝露経路**　吸入、経口摂取により体内へ吸収される
■ **毒性症状**　［短期］眼、皮膚、気道への刺激（腐食性）。吸入、経口摂取による腐食、灼熱感・咳・咽頭痛・腹痛・ショックまたは虚脱・化学性肺炎・肺水腫。中枢神経系への影響、意識障害。皮膚や眼の発赤・痛み・重度の熱傷。
■ **法規制**　悪臭防止法：特定悪臭物質、消防法（危険物）：危険物第4類第3石油類、海洋汚染防止法：D類物質等
■ **備考**　肺水腫の症状は2～3時間経過しないと現れないことがあり、安静を保たなければ悪化する。

184 quinoline
キノリン

CAS番号：91-22-5
含窒素化合物

■ **別名** ベンゾピリジン、ベンゾ（b）ピリジン

■ **建築での主な使用例** 溶剤、エポキシ樹脂の硬化触媒

■ **他の用途** ガソリンのアンチノック剤、金属腐食防止剤、界面活性剤、農薬・農薬中間体、医薬中間体（ニコチン酸：ビタミンB）、合成中間体、コールタールにも含まれる

■ **外観的な特徴等** 無色の液体（光にさらすと茶色になる）、特異臭

■ **性状** ［沸点］238℃ ［水溶解性］難溶 ［融点］-15℃ ［蒸気圧］8.0Pa（25℃）［比重（水=1）］1.09 ［相対蒸気密度（空気＝1）］4.5 ［分配係数］2.06 ［ヘンリー定数］1.67×10^{-6} atmm³/mol（概算値）［生物分解性］難分解性、低濃縮性

■ **曝露経路** 吸入、経皮、経口摂取により体内へ吸収される

■ **毒性症状** ［短期］眼、皮膚、気道への刺激。吸入、経口摂取による吐き気・嘔吐・咳・息苦しさ・息切れ・喘鳴・脱力感、重症の場合は意識喪失することもある。眼の発赤・痛み・かすみ。皮膚の発赤・痛み・熱傷。［長期］肝臓への影響。眼の網膜への影響。変異原性あり。

■ **法規制** 水質汚濁防止法：要調査項目に係わる物質、大気汚染防止法：有害大気汚染物質、消防法（危険物）：危険物第4類第3石油類、毒物及び劇物取締法：劇物

■ **備考** あらゆる接触を避ける！ 皮膚からも吸収される。

185 captan
キャプタン

CAS番号：133-06-2
含ハロゲン類

■ **別名** カプタン、N-トリクロロメチルチオ-4-シクロヘキセン-1,2-ジカルボジイミド、n-トリクロロメチルメルカプト-4-シクロヘキセン-1,2-ジカルボジイミド

■ **建築での主な使用例** 塗料・壁紙・プラスチック類の殺菌剤

■ **他の用途** 殺菌剤、防かび剤、防汚剤

■ **外観的な特徴等** 白色の結晶、無臭

■ **性状** ［水溶解性］溶けない ［融点］178℃（分解） ［蒸気圧］1.2×10^{-8}Pa（25℃）［比重（水=1）］1.74 ［分配係数］2.35 ［ヘンリー定数］7×10^{-9} atmm³/mol（概算値）［生物分解性］難分解性、低濃縮性

■ **曝露経路** 吸入、経皮、経口摂取により体内へ吸収される

■ **毒性症状** ［短期］眼、皮膚への刺激、催涙性。吸入、経口摂取によるめまい・頭痛・吐き気・嘔吐・腹痛・下痢。眼の発赤・痛み・かすみ。皮膚の発赤。［長期］皮膚炎、皮膚の感作。消化器・腎臓・肝臓などへの影響。動物実験で発がん性、催奇形性が認められる。変異原性あり。［発がん性］人に対する発がん性について分類できない（IARC発がん性分類3）。

■ **法規制** 水質汚濁防止法：要調査項目に係わる物質、労働安全衛生法（名称等の表示）：名称等を通知すべき有害物、農薬取締法（作物残留性に係わる登録保留基準）：対象物質、農薬取締法（水田残留性に係わる登録保留基準）：対象物質、農薬取締法（ゴルフ場使用農薬に係る暫定指導指針）：対象物質、食品衛生

法（残留農薬基準）：対象物質
■ 備考　あらゆる接触を避ける！　青少年、小児への曝露を避ける！　市販の製剤には溶剤が用いられていることがあり、その溶剤の毒性にも注意すること。また、溶剤によってこの物質の毒性に変化を及ぼすことがある。魚毒性あり。この物質を下水に流してはならない。

186 tung oil
桐油

CAS番号：8001-20-5
その他

■ 建築での主な使用例　自然塗料、オイルフィニッシュ、リノリウム、木材保護油
■ 他の用途　印刷インキ
■ 外観的な特徴等　無色〜淡濁液体
■ 性状　［水溶解性］溶けない　［融点］−17〜21℃　［比重（水=1）］0.94
■ 曝露経路　吸入、経皮、経口摂取により体内へ吸収される
■ 備考　トウダイグサ科の支那油桐の種子から得られる。

187 quintozene
キントゼン

CAS番号：82-68-8
含ハロゲン類

■ 別名　PCNB、ペンタクロロニトロベンゼン、コブトール、ペルクロロニトルベンゼン
■ 建築での主な使用例　木材用殺菌剤

■ 他の用途　殺菌剤、防かび剤、防汚剤、合成中間体
■ 外観的な特徴等　無色〜淡黄色の結晶、特異臭
■ 性状　［沸点］328℃　［水溶解性］溶けない　［融点］146℃　［蒸気圧］$7×10^{-2}$Pa（20℃）　［比重（水=1）］1.7　［相対蒸気密度（空気=1）］10.2　［分配係数］4.77　［ヘンリー定数］$4.42×10^{-5}$ atm㎥/mol（概算値）
■ 曝露経路　吸入、経口摂取により体内へ吸収される
■ 毒性症状　［短期］眼、皮膚、気道への刺激。吸入によるめまい・頭痛・疲労感・意識消失。眼の発赤。［長期］皮膚炎。喘息。肝機能障害。動物実験では発がん性が認められる。［発がん性］人に対する発がん性について分類できない（IARC発がん性分類3）。
■ 法規制　水質汚濁防止法：要調査項目に係わる物質、労働安全衛生法（名称等の表示）：名称等を通知すべき有害物、化学物質排出把握管理促進法：第一種指定化学物質
■ 備考　青少年、小児への曝露を避ける！　市販の製剤には溶剤が用いられていることがあり、その溶剤の毒性にも注意すること。また、溶剤によってこの物質の毒性に変化を及ぼすことがある。

188 citric acid
クエン酸

CAS番号：77-92-9
有機酸

■ 別名　くえん酸
■ 建築での主な使用例　柑橘類に含まれている

［188］クエン酸
　　CH_2COOH
$HOCCOOH$
　　CH_2COOH

■ **他の用途** 柑橘類の主成分、フルーツ系酸味料、pH調整剤、膨張剤
■ **外観的な特徴等** 無色の結晶
■ **性状** ［沸点］（175℃で分解） ［水溶解性］溶ける ［融点］153℃ ［蒸気圧］4.93×10^{-7}Pa（25℃概算値） ［比重（水=1）］1.665 ［分配係数］-1.7 ［ヘンリー定数］8.33×10^{-18}atmm^3/mol（概算値） ［生物分解性］分解性良好
■ **曝露経路** 吸入、経皮、経口摂取により体内へ吸収される
■ **毒性症状** ［短期］眼、皮膚、気道、粘膜への刺激。粉末または高濃度のものの吸入、経口摂取による咳・咽頭痛・息切れ・軽い灼熱感・腹痛・嘔吐・下痢。皮膚の発赤。眼の発赤・痛み・薬傷。［長期］歯に影響を与え、歯を侵食することがある。
■ **法規制** 海洋汚染防止法：D類物質等（濃度70wt%以下のもの）

189 tributyl citrate
クエン酸トリブチル

CAS番号：77-94-1
エステル類

■ **別名** クエン酸トリ-n-ブチル
■ **建築での主な使用例** セルロース・ビニル系樹脂の可塑剤
■ **他の用途** セルロース・ビニル系樹脂の可塑剤
■ **外観的な特徴等** 無色の液体
■ **性状** ［沸点］約170℃（100Pa） ［水溶解性］溶けない ［融点］-20℃ ［比重（水=1）］1.04〜1.05 ［分配係数］3.28（概算値）
■ **曝露経路** 吸入、経口摂取により体内へ吸収される
■ **毒性症状** ［短期］眼・皮膚・粘膜への刺激。［長期］不快感・吐き気・頭痛などが生じることがある。
■ **法規制** 消防法（危険物）：危険物第4類第3石油類

190 glasswool
グラスウール

その他

■ **建築での主な使用例** 保温材、断熱材、防音材
■ **他の用途** 充填材、補強材
■ **外観的な特徴等** 繊維状固体
■ **性状** ［水溶解性］溶けない ［比重（水=1）］2.5〜2.6
■ **曝露経路** 吸入により体内へ吸収される
■ **毒性症状** ［短期］眼、皮膚、気道への接触による刺激。吸入による咳・咽頭痛・嗄声・息苦しさ。皮膚の発赤・痒み。眼の発赤・痛み・痒み。［長期］皮膚炎。［発がん性］人に対して発がん性について分類できない（IARC発がん性分類3）。
■ **法規制** 大気汚染防止法：有害汚染物質、労働安全衛生法（名称等の表示）：名称等を通知すべき有害物
■ **備考** グラスウールはガラスから製造された非晶質ケイ酸塩。粉塵防止に結合剤や油が含まれることがある。

---

[189] クエン酸トリブチル

$$\begin{array}{l} CH_2COO(CH_2)_3CH_3 \\ HO-C-COO(CH_2)_3CH_3 \\ CH_2COO(CH_2)_3CH_3 \end{array}$$

191 glyoxal
グリオキサール

CAS番号：107-22-2
アルデヒド類

■ **別名**　グリオキザール、エタンジアール、ビホルミル
■ **建築での主な使用例**　紙仕上げ剤、繊維処理剤など
■ **他の用途**　香料・医薬品の合成原料、繊維処理剤、土壌硬化剤、鋳砂添加剤、紙仕上げ剤、消臭剤
■ **外観的な特徴等**　薄黄色の液体または黄色の固体
■ **性状**　［沸点］51℃　［水溶解性］溶ける　［融点］15℃　［蒸気圧］34.0kPa（25℃）　［比重（水=1）］1.3　［相対蒸気密度（空気＝1）］2.0　［分配係数］－2.54（計算値）　［ヘンリー定数］3.33×10^{-9} atmm^3/mol　［生物分解性］分解性良好
■ **曝露経路**　吸入、経口摂取により体内へ吸収される
■ **毒性症状**　［短期］眼、皮膚、気道への刺激。吸入による灼熱感・咳・咽頭痛。経口摂取による腹痛・吐き気・嘔吐・咽頭痛。眼や皮膚の発赤・痛み。［長期］皮膚の感作。変異原性あり。
■ **法規制**　水質汚濁防止法：要調査項目に係わる物質、海洋汚染防止法：D類物質等（濃度が40重量パーセント以下の溶液に限る）、化学物質排出把握管理促進法：第一種指定化学物質
■ **備考**　代表的な市販品は40％水溶液。添加された安定剤や抑制剤がこの物質の毒性に影響を与える可能性がある。

192 glutaraldehyde
グルタルアルデヒド

CAS番号：111-30-8
アルデヒド類

■ **別名**　グルタル酸ジアルデヒド、グルタラール、1,5-ペンタンジアール
■ **建築での主な使用例**　皮革のなめし剤など
■ **他の用途**　皮革のなめし剤、架橋剤、医療器具の消毒剤（殺ウィルス剤）、化粧品の防腐剤、畜産場の殺菌・消毒剤
■ **外観的な特徴等**　無色の粘稠（ねんちゅう）な液体、刺激臭
■ **性状**　［沸点］187～189℃（分解）　［水溶解性］混和する　［融点］－14℃　［蒸気圧］2.3kPa（20℃）　［比重（水=1）］0.7　［相対蒸気密度（空気＝1）］3.5　［分配係数］－0.22　［ヘンリー定数］1.1×10^{-7} atmm^3/mol　［生物分解性］分解性良好
■ **曝露経路**　吸入、経皮、経口摂取により体内へ吸収される
■ **毒性症状**　［短期］眼、皮膚、気道を激しく刺激。吸入、経口摂取による咳・息苦しさ・吐き気・喘鳴・頭痛・下痢・嘔吐。眼、皮膚の発赤・痛み・ざらつき・水泡・重度の熱傷。［長期］皮膚炎、皮膚感作。喘息。変異原性あり。
■ **法規制**　水質汚濁防止法：要調査項目に係わる物質、労働安全衛生法（名称等の表示）：名称等を通知すべき有害物、消防法（危険物）：危険物第4類第3石油類、海洋汚染防止法：D類物質等（濃度が50重量パーセント以下のものに限る）、化学物質排出把握管理促進法：第一種指定化学物質
■ **備考**　皮膚からの吸収によっても吐き気などの症状が現れることがある。水溶液の濃

度によって症状が異なる。喘息の症状は2～3時間経過するまで現れない場合が多く、安静にしないと悪化する。2005年に医療機関におけるグルタルアルデヒドによる労働者の健康被害防止対策が厚生労働省により定められた。室内の作業環境管理濃度として0.05ppmが規定されている。

193 creosote oil
クレオソート油

CAS番号：8001-58-9
芳香族炭化水素

- **別名**　コールタールクレオソート
- **建築での主な使用例**　木材防腐剤
- **他の用途**　木材防腐剤、殺菌剤、防かび剤、防汚剤、殺虫剤、防虫剤、合成中間体
- **外観的な特徴等**　褐色ないしは黒色油状液体、防腐剤臭
- **性状**　[沸点] 235～315℃（留出量による）　[水溶解性] 微溶　[融点] 約20℃　[蒸気圧] 約6kPa（20℃）　[比重（水=1）] 1.0-1.17　[分配係数] 3以上　[生物分解性] 大部分の成分は生物分解性が低い
- **曝露経路**　吸入、経皮により体内へ吸収される
- **毒性症状**　[短期] 眼や皮膚への刺激。吸入による呼吸困難・吐き気・めまい・貧血・食欲不振。結膜炎、角膜炎。皮膚の発赤。[長期] 皮膚炎、アレルギー性皮膚炎、皮膚の黒色化。[発がん性] 人に対しておそらく発がん性を示す（IARC発がん性分類2A）。
- **法規制**　労働安全衛生法（名称等の表示）：名称等を通知すべき有害物、消防法（危険物）：危険物第4類第3石油類、海洋汚染防止法：A類物質等、化学物質排出把握管理促進法：第二種指定化学物質（ビフェニル、フェナントレン）
- **備考**　「公共建築工事標準仕様書」において、木材防腐剤としての使用禁止。欧州連合では木材処理への使用禁止、または処理木材の販売禁止。木材の防腐性に優れるため、木材防腐剤等によく用いられる。ナフタレン、ビフェニル、フェナントレン、IARCの発がん性分類2Aであるベンゾ［a］ピレンを含む。クレオソート油の最大の用途は、黒色顔料であるカーボンブラックの原料である。

194 cresol
クレゾール

CAS番号：1319-77-3、o-:95-48-7、m-:108-39-4、p-:106-44-5　芳香族炭化水素

- **別名**　クレゾール酸、ヒドロキシトルエン、オキシトルエン、メチルフェノール
- **建築での主な使用例**　異性体混合物として殺菌剤、防かび剤、防汚剤、燻蒸剤、木材防腐剤など
- **他の用途**　合成中間体、可塑剤、潤滑油添加剤、農薬、酸化防止剤
- **外観的な特徴等**　無色～黄色・黄褐色・桃色がかった液体、フェノール臭。
o-、p-：無色の結晶（空気、光にさらされると黒ずむ）、フェノール臭。
m-：無色～淡黄色の液体、フェノール臭
- **性状**　[沸点] 191～203℃、o-:191℃、m-:202℃、p-:202℃　[水溶解性] 溶ける　[融点] o-:30℃、m-:11～12℃、p-:35℃　[蒸気圧] 22.7Pa（25℃）、o-:33Pa（25℃）、m-:18.7Pa（25℃）、p-:15Pa（25℃）　[比重（水=1）]

[194] クレゾール

1.030〜1.03、o-:1.05、m-:1.03、p-:1.02　［相対蒸気密度（空気＝１）］3.72、o-:3.72、m-:3.72、p-:3.7　［分配係数］1.95、o-:1.95、m-:1.96、p-:1.94　［ヘンリー定数］$8.7 \times 10^{-7} \sim 1.6 \times 10^{-6}$ atmm^3/mol（概算値）、o-:1.2×10^{-6} atmm^3/mol、m-:8.56×10^{-7} atmm^3/mol、p-:1×10^{-6} atmm^3/mol　［生物分解性］分解性良好

■ **曝露経路**　吸入、経皮、経口摂取により体内へ吸収される

■ **毒性症状**　［短期］眼、皮膚、気道への刺激、腐食性。中枢神経系・心肺・腎臓・肝臓への影響。吸入や経口摂取による咳・咽頭痛・灼熱感・頭痛・吐き気・嘔吐・腹痛・息苦しさ・息切れ・呼吸機能低下・全身倦怠・不眠・ショック・虚脱、重症の場合は肺水腫・心不全・錯乱・意識喪失を起こし、死に至ることもある。眼の発赤・痛み・重度の熱傷（化学薬傷）。皮膚の発赤・痛み・水泡・熱傷（化学薬傷）。［長期］皮膚炎。中枢神経系、心臓血管系、腎臓・肝臓への影響。

■ **法規制**　水質汚濁防止法：生活環境に係わる物質・要調査項目に係わる物質、大気汚染防止法：有害大気汚染物質、水道法：基準物質、労働安全衛生法（名称等の表示）：名称等を表示すべき有害物・名称等を通知すべき有害物、労働安全衛生法（特化物等）：第2種有機溶剤、消防法（危険物）：o-,p-体　指定可燃性物　可燃性固体類、m-体　危険物第4類第3石油類、毒物及び劇物取締法：劇物、海洋汚染防止法：A類物質等、化学物質排出把握管理促進法：第一種指定化学物質、下水道法：環境項目

■ **備考**　あらゆる接触を避ける！　皮膚から吸収されることがある。肺水腫の症状は2〜3時間経過しないと現れないことがあり、安静を保たなければ悪化する。

195　clothanidin
クロチアニジン

CAS番号：210880-92-5
ネオニコチノイド系殺虫剤

■ **別名**　(E)-1-(2-クロロ-1,3-チアゾール-5-イルメチル)-3-メチル-2-ニトログアニジン
■ **建築での主な使用例**　シロアリ駆除剤
■ **他の用途**　殺虫剤・防虫剤
■ **外観的な特徴等**　白色の結晶（粉末）
■ **性状**　［水溶解性］難溶　［融点］174.6℃　［比重（水=1）］1.61
■ **曝露経路**　吸入、経口摂取により体内へ吸収される
■ **毒性症状**　［短期］眼、皮膚、粘膜への刺激。［長期］不快感・吐き気・頭痛などを起こすことがある。
■ **法規制**　化審法：第二種監視化学物質、消防法（危険物）：危険物第5類ニトロ化合物
■ **備考**　自己反応性物質で火気や衝撃に注意が必要である。

196　chlordane
クロルデン

CAS番号：57-74-9
有機塩素系殺虫剤

■ **別名**　1,2,4,5,6,7,8,8-オクタクロロ-2,3,3A-4,7,7A-ヘキサヒドロ-4,7-メタノ-1H-インデン
■ **建築での主な使用例**　シロアリ駆除剤
■ **他の用途**　殺虫剤・防虫剤、殺ダニ剤、農薬（接触毒性残留型）
■ **外観的な特徴等**　淡黄色〜琥珀色（茶色）の粘稠（ねんちゅう）な液体、無臭

197 chlorpyrifos
クロルピリホス

CAS番号：2921-88-2
有機リン系殺虫剤

■ **性状** ［沸点］175℃（0.27kpa）　［水溶解性］溶けない　［融点］103〜107℃　［蒸気圧］1.3×10^{-3}Pa（25℃）　［比重（水=1）］1.59〜1.63　［相対蒸気密度（空気=1）］14（沸点において）　［分配係数］2.78　［ヘンリー定数］4.86×10^{-5}atm㎥/mol　［生物分解性］難分解性、高濃縮性　［代謝性］脂肪組織内に蓄積され、排泄はきわめて遅い

■ **曝露経路**　吸入、経皮、経口摂取により体内へ吸収される

■ **毒性症状**　［短期］中枢神経系への影響。吸入、経口摂取による錯乱・痙攣・吐き気・嘔吐。高濃度に曝露すると見当識障害、呼吸機能不全、重症の場合、意識消失を経て死に至ることもある。眼の発赤・痛み。［長期］変異原性あり。神経系・呼吸器系・免疫系・肝臓・腎臓への影響。組織疾患、肝障害。［発がん性］人に対して発がん性を示す可能性がある（IARC発がん性分類2B）。

■ **法規制**　化審法：第一種特定化学物質、水質汚濁防止法：要調査項目に係わる物質、大気汚染防止法：有害大気汚染物質、労働安全衛生法（名称等の表示）：名称等を通知すべき有害物、毒物及び劇物取締法：劇物

■ **備考**　青少年・小児への接触を避ける！皮膚から吸収されることがある。症状はDDTよりも長く続く。1986年化審法：第一種特定化学物質に指定され、すべての用途での製造・販売・使用が禁止されている。この液体を下水に流してはならない。市販の製剤には溶剤が用いられていることがあり、その溶剤の毒性にも注意すること。また、溶剤によってこの物質の毒性に変化を及ぼすこともある。

■ **別名**　チオリン酸-O,O-ジエチル-O-3,5,6-トリクロロ-2-ピリジル、O,O-ジエチルO-3,5,6-トリクロロ-2-ピリジルチオホスファート、ジエチル-3,5,6-トリクロロ-2-ピリジルチオホスフエイト、チオリンサン-O,O-ジエチル-O-3,5,6-トリクロロ-2-ピリジル

■ **建築での主な使用例**　シロアリ防除剤
■ **他の用途**　殺虫剤、防虫剤（シロアリ防除剤等）、木材防腐剤
■ **外観的な特徴等**　無色または白色結晶
■ **性状**　［水溶解性］溶けない　［融点］41〜42℃　［蒸気圧］2.4×10^{-6}kPa（25℃）　［比重（水=1）］1.398（43.5℃）　［分配係数］4.96〜5.27　［ヘンリー定数］2.93×10^{-6}atm㎥/mol

■ **曝露経路**　吸入、経皮、経口摂取により体内へ吸収される

■ **毒性症状**　［短期］神経系への影響、痙攣、呼吸不全、コリンエステラーゼ阻害剤。吸入による痙攣・めまい・発汗・吐き気・意識喪失・嘔吐、縮瞳・筋痙直・唾液分泌過多、かすみ目。経口摂取による胃痙攣・下痢・吐き気・意識喪失・嘔吐。［長期］コリンエステラーゼ阻害剤（影響が蓄積される可能性あり）。

■ **室内濃度指針値**　1μg/㎥（0.00007ppm）
※小児：0.1μg/㎥（0.000007ppm）

■ **法規制**　化審法：第二種監視化学物質、水質汚濁防止法：要調査項目に係わる物質、水道法：対象農薬類、労働安全衛生法（名称等の表示）：名称等を通知すべき有害物、毒物及

[197］クロルピリホス

び劇物取締法：劇物、農薬取締法（作物残留性に係わる登録保留基準）：対象物質、農薬取締法（水田残留性に係わる登録保留基準）：対象物質、農薬取締法（ゴルフ場使用農薬に係る暫定指導指針）：対象物質、農薬取締法（公共用水域等における水質評価指針）：対象物質、食品衛生法（残留農薬基準）：対象物質、建築基準法：規制物質（建物内使用禁止）、化学物質排出把握管理促進法：第一種指定化学物質
■ **備考** 青少年、小児への曝露を避ける！皮膚から吸収される可能性あり。アメリカでは室内用途への使用禁止、芝生や庭など住居の屋外用途への使用禁止、室内外問わず子供が曝露する可能性のある場所での使用禁止。防蟻性に優れるため、シロアリ防除剤等によく用いられる。

198 chlorfenapyr
クロルフェナピル

CAS番号：122453-73-0
フェニルピロールピラゾール系殺虫剤

■ **別名** 4-ブロモ-2-（4-クロロフェニル）-1-エトキシメチル-5-トリフルオロメチルピロール-3-カルボニトリル
■ **建築での主な使用例** シロアリ駆除剤
■ **他の用途** 農薬
■ **外観的な特徴等** 白色の粉末
■ **性状** ［水溶解性］難溶 ［融点］100.5℃ ［蒸気圧］9.81×10^{-6}Pa（25℃、概算値） ［分配係数］4.83 ［ヘンリー定数］5.73×10^{-9} atmm^3/mol（概算値）
■ **曝露経路** 吸入、経口摂取により体内へ吸収される

■ **毒性症状** ［短期］眼、皮膚、粘膜への刺激。眼の発赤・痛み。［長期］不快感・吐き気・頭痛などを起こすことがある。
■ **法規制** 化審法：第二種監視化学物質、水質汚濁防止法：人の健康に係わる物質、土壌汚染対策法：第二種特定有害物質、水道法：基準項目、毒物及び劇物取締法：劇物、食品衛生法（残留農薬基準）：対象物質

199 chlorodibromomethane
クロロジブロモメタン

CAS番号：124-48-1
含ハロゲン類

■ **別名** ジブロモクロロメタン
■ **建築での主な使用例** 塩素処理された水道水（温水シャワー、食器洗い機など）から放散される可能性がある
■ **他の用途** 浄水処理において水中のフミン質等の有機物質と消毒剤の塩素が反応して生成するトリハロメタンのひとつである
■ **外観的な特徴等** 無色～薄黄色の液体、特異臭
■ **性状** ［沸点］120℃ ［水溶解性］溶けない ［融点］-20℃ ［蒸気圧］0.74kPa（25℃、概算値） ［比重（水=1）］2.38 ［分配係数］2.16 ［ヘンリー定数］7.83×10^{-4} atmm^3/mol
■ **曝露経路** 吸入、経皮、経口摂取により体内へ吸収される
■ **毒性症状** ［短期］麻酔作用があり、高濃度蒸気の吸入によるめまい・頭痛・吐き気・嘔吐・疲労感・視力障害。肝臓・腎臓・中枢神経系への影響。［長期］中枢神経系・肝臓・腎臓・粘膜への影響。［発がん性］人に

対して発がん性について分類できない（IARC発がん性分類2B）。
■ **法規制**　水質汚濁防止法：要調査項目に係わる物質、大気汚染防止法：有害大気汚染物質、水道法：基準項目、海洋汚染防止法：D類物質等
■ **備考**　症状（肝臓・腎臓障害）は数時間～2日後に遅れて現れることもある。

200 chlorothalonil
クロロタロニル

CAS番号：1897-45-6
含ハロゲン類

■ **別名**　テトラクロロイソフタロニトリル、TPN
■ **建築での主な使用例**　木材防腐剤、接着剤・塗料の殺菌剤
■ **他の用途**　殺菌剤、防かび剤、防汚剤
■ **外観的な特徴等**　無色の結晶、無臭
■ **性状**　［沸点］350℃　［水溶解性］溶けない　［融点］250〜251℃　［蒸気圧］7.6×10^{-5}Pa（25℃）　［比重（水＝1）］1.8　［分配係数］4.38　［ヘンリー定数］2×10^{-7}atmm³/mol　［生物分解性］難分解性、低濃縮性
■ **曝露経路**　吸入、経口摂取により体内へ吸収される
■ **毒性症状**　［短期］眼、皮膚への刺激。吸入、経口摂取による灼熱感・腹痛・めまい・頭痛・下痢・吐き気・嘔吐。眼の発赤・痛み・かすみ。皮膚の発赤。［長期］皮膚炎、皮膚の感作。腎臓・消化器系への影響。動物実験では発がん性が認められる。［発がん性］人に対して発がん性を示す可能性がある（IARC発がん性分類2B）。
■ **法規制**　化審法：第二種監視物質、水質汚濁防止法：要調査項目に係わる物質、水道法：基準物質、毒物及び劇物取締法：劇物、農薬取締法（ゴルフ場使用農薬に係る暫定指導指針）:対象物質、食品衛生法（残留農薬基準）:対象物質、化学物質排出把握管理促進法：第一種指定化学物質
■ **備考**　あらゆる接触を避ける！　青少年、小児への曝露を避ける！　この物質を下水に流してはならない。市販の製剤には溶剤が用いられていることがあり、その溶剤の毒性にも注意すること。また、溶剤によってこの物質の毒性に変化を及ぼすことがある。人の健康への影響に関するデータが不十分であり、最大の注意を払う必要がある。Daconil（ダコニルまたはダコニール）という名称は商品名。

201 chloroprene
クロロプレン

CAS番号：126-99-8
含ハロゲン類

■ **別名**　2-クロロ-1,3-ブタジエン、2-クロロブタジエン、クロロブタジエン、ネオプレン
■ **建築での主な使用例**　クロロプレンゴム、ゴム系接着剤の原料
■ **他の用途**　合成樹脂の原料
■ **外観的な特徴等**　無色の液体、エーテル臭
■ **性状**　［沸点］59.4℃　［水溶解性］微溶　［融点］−130℃　［蒸気圧］28.7kPa（25℃）　［比重（水＝1）］0.96　［相対蒸気密度（空気＝1）］3.0　［分配係数］2.1　［ヘンリー定数］5.61×10^{-2}atmm³/mol（概算値）
■ **曝露経路**　吸入、経皮、経口摂取により体

内へ吸収される

■ **毒性症状** ［短期］眼、皮膚、気道への刺激。腎臓・肝臓・中枢神経系への影響。麻酔作用があり、高濃度では死に至ることもある。吸入、経口摂取によるめまい・頭痛・吐き気・咳・咽頭痛・嗜眠・意識喪失・胸痛。皮膚の発赤・痛み。眼の発赤・痛み・角膜損傷。［長期］皮膚炎、結膜炎、角膜壊死、貧血、一時的脱毛・神経質・過敏性。［発がん性］人に対して発がん性について分類できない（IARC発がん性分類3）。

■ **法規制** 大気汚染防止法：有害大気汚染物質、労働安全衛生法（名称等の表示）：名称等を通知すべき有害物、消防法（危険物）：危険物第4類第1石油類、毒物及び劇物取締法：劇物

■ **備考** 妊婦への曝露を避ける！ 皮膚から吸収されることがある。この液体を下水に流してはならない。添加された安定剤や抑制剤がこの物質の毒性に影響を与える可能性がある。

202 chlorobenzene
クロロベンゼン

CAS番号：108-90-7
含ハロゲン類

■ **別名** モノクロロベンゼン、MCB、塩化フェニル、塩化ベンゼン、クロルベンゾール、モノクロルベンゼン

■ **建築での主な使用例** 塗料、インキ、ワックスの溶剤

■ **他の用途** 染料、顔料、塗料、香料、香料中間体、溶剤、洗浄剤、殺虫剤、防虫剤、医薬、医薬中間体、合成中間体、エチルセルロース、松脂

■ **外観的な特徴等** 無色透明の液体、特徴的な臭気

■ **性状** ［沸点］132℃ ［水溶解性］微溶 ［融点］−45℃ ［蒸気圧］1.17kPa（20℃）［比重（水=1）］1.11 ［相対蒸気密度（空気=1）］3.88 ［分配係数］2.84 ［ヘンリー定数］3.11×10^{-3} atmm³/mol

■ **曝露経路** 吸入、経口摂取により体内へ吸収される

■ **毒性症状** ［短期］経口摂取による化学性肺炎。吸入による嗜眠・頭痛・吐き気・意識喪失、皮膚の発赤・ざらつき、眼の発赤。経口摂取による腹痛。［長期］中枢神経系・血液・肝臓・腎臓への影響。

■ **法規制** 水質汚濁防止法：要調査項目に係わる物質、大気汚染防止法：有害大気汚染物質、労働安全衛生法（名称等の表示）：名称等を表示すべき有害物・名称等を通知すべき有害物、労働安全衛生法（特化物等）：第2種有機溶剤、消防法（危険物）：危険物第4類第2石油類、海洋汚染防止法：B類物質等、化学物質排出把握管理促進法：第一種指定化学物質

■ **備考** 樹脂の溶解性に優れるため、塗料やインキ等の有機溶剤に用いられる。

203 chloroform
クロロホルム

CAS番号：67-66-3
含ハロゲン類

- **別名**　トリクロロメタン、フロン-20
- **建築での主な使用例**　水道水中のトリハロメタン、塗料・インキの溶剤
- **他の用途**　溶剤、洗浄剤、医薬、医薬中間体、合成中間体、冷媒、アニリンの検出
- **外観的な特徴等**　無色の液体、特異な香気、揮発性
- **性状**　[沸点] 62℃　[水溶解性] 難溶　[融点] −64℃　[蒸気圧] 21.2kPa (20℃)　[比重（水=1）] 1.48　[相対蒸気密度（空気=1）] 4.12　[分配係数] 1.97　[ヘンリー定数] 3.67×10^{-3} atmm³/mol　[代謝性] 肺、消化管より速やかに吸収される
- **曝露経路**　吸入、経皮、経口摂取により体内へ吸収される
- **毒性症状**　[短期] 眼の刺激。中枢神経系・肝臓・腎臓への影響。吸入による咳・めまい・嗜眠・頭痛・吐き気・意識喪失。皮膚の発赤・痛み・乾燥。眼の発赤・痛み。経口摂取による嘔吐・腹痛。[長期] 皮膚の脱脂。肝臓・腎臓への影響。[発がん性] 人に対して発がん性を示す可能性がある（IARC発がん性分類2B）。
- **法規制**　化審法：第二種監視化学物質、水質汚濁防止法：要監視項目に係わる物質、大気汚染防止法：有害大気汚染物質（優先取り組み物質）、水道法：基準項目、労働安全衛生法（名称等の表示）：名称等を表示すべき有害物・名称等を通知すべき有害物、労働安全衛生法（特化物等）：第1種有機溶剤、毒物及び劇物取締法：劇物、海洋汚染防止法：B類

物質等、化学物質排出把握管理促進法：第一種指定化学物質
- **備考**　青少年、小児への曝露を避ける！塩素処理された水道水に含まれるトリハロメタンのひとつ。床面に沿って換気。樹脂の溶解性に優れるため、塗料やインキ等の有機溶剤に用いられる。強力な麻酔作用をもつ。

204 diatomite
珪藻土(未焼成品)

CAS番号：61790-53-2
その他

- **別名**　ケイソウド
- **建築での主な使用例**　壁材
- **他の用途**　吸着剤，濾過助剤，保温材，研磨材
- **外観的な特徴等**　白色粉末
- **性状**　[沸点] 2200℃　[水溶解性] 溶けない　[融点] 1710℃
- **曝露経路**　吸入により体内へ吸収される
- **毒性症状**　[長期] 肺に影響を与え、軽度の線維症を生じることがある。[発がん性] 人に対する発がん性について分類できない（IARC発がん性分類3）。
- **備考**　珪藻土は、海中や湖に生息していた珪藻という植物性プランクトンの死骸が堆積してできた化石が原料。主成分はガラスと同じである。約800℃以上で焼いた焼成品は、七輪などに利用されている。

205 cristobalite
結晶性シリカ

CAS番号：14464-46-1
その他

- **別名**　クリストバライト、クリストバル石
- **建築での主な使用例**　合成樹脂塗料の充填剤、焼成した珪藻土に含まれる
- **他の用途**　電子工業材料（半導体）、合成中間体
- **外観的な特徴等**　無色または白色の結晶
- **性状**　［沸点］2230℃　［水溶解性］溶けない　［融点］1713℃　［比重（水=1）］2.3
- **曝露経路**　吸入により体内へ吸収される
- **毒性症状**　［短期］吸入による咳。［長期］肺への影響、線維症（珪肺症）。［発がん性］人に対して発がん性を示す（IARC発がん性分類1）。
- **法規制**　労働安全衛生法（名称等の表示）：名称等を通知すべき有害物

206 essntial oil of alpinia speoioss
月桃精油

その他

- **建築での主な使用例**　シロアリ防除剤（月桃）
- **他の用途**　抗菌剤、防かび剤、防虫剤
- **外観的な特徴等**　液体
- **曝露経路**　吸入、経皮、経口摂取により体内へ吸収される
- **備考**　月桃は、東南アジア原産のショウガ科ハナミョウガ属の植物である。日本では、沖縄、九州南部、屋久島などで見ることができる。月桃精油は、この葉に含まれる精油である。

207 coal tar
コールタールピッチ

CAS番号：65996-93-2
その他

- **建築での主な使用例**　道路資材・舗装材
- **他の用途**　道路舗装材、電極、炭素繊維、炭素材原料
- **外観的な特徴等**　黒～茶色のペースト
- **性状**　［沸点］250℃　［水溶解性］溶けない　［融点］30～180℃　［分配係数］6.04
- **曝露経路**　吸入、経皮、経口摂取により体内へ吸収される
- **毒性症状**　［短期］眼、皮膚、気道への刺激。吸入による・咳・くしゃみ。皮膚の発赤・灼熱感。眼の発赤・痛み。［長期］皮膚炎、過色素沈着。［発がん性］人に対して発がん性を示す（IARC発がん性分類1）。
- **法規制**　消防法（危険物）:危険物第2類、海洋汚染防止法：D類物質
- **備考**　あらゆる接触を避ける！　皮膚から吸収されることがある。太陽に曝露すると眼や皮膚に対する刺激性が増大し、火傷することがある。

208 acetic acid
酢酸

CAS番号：64-19-7
有機酸

- **別名** 氷酢酸、エタン酸
- **建築での主な使用例** たばこや汗の臭いの成分のひとつ
- **他の用途** 食用酢（酢酸濃度3～4%）、試薬、医薬中間体、合成中間体、写真の現像処理剤
- **外観的な特徴等** 無色透明の液体、刺激臭
- **性状** ［沸点］118℃ ［水溶解性］混和する ［融点］16.7℃ ［蒸気圧］2.09kPa(25℃) ［比重（水=1）］1.05 ［相対蒸気密度（空気=1）］1.02 ［分配係数］-0.31 ［ヘンリー定数］$1×10^{-7}$ atmm³/mol ［生物分解］分解性良好
- **曝露経路** 吸入、経皮、経口摂取により体内へ吸収される
- **毒性症状** ［短期］眼、皮膚、気道への刺激（腐食性）。高濃度では非常に強い刺激。吸入によるめまい・頭痛・咳・咽頭痛・息切れ・息苦しさ、高濃度の蒸気を吸入すると肺水腫・気管支炎。経口摂取による咽頭痛・腹痛・下痢・嘔吐・灼熱感・食道や胃の穿孔・ショック・虚脱。皮膚の発赤・痛み・水泡・熱傷。高濃度では重度の熱傷となり、薄い溶液でも繰り返し触れると皮膚を侵す。眼の発赤・痛み・結膜炎・重度の熱傷・角膜損傷・視力喪失。歯の侵食。［長期］皮膚炎。消化管への影響、胸焼け、便秘などの消化障害。
- **法規制** 大気汚染防止法：有害大気汚染物質（無水酢酸）、労働安全衛生法（名称等の表示）：名称等を通知すべき有害物、消防法（危険物）：危険物第4類第2石油類、海洋汚染防止法：D類物質等
- **備考** 肺水腫の症状は2～3時間経過しないと現れないことがあり、安静を保たなければ悪化する。一般的な大気汚染物質。引火しやすい。水分が少ないものは冬に凍ってしまうことから氷酢酸と呼ばれる。腐敗したミルクやチーズ中に含まれる。たばこの臭いの主成分のひとつ。

209 2-ethylhexyl acetate
酢酸2-エチルヘキシル

CAS番号：103-09-3
エステル類

- **別名** n-オクチルアセテート、2-エチルヘキサニルアセタート
- **建築での主な使用例** ラッカー・エマルション塗料などの流動付与剤、ラテックス塗料の相溶化剤
- **他の用途** インキ・エナメル・塗料等の流動調整剤・分散剤、香料
- **外観的な特徴等** 無色～わずかに薄い黄色の液体、特臭臭（果実様）
- **性状** ［沸点］199℃ ［水溶解性］難溶 ［融点］-80℃ ［蒸気圧］30.7Pa(25℃) ［比重（水=1）］0.871 ［相対蒸気密度（空気=1）］5.93 ［分配係数］3.74（概算値） ［ヘンリー定数］$1.51×10^{-3}$ atmm³/mol（概算値）
- **曝露経路** 吸入、経口摂取により体内へ吸収される
- **毒性症状** ［短期］眼、皮膚、粘膜への刺激。［長期］不快感・吐き気・頭痛などを起こすことがある。
- **法規制** 消防法（危険物）：危険物第4類第3石油類

210 2-ethoxyethyl acetate
酢酸2-エトキシエチル

CAS番号：111-15-9
エステル類

■ **別名** 酢酸エチレングリコールモノエチルエーテル、酢酸エチルセロソルブ、エチレングリコールモノエチルエーテルアセテート、エチレングリコールアセテート、セロソルブアセテート、1-アセトキシ-2-エトキシエタン、2-EEA
■ **建築での主な使用例** 接着剤や塗料などの溶剤
■ **他の用途** 溶剤など
■ **外観的な特徴等** 無色の液体、芳香臭
■ **性状** ［沸点］156℃ ［水溶解性］溶ける ［融点］−62℃ ［蒸気圧］0.31kPa（25℃）［比重（水＝1）］0.97 ［相対蒸気密度（空気＝1）］4.7 ［分配係数］0.24 ［ヘンリー定数］3.2×10^{-6} atmm³/mol ［生物分解性］分解性良好
■ **曝露経路** 吸入、経皮、経口摂取により体内へ吸収される
■ **毒性症状** ［短期］眼への刺激。血液への影響、血球障害。中枢神経系への影響。高濃度では腎臓障害や意識喪失の可能性あり。吸入、経口摂取によるめまい・頭痛・嗜眠・意識喪失・胸痛・息切れ・肺水腫・吐き気・嘔吐。皮膚の乾燥。眼の発赤。［長期］皮膚の脱脂。血液障害、貧血、腎臓障害。人で生殖・発生毒性の可能性あり。
■ **法規制** 水質汚濁防止法：要調査項目に係わる物質、大気汚染防止法：有害大気汚染物質、労働安全衛生法（名称等の表示）：名称等を表示すべき有害物・名称等を通知すべき有害物、労働安全衛生法（特化物等）：第2種有機溶剤、消防法（危険物）：危険物第4類第2石油類、海洋汚染防止法：C類物質等、化学物質排出把握管理促進法：第一種指定化学物質
■ **備考** 身体へのあらゆる接触を避ける！皮膚からも吸収される。症状は遅れて現れることもある。引火しやすい。

211 2-butoxyethyl acetate
酢酸2-ブトキシエチル

CAS番号：112-07-2
エステル類

■ **別名** ブチルセロソルブアセテート、2-ブトキシエチルアセテート、2-ブトキシエタノールアセテート
■ **建築での主な使用例** 溶剤など
■ **他の用途** 溶剤・洗浄剤
■ **外観的な特徴等** 無色の液体、特異臭（果実様）
■ **性状** ［沸点］192℃ ［水溶解性］溶ける ［融点］−64℃ ［蒸気圧］50.0Pa（25℃）［比重（水＝1）］0.94 ［相対蒸気密度（空気＝1）］5.5 ［分配係数］1.51 ［ヘンリー定数］5.46×10^{-6} atmm³/mol
■ **曝露経路** 吸入、経皮、経口摂取により体内へ吸収される
■ **毒性症状** ［短期］眼、皮膚、気道への刺激。中枢神経系への影響。血球障害、腎臓障害を起こす可能性あり。吸入、経口摂取によるめまい・頭痛・吐き気・咳・胸痛・嗜眠、重症の場合は意識喪失・肺水腫を起こすこともある。眼の発赤。皮膚の乾燥・発赤。［長期］皮膚の脱脂。貧血、腎臓障害を起こす可能性あり。
■ **法規制** 消防法（危険物）：危険物第4類第3

石油類、海洋汚染防止法：C類物質等
■ **備考**　皮膚から吸収されることがある。肺水腫の症状は遅れて現れることがある。

質等
■ **備考**　引火しやすい。また、この液体を下水に流してはならない。症状は遅れて現れることもある。

212　n-propyl acetate
酢酸-n-プロピル

CAS番号：109-60-4
エステル類

■ **別名**　酢酸プロピル
■ **建築での主な使用例**　接着剤や塗料などの溶剤
■ **他の用途**　溶剤（接着剤や塗料等の樹脂の溶解）、洗浄剤、香料
■ **外観的な特徴等**　無色の液体、快い臭気
■ **性状**　[沸点] 101.6℃　[水溶解性] 溶ける　[融点] -92℃　[蒸気圧] 4.79kPa (25℃)　[比重（水=1）] 0.9　[相対蒸気密度（空気=1）] 3.5　[分配係数] 1.24　[ヘンリー定数] 2.18×10^{-4} atmm³/mol　[生物分解性] 分解性良好
■ **曝露経路**　吸入、経口摂取により体内へ吸収される
■ **毒性症状**　[短期] 眼、気道への刺激。高濃度では麻酔作用があり、意識低下することがある。吸入による咳・咽頭痛、長時間吸入は急性肺水腫を起こすこともある。経口摂取による腹痛・嘔吐などを起こし、肝臓・腎臓・脾臓に障害を生じる可能性がある。皮膚の乾燥。眼の発赤。[長期] 皮膚の脱脂。
■ **法規制**　労働安全衛生法（名称等の表示）：名称等を表示すべき有害物・名称等を通知すべき有害物、労働安全衛生法（特化物等）：第2種有機溶剤、消防法（危険物）：危険物第4類第1石油類、海洋汚染防止法：D類物質等

213　n-butyl acetate
酢酸-n-ブチル

CAS番号：123-86-4
エステル類

■ **別名**　酢酸ブチル、酢酸ノルマルブチル、サクブチ、ブチルアセテート
■ **建築での主な使用例**　接着剤、塗料、インキ、ワックス、防水剤の溶剤
■ **他の用途**　溶剤（接着剤や塗料等の樹脂の溶解）、顔料、洗浄剤、医薬、医薬中間体、果実エッセンス、抽出剤
■ **外観的な特徴等**　無色または帯黄色の液体、特徴的な臭気
■ **性状**　[沸点] 126℃　[水溶解性] 微溶　[融点] -78℃　[蒸気圧] 1.2kPa (20℃)　[比重（水=1）] 0.88　[相対蒸気密度（空気=1）] 4.0　[分配係数] 1.82　[ヘンリー定数] 2.81×10^{-4} atmm³/mol
■ **曝露経路**　吸入により体内へ吸収される
■ **毒性症状**　[短期] 眼や気道の刺激、意識低下。吸入による咳・めまい・頭痛・吐き気・咽頭痛。皮膚の乾燥。眼の発赤・痛み。[長期] 皮膚の脱脂。
■ **法規制**　大気汚染防止法：有害大気汚染物質、労働安全衛生法（名称等の表示）：名称等を表示すべき有害物・名称等を通知すべき有害物、労働安全衛生法（特化物等）：第2種有機溶剤、消防法（危険物）：危険物第4類第2石油類、海洋汚染防止法：C類物質等

■ **備考** 樹脂の溶解性に優れ揮発しやすいため、接着剤や塗料等の有機溶剤によく用いられる。

214 s-butyl acetate
酢酸-s-ブチル

CAS番号：105-46-4
エステル類

■ **別名** s-ブチルアセテート、sec-ブチルアセテート、酢酸-sec-ブチル、酢酸イソブチルエステル、1-メチルプロピルアセテート
■ **建築での主な使用例** 溶剤など
■ **他の用途** 油脂、ラッカー成分、溶剤、界面活性剤、香料、肥料、肥料中間体
■ **外観的な特徴** 特徴的な臭気のある無色の液体
■ **性状** ［沸点］112℃　［水溶解性］微溶　［融点］－99℃　［蒸気圧］1.33kPa（20℃）　［比重（水=1）］0.87　［相対蒸気密度（空気=1）］4.0　［分配係数］1.51　［ヘンリー定数］4.19×10^{-4} atm³/mol（概算値）
■ **曝露経路** 蒸気の吸入により体内へ吸収される
■ **毒性症状** ［短期］吸入による咳・咽頭痛・めまい・頭痛。皮膚の乾燥。眼の発赤。経口摂取による吐き気。蒸気は眼や気道を軽度に刺激。中枢神経系への影響、許容濃度をはかに超えると意識が低下することがある。［長期］皮膚の脱脂。
■ **法規制** 労働安全衛生法（名称等の表示）：名称等を通知すべき有害物、消防法（危険物）：危険物第4類第1石油類、海洋汚染防止法：C類物質等

215 t-butyl acetate
酢酸-t-ブチル

CAS番号：540-88-5
エステル類

■ **別名** サクブチ、ブチルアセテート
■ **建築での主な使用例** 接着剤や塗料などの溶剤
■ **他の用途** 溶剤（接着剤や塗料等の樹脂の溶解）、洗浄剤、医薬中間体、香料
■ **外観的な特徴** 無色の液体、芳香臭
■ **性状** ［沸点］97.8℃　［水溶解性］難溶　［融点］－98.9℃　［蒸気圧］6.3kPa（25℃）　［比重（水=1）］0.86　［相対蒸気密度（空気=1）］4　［分配係数］1.76　［ヘンリー定数］8.62×10^{-4} atm³/mol（概算値）
■ **曝露経路** 吸入、経口摂取により体内へ吸収される
■ **毒性症状** ［短期］眼、皮膚、気道への刺激。高濃度では意識が低下することがある。吸入による咳・咽頭痛、重症の場合は肺水腫を起こすこともある。皮膚の乾燥。眼の発赤・痛み。［長期］皮膚の脱脂。
■ **法規制** 労働安全衛生法（名称等の表示）：名称等を通知すべき有害物、消防法（危険物）：危険物第4類第1石油類、海洋汚染防止法：C類物質等
■ **備考** 蒸気は空気よりも重く、床に沿って移動することがあり、引火しやすいので火気に注意が必要である。また、この液体を下水に流してはならない。症状は遅れて現れることもある。

216 n-pentyl acetate
酢酸-n-ペンチル

CAS番号：628-63-7
エステル類

- ■ **別名** 酢酸-n-アミル、酢酸アミル、酢酸ペンチル
- ■ **建築での主な使用例** 接着剤や塗料などの溶剤
- ■ **他の用途** 溶剤（接着剤や塗料等の樹脂の溶解）、洗浄剤、ラッカー
- ■ **外観的な特徴等** 無色の液体、ナシまたはバナナのような果実様臭気
- ■ **性状** ［沸点］149℃　［水溶解性］微溶　［融点］－71℃　［蒸気圧］0.466kPa（25℃）［比重（水=1）］0.88　［相対蒸気密度（空気=1）］4.5　［分配係数］2.18　［ヘンリー定数］3.88×10^{-4} atm㎥/mol
- ■ **曝露経路** 吸入により体内へ吸収される
- ■ **毒性症状** ［短期］眼、皮膚、気道への刺激。高濃度では麻酔作用があり、意識低下することがある。吸入によるめまい・頭痛・咳・咽頭痛・嗜眠、重症の場合は肺水腫を起こすこともある。皮膚の乾燥・発赤。眼の発赤・痛み・かすみ。［長期］皮膚の脱脂。
- ■ **法規制** 労働安全衛生法（名称等の表示）：名称等を表示すべき有害物・名称等を通知すべき有害物、労働安全衛生法（特化物等）：第2種有機溶剤、消防法（危険物）：危険物第4類第2石油類、海洋汚染防止法：C類物質等
- ■ **備考** 飲酒により有害作用が増大。症状は遅れて現れることもある。引火しやすい。

217 amyl acetate
酢酸アミル（異性体混合物）

CAS番号：（酢酸3-アミル：620-11-1）（酢酸sec-アミル：53496-15-4）（酢酸tert-アミル：625-16-1）　エステル類

- ■ **別名** 酢酸ペンチル
- ■ **建築での主な使用例** 接着剤や塗料などの溶剤
- ■ **他の用途** 溶剤（接着剤や塗料等の樹脂の溶解）、洗浄剤、染料・香料・人工皮革・フィルム調製、防水利用、ペニシリン抽出、模造真珠
- ■ **外観的な特徴等** 無色の液体、ナシ臭
- ■ **性状** ［沸点］130〜150℃　［水溶解性］微溶　［融点］－78.5℃　［比重（水=1）］0.879〜0.895　［相対蒸気密度（空気=1）］4.5
- ■ **曝露経路** 吸入により体内へ吸収される
- ■ **毒性症状** ［短期］眼、皮膚、気道への刺激。蒸気は非常に強い刺激。吸入によるめまい・頭痛・吐き気・咳、重症の場合は肺水腫を起こすこともある。皮膚炎。
- ■ **法規制** 労働安全衛生法（名称等の表示）：名称等を通知すべき有害物、消防法（危険物）：危険物第4類第2石油類、海洋汚染防止法：C類物質等
- ■ **備考** 引火しやすい。症状は遅れて現れることもある。

218 isobutyl acetate
酢酸イソブチル

CAS番号：110-19-0
エステル類

■ **建築での主な使用例**　接着剤や塗料などの溶剤
■ **他の用途**　香料
■ **外観的な特徴等**　無色の液体、甘い果実様臭気
■ **性状**　[沸点] 118℃　[水溶解性] 微溶　[融点] －99℃　[蒸気圧] 2.37kPa（25℃）　[比重（水＝1）] 0.87　[相対蒸気密度（空気＝1）] 4.0　[分配係数] 1.60　[ヘンリー定数] 4.54×10^{-4} atmm³/mol　[代謝性] 人体に吸収されると酢酸とイソブタンを生じる
■ **曝露経路**　吸入、経口摂取により体内へ吸収される
■ **毒性症状**　[短期] 眼、気道への軽度の刺激。神経系への影響。高濃度では麻酔作用があり、意識低下することがある。吸入、経口摂取によるめまい・頭痛・咳・咽頭痛・吐き気・胃腸障害、重症の場合は肺水腫を起こすこともある。皮膚の乾燥。眼の発赤。[長期] 皮膚の脱脂。
■ **法規制**　大気汚染防止法：有害大気汚染物質、労働安全衛生法（名称等の表示）：名称等を表示すべき有害物・名称等を通知すべき有害物、労働安全衛生法（特化物等）：第2種有機溶剤、消防法（危険物）：危険物第4類第2石油類、海洋汚染防止法：C類物質等
■ **備考**　引火しやすい。また、この液体を下水に流してはならない。症状は遅れて現れることもある。

219 isopropyl acetate
酢酸イソプロピル

CAS番号：108-21-4
エステル類

■ **建築での主な使用例**　接着剤や塗料などの溶剤
■ **他の用途**　溶剤（接着剤や塗料等の樹脂の溶解）、洗浄剤、顔料・塗料・インキの添加剤
■ **外観的な特徴等**　無色の液体、果実様臭気
■ **性状**　[沸点] 89℃　[水溶解性] 微溶　[融点] －73℃　[蒸気圧] 8.05kPa（25℃）　[比重（水＝1）] 0.88　[相対蒸気密度（空気＝1）] 3.5　[分配係数] 1.3　[ヘンリー定数] 2.78×10^{-4} atmm³/mol
■ **曝露経路**　吸入、経口摂取により体内へ吸収される
■ **毒性症状**　[短期] 眼、気道への刺激。高濃度では麻酔作用があり、意識低下することがある。吸入によるめまい・頭痛・吐き気・咳・咽頭痛・嗜眠、長時間吸入は急性肺水腫を起こすことがある。経口摂取による化学性肺炎、腹痛・嘔吐、肝臓・腎臓・脾臓に障害を生じる可能性あり。皮膚の乾燥・発赤。眼の発赤・痛み。[長期] 皮膚の脱脂。肝臓障害。
■ **法規制**　労働安全衛生法（名称等の表示）：名称等を表示すべき有害物・名称等を通知すべき有害物、労働安全衛生法（特化物等）：第2種有機溶剤、消防法（危険物）：危険物第4類第1石油類
■ **備考**　飲酒により有害作用が増大。症状は遅れて現れることもある。蒸気は空気よりも重く、床に沿って移動することがあり、引火しやすいので火気に注意が必要である。

220 isopentyl acetate
酢酸イソペンチル

CAS番号：123-92-2
エステル類

■ **別名** 酢酸イソアミル、酢酸3-メチルブチル、イソペンチルアルコール酢酸塩、バナナ油
■ **建築での主な使用例** 接着剤や塗料などの溶剤
■ **他の用途** 溶剤（接着剤や塗料等の樹脂の溶解）、洗浄剤、香料
■ **外観的な特徴等** 無色の液体、洋ナシやバナナのような果実様臭気
■ **性状** ［沸点］142℃ ［水溶解性］微溶 ［融点］－79℃ ［蒸気圧］0.747kPa（25℃）［比重（水=1）］0.87 ［相対蒸気密度（空気＝1）］4.5 ［分配係数］2.13 ［ヘンリー定数］5.87×10^{-4} atm³/mol
■ **曝露経路** 吸入、経口摂取により体内へ吸収される
■ **毒性症状** ［短期］眼、気道への刺激。吸入、経口摂取による頭痛・咳・咽頭痛・腹痛・吐き気・嗜眠・脱力感、重症の場合は意識喪失・肺水腫を起こすこともある。高濃度の蒸気を吸入すると意識喪失することがある。皮膚の乾燥・皮膚炎。眼の発赤・痛み。［長期］皮膚の脱脂。
■ **法規制** 労働安全衛生法（名称等の表示）：名称等を表示すべき有害物・名称等を通知すべき有害物、労働安全衛生法（特化物等）：第2種有機溶剤、消防法（危険物）：危険物第4類第2石油類、海洋汚染防止法：C類物質等
■ **備考** 引火しやすい。症状は遅れて現れることもある。

221 ethyl acetate
酢酸エチル

CAS番号：141-78-6
エステル類

■ **別名** サクエチ
■ **建築での主な使用例** 接着剤、塗料、インキ、ワックス、防水剤の溶剤
■ **他の用途** 溶剤（接着剤や塗料等の樹脂の溶解）、火薬、爆薬、顔料、洗浄剤、人造皮革
■ **外観的な特徴等** 無色透明液体、刺激的なシンナーのような臭い
■ **性状** ［沸点］77℃ ［水溶解性］微溶 ［融点］－84℃ ［蒸気圧］10kPa（20℃）［比重（水=1）］0.9 ［相対蒸気密度（空気＝1）］3.0 ［分配係数］0.73 ［ヘンリー定数］1.34×10^{-4} atm³/mol
■ **曝露経路** 吸入により体内へ吸収される
■ **毒性症状** ［短期］眼や気道への刺激。中枢神経系への影響。吸入による咳・めまい・嗜眠・頭痛・吐き気・咽頭痛・意識喪失・脱力感。皮膚の乾燥、皮膚の発赤・痛み。［長期］皮膚の脱脂。
■ **法規制** 悪臭防止法：特定悪臭物質、労働安全衛生法（名称等の表示）：名称等を表示すべき有害物・名称等を通知すべき有害物、労働安全衛生法（特化物等）：第2種有機溶剤、消防法（危険物）：危険物第4類第1石油類、毒物及び劇物取締法：劇物、海洋汚染防止法：D類物質等
■ **備考** 飲酒により有害作用が増大。樹脂の溶解性に優れ揮発しやすいため、接着剤・塗料・インキ等の有機溶剤によく用いられる。

222 butylcarbitolacetate
酢酸ジエチレングリコールモノブチルエーテル

CAS番号：124-17-4
エステル類

- **別名**　ブチルカルビトールアセテート、ジエチレングリコールモノブチルエーテルアセテート、ジエチレングリコールモノブチルエーテルアセタート
- **建築での主な使用例**　塗料やインキなどの溶剤
- **他の用途**　各種樹脂溶剤、塗料溶剤、シンナー、インキ溶剤、その他一般溶剤
- **外観的な特徴等**　無色の液体
- **性状**　［沸点］245〜247℃　［水溶解性］溶ける　［融点］－32℃　［蒸気圧］5.3Pa（20℃）　［比重（水=1）］0.98　［相対蒸気密度（空気=1）］7.0　［分配係数］2.9　［ヘンリー定数］1.65×10^{-7} atm³/mol（概算値）　［生物分解性］分解性良好
- **曝露経路**　吸入、経皮、経口摂取により体内へ吸収される
- **毒性症状**　［短期］眼、皮膚、気道への刺激。吸入、経口摂取による咳・悪心・嘔吐・食欲低下。腎臓・肝臓に障害が起こる可能性あり。眼の発赤。皮膚の乾燥・発赤。［長期］皮膚の脱脂。
- **法規制**　消防法（危険物）：危険物第4類第3石油類
- **備考**　皮膚から吸収されることがある。

223 cyclohexyl acetate
酢酸シクロヘキシル

CAS番号：622-45-7
エステル類

- **別名**　酢酸シクロヘキサノール、酢酸シクロヘキシルエステル、シクロヘキシルアセテート、ヘキサリンアセテート
- **建築での主な使用例**　溶剤
- **他の用途**　香料、溶剤、洗浄剤
- **外観的な特徴等**　特徴的な臭気のある無色の液体
- **性状**　［沸点］177℃　［水溶解性］微溶　［融点］－77℃　［蒸気圧］0.93kPa（30℃）　［比重（水=1）］0.97　［相対蒸気密度（空気=1）］0.49　［分配係数］2.64（概算値）　［ヘンリー定数］1.2×10^{-4} atm³/mol（概算値）
- **曝露経路**　蒸気の吸入、経口摂取により体内へ吸収される
- **毒性症状**　［短期］吸入による咳や咽頭痛。皮膚の乾燥や発赤。眼の発赤や痛み。経口摂取による嗜眠、意識喪失。眼・皮膚・気道の刺激。中枢神経系への影響。高濃度を経口摂取した場合に意識が低下することがある。［長期］皮膚の脱脂。
- **法規制**　消防法（危険物）：危険物第4類第2石油類、海洋汚染防止法：B類物質等

224 vinyl acetate
酢酸ビニル

CAS番号：108-05-4
エステル類

- **別名**　ビニルアセテート

■ 建築での主な使用例　接着剤（酢酸ビニル系、木工用ボンドなど）の原料
■ 他の用途　接着剤・合成樹脂（ポリ酢酸ビニル樹脂、ポリ酢酸ビニル共重合樹脂）の原料
■ 外観的な特徴等　無色の液体、特異臭（芳香性）
■ 性状　［沸点］72℃　［水溶解性］微溶　［融点］-93℃　［蒸気圧］11.7kPa（20℃）　［比重（水=1）］0.9　［相対蒸気密度（空気=1）］3.0　［分配係数］0.73　［ヘンリー定数］5.11×10^{-4} atm㎥/mol（概算値）　［生物分解性］分解性良好　［代謝性］体内に取り込まれると血液中のエステラーゼによって分解され、肝臓で代謝される。最終的には二酸化炭素に分解されて呼気中に排出される。
■ 曝露経路　吸入、経口摂取により体内へ吸収される
■ 毒性症状　［短期］眼、皮膚、気道への刺激。吸入、経口摂取による頭痛・咳・息切れ・咽頭痛・嘔吐・腹痛・嗜眠。高濃度の吸入によるめまい・疲労感・不眠・錯乱・神経過敏など中枢神経系への影響、肺への影響。皮膚の発赤・水泡。眼の発赤・痛み・軽度の熱傷。［長期］呼吸器系・中枢神経系への影響。遺伝子毒性の可能性あり。［発がん性］人に対して発がん性を示す可能性がある（IARC発がん性分類2B）。
■ 法規制　水質汚濁防止法：要調査項目に係わる物質、大気汚染防止法：有害大気汚染物質、水道法：要検討項目、労働安全衛生法（名称等の表示）：名称等を通知すべき有害物、消防法（危険物）：危険物第4類第1石油類、海洋汚染防止法：C類物質等、化学物質排出把握管理促進法：第一種指定化学物質
■ 備考　蒸気は空気よりも重く、床に沿って移動することがあり、引火しやすいので火気に注意が必要である。また、この液体を下水に流してはならない。飲酒により有害作用が増大。樹脂中の残留モノマーの溶出に注意。添加された安定剤や抑制剤がこの物質の毒性に影響を与える可能性がある。

225 benzyl acetate
酢酸ベンジル

CAS番号：140-11-4
エステル類

■ 別名　ベンジルアセテート、フェニルメチルアセテート、ベンゾアセテート
■ 建築での主な使用例　塗料・インキ等の溶剤
■ 他の用途　顔料、塗料、インキ、香料、溶剤、洗浄剤、医薬、医薬中間体、光沢剤
■ 外観的な特徴等　特徴的な臭気のある無色の液体
■ 性状　［沸点］212℃　［水溶解性］溶けない　［融点］-51℃　［蒸気圧］190Pa（25℃）　［比重（水=1）］1.1　［相対蒸気密度（空気=1）］5.1　［分配係数］1.96　［ヘンリー定数］1.13×10^{-5} atm㎥/mol（概算値）　［生物分解性］分解性良好
■ 曝露経路　吸入、経口摂取により体内へ吸収される
■ 毒性症状　［短期］吸入による灼熱感・錯乱・めまい・嗜眠・息苦しさ・咽頭痛。皮膚の乾燥。眼の発赤。経口摂取による灼熱感・痙攣・下痢・嗜眠・嘔吐。眼や気道の刺激。中枢神経系への影響、許容濃度を超えると意識を喪失することがある。［長期］皮膚の脱脂。

[225] 酢酸ベンジル
$CH_3COOCH_2-\langle\rangle$

腎臓に影響を与えることがある。［発がん性］人に対する発がん性について分類できない（IARC発がん性分類3）。
■ **法規制**　労働安全衛生法（名称等の表示）：名称等を通知すべき有害物、消防法（危険物）：危険物第4類第3石油類、海洋汚染防止法：C類物質等
■ **備考**　床面に沿って換気。

226 methyl acetate
酢酸メチル

CAS番号：79-20-9
エステル類

■ **建築での主な使用例**　接着剤や塗料などの溶剤
■ **他の用途**　溶剤（接着剤や塗料等の樹脂の溶解）、洗浄剤、合成樹脂や人工皮革の合成中間体
■ **外観的な特徴等**　無色の液体、芳香臭
■ **性状**　［沸点］57℃　［水溶解性］溶ける　［融点］-98℃　［蒸気圧］28.8kPa（25℃）　［比重（水=1）］0.93　［相対蒸気密度（空気=1）］2.6　［分配係数］0.18　［ヘンリー定数］1.15×10^{-4} atm³/mol　［生物分解性］分解性良好　［代謝性］体内に吸収されると酢酸とメタノールに分解されるため、メタノールと同様の中毒症状が現れる
■ **曝露経路**　吸入、経口摂取により体内へ吸収される
■ **毒性症状**　［短期］眼、鼻、気道への刺激。中枢神経系への影響、意識低下。非常に高濃度に曝露すると死に至ることがある。吸入による頭痛・咳・咽頭痛・息苦しさ・嗜眠・感覚鈍麻、重症の場合は意識喪失・肺水腫を起こすこともある。経口摂取による腹痛・嘔吐・脱力感。皮膚の乾燥・発赤・ざらつき。眼の発赤・痛み・かすみ。［長期］皮膚の脱脂。視神経への影響による視覚障害。
■ **法規制**　労働安全衛生法（名称等の表示）：名称等を表示すべき有害物・名称等を通知すべき有害物、労働安全衛生法（特定物等）：第2種有機溶剤、消防法（危険物）：危険物第4類第1石油類
■ **備考**　蒸気は極めて引火しやすく、空気よりも重く、床に沿って移動することがあるので火気に十分な注意が必要である。視神経障害の症状は数時間経過するまで現れない。

227 zinc oxide
酸化亜鉛

CAS番号：1314-13-2
その他

■ **別名**　亜鉛華、亜鉛箔、活性亜鉛華、透明性亜鉛箔
■ **建築での主な使用例**　ゴムや合成樹脂の充填材、ゴムの硬化剤
■ **他の用途**　顔料、塗料、触媒、医薬、医薬中間体、歯科セメント、加硫剤、加硫促進剤、電池、電子写真材料、蛍光体、ガスセンサー、フェライト
■ **外観的な特徴等**　白色～黄味がかった粉末または結晶、無臭
■ **性状**　［沸点］（昇華する）　［水溶解性］溶けない　［融点］1975℃　［比重（水=1）］5.6　［生物分解性］低濃縮性
■ **曝露経路**　吸入、経口摂取により体内へ吸収される
■ **毒性症状**　［短期］眼、皮膚、気道への刺

激。吸入による頭痛・吐き気・咳・脱力感・悪寒・発熱（金属ヒューム熱）。経口摂取による腹痛・吐き気・嘔吐。重症の場合は肺水腫を起こすこともある。［長期］皮膚炎。喘息、肺への影響。
■ **法規制**　水質汚濁防止法：生活環境に係わる物質・要調査項目に係わる物質、大気汚染防止法：有害大気汚染物質、水道法：基準項目、労働安全衛生法（名称等の表示）：名称等を通知すべき有害物、下水道法：規制物質
■ **備考**　金属ヒューム熱の症状は2～3時間遅れて現れることがある。マグネシウムやアマニ油と激しく反応する。

228 copper（Ⅱ）oxide
酸化第二銅

CAS番号：1317-38-0
その他

■ **別名**　酸化銅（Ⅱ）、黒色酸化銅、酸化銅
■ **建築での主な使用例**　防腐・防かび剤、抗菌剤
■ **他の用途**　合成原料、合成中間体、殺虫剤・防虫剤、触媒、ガラス・陶器の着色剤、弱電部品
■ **外観的な特徴等**　黒色の粉末
■ **性状**　［沸点］1026℃（分解）　［水溶解性］溶けない　［融点］1326℃　［比重（水=1）］6.315
■ **曝露経路**　吸入、経口摂取により体内へ吸収される
■ **毒性症状**　［短期］吸入、経口摂取による金属ヒューム熱。
■ **法規制**　水質汚濁防止法：生活環境に係わる物質・要調査項目に係わる物質、土壌汚染

対策法：第二種特定有害物質、水道法：基準項目、労働安全衛生法（名称等の表示）：名称等を通知すべき有害物、毒物及び劇物取締法：劇物、化学物質排出把握管理促進法：第一種指定化学物質、下水道法：規制物質

229 di-n-butylamine
ジ-n-ブチルアミン

CAS番号：111-92-2
アミン類

■ **建築での主な使用例**　ゴム薬品・加硫促進剤、塗料など
■ **他の用途**　染料、界面活性剤、殺虫剤・防虫剤、農薬・医薬中間体、防腐剤、高分子化合物改質剤、触媒、医薬品、塗料、防錆剤
■ **外観的な特徴等**　無色の液体、特異臭
■ **性状**　［沸点］159℃　［水溶解性］微溶　［融点］-59℃　［蒸気圧］345Pa（25℃）　［比重（水=1）］0.76　［相対蒸気密度（空気=1）］4.5　［分配係数］2.83　［ヘンリー定数］8.90×10^{-5} atm・m^3/mol　［生物分解性］分解性良好
■ **曝露経路**　吸入、経皮、経口摂取により体内へ吸収される
■ **毒性症状**　［短期］眼、皮膚、気道への刺激、腐食性。吸入による咳・咽頭痛・息切れ・息苦しさ・灼熱感、重症の場合は肺水腫・チアノーゼ・呼吸不全を起こすこともある。経口摂取による腹痛・灼熱感・ショックまたは虚脱。肝臓・腎臓・中枢神経系、造血器官への影響。催涙性。眼の発赤・痛み・重度の熱傷（化学薬傷）・視力喪失。皮膚の痛み・発赤・水泡・皮膚熱傷（化学薬傷）。
■ **法規制**　消防法（危険物）：危険物第4類第2

石油類、海洋汚染防止法：C類物質等
■ **備考** あらゆる接触を避ける！ 肺水腫の症状は2〜3時間経過しないと現れないことがあり、安静を保たなければ悪化する。

230 di-n-propyl katone
ジ-n-プロピルケトン

CAS番号：123-19-3
ケトン類

■ **別名** 4-ヘプタノン、ジプロピルケトン
■ **建築での主な使用例** 溶剤
■ **他の用途** 溶剤
■ **外観的な特徴等** 特徴的な臭気のある無色の液体
■ **性状** ［沸点］144℃ ［水溶解性］微溶 ［融点］－33℃ ［蒸気圧］0.7kPa（20℃）［比重（水=1）］0.8 ［相対蒸気密度（空気=1）］3.9 ［分配係数］1.73（概算値）［ヘンリー定数］5.49×10^{-5} atmm³/mol（概算値）
■ **曝露経路** 蒸気の吸入、経口摂取により体内へ吸収される
■ **毒性症状** ［短期］吸入による咳・咽頭痛・嗜眠・感覚鈍麻・頭痛。皮膚の乾燥、皮膚や眼の発赤。経口摂取による吐き気・嘔吐・下痢・めまい・嗜眠。眼や皮膚を軽度に刺激。蒸気は気道を刺激、高濃度の場合は意識低下を生じることがある。［長期］皮膚の脱脂。
■ **法規制** 労働安全衛生法（名称等の表示）：名称等を通知すべき有害物、消防法（危険物）：危険物第4類第2石油類、海洋汚染防止法：D類物質等

231 diacetone alcohol
ジアセトンアルコール

CAS番号：123-42-2
アルコール類

■ **別名** 4-ヒドロキシ-4-メチル-2-ペンタノン
■ **建築での主な使用例** ラッカー、塗料等の溶剤
■ **他の用途** 合成樹脂、油脂、ニトロセルローズ等の溶媒
■ **外観的な特徴等** 芳香のある無色澄明の液体
■ **性状** ［沸点］167.9℃ ［水溶解性］溶ける ［融点］－42.8℃ ［蒸気圧］0.228kPa（25℃）［比重（水=1）］0.94 ［相対蒸気密度（空気=1）］4.0 ［分配係数］－0.34（概算値）［ヘンリー定数］2.61×10^{-7} atmm³/mol（概算値）［生物分解性］分解性良好
■ **曝露経路** 吸入、経皮、経口摂取により体内へ吸収される
■ **毒性症状** ［短期］眼・鼻・のど・皮膚への弱い刺激。吸入または経口摂取による頭痛・悪心・嘔吐・下痢、高濃度では麻酔作用あり、貧血・肝臓や腎臓障害を起こす恐れあり。皮膚からも吸収され同様の症状が生じる。
■ **法規制** 大気汚染防止法：有害大気汚染物質、労働安全衛生法（名称等の表示）：名称等を通知すべき有害物、消防法（危険物）：危険物第4類第2石油類、海洋汚染防止法：D類物質等

232 diisobutyl ketone
ジイソブチルケトン

CAS番号：108-83-8
ケトン類

■ **別名** 2,6-ジメチル-4-ヘプタノン、DIBK
■ **建築での主な使用例** 塗料やインキ等の溶剤
■ **他の用途** セルロースエステルラッカー・ビニル系樹脂等塗料溶剤、食缶、塗料、インキ
■ **外観的な特徴等** 特徴的な臭気のある無色の液体
■ **性状** ［沸点］168℃ ［水溶解性］溶けない ［融点］−42℃ ［蒸気圧］0.23kPa（20℃）［比重（水=1）］0.805 ［相対蒸気密度（空気=1）］4.9 ［分配係数］2.56（概算値）［ヘンリー定数］1.17×10^{-4} atmm³/mol（概算値）
■ **曝露経路** 蒸気の吸入、経口摂取により体内へ吸収される
■ **毒性症状** ［短期］吸入による咳・めまい・頭痛・吐き気・咽頭痛・嘔吐。皮膚の発赤やしびれ感。眼の発赤や痛み。眼・皮膚・気道の刺激、高濃度に曝露すると意識が低下することがある。［長期］反復あるいは長期にわたる皮膚の接触による皮膚炎。
■ **法規制** 労働安全衛生法（名称等の表示）：名称等を通知すべき有害物、消防法（危険物）：危険物第4類第2石油類、海洋汚染防止法：D類物質等

233 diisopropyl keton
ジイソプロピルケトン

CAS番号：565-80-0
ケトン類

■ **別名** 2,4-ジメチル-3-ペンタノン
■ **建築での主な使用例** 塗料等の溶剤
■ **他の用途** 溶剤、有機合成原料（ゴム、薬品、人工甘味料等）
■ **外観的な特徴等** リンゴ臭やハッカ性の芳香を有する無色の液体
■ **性状** ［沸点］124〜125℃ ［水溶解性］難溶 ［融点］−59℃ ［蒸気圧］1.423kPa（20℃）［比重（水=1）］0.805 ［相対蒸気密度（空気=1）］3.96 ［分配係数］1.86 ［ヘンリー定数］3.53×10^{-4} atmm³/mol（概算値）
■ **曝露経路** 吸入、経皮、経口摂取により体内へ吸収される
■ **毒性症状** ［短期］眼・鼻・のど・皮膚への弱い刺激。吸入による咳・頭痛・胸痛、高濃度で麻酔作用あり、肺水腫を起こすことがある。経口摂取によるめまい・興奮・意識喪失等を起こす可能性あり。
■ **法規制** 消防法（危険物）：危険物第4類第1石油類

234 diethanol amine
ジエタノールアミン

CAS番号：111-42-2
アミン類

■ **別名** 2,2'-イミノジエタノール、2,2'-イミノビスエタノール、2,2'-ジオキシジエチルアミン、2,2'-ジヒドロキシジエチルアミン、

N,N-ジエタノールアミン、ジエチロールアミン、ビスヒドロキシエチルアミン
■ **建築での主な使用例**　軟化剤・乳化剤、洗浄剤、ワックス
■ **他の用途**　溶剤・洗浄剤、界面活性剤、潤滑剤、潤滑油添加剤、殺虫剤・防虫剤・農薬、合成中間体、安定剤、酸化・老化防止剤、化粧品、乳化剤、ゴム薬品、切削油、pH調整剤・中和剤、靴墨、合成洗剤、ガス吸収剤、金属腐食防止剤、医薬、化粧品、ワックス
■ **外観的な特徴等**　白色の結晶または無色の液体、特異臭
■ **性状**　［沸点］約269℃　［水溶解性］溶ける　［融点］28℃　［蒸気圧］$1.87×10^2$Pa（25℃）　［比重（水=1）］1.09　［相対蒸気密度（空気＝1）］3.65　［分配係数］－1.43　［ヘンリー定数］$3.9×10^{-11}$atmm³/mol（概算値）　［生物分解性］分解性良好
■ **曝露経路**　吸入、経皮、経口摂取により体内へ吸収される
■ **毒性症状**　［短期］眼、皮膚、気道への刺激、腐食性。吸入、経口摂取による腹痛・灼熱感、重症の場合は肺水腫を起こすこともある。眼の発赤・痛み・重度の熱傷（薬傷）。［長期］皮膚の感作。肝臓・腎臓への影響。［発がん性］人に対する発がん性について分類できない（IARC発がん性分類3）。
■ **法規制**　大気汚染防止法：有害大気汚染物質、労働安全衛生法（名称等の表示）：名称等を通知すべき有害物、消防法（危険物）：危険物第4類第3石油類、海洋汚染防止法：D類物質等

235 diethylamine
ジエチルアミン

CAS番号：109-89-7
アミン類

■ **別名**　N,N-ジエチルアミン、N-エチルエタンアミン
■ **建築での主な使用例**　合成樹脂中間体、ゴム薬品、塗料
■ **他の用途**　染料、顔料、塗料、界面活性剤、除草剤、農薬、医薬品合成中間体
■ **外観的な特徴等**　無色の液体、刺激臭
■ **性状**　［沸点］55.5℃　［水溶解性］混和する　［融点］－50℃　［蒸気圧］31.6kPa（25℃）　［比重（水=1）］0.707　［相対蒸気密度（空気＝1）］2.5　［分配係数］0.58　［ヘンリー定数］$2.55×10^{-5}$atmm³/mol　［生物分解性］分解性良好　［代謝性］一部は未変化のまま尿中に排出される
■ **曝露経路**　吸入、経皮、経口摂取により体内へ吸収される
■ **毒性症状**　［短期］眼、皮膚、気道への刺激、腐食性。吸入による咳・咽頭痛・息切れ・息苦しさ・灼熱感・胸痛、重症の場合は肺水腫を起こすこともある。経口摂取による腹痛・下痢・吐き気・嘔吐・灼熱感・ショックまたは虚脱。眼の発赤・痛み・重度の熱傷（薬傷）・視力喪失。皮膚の発赤・痛み・重度の熱傷（薬傷）。
■ **法規制**　水質汚濁防止法：要調査項目に係わる物質、大気汚染防止法：有害大気汚染物質、労働安全衛生法（名称等の表示）：名称等を通知すべき有害物、消防法（危険物）：危険物第4類第1石油類、海洋汚染防止法：C類物質等、高圧ガス保安法：毒性ガス
■ **備考**　皮膚からも吸収される。肺水腫の

症状は2～3時間経過しないと現れないことがあり、安静を保たなければ悪化する。

236 diethylene glycol
ジエチレングリコール

CAS番号：111-46-6
アルコール類

■ **別名** 2,2'-オキシビスエタノール、エチレンジグリコール、ジヒドロキシジエチルエーテル
■ **建築での主な使用例** 溶剤、インキ、接着剤、可塑剤
■ **他の用途** インキ、溶剤、洗浄剤、接着剤、合成樹脂、合成中間体、可塑剤、脱水剤、不凍液、ブレーキ油
■ **外観的な特徴等** 無色、無臭の粘稠吸湿性液体
■ **性状** ［沸点］245℃　［水溶解性］溶ける　［融点］－10.4℃　［蒸気圧］2Pa（20℃）［比重（水=1）］1.12　［相対蒸気密度（空気=1）］3.66　［分配係数］－1.98　［ヘンリー定数］2.0×10^{-9} atmm³/mol（概算値）
■ **曝露経路** 経口摂取により体内へ吸収される
■ **毒性症状** ［短期］吸入による咳・めまい、皮膚や眼の発赤。経口摂取による腹痛・錯乱・めまい・嗜眠・吐き気・意識喪失・嘔吐。眼・皮膚・気道の刺激。中枢神経系・肝臓・腎臓に影響を与えることがある。意識を喪失することがある。
■ **法規制** 水質汚濁防止法：要調査項目に係わる物質、消防法（危険物）：危険物第4類第3石油類、海洋汚染防止法：D類物質等

237 diethylene glycol dibenzate
ジエチレングリコールジベンゾエート

CAS番号：120-55-8
エステル類

■ **別名** 2,2'-オキシビスエタノールジベンゾエート
■ **建築での主な使用例** 可塑剤
■ **他の用途** 可塑剤
■ **外観的な特徴等** 結晶
■ **性状** ［沸点］225℃　［水溶解性］溶ける　［融点］28℃　［蒸気圧］12.8Pa（25℃）（概算値）　［比重（水=1）］1.2　［相対蒸気密度（空気=1）］9.4　［分配係数］3.04（概算値）　［ヘンリー定数］3.0×10^{-12} atmm³/mol（概算値）
■ **曝露経路** 吸入により体内へ吸収される
■ **毒性症状** ［短期］皮膚や眼の発赤、わずかに眼や皮膚を刺激。

238 diethylene glycol monoethyl ether
ジエチレングリコールモノエチルエーテル

CAS番号：111-90-0
エーテル類

■ **別名** 2-(2-エトキシエトキシ)エタノール、エチルジグリコール、DEGEE
■ **建築での主な使用例** 塗料やインキなどの溶剤
■ **他の用途** 溶剤・洗浄剤、乳化剤、ブレーキフルード
■ **外観的な特徴等** 無色の液体、快い臭気
■ **性状** ［沸点］196～202℃　［水溶解性］溶ける　［融点］－76℃　［蒸気圧］16.8Pa

[237] ジエチレングリコールジベンゾエート
　　　－COO(CH₂)₂O(CH₂)₂OCO－

(25℃)　［比重（水=1）］0.99　［相対蒸気密度（空気＝1）］4.6　［分配係数］－0.15（概算値）　［ヘンリー定数］2.23×10^{-8} atmm^3/mol（概算値）
■ 曝露経路　吸入、経口摂取により体内へ吸収される
■ 毒性症状　［短期］眼、鼻、皮膚への刺激。経口摂取による化学性肺炎。眼の発赤。皮膚の乾燥。［長期］皮膚の脱脂。
■ 法規制　消防法（危険物）：危険物第4類第3石油類
■ 備考　「カルビトール（Carbitol）」、「カルビトールセロソルブ（Carbitol cellosolve）」などは商品名。

239 diethylene glycol monoethyl ether acetate
ジエチレングリコールモノエチルエーテルアセテート

CAS番号：112-15-2
エステル類

■ 別名　カルビトールアセテート、ジグリコールモノエチルエーテルアセテート、酢酸-2-(2-エトキシエトキシ)エチル、酢酸ジエチレングリコールモノエチルエーテル
■ 建築での主な使用例　塗料の溶剤、接着剤
■ 他の用途　可塑剤、溶剤、洗浄剤、印刷インキ、接着剤
■ 外観的な特徴等　特異臭のある無色の液体
■ 性状　［沸点］約220℃　［水溶解性］溶ける　［融点］－25℃　［蒸気圧］7Pa（20℃）　［比重（水=1）］1.012　［相対蒸気密度（空気＝1）］6.1　［分配係数］0.32（概算値）　［ヘンリー定数］2.98×10^{-8} atmm^3/mol（概算値）　［生物分解性］分解性良好
■ 曝露経路　吸入、経口摂取により体内へ吸収される
■ 毒性症状　［短期］眼・皮膚・粘膜の刺激。［長期］不快感・吐き気・頭痛などの症状を起こすことがある。
■ 法規制　消防法（危険物）：危険物第4類第3石油類

240 diethylene glycol monomethyl ether
ジエチレングリコールモノメチルエーテル

CAS番号：111-77-3
エーテル類

■ 別名　2-(2-メトキシエトキシ)エタノール、DEGME
■ 建築での主な使用例　塗料やインキなどの溶剤
■ 他の用途　高沸点溶剤、合成中間体
■ 外観的な特徴等　無色の液体
■ 性状　［沸点］193℃　［水溶解性］溶ける　［融点］＜－84℃　［蒸気圧］33Pa（25℃）　［比重（水=1）］1.04　［相対蒸気密度（空気＝1）］4.1　［分配係数］－1.14　［ヘンリー定数］1.65×10^{-11} atmm^3/mol（概算値）
■ 曝露経路　吸入、経皮、経口摂取により体内へ吸収される
■ 毒性症状　［短期］眼、鼻、皮膚への刺激。吸入による疲労感・嗜眠。経口摂取による化学性肺炎。皮膚の乾燥。［長期］皮膚の脱脂。動物実験において、人に対する生殖・発生毒性の可能性が指摘されている。
■ 法規制　消防法（危険物）：危険物第4類第3石油類
■ 備考　妊婦への曝露を避ける！　「メチルカルビトール（Methyl carbitol）」は商品名。

241 diethylenetriamine
ジエチレントリアミン

CAS番号：111-40-0
アミン類

■ **別名**　N-(2-アミノエチル)-1,2-エタンジアミン、β,β'-ジアミノジエチルアミン、DETA
■ **建築での主な使用例**　エポキシ樹脂の硬化剤、接着剤の溶剤、殺菌・防かび剤
■ **他の用途**　染料助剤、界面活性剤、接着剤の溶剤、殺菌剤・防かび剤・防汚剤、殺虫剤・防虫剤、除草剤、紙の湿潤強化剤、エポキシ樹脂硬化剤、紙力増強剤、キレート剤、潤滑油添加剤、アスファルト添加剤
■ **外観的な特徴等**　無色～黄色の液体、特異臭
■ **性状**　[沸点] 207℃　[水溶解性] 混和する　[融点] -39℃　[蒸気圧] 30.9Pa (25℃)　[比重 (水=1)] 0.96　[相対蒸気密度 (空気=1)] 3.56　[分配係数] -1.3　[ヘンリー定数] 3.15×10^{-7} atmm³/mol（概算値）　[生物分解性] 難分解性、低濃縮性
■ **曝露経路**　吸入、経皮、経口摂取により体内へ吸収される
■ **毒性症状**　[短期] 眼、皮膚、気道への刺激、腐食性。吸入による咳・咽頭痛・息苦しさ・灼熱感、重症の場合は肺水腫を起こし、泡混じりの痰を吐いて死に至ることもある。経口摂取による腹痛・灼熱感・ショックまたは虚脱。肝臓・腎臓への影響。眼の痛み・重度の熱傷（薬傷）・視力喪失。皮膚の痛み・重度の熱傷（薬傷）。[長期] 皮膚炎・皮膚の感作。喘息。
■ **法規制**　化審法：第二種監視化学物質、労働安全衛生法（名称等の表示）：名称等を通知すべき有害物、消防法（危険物）：危険物第4類第3石油類、化学物質排出把握管理促進法：第一種指定化学物質、海洋汚染防止法：D類物質等
■ **備考**　肺水腫の症状は2～3時間経過しないと現れないことがあり、安静を保たなければ悪化する。

242 shellac
シェラック

CAS番号：9000-59-3
その他

■ **別名**　セラック
■ **建築での主な使用例**　自然塗料
■ **他の用途**　医薬品、食品光沢剤
■ **外観的な特徴等**　固体
■ **性状**　[水溶解性] 溶けない
■ **曝露経路**　吸入、経皮、経口摂取により体内へ吸収される
■ **備考**　タイ、インド等の亜熱帯地方で、ラックカイガラ虫という体長0.5mmほどの昆虫が樹に集団で寄生し形成した樹脂状の分泌物を加工した物質。セラックをアルコールに溶解したものをセラックニスと呼ぶ。

243 carbon tetrachloride
四塩化炭素

CAS番号：56-23-5
含ハロゲン類

■ **別名**　テトラクロロメタン、パークロロメタン、四クロロメタン、カーボンテトラクロリド、ベンジノホルム
■ **建築での主な使用例**　溶剤など
■ **他の用途**　溶剤（接着剤や塗料等の樹脂の溶解）、洗浄剤、殺虫剤・防虫剤、消火剤、染み抜き、ワックスなど合成樹脂の原料
■ **外観的な特徴等**　無色の液体、特異臭（エーテル臭）
■ **性状**　［沸点］76.5℃　［水溶解性］難溶　［融点］−23℃　［蒸気圧］15.3kPa（25℃）［比重（水＝1）］1.59　［相対蒸気密度（空気＝1）］5.3　［分配係数］2.64　［ヘンリー定数］2.76×10^2 atm³/mol　［生物分解性］難分解性、低蓄積性、オゾン層破壊物質　［代謝性］吸収量の1/3は体内に吸収され、その半分は未変化のまま呼気中に徐々に排出される
■ **曝露経路**　吸入、経皮、経口摂取により体内へ吸収される
■ **毒性症状**　［短期］眼の刺激。肝臓や腎臓、及び神経系への影響。高濃度では麻酔作用があり、意識喪失することがある。吸入によるめまい・頭痛・吐き気・嘔吐・嗜眠・疲労感・意識低下・視力障害。経口摂取による腹痛・下痢。皮膚の発赤・痛み。眼の発赤・痛み。［長期］皮膚炎。肝臓・腎臓の障害。消化器系・神経系・粘膜への影響。［発がん性］人に対して発がん性を示す可能性がある（IARC発がん性分類2B）。
■ **法規制**　化審法：第二種特定化学物質、水質汚濁防止法：人の健康に係わる物質、大気汚染防止法：有害大気汚染物質、土壌汚染対策法：特定有害物質、水道法：基準項目、労働安全衛生法（名称等の表示）：名称等を表示すべき有害物・名称等を通知すべき有害物、労働安全衛生法（特化物等）：第1種有機溶剤、毒物及び劇物取締法：劇物、海洋汚染防止法：B類物質等、化学物質排出把握管理促進法：第一種指定化学物質、廃棄物処理法：規制物質、オゾン層保護に関する法律：特定物質
■ **備考**　皮膚から吸収されることがある。飲酒により有害作用が増大。モントリオール議定書（付属書Bグループ II）により先進国では1996年から生産と使用が原則禁止されている。

244 cyclohexanol
シクロヘキサノール

CAS番号：108-93-0
アルコール類

■ **別名**　アノール、ヘキサヒドロフェノール、ヘキサリン
■ **建築での主な使用例**　塗料等の溶剤
■ **他の用途**　顔料、塗料、香料、洗浄剤、殺虫剤、防虫剤、合成中間体、ラッカー等の溶剤、ペイント剥離剤
■ **外観的な特徴等**　特徴的な臭気のある無色の吸湿性液体あるいは白色の結晶
■ **性状**　［沸点］161℃　［水溶解性］微溶　［融点］23℃　［蒸気圧］0.13kPa（20℃）［比重（水＝1）］0.96　［相対蒸気密度（空気＝1）］3.5　［分配係数］1.2　［ヘンリー定数］4.4×10^{-6} atm³/mol　［生物分解性］

[244] シクロヘキサノール
OH

分解性良好
■ 曝露経路　吸入、経口摂取により体内へ吸収される
■ 毒性症状　[短期] 吸入による咳・めまい・嗜眠・頭痛・吐き気・咽頭痛。皮膚の乾燥・発赤。眼の発赤や痛み。経口摂取による腹痛や下痢。眼・皮膚・気道の刺激。中枢神経系のへ影響。[長期] 皮膚の脱脂。
■ 法規制　大気汚染防止法：有害大気汚染物質、労働安全衛生法（名称等の表示）：名称等を表示すべき有害物・名称等を通知すべき有害物、労働安全衛生法（特化物等）：第2種有機溶剤、消防法（危険物）：危険物第4類第2石油類、海洋汚染防止法：D類物質等

245 cyclohexanone
シクロヘキサノン

CAS番号：108-94-1
ケトン類

■ 別名　アノン、ケトシクロヘキサン、ケトヘキサメチレン、ピメリンケトン
■ 建築での主な使用例　接着剤や塗料などの溶剤
■ 他の用途　溶剤（接着剤や塗料等の樹脂の溶解）、洗浄剤、合成中間体、酸化・老化防止剤、安定剤、絹のつや消し、ロウ、油脂
■ 外観的な特徴等　無色の油状液体、特異臭（アセトン様、ハッカ様）
■ 性状　[沸点] 156℃　[水溶解性] 溶ける　[融点] −32.1℃　[蒸気圧] 0.577kPa (25℃)　[比重（水=1）] 0.95　[相対蒸気密度（空気=1）] 3.4　[分配係数] 0.81　[ヘンリー定数] 9×10^{-6}atmm^3/mol　[生物分解性] 分解性良好　[代謝性] 動物に投与

した場合、約半量はグルクロン酸抱合を受け、少量は水酸化およびメルカプツール酸抱合を受けて尿中に排出される
■ 曝露経路　吸入、経皮、経口摂取により体内へ吸収される
■ 毒性症状　[短期] 眼、皮膚、気道への刺激。蒸気には麻酔作用があり、吸入によるめまい・嗜眠・咳・咽頭痛・胸痛・息切れ、重症の場合は肺水腫を起こすこともある。高濃度の蒸気を吸入すると意識低下。経口摂取による腹痛・灼熱感。皮膚の乾燥・発赤。眼の発赤・痛み。[長期] 皮膚の脱脂。喘息。肝臓・腎臓への影響。[発がん性] 人に対して発がん性について分類できない（IARC発がん性分類3）。
■ 法規制　大気汚染防止法：有害大気汚染物質、労働安全衛生法（名称等の表示）：名称等を表示すべき有害物・名称等を通知すべき有害物、労働安全衛生法（特化物等）：第2種有機溶剤、消防法（危険物）：危険物第4類第2石油類、海洋汚染防止法：D類物質等
■ 備考　皮膚から吸収されることがある。症状は遅れて現れることもある。蒸気は空気よりも重く、引火しやすい。

246 cyclohexane
シクロヘキサン

CAS番号：110-82-7
環状アルカン

■ 別名　ヘキサナフテン、ヘキサヒドロベンゼン、ヘキサメチレン
■ 建築での主な使用例　接着剤、塗料、インキ、ワックス、防水剤の溶剤
■ 他の用途　溶剤（接着剤や塗料等の樹脂の

溶解)、洗浄剤、合成中間体
■ **外観的な特徴等**　無色透明の液体、刺激臭、揮発性高い
■ **性状**　[沸点] 81℃　[水溶解性] 溶けない　[融点] 7℃　[蒸気圧] 12.7kPa (20℃)　[比重 (水=1)] 0.8　[相対蒸気密度 (空気=1)] 2.9　[分配係数] 3.4　[ヘンリー定数] 0.15atmm³/mol
■ **曝露経路**　吸入により体内へ吸収される
■ **毒性症状**　[短期] 眼や気道への刺激。経口摂取による化学性肺炎、意識喪失。吸入によるめまい・頭痛・吐き気。皮膚の発赤。眼の発赤。[長期] 皮膚炎。
■ **法規制**　労働安全衛生法 (名称等の表示)：名称等を通知すべき有害物、消防法 (危険物)：危険物第4類第1石油類、海洋汚染防止法：C類物質
■ **備考**　樹脂の溶解性に優れ揮発しやすいため、接着剤・塗料・インキ等の有機溶剤によく用いられる。

247　dichlorvos
ジクロルボス

CAS番号：62-73-7
有機リン系殺虫剤

■ **別名**　りん酸ジメチル=2,2-ジクロロビニル、DDVP、ジメチル-2,2-ジクロロビニルホスフェート、ジメチル-2,2-ジクロルビニルホスフェイト、ジメチルジクロルビニルホスフェート
■ **建築での主な使用例**　シロアリ防除剤、ダニ用燻煙剤
■ **他の用途**　殺虫剤、防虫剤 (シロアリ防除剤等)

■ **外観的な特徴等**　無色〜琥珀色の液体、特徴的な臭気
■ **性状**　[沸点] 約234℃　[水溶解性] 微溶　[融点] 25℃未満　[蒸気圧] 1.6Pa (20℃)　[比重 (水=1)] 1.4　[分配係数] 1.47　[ヘンリー定数] 5.74×10^{-7} atmm³/mol
■ **曝露経路**　吸入、経皮、経口摂取により体内へ吸収される
■ **毒性症状**　[短期] 皮膚の刺激。中枢神経系への影響、コリンエステラーゼ阻害剤。吸入による縮瞳・筋痙直・唾液分泌過多・発汗・吐き気・めまい・息苦しさ・痙攣・意識喪失。皮膚の発赤・痛み。経口摂取による胃痙攣・嘔吐・下痢。[長期] 皮膚炎、皮膚の感作。コリンエステラーゼ阻害剤 (影響が蓄積される可能性あり)。[発がん性] 人に対して発がん性を示す可能性がある (IARC発がん性分類2B)。
■ **法規制**　化審法：第二種監視化学物質、水質汚濁防止法：要監視項目に係わる物質、水道法：対象農薬類、労働安全衛生法 (名称等の表示)：名称等を通知すべき有害物、消防法 (危険物)：危険物第4類第3石油類、毒物及び劇物取締法：劇物、農薬取締法 (水田残留性に係わる登録保留基準)：対象物質、食品衛生法 (残留農薬基準)：対象物質、化学物質排出把握管理促進法：第一種指定化学物質
■ **備考**　妊婦への曝露を避ける！　青少年、小児への曝露を避ける！　皮膚から吸収される可能性あり。殺虫性に優れるため、農薬、家庭用殺虫剤等によく用いられる。

248 dichorophenethione
ジクロロフェンチオン

CAS番号：97-17-6
有機リン系殺虫剤

■ **別名** ジクロフェンチオン、ECP、チオりん酸o-2,4-ジクロロフェニル-o,o-ジエチル、ジエチル-2,4-ジクロロフェニルチオホスファート、o,o-2,4-ジクロロフェニルo,o-ジエチルホスホロチオアート、ジエチル-(2,4-ジクロルフェニル)-チオホスフェイト
■ **建築での主な使用例** シロアリ駆除剤
■ **他の用途** 殺虫剤・防虫剤
■ **外観的な特徴等** 無色の液体、特異臭
■ **性状** ［沸点］164～169℃（13.3Pa）［水溶解性］溶けない ［蒸気圧］75Pa（25℃） ［比重（水=1）］1.3 ［分配係数］5.14 ［ヘンリー定数］9.48×10^{-4} atmm^3/mol（概算値）
■ **曝露経路** 吸入、経皮、経口摂取により体内へ吸収される
■ **毒性症状** ［短期］眼、皮膚、粘膜への刺激。神経系（コリンエステラーゼ）への影響。吸入、経口摂取によるめまい・頭痛・腹痛・胃痙攣・吐き気・嘔吐・筋力低下、重症の場合は意識喪失・呼吸不全を起こし、死に至ることもある。眼の発赤・かすみ・瞳孔収縮。
■ **法規制** 毒物及び劇物取締法：劇物、農薬取締法（作物残留性に係わる登録保留基準）：対象物質、農薬取締法（公共用水域等における水質評価指針）：対象物質、化学物質排出把握管理促進法：第一種指定化学物質
■ **備考** 皮膚からも吸収される。

249 dichloromethane
ジクロロメタン

CAS番号：75-09-2
含ハロゲン類

■ **別名** 二塩化メタン、塩化メチレン、二塩化メチレン、メチレンクロリド、メチレンクロライド、メチレンジクロライド
■ **建築での主な使用例** 塗料の剥離剤、溶剤など
■ **他の用途** ペイント剥離剤、電子部品などの金属製品脱脂洗浄剤、ウレタン発泡助剤、エアゾール噴射剤、農産物（穀類やいちごなど）のポストハーベスト[3]燻蒸剤、溶剤（油脂、ゴム、ワックスなど）、冷媒（フロン代替）、合成中間体
■ **外観的な特徴等** 無色の液体、クロロホルムに似た臭気
■ **性状** ［沸点］40℃ ［水溶解性］難溶 ［融点］-95.1℃ ［蒸気圧］58.0kPa（25℃）［比重（水=1）］1.3 ［相対蒸気密度（空気=1）］2.9 ［分配係数］1.25 ［ヘンリー定数］3.25×10^{-3} atm m^3/mol ［生物分解性］難分解性、低濃縮性 ［代謝性］肺からすみやかに吸収され、呼気および尿中にすみやかに排出される。生物学的半減期は1時間以内。
■ **曝露経路** 吸入、経皮、経口摂取により体内へ吸収される
■ **毒性症状** ［短期］眼、皮膚、気道への刺激。強力な麻酔剤で、吸入によるめまい・頭痛・吐き気・嗜眠・脱力感・手足の震えや麻痺、重症の場合は泡混じりの痰を吐き、意識喪失・肺水腫・化学性肺炎を起こし、死に至ることもある。血液に影響を与え、メトヘモグロビンやカルボキシヘモグロビンを生成することもある。経口摂取による下痢。皮膚の

---

(3) 150ページの脚注(2)を参照。

乾燥・発赤・灼熱感。眼の発赤・痛み・重度の熱傷・角膜の障害。［長期］皮膚炎。中枢神経系、肝臓への影響。聴力、視力の低下。変異原性あり。［発がん性］人に対して発がん性を示す可能性がある（IARC発がん性分類2B）。
■ **法規制**　化審法：第二種監視化学物質、水質汚濁防止法：人の健康に係わる物質、大気汚染防止法：有害大気汚染物質（優先取り組み物質）、土壌汚染対策法：第一種特定有害物質、水道法：基準項目、労働安全衛生法（名称等の表示）：名称等を表示すべき有害物・名称等を通知すべき有害物、労働安全衛生法（特化則等）：第2種有機溶剤、海洋汚染防止法：D類物質等、化学物質排出把握管理促進法：第一種指定化学物質、廃棄物処理法：規制物質
■ **備考**　低沸点で揮発しやすいため、塗料やインキなどの溶剤として広く使われている。

250 dicofol
ジコホル

CAS番号：115-32-2
有機塩素系殺虫剤

■ **別名**　2,2,2-トリクロロ-1,1-ビス（4-クロロフェニル）エタノール、ジコホール、ケルセン
■ **建築での主な使用例**　シロアリ駆除剤
■ **他の用途**　殺虫剤・防虫剤、農薬（果樹・野菜・茶・花などの殺虫剤）
■ **外観的な特徴等**　無色の結晶
■ **性状**　［沸点］180℃（13.3Pa）　［水溶解性］溶けない　［融点］77〜78℃　［蒸気圧］5.31×10^{-5}Pa（25℃）　［比重（水=1）］1.53　［分配係数］4.28　［ヘンリー定数］2.42×10^{-7}atm^3/mol（概算値）　［生物分解性］難分解性、中蓄積性
■ **曝露経路**　吸入、経皮、経口摂取により体内へ吸収される
■ **毒性症状**　［短期］眼、皮膚への刺激。中枢神経系への影響。肝臓、腎臓への影響。吸入、経口摂取によるめまい・頭痛・吐き気・腹痛・下痢・咳・脱力感・知覚異常・不安・興奮状態・錯乱・痙攣・見当識障害、重症の場合は呼吸抑制・肺水腫・意識喪失し、死に至ることもある。皮膚や眼の発赤。［長期］長期曝露による不快感・吐き気・頭痛、中枢神経系への影響（うつ症状・不安・興奮状態）。肝臓・腎臓・副腎への影響。皮膚炎。環境ホルモンの疑いあり。［発がん性］人に対して発がん性について分類できない（IARC発がん性分類3）。
■ **法規制**　化学物質排出把握管理促進法：第一種指定化学物質、廃棄物処理法：規制物質
■ **備考**　人にとって重要な食物連鎖において、特に魚類で生物濃縮が起こる。市販の製剤には溶剤が用いられていることがあり、その溶剤の毒性にも注意すること。また、溶剤によってこの物質の毒性に変化を及ぼすこともある。使用の多い名称、ケルセン（Kelthane）は商品名。

251 dicyclohexylamine
ジシクロヘキシルアミン

CAS番号：101-83-7
アミン類

■ **別名**　N,N-ジシクロヘキシルアミン、N-シクロヘキシルシクロヘキサミン、ドデカヒドロジフェニルアミン
■ **建築での主な使用例**　ゴム薬品・酸化防止剤
■ **他の用途**　染料、界面活性剤、殺虫剤・防虫剤、可塑剤、金属防錆剤・防蝕剤、酸化防止剤
■ **外観的な特徴等**　無色の液体、特異臭
■ **性状**　[沸点] 256℃　[水溶解性] 難溶　[融点] −0.1℃　[蒸気圧] 4.51Pa (25℃)　[比重（水=1）] 0.9　[相対蒸気密度（空気=1）] 6.25　[分配係数] 3.5　[ヘンリー定数] 5.5×10^5 atm³/mol（概算値）　[生物分解性] 分解性良好
■ **曝露経路**　吸入、経皮、経口摂取により体内へ吸収される
■ **毒性症状**　[短期] 眼、皮膚、気道への刺激、腐食性。吸入による咳・咽頭痛・息切れ・息苦しさ・灼熱感、重症の場合は肺水腫を起こすこともある。経口摂取による腹痛・灼熱感・ショックまたは虚脱。眼の発赤・痛み・重度の熱傷（化学薬傷）。皮膚の痛み・発赤・水泡・皮膚熱傷（化学薬傷）。[長期] 動物実験では発がん性・催腫瘍性を示す。[発がん性] 人に対する発がん性について分類できない（IARC発がん性分類3）。
■ **法規制**　水質汚濁防止法：要調査項目に係わる物質、消防法（危険物）：危険物第4類第3石油類
■ **備考**　あらゆる接触を避ける！　皮膚から吸収されることがある。肺水腫の症状は2〜3時間経過しないと現れないことがあり、安静を保たなければ悪化する。

252 didecyl dimethyl ammonium chloride
ジデシルジメチルアンモニウムクロライド

CAS番号：7173-51-5
第4級アンモニウム塩

■ **別名**　塩化ジデシルジメチルアンモニウム、DDAC
■ **建築での主な使用例**　防腐・防かび剤
■ **他の用途**　殺菌剤、家畜用消毒剤
■ **外観的な特徴等**　淡黄色透明液体
■ **性状**　[分配係数] 4.66（概算値）
■ **曝露経路**　吸入、経皮、経口摂取により体内へ吸収される

253 citral
シトラール

CAS番号：5392-40-5
アルデヒド類

■ **別名**　3,7-ジメチル-2,6-オクタジエナール
■ **建築での主な使用例**　塗料
■ **他の用途**　香料、食品添加物、化粧品
■ **外観的な特徴等**　強いレモン様香気で無色から薄黄色の液体
■ **性状**　[沸点] 約229℃　[水溶解性] 溶けない　[融点] <−10℃　[蒸気圧] 12.2Pa (25℃、概算値)　[比重（水=1）] 0.887〜0.894　[相対蒸気密度（空気=1）] 5.29　[分配係数] 3.45（概算値）　[ヘンリー定数]

[251] ジシクロヘキシルアミン
〇−NH₂

4.35×10^5 atmm³/mol（概算値）
■ **曝露経路** 吸入、経皮、経口摂取により体内へ吸収される
■ **毒性症状** 眼、鼻、皮膚を刺激し、薬傷を生じる。蒸気を吸入すると、咳、息切れ等を起こし、重症の場合は急性気管支炎、肺水腫を起こす恐れがある。症状が現れるのが遅れることもある。
■ **法規制** 消防法（危険物）：危険物第4類第3石油類
■ **備考** イネ科のレモングラスの精油に多く含まれる。

254 dinotefuran
ジノテフラン

CAS番号：165252-70-0
ニトログアニジン系殺虫剤

■ **別名** (RS)-1-メチル-2-ニトロ-3-(テトラヒドロ-3-フリルメチル)グアニジン
■ **建築での主な使用例** シロアリ防除剤
■ **他の用途** ニトログアニジン系殺虫剤、殺菌剤
■ **外観的な特徴等** 無臭の白色結晶固体
■ **性状** ［融点］107.5℃ ［蒸気圧］1.7×10^{-6}Pa (25℃) ［分配係数］0.549
■ **曝露経路** 吸入、経皮、経口摂取により体内へ吸収される
■ **毒性症状** ［短期］軽度に眼や皮膚を刺激する。［長期］動物実験で神経や免疫システムに対する毒性が確認されている。
■ **法規制** 農薬取締法（作物残留性に係わる登録保留基準）：対象物質、農薬取締法（水田残留性に係わる登録保留基準）：対象物質、食品衛生法（残留農薬基準）：対象物質

255 diphenylamine
ジフェニルアミン

CAS番号：122-39-4
アミン類

■ **別名** N-フェニルアニリン、N-フェニルベンゼンアミン、フェニルアニリン
■ **建築での主な使用例** ゴム薬品、酸化・老化防止剤
■ **他の用途** 染料、医薬・医薬品中間体、合成樹脂原料、火薬安定剤、塩素系溶剤安定剤
■ **外観的な特徴等** 無色の結晶、特異臭
■ **性状** ［沸点］302℃ ［水溶解性］溶けない ［融点］53℃ ［蒸気圧］8.93×10^{-2}Pa (25℃) ［比重（水=1）］1.2 ［相対蒸気密度（空気=1）］5.8 ［分配係数］3.34 ［ヘンリー定数］2.69×10^{-6}atmm³/mol（概算値） ［生物分解性］難分解性、低濃縮性
■ **曝露経路** 吸入、経皮、経口摂取により体内へ吸収される
■ **毒性症状** ［短期］眼、皮膚、気道への刺激。吸入、経口摂取による咳・咽頭痛・チアノーゼ・めまい・頭痛・吐き気・錯乱・痙攣・意識喪失。メトヘモグロビン血症。眼の発赤。皮膚の発赤・チアノーゼ。［長期］不快感・吐き気・頭痛などを起こすことがある。腎臓、血液への影響（メトヘモグロビン血症）。変異原性あり。
■ **法規制** 水質汚濁防止法：要調査項目に係わる物質、大気汚染防止法：有害大気汚染物質、労働安全衛生法（名称等の表示）：名称等を通知すべき有害物、消防法（危険物）：危険物第2類、海洋汚染防止法：A類物質等、化学物質排出把握管理促進法：第一種指定化学物質
■ **備考** 皮膚からも吸収され、吸入と同様の症状を起こすことがある。

256 cyphenothrin
シフェノトリン

CAS番号：39515-40-7
ピレスロイド系殺虫剤

- ■ **建築での主な使用例**　シロアリ防除剤
- ■ **他の用途**　シロアリ防除剤
- ■ **外観的な特徴等**　黄色～黄褐色の粘稠液体、わずかに特徴的な臭気（ねんちゅう）
- ■ **性状**　［沸点］154℃（13.3Pa）　［水溶解性］微溶　［蒸気圧］1.16×10^{-4} Pa（20℃）　［比重（水=1）］6.29　［分配係数］6.62（概算値）
- ■ **曝露経路**　吸入、経口摂取により体内へ吸収される
- ■ **毒性症状**　［短期］過敏性、筋肉の痙攣、振顫（しんせん）、失調性歩行、速／不整呼吸、唾液の分泌過多、尿失禁
- ■ **法規制**　毒物及び劇物取締法：劇物
- ■ **備考**　シフェノトリン含有量10％以下のマイクロカプセル製剤は、毒物及び劇物取締法の「劇物」から除外。世界保健機関（WHO）の「有害性による農薬の分類勧告」においては、クラスⅡ（中程度の有害性）に分類されている。防蟻性に優れるため、シロアリ防除剤等に用いられる。

257 dibutyltin dilaurate
ジブチルスズジラウレート

CAS番号：77-58-7
その他

- ■ **別名**　ジラウリン酸ジブチルスズ
- ■ **建築での主な使用例**　壁紙など塩化ビニル樹脂の安定剤として添加される
- ■ **他の用途**　安定剤、酸化・老化防止剤、触媒、潤滑油添加剤
- ■ **外観的な特徴等**　黄色の油状液体またはロウ状の結晶
- ■ **性状**　［沸点］205℃（1.3kPa）　［水溶解性］溶けない　［融点］22～24℃　［蒸気圧］4×10^{-8} Pa（25℃、概算値）　［比重（水=1）］1.1　［相対蒸気密度（空気=1）］21.8　［分配係数］3.12　［ヘンリー定数］0.161 atmm³/mol（概算値）　［生物分解性］難分解性、低濃縮性
- ■ **曝露経路**　吸入、経口摂取により体内へ吸収される
- ■ **毒性症状**　［短期］眼、皮膚、粘膜へ刺激。蒸気を吸入すると薬傷を起こし、気管支炎、呼吸困難。眼や皮膚の発赤。［長期］不快感・吐き気・頭痛などを起こすことがある。肝臓・腎臓・消化器への影響。
- ■ **法規制**　水質汚濁防止法：要調査項目に係わる物質、大気汚染防止法：有害大気汚染物質、労働安全衛生法（名称等の表示）：名称等を通知すべき有害物、消防法（危険物）：危険物第4類第4石油類、化学物質排出把握促進法：第一種指定化学物質
- ■ **備考**　有機スズ化合物のひとつ。人の健康への影響に関するデータが不十分であり、最大の注意を払う必要がある。

258 dibutylhydroxytoluene
ジブチルヒドロキシトルエン

CAS番号：128-37-0
芳香族炭化水素

- ■ **別名**　2,6-ジ-t-ブチル-4-メチルフェノール、2,6-ジ-t-ブチル-p-クレゾール、3,5-ジ-t-ブ

［258］ジブチルヒドロキシトルエン

チル-4-ヒドロキシトルエン、4-メチル-2,6-ジ-t-ブチルフェノール、ビーエイチティー、BHT
■ **建築での主な使用例** 塗料・接着剤などの酸化・老化防止剤
■ **他の用途** 酸化・老化防止剤・安定剤として各種添加剤、油脂成分の酸化防止剤として魚介加工品や植物油などの食品添加剤、自動車及び航空用ガソリンの安定剤
■ **外観的な特徴等** 黄色～薄黄色の結晶または粉末、無臭
■ **性状** ［沸点］265℃ ［水溶解性］溶けない ［融点］70℃ ［蒸気圧］0.69Pa（25℃、外挿値） ［比重（水=1）］1.03～1.05 ［相対蒸気密度（空気=1）］7.6 ［分配係数］5.10 ［ヘンリー定数］4.12×10^{-6} atmm³/mol（概算値） ［生物分解性］難分解性、中濃縮性
■ **曝露経路** 吸入、経口摂取により体内へ吸収される
■ **毒性症状** ［短期］眼、皮膚、粘膜への刺激。吸入、経口摂取による悪心・吐き気・嘔吐・腹痛・下痢・咳・咽頭痛・めまい・嗜眠・錯乱。眼の発赤・痛み。皮膚の発赤。［長期］皮膚炎。肝臓障害。［発がん性］人に対する発がん性について分類できない（IARC発がん性分類3）。
■ **法規制** 水質汚濁防止法：生活環境に係る物質・要調査項目に係わる物質、大気汚染防止法：有害大気汚染物質、水道法：基準項目、労働安全衛生法（名称等の表示）：名称等を通知すべき有害物、消防法（危険物）：危険物第2類、下水道法：環境項目

259 cyfluthrin
シフルトリン
CAS番号：68359-37-5
ピレスロイド系殺虫剤

■ **別名** （RS）-α-シアノ-4-フルオロ-3-フェノキシベンジル（1RS,3RS）-（1RS,3SR）-3-（2,2-ジクロロビニル）-2,2-ジメチルシクロプロパンカルボキシラート、バイスロイド
■ **建築での主な使用例** シロアリ駆除剤
■ **他の用途** 殺虫剤・防虫剤、農薬（キャベツ・ハクサイなどのアオムシや果樹のアブラムシ類に適用）
■ **外観的な特徴等** 粘稠性(ねんちゅう)液体～薄黄色の結晶
■ **性状** ［水溶解性］難溶 ［融点］60℃ ［蒸気圧］2.71×10^{-7}Pa（25℃） ［比重（水=1）］1.27～1.28 ［分配係数］5.94 ［ヘンリー定数］2.9×10^{-8}atmm³/mol（概算値）
■ **曝露経路** 吸入、経口摂取により体内へ吸収される
■ **毒性症状** ［短期］眼、皮膚、粘膜への刺激。吸入によるめまい・頭痛・腹痛・下痢・吐き気・嘔吐。神経系への影響、運動失調・痙攣。眼の発赤・かすみ。
■ **法規制** 水質汚濁防止法：人の健康に係わる物質、土壌汚染対策法：第二種特定有害物質、水道法：基準項目、毒物及び劇物取締法：劇物（「α-シアノ-4-フルオロ-3-フェノキシベンジル=3-（2,2-ジクロロビニル）-2,2-ジメチルシクロプロパンカルボキシラート0.5%以下を含有する製剤」は該当除外）、食品衛生法（残留農薬基準）：対象物質、下水道法：有害物質、廃棄物処理法：規制物質
■ **備考** 除虫菊の成分ピレトリンに似せて合成された合成ピレスロイドである。

260 cyproconazole
シプロコナゾール

CAS番号：94361-06-5
トリアゾール系化合物

■ **別名** （2RS,3RS;2RS,3SR）-2-（4-クロロフェニル）-3-クロロプロピル-1-（1H-1,2,4-トリアゾール-1-イル）ブタン-2-オール
■ **建築での主な使用例** 防腐・防かび剤
■ **他の用途** 殺菌剤、防かび剤、防汚剤
■ **外観的な特徴等** 白色の結晶（粉末）
■ **性状** ［沸点］>250℃ ［水溶解性］溶ける ［融点］108℃ ［比重（水=1）］1.259
■ **曝露経路** 吸入、経口摂取により体内へ吸収される
■ **毒性症状** ［短期］眼、皮膚、粘膜への刺激。［長期］不快感・吐き気・頭痛などを起こすことがある。
■ **法規制** 農薬取締法（作物残留性に係る登録保留基準）：対象物質、食品衛生法（残留農薬基準）：対象物質
■ **備考** 製品は4種類の異性体混合物。

261 dipropylene glycol monomethyl ether
ジプロピレングリコールモノメチルエーテル

CAS番号：34590-94-8
エーテル類

■ **別名** （2-メトキシメチルエトキシ）プロパノール、ジプロピレングリコールメチルエーテル、2-メトキシメチルエトキシプロパノール
■ **建築での主な使用例** 塗料等の溶剤
■ **他の用途** 溶剤
■ **外観的な特徴等** 特徴的な臭気のある無色の液体
■ **性状** ［沸点］190℃ ［水溶解性］溶ける ［融点］-80℃ ［蒸気圧］53.3Pa（26℃） ［比重（水=1）］0.95 ［相対蒸気密度（空気=1）］5.1 ［分配係数］-0.35（概算値） ［ヘンリー定数］1.07×10^{-7} atmm³/mol（概算値）
■ **曝露経路** 蒸気の吸入、経皮、経口摂取により体内へ吸収される
■ **毒性症状** ［短期］吸入による咳・めまい・嗜眠。皮膚の乾燥。眼の発赤や痛み。蒸気は眼や気道を刺激。中枢神経系へ影響を与えて昏迷を生じることがある。［長期］皮膚の脱脂。
■ **法規制** 労働安全衛生法（名称等の表示）：名称等を通知すべき有害物、消防法（危険物）：危険物第4類第3石油類
■ **備考** 床面に沿って換気。皮膚から吸収される可能性あり。

262 dibromoethane
ジブロモエタン

CAS番号：106-93-4
含ハロゲン類

■ **別名** 1,2-ジブロモエタン、二臭化エチレン、1,2-エチレンジブロミド、1,2-ジブロムエタン、EDB、IBD、sym-ジブロモエタン、エチレンジブロマイド、エチレンジブロミド
■ **建築での主な使用例** 燻蒸剤
■ **他の用途** 殺虫剤、防虫剤、燻蒸剤
■ **外観的な特徴等** 特徴的な臭気のある無色の液体

263 dibromobutane
ジブロモブタン

CAS番号：110-52-1
含ハロゲン類

■ **性状**　［沸点］131℃　［水溶解性］難溶　［融点］10℃　［蒸気圧］1.5kPa（20℃）　［比重（水=1）］2.2　［相対蒸気密度（空気=1）］6.5　［分配係数］1.93　［ヘンリー定数］6.5×10^{-4} atm·m³/mol

■ **曝露経路**　蒸気の吸入、経皮、経口摂取により体内へ吸収される

■ **毒性症状**　［短期］吸入による灼熱感・咳・息苦しさ・息切れ・意識喪失。皮膚の痛み・発赤・水疱。眼の痛み・発赤・重度の熱傷。経口摂取による胃痙攣・錯乱・下痢・頭痛。眼・皮膚・気道の刺激。中枢神経系に影響を与え意識が低下することがある。［長期］肺が冒され気管支炎を引き起こすことがある。肝臓や腎臓に影響を与えることがある。人の生殖に毒性影響を及ぼす可能性がある。変異原性あり。［発がん性］人に対しておそらく発がん性を示す（IARC発がん性分類2A）。

■ **法規制**　労働安全衛生法（名称等の表示）：名称等を通知すべき有害物、毒物及び劇物取締法：劇物、海洋汚染防止法：B類物質等

■ **備考**　皮膚から吸収される可能性あり。床面に沿って換気。

■ **別名**　1,4-ジブロモブタン、α,ω-ジブロモアルカン、テトラメチレンジブロマイド
■ **建築での主な使用例**　殺虫剤・樹脂原料
■ **他の用途**　医薬、医薬中間体、殺虫剤・樹脂原料、架橋剤、ヘアスキンローション成分

■ **外観的な特徴等**　特異臭のある無色澄明液体
■ **性状**　［沸点］197℃　［水溶解性］溶けない　［融点］-16.5℃　［蒸気圧］61.56Pa（25℃）　［比重（水=1）］1.82　［相対蒸気密度（空気=1）］7.5　［分配係数］2.99　［ヘンリー定数］2.29×10^{-3} atm·m³/mol

■ **曝露経路**　吸入、経皮、経口摂取により体内へ吸収される

■ **毒性症状**　［短期］眼・鼻・のど・皮膚の刺激・薬傷。高濃度の蒸気の吸入による咳・めまい・息切れ・頭痛・吐き気、重症の場合は意識喪失・肺水腫を起こす恐れあり。肝不全・腎不全を起こす恐れあり。［長期］変異原性あり。

■ **法規制**　消防法（危険物）：危険物第4類第3石油類、化学物質排出把握管理促進法：第二種指定化学物質

264 dibromopropane
ジブロモプロパン

CAS番号：109-64-8
含ハロゲン類

■ **別名**　1,3-ジブロモプロパン、α,ω-ジブロモアルカン、トリメチレンジブロミド
■ **建築での主な使用例**　殺菌剤原料、高分子化合物の架橋剤
■ **他の用途**　医薬、医薬中間体、殺菌剤原料、高分子化合物の架橋剤

■ **外観的な特徴等**　無色澄明液体
■ **性状**　［沸点］167.3℃　［水溶解性］微溶　［融点］-34.2℃　［蒸気圧］181.3Pa（25℃）　［比重（水=1）］1.982　［相対蒸気密度（空気=1）］7.0　［分配係数］2.37

［ヘンリー定数］ 8.88×10^{-4} atmm³/mol
■ **曝露経路** 吸入、経皮、経口摂取により体内へ吸収される
■ **毒性症状** ［短期］吸入または経口摂取によるめまい・頭痛・吐き気・嘔吐、重症の場合は肺水腫・化学性肺炎・意識不明を起こす恐れあり。皮膚からも吸収され同様の症状が現れる。眼・鼻・のど・皮膚の刺激・薬傷を生じることがある。［長期］変異原性あり。
■ **法規制** 化審法：第二種監視化学物質、化学物質排出把握管理促進法：第二種指定化学物質

atmm³/mol（概算値）
■ **曝露経路** 吸入、経口摂取により体内へ吸収される
■ **毒性症状** ［短期］(o-) 吸入または飲み込んだ場合、有害である。(m-,p-) 眼・皮膚・粘膜の刺激。吸入または経口摂取により悪心・嘔吐・下痢等を生じる可能性あり。肝臓・腎臓の機能低下・損傷を生じることがある。
■ **法規制** (p-) 化審法：第二種監視化学物質、(o-,m-) 消防法（危険物）：危険物第4類第3石油類

265 dibromobenzene
ジブロモベンゼン
CAS番号：o-:583-53-9、m-:108-36-1、p-:106-37-6
含ハロゲン類

266 dibromopentane
ジブロモペンタン
CAS番号：111-24-0
含ハロゲン類

■ **別名** o-ジブロモベンゼン（1,2-ジブロモベンゼン）,m-ジブロモベンゼン（1,3-ジブロモベンゼン）,p-ジブロモベンゼン（1,4-ジブロモベンゼン）の3つの異性体がある
■ **建築での主な使用例** 燻蒸剤
■ **他の用途** 合成中間体、燻蒸剤
■ **外観な特徴等** (o-,m-) 無色の液体、(p-) 白色から薄褐色の結晶粉末
■ **性状** ［沸点］o-:224℃、m-:219.5℃、p-:218.5℃ ［水溶解性］溶けない ［融点］o-:4〜6℃、m-:−7℃、p-:86〜91℃ ［蒸気圧］o-:18.5Pa（25℃、概算値）、m-:35.9Pa（25℃）、p-:7.7Pa（25℃） ［比重（水=1）］o-:1.956、m-:1.952、p-:1.841 ［分配係数］o-:3.64、m-:3.75、p-:3.58 ［ヘンリー定数］o-:8.55×10^{-4} atmm³/mol（概算値）、m-:1.24×10^{-3} atmm³/mol（概算値）、p-:8.93×10^{-4}

■ **別名** 1,5-ジブロモペンタン、ペンタメチレンジブロマイド
■ **建築での主な使用例** エポキシ硬化促進剤、ゴム架橋剤
■ **他の用途** 農薬全般、医薬・医薬中間体、合成中間体
■ **外観な特徴等** 無色の液体
■ **性状** ［沸点］222.3℃ ［水溶解性］溶けない ［融点］−39.5℃ ［蒸気圧］26.7Pa（25℃、概算値） ［比重（水=1）］1.688 ［分配係数］3.48（概算値）
■ **曝露経路** 吸入、経皮により体内へ吸収される
■ **毒性症状** ［短期］眼や気道や皮膚の刺激。
■ **法規制** 消防法（危険物）：危険物第4類第3石油類

［265］o-ジブロモベンゼン　m-ジブロモベンゼン　p-ジブロモベンゼン

267 dimethylamine
ジメチルアミン

CAS番号：124-40-3
アミン類

- **別名**　N-メチルメタナミン、N-メチルメタンアミン
- **建築での主な使用例**　殺虫・殺菌剤、ゴムの加硫促進剤など
- **他の用途**　溶剤・洗浄剤・殺菌・防かび・防汚剤、殺虫剤・防虫剤、医薬品の合成中間体
- **外観的な特徴等**　無色の気体、刺激臭
- **性状**　［沸点］7.0℃　［水溶解性］溶ける　［融点］－92.2℃　［蒸気圧］203kPa（25℃）　［比重（水＝1）］0.7　［相対蒸気密度（空気＝1）］1.6　［分配係数］－0.2　［ヘンリー定数］1.77×10^{-5} atm^3/mol　［生物分解性］分解性良好
- **曝露経路**　吸入（経口摂取）により体内へ吸収される
- **毒性症状**　［短期］眼、皮膚、気道への刺激、腐食性。吸入（経口摂取）による頭痛・吐き気・咳・咽頭痛・息切れ・息苦しさ・灼熱感、重症の場合は意識喪失・肺水腫を起こすこともある。眼の発赤・痛み・かすみ・重度の熱傷（薬傷）。皮膚の発赤・痛み・重度の熱傷（薬傷）、圧縮液体に触れた場合は凍傷。
- **法規制**　水質汚濁防止法：要調査項目に係わる物質、大気汚染防止法：有害大気汚染物質、労働安全衛生法（名称等の表示）：名称等を通知すべき有害物、消防法（危険物）：危険物第4類第1石油類（水溶液）、毒物及び劇物取締法：劇物、海洋汚染防止法：C類物質等（濃度が65重量パーセント以下の溶液に限る）、高圧ガス保安法：可燃性ガス
- **備考**　圧縮液化ガスまたは水溶液として用いられる。水溶液は刺激臭のある無色の液体。物理的性質は濃度により異なる（40%水溶液：［沸点］51℃　［融点］－31℃　［蒸気圧］26.3kPa（20℃）　［相対蒸気密度（空気＝1）］1.6　［分配係数］－0.2）。水溶液について、あらゆる接触を避ける！　また、この水溶液を下水に流してはならない。肺水腫の症状は2～3時間経過しないと現れないことがあり、安静を保たなければ悪化する。気体や蒸気は空気よりも重く、床に沿って移動することがあり、引火しやすいので火気に注意が必要である。

268 dimethyl ether
ジメチルエーテル

CAS番号：115-10-6
エーテル類

- **別名**　メチルエーテル
- **建築での主な使用例**　塗料等のエアロゾル噴射剤
- **他の用途**　溶剤・洗浄剤、冷媒、エアロゾル噴射剤
- **外観的な特徴等**　無色の気体、特異臭
- **性状**　［沸点］－23.6℃　［水溶解性］溶ける　［融点］－141.5℃　［蒸気圧］593kPa（25℃）　［比重（水＝1）］0.61　［相対蒸気密度（空気＝1）］1.6　［分配係数］0.1　［ヘンリー定数］1×10^{-3} atm^3/mol（概算値）　［生物分解性］難分解性・低濃縮性
- **曝露経路**　吸収により体内へ吸収される
- **毒性症状**　［短期］眼、気道への刺激。液体に触れた場合、凍傷。吸入による咳・咽頭痛・嗜眠・錯乱・意識喪失。中枢神経系への影響。眼の発赤・痛み。

■ **法規制** 大気汚染防止法：有害大気汚染物質

■ **備考** 沸点がきわめて低く、溶媒除去が容易なことから多く使用される。蒸気は空気よりも重く、床に沿って移動することがあり、極めて引火しやすいので火気に注意が必要である。空気中に高濃度に存在すると酸素欠乏が起こり、意識喪失や死亡の危険性がある。

269 dimethyl pentanol
ジメチルペンタノール

CAS番号：600-36-2
アルコール類

■ **別名** 2,4-ジメチル-3-ペンタノール、ジイソプロピルカルビノール
■ **建築での主な使用例** 意図した用途は不明、何らかの製品の不純物として検出されると考えられる
■ **他の用途** 特殊原料、有機合成原料
■ **外観的な特徴等** 無色～淡黄色液体、高濃度で刺激臭
■ **性状** ［沸点］139℃ ［水溶解性］微溶 ［融点］－70℃ ［蒸気圧］0.4kpa（25℃）［比重（水=1）］0.829 ［相対蒸気密度(空気=1)］4.03 ［分配係数］2.09（概算値）［ヘンリー定数］2.34×10^{-5} atmm³/mol（概算値）
■ **曝露経路** 吸入、経皮、経口摂取により体内へ吸収される
■ **毒性症状** ［短期］眼、鼻、のど、皮膚に弱い刺激作用がある。吸入したり、飲み込んだ場合、神経系の働きを鈍くし、「酩酊」に似た症状を現す。
■ **法規制** 消防法（危険物）：危険物第4類第2石油類

270 butyl bromide
臭化ブチル

CAS番号：109-65-9
含ハロゲン類

■ **別名** n-臭化ブチル、1-ブロモブタン、ブロモブチル
■ **建築での主な使用例** 樹脂やゴムの酸化・老化防止剤など
■ **他の用途** 医薬、医薬中間体、合成中間体、安定剤、酸化・老化防止剤
■ **外観的な特徴等** 特徴的な臭気のある無色の液体
■ **性状** ［沸点］101.6℃ ［水溶解性］難溶 ［融点］－112℃ ［蒸気圧］5.6kPa（25℃）［比重（水=1）］1.278 ［相対蒸気密度（空気=1）］4.75 ［分配係数］2.75 ［ヘンリー定数］8.71×10^{-3} atmm³/mol（概算値）
■ **曝露経路** 吸入、経皮、経口摂取により体内へ吸収される
■ **毒性症状** ［短期］眼・鼻・のど・皮膚の刺激と薬傷。吸入または経口摂取による強い麻酔作用やめまい・頭痛・吐き気、重症の場合は意識喪失や肺水腫などを起こす恐れあり。皮膚からも吸収されて同様の症状が現れる。［長期］中枢神経系、肝臓、腎臓、粘膜に影響が現れることがある。
■ **法規制** 消防法（危険物）：危険物第4類第1石油類

271 camphor oil
ショウ脳油

CAS番号：8008-51-3
その他

- **別名** 樟脳油、片脳油、芳油、ホンショウ油、芳白油、カンプラ油
- **建築での主な使用例** 塗料の溶剤
- **他の用途** 溶剤、消臭剤、香料、医薬品、選鉱油、防虫剤、石鹸
- **外観的な特徴等** 特異臭のある無色透明な白色結晶
- **性状** ［沸点］160〜185℃ ［水溶解性］溶けない ［比重（水=1）］0.87〜0.88
- **曝露経路** 吸入、経皮、経口摂取により体内へ吸収される
- **毒性症状** ［短期］眼や皮膚の刺激。
- **法規制** 消防法（危険物）：危険物第4類第動植物油類
- **備考** くすの木から得られる原油のうち、ショウ脳を分離した残りの油分。樟脳＝カンフル。

272 silafluofen
シラフルオフェン

CAS番号：105024-66-6
ピレスロイド系殺虫剤

- **別名** （4-エトキシフェニル）[3-（4-フルオロ-3-フェノキシフェニル）プロピル]ジメチルシラン
- **建築での主な使用例** シロアリ駆除剤
- **他の用途** 殺虫剤・防虫剤
- **外観的な特徴等** 微黄色の液体

- **性状** ［沸点］170℃（分解） ［水溶解性］難溶 ［融点］<25℃ ［蒸気圧］2.5×10^{-6}Pa（20℃） ［分配係数］8.20 ［ヘンリー定数］$1.01×10^{-5}$atm㎥/mol（概算値）
- **曝露経路** 吸入、経口摂取により体内へ吸収される
- **毒性症状** ［短期］眼、皮膚、粘膜への刺激。
- **法規制** 食品衛生法（残留農薬基準）：対象物質

273 chrysotile
白石綿

CAS番号：12001-29-5
その他

- **別名** アスベスト、クリソタイル、石綿、温石綿
- **建築での主な使用例** 耐火材、アスベスト建材
- **他の用途** セメント強化材、摩擦材、繊維強化材、フィラー、各種添加物
- **外観的な特徴等** 白色、灰色、緑色、あるいは帯黄色の繊維性固体
- **性状** ［融点］1000℃で分解 ［水溶解性］溶けない ［比重（水=1）］2.2〜2.6
- **曝露経路** 吸入により体内へ吸収される
- **毒性症状** ［短期］咳。［長期］肺に影響を与え、肺線維症、中皮腫を生じることがある。［発がん性］人に対して発がん性を示す（IARC発がん性分類1）。
- **法規制** 大気汚染防止法：有害大気汚染物質（優先取り組み物質）、労働安全衛生法（名称等の表示）：名称等を表示すべき有害物・名称等を通知すべき有害物、労働安全衛

---

[271] ショウ脳油

[272] シラフルオフェン

生法（特化物等）：特定化学物質第2類、化学物質排出把握管理促進法：第一種指定化学物質、廃棄物処理法：規制物質
■ **備考**　$Mg_2Si_2O_5(OH)_4$が約90％。あらゆる接触を避ける！　粉塵の拡散を防ぐ。綿のように柔らかい。日本では2004年10月に一部の用途を除いて使用禁止。2008年までに全面使用禁止。

274 thinner
シンナー

CAS番号：（641シンナー：64742-89-3）
芳香族炭化水素

■ **別名**　641シンナー
■ **建築での主な使用例**　接着剤や塗料などの溶剤
■ **他の用途**　溶剤
■ **外観的な特徴等**　無色の液体、特異臭
■ **性状**　［沸点］98〜105℃　［水溶解性］溶けない
■ **曝露経路**　吸入、経皮、経口摂取により体内へ吸収される
■ **毒性症状**　［短期］眼を刺激。経口摂取による化学性肺炎。吸入によるめまい・頭痛・吐き気・嗜眠・錯乱。中枢神経系への影響、意識低下・不整脈。皮膚の乾燥。眼の発赤・痛み。［長期］皮膚炎。神経系、肝臓、腎臓への影響。人で生殖毒性を引き起こすことがある。
■ **備考**　妊娠中の女性への曝露を避ける！　青少年・小児への曝露を避ける！　物理的性質は組成によって異なる。飲酒により有害作用が増大。蒸気は非常に引火しやすいので火気には十分注意が必要である。石油50シンナーはパラフィン、モノシクロパラフィン、濃縮シクロパラフィン、ベンゼン、トルエン、アルキルベンゼンの混合物。

275 mercury
水銀

CAS番号：7439-97-6
重金属

■ **建築での主な使用例**　蛍光灯、化合物として顔料に使用される
■ **他の用途**　触媒、医薬中間体、合成中間体、乾電池、歯科用アマルガム、蛍光灯、体温計、温度計
■ **外観的な特徴等**　銀色の金属光沢を有する液体、無臭
■ **性状**　［沸点］357℃　［水溶解性］溶けない　［融点］-39℃　［蒸気圧］0.27Pa（25℃）　［比重（水=1）］13.5　［相対蒸気密度（空気=1）］6.93　［分配係数］0.62　［ヘンリー定数］$8.62×10^{-3}atm・m^3/mol$（概算値）　［生物分解性］生物濃縮あり　［代謝］分解されにくく、排泄もされにくいので体内に蓄積される
■ **曝露経路**　吸入、経皮、経口摂取により体内へ吸収される
■ **毒性症状**　［短期］皮膚を刺激する。腎臓、胃腸、中枢神経系への影響。吸入による咳・息切れ・腹痛・下痢・嘔吐・発熱・肺炎・不眠・全身倦怠感・その他精神症状。皮膚の発赤。［長期］腎臓、中枢神経系への影響。被刺激性・情緒不安定・精神障害・記憶障害・言語障害・手足の震え。歯茎部の炎症、変色。蓄積性あり。生殖毒性の可能性あり。［発がん性］人に対して発がん性について分類でき

ない（IARC発がん性分類3）。
■ **法規制** 水質汚濁防止法：人の健康に係る物質、大気汚染防止法：有害大気汚染物質（優先取り組み物質）、土壌汚染対策法：第二種特定有害物質、水道法：基準項目、労働安全衛生法（名称等の表示）：名称等を表示すべき有害物・名称等を通知すべき有害物、労働安全衛生法（特化物等）：特定化学物質第2類、毒物及び劇物取締法：毒物、化学物質排出把握管理促進法：第一種指定化学物質、下水道法：有害物質、廃棄物処理法：規制物質
■ **備考** 妊婦への曝露を避ける！ 青少年・小児への接触を避ける！ 皮膚からも吸収されることがある。この物質を下水に流してはならない。

る。
■ **法規制** 水質汚濁防止法：生活環境に係る物質・要調査項目に係る物質、土壌汚染対策法：第二種特定有害物質、水道法：基準項目、労働安全衛生法（名称等の表示）：名称等を通知すべき有害物、毒物及び劇物取締法：劇物、化学物質排出把握管理促進法：第一種指定化学物質、下水道法：環境項目、廃棄物処理法：規制物質

276 copper hydroxide
水酸化第二銅
CAS番号：20427-59-2
その他

■ **別名** 水酸化銅
■ **建築での主な使用例** 防腐・防かび剤、抗菌剤
■ **他の用途** 殺菌剤（染料・顔料・塗料）、防かび剤、防汚剤、殺虫剤・防虫剤、農薬、農薬中間体、触媒、飼料添加剤
■ **外観的な特徴等** 青色の粉末
■ **性状** ［水溶解性］溶けない ［融点］（分解） ［比重（水=1）］2.368
■ **曝露経路** 吸入、経口摂取により体内へ吸収される
■ **毒性症状** ［短期］眼、皮膚、粘膜への接触による刺激、発疹、焼け付き感。［長期］不快感・吐き気・頭痛などを起こすことがあ

277 sodium hydroxide
水酸化ナトリウム

CAS番号：1310-73-2
その他

- **別名**　苛性ソーダ
- **建築での主な使用例**　洗浄剤、木材漂白剤原料
- **他の用途**　溶剤・洗浄剤、油脂・石油タールなどの精製、合成樹脂・合成繊維・石鹸の原料、アルカリ蓄電池の電解液、紙パルプの製造
- **外観的な特徴等**　白色の固体、無臭
- **性状**　[沸点] 1390℃　[水溶解性] 溶ける　[融点] 318℃　[蒸気圧] 2.43×10^{-19} Pa（25℃、外挿値）　[比重（水=1）] 2.1　[分配係数] -3.88（概算値）
- **曝露経路**　吸入、経口摂取により体内へ吸収される
- **毒性症状**　[短期] 眼、皮膚、気道への刺激、腐食性。粉塵やミストの吸入による灼熱感・咳・咽頭痛・息苦しさ・息切れ、重症の場合は肺炎・肺水腫を起こすこともある。経口摂取による腹痛・灼熱感・粘膜への刺激・穿孔、重症の場合は激しい胃痛・嘔吐・虚脱を起こし死に至ることもある。眼の発赤・痛み・かすみ・重度の熱傷・失明。皮膚の発赤・痛み・水泡・熱傷。[長期] 皮膚炎。
- **法規制**　労働安全衛生法（名称等の表示）：名称等を通知すべき有害物、毒物及び劇物取締法：劇物、家庭用品規制法：規制物質、海洋汚染防止法：D類物質等（溶液）
- **備考**　あらゆる接触を避ける！　肺水腫の症状は2～3時間経過しないと現れないことがあり、安静を保たなければ悪化する。水に溶解するときは発熱するため、この物質に水を加えてはならない（溶解させるときは、水中にこの物質を少しずつ加える）。

278 styrene
スチレン

CAS番号：100-42-5
芳香族炭化水素

- **別名**　エテニルベンゼン、シンナメン、スチロール、ビニルベンゼン、フェニルエチレン、スチレンモノマー
- **建築での主な使用例**　発泡スチレン樹脂（断熱材、畳芯材）の合成原料、塗料やワックスの溶剤、合成塗料の原料
- **他の用途**　合成樹脂、合成中間体、断熱材、保温材
- **外観的な特徴等**　無色～黄色の油状液体、都市ガスのような臭い
- **性状**　[沸点] 145℃　[水溶解性] 微溶　[融点] -31℃　[蒸気圧] 0.7kPa（20℃）　[比重（水=1）] 0.9　[相対蒸気密度（空気=1）] 3.6　[分配係数] 3.2　[ヘンリー定数] 2.75×10^{-3} atm³/mol　[生物分解性] 分解性良好　[代謝性] 人におけるスチレンの生物学的半減期は、尿中代謝物から求めた場合は約8時間、呼気中のスチレン蒸気から求めた場合は1～5時間。
- **曝露経路**　吸入、経皮により体内へ吸収される
- **毒性症状**　[短期] 眼・皮膚・気道に対する刺激。経口摂取による化学性肺炎、意識低下。吸入によるめまい・嗜眠・頭痛・吐き気・脱力感。皮膚の発赤。眼の発赤・痛み。経口摂取による腹痛。[長期] 皮膚炎、皮膚の感作。喘息。中枢神経系への影響。変異原

[278] スチレン
CH=CH₂
（ベンゼン環構造式）

性あり。［発がん性］人に対して発がん性を示す可能性がある（IARC発がん性分類2B）。
■ **室内濃度指針値**　220μg/m³（0.05ppm）
■ **法規制**　水質汚濁防止法：要調査項目に係わる物質、大気汚染防止法：有害大気汚染物質、悪臭防止法：特定悪臭物質、水道法：要検討項目、労働安全衛生法（名称等の表示）：名称等を表示すべき有害物・名称等を通知すべき有害物、労働安全衛生法（特化物等）：第2種有機溶剤、消防法（危険物）：危険物第4類第1石油類、海洋汚染防止法：B類物質等、化学物質排出把握管理促進法：第一種指定化学物質
■ **備考**　スチレン樹脂の原料、それを発泡させると発泡スチロールとなる。スチレン樹脂は、成型加工が容易な硬質体で、発泡させたスポンジ状のものは、断熱材、保温材、容器等によく用いられる。ABS樹脂、AS樹脂、SIS樹脂、SEBS樹脂の原料の1つ。

279 butyl stearate
ステアリン酸ブチル

CAS番号：123-95-5
エステル類

■ **別名**　ステアリン酸n-ブチル
■ **建築での主な使用例**　溶剤
■ **他の用途**　溶剤、軟化剤、可塑剤　粉末の表面処理剤、潤滑油原料、離型剤、化粧品用油性原料
■ **外観的な特徴等**　無臭で白色からわずかにうすい黄色の塊または無色の液体
■ **性状**　［沸点］約343℃　［水溶解性］溶けない　［融点］27.5℃　［蒸気圧］2.25×10⁻⁴Pa（20℃）　［比重（水＝1）］0.855　［分配係数］9.70（概算値）　［ヘンリー定数］3.82×10²atmm³/mol（概算値）
■ **曝露経路**　吸入、経皮、経口摂取により体内へ吸収される
■ **毒性症状**　［短期］眼・皮膚・粘膜への刺激。［長期］不快感・吐き気・頭痛などの症状を起こす恐れがある。

280 hydrogen cyanide
青酸ガス

CAS番号：74-90-8
その他

■ **別名**　シアン化水素、ギ酸ニトリル
■ **建築での主な使用例**　ウレタンなど炭素・窒素を含む物質の燃焼により生成することがある
■ **他の用途**　殺虫剤・防虫剤、農薬、農薬・合成樹脂の原料、冶金
■ **外観的な特徴等**　無色の気体（または液体）、特異臭
■ **性状**　［沸点］26℃　［水溶解性］混和する　［融点］-13℃　［蒸気圧］98.9kPa（25℃）　［比重（水＝1）］0.69（液体）　［相対蒸気密度（空気＝1）］0.94　［分配係数］-0.25　［ヘンリー定数］1.33×10⁻⁴atmm³/mol
■ **曝露経路**　吸入、経皮により体内へ吸収される
■ **毒性症状**　［短期］眼、気道への刺激。吸入、皮膚吸収による頭痛・吐き気・灼熱感・嗜眠・錯乱・痙攣・呼吸障害・意識喪失、死に至ることがある。眼や皮膚の発赤。［長期］甲状腺障害。
■ **法規制**　水質汚濁防止法：人の健康に係わ

[280] 青酸ガス
HCN

る物質、大気汚染防止法：特定物質、水道法：基準物質、労働安全衛生法（名称等の表示）：名称等を通知すべき有害物、労働安全衛生法（特化物等）：特定化学物質第2類、農薬取締法（作物残留性に係わる登録保留基準）：対象物質、毒物及び劇物取締法：毒物、化学物質排出把握管理促進法：第一種指定化学物質、下水道法：有害物質、高圧ガス保安法：可燃性ガス、毒性ガス
■**備考** あらゆる接触を避ける！ 猛毒ガスであり、皮膚や眼からも吸収される。

281 crocidolite
青石綿

CAS番号：12001-28-4
その他

■**別名** アスベスト、クロシドライト、石綿
■**建築での主な使用例** 耐火材、アスベスト建材
■**他の用途** セメント強化材、摩擦材、繊維強化材、フィラー、各種添加物
■**外観的な特徴等** 針状にとがった繊維
■**性状** ［水溶解性］溶けない ［融点］1200℃で分解 ［比重（水=1）］3.3～3.4
■**曝露経路** 吸入により体内へ吸収される
■**毒性症状** ［短期］眼、皮膚、気道への接触による刺激。吸入による咳。皮膚の乾燥・うおのめ。眼の発赤。［長期］肺への影響、肺線維症。［発がん性］人に対して発がん性を示す（IARC発がん性分類1）。
■**法規制** 大気汚染防止法：有害大気汚染物質（優先取り組み物質）、労働安全衛生法（名称等の表示）：名称等を表示すべき有害物、労働安全衛生法（特化物等）：製造禁止物質、化学物質排出把握管理促進法：第一種指定化学物質、廃棄物処理法：規制物質
■**備考** $Na_2Fe_5Si_8O_{22}(OH)_2$。 あらゆる接触を避ける！ 青少年・小児への接触を避ける！ 喫煙は肺がんの危険性を著しく増強する。1995年より使用・製造禁止。

282 quartz
石英

CAS番号：14808-60-7
その他

■**別名** シリカ
■**建築での主な使用例** 合成樹脂塗料等の充填材
■**他の用途** 電子工業材料（半導体）、光学材料
■**外観的な特徴等** 無色・白色・黒色・紫色・緑色の変色結晶
■**性状** ［沸点］2230℃ ［水溶解性］溶けない ［融点］1610℃ ［比重（水=1）］2.6
■**曝露経路** 吸入により体内へ吸収される
■**毒性症状** ［短期］吸入による咳。［長期］肺や肝臓への影響、肺線維症（珪肺症）。不快感・吐き気・頭痛などを起こすことがある。［発がん性］人に対して発がん性を示す（IARC発がん性分類1）。
■**法規制** 大気汚染防止法：有害大気汚染物質、労働安全衛生法（名称等の表示）：名称等を通知すべき有害物

283 petroleum benzine
石油ベンジン
CAS番号：8030-30-6
脂肪族炭化水素

- ■ **別名**　ベンジン
- ■ **建築での主な使用例**　顔料や塗料の添加剤、溶剤
- ■ **他の用途**　洗浄剤、燃料、染み抜き剤
- ■ **外観的な特徴等**　無色の液体、石油臭
- ■ **性状**　［沸点］30～150℃　［水溶解性］難溶　［比重（水=1）］0.671　［相対蒸気密度（空気=1）］3
- ■ **曝露経路**　吸入、経皮、経口摂取により体内へ吸収される
- ■ **毒性症状**　［短期］眼、鼻、のど、皮膚を刺激する。吸入したり、飲み込んだ場合、胸痛、息切れがあり、重症の場合は意識喪失、肺水腫を起こすことがある。症状が現れるのが遅れることもある。
- ■ **法規制**　労働安全衛生法（名称等の表示）：名称等を通知すべき有害物、労働安全衛生法（特化物等）：第3種有機溶剤、消防法（危険物）：危険物第4類第1石油類、海洋汚染防止法：C類物質等
- ■ **備考**　石油から作られる工業用溶剤である。単一製品はn-ヘキサンを60～70%含有する。

284 gypsum
石膏
CAS番号：13397-24-5
その他

- ■ **別名**　硫酸カルシウム
- ■ **建築での主な使用例**　石膏ボード、壁
- ■ **他の用途**　ギプス、塑像、型取り
- ■ **外観的な特徴等**　白色の結晶または粉末、無臭。
- ■ **性状**　［水溶解性］微溶　［融点］100～105℃（結晶水を失う見かけ上の融点）［比重（水=1）］2.3
- ■ **曝露経路**　吸入により体内へ吸収される
- ■ **毒性症状**　［短期］眼、皮膚、気道への接触による刺激。吸入による咳・咽頭痛。皮膚や眼の発赤。［長期］眼、気道への影響。結膜炎、鼻炎、咽頭炎、喉頭炎、嗅覚および味覚障害。
- ■ **備考**　少量の結晶性シリカを含有することがある。

285 cedrol
セドロール
CAS番号：77-53-2
その他

- ■ **建築での主な使用例**　シロアリ防除剤（ヒバ中性油）
- ■ **他の用途**　香料、食品添加物
- ■ **外観的な特徴等**　白色結晶
- ■ **性状**　［水溶解性］溶けない　［融点］75～90℃　［分配係数］4.33（概算値）
- ■ **曝露経路**　吸入、経皮、経口摂取により体

[285] セドロール

286 dioctyl sebacate
セバシン酸ジオクチル

CAS番号：122-62-3
セバシン酸エステル類

■**別名**　セバシン酸ジ-2-エチルヘキシル、ジオクチルセバケート、セバチン酸ジオクチル、セバチン酸ビス-2-エチルヘキシル、セバチン酸ビス（2-エチルヘキシル）、ビス-2-エチルヘキシルセバケート、ビス（2-エチルヘキシルセバケート）
■**建築での主な使用例**　合成樹脂の可塑剤
■**他の用途**　溶剤、洗浄剤、潤滑剤、可塑剤、合成潤滑油
■**外観的な特徴等**　無色〜わずかに薄黄色の液体、特異臭（芳香臭）
■**性状**　［沸点］256℃（0.7kPa）　［水溶解性］溶けない　［融点］−48℃　［蒸気圧］$1.33×10^{-5}$Pa（25℃、概算値）　［比重（水=1）］0.9　［分配係数］10.08（概算値）　［ヘンリー定数］$1.6×10^{-4}$atmm³/mol（概算値）　［生物分解性］分解性良好
■**曝露経路**　吸入、経口摂取により体内へ吸収される
■**毒性症状**　［短期］大量に摂取すると有害。眼、粘膜への接触による刺激。［長期］不快感・吐き気・頭痛などを起こすことがある。この物質に曝露したときの健康への影響については、調べられているがほとんど得られていない。
■**法規制**　消防法（危険物）：危険物第4類第4石油類

287 dibutyl sebacate
セバシン酸ジブチル

CAS番号：109-43-3
セバシン酸エステル類

■**別名**　DBS、セバチン酸ジブチル、セバシン酸n-ブチル
■**建築での主な使用例**　合成樹脂の可塑剤
■**他の用途**　可塑剤
■**外観的な特徴等**　無色〜わずかに薄黄色の液体、無臭
■**性状**　［沸点］344〜345℃　［水溶解性］溶けない　［融点］−10℃　［蒸気圧］$6.61×10^{-4}$Pa（25℃）　［比重（水=1）］0.9　［分配係数］6.30（概算値）　［ヘンリー定数］$4.85×10^{-8}$atmm³/mol（概算値）
■**曝露経路**　吸入、経皮、経口摂取により体内へ吸収される
■**毒性症状**　［短期］多量に摂取すると有害。眼、粘膜への接触による刺激。［長期］皮膚の感作。不快感・吐き気・頭痛などを起こすことがある。
■**法規制**　消防法（危険物）：危険物第4類第3石油類

288 selenium
セレン

CAS番号：7782-49-2
重金属

■ **別名**　セレニウム
■ **建築での主な使用例**　家電製品などの半導体材料
■ **他の用途**　触媒、飼料添加剤、感光体、電子工業材料（半導体）
■ **外観的な特徴等**　暗赤茶～帯青黒色の固体、赤色透明の結晶、灰～黒色の金属質結晶、無臭
■ **性状**　［沸点］685℃　［水溶解性］溶けない　［融点］170～210℃　［蒸気圧］1.89×10^{-8}Pa（25℃、外挿値）　［比重（水=1）］4.8　［分配係数］0.24（概算値）　［ヘンリー定数］9.74×10^{-3} atmm³/mol（概算値）　［生物分解性］生物濃縮あり
■ **曝露経路**　吸入、経皮、経口摂取により体内へ吸収される
■ **毒性症状**　［短期］眼、鼻、気道への刺激。吸入、経口摂取によるめまい・頭痛・吐き気・咳・咽頭痛・息苦しさ・脱力感・気管支喘息・気管支炎・肺炎・肺水腫・窒息・下痢・悪寒・発熱・感覚異常。皮膚の発赤・痛み・熱傷・変色。爪、歯、毛髪の変色（赤色化）。眼の発赤・痛み・かすみ・結膜炎・角膜損傷。［長期］皮膚炎、皮膚の黄色化、爪の脱落。気道や消化管への影響、吐き気・嘔吐・呼気のニンニク臭・発汗・胃腸障害・肝臓障害。不良歯。神経性うつ病。［発がん性］人に対して発がん性について分類できない（IARC発がん性分類3）。
■ **法規制**　水質汚濁防止法：人の健康に係わる物質、大気汚染防止法：有害大気汚染物質、土壌汚染対策法：特定有害物質、水道法：基準項目、労働安全衛生法（名称等の表示）：名称等を通知すべき有害物、毒物及び劇物取締法：毒物、化学物質排出把握管理促進法：第一種指定化学物質、廃棄物処理法：規制物質
■ **備考**　肺水腫などの症状は遅れて現れることがある。体内の蓄積量13～20mg、人体にとっての必須元素であるが過剰摂取は有毒。また、欠乏しても肝障害の可能性あり。食品からの摂取量は1日あたり60～150μg。

289 solvent naphtha
ソルベントナフサ

CAS番号：65996-79-4
芳香族炭化水素

■ **別名**　コールタールナフサ
■ **建築での主な使用例**　塗料やインキの溶剤
■ **他の用途**　染料、顔料、溶剤、洗浄剤、農薬全般、ドライクリーニング、油脂抽出用、機械洗浄用
■ **外観的な特徴等**　淡褐色から無色の液体、特異臭
■ **性状**　［沸点］120～216℃　［水溶解性］難溶　［比重（水=1）］0.805～0.95　［相対蒸気密度（空気=1）］4.3
■ **曝露経路**　吸入、経皮、経口摂取により体内へ吸収される
■ **毒性症状**　［短期］眼、鼻、のど、皮膚の刺激。麻酔作用あり。吸入または経口摂取により、胸痛、息切れ、重症の場合は意識喪失、肺水腫を起こすことがある。症状が現れるのが遅れることがある。
■ **法規制**　労働安全衛生法（名称等の表示）：名称等を通知すべき有害物、労働安全衛生

法（特化物等）：第3種有機溶剤、消防法（危険物）：危険物第4類第2石油類、海洋汚染防止法：B類物質等、化学物質排出把握管理促進法：第一種指定化学物質
■備考　単一製品はキシレン 30〜75％、トルエン 5〜10％含有。

290 diazinon
ダイアジノン
CAS番号：333-41-5
有機リン系殺虫剤

■別名　チオりん酸O,O-ジエチル-O-（2-イソプロピル-6-メチル-4-ピリミジニル）、ジムピレート、O,O-ジエチル-O-（2-イソプロピル-4-ピリミジニル）チオリン酸、2-イソプロピル-4-メチルピリミジル-6-ジエチルチオホスフェイト、O,O-ジエチルO-（2-イソプロピル-6-メチルピリジン-4-イル）ホスホロチオアート
■建築での主な使用例　シロアリ防除剤
■他の用途　殺虫剤、防虫剤（シロアリ防除剤等）
■外観的な特徴等　無色の油状液体、特徴的な臭気
■性状　[沸点] 120℃（分解）　[水溶解性] 溶けない　[融点] 25℃未満　[蒸気圧] 1.2×10^{-2} Pa (25℃)　[比重（水=1）] 1.1　[分配係数] 3.11　[ヘンリー定数] 1.13×10^{-7} atm㎥/mol
■曝露経路　吸入、経皮、経口摂取により体内へ吸収される
■毒性症状　[短期] 眼や皮膚の刺激。神経系への影響、痙攣、呼吸不全、コリンエステラーゼ阻害剤。吸入による痙攣・吐き気・めまい・嘔吐・息苦しさ・意識喪失・縮瞳・筋痙直・唾液分泌過多。皮膚の発赤・痛み、眼の発赤・痛み。経口摂取による吐き気・嘔吐・胃痙攣・下痢・息苦しさ・意識喪失・縮瞳・筋痙直。[長期] コリンエステラーゼ阻害剤（影響が蓄積される可能性あり）。
■室内濃度指針値　$0.29\mu g/m^3$（0.00002 ppm）
■法規制　化審法：第二種監視化学物質、水質汚濁防止法：要監視項目に係わる物質、水道法：対象農薬類、労働安全衛生法（名称等の表示）：名称等を通知すべき有害物、消防法（危険物）：危険物第4類第3石油類、農薬取締法（作物残留性に係わる登録保留基準）：対象物質、農薬取締法（ゴルフ場使用農薬に係る暫定指導指針）：対象物質、農薬取締法（航空防除農薬に係わる気中濃度評価値）：対象物質、食品衛生法（残留農薬基準）：対象物質、毒物及び劇物取締法：劇物、化学物質排出把握管理促進法：第一種指定化学物質
■備考　皮膚から吸収される可能性あり。アメリカでは室内用途への使用禁止、芝生や庭など住居の屋外用途への使用禁止、農業以外の屋外用途への使用禁止。殺虫性に優れるため、農薬、防疫用薬剤等によく用いられる。

291 talc
タルク
CAS番号：14807-96-6
その他

■別名　滑石、TALC、ステアタイト、ソープストーン、タルカム、フレンチチョーク
■建築での主な使用例　ゴム・合成樹脂類の充填材

[290] ダイアジノン
$(C_2H_5O)_2PO$　S　CH₃（構造式）

■ **他の用途**　顔料、塗料、農薬、農薬中間体、医薬、医薬中間体、紙、陶磁器、ゴム・合成樹脂類の充填材、電気絶縁材料
■ **外観的な特徴等**　白色の粉末
■ **性状**　［水溶解性］溶けない　［融点］900～1000℃
■ **曝露経路**　吸入により体内へ吸収される
■ **毒性症状**　［短期］吸入による咳・息切れ。眼の発赤・痛み。［長期］肺への影響、塵肺（タルク肺）。［発がん性］人に対して発がん性について分類できない（IARC発がん性分類3）。
■ **備考**　このデータは石綿繊維状物質を含まないタルクについてのものである。石英よりは毒性症状は少ない。なお、アスベスト様繊維含有物については、大気汚染防止法：優先取り組み物質／有害大気汚染物質に指定されている。

292　calcium carbonate
炭酸カルシウム

CAS番号：471-34-1
その他

■ **別名**　炭酸塩
■ **建築での主な使用例**　壁材（しっくい）の原料、充填材、白色顔料
■ **他の用途**　チョーク
■ **外観的な特徴等**　白色の粉末または結晶
■ **性状**　［水溶解性］溶けない　［融点］825℃（分解）　［比重（水=1）］2.8
■ **曝露経路**　吸入により体内へ吸収される
■ **毒性症状**　［短期］粉塵による眼、気道への刺激。健康への有害影響情報は調べられているが、ほとんど報告されていない。ただし、大量に吸入、経口摂取すると咳・嘔吐などを起こす。
■ **備考**　石灰石、チョーク、大理石中に霰石、方解石として天然に存在する。

293　thiophene
チオフェン

CAS番号：110-02-1
その他

■ **別名**　チオフラン
■ **建築での主な使用例**　溶剤
■ **他の用途**　合成中間体、医薬、医薬中間体、染料、合成樹脂、溶剤、洗浄剤
■ **外観的な特徴等**　刺激臭のある無色の液体
■ **性状**　［沸点］84℃　［水溶解性］溶けない　［融点］－38℃　［蒸気圧］5.3kPa（12.5℃）　［比重（水=1）］1.06　［相対蒸気密度（空気＝1）］2.9　［分配係数］1.81　［ヘンリー定数］2.92×10^{-3} atmm³/mol（概算値）
■ **曝露経路**　蒸気の吸入により体内へ吸収される
■ **毒性症状**　［短期］吸入による咳・めまい・咽頭痛。皮膚の発赤。眼の発赤や痛み。眼や皮膚の刺激。
■ **法規制**　水質汚濁防止法：要調査項目に係わる物質、消防法（危険物）：危険物第4類第1石油類

[293] チオフェン

294 amosite
茶石綿

CAS番号：12172-73-5
その他

- **別名**　アスベスト、アモサイト、石綿
- **建築での主な使用例**　耐火材、アスベスト建材
- **他の用途**　セメント強化材、摩擦材、繊維強化材、フィラー、各種添加物
- **外観的な特徴等**　繊維
- **性状**　［融点］600〜900℃で分解　［水溶解性］溶けない　［比重（水＝1）］3.1〜3.25
- **曝露経路**　吸入により体内へ吸収される
- **毒性症状**　［短期］眼・皮膚・気道への刺激。［長期］肺への影響、肺線維症。［発がん性］人に対して発がん性を示す（IARC発がん性分類1）。
- **法規制**　大気汚染防止法：有害大気汚染物質（優先取り組み物質）、労働安全衛生法（名称等の表示）：名称等を表示すべき有害物、労働安全防止法（特化則）：製造禁止物質、化学物質排出把握管理促進法：第一種指定化学物質、廃棄物処理法：規制物質
- **備考**　$(Fe-Mg)_7Si_8O_{22}(OH)_2$。あらゆる接触を避ける！　1995年より使用・製造禁止。

295 thujopsene
ツヨプセン

CAS番号：470-40-6
その他

- **建築での主な使用例**　シロアリ防除剤（ヒバ中性油）。細菌やカビなどの微生物によって放出される揮発性有機化合物（MVOC）として検出されている（B. Wessen et al., 1996）。
- **他の用途**　食品添加物
- **性状**　［沸点］120℃（1.33kPa）　［融点］＜25℃　［比重（水＝1）］0.932　［分配係数］6.12（概算値）
- **曝露経路**　吸入、経皮、経口摂取により体内へ吸収される
- **備考**　ヒバ材に含まれるヒバ油の成分は、アルカリと反応する酸性油と反応しない中性油に分類される。ツヨプセンは、防虫効果を有するセスキテルペン類で、ヒバ中性油に含まれている。

296 dieldrin
ディルドリン

CAS番号：60-57-1
有機塩素系殺虫剤

- **別名**　1,2,3,4,10,10-ヘキサクロロ-6,7-エポキシ-1,4,4A,5,6,7,8,8A-オクタヒドロ-1,4-エンド,エキソ-5,8-ジメタノナフタリン、ヘキサクロルエポキシオクタヒドロエンドエキソジメタノナフタリン
- **建築での主な使用例**　シロアリ駆除剤
- **他の用途**　殺虫剤・防虫剤、羊毛の防虫加工

[296] ディルドリン

■ **外観的な特徴等** 無色～白色の結晶、無臭
■ **性状** ［水溶解性］溶けない ［融点］175～176℃ ［蒸気圧］7.85×10⁻⁴Pa（25℃）［比重（水=1）］1.75 ［相対蒸気密度（空気=1）］13.2 ［分配係数］6.2 ［ヘンリー定数］1×10^{-5} atmm³/mol ［生物分解性］難分解性 ［代謝性］蓄積性あり
■ **曝露経路** 吸入、経皮、経口摂取により体内へ吸収される
■ **毒性症状** ［短期］中枢神経系への影響。吸入、経口摂取による痙攣・めまい・頭痛・吐き気・疲労感・筋収縮、重症の場合は死に至ることもある。［長期］中枢神経系への影響。震え・痙攣・錯乱・昏睡、重症の場合は死に至る。肝臓障害。［発がん性］人に対して発がん性について分類できない（IARC発がん性分類3）
■ **法規制** 化審法：第一種特定化学物質、労働安全衛生法（名称等の表示）：名称等を通知すべき有害物、毒物及び劇物取締法：劇物、農薬取締法（土壌残留性農薬）：対象物質（販売禁止）、食品衛生法（残留農薬基準）：対象物質、家庭用品規制法：規制物質
■ **備考** 青少年・小児への接触を避ける！皮膚からも吸収される。1981年化審法：第一種特定化学物質に指定され、すべての用途での製造・販売・使用が禁止されている。人にとって重要な食物連鎖において、特に水生生物で生物濃縮が起こる。この物質を下水に流してはならない。市販の製剤には溶剤が用いられていることがあり、その溶剤の毒性にも注意すること。また、溶剤によってこの物質の毒性に変化を及ぼすこともある。

297 decanal
デカナール

CAS番号：112-31-2
アルデヒド類

■ **別名** n-デシルアルデヒド、カプリンアルデヒド
■ **建築での主な使用例** 意図した用途は不明、何らかの製品の不純物として検出されると考えられる
■ **他の用途** 食品添加物、香料
■ **外観的な特徴等** 無色の液体、強く甘い柑橘臭（脂肪臭を伴う）
■ **性状** ［沸点］208.5℃ ［水溶解性］溶けない ［融点］－5℃ ［蒸気圧］13.7Pa（25℃）［比重（水=1）］0.830 ［ヘンリー定数］5.87×10^{-5} atmm³/mol
■ **曝露経路** 吸入、経口摂取により体内へ吸収される
■ **毒性症状** ［短期］眼、皮膚、粘膜への刺激。［長期］不快感・吐き気・頭痛などを起こすことがある。
■ **法規制** 消防法(危険物)：危険物第4類第3石油類

298 decabromodiphenylether
デカブロモジフェニルエーテル

CAS番号：1163-19-5
含ハロゲン類

■ **別名** デカブロモジフェニルオキサイド、デカブロモジフェニルオキシド、DBDPE、DBDPO、ビス（ペンタブロモフェニル）エーテル、ペンタブロモフェニルエーテル、

1,1'-オキシビス-2,3,4,5,6-ペンタブロモベンゼン

■ **建築での主な使用例** ポリエチレン・ポリプロピレン・ポリスチレン・ポリエステル・ABS・塩化ビニル・エポキシ樹脂など合成樹脂の難燃剤

■ **他の用途** 難燃剤

■ **外観的な特徴等** 白色～淡黄色の粉末

■ **性状** ［沸点］530℃ ［水溶解性］溶けない ［融点］305℃ ［蒸気圧］6.23×10^{-10} Pa（25℃、概算値） ［比重（水=1）］3.0 ［分配係数］12.11（概算値） ［ヘンリー定数］1.19×10^{-8} atmm^3/mol（概算値） ［生物分解性］難分解性、低濃縮性

■ **曝露経路** 吸入、経口摂取により体内へ吸収される

■ **毒性症状** ［短期］眼、皮膚、気道への刺激。［長期］不快感・吐き気・頭痛などを起こすことがある。［発がん性］人に対する発がん性について分類できない（IARC発がん性分類3）。

■ **法規制** 化審法：第二種監視化学物質、水質汚濁防止法：要調査項目に係わる物質、化学物質排出把握管理促進法：第一種指定化学物質

299 decalin
デカリン

CAS番号：91-17-8
環状アルカン

■ **別名** デカヒドロナフタレン、ジクロロ(4,4,0)デカン、パーヒドロナフタレン

■ **建築での主な使用例** 油脂や塗料の溶剤、床用ワックス

■ **他の用途** 溶剤、洗浄剤、靴つや出し

■ **外観的な特徴等** 微かな芳香のある無色澄明の液体

■ **性状** ［沸点］187.25～195.7℃ ［水溶解性］難溶 ［融点］-43.2～-30.4℃ ［蒸気圧］0.307kPa（25℃） ［比重（水=1）］0.87～0.8963 ［分配係数］4.2（概算値）［ヘンリー定数］0.47atmm^3/mol（概算値）

■ **曝露経路** 吸入、経皮、経口摂取により体内へ吸収される

■ **毒性症状** ［短期］眼・皮膚・粘膜の刺激。吸入あるいは経口摂取により呼吸気道の刺激・頭痛・悪心・嘔吐・咳・軽い失神・腎障害・メトヘモグロビン血症を起こすことがある。皮膚からも吸収されて同様の症状が生じる。

■ **法規制** 水質汚濁防止法：要調査項目に係わる物質、消防法（危険物）：危険物第4類第2石油類、海洋汚染防止法：D類物質等

300 decanoic acid
デカン酸

CAS番号：334-48-5
有機酸

■ **別名** n-デカン酸、ノルマルデカン酸、n-カプリン酸、カプロン酸

■ **建築での主な使用例** バターやヤシ油に含まれている

■ **他の用途** 合成中間体、分析試薬、果実エッセンス

■ **外観的な特徴等** 無色の液体または白色～黄褐色の結晶、不快臭

■ **性状** ［沸点］268.7℃ ［水溶解性］難溶 ［融点］31.5℃ ［蒸気圧］4.88×10^{-2}Pa

[299] デカリン

(25℃)　［比重（水＝1）］0.890　［分配係数］4.09　［ヘンリー定数］1.34×10^{-6} atmm^3/mol（概算値）
■ **曝露経路**　吸入、経口摂取により体内へ吸収される
■ **毒性症状**　［短期］眼、皮膚、粘膜への刺激。吸入による咳・胸痛、重症の場合は呼吸困難・気管支炎・肺水腫を起こすこともある。経口摂取による灼熱感・腹痛・吐き気・嘔吐。
■ **法規制**　海洋汚染防止法：C類物質等

301　texanol
テキサノール

CAS番号：25265-77-4
エステル類

■ **別名**　イソブチレート、2,2,4-トリメチル-1,3-ペンタンジオールモノイソブチレート
■ **建築での主な使用例**　塗料、シーリング剤等の溶剤や助剤
■ **他の用途**　溶剤、水系エマルジョン樹脂の成膜助剤
■ **外観的な特徴等**　液体
■ **性状**　［沸点］255～260℃　［水溶解性］溶ける　［融点］-50℃　［蒸気圧］1.3Pa（20℃）　［比重（水＝1）］0.95　［相対蒸気密度（空気＝1）］7.5　［分配係数］3.47
■ **曝露経路**　吸入、経口摂取により体内へ吸収される
■ **毒性症状**　［短期］眼、皮膚への刺激。皮膚、眼の発赤。

302　tetraethylenepentamine
テトラエチレンペンタミン

CAS番号：112-57-2
含窒素化合物

■ **建築での主な使用例**　エポキシ樹脂の硬化剤
■ **他の用途**　染料助剤、界面活性剤、接着剤、農薬全般、イオン交換樹脂、合成中間体、防しわ剤
■ **外観的な特徴等**　特異臭のある薄黄色液体
■ **性状**　［沸点］333℃　［水溶解性］溶ける　［融点］-30℃　［蒸気圧］1.07×10^{-4} Pa（25℃）　［比重（水＝1）］0.998　［相対蒸気密度（空気＝1）］6.6　［分配係数］-3.16（概算値）　［ヘンリー定数］3×10^{-20} atmm^3/mol（概算値）
■ **曝露経路**　吸入、経皮、経口摂取により体内へ吸収される
■ **毒性症状**　［短期］眼・皮膚・気道の腐食性、喘息の憎悪。経口摂取による悪心・嘔吐・食道や胃の粘膜の腐食、肝・腎障害を起こす恐れがあり。アレルギー性皮膚炎。
■ **法規制**　消防法（危険物）：危険物第4類第3石油類、海洋汚染防止法：D類物質等
■ **備考**　皮膚から吸収される恐れあり。

303　tetrachlorvinphos
テトラクロルビンホス

CAS番号：22248-79-9
有機リン系殺虫剤

■ **別名**　りん酸（Z）-2-クロロ-1-（2,4,5-トリクロロフェニル）ビニル=ジメチル、O,O-

ジメチル2-クロロ-1-(2,4,5-トリクロロフェニル)ビニルホスファート、CVMP
■**建築での主な使用例** シロアリ防除剤
■**他の用途** 殺虫剤、防虫剤（シロアリ防除剤等）
■**外観的な特徴等** 白色結晶性粉末
■**性状** ［水溶解性］溶けない ［融点］95.5℃ ［蒸気圧］$5.6×10^{-6}$Pa（20℃）［分配係数］3.53 ［ヘンリー定数］$1.8×10^{-9}$ atmm³/mol
■**曝露経路** 吸入、経皮、経口摂取により体内へ吸収される
■**毒性症状** ［短期］皮膚・粘膜の刺激や薬傷、眼の発赤・かすみ・瞳孔収縮。吸入または経口摂取によるめまい・頭痛・腹痛・胃痙攣・吐き気・嘔吐等、筋力低下、意識喪失、呼吸不全、コリンエステラーゼ阻害剤。［長期］コリンエステラーゼ阻害剤（影響が蓄積される可能性あり）。［発がん性］人に対する発がん性について分類できない（IARC発がん性分類3）。
■**法規制** 化審法：第二種監視化学物質、農薬取締法（作物残留性に係わる登録保留基準）：対象物質、農薬取締法（水田残留性に係わる登録保留基準）：対象物質、化学物質排出把握管理促進法：第二種指定化学物質
■**備考** 皮膚から吸収される可能性あり。殺虫性に優れるため、農薬等によく用いられる。

304 tetrachloroethylene
テトラクロロエチレン

CAS番号：127-18-4
含ハロゲン類

■**別名** パークレン、パークロロエチレン、四塩化エチレン、ペルクロロエチレン、エチレンテトラクロリド
■**建築での主な使用例** 溶剤など
■**他の用途** ドライクリーニングの溶剤、金属部品の脱脂洗浄剤、原毛の脱脂、溶剤（医薬品・香料・塗料・ゴム・メッキ）、代替フロンの合成原料、殺虫剤・防虫剤
■**外観的な特徴等** 無色の液体、クロロホルムないしエーテル様臭気
■**性状** ［沸点］121℃ ［水溶解性］難溶 ［融点］－22℃ ［蒸気圧］2.47kPa（25℃）［比重（水＝1）］1.6 ［相対蒸気密度（空気＝1）］5.8 ［分配係数］2.9 ［ヘンリー定数］$1.77×10^{-2}$atmm³/mol ［生物分解性］難分解性、低蓄積性 ［代謝性］体内に取り込まれた大部分は呼気とともに排出され、数％が代謝されて尿中に排出される。人の尿中代謝物濃度減少より見た生物学的半減期は平均144時間。取り込みを繰り返すと蓄積する傾向がある。
■**曝露経路** 吸入、経皮、経口摂取により体内へ吸収される
■**毒性症状** ［短期］眼、皮膚、気道への刺激。強い麻酔作用があり、吸入、経口摂取によるめまい・頭痛・吐き気・嗜眠・脱力感・腹痛・化学性肺炎、重症の場合は不眠・記憶力低下・歩行障害・意識喪失・肺水腫などを起こすこともある。中枢神経系への影響、呼吸不全・意識低下。皮膚の乾燥・発赤、眼の発赤・痛み。［長期］皮膚炎。中枢神経系へ

の影響、記憶障害・集中力低下。肝臓・腎臓・粘膜への影響。［発がん性］人に対しておそらく発がん性を示す（IARC発がん性分類2A）。
■ **法規制**　化審法：第二種特定化学物質、水質汚濁防止法：人の健康に係わる物質、大気汚染防止法：有害大気汚染物質（指定物質・優先取り組み物質）、土壌汚染対策法：第一種特定有害物質、水道法：基準項目、労働安全衛生法（名称等の表示）：名称等を表示すべき有害物・名称等を通知すべき有害物、労働安全衛生法（特化物等）：第1種有機溶剤、家庭用品規制法：規制物質、海洋汚染防止法：B類物質等、化学物質排出把握管理促進法：第一種指定化学物質、下水道法：有害物質、廃棄物処理法：規制物質
■ **備考**　皮膚から吸収されることがあり、同様の症状を示す。添加された安定剤や抑制剤がこの物質の毒性に影響を与える可能性がある。近年、代替フロン原料としての使用量が増加している。

305 tetrahydrofuran
テトラヒドロフラン
CAS番号：109-99-9
フラン類

■ **別名**　THF、1,4-エポキシブタン
■ **建築での主な使用例**　接着剤や塗料などの溶剤
■ **他の用途**　溶剤（接着剤や塗料等の樹脂の溶解）、洗浄剤、合成中間体
■ **外観的な特徴**　無色の液体、エーテル臭
■ **性状**　［沸点］66℃　［水溶解性］混和する　［融点］−108.5℃　［蒸気圧］21.kPa（25℃）　［比重（水=1）］0.89　［相対蒸気密度（空気=1）］2.5　［分配係数］0.46　［ヘンリー定数］7.05×10^{-5} atm m^3/mol　［生物分解性］分解性良好
■ **曝露経路**　吸入、経口摂取により体内へ吸収される
■ **毒性症状**　［短期］眼、皮膚、気道への刺激。高濃度では中枢神経系への影響。長時間の吸入、経口摂取によるめまい・頭痛・のぼせ・吐き気・咳・咽頭痛・昏迷・意識喪失、肝臓・腎臓への影響。皮膚の乾燥・発赤・痛み。眼の発赤・痛み。［長期］皮膚の脱脂、皮膚炎。
■ **法規制**　大気汚染防止法：有害大気汚染物質、労働安全衛生法（名称等の表示）：名称等を表示すべき有害物・名称等を通知すべき有害物、労働安全衛生法（特化物等）：第2種有機溶剤、消防法（危険物）：危険物第4類第1石油類、海洋汚染防止法：D類物質等
■ **備考**　飲酒により有害作用が増大。通常クレゾールやヒドロキノンが安定剤として添加されており、添加された安定剤や抑制剤がこの物質の毒性に影響を与える可能性がある。

［305］テトラヒドロフラン

306 tetrabromoethane
テトラブロモエタン

CAS番号：79-27-6
含ハロゲン類

■ **別名**　1,1,2,2-テトラブロモエタン、四臭化エタン、テトラブロモエタン、sym-テトラブロモエタン、アセチレンテトラブロマイド、四臭化アセチレン、テトラブロモアセチレン
■ **建築での主な使用例**　油脂・ワックス溶剤
■ **他の用途**　油脂・ワックス等の溶剤、洗浄剤、触媒、難燃剤
■ **外観的な特徴等**　刺激臭のある黄色の重い液体
■ **性状**　［沸点］243.5℃　［水溶解性］溶けない　［融点］0℃　［蒸気圧］5.32Pa（24℃）　［比重（水=1）］2.96　［相対蒸気密度（空気=1）］11.9　［分配係数］2.80　［ヘンリー定数］1.34×10^{-5} atmm³/mol（概算値）
■ **曝露経路**　蒸気の吸入、経口摂取により体内へ吸収される
■ **毒性症状**　［短期］吸入による腹痛・咳・頭痛・咽頭痛。皮膚や眼の発赤。眼・皮膚・気道の刺激。［長期］肝臓に影響を与えることがある。
■ **法規制**　化審法：第二種監視化学物質、労働安全衛生法（名称等の表示）：名称等を通知すべき有害物

307 tetrabromobisphenol A
テトラブロモビスフェノールA

CAS番号：79-94-7
含ハロゲン類

■ **別名**　2,2',6,6'-テトラブロモビスフェノールA、4,4-イソプロピリデンビス（2,6-ジブロモフェノール）、2,2-ビス（3,5-ジブロモ-4-ヒドロキシフェニル）プロパン、2,2-ビス（4'-ヒドロキシ-3',5'-ジブロモフェニル）プロパン
■ **建築での主な使用例**　ABS・エポキシ・フェノール・不飽和ポリエステル・ポリカーボネート樹脂などの難燃剤
■ **他の用途**　難燃剤
■ **性状**　［沸点］316℃（分解）　［水溶解性］溶けない　［融点］179〜181℃　［蒸気圧］2.35×10^{-9} Pa（25℃、概算値）　［比重（水=1）］2.2　［分配係数］7.20（概算値）　［ヘンリー定数］7.05×10^{-11} atmm³/mol（概算値）　［生物分解性］難分解性、低濃縮性
■ **曝露経路**　吸入、経口摂取により体内へ吸収される
■ **毒性症状**　［短期］眼、皮膚、気道への刺激。［長期］不快感・吐き気・頭痛などを起こすことがある。
■ **法規制**　水質汚濁防止法：生活環境に係わる物質・要調査項目に係わる物質、水道法：基準物質、下水道法：環境項目

308 tetramethylbenzene
テトラメチルベンゼン

CAS番号：（1,2,3,5-:527-53-7）、（1,2,4,5-:95-93-2）
芳香族炭化水素

■ **別名** イソデュレン（1,2,3,5-テトラメチルベンゼン）、デュレン（1,2,4,5-テトラメチルベンゼン）
■ **建築での主な使用例** 接着剤や塗料等の溶剤
■ **他の用途** 工業用原料、溶剤等
■ **外観的な特徴等** 1,2,3,5-:液体、1,2,4,5-:白色～薄い黄色の結晶、ショウノウ臭
■ **性状** ［沸点］1,2,3,5-:197.9℃、1,2,4,5-:191～192℃　［水溶解性］1,2,3,5-:溶けない、1,2,4,5-:微溶　［融点］1,2,3,5-:−24～−20℃、1,2,4,5-:77～82℃　［蒸気圧］1,2,3,5-:66.4Pa（25℃）　［比重（水=1）］1,2,3,5-:0.8906～0.99、1,2,4,5-:0.838　［分配係数］1,2,3,5-:4.10　［ヘンリー定数］1,2,3,5-:7.99×10^{-3}atm㎥/mol（概算値）
■ **曝露経路** 吸入、経口摂取により体内へ吸収される
■ **毒性症状** ［短期］眼、皮膚、粘膜への刺激。［長期］不快感・吐き気・頭痛などを起こすことがある。
■ **法規制** 海洋汚染防止法：A類物質等

309 tetralin
テトラリン

CAS番号：119-64-2
フェノール類

■ **別名** テトラヒドロナフタリン、テトラヒドロナフタレン、1,2,3,4-テトラヒドロナフタレン
■ **建築での主な使用例** 塗料等の溶剤、防水剤
■ **他の用途** 燃料、顔料、塗料、溶剤、洗浄剤、インキ除去剤、防水
■ **外観的な特徴等** 特異臭のある無色澄明な液体
■ **性状** ［沸点］207.2℃　［水溶解性］溶けない　［融点］−31℃　［比重（水=1）］0.965～0.975　［蒸気圧］49.1Pa（25℃）　［分配係数］3.49　［ヘンリー定数］1.36×10^{-3}atm㎥/mol（概算値）
■ **曝露経路** 吸入、経皮、経口摂取により体内へ吸収される
■ **毒性症状** ［短期］眼・鼻・のど・皮膚への刺激作用。吸入あるいは経口摂取による頭痛・悪心・嘔吐、麻痺、重症の場合は肺水腫を起こす恐れあり。
■ **法規制** 消防法（危険物）：危険物第4類第3石油類、海洋汚染防止法：C類物質等

[309] テトラリン

310 tebuconazole
テブコナゾール

CAS番号：107534-96-3
トリアゾール系化合物

■ **別名** （RS）-1-p-クロロフェニル-4,4-ジメチル-3-（1H-1,2,4-トリアゾール-1-イルメチル）-ペンタン-3-オール
■ **建築での主な使用例** 防腐・防かび剤
■ **他の用途** 殺菌剤、防かび剤、防汚剤
■ **外観的な特徴等** 白色の結晶（粉末）
■ **性状** ［水溶解性］微溶 ［融点］102.4℃ ［蒸気圧］1.71×10^{-6} Pa（20℃）［分配係数］3.70 ［ヘンリー定数］1.45×10^{-10} atmm³/mol（概算値）
■ **曝露経路** 吸入により体内へ吸収される
■ **法規制** 農薬取締法（作物残留性に係る登録保留基準）：対象物質、食品衛生法（残留農薬基準）：対象物質

311 turpentine oil
テレピン油

CAS番号：8006-64-2
芳香族炭化水素

■ **別名** しょうせい油、ターペン油、テルペン油、テレビン油
■ **建築での主な使用例** 塗料、インキ、ワックスなどの溶剤
■ **他の用途** 溶剤（接着剤や塗料等の樹脂の溶解）、洗浄剤、農薬、医薬、医薬中間体
■ **外観的な特徴等** 無色〜淡黄色の液体、特異臭
■ **性状** ［沸点］149〜180℃ ［水溶解性］溶けない ［融点］−50〜−60℃ ［蒸気圧］0.67kPa（25℃）［比重（水=1）］0.9 ［相対蒸気密度（空気=1）］4.6〜4.8
■ **曝露経路** 吸入、経皮、経口摂取により体内へ吸収される
■ **毒性症状** ［短期］眼、鼻、皮膚、気道への刺激。吸入による錯乱・頭痛・咳・咽頭痛・息切れ。経口摂取による腹痛・下痢・嘔吐・灼熱感・痙攣・意識喪失・化学性肺炎。中枢神経系への影響。腎臓障害。高濃度曝露による頻脈・呼吸不全、重症の場合は気管支炎・意識喪失・チアノーゼを起こすこともある。皮膚の発赤・痛み・湿疹。眼の発赤・痛み・かすみ。［長期］皮膚の脱脂、感作。
■ **法規制** 労働安全衛生法（名称等の表示）：名称等を通知すべき有害物、労働安全衛生法（特化物等）：第3種有機溶剤、消防法（危険物）：危険物第4類第2石油類、海洋汚染防止法：B類物質等
■ **備考** 皮膚から吸収されることがある。蒸気は引火しやすい。また、この液体を下水に流してはならない。松脂（松の一種から得られる粘性物質）を蒸留して得られる液体であり、テルペン類異性体の混合物である。組成は、材料となる針葉樹の産地や種類、樹齢、および精製方法により異なる。

312 terephthalic acid
テレフタル酸

CAS番号：100-21-0
有機酸

■ **別名** 1,4-ベンゼンジカルボン酸、p-フタル酸、p-カルボキシ安息香酸、p-カルボキシベンゼン、TPA、PTA

[310] テブコナゾール

[311] テレピン油

■ **建築での主な使用例** ポリエステル樹脂の原料
■ **他の用途** 合成樹脂・合成繊維原料
■ **外観的な特徴等** 白色の粉末
■ **性状** ［水溶解性］溶けない ［融点］402℃（昇華） ［蒸気圧］1.23×10^{-3} Pa（25℃、外挿値） ［比重（水=1）］1.51 ［分配係数］1.96 ［ヘンリー定数］3.88×10^{-13} atm m³/mol（概算値） ［生物分解性］分解性良好 ［代謝性］未変化体のまま尿中に排出されると考えられている
■ **曝露経路** 吸入、経口摂取により体内へ吸収される
■ **毒性症状** ［短期］眼、皮膚、気道への刺激。吸入による咳。眼や皮膚の発赤。［長期］不快感・吐き気・頭痛などを起こすことがある。
■ **法規制** 大気汚染防止法：有害大気汚染物質、労働安全衛生法（名称等の表示）：名称等を通知すべき有害物、化学物質排出把握管理促進法：第一種指定化学物質
■ **備考** ペットボトルに使用されているポリエチレンテレフタレートの原料として多用されている。

313 starch
でんぷん

CAS番号：9005-25-8、9005-84-9
その他

■ **別名** 澱粉
■ **建築での主な使用例** 接着剤、糊
■ **他の用途** 食品
■ **外観的な特徴等** 白色粉末、無臭
■ **性状** ［水溶解性］難溶 ［融点］256～258℃ ［比重（水=1）］1.5
■ **曝露経路** 吸入、経皮、経口摂取により体内へ吸収される
■ **毒性症状** ［短期］ほとんど毒性はないが、多量に吸入または経口摂取すれば有害である。［長期］不快感、吐き気、頭痛等が起こる恐れがある。

314 kerosine
灯油

CAS番号：8008-20-6
芳香族炭化水素

■ **別名** 石油留分または残油の水素化精製、改質または分解により得られる灯油、ケロシン、ケロセンオイル、ケロセン、ランプオイル、石油、軽油
■ **建築での主な使用例** 塗料、インキ、ワックスなどの溶剤
■ **他の用途** 溶剤（接着剤や塗料等の樹脂の溶解）、洗浄剤、燃料、塗料、インキ
■ **外観的な特徴等** 無色～淡黄色の液体、石油臭
■ **性状** ［沸点］150～300℃ ［水溶解性］溶けない ［融点］-20℃ ［蒸気圧］64Pa（20℃） ［比重（水=1）］0.8 ［相対蒸気密度（空気=1）］4.5
■ **曝露経路** 吸入、経口摂取により体内へ吸収される
■ **毒性症状** ［短期］皮膚、気道への刺激。吸入によるめまい・頭痛・咳・咽頭痛・錯乱・意識喪失。経口摂取による下痢・嘔吐・胸痛・息切れ・化学性肺炎、重症の場合は意識喪失・肺水腫を起こすこともある。中枢神経系への影響。皮膚の乾燥・ざらつき。眼の発

赤。[長期]皮膚の脱脂。
■ **法規制** 労働安全衛生法（名称等の表示）：名称等を通知すべき有害物、消防法（危険物）：危険物第4類第2石油類
■ **備考** 物理的性質は組成により異なる。症状は遅れて現れることもある。蒸気は引火しやすい。

315 dodecylbenzene
ドデシルベンゼン

CAS番号：123-01-3
芳香族炭化水素

■ **別名** 1-フェニルドデカン、ラウリルベンゼン、ドデシルベンゼン、ハードアルキルベンゼン
■ **建築での主な使用例** 可塑剤
■ **他の用途** 洗剤、合成中間体、界面活性剤、絶縁油、可塑剤
■ **外観的な特徴等** 無色の液体
■ **性状** [沸点]290〜410℃ [水溶解性]溶けない [融点]3℃ [蒸気圧]6.8×10^{-3}Pa（25℃） [比重（水=1）]0.86 [相対蒸気密度（空気=1）]8.47 [分配係数]8.65 [ヘンリー定数]0.134atmm^3/mol（概算値）
■ **曝露経路** 経口摂取により体内へ吸収される
■ **毒性症状** [短期]眼や皮膚の刺激。
■ **法規制** 消防法（危険物）：危険物第4類第3石油類
■ **備考** 異性体の混合物。

316 tralomethrin
トラロメトリン

CAS番号：66841-25-6
ピレスロイド系殺虫剤

■ **別名** (S)-α-シアノ-3-フェノキシベンジル-(1R,3S)-2,2-ジメチル-3-(1,2,2,2-テトラブロモエチル)シクロプロパンカルボキシラート、(S)-α-シアノ-3-フェノキシベンジル-(1R,3S)-2,2-ジメチル-3-[(RS)-1,2,2,2-テトラブロモエチル]シクロプロパンカルボキシラート
■ **建築での主な使用例** シロアリ駆除剤
■ **他の用途** 殺虫剤・防虫剤
■ **外観的な特徴等** わずかに薄い黄色〜橙色の結晶
■ **性状** [水溶解性]溶けない [融点]138〜148℃ [蒸気圧]4.8×10^{-9}Pa（25℃） [比重（水=1）]1.70 [分配係数]7.56（概算値） [ヘンリー定数]3.94×10^{-10}atmm^3/mol（概算値）
■ **曝露経路** 吸入、経口摂取により体内へ吸収される
■ **毒性症状** [短期]眼、皮膚、粘膜への刺激。吸入によるめまい・頭痛・腹痛・下痢・吐き気・嘔吐。神経系への影響、運動失調・痙攣。眼の発赤・かすみ。
■ **法規制** 水質汚濁防止法：人の健康に係わる物質、土壌汚染対策法：第二種特定有害物質、水道法：基準項目、毒物及び劇物取締法：劇物、食品衛生法（残留農薬基準）：対象物質
■ **備考** 除虫菊の成分ピレトリンに似せて合成された合成ピレスロイドである。

[316] トラロメトリン

317 triethanolamine
トリエタノールアミン

CAS番号：102-71-6
アミノ酸

■ **別名** 2,2',2''-トリオキシトリエチルアミン、トリエチロールアミン、トリス（ヒドロキシエチル）アミン、トリスヒドロキシエチルアミン、トリヒドロキシトリエチルアミン
■ **建築での主な使用例** 塗料、インキ、ワックスなどの溶剤、殺虫剤・防虫剤の添加剤、防錆剤、可塑剤
■ **他の用途** 溶剤・洗浄剤、界面活性剤・乳化剤、可塑剤、農薬、防虫添加剤、pH調整剤、中和剤、保湿剤
■ **外観的な特徴等** 無色の液体または結晶、特異臭（アンモニア臭）
■ **性状** ［沸点］335℃ ［水溶解性］混和する ［融点］20～21℃ ［蒸気圧］4.79×10^{-4}Pa（25℃） ［比重（水=1）］1.1 ［相対蒸気密度（空気＝1）］5.1 ［分配係数］－1.59 ［ヘンリー定数］7.05×10^{-13}atmm^3/mol（概算値） ［生物分解性］難分解性・低濃縮性
■ **曝露経路** 吸入、経皮、経口摂取により体内へ吸収される
■ **毒性症状** ［短期］眼、皮膚、気道への刺激。吸入による咳・咽頭痛、重症の場合は肺水腫・肺炎・麻酔作用・肝臓障害・腎臓障害を起こすこともある。眼の発赤・痛み。皮膚の発赤。［長期］皮膚の感作。催腫瘍性。［発がん性］人に対する発がん性について分類できない（IARC発がん性分類3）。
■ **法規制** 大気汚染防止法：有害大気汚染物質、労働安全衛生法（名称等の表示）：名称等を通知すべき有害物、消防法（危険物）：危険物第4類第3石油類、海洋汚染防止法：D類物質等
■ **備考** 皮膚からも吸収される。

318 triethylene glycol
トリエチレングリコール

CAS番号：112-27-6
アルコール類

■ **別名** 2,2'-(1,2-エタンジイルビス(オキシ))ビスエタノール、2,2'-エチレンジオキシジエタノール、2,2'-エチレンジオキシビス(エタノール)、2,2'-エチレンジオキシビスエタノール、トリグリコール、2,2'-(1,2-エタンジイルビスオキシ）ビスエタノール
■ **建築での主な使用例** 溶剤
■ **他の用途** ポリウレタン用ポリオール、溶剤、洗浄剤、合成樹脂、合成中間体、可塑剤、調湿剤、セルロース
■ **外観的な特徴等** 吸湿性の無臭無色の液体
■ **性状** ［沸点］285℃ ［水溶解性］溶ける ［融点］－7℃ ［蒸気圧］2×10^{-2}Pa（20℃） ［比重（水=1）］1.1 ［相対蒸気密度（空気＝1）］5.2 ［分配係数］－1.98（概算値） ［ヘンリー定数］2.61×10^{-10}atmm^3/mol（概算値） ［生物分解性］分解性良好
■ **曝露経路** 蒸気の吸入により体内へ吸収される
■ **毒性症状** ［短期］皮膚・眼に対する刺激性はほとんどない。経口毒性は低いが大量に摂取すると有害。不快感・腹痛・下痢・吐き気等の症状が出る恐れあり。
■ **法規制** 消防法(危険物)：危険物第4類第3石油類

319 triethylene glycol dimethyl ether
トリエチレングリコールジメチルエーテル

CAS番号：112-49-2
エーテル類

■ **別名**　1,2-ビス (2-メトキシエトキシ) エタン
■ **建築での主な使用例**　溶剤
■ **他の用途**　溶剤
■ **外観的な特徴等**　特徴的な臭気のある無色の液体
■ **性状**　［沸点］約216℃　［水溶解性］溶ける　［融点］-45℃　［蒸気圧］0.12kPa (20℃)　［比重（水=1）］0.988　［相対蒸気密度（空気=1）］6.2　［分配係数］-0.76（概算値）　［ヘンリー定数］3.24×10^{-9} atmm^3/mol（概算値）
■ **曝露経路**　吸入、経皮、経口摂取により体内へ吸収される
■ **毒性症状**　［短期］眼・鼻・のどの刺激。吸入または経口摂取によるせき・頭痛・めまい・吐き気・嘔吐、重症の場合は意識喪失や肺水腫を起こす恐れあり。
■ **法規制**　消防法（危険物）：危険物第4類第3石油類

320 triethylene glycol monoethyl ether
トリエチレングリコールモノエチルエーテル

CAS番号：112-50-5
エーテル類

■ **別名**　エチルトリグリコール、エトキシトリグリコール、2-(2-(2-エトキシエトキシ) エトキシ) エタノール
■ **建築での主な使用例**　溶剤
■ **他の用途**　可塑剤、溶剤、洗浄剤、可塑剤、ブレーキオイル
■ **外観的な特徴等**　無色の吸湿性液体
■ **性状**　［沸点］255℃　［水溶解性］溶ける　［融点］-19℃　［蒸気圧］0.3Pa (20℃)　［比重（水=1）］1.02　［相対蒸気密度（空気=1）］6.2　［分配係数］-0.96（概算値）　［ヘンリー定数］4.77×10^{-14} atmm^3/mol（概算値）
■ **毒性症状**　［短期］皮膚の乾燥。［長期］皮膚の脱脂。
■ **法規制**　消防法（危険物）：危険物第4類第3石油類
■ **備考**　床面に沿って換気。

321 trichlosan
トリクロサン

CAS番号：3380-34-5
エーテル類

■ **別名**　2,4,4'-トリクロロ-2'-ヒドロキシジフェニルエーテル
■ **建築での主な使用例**　抗菌・防臭加工剤
■ **他の用途**　抗菌剤（消毒液、うがい薬、歯磨き、石けん、シャンプー、化粧品など）、脱臭剤
■ **外観的な特徴等**　白色の結晶性粉末
■ **性状**　［沸点］280～290℃　［水溶解性］微溶　［融点］54～57.3℃　［蒸気圧］5.33×10^{-4} Pa (20℃)　［分配係数］4.76　［ヘンリー定数］1.5×10^{-7} atmm^3/mol（概算値）　［生物分解性］難分解性、低濃縮性
■ **曝露経路**　吸入、経口摂取により体内へ吸収される

［321］トリクロサン

322 trichloroethylene
トリクロロエチレン

CAS番号：79-01-6
含ハロゲン類

■ **別名**　トリクレン、トリクロロエテン、三塩化エチレン、三塩化エテン、TCE、エチニルトリクロライド
■ **建築での主な使用例**　溶剤など
■ **他の用途**　溶剤（染料・塗料・生ゴム・油脂・ピッチ）、機械部品・電子部品などの脱脂洗浄剤、羊毛の脱脂洗浄、皮革・膠着剤の洗剤、殺虫剤・防虫剤、冷媒（代替フロン）、消火剤、抽出剤（香料）、合成中間体
■ **外観的な特徴等**　無色の液体、クロロホルム臭
■ **性状**　[沸点] 87℃　[水溶解性] 難溶　[融点] －73℃　[蒸気圧] 9.2kPa（25℃）　[比重（水＝1）] 1.5　[相対蒸気密度（空気＝1）] 4.5　[分配係数] 2.42　[ヘンリー定数] 9.85×10^{-3} atm㎥/mol　[生物分解性] 難分解性、低濃縮性　[代謝性] 体内における蓄積性は低く、肝臓で代謝され尿中に排出される。人の尿中代謝物濃度減少より見た生物学的半減期は約40時間。
■ **曝露経路**　吸入、経皮、経口摂取により体内へ吸収される
■ **毒性症状**　[短期] 眼、皮膚、気道への刺激。吸入、経口摂取によるめまい・頭痛・吐き気・嗜眠・脱力感・腹痛・化学性肺炎・肝障害・貧血、重症の場合は意識喪失・肺水腫を起こすこともある。中枢神経系への影響、呼吸不全・意識低下。皮膚の乾燥・発赤、眼の発赤・痛み。[長期] 皮膚炎。中枢神経系への影響、記憶障害・集中力低下。肝臓・腎臓への影響。[発がん性] 人に対しておそらく発がん性を示す（IARC発がん性分類2A）。
■ **法規制**　化審法：第二種特定化学物質、水質汚濁防止法：人の健康に係わる物質、大気汚染防止法：有害大気汚染物質（指定物質・優先取り組み物質）、土壌汚染対策法：第一種特定有害物質、水道法：基準項目、労働安全衛生法（名称等の表示）：名称等を表示すべき有害物・名称等を通知すべき有害物、労働安全衛生法（特化物等）：第1種有機溶剤、家庭用品規制法：規制物質、海洋汚染防止法：C類物質等、化学物質排出把握管理促進法：第一種指定化学物質、下水道法：有害物質、廃棄物処理法：規制物質
■ **備考**　皮膚から吸収されることがある。飲酒により有害作用が増大。添加された安定剤や抑制剤がこの物質の毒性に影響を与える可能性がある。近年、代替フロン原料としての使用量が増加している。

323 trimellitic trioctyl
トリメリト酸トリオクチル

CAS番号：89-04-3
エステル類

■ **別名**　TOTM
■ **建築での主な使用例**　可塑剤
■ **他の用途**　可塑剤、化粧品の増粘剤
■ **外観的な特徴等**　淡黄色透明油状液体

■ 性状　［沸点］278〜283℃　［水溶解性］溶けない　［蒸気圧］0.5Pa（20℃）　［比重（水=1）］0.99　［分配係数］11.81（概算値）　［ヘンリー定数］$5.53 \times 10^{-7} atm^3/mol$

■ 曝露経路　吸入、経皮、経口摂取により体内へ吸収される

■ 毒性症状　［短期］多量に飲み込むと口腔・喉・消化管・胃腸を刺激する可能性がある。軽度に眼を刺激する。蒸気やミストを吸い込むと呼吸を刺激する可能性がある。

■ 毒性症状　［短期］眼や気道の刺激、中枢神経系への影響。経口摂取による化学性肺炎、高濃度の場合は不整脈・意識喪失。吸入による咳・咽頭痛・めまい・嗜眠・頭痛・吐き気・意識喪失。皮膚の乾燥・発赤。眼の発赤・痛み。経口摂取による灼熱感・腹痛。［長期］皮膚の脱脂。中枢神経系への影響。騒音による聴力障害の増強。生殖・発生毒性の可能性あり。［発がん性］人に対する発がん性について分類できない（IARC発がん性分類3）。

■ 室内濃度指針値　$260 \mu g/m^3$（0.07ppm）

■ 法規制　水質汚濁防止法：要監視項目に係わる物質、大気汚染防止法：有害大気汚染物質、水道法：目標設定項目、悪臭防止法：特定悪臭物質、労働安全衛生法（名称等の表示）：名称等を表示すべき有害物・名称等を通知すべき有害物、労働安全衛生法（特化則等）：第2種有機溶剤、消防法（危険物）：危険物第4類第1石油類、毒物及び劇物取締法：劇物、海洋汚染防止法：C類物質、化学物質排出把握管理促進法：第一種指定化学物質

■ 備考　妊婦への曝露を避ける！　飲酒により有害作用が増大。樹脂の溶解性に優れ揮発しやすいため、接着剤・塗料・インキ等の有機溶剤によく用いられる。ガソリンにも含まれている。

324　toluene

トルエン

CAS番号：108-88-3
芳香族炭化水素

■ 別名　メチルベンゼン、トルオール、フェニルメタン

■ 建築での主な使用例　接着剤、塗料、インキ、ワックス、防水剤の溶剤

■ 他の用途　溶剤（接着剤や塗料等の樹脂の溶解）、洗浄剤、医薬、医薬中間体、合成中間体

■ 外観的な特徴　無色の液体、ガソリンのような臭気

■ 性状　［沸点］111℃　［水溶解性］溶けない　［融点］-95℃　［蒸気圧］3.8kPa（25℃）　［比重（水=1）］0.87　［相対蒸気密度（空気=1）］3.1　［分配係数］2.69　［ヘンリー定数］$6.64 \times 10^{-3} atm^3/mol$　［生物分解性］分解性良好　［代謝性］尿中代謝物から求めた人における生物学的半減期は約6時間

■ 曝露経路　吸入、経皮、経口摂取により体内へ吸収される

325 toluendiisocyanate
トルエンジイソシアネート

CAS番号：26471-62-5
イソシアネート化合物

- **■ 別名** トリレンジイソシアネート、TDI
- **■ 建築での主な使用例** 接着剤・塗料・断熱材（ウレタン樹脂）の原料、硬化剤
- **■ 他の用途** 接着剤・塗料・断熱材（ウレタン樹脂）の原料、繊維処理剤
- **■ 外観的な特徴等** 無色～淡黄色の液体または結晶、刺激臭
- **■ 性状** ［沸点］251℃　［水溶解性］激しく反応する　［融点］11～14℃　［蒸気圧］3.07Pa（25℃）　［比重（水=1）］1.22　［相対蒸気密度（空気=1）］6.0　［分配係数］3.74（概算値）　［ヘンリー定数］1.11×10^{-5} atmm^3/mol（概算値）
- **■ 曝露経路** 吸入、経口摂取により体内へ吸収される
- **■ 毒性症状** ［短期］眼、皮膚、気道への刺激。喘息・化学気管支炎・肺炎・肺水腫。高濃度では死に至ることがある。吸入による咳・咽頭痛・息切れ・吐き気・嘔吐。経口摂取による腹痛・吐き気・嘔吐・下痢。皮膚の発赤・水泡・痛み・灼熱感。眼の発赤・痛み・かすみ・視力障害。［長期］皮膚の感作。喘息。変異原性あり（2,6-TDI）。［発がん性］人に対して発がん性を示す可能性がある（IARC発がん性分類2B）。
- **■ 法規制** 水質汚濁防止法：要調査項目に係わる物質、大気汚染防止法：有害大気汚染物質、労働安全衛生法（名称等の表示）：名称等を表示すべき有害物・名称等を通知すべき有害物、労働安全衛生法（特化物等）：特定化学物質第2類、消防法（危険物）：危険物第4類第3石油類、海洋汚染防止法：C類物質等、化学物質排出把握管理促進法：第一種指定化学物質
- **■ 備考** あらゆる接触を避ける！　肺水腫や喘息などの症状は遅れて現れることがある。また、この物質で喘息症状を起こした場合は以後この物質には接触しないこと。工業用のトルエンジイソシアナートは2,4-TDI：2,6-TDI=80：20の混合体であり、TDIは一般名（2,4-トルエンジイソシアネート：CAS No.584-84-9、2,6-トルエンジイソシアネート：CAS No.91-08-7）。

326 naphtha
ナフサ

CAS番号：8030-30-6
芳香族炭化水素

- **■ 別名** 石油ナフサ
- **■ 建築での主な使用例** 溶剤
- **■ 他の用途** 燃料、洗浄剤、合成中間体
- **■ 外観的な特徴等** 濃い麦色から無色の液体、特異臭
- **■ 性状** ［沸点］40～216℃　［水溶解性］難溶　［蒸気圧］4.253kPa（25℃）　［比重（水=1）］0.7～0.892
- **■ 曝露経路** 吸入、経皮、経口摂取により体内へ吸収される
- **■ 毒性症状** ［短期］眼、皮膚、粘膜、気道の刺激。吸入または経口摂取により、頭痛、めまい、悪心、嘔吐、息切れ、咳、胸痛を起こすことがある。高濃度蒸気の吸入による麻酔作用により意識を喪失することがある。［長期］肺水腫等を起こすことがある。頭痛、食欲不振、めまい、不眠症、消化不良、およ

び吐き気を起こすことがある。
■ **法規制** 労働安全衛生法（名称等の表示）：名称等を表示すべき有害物・名称等を通知すべき有害物、労働安全衛生法（特化物等）：第3種有機溶剤、消防法（危険物）：危険物第4類第1石油類、海洋汚染防止法：B類物質等
■ **備考** 石油を精製する工程で得られる。ガソリンの沸点範囲（30〜200℃）にあり、粗製ガソリンとも呼ばれている。沸点約100℃以下の軽質ナフサと沸点約100〜200℃の重質ナフサに区別される。ナフサの重要な用途は自動車ガソリンなどの燃料である。ナフサを高い温度で分解し、エチレン、プロピレン、ブタジエン、ベンゼン、トルエン、キシレンなどの工業原料を生産する。単一製品はn-ヘキサンを約20%含有。

327 naphthalene
ナフタレン

CAS番号：91-20-3
芳香族炭化水素

■ **別名** ナフタリン
■ **建築での主な使用例** 畳の防虫剤
■ **他の用途** 防虫剤(畳など)、殺虫剤、火薬、爆薬、顔料、塗料、溶剤、洗浄剤、合成中間体、安定剤、酸化・老化防止剤
■ **外観的な特徴等** 無色結晶、特異臭（強いコールタール臭）
■ **性状** ［沸点］218℃ ［水溶解性］溶けない ［融点］80℃ ［蒸気圧］11Pa（25℃）［比重（水=1）］1.16 ［相対蒸気密度（空気=1）］4.18 ［分配係数］3.3 ［ヘンリー定数］4.4×10^{-4} atmm³/mol

■ **曝露経路** 吸入、経皮、経口摂取により体内へ吸収される
■ **毒性症状** ［短期］血液への影響（血液細胞の損傷など）。吸入による頭痛・錯乱・吐き気・嘔吐・発汗・黄疸・色の濃い尿。経口摂取によるめまい・腹痛・下痢・痙攣・意識喪失。［長期］血液への影響（慢性溶血性貧血など）、眼への影響（白内障）。［発がん性］人に対して発がん性を示す可能性がある（IARC発がん性分類2B）。
■ **法規制** 水質汚濁防止法：要調査項目に係わる物質、大気汚染防止法：有害大気汚染物質、労働安全衛生法（名称等の表示）：名称等を通知すべき有害物、海洋汚染防止法：A類物質等
■ **備考** 防虫性に優れるため、畳や衣類の防虫剤等によく用いられる。昇華性があるため室温でも気化する。

328 zinc naphthenate
ナフテン酸亜鉛

CAS番号：12001-85-3
その他

■ **別名** NZN
■ **建築での主な使用例** 防腐・防かび剤
■ **他の用途** 殺菌剤、塗料の皮張り防止
■ **外観的な特徴等** 黄色〜茶色液体
■ **性状** ［水溶解性］溶けない
■ **曝露経路** 吸入、経皮、経口摂取により体内へ吸収される
■ **毒性症状** ［短期］ミストの吸入による鼻・喉・気道の刺激。軽度に皮膚の発赤や刺激を生じる。

[327] ナフタレン

329 copper naphthenate
ナフテン酸銅

CAS番号：1338-02-9
その他

- **別名**　ナフテン酸銅塩、NUC
- **建築での主な使用例**　防腐・防かび剤
- **他の用途**　殺虫剤・防虫剤
- **外観的な特徴等**　暗緑色の粘稠液体
- **性状**　[水溶解性] 溶けない　[蒸気圧] <0.133Pa（100℃）　[比重（水=1）] 1.055
- **曝露経路**　吸入、経口摂取により体内へ吸収される
- **毒性症状**　[短期] 眼、皮膚、粘膜への刺激。吸入による咳。皮膚や眼の発赤。
- **法規制**　水質汚濁防止法：生活環境に係わる物質・要調査項目に係わる物質、土壌汚染対策法：第二種特定有害物質、水道法：基準項目、労働安全衛生法（名称等の表示）：名称等を通知すべき有害物、化学物質排出把握管理促進法：第一種指定化学物質、下水道法：規制物質
- **備考**　この物質は一般的に溶液としてのみ使用される。溶剤にはミネラルスピリットや鉱油が用いられ、沸点・融点などの物性や毒性は使用される溶剤に依存する。市販の製剤に用いられている溶剤によっては中枢神経系や肺への影響に注意が必要である。

330 lead
鉛

CAS番号：7439-92-1
重金属

- **別名**　ナマリ
- **建築での主な使用例**　塗料の着色用の顔料（赤色の下塗り錆止め塗料、黄色や橙色等の上塗り塗料）に鉛あるいは鉛化合物（鉛丹、亜酸化鉛、クロム酸鉛、シアナミド鉛等）として使用される
- **他の用途**　無機顔料の原料、合成中間体、合金、セラミックス、電池、防音材
- **外観的な特徴等**　帯青白色あるいは銀灰色の柔らかい金属、空気に曝露すると変色する
- **性状**　[沸点] 1740℃　[水溶解性] 溶けない　[融点] 327.5℃　[蒸気圧] 0.403×10^{-6}Pa（25℃、概算値）　[比重（水=1）] 11.34　[分配係数] 0.73（概算値）　[ヘンリー定数] 2.45×10^{-2}atm³/mol
- **曝露経路**　吸入、経口摂取により体内へ吸収される
- **毒性症状**　[短期] 経口摂取による腹痛・吐き気・嘔吐。[長期] 血液・骨髄・中枢神経系・末梢神経系・腎臓への影響、貧血、脳症（痙攣など）、末梢神経疾患、胃痙攣、腎障害。人で生殖・発生毒性を引き起こす。[発がん性] 人に対して発がん性を示す可能性がある（IARC発がん性分類2B）。
- **法規制**　水質汚濁防止法：人の健康に係わる物質、大気汚染防止法：排出基準等に係わる物質、土壌汚染対策法：第二種特定有害物質、水道法：基準項目、労働安全衛生法（名称等の表示）：名称等を通知すべき有害物、労働安全衛生法（特化物等）：鉛中毒予防規則、化学物質排出把握管理促進法：第一種指定化

学物質(特定第一種)
■ **備考** 妊婦への曝露を避ける! 鉛または鉛化合物は塗料の顔料としてよく使用されている。これらの鉛を含む塗膜が劣化して剥げ落ちて飛散し、それが土壌やほこりに入り込み、子どもが手などに付着したものを舐めたりして体内に取り込まれることが懸念されている。アメリカでは、床やカーペット・窓の敷居のほこり、住居や庭の遊び場の土壌に含まれる鉛の基準値が設定されている。東京都は2002年9月に「化学物質の子どもガイドライン-鉛ガイドライン(塗料編)-」を公表し、剥がれ落ちた塗料に含まれる鉛に対して注意喚起している。

331 carbon dioxide
二酸化炭素

CAS番号:124-38-9
その他

■ **別名** 炭酸ガス
■ **建築での主な使用例** 石油やガスの燃焼で生じる。ヒトの呼気に含まれる。ものが燃えると発生する。
■ **他の用途** 合成中間体、ドライアイス、消火剤、殺虫剤・防虫剤、炭酸飲料、植物成長促進剤
■ **外観的な特徴等** 無色の気体、無臭(圧縮により液化する)
■ **性状** [昇華点]−79℃ [水溶解性]反応する [蒸気圧]644kPa(25℃) [相対蒸気密度(空気=1)]1.5 [分配係数]0.83 [ヘンリー定数]1.52×10^{-2} atmm³/mol(概算値)
■ **曝露経路** 吸入により体内へ吸収される

■ **毒性症状** [短期]吸入によるめまい・頭痛・血圧上昇・頻脈。高濃度では過呼吸を起こし、意識喪失することがある。液体に触れると皮膚や眼に凍傷を起こす。[長期]代謝への影響。
■ **法規制** 建築物衛生法:維持管理基準
■ **備考** ワインやビールなどの発酵過程で放出される。

332 nitrogen dioxide
二酸化窒素

CAS番号:10102-44-0
その他

■ **別名** 過酸化窒素
■ **建築での主な使用例** 石油やガスの燃焼で生じる
■ **他の用途** 合成中間体、酸化剤
■ **外観的な特徴等** 赤褐色の気体、刺激臭(低温では黄色の液体、固体は無色)
■ **性状** [沸点]21.2℃ [水溶解性]反応する [融点]−9.3℃ [蒸気圧]121kPa(25℃) [比重(水=1)]1.45(液体) [相対蒸気密度(空気=1)]1.58 [分配係数]−0.58(概算値) [ヘンリー定数]2.45×10^{-2} atmm³/mol(概算値)
■ **曝露経路** 吸入、経口摂取により体内へ吸収される
■ **毒性症状** [短期]眼、皮膚、気道への刺激。高濃度の場合、死に至ることがある。吸入、経口摂取によるめまい・頭痛・吐き気・嘔吐・発汗・咳・咽頭痛・息切れ・喘鳴、肺水腫。皮膚や眼の発赤・痛み。[長期]免疫系、肺への影響。遺伝子損傷の可能性あり。動物実験で催奇形性あり。

■ **法規制** 大気汚染防止法：特定物質・排出基準等に係わる物質、労働安全衛生法（名称等の表示）：名称等を通知すべき有害物
■ **備考** 肺水腫の症状は刺激性のない濃度でも起こり、遅れて現れることがある。大気中に含まれる一般的な窒素酸化物。

333 nitroethane
ニトロエタン

CAS番号：79-24-3
含窒素化合物

■ **建築での主な使用例** ビニル樹脂・ワックス等の溶剤
■ **他の用途** 燃料、火薬、爆薬、溶剤、洗浄剤、農薬全般、安定剤、酸化・老化防止剤、
■ **外観的な特徴等** 弱い不快臭のある無色澄明の油状液体
■ **性状** ［沸点］114℃　［水溶解性］溶ける　［融点］−50℃　［蒸気圧］2.08kPa（20℃）　［比重（水=1）］1.05　［相対蒸気密度（空気=1）］2.6　［分配係数］0.2　［ヘンリー定数］4.76×10^{-5} atm・m³/mol
■ **曝露経路** 蒸気の吸入、経口摂取により体内へ吸収される
■ **毒性症状** ［短期］吸入による頭痛・咳・めまい・息切れ・痙攣・意識喪失・脱力感。皮膚や眼の発赤。経口摂取による腹痛・紫色の唇や爪や皮膚・咽頭痛。催涙性、眼・気道の刺激。血液に影響を与えてチアノーゼを生じメトヘモグロビンを生成することがある。高濃度の場合は意識低下。これらの影響は遅れて現われることがある。医学的な経過観察が必要。
■ **法規制** 消防法（危険物）：危険物第5類、労働安全衛生法（名称等の表示）：名称等を通知すべき有害物、海洋汚染防止法：D類物質等

334 nitrocellulose
ニトロセルロース

CAS番号：9004-70-0
高分子化合物

■ **別名** 硝化綿、NC、硝酸セルロース、硝酸繊維素、綿火薬、コロジオン
■ **建築での主な使用例** 塗料、インキ、接着剤
■ **他の用途** 火薬、爆薬、顔料、塗料、医薬、医薬中間体、セルロイド
■ **外観的な特徴等** 無味無臭の個体
■ **性状** ［水溶解性］溶けない　［比重（水=1）］1.67
■ **曝露経路** 吸入、経皮、経口摂取により体内へ吸収される
■ **毒性症状** ［短期］粉末を多量に吸い込むと内臓障害を起こす。
■ **法規制** 消防法（危険物）：危険物第5類

335 urea
尿素

CAS番号：57-13-6
その他

■ **別名** ウレア、カルボニルアミド、ユリア
■ **建築での主な使用例** 合板の接着剤（ユリア・メラミン樹脂）の原料
■ **他の用途** 化粧品（角質軟化・保湿剤）

[335] 尿素

$$H_2N-\overset{\overset{O}{\|}}{C}-NH_2$$

■ **外観的な特徴等** 白色結晶、特異臭
■ **性状** ［沸点］分解 ［水溶解性］混和する ［融点］132.7～135℃ ［蒸気圧］$1.6×10^3$Pa（25℃、外挿値）［比重（水=1）］1.32 ［分配係数］－3.00～－1.54 ［ヘンリー定数］$1.74×10^{-12}$atm m³/mol（概算値）［生物分解性］分解性良好
■ **曝露経路** 吸入、経口摂取により体内へ吸収される
■ **毒性症状** ［短期］眼、皮膚、気道への刺激。吸入による咳・咽頭痛・息切れ。経口摂取による頭痛・痙攣・吐き気・嘔吐。皮膚や眼の発赤。［長期］皮膚炎。不快感・吐き気・頭痛などを起こすことがある。

336 carbon disulfide
二硫化炭素

CAS番号：75-15-0
その他

■ **別名** 二硫炭、硫化炭素、硫炭
■ **建築での主な使用例** 石油やガスの燃焼で生じる。壁紙やふすま紙などに使用されるレーヨンの製造用溶剤
■ **他の用途** 溶剤（油脂・ゴム・硫黄など）、洗浄剤、殺虫燻蒸剤、農薬・医薬品中間体、合成中間体、ゴムの硫化剤
■ **外観的な特徴等** 無色の液体、特異臭（クロロホルム様）
■ **性状** ［沸点］46℃ ［水溶解性］難溶 ［融点］－111℃ ［蒸気圧］47.8kPa（25℃）［比重（水=1）］1.26 ［相対蒸気密度（空気=1）］2.63 ［分配係数］1.84 ［ヘンリー定数］$1.44×10^{-2}$atm m³/mol ［生物分解性］難分解性、低濃縮性 ［代謝性］体内に取り込まれた約1/4は呼気中に、ごく一部が尿中に未変化のまま排出され、残りは代謝物として排泄される
■ **曝露経路** 吸入、経皮、経口摂取により体内へ吸収される
■ **毒性症状** ［短期］眼、皮膚、気道への刺激。経口摂取による化学性肺炎。中枢神経系への影響。麻酔作用があり、意識低下することがある。200～500ppmに曝露すると死に至ることがある。吸入、経口摂取によるめまい・頭痛・吐き気・息切れ・嘔吐・脱力感・被刺激性・幻覚。皮膚の乾燥・発赤。眼の発赤・痛み。［長期］変異原性あり。皮膚炎。循環器系、中枢神経系への影響。血管障害・冠動脈性心疾患、重度の神経行動学的症状、多発性神経炎、精神障害。生殖毒性の可能性あり。
■ **法規制** 化審法：第二種監視化学物質、水質汚濁防止法：要調査項目に係わる物質、大気汚染防止法：特定物質・有害大気汚染物質、労働安全衛生法（名称等の表示）：名称等を表示すべき有害物・名称等を通知すべき有害物、労働安全衛生法（特化物等）：第1種有機溶剤、毒物及び劇物取締法：劇物、海洋汚染防止法：B類物質等、化学物質排出把握管理促進法：第一種指定化学物質、高圧ガス保安法：可燃性ガス、高圧ガス保安法：毒性ガス
■ **備考** 妊婦への曝露を避ける！ 皮膚から吸収されることがある。蒸気は空気よりも重く、床に沿って移動することがあり、引火しやすいので火気に注意が必要である。また、この液体を下水に流してはならない。

337 nonanal
ノナナール

CAS番号：124-19-6
アルデヒド類

■ **別名**　1-ノニルアルデヒド、n-ノニルアルデヒド、1-ノナナール、n-ノナナール
■ **建築での主な使用例**　塗料の溶剤に使用されているノナノールが酸化、あるいは微生物に代謝されることにより生成されている可能性がある
■ **他の用途**　香料、防腐剤、柑橘系の精油
■ **外観的な特徴等**　無色〜黄色の透明液体、芳香
■ **性状**　［沸点］185℃　［水溶解性］溶けない　［融点］63℃　［蒸気圧］49.3Pa (25℃)　［比重（水=1）］0.822　［相対蒸気密度（空気=1）］4.94　［分配係数］3.27（概算値）　［ヘンリー定数］7.34×10⁻⁴ atmm³/mol
■ **曝露経路**　吸入、経皮により体内へ吸収される
■ **毒性症状**　［短期］眼・鼻・皮膚の刺激、薬傷。吸入による咳・息切れを生じて、重症の場合は急性気管支炎・肺水腫を起こす恐れがある。
■ **室内濃度指針値**　41μg/m³（0.007ppm）暫定値のため継続した検討が必要
■ **法規制**　消防法（危険物）：危険物第4類第3石油類
■ **備考**　フレーバーのような香気を有するため、香料等によく用いられる。レモンやライムの精油に含まれている。

338 nonyl phenol
ノニルフェノール

CAS番号：25154-52-3
フェノール類

■ **建築での主な使用例**　防かび剤、油性ワニス
■ **他の用途**　界面活性剤、洗剤、殺菌剤、防かび剤、防汚剤、殺虫剤、防虫剤、合成樹脂、合成中間体、安定剤、酸化・老化防止剤、油性ワニス、ゴム助剤、加硫促進剤
■ **外観的な特徴等**　特徴的な臭気のある淡黄色の粘稠(ねんちゅう)液体
■ **性状**　［沸点］293〜297℃　［水溶解性］難溶　［融点］2℃　［蒸気圧］10Pa (20℃)　［比重（水=1）］0.95　［相対蒸気密度（空気=1）］7.59　[分配係数］3.28　［ヘンリー定数］4.3×10⁻⁶ atmm³/mol
■ **曝露経路**　吸入、経口摂取により体内へ吸収される
■ **毒性症状**　［短期］吸入による咽頭痛・灼熱感・咳・息苦しさ・息切れ。皮膚の発赤・痛み・灼熱感・皮膚熱傷・水疱。眼の発赤・痛み・重度の熱傷。経口摂取による咽頭痛・灼熱感・腹痛・下痢・吐き気・ショック・虚脱。眼・皮膚・気道に対する腐食性。医学的な経過観察が必要。
■ **法規制**　水質汚濁防止法：生活環境に係わる物質・要調査項目に係わる物質、水道法：基準項目、消防法（危険物）：危険物第4類第3石油類、海洋汚染防止法：A類物質等、化学物質排出把握管理促進法：第一種指定化学物質

[338] ノニルフェノール
OH—C₆H₄—C₉H₁₉

339 zinc salts of versatic acids
バーサチック酸亜鉛
その他

- ■ **別名**　VZN
- ■ **建築での主な使用例**　防腐・防かび剤
- ■ **曝露経路**　吸入、経皮、経口摂取により体内へ吸収される

340 disodium octaborate tetrahydrate
八ほう酸二ナトリウム
CAS番号：12008-41-2
ホウ素化合物

- ■ **別名**　八ほう酸二ナトリウム四水和物
- ■ **建築での主な使用例**　シロアリ防除剤、木材防腐剤、難燃剤
- ■ **他の用途**　殺虫剤
- ■ **外観的な特徴等**　無臭の白色粉末
- ■ **性状**　[水溶解性] 溶ける　[融点] 1000℃　[比重（水=1）] 2.2
- ■ **曝露経路**　吸入、経口摂取により体内へ吸収される
- ■ **毒性症状**　[短期] 大量に飲み込んだ場合、吐き気や嘔吐を起こす可能性がある。粉じんを吸引した場合、気道や粘膜に中程度の刺激がある。

341 para-dichlorobenzene
パラジクロロベンゼン
CAS番号：106-46-7
含ハロゲン類

- ■ **別名**　p-ジクロロベンゼン、1,4-ジクロロベンゼン、p-DCB
- ■ **建築での主な使用例**　衣類等の防虫剤、トイレの芳香剤
- ■ **他の用途**　衣類等の防虫剤、トイレの芳香剤、殺虫剤、農薬全般、衛生材料、合成中間体、防臭剤、染料、調剤
- ■ **外観的な特徴等**　無色～白色の結晶、強い臭気と鋭い刺激臭
- ■ **性状**　[沸点] 174℃　[水溶解性] 溶けない　[融点] 53℃　[蒸気圧] 0.17kPa（20℃）　[比重（水=1）] 1.2　[相対蒸気密度（空気=1）] 5.08　[分配係数] 3.37　[ヘンリー定数] 2.41×10³atm・m³/mol
- ■ **曝露経路**　吸入、経口摂取により体内へ吸収される
- ■ **毒性症状**　[短期] 眼、皮膚、気道の刺激。血液及び中枢神経系への影響、機能障害、溶血性貧血。吸入による灼熱感・咳・嗜眠・頭痛・吐き気・息切れ・嘔吐。皮膚の発赤。眼の痛み。経口摂取による灼熱感・痙攣・下痢。[長期] 腎臓及び血液への影響。[発がん性] 人に対して発がん性を示す可能性がある（IARC発がん性分類2B）。
- ■ **室内濃度指針値**　240μg／m³（0.04ppm）
- ■ **法規制**　水質汚濁防止法：要監視項目に係わる物質、大気汚染防止法：有害大気汚染物質、労働安全衛生法（名称等の表示）：名称等を通知すべき有害物、消防法（危険物）：危険物第2類、海洋汚染防止法：B類物質等、化学物質排出把握管理促進法：第一種指定化学物質

[341] パラジクロロベンゼン
Cl─〈 〉─Cl

■ 備考　防虫性に優れるため、衣類等の防虫剤によく用いられる。昇華性があるため室温でも気化する。

342 paraffin wax
パラフィンワックス

CAS番号：8002-74-2
脂肪族炭化水素

■ 別名　固形パラフィン、セキロウ
■ 建築での主な使用例　防水剤
■ 他の用途　燃料、医薬、医薬中間体、金属防錆・防蝕剤、ロウソク、クレヨン原料
■ 外観的な特徴等　無臭、無色または白色の半透明の固形物、ロウ状
■ 性状　[沸点] 300℃以上　[水溶解性] 溶けない　[融点] 42〜70℃　[比重 (水=1)] 約0.9
■ 曝露経路　ヒュームの吸入により体内へ吸収される
■ 毒性症状　[短期] 眼、鼻、のどの刺激。
■ 法規制　労働安全衛生法 (名称等の表示)：名称等を通知すべき有害物

343 barium
バリウム

CAS番号：7440-39-3
重金属

■ 建築での主な使用例　塗料・顔料・インキの成分、紙・ゴム・合成樹脂の充填材
■ 他の用途　超伝導材料、合金、X線検査時の造影剤
■ 外観的な特徴等　銀白色の光沢ある金属
■ 性状　[沸点] 1640℃　[水溶解性] 激しく反応する　[融点] 725℃　[蒸気圧] 5.65×10^{-7} Pa (25℃、概算値)　[比重 (水=1)] 3.6　[分配係数] 0.23 (概算値)
■ 曝露経路　吸入、経口摂取により体内へ吸収される
■ 毒性症状　[短期] 眼、皮膚、気道への刺激。腐食性が強く、重症の薬傷を起こす。吸入、経口摂取による咳・咽頭痛・消化器系の粘膜に穿孔、出血・嘔吐・下痢・脊髄や延髄の刺激。皮膚の発条。眼の発赤・痛み。[長期] 微粉末の繰り返し吸入による咳・息切れ・気管支炎・じん肺症。継続的な経口摂取は腎臓への影響。
■ 法規制　水質汚濁防止法：要調査項目に係わる物質、大気汚染防止法：有害大気汚染物質、労働安全衛生法 (名称等の表示)：名称等を通知すべき有害物、消防法 (危険物)：危険物第3類アルカリ土類金属、化学物質排出把握管理促進法：第一種指定化学物質
■ 備考　硫酸バリウム (エックス線の造影剤) 以外のバリウムイオンは人体に有害。湿気や水と激しく反応して水素を発生するので、発火・爆発の危険性がある。この物質を下水に流してはならない。

344 bisphenol A
ビスフェノールA

CAS番号：80-05-7
アルコール類

■ 別名　2,2-ビス (4-ヒドロキシフェニル) プロパン、BPA
■ 建築での主な使用例　建材・家具に使用さ

れるポリカーボネート樹脂や接着剤に使用されるエポキシ樹脂の原料
■ **他の用途** 合成樹脂の原料、安定剤、酸化・老化防止剤、缶詰のコーティング剤
■ **外観的な特徴等** 白色の結晶（固体）、特異臭（ややフェノール臭）
■ **性状** ［沸点］250～252℃ ［水溶解性］溶けない ［融点］152～153℃ ［蒸気圧］5.33×10^{-6}Pa（25℃）［比重（水=1）］1.2 ［分配係数］3.32 ［ヘンリー定数］1.0×10^{-10} atmm³/mol（概算値）［生物分解性］難分解性、低蓄積性
■ **曝露経路** 吸入、経口摂取により体内へ吸収される
■ **毒性症状** ［短期］眼、皮膚、気道への刺激。吸入による咳・咽頭痛。経口摂取による吐き気。皮膚や眼の発赤・痛み。［長期］皮膚の感作。不快感・吐き気・頭痛などを起こすことがある。内分泌かく乱物質。動物実験では催奇形性あり。
■ **法規制** 水質汚濁防止法：生活環境に係わる物質・要調査項目に係わる物質、水道法：要検討項目、化学物質排出把握管理促進法：第一種指定化学物質、廃棄物処理法：規制物質、下水道法：規制物質
■ **備考** 製品からのモノマー溶出に注意。食器用器具・容器包装では溶出濃度が規制されている。

345 arsenic
ヒ素

CAS番号：7440-38-2
重金属

■ **建築での主な使用例** 防蟻剤、化合物は木材防腐剤として使われる
■ **他の用途** 電子工業材料（半導体）、合金、ガラスの脱色、顔料（緑色）、触媒
■ **外観的な特徴等** 灰色の脆い金属様結晶、無臭
■ **性状** ［昇華点］613℃ ［水溶解性］溶けない ［蒸気圧］3.35×10^{-7}Pa（25℃、概算値）［比重（水=1）］5.7 ［分配係数］0.68（概算値）［ヘンリー定数］0.773atmm³/mol（概算値）［生物分解性］環境中に残存
■ **曝露経路** 吸入、経口摂取により体内へ吸収される
■ **毒性症状** ［短期］強い毒性を持ち、致命的な結果を起こすことが多い。眼、皮膚、気道への刺激。消化管、循環系、腎臓、中枢神経系への影響。重度の胃腸炎、腎臓障害。体液と電解質を喪失し、心障害・ショック・痙攣・チアノーゼを生じることがある。吸入による咳・咽頭痛・息切れ・脱力感。経口摂取による腹痛・下痢・嘔吐・灼熱感・ショック・虚脱・意識喪失。皮膚、眼、粘膜の発赤・炎症・潰瘍。［長期］皮膚の感作、皮膚炎。粘膜、肝臓、骨髄、神経系への影響。色素障害・角質増殖・鼻中隔穿孔・神経障害・肝臓障害・貧血。［発がん性］人に対して発がん性を示す（IARC発がん性分類1）。
■ **法規制** 水質汚濁防止法：人の健康に係わる物質、大気汚染防止法：有害大気汚染物質（優先取り組み物質）、土壌汚染対策法：第二種特定有害物質、水道法：基準項目、労働安

全衛生法（名称等の表示）：名称等を通知すべき有害物、毒物及び劇物取締法：毒物、食品衛生法（残留農薬基準）：対象物質、化学物質排出把握管理促進法：第一種指定化学物質、下水道法：有害物質、廃棄物処理法：規制物質
■ 備考　あらゆる接触を避ける！　妊婦への曝露を避ける！　化合物を含めて化学物質排出把握管理促進法の第一種指定化学物質に指定されている。

346 hydroquinone
ヒドロキノン

CAS番号：123-31-9
フェノール類

■ 別名　ハイドロキノン、1,4-ベンゼンジオール、p-ヒドロキシベンゼン、キノール
■ 建築での主な使用例　合成樹脂の重合禁止剤
■ 他の用途　写真現像薬、染料などの合成原料、ゴム添加剤、重合禁止剤
■ 外観的な特徴等　無色の結晶
■ 性状　［沸点］287℃　［水溶解性］溶ける　［融点］172℃　［蒸気圧］8.9×10^{-2}Pa（25℃、外挿値）　［比重（水=1）］1.3　［相対蒸気密度（空気=1）］3.8　［分配係数］0.59　［ヘンリー定数］4.73×10^{-11}atmm^3/mol（概算値）　［生物分解性］分解性良好
■ 曝露経路　吸入、経皮、経口摂取により体内へ吸収される
■ 毒性症状　［短期］眼を激しく刺激、皮膚、気道への刺激。吸入、経口摂取によるめまい・頭痛・咳・息苦しさ・息切れ・耳鳴り・吐き気・嘔吐・痙攣・呼吸困難・チアノーゼ・虚脱、重症の場合は意識喪失・体温低下・麻痺・反射喪失・昏睡を起こし、死に至ることもある。眼の発赤・痛み・かすみ。皮膚の発赤。［長期］皮膚炎、皮膚の感作、皮膚色素の消失。角膜の変色。［発がん性］人に対する発がん性について分類できない（IARC発がん性分類3）。
■ 法規制　水質汚濁防止法：生活環境に係わる物質、大気汚染防止法：有害大気汚染物質、水道法：基準物質、労働安全衛生法（名称等の表示）：名称等を通知すべき有害物、化学物質排出把握管理促進法：第一種指定化学物質、下水道法：環境項目、廃棄物処理法：規制物質
■ 備考　あらゆる接触を避ける！

347 hinokitiol
ヒノキチオール

CAS番号：499-44-5
その他

■ 別名　4-イソプロピルトロポロン、β-ツヤプリシン、2-ヒドロキシ-4-イソプロピル-2,4,6-シクロヘプタ-2,4,6-トリエン-1-オン
■ 建築での主な使用例　ヒバ中性油の成分、シロアリ駆除剤、畳・壁紙の防ダニ・防かび加工剤
■ 他の用途　ヒノキ科植物の精油成分、防ダニ・防かび加工剤、化粧品（殺菌、発毛促進効果）
■ 外観的な特徴等　白色～黄色の結晶、ヒノキの香り
■ 性状　［沸点］140℃（1.3kPa）　［水溶解性］難溶　［融点］52～53℃
■ 曝露経路　吸入、経口摂取により体内へ吸収される

[346] ヒドロキノン
OH
OH

348 bifenthrin
ビフェントリン

CAS番号：82657-04-3
ピレスロイド系殺虫剤

■ **別名** 2-メチル-1,1'-ビフェニル-3-イルメチル=(Z)-3-(2-クロロ-3,3,3-トリフルオロ-1-プロペニル)-2,2-ジメチルシクロプロパンカルボキシラート、[1α,3α(Z)]-(+/-)-3-(2-クロロ-3,3,3-トリフルオロ-1-プロペニル)-2,2-ジメチルシクロプロパンカルボン酸(2-メチル[1,1'-ビフェニル]-3-イル)メチルエーテル
■ **建築での主な使用例** シロアリ防除剤
■ **他の用途** シロアリ防除剤
■ **外観的な特徴等** 白色～微褐色の粉末
■ **性状** ［水溶解性］難溶　［融点］69℃　［蒸気圧］2.4×10^{-5}Pa (25℃)　［分配係数］6.0　［ヘンリー定数］1.0×10^{-6}atmm^3/mol
■ **曝露経路** 吸入、経皮、経口摂取により体内へ吸収される
■ **毒性症状** ［短期］皮膚や粘膜の刺激、眼の発赤・かすみ。吸入または経口摂取によるめまい・頭痛・腹痛・下痢・吐き気・嘔吐、神経系への影響、運動失調、痙攣。
■ **法規制** 毒物及び劇物取締法：劇物、農薬取締法 (作物残留性に係わる登録保留基準)：対象物質、食品衛生法 (残留農薬基準)：対象物質、化学物質排出把握管理促進法：第二種指定化学物質
■ **備考** 殺虫性に優れるため、農薬等によく用いられる。

349 castor oil
ヒマシ油

CAS番号：8001-79-4
その他

■ **建築での主な使用例** 塗料、インキ、ワックスなどの溶剤
■ **他の用途** 溶剤、工業用原料、化粧品、潤滑油
■ **外観的な特徴等** 無色の粘稠(ねんちゅう)な液体、特異臭。
■ **性状** ［沸点］313℃　［水溶解性］溶けない　［融点］-10～-18℃　［比重(水=1)］0.96
■ **曝露経路** 吸入、経口摂取により体内へ吸収される
■ **毒性症状** ［短期］胃腸管を刺激。経口摂取による腹痛・下痢・嘔吐。
■ **法規制** 消防法(危険物)：危険物第4類動植物油類、海洋汚染防止法：D類物質等
■ **備考** とうごまの種子から得られる不乾性油[4]。

350 pyridine
ピリジン

CAS番号：110-86-1
含窒素化合物

■ **建築での主な使用例** ゴム・塗料等の溶剤、ゴムの加硫促進剤など
■ **他の用途** 溶剤、界面活性剤、医薬品(スルホンアミド剤、抗ヒスタミン剤など)の合成中間体、鎮静剤、農薬
■ **外観的な特徴等** 無色の液体、特異臭

---

[348] ビフェントリン

(4) 空気中に放置しておいても酸化せず、固化したり乾燥したりしない油。オリーブ油、つばき油、落花生油、ヒマシ油など。

■ **性状** ［沸点］115℃ ［水溶解性］混和する ［融点］－42℃ ［蒸気圧］2.77kPa（25℃） ［比重（水=1）］0.98 ［相対蒸気密度（空気=1）］2.73 ［分配係数］0.65 ［ヘンリー定数］$1.1×10^{-5}$ atmm³/mol ［生物分解性］分解性良好 ［代謝性］腸管・皮膚などから吸収され、一部はそのまま、一部は代謝されて尿中に排泄される。

■ **曝露経路** 吸入、経皮、経口摂取により体内へ吸収される

■ **毒性症状** ［短期］眼、皮膚、気道への刺激。中枢神経系、胃腸系への影響。吸入によるめまい・頭痛・吐き気・咳・息切れ・血圧低下、重症の場合は意識低下。経口摂取による腹痛・下痢・嘔吐・脱力感。眼の発赤・痛み。皮膚の発赤・灼熱感。［長期］中枢神経系、腎臓・肝臓への影響。［発がん性］人に対する発がん性について分類できない（IARC発がん性分類3）。

■ **法規制** 水質汚濁防止法：要調査項目に係わる物質、大気汚染防止法：特定物質・有害大気汚染物質、労働安全衛生法（名称等の表示）：名称等を通知すべき有害物、消防法（危険物）：危険物第4類第1石油類、海洋汚染防止法：D類物質等、化学物質排出把握管理促進法：第一種指定化学物質

■ **備考** 皮膚から吸収されることがある。蒸気は空気よりも重く、床に沿って移動することがあり、引火しやすいので火気に注意が必要である。臭気は低濃度でも感じられるが、その知覚は急激に消失する。また、この液体を下水に流してはならない。

［350］ピリジン

351 pyridaphenthion

ピリダフェンチオン

CAS番号：119-12-0
有機リン系殺虫剤

■ **別名** チオりん酸O,O-ジエチル-O-（6-オキソ-1-フェニル-1,6-ジヒドロ-3-ピリダジニル）、O,O-ジエチルO-2,3-ジヒドロ-3-オキソ-2-フェニル-6-ピリダジニルホスホロチオアート、O,O-ジエチル=O-（1,6-ジヒドロ-6-オキソ-1-フェニル-3-ピリダジニル）=ホスホロチオアート

■ **建築での主な使用例** シロアリ防除剤
■ **他の用途** 殺虫剤、防虫剤（シロアリ防除剤等）
■ **外観的な特徴等** 淡黄色固体
■ **性状** ［水溶解性］溶けない ［融点］55℃ ［蒸気圧］$1.47×10^{-6}$Pa（20℃） ［比重（水=1）］1.3 ［分配係数］3.2 ［ヘンリー定数］$4.93×10^{-11}$atmm³/mol

■ **曝露経路** 吸入、経皮、経口摂取により体内へ吸収される

■ **毒性症状** ［短期］皮膚・粘膜の刺激や薬傷、眼の発赤・かすみ・瞳孔収縮。吸入または経口摂取によるめまい・頭痛・腹痛・胃痙攣・吐き気・嘔吐、筋力低下、意識喪失、呼吸不全、コリンエステラーゼ阻害剤。［長期］コリンエステラーゼ阻害剤（影響が蓄積される可能性あり）。

■ **法規制** 水道法：対象農薬類、労働安全衛生法（名称等の表示）：名称等を通知すべき有害物、農薬取締法（作物残留性に係わる登録保留基準）：対象物質、農薬取締法（ゴルフ場使用農薬に係る暫定指導指針）：対象物質、農薬取締法（公共用水域等における水質評価指針）：対象物質、農薬取締法（航空防除農薬に

係わる気中濃度評価値）：対象物質、化学物質排出把握管理促進法：第一種指定化学物質
■備考　皮膚から吸収される可能性あり。殺虫性に優れるため、農薬、防疫用薬剤等によく用いられる。

化を及ぼすことがある。喘息の症状は2〜3時間経過しないと現れないことがあり、安静を保たなければ悪化する。この物質により喘息症状を示した場合、以後はこの物質に接触しないこと。

352 pyrethrum
ピレトラム

CAS番号：8003-34-7
ピレスロイド系殺虫剤

■**建築での主な使用例**　防虫剤
■**他の用途**　防虫剤
■**外観的な特徴等**　淡黄色の流動性油、特異臭
■**性状**　［沸点］沸点以下で分解（170℃、10Pa）　［水溶解性］溶けない　［比重（水=1）］0.84〜0.86　［分配係数］4.3（ピレトリンⅠ）、5.9（ピレトリンⅡ）
■**曝露経路**　吸入、経皮、経口摂取により体内へ吸収される
■**毒性症状**　［短期］眼、皮膚、気道への刺激。神経系への影響の可能性あり。吸入による頭痛・吐き気・嘔吐。経口摂取による舌や唇の麻痺、興奮、痙攣、テタヌス性攣縮、筋細動、呼吸不全により死に至ることもある。眼や皮膚の発赤・痛み。［長期］皮膚の感作。喘息。
■**法規制**　労働安全衛生法（名称等の表示）：名称等を通知すべき有害物
■**備考**　ピレトラムはピレトリンⅠ、ⅡおよびシネリンⅠ、ⅡおよびジャスモリンⅠ、Ⅱの混合物。市販の製剤には溶剤が用いられていることがあり、その溶剤の毒性にも注意すること。また、溶剤によってこの物質の毒性に変

353 pyrrolizidine
ピロリジン

CAS番号：123-75-1
含窒素化合物

■**別名**　テトラヒドロピロール
■**建築での主な使用例**　エポキシ樹脂硬化剤、ポリウレタン用触媒
■**他の用途**　医薬中間体、感光紙薬剤
■**外観的な特徴等**　無色〜黄色の液体、刺激臭
■**性状**　［沸点］89℃　［水溶解性］混和する　［融点］-63℃　［蒸気圧］8.36kPa（25℃）　［比重（水=1）］0.85　［相対蒸気密度（空気=1）］2.45　［分配係数］0.46　［ヘンリー定数］2.39×10^{-6} atm³/mol
■**曝露経路**　吸入、経口摂取により体内へ吸収される
■**毒性症状**　［短期］眼、皮膚、気道への刺激、腐食性。中枢神経系への影響。吸入、経口摂取による頭痛・悪心・吐き気・嘔吐・咳・咽頭痛・灼熱感・痙攣・呼吸困難・筋肉麻痺。眼の発赤・痛み・かすみ、重度の熱傷（化学薬傷）。皮膚の発赤・痛み・水泡・熱傷（化学薬傷）。
■**法規制**　消防法（危険物）：危険物第4類第1石油類
■**備考**　蒸気は引火しやすい。

［353］ピロリジン

354 fipronil
フィプロニル

CAS番号：120068-37-3
フェニルピラゾール系殺虫剤

■ **別名** 5-アミノ-1-［2,6-ジクロロ-4-（トリフルオロメチル）フェニル］-3-シアノ-4-［(トリフルオロメチル）スルフィニル］ピラゾール
■ **建築での主な使用例** シロアリ駆除剤
■ **他の用途** 農薬
■ **外観的な特徴等** 白色の結晶（粉末）
■ **性状** ［水溶解性］難溶　［融点］201℃　［蒸気圧］3.71×10^{-7}Pa（25℃）　［比重（水=1)］1.477～1.626　［分配係数］4　［ヘンリー定数］8.42×10^{-10}atmm^3/mol
■ **曝露経路** 吸入、経口摂取により体内へ吸収される
■ **毒性症状** ［短期］眼、皮膚、粘膜への刺激。［長期］不快感・吐き気・頭痛などが起こることがある。
■ **法規制** 化審法：第二種監視化学物質、水質汚濁防止法：人の健康に係わる物質、土壌汚染対策法：第二種特定有害物質、水道法：基準項目、毒物及び劇物取締法：劇物、農薬取締法（水田残留性に係る登録保留基準）：対象物質、食品衛生法（残留農薬基準）：対象物質、化学物質排出把握管理促進法：第一種指定化学物質、廃棄物処理法：規制物質

355 fenitrothion
フェニトロチオン

CAS番号：122-14-5
有機リン系殺虫剤

■ **別名** チオりん酸O,O-ジメチル-O-（3-メチル-4-ニトロフェニル）、MEP、O,O-ジメチル-O-3-メチル-4-ニトロフェニルモノチオリン酸塩、スミチオン
■ **建築での主な使用例** シロアリ防除剤
■ **他の用途** 殺虫剤、防虫剤（シロアリ防除剤等）
■ **外観的な特徴等** 黄色～茶色の液体、特異臭
■ **性状** ［沸点］140～145℃で分解　［水溶解性］溶けない　［融点］0.3℃　［蒸気圧］1.8×10^{-2}Pa（20℃）　［比重（水=1)］1.3　［分配係数］3.27　［ヘンリー定数］9.3×10^{-7}atmm^3/mol
■ **曝露経路** 吸入、経皮、経口摂取により体内へ吸収される
■ **毒性症状** ［短期］眼や皮膚の刺激。神経系への影響、呼吸不全、痙攣、コリンエステラーゼ阻害剤。吸入による咳・頭痛・縮瞳・筋痙直・唾液分泌過多・吐き気・めまい・息苦しさ・痙攣・発汗・意識喪失。皮膚の発赤・痛み。眼の発赤・痛み。経口摂取による嘔吐・胃痙攣・下痢・錯乱・息切れ。［長期］コリンエステラーゼ阻害剤（影響が蓄積される可能性あり）。
■ **法規制** 化審法：第二種監視化学物質、水質汚濁防止法：要監視項目に係わる物質、水道法：対象農薬類、労働安全衛生法（名称等の表示）：名称等を通知すべき有害物、農薬取締法（ゴルフ場使用農薬に係る暫定指導指針）：対象物質、農薬取締法（航空防除農薬に

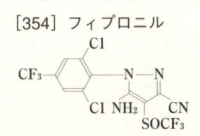

[354] フィプロニル

係わる気中濃度評価値）：対象物質、食品衛生法（残留農薬基準）：対象物質、化学物質排出把握管理促進法：第一種指定化学物質

■**備考** 青少年、小児への曝露を避ける！皮膚から吸収される可能性あり。殺虫性に優れるため、農薬、家庭用殺虫剤、防疫用薬剤等によく用いられる。

356 phenol
フェノール

CAS番号：108-95-2
フェノール類

■**別名** オキシベンゼン、カルボール、石炭酸、分留石炭酸

■**建築での主な使用例** 合板の接着剤（フェノール・ホルムアルデヒド樹脂）の原料、電気機器部品（ソケット、スイッチ、配電盤など）に使われるフェノール樹脂（ベークライト）の原料

■**他の用途** 殺菌剤、防かび剤、防汚剤、農薬、医薬、医薬中間体、合成樹脂の合成中間体、安定剤、酸化・老化防止剤

■**外観的な特徴等** 無色〜黄色、または薄ピンク色の結晶、特異臭

■**性状** ［沸点］182℃ ［水溶解性］溶ける ［融点］43℃ ［蒸気圧］47Pa（25℃）［比重（水=1）］1.06 ［相対蒸気密度（空気=1）］3.2 ［分配係数］1.46 ［ヘンリー定数］3.33×10^{-7} atm³/mol ［生物分解性］分解性良好 ［代謝性］生物学的半減期は約3〜4時間。肝臓・肺・腎臓・小腸の粘膜で様々な物質に代謝されて主に尿中に排泄される。一部は呼気、便にも含まれる。

■**曝露経路** 吸入、経皮、経口摂取により急速に体内へ吸収される

■**毒性症状** ［短期］眼、皮膚、気道への刺激、腐食性。肺水腫。神経系への影響。循環器、腎臓への影響。吸入、経口摂取によるめまい・頭痛・吐き気・嘔吐・咳・咽頭痛・息切れ・息苦しさ・呼吸不全・全身倦怠感・腹痛・下痢・痙攣・ショック・混濁した帯緑暗色尿、重症の場合は肺水腫・錯乱・意識喪失・心不全などを起こし死に至ることもある。皮膚からは吸収されやすく、重度の皮膚熱傷・手足のしびれ・痙攣・虚脱・昏睡。眼の発赤・痛み・重度の熱傷・角膜潰瘍・永久的な視力喪失。［長期］皮膚炎。肝臓、腎臓障害。中枢神経系・呼吸器系・心血管系への影響、不整脈。遺伝子毒性の可能性あり。［発がん性］人に対して発がん性について分類できない（IARC発がん性分類3）。

■**法規制** 水質汚濁防止法：生活環境に係わる物質・要調査項目に係わる物質、大気汚染防止法：特定物質・有害大気汚染物質、水道法：基準項目、労働安全衛生法（名称等の表示）：名称等を表示すべき有害物・名称等を通知すべき有害物、労働安全衛生法（特化物等）：特定化学物質第3類、毒物及び劇物取締法：劇物、海洋汚染防止法：C類物質等、化学物質排出把握管理促進法：第一種指定化学物質、下水道法：環境項目

■**備考** あらゆる接触を避ける！ 皮膚から吸収されやすい。肺水腫などの影響は遅れて現れることもあるので、経過観察が必要である。飲酒により有害作用が増大。

[356] フェノール
OH

357 phenolsulfonic acid
フェノールスルホン酸

CAS番号：98-67-9
有機酸

■ **別名**　4-ヒドロキシフェニルスルホン酸、p-フェノールスルホン酸
■ **建築での主な使用例**　合成樹脂の原料
■ **他の用途**　合成樹脂・染料・医薬品の合成中間体、電気メッキ助剤、金属表面処理剤
■ **外観的な特徴等**　白色～微紅色の結晶または固塊
■ **性状**　[水溶解性] 混和する　[蒸気圧] 4.44×10^{-5} Pa（25℃、概算値）　[比重（水=1）] 1.337　[分配係数] -1.65（概算値）　[ヘンリー定数] 2.62×10^{-13} atm³/mol（概算値）　[生物分解性] 分解性良好
■ **曝露経路**　吸入、経口摂取により体内へ吸収される
■ **毒性症状**　[短期] 眼、皮膚、気道、粘膜への刺激。皮膚の熱傷。
■ **法規制**　水質汚濁防止法：生活環境に係わる物質、水道法：基準物質、下水道法：環境項目

358 fenobucarb
フェノブカルブ

CAS番号：3766-81-2
カーバメート系殺虫剤

■ **別名**　N-メチルカルバミン酸2-sec-ブチルフェニル、バッサ、2-sec-ブチルフェニル-N-メチルカルバメート、2-(1-メチルプロピル)-フェニル-N-メチルカルバメート、2-S-ブチルフェニル-N-メチルカルバマート、BPMC、メチルカルバミンサン-2-s-ブチルフェニル
■ **建築での主な使用例**　シロアリ防除剤
■ **他の用途**　殺虫剤、防虫剤（シロアリ防除剤等）
■ **外観的な特徴等**　白色～淡褐色の固体
■ **性状**　[沸点] 112～113℃　[水溶解性] 難溶　[融点] 31.5℃　[蒸気圧] 1.9×10^{-2} Pa（20℃）　[分配係数] 2.78　[ヘンリー定数] 5.91×10^{-8} atm³/mol
■ **曝露経路**　吸入、経皮、経口摂取により体内へ吸収される
■ **毒性症状**　[短期] 粘膜の刺激、眼の発赤・かすみ・縮瞳。吸入または経口摂取によるめまい・頭痛・腹痛・胃痙攣・吐き気・嘔吐・唾液分泌過多・発汗、コリンエステラーゼ阻害剤、神経系への影響、痙攣、呼吸不全、意識喪失。[長期] コリンエステラーゼ阻害剤（影響が蓄積される可能性あり）。
■ **室内濃度指針値**　33μg／m³（0.0038ppm）
■ **法規制**　化審法：第二種監視化学物質、水質汚濁防止法：要監視項目に係わる物質、水道法：対象農薬類、労働安全衛生法（名称等の表示）：名称等を通知すべき有害物、毒物及び劇物取締法：劇物、農薬取締法（航空防除農薬に係わる気中濃度評価値）：対象物質、食品衛生法（残留農薬基準）：対象物質、化学物質排出把握管理促進法：第一種指定化学物質
■ **備考**　皮膚から吸収される可能性あり。殺虫性に優れるため、農薬等によく用いられる。

[357] フェノールスルホン酸

359 fenthion
フェンチオン

CAS番号：55-38-9
有機リン系殺虫剤

■ **別名** チオりん酸O,O-ジメチル-O-（3-メチル-4-メチルチオフェニル）、バイジット、MPP、ジメチル-4-メチルメルカプト-3-メチルフェニルチオホスフェイト
■ **建築での主な使用例** 畳の防虫剤
■ **他の用途** 防虫剤（畳など）、殺虫剤
■ **外観的な特徴等** 無色の液体、工業用（純度95〜98%）はわずかなニンニク臭のある黄色〜茶色のオイル
■ **性状** ［沸点］沸点以下で分解（210℃以上）　［水溶解性］溶けない　［融点］7.5℃　［蒸気圧］1.4×10^{-3}Pa（25℃）　［比重（水=1）］1.25　［分配係数］4.09　［ヘンリー定数］1.46×10^{-6}atm³/mol
■ **曝露経路** 吸入、経皮、経口摂取により体内へ吸収される
■ **毒性症状** ［短期］神経系への影響、痙攣、呼吸不全、コリンエステラーゼ阻害剤。吸入による痙攣・めまい・息苦しさ・吐き気・意識喪失・嘔吐・縮瞳・筋痙直・唾液分泌過多。皮膚からの吸収による縮瞳。経口摂取による胃痙攣・下痢・吐き気・嘔吐・縮瞳・筋痙直・唾液分泌過多。［長期］コリンエステラーゼ阻害剤（影響が蓄積される可能性あり）。
■ **法規制** 水道法：対象農薬類、労働安全衛生法（名称等の表示）：名称等を通知すべき有害物、毒物及び劇物取締法：劇物、食品衛生法（残留農薬基準）：対象物質、化学物質排出把握管理促進法：第一種指定化学物質
■ **備考** 皮膚から吸収される可能性あり。殺虫性に優れるため、農薬、防疫用薬剤等によく用いられる。

360 butadiene
ブタジエン

CAS番号：106-99-0
脂肪族炭化水素

■ **別名** 1,3-ブタジエン、ジビニル、ビビニル、ビニルエチレン、エリスレン
■ **建築での主な使用例** 接着剤やゴムホースなどに使用されるNBRゴムなどの合成原料
■ **他の用途** 合成ゴム・樹脂原料（SBR、NBR、BR、ABS樹脂など─用途：自動車タイヤ、ゴムホース、ゴルフボール、家電製品）、車の排気ガス、たばこの煙にも含まれる
■ **外観的な特徴等** 無色の気体、特異臭
■ **性状** ［沸点］−4℃　［水溶解性］溶けない　［融点］−109℃　［蒸気圧］281kPa（25℃）　［比重（水=1）］0.6　［相対蒸気密度（空気=1）］1.9　［分配係数］1.99　［ヘンリー定数］7.36×10^{-2}atm³/mol（概算値）　［生物分解性］難分解性、低濃縮性　［代謝性］体内に吸収されると膀胱・呼吸器・消化管・肝臓・腎臓に分布、代謝後、尿中・呼気中に排出される
■ **曝露経路** 吸入により体内へ吸収される
■ **毒性症状** ［短期］眼、皮膚、気道への刺激。中枢神経系への影響。吸入によるめまい・頭痛・吐き気・咳・咽頭痛・嗜眠・意識喪失。眼の発赤・痛み・かすみ。圧縮液化物（液体）に触れた場合、凍傷。［長期］骨髄への影響（白血病）。動物実験では生殖毒性が認められている。変異原性あり。［発がん性］人に対しておそらく発がん性を示す（IARC発がん性分類2A）。

■ **法規制** 化審法：第二種監視化学物質、水質汚濁防止法：要調査項目に係わる物質、大気汚染防止法：優先取り組み物質、労働安全衛生法（名称等の表示）：名称等を通知すべき有害物、化学物質排出把握管理促進法：第一種指定化学物質、高圧ガス保安法：可燃性ガス
■ **備考** あらゆる接触を避ける！ 妊婦への曝露を避ける！ 飲酒により有害作用が増大。この気体は空気よりも重く、床に沿って移動することがあり、引火しやすいので火気に注意が必要である。

361 butanal
ブタナール
CAS番号：123-72-8
アルデヒド類

■ **別名** n-ブチルアルデヒド、ブチルアルデヒド、n-ブタナール
■ **建築での主な使用例** 有機溶剤として使用されるブチルアルコールやアクリル樹脂の原料の1つである2-エチルヘキシルアルコールの原料
■ **他の用途** 合成中間体、加硫剤、加硫促進剤
■ **外観的な特徴等** 無色の液体、特有の刺激臭
■ **性状** ［沸点］75℃ ［水溶解性］微溶 ［融点］－99℃ ［蒸気圧］14.8kPa（25℃）［比重（水＝1）］0.8 ［相対蒸気密度（空気＝1）］2.5 ［分配係数］1.18 ［ヘンリー定数］1.15×10^{-4}atm³/mol（概算値） ［生物分解性］分解性良好
■ **曝露経路** 吸入、経口摂取により体内へ吸収される

■ **毒性症状** ［短期］眼、皮膚、気道への刺激。吸入、経口摂取による灼熱感・胸痛・咳・咽頭痛、重症の場合は意識喪失・肺水腫を起こすことがある。皮膚の発赤・灼熱感。眼の発赤・痛み・薬傷。［長期］変異原性あり。
■ **法規制** 大気汚染防止法：有害大気汚染物質、悪臭防止法：特定悪臭物質、消防法（危険物）：危険物第4類第1石油類、海洋汚染防止法：C類物質等
■ **備考** 蒸気は空気より重く、床に沿って移動することがあり、引火しやすいので火気に注意が必要である。症状は遅れて現れることもある。

362 di-2-ethylhexyl phthalate
フタル酸ジ-2-エチルヘキシル
CAS番号： 117-81-7
フタル酸エステル類

■ **別名** DOP、DEHP、フタル酸ビス-2-エチルヘキシル、ジ-2-エチルヘキシルフタレート
■ **建築での主な使用例** 壁紙、床材などに使用される軟質塩化ビニル樹脂系の可塑剤、接着剤・塗料・インキの可塑剤
■ **他の用途** 可塑剤（軟質塩ビ樹脂など）
■ **外観的な特徴等** 無色～淡色の油状液体、特徴的な臭気
■ **性状** ［沸点］385℃ ［水溶解性］溶けない ［融点］－50℃ ［蒸気圧］1Pa（25℃）［比重（水＝1）］0.986 ［相対蒸気密度（空気＝1）］13.45 ［分配係数］5.03 ［ヘンリー定数］2.7×10^{-7}atm³/mol ［代謝性］体内では脂肪組織での残留性が比較的高い
■ **曝露経路** 吸入、経皮、経口摂取により体

内へ吸収される
■ **毒性症状**　[短期] 眼や気道の刺激。吸入による咳・咽頭痛、眼の発赤・痛み。経口摂取による胃痙攣・下痢・吐き気。[長期] 精巣への影響、生殖毒性の可能性あり。[発がん性] 人に対する発がん性について分類できない（IARC発がん性分類3）。
■ **室内濃度指針値**　120μg／m³（0.0076ppm）
■ **法規制**　水質汚濁防止法：要監視項目に係わる物質、大気汚染防止法：有害大気汚染物質、水道法：目標設定項目、労働安全衛生法（名称等の表示）：名称等を通知すべき有害物、消防法（危険物）：危険物第4類第4石油類、食品衛生法（器具及び容器包装の規格基準）：使用規制（備考参照）、食品衛生法（おもちゃの規格基準）：使用規制（備考参照）、化学物質排出把握管理促進法：第一種指定化学物質
■ **備考**　青少年・小児への曝露を避ける！油脂・脂肪性食品を含有する食品の器具及び容器包装、合成樹脂製のおもちゃには、フタル酸ジ-2-エチルヘキシルを含有する塩化ビニル樹脂を主成分とする合成樹脂の使用禁止。塩化ビニル樹脂の可塑化に優れるため、塩化ビニル樹脂の可塑剤によく用いられる。

363 di-n-butyl phthalate
フタル酸ジ-n-ブチル

CAS番号：84-74-2
フタル酸エステル類

■ **別名**　フタル酸ジブチル、DBP、ジブチルフタレート、ビス（n-ブチル）フタレート、フタル酸ノルマルジブチル、ジ-n-ブチルフタレート

■ **建築での主な使用例**　壁紙、床材などに使用される軟質塩化ビニル樹脂系の可塑剤、接着剤・塗料・インキの可塑剤
■ **他の用途**　染料、顔料、塗料、インキ、溶剤、洗浄剤、接着剤、潤滑剤、殺虫剤、防虫剤、可塑剤、レザー、安全ガラス
■ **外観的な特徴等**　無色～黄色の油状液体、特徴的な臭気
■ **性状**　[沸点] 340℃　[水溶解性] 難溶　[融点] －35℃　[蒸気圧] 10Pa（20℃）　[比重（水=1）] 1.05　[相対蒸気密度（空気=1）] 9.58　[分配係数] 4.72　[ヘンリー定数] $1.81×10^{-6}atmm^3/mol$
■ **曝露経路**　吸入、経口摂取により体内へ吸収される
■ **毒性症状**　[短期] 眼の発赤・痛み。経口摂取による腹痛・下痢・吐き気・嘔吐。[長期] 肝臓への影響（肝機能障害など）、生殖毒性の可能性あり。
■ **室内濃度指針値**　220μg／m³（0.02ppm）
■ **法規制**　大気汚染防止法：有害大気汚染物質、水道法：要検討項目、労働安全衛生法（名称等の表示）：名称等を通知すべき有害物、消防法（危険物）：危険物第4類第3石油類、海洋汚染防止法：A類物質等、化学物質排出把握管理促進法：第一種指定化学物質
■ **備考**　妊婦への曝露を避ける！塩化ビニル樹脂の可塑化に優れるため、塩化ビニル樹脂の可塑剤によく用いられる。

364 di-n-heptyl phthalate
フタル酸ジ-n-ヘプチル
CAS番号：3648-21-3
フタル酸エステル類

■ **別名**　DHP、フタル酸ジヘプチル、ジ-n-ヘプチルフタレート、ジヘプチルフタレート
■ **建築での主な使用例**　壁紙、床材などに使用される軟質塩化ビニル樹脂系の可塑剤、接着剤・塗料・インキの可塑剤
■ **他の用途**　合成樹脂の可塑剤
■ **外観的な特徴等**　無色の液体、無臭
■ **性状**　［沸点］360℃　［水溶解性］難溶　［融点］－46℃　［蒸気圧］2.76×10^{-4} Pa（25℃、概算値）　［比重（水=1）］0.99　［分配係数］7.6（概算値）　［ヘンリー定数］3.54×10^{-6} atmm³/mol（概算値）　［生物分解性］分解性良好、低蓄積性
■ **曝露経路**　吸入、経口摂取により体内へ吸収される
■ **毒性症状**　［短期］蒸気による眼、皮膚、気道への刺激。吸入、経口摂取によるめまい・頭痛・吐き気・咳・咽頭痛・腹痛・胃腸障害。中枢神経系への影響。［長期］人の健康への影響に関するデータが不十分であり、最大の注意を払う必要がある。動物では催奇形性が認められる。
■ **法規制**　水質汚濁防止法：要調査項目に係わる物質、消防法（危険物）：危険物第4類第3石油類、化学物質排出把握管理促進法：第一種指定化学物質

365 diisooctyl phthalate
フタル酸ジイソオクチル
CAS番号：27554-26-3
フタル酸エステル類

■ **別名**　DIOP、ジイソオクチルフタレート
■ **建築での主な使用例**　壁紙、床材などに使用される軟質塩化ビニル樹脂系の可塑剤、接着剤・塗料・インキの可塑剤
■ **他の用途**　合成樹脂の可塑剤
■ **外観的な特徴等**　無色の粘稠な液体
■ **性状**　［沸点］370℃　［水溶解性］溶けない　［融点］－4℃　［蒸気圧］7.33×10^{-4} Pa（25℃）　［比重（水=1）］0.99　［相対蒸気密度（空気=1）］13.5　［分配係数］3〜4（概算値）　［ヘンリー定数］3.14×10^{-5} atmm³/mol（概算値）
■ **曝露経路**　蒸気やエアロゾルの吸入により体内へ吸収される
■ **毒性症状**　［長期］人の健康への影響に関するデータが不十分であり、最大の注意を払う必要がある。
■ **法規制**　水質汚濁防止法：要調査項目に係わる物質
■ **備考**　塩化ビニル樹脂の可塑化に優れるため、塩化ビニル樹脂の可塑剤によく用いられる。

フタル酸ジイソデシル／フタル酸ジイソノニル／フタル酸ジイソブチル

366 diisodecyl phthalate
フタル酸ジイソデシル

CAS番号：26761-40-0
フタル酸エステル類

- **別名**　DIDP、ジイソデシルフタレート
- **建築での主な使用例**　壁紙、床材などに使用される軟質塩化ビニル樹脂系の可塑剤、接着剤・塗料・インキの可塑剤
- **他の用途**　合成樹脂の可塑剤
- **外観的な特徴等**　無色透明の液体
- **性状**　［沸点］250〜257℃　［水溶解性］溶けない　［融点］−50℃　［蒸気圧］7.04×10⁻⁵Pa（25℃）　［比重（水=1）］0.96　［分配係数］4.9　［ヘンリー定数］1.11×10⁻⁶ atmm³/mol（概算値）　［生物分解性］分解性良好、低濃縮性
- **曝露経路**　吸入、経口摂取により体内へ吸収される
- **毒性症状**　［短期］眼、皮膚、粘膜への刺激。皮膚や眼の発赤。経口摂取によるめまい・吐き気・嘔吐。［長期］肝臓に影響。不快感・吐き気・頭痛などを起こすことがある。
- **法規制**　水質汚濁防止法：要調査項目に係わる物質、消防法（危険物）：危険物第4類第4石油類、海洋汚染防止法：D類物質等

367 diisononyl phthalate
フタル酸ジイソノニル

CAS番号：28553-12-0
フタル酸エステル類

- **別名**　DINP、ジイソノニルフタレート
- **建築での主な使用例**　壁紙、床材などに使用される軟質塩化ビニル樹脂系の可塑剤、接着剤・塗料・インキの可塑剤
- **他の用途**　合成樹脂の可塑剤
- **外観的な特徴等**　油状の粘稠な液体
- **性状**　［沸点］244〜255℃　［水溶解性］難溶　［融点］−43℃　［蒸気圧］7.2×10⁻⁵Pa（25℃）　［比重（水=1）］0.98　［分配係数］8.8　［ヘンリー定数］1.49×10⁻⁶ atmm³/mol（概算値）　［生物分解性］分解性良好
- **曝露経路**　吸入、経口摂取により体内へ吸収される
- **毒性症状**　［短期］眼、皮膚、粘膜への刺激。［長期］不快感・吐き気・頭痛などを起こすことがある。実験動物では腫瘍が見つけられているが、人では不明。
- **法規制**　水質汚濁防止法：要調査項目に係わる物質、消防法（危険物）：危険物第4類第4石油類、海洋汚染防止法：D類物質

368 diisobutyl phthalate
フタル酸ジイソブチル

CAS番号：84-69-5
フタル酸エステル類

- **別名**　DIBP、ジイソブチルフタレート
- **建築での主な使用例**　壁紙、床材などに使用される軟質塩化ビニル樹脂系の可塑剤、接着剤・塗料・インキの可塑剤
- **他の用途**　合成樹脂の可塑剤
- **外観的な特徴等**　無色の粘稠液体
- **性状**　［沸点］320℃　［水溶解性］難溶　［融点］−37℃　［蒸気圧］0.887Pa（25℃、概算値）　［比重（水=1）］1.039　［相対蒸気密度（空気=1）］9.58　［分配係数］4.11　［ヘンリー定数］1.22×10⁻⁶ atmm³/mol（概算

値）　［生物分解性］分解性良好
■ **曝露経路**　吸入、経口摂取により体内へ吸収される
■ **毒性症状**　［短期］眼、皮膚、気道、粘膜への刺激。吸入、経口摂取によるめまい・頭痛・吐き気・胃腸障害。中枢神経系への影響。［長期］健康への影響は調べられているが、何も得られていない。
■ **法規制**　水質汚濁防止法：要調査項目に係わる物質、消防法（危険物）：危険物第4類第3石油類、海洋汚染防止法：B類物質等、化学質排出把握管理促進法：第二種指定化学物質

369 diethyl phthalate
フタル酸ジエチル

CAS番号：84-66-2
フタル酸エステル類

■ **別名**　DEP、ジエチルフタレート
■ **建築での主な使用例**　壁紙、床材などに使用される軟質塩化ビニル樹脂系の可塑剤、接着剤・塗料・インキの可塑剤
■ **他の用途**　合成樹脂の可塑剤
■ **外観的な特徴等**　無色の油状液体、無臭
■ **性状**　［沸点］295℃　［水溶解性］溶けない　［融点］－67～－44℃　［蒸気圧］2.8Pa（25℃）　［比重（水=1）］1.1　［相対蒸気密度（空気=1）］7.7　［分配係数］2.47　［ヘンリー定数］6.1×10^{-7}atm m^3/mol（概算値）　［生物分解性］分解性良好
■ **曝露経路**　吸入、経皮、経口摂取により体内へ吸収される
■ **毒性症状**　［短期］眼、皮膚への刺激。中枢神経系への影響。吸入によるめまい・感覚鈍麻。経口摂取による腹痛・吐き気。［長期］

皮膚炎。動物では催奇形性が認められる。
■ **法規制**　水質汚濁防止法：要調査項目に係わる物質、大気汚染防止法：有害大気汚染物質、労働安全衛生法（名称等の表示）：名称等を通知すべき有害物、消防法（危険物）：危険物第4類第3石油類、海洋汚染防止法：C類物質等

370 dicyclohexyl phthalate
フタル酸ジシクロヘキシル

CAS番号：84-61-7
フタル酸エステル類

■ **別名**　ジシクロヘキシルフタレート
■ **建築での主な使用例**　壁紙、床材などに使用される軟質塩化ビニル樹脂系の可塑剤、接着剤・塗料・インキの可塑剤
■ **他の用途**　合成樹脂の可塑剤
■ **外観的な特徴等**　白色の結晶性粉末（固体）
■ **性状**　［沸点］222～228℃　［水溶解性］溶けない　［融点］66℃　［蒸気圧］1.16×10^{-4}Pa（25℃、概算値）　［比重（水=1）］1.4　［分配係数］3～4　［ヘンリー定数］1×10^{-7}atm m^3/mol（概算値）　［生物分解性］分解性良好
■ **曝露経路**　吸入、経口摂取により体内へ吸収される
■ **毒性症状**　［短期］眼、皮膚、気道、粘膜への刺激。吸入、経口摂取によるめまい・頭痛・吐き気。［長期］肝臓への影響。生殖毒性の疑いあり。
■ **法規制**　水質汚濁防止法：要調査項目に係わる物質

[369] フタル酸ジエチル
　　COOC$_2$H$_5$
　　COOC$_2$H$_5$

371 dimethyl phthalate
フタル酸ジメチル

CAS番号：131-11-3
フタル酸エステル類

■ **別名**　DMP、ジメチルフタレート
■ **建築での主な使用例**　壁紙、床材などに使用される軟質塩化ビニル樹脂系の可塑剤、接着剤・塗料・インキの可塑剤
■ **他の用途**　合成樹脂の可塑剤、殺虫剤・防虫剤、香料、合成中間体（アセテートセルロースプラスチック、顔料ラッカー、塩化ビニルフィルム可塑剤の製造）
■ **外観的な特徴等**　無色の油状液体
■ **性状**　［沸点］284℃　［水溶解性］微溶　［融点］5.5℃　［蒸気圧］0.41Pa（25℃）　［比重（水=1）］1.19　［相対蒸気密度（空気=1）］6.69　［分配係数］1.47～2.12　［ヘンリー定数］1.97×10^{-7}atmm³/mol（概算値）　［生物分解性］分解性良好
■ **曝露経路**　吸入、経口摂取により体内へ吸収される
■ **毒性症状**　［短期］眼、皮膚、粘膜への刺激。中枢神経系への影響。高濃度の吸入、経口摂取による咳・頭痛・灼熱感・吐き気・嘔吐・胃腸障害・意識喪失。眼の発赤。［長期］皮膚炎。生殖機能への影響。動物では催奇形性が認められる。
■ **法規制**　水質汚濁防止法：要調査項目に係わる物質、大気汚染防止法：有害大気汚染物質、労働安全衛生法（名称等の表示）：名称等を通知すべき有害物、消防法（危険物）：危険物第4類第3石油類

372 butylbenzyl phthalate
フタル酸ブチルベンジル

CAS番号：85-68-7
フタル酸エステル類

■ **別名**　BBP、ブチルベンジルフタレート
■ **建築での主な使用例**　壁紙、床材などに使用される軟質塩化ビニル樹脂系の可塑剤、接着剤・塗料・インキの可塑剤
■ **他の用途**　合成樹脂の可塑剤
■ **外観的な特徴等**　無色～白色の油状液体、芳香臭
■ **性状**　［沸点］370℃　［水溶解性］溶けない　［融点］-35℃　［蒸気圧］1.1×10^{-3}Pa（25℃）　［比重（水=1）］1.1　［相対蒸気密度（空気=1）］10.8　［分配係数］4.77　［ヘンリー定数］1.26×10^{-6}atmm³/mol（概算値）　［生物分解性］分解性良好
■ **曝露経路**　蒸気の吸入により体内へ吸収される
■ **毒性症状**　［短期］眼、皮膚、気道への刺激。吸入による咳・咽頭痛・頭痛・めまい・感覚鈍麻。皮膚や眼の発赤。［長期］肝臓、腎臓などの機能障害。［発がん性］人に対して発がん性について分類できない（IARC発がん性分類3）。
■ **法規制**　水質汚濁防止法：要調査項目に係わる物質、水道法：要検討項目、消防法（危険物）：危険物第4類第3石油類、海洋汚染防止法：A類物質等、化学物質排出把握管理促進法：第一種指定化学物質
■ **備考**　人にとって重要な食物連鎖において、特に魚類で生物濃縮が起こる。

[371] フタル酸ジメチル

COOCH₃
COOCH₃

373 butane

ブタン

CAS番号：106-97-8
脂肪族炭化水素

■ **建築での主な使用例**　発泡断熱材の発泡用ガス
■ **他の用途**　燃料（天然ガス、LPGガスに含まれる）、合成中間体
■ **外観的な特徴等**　無色の気体（または圧縮液化ガス）、わずかな不快臭
■ **性状**　［沸点］－1℃　［水溶解性］微溶　［融点］－138℃　［蒸気圧］243kPa（25℃）　［比重（水＝1）］0.6　［相対蒸気密度（空気＝1）］2.1　［分配係数］2.89　［ヘンリー定数］0.95atm$\cdot$m^3/mol
■ **曝露経路**　吸入により体内へ吸収される
■ **毒性症状**　［短期］吸入による嗜眠、空気中濃度が高い場合は窒息・酸素欠乏し、意識喪失または死に至ることがある。液体に触れた場合、眼や皮膚の凍傷。
■ **法規制**　労働安全衛生法（名称等の表示）：名称等を通知すべき有害物、高圧ガス保安法：可燃性ガス
■ **備考**　気体は空気よりも重く、床に沿って移動することがあり、引火しやすいので火気に注意が必要である。地球温暖化の原因とされるフロンの代替品として発泡断熱材の発泡用に使用されている。

374 butyl cellosolve

ブチルセロソルブ

CAS番号：111-76-2
エーテル類

■ **別名**　2-ブトキシエタノール、BG、エチレングリコールモノブチルエーテル、ブチセル、ブチルオキシトール、ブチルグリコール
■ **建築での主な使用例**　塗料、インキ、ワックスの溶剤
■ **他の用途**　溶剤（接着剤や塗料等の樹脂の溶解）、染料、顔料、インキ、洗浄剤、洗剤、農薬全般、可塑剤、軟化剤、ブレーキ液、浸透剤
■ **外観的な特徴等**　無色の液体、特徴的な臭気
■ **性状**　［沸点］171℃　［水溶解性］混和する　［融点］－75℃　［蒸気圧］0.10kPa（20℃）　［比重（水＝1）］0.9　［相対蒸気密度（空気＝1）］4.1　［分配係数］0.83　［ヘンリー定数］1.6×10^{-6}atm$\cdot$m^3/mol　［生物分解性］分解性良好
■ **曝露経路**　吸入、経皮、経口摂取により体内へ吸収される
■ **毒性症状**　［短期］眼・皮膚・気道の刺激。中枢神経系の抑制。肝臓や腎臓の障害。吸入による咳・嗜眠・頭痛・吐き気。皮膚の乾燥。眼の発赤・痛み・かすみ目。経口摂取による腹痛・下痢・吐き気・嘔吐。［長期］皮膚の脱脂。造血系への影響、血液疾患。
■ **法規制**　大気汚染防止法：有害大気汚染物質、労働安全衛生法（名称等の表示）：名称等を表示すべき有害物・名称等を通知すべき有害物、労働安全衛生法（特化物等）：第2種有機溶剤、消防法（危険物）：危険物第4類第2石油類、海洋汚染防止法：D類物質等

■ **備考**　皮膚から吸収される可能性あり。揮発速度が遅く、樹脂の溶解性に優れており、塗料等の有機溶剤によく用いられる。

375 butylbenzene
ブチルベンゼン

CAS番号：n-：104-51-8、s-：135-98-8、t-：98-06-6、イソ-：538-93-2　芳香族炭化水素

■ **別名**　n-：n-ブチルベンゼン、ノルマルブチルベンゼン、s-：s-ブチルベンゼン、sec-ブチルベンゼン、2-フェニルブタン、t-：t-ブチルベンゼン、1,1-ジメチルエチルベンゼン、トリメチルフェニルメタン、イソ-：イソブチルベンゼン、i-ブチルベンゼン、2-メチルプロピルベンゼン
■ **建築での主な使用例**　塗料、インキ、ワックスなどの溶剤
■ **他の用途**　合成中間体、液晶製造用原料
■ **外観的な特徴等**　無色の液体
■ **性状**　［沸点］n-：183.3℃、s-：173.5℃、t-：169.1℃、イソ-：172.7℃　［水溶解性］溶けない　［融点］n-：−87.9℃、s-：−82.7℃、t-：−57.8℃、イソ-：−51.4℃　［蒸気圧］n-：0.141kPa（25℃）、s-：0.233kPa（25℃）、t-：0.293kPa（25℃）、イソ-：0.257kPa（25℃）　［比重（水=1）］n-：0.860、s-：0.858、t-：0.866、イソ-：0.867　［相対蒸気密度（空気＝1）］n-：4.66、s-：4.62、t-：4.62　［分配係数］n-：4.38、s-：4.57、t-：4.11、イソ-：4.68　［ヘンリー定数］n-：1.6×10^{-2} atm m^3/mol、s-：1.8×10^{-2} atm m^3/mol、t-：1.32×10^{-2} atm m^3/mol、イソ-：3.38×10^{-2} atm m^3/mol（いずれも概算値）
■ **曝露経路**　吸入、経口摂取により体内へ吸収される

■ **毒性症状**　［短期］眼、皮膚、気道への刺激。高濃度蒸気の吸入によるめまい・頭痛・吐き気・咳・咽頭痛・意識喪失。経口摂取による化学性肺炎。中枢神経系への影響。
■ **法規制**　水質汚濁防止法：要調査項目に係わる物質（n-ブチルベンゼン）、消防法（危険物）：危険物第4類第2石油類、海洋汚染防止法：A類物質等
■ **備考**　蒸気は引火しやすいので火気に注意が必要である。

376 prallethrin
プラレトリン

CAS番号：23031-36-9
ピレスロイド系殺虫剤

■ **別名**　シクロプロパンカルボン酸
■ **建築での主な使用例**　シロアリ防除剤
■ **他の用途**　ピレスロイド系殺虫剤
■ **外観的な特徴等**　黄色の粘稠な液体
■ **性状**　［沸点］313.5℃　［水溶解性］微溶　［融点］＜ 25℃　［蒸気圧］13kPa（23.1℃）　［分配係数］4.49（概算値）　［ヘンリー定数］1.02×10^{-7} atm m^3/mol（概算値）
■ **曝露経路**　吸入、経皮、経口摂取により体内へ吸収される

---

[375] s-ブチルベンゼン　　t-ブチルベンゼン
CH₃CHCH₂CH₃　　　　　CH₃
　　　　　　　　　　　CH₃CCH₃

377 furan

フラン

CAS番号：110-00-9
フラン類

■ **建築での主な使用例** 溶剤、プラスチック安定剤などの製造原料
■ **他の用途** 溶剤・洗浄剤、合成中間体、自動車の排ガスやたばこの煙に含まれる
■ **外観的な特徴等** 無色の液体、特異臭
■ **性状** ［沸点］31.3℃　［水溶解性］難溶　［融点］－85.6℃　［蒸気圧］80kPa（25℃）　［比重（水=1）］0.94　［相対蒸気密度（空気=1）］2.3　［分配係数］1.34　［ヘンリー定数］$5.4×10^{-3}$ atm m³/mol（概算値）　［生物分解性］難分解性、低濃縮性
■ **曝露経路** 吸入、経皮、経口摂取により体内へ吸収される
■ **毒性症状** ［短期］眼、皮膚、気道への刺激。吸入、経口摂取によるめまい・頭痛・吐き気・咳・咽頭痛、重症の場合は意識喪失・肺水腫を起こすこともある。麻酔作用あり。眼や皮膚の発赤。［発がん性］人に対して発がん性を示す可能性がある（IARC発がん性分類2B）
■ **法規制** 消防法（危険物）：危険物第4類特殊引火物
■ **備考** 皮膚から吸収されることがある。肺水腫の症状は2〜3時間経過しないと現れないことがあり、安静を保たなければ悪化する。この液体は非常に揮発しやすく、蒸気は空気よりも重く、床に沿って移動することがあり、極めて引火しやすいので火気に注意が必要である。また、この液体を下水に流してはならない。添加された安定剤や抑制剤がこの物質の毒性に影響を与える可能性がある。

378 furfural

フルフラール

CAS番号：98-01-1
アルデヒド類

■ **別名** 2-フランカルボキシアルデヒド、2-フリルアルデヒド、2-フルアルデヒド、フルフリルアルデヒド、フルフロール、フロール
■ **建築での主な使用例** 溶剤
■ **他の用途** 香料、溶剤、洗浄剤、殺菌剤、防かび剤、防汚剤、殺虫剤、防虫剤、除草剤、医薬、医薬中間体、合成樹脂、合成中間体、浮遊選鉱剤、石油精製
■ **外観的な特徴等** 刺激性や催涙性のある無色から黄色液体。空気や光にさらされると赤色から茶色になる。
■ **性状** ［沸点］162℃　［水溶解性］微溶　［融点］－36.5℃　［蒸気圧］0.144kPa（20℃）　［比重（水=1）］1.16　［相対蒸気密度（空気=1）］3.31　［分配係数］0.41　［ヘンリー定数］$3.37×10^{-6}$ atm m³/mol（概算値）　［生物分解性］分解性良好
■ **曝露経路** 吸入、経皮、経口摂取により体内へ吸収される
■ **毒性症状** ［短期］吸入による咳・頭痛・息苦しさ・息切れ・咽頭痛。皮膚の乾燥・発赤・痛み。眼の発赤や痛み。経口摂取による腹痛・下痢・頭痛・咽頭痛・嘔吐。皮膚・眼・気道の刺激。［長期］皮膚の脱脂。肝臓に影響を与えることがある。
■ **法規制** 大気汚染防止法：有害大気汚染物質、消防法（危険物）：危険物第4類第2石油類、労働安全衛生法（名称等の表示）：名称等を通知すべき有害物、海洋汚染防止法：C類物質等
■ **備考** 皮膚から吸収される可能性あり。床面に沿って換気。

［377］フラン

379 propionitrile
プロピオニトリル

CAS番号：107-12-0
含窒素化合物

- **別名**　シアン化エチル、プロパンニトリル、プロピオノニトリル
- **建築での主な使用例**　合成原料
- **他の用途**　医薬中間体、合成中間体
- **外観的な特徴等**　無色の液体、特異臭
- **性状**　［沸点］97℃　［水溶解性］微溶　［融点］－92℃　［蒸気圧］6.32kPa（25℃）　［比重（水=1）］0.78　［相対蒸気密度（空気=1）］1.9　［分配係数］0.16　［ヘンリー定数］3.7×10^{-5} atmm³/mol
- **曝露経路**　吸入、経皮、経口摂取により体内へ吸収される
- **毒性症状**　［短期］眼、皮膚、気道への刺激。鉄代謝への影響。吸入、経口摂取によるめまい・頭痛・吐き気・嘔吐・感覚鈍麻・錯乱、重症の場合はチアノーゼ・呼吸困難・窒息・不整脈・意識喪失・全身痙攣を起こし死に至ることがある。眼の熱傷。皮膚の乾燥・痛み。
- **法規制**　水質汚濁防止法：人の健康に係わる物質、土壌汚染対策法：第二種特定有害物質、水道法：基準項目、消防法（危険物）：危険物第4類第1石油類、海洋汚染防止法：C類物質
- **備考**　皮膚からも吸収され、同様の症状を起こすことがある。症状は遅れて現れることもある。

380 propionic acid
プロピオン酸

CAS番号：79-09-4
有機酸

- **別名**　プロパン酸
- **建築での主な使用例**　殺菌剤、防かび剤
- **他の用途**　食品添加物、香料、サイレージ防腐剤、農薬・医薬中間体
- **外観的な特徴等**　無色の油状液体、刺激臭
- **性状**　［沸点］141℃　［水溶解性］溶ける　［融点］－21℃　［蒸気圧］0.471kPa（25℃）　［比重（水=1）］0.99　［相対蒸気密度（空気=1）］2.6　［分配係数］0.33　［ヘンリー定数］4.45×10^{-7} atmm³/mol
- **曝露経路**　吸入、経口摂取により体内へ吸収される
- **毒性症状**　［短期］眼、皮膚、気道への強い刺激、腐食性。吸入による咳・息切れ・咽頭痛・灼熱感・気管支炎・肺水腫。経口摂取による疼痛・下痢・嘔吐・灼熱感・吐血・胃痙攣・ショック・虚脱。眼の発赤・痛み・かすみ、重度の熱傷、重症の場合は失明。皮膚の熱傷・発赤・痛み・水泡。
- **法規制**　消防法（危険物）：危険物第4類第2石油類、労働安全衛生法（名称等の表示）：名称等を通知すべき有害物、大気汚染防止法：有害大気汚染物質、悪臭防止法：特定悪臭物質、海洋汚染防止法：D類物質等
- **備考**　あらゆる接触を避ける！　引火しやすいので火気に注意が必要である。

381 propiconazole
プロピコナゾール

CAS番号：60207-90-1
トリアゾール系化合物

■ **別名** 1-[2-(2,4-ジクロロフェニル)-4-プロピル-1,3-ジオキソラン-2-イルメチル]-1H-1,2,4-トリアゾール、(RS)-1-[2-(2,4-ジクロロフェニル)-4-プロピル-1,3-ジオキソラン-2-イルメチル]-1H-1,2,4-トリアゾール、TILT
■ **建築での主な使用例** 防腐・防かび剤
■ **他の用途** 殺菌剤、防かび剤、防汚剤
■ **外観的な特徴等** 黄色の液体、無臭
■ **性状** ［沸点］180℃（13.3Pa） ［水溶解性］難溶 ［融点］<25℃ ［蒸気圧］1.33×10^{-4}Pa（25℃） ［比重（水=1）］1.29 ［分配係数］3.5 ［ヘンリー定数］4.12×10^{-9} atmm³/mol（概算値）
■ **曝露経路** 吸入、経口摂取により体内へ吸収される
■ **毒性症状** ［短期］眼、皮膚、粘膜への刺激。［長期］不快感・吐き気・頭痛などを起こすことがある。
■ **法規制** 水道法：対象農薬、消防法（危険物）：危険物第4類第2石油類、食品衛生法（残留農薬基準）：対象物質

382 propylene glycol
プロピレングリコール

CAS番号：57-55-6
アルコール類

■ **別名** 1,2-プロパンジオール、1,2-ジヒドロキシプロパン
■ **建築での主な使用例** 接着剤や塗料などの溶剤、ポリエステル樹脂の原料
■ **他の用途** 溶剤・洗浄剤、殺菌剤・防かび剤・防汚剤、医薬品・合成樹脂の合成中間体、可塑剤、チューインガム軟化剤、食品・化粧品の保存料・品質保持剤・酸化防止剤、不凍液、低温用潤滑油
■ **外観的な特徴等** 無色の粘稠な液体、無臭
■ **性状** ［沸点］188.2℃ ［水溶解性］混和する ［融点］-59℃ ［蒸気圧］17.2Pa（25℃） ［比重（水=1）］1.04 ［相対蒸気密度（空気=1）］2.6 ［分配係数］-0.92 ［ヘンリー定数］1.3×10^{-8}atmm³/mol（概算値） ［生物分解性］分解性良好
■ **曝露経路** 吸入、経口摂取により体内へ吸収される
■ **毒性症状** ［短期］眼、皮膚への刺激。眼の発赤・痛み。大量に摂取すると有害であり、吸入・経口摂取によるめまい・頭痛・吐き気・麻酔・痙攣・昏睡を起こす可能性がある。中枢神経系への影響。［長期］皮膚の感作。
■ **法規制** 水質汚濁防止法：要調査項目に係わる物質、消防法（危険物）：危険物第4類第3石油類

383 propylene glycol monoethylether
プロピレングリコールモノエチルエーテル

CAS番号：1569-02-4
エーテル類

■ **別名** 1-エトキシ-2-プロパノール
■ **建築での主な使用例** 塗料の溶剤
■ **他の用途** 溶剤
■ **外観的な特徴等** ほとんど無臭の無色の液

[381] プロピコナゾール

体
- ■ **性状** ［沸点］132.2℃ ［水溶解性］溶ける ［融点］-90℃ ［蒸気圧］0.96kPa (25℃) ［比重（水＝1）］0.897 ［相対蒸気密度（空気＝1）］3.6 ［分配係数］0.00（概算値）
- ■ **曝露経路** 吸入、経皮、経口摂取により体内へ吸収される
- ■ **毒性症状** ［短期］眼・鼻・のど・皮膚の刺激、高濃度の蒸気による麻酔作用あり。吸入あるいは経口吸入による胸痛・息切れ、意識を失うことがある。重症の時は化学性肺炎や肺水腫を起こす恐れあり。症状が遅れて現れることがある。
- ■ **法規制** 消防法（危険物）：危険物第4類第2石油類、海洋汚染防止法：D類物質等

（概算値）
- ■ **曝露経路** 蒸気の吸入、経皮、経口摂取により体内へ吸収される
- ■ **毒性症状** ［短期］吸入による咽頭痛・咳・灼熱感・息切れ・息苦しさ、症状は遅れて現れることがある。皮膚の痛み・発赤・水疱・熱傷。眼の痛み・発赤・重度の熱傷・視力喪失。経口摂取による灼熱感・胃痙攣・ショックまたは虚脱。眼・皮膚・気道への腐食性。蒸気の吸入により肺水腫を起こす可能性あり。経口摂取による化学性肺炎、医学的な経過観察が必要。
- ■ **法規制** 消防法（危険物）：危険物第4類第2石油類
- ■ **備考** この物質の蒸気は空気より重く、地面あるいは床に沿って移動することがある。

---

384 propylenediamine
プロピレンジアミン

CAS番号：78-90-0
アミン類

- ■ **別名** 1,2-ジアミノプロパン、1,2-プロパンジアミン
- ■ **建築での主な使用例** 塗料・植物油・ロジン等の溶剤
- ■ **他の用途** 染料、医薬、医薬中間体、合成中間体、ゴム薬品、溶剤、ゴム加硫促進剤
- ■ **外観的な特徴等** 刺激臭のある無色の液体、吸湿性
- ■ **性状** ［沸点］117～121℃ ［水溶解性］溶ける ［融点］-17℃ ［蒸気圧］1.0kPa (20℃) ［比重（水＝1）］0.9 ［相対蒸気密度（空気＝1）］2.6 ［分配係数］-1.8 ［ヘンリー定数］1.37×10^{-9} atmm^3/mol

---

385 propetamphos
プロペタンホス

CAS番号：31218-83-4
有機リン系殺虫剤

- ■ **別名** N-エチル-O-（2-イソプロポキシカルボニル-1-メチルビニル）-O-メチルチオホスホルアミド
- ■ **建築での主な使用例** シロアリ防除剤
- ■ **他の用途** 殺虫剤、防虫剤（シロアリ防除剤等）
- ■ **外観的な特徴等** 帯黄色の液体
- ■ **性状** ［沸点］87～89℃ (0.67Pa) ［水溶解性］微溶 ［融点］＜25℃ ［蒸気圧］1.9×10^{-3} Pa (20℃) ［比重（水＝1）］1.1294 ［分配係数］3.82 ［ヘンリー定数］4.81×10^{-8} atmm^3/mol（概算値）

---

[385] プロペタンホス

```
        S    CH-COOCH(CH3)2
CH3O    ‖    ‖
        P-OCCH3
C2H5NH
```

386 propoxur
プロポキスル

CAS番号：114-26-1
カーバメート系殺虫剤

■ **別名**　2-イソプロピルオキシフェニル-N-メチルカルバメート、2-イソプロポキシフェニル-N-メチルカルバマート、PHC、パイゴン
■ **建築での主な使用例**　シロアリ駆除剤
■ **他の用途**　殺虫剤・防虫剤、農薬（稲、麦類、芝などに散布）
■ **外観的な特徴等**　白色の結晶、特異臭
■ **性状**　[水溶解性] 難溶　[融点] 91℃　[蒸気圧] 1.3×10^{-3} Pa（20℃）　[比重（水=1）] 1.12　[相対蒸気密度（空気=1）] 7.19　[分配係数] 1.52　[ヘンリー定数] 1.43×10^{-9} atmm³/mol（概算値）　[生物分解性] 難分解性、低濃縮性
■ **曝露経路**　吸入、経皮、経口摂取により体内へ吸収される
■ **毒性症状**　[短期] 吸入、経口摂取によるめまい・頭痛・吐き気・嘔吐・胃痙攣・下痢・縮瞳・唾液分泌過多・発汗・息苦しさ・痙攣・脱力感・呼吸不全。コリンエステラーゼ阻害剤。神経系・造血組織・肝臓・腎臓・脾臓への影響。重症の場合は死に至ることもある。眼の縮瞳・かすみ目。
■ **法規制**　労働安全衛生法（名称等の表示）：名称等を通知すべき有害物、毒物及び劇物取締法：劇物、農薬取締法（作物残留性に係わる登録保留基準）：対象物質、化学物質排出把握管理促進法：第一種指定化学物質
■ **備考**　青少年・小児への接触を避ける！皮膚から吸収されることがある。中毒症状は有機りん系薬剤に類似。この物質を下水に流してはならない。市販の製剤には溶剤が用いられていることがあり、その溶剤の毒性にも注意すること。また、溶剤によってこの物質の毒性に変化を及ぼすこともある。炭化水素系溶剤を含む場合は吐かせてはならない。

387 bromobenzene
ブロモベンゼン

CAS番号：108-86-1
含ハロゲン類

■ **別名**　臭化フェニル、モノブロモベンゼン、フェニルブロミド
■ **建築での主な使用例**　難燃剤
■ **他の用途**　染料、香料、香料中間体、農薬全般、医薬、医薬中間体、合成中間体、難燃剤、各種添加物、モーター油添加剤
■ **外観的な特徴等**　特徴的な臭気のある無色の液体
■ **性状**　[沸点] 156.2℃　[水溶解性] 難溶　[融点] -30.7℃　[蒸気圧] 0.55kPa（25℃）　[比重（水=1）] 1.5　[相対蒸気密度（空気=1）] 5.41　[分配係数] 2.99

[387] ブロモベンゼン

［ヘンリー定数］2.47×10^{-3} atmm³/mol　［代謝性］肝臓で酸化されてp-ブロモフェノールとo-ブロモフェノールを生成する
■**曝露経路**　吸入、経口摂取により体内へ吸収される
■**毒性症状**　［短期］吸入によるめまい。皮膚の発赤・刺激。経口摂取による化学性肺炎、神経系に影響を与えることがある。［長期］肝臓や腎臓に影響を与えて機能障害を生じることがある。
■**法規制**　消防法（危険物）：危険物第4類第2石油類

388 hexamethylene diisocyanate
ヘキサメチレンジイソシアネート

CAS番号：822-06-0
イソシアネート化合物

■**別名**　HDI、HMDI、1,6-ジイソシアネートヘキサン、1,6-ジイソシアナートヘキサン、ヘキサメチレンジシソシアナート
■**建築での主な使用例**　接着剤・塗料・断熱材（ウレタン樹脂）の原料、硬化剤
■**他の用途**　塗料、接着剤など合成樹脂（ウレタン樹脂）の硬化剤
■**外観的な特徴等**　無色透明の液体、刺激臭
■**性状**　［沸点］255℃　［水溶解性］反応する　［融点］-67℃　［蒸気圧］6.7Pa（25℃）　［比重（水=1）］1.05　［相対蒸気密度（空気=1）］5.8　［分配係数］1.08　［ヘンリー定数］4.8×10^{-5} atmm³/mol（概算値）　［生物分解性］分解性良好
■**曝露経路**　吸入、経皮により体内へ吸収される
■**毒性症状**　［短期］眼、皮膚、気道への刺激。特に眼は重度に刺激される。吸入による灼熱感・咳・咽頭痛・息切れ・息苦しさ。経口摂取により消化器系の粘膜を腐食し、腹痛・下痢・嘔吐・灼熱感・胃痙攣・チアノーゼを起こすことがある。かぶれやすい。皮膚の発赤・痛み・水泡・熱傷。眼の発赤・痛み・まぶたの腫れ。［長期］皮膚や呼吸器の感作。喘息。
■**法規制**　大気汚染防止法：有害大気汚染物質、労働安全衛生法（名称等の表示）：名称等を通知すべき有害物、消防法（危険物）：危険物第4類第3石油類、毒物及び劇物取締法：劇物、化学物質排出把握管理促進法：第一種指定化学物質
■**備考**　あらゆる接触を避ける！　皮膚から吸収されることがある。喘息などの症状は遅れて現れることがある。この物質に感作された場合、他のイソシアネート類でも喘息などを起こす可能性がある。

389 hexanoic acid
ヘキサン酸

CAS番号：142-62-1
有機酸

■**別名**　n-ヘキサン酸、1-ペンタカルボン酸、N-カプロン酸、ノルマルヘキサン酸
■**建築での主な使用例**　意図した用途は不明、何らかの有機体から放散されると考えられる
■**他の用途**　香料、銀杏の臭いの成分の1つ
■**外観的な特徴等**　無色の油状液体、チーズ臭
■**性状**　［沸点］205℃　［水溶解性］微溶　［融点］-3℃　［蒸気圧］5.8Pa（25℃）

［比重（水=1）］0.93　［相対蒸気密度（空気=1）］4.0　［分配係数］1.88　［ヘンリー定数］7.58×10^{-6} atmm³/mol
■ **曝露経路**　吸入、経皮、経口摂取により体内へ吸収される
■ **毒性症状**　［短期］眼、皮膚、気道への刺激。吸入による咳・咽頭痛・胸痛、重症の場合は呼吸困難・気管支炎・肺水腫を起こすこともある。経口摂取による灼熱感・化学性肺炎、腹痛・吐き気・嘔吐。眼や皮膚への刺激は強い。皮膚の発赤・痛み（腐食性）。眼の発赤・痛み・かすみ。［長期］人の健康への影響に関するデータが不十分であり、最大の注意を払う必要がある。
■ **法規制**　消防法（危険物）：危険物第4類第3石油類、海洋汚染防止法：D類物質等

390 permethrin
ペルメトリン

CAS番号：52645-53-1
ピレスロイド系殺虫剤

■ **別名**　3-フェノキシベンジル=3-(2,2-ジクロロビニル)-2,2-ジメチルシクロプロパンカルボキシラート、パーメトリン、3-(2,2-ジクロロエテニル)-2,2-ジメチルシクロプロパンカルボン酸(3-フェノキシフェニル)メチル、3-(2,2-ジクロロエテニル)-2,2-ジメチルシクロプロパンカルボン酸(3-フェノキシフェニル)メチルエステル、3-フェノキシベンジル(1RS,3RS)-(1RS,3RS)-3-(2,2-ジクロロビニル)-2,2-ジメチルシクロプロパンカルボキシラート
■ **建築での主な使用例**　シロアリ防除剤、ダニ用燻煙剤
■ **他の用途**　殺虫剤、防虫剤（シロアリ防除

剤）
■ **外観的な特徴等**　黄茶～茶色の粘稠液体または無色の結晶
■ **性状**　［水溶解性］溶けない　［融点］34～39℃　［蒸気圧］10Pa（20℃）　［比重（水=1）］1.2　［分配係数］6.5　［ヘンリー定数］1.87×10^{-6} atmm³/mol
■ **曝露経路**　吸入、経口摂取により体内へ吸収される
■ **毒性症状**　［短期］眼・皮膚・気道の刺激。吸入による咳。皮膚の発赤・灼熱感。眼の発赤・痛み。経口摂取による灼熱感・下痢・嘔吐。［発がん性］人に対する発がん性について分類できない（IARC発がん性分類3）。
■ **法規制**　水質汚濁防止法：要調査項目に係わる物質、農薬取締法（水田残留性に係わる登録保留基準）：対象物質、食品衛生法（残留農薬基準）：対象物質、化学物質排出把握管理促進法：第一種指定化学物質
■ **備考**　殺虫性に優れるため、農薬、家庭用殺虫剤、防疫用薬剤等によく用いられる。

391 benzyl alcohol
ベンジルアルコール

CAS番号：100-51-6
アルコール類

■ **別名**　アルファ-ヒドロキシトルエン、フェニルカルビノール、フェニルメタノール、ベンタノール
■ **建築での主な使用例**　塗料やインキなどの溶剤
■ **他の用途**　溶剤・洗浄剤、合成中間体、カラー現像液、合成繊維の染料助剤
■ **外観的な特徴等**　無色透明の液体、特異臭

（弱い芳香臭）
■ **性状**　［沸点］205℃　［水溶解性］微溶　［融点］−15℃　［蒸気圧］12.5Pa（25℃）　［比重（水=1）］1.04　［相対蒸気密度（空気=1）］3.7　［分配係数］1.1　［ヘンリー定数］3.37×10^{-7} atmm³/mol　［生物分解性］分解性良好
■ **曝露経路**　吸入、経口摂取により体内へ吸収される
■ **毒性症状**　［短期］眼、皮膚への刺激。吸入、経口摂取によるめまい・頭痛・咳・咽頭痛・吐き気・嘔吐・腹痛・下痢・嗜眠。中枢神経系への影響の可能性あり。眼・皮膚の発赤。［長期］皮膚の感作。
■ **法規制**　水質汚濁防止法：要調査項目に係わる物質、消防法（危険物）：危険物第4類第3石油類、海洋汚染防止法：C類物質等

392 benzaldehyde
ベンズアルデヒド

CAS番号：100-52-7
アルデヒド類

■ **別名**　ベンゾイックアルデヒド
■ **建築での主な使用例**　接着剤や塗料等の溶剤、あるいは何らかの製品の不純物として検出されると考えられる
■ **他の用途**　溶剤（接着剤や塗料等の樹脂の溶解）、洗浄剤、染料、香料、農薬、医薬、医薬中間体、合成中間体、芳香剤、調味料
■ **外観的な特徴等**　無色～淡黄色の粘稠な液体、特異臭（苦扁桃油の臭い）
■ **性状**　［沸点］179℃　［水溶解性］微溶　［融点］−26℃　［蒸気圧］16.9Pa（25℃）　［比重（水=1）］1.05　［相対蒸気密度（空気=1）］3.65　［分配係数］1.48　［ヘンリー定数］2.6×10^{-5} atmm³/mol　［生物分解性］分解性良好　［代謝性］体内で安息香酸などを経て馬尿酸などに代謝され、尿に含まれて排出される。
■ **曝露経路**　吸入、経皮、経口摂取により体内へ吸収される
■ **毒性症状**　［短期］眼、皮膚、気道を刺激。吸入、経口摂取による意識低下・痙攣・めまい・頭痛・吐き気・咳・咽頭痛・嘔吐、重症の場合は意識喪失・肺水腫を起こすことがある。皮膚の発赤・接触性皮膚炎。眼の発赤・痛み。［長期］皮膚の感作。変異原性あり。
■ **法規制**　水質汚濁防止法：要調査項目に係わる物質、消防法（危険物）：危険物第4類第2石油類、化学物質排出把握管理促進法：第一種指定化学物質
■ **備考**　皮膚からも吸収されることがあり、同様の症状を起こす。また、症状は遅れて現れることもある。ベンズアルデヒドは自然界にも存在する物質で、桃や青梅、杏などの果実の香り成分である。また、車の排気ガス中にも含まれる。人工的に合成されたものは、食品添加物などに使われる安息香酸の合成原料となる。

393 benzene
ベンゼン

CAS番号：71-43-2
芳香族炭化水素

■ **別名**　ベンゾール
■ **建築での主な使用例**　塗料や農薬の溶剤、合成樹脂（ポリスチレン、塩化ビニル樹脂、ポリエステル）・防虫剤（パラジクロロベン

[393] ベンゼン

ゼン）の合成原料
- **他の用途**　溶剤、洗浄剤、合成中間体
- **外観的な特徴等**　無色透明の液体、特異臭
- **性状**　［沸点］80℃　［水溶解性］溶けない　［融点］6℃　［蒸気圧］10kPa（20℃）　［比重（水＝1）］0.9　［相対蒸気密度（空気＝1）］2.7　［分配係数］2.13　［ヘンリー定数］5.55×10^{-3} atmm³/mol　［生物分解性］分解性良好
- **曝露経路**　吸入、経皮、経口摂取により体内へ吸収される
- **毒性症状**　［短期］皮膚や気道の刺激。中枢神経系への影響。経口摂取による化学性肺炎、高濃度の場合は意識喪失。吸入によるめまい・嗜眠・頭痛・吐き気・息切れ・痙攣・意識喪失。皮膚の乾燥。経口摂取による腹痛・咽頭痛・嘔吐。［長期］皮膚の脱脂。造血器官・肝臓・免疫系に影響。変異原性あり。［発がん性］人に対して発がん性を示す（IARC発がん性分類1）。
- **法規制**　水質汚濁防止法：人の健康に係わる物質、大気汚染防止法：特定物質・指定物質・有害大気汚染物質（優先取り組み物質）、土壌汚染対策法：第一種特定有害物質、水道法：基準項目、労働安全衛生法（名称等の表示）：名称等を表示すべき有害物・名称等を通知すべき有害物、労働安全衛生法（特化則等）：特定化学物質第2類、消防法（危険物）：危険物第4類第1石油類、海洋汚染防止法：C類物質等、化学物質排出把握管理促進法：第一種指定化学物質（特定第一種）、廃棄物処理法：規制物質
- **備考**　皮膚から吸収される可能性あり。飲酒により有害作用が増大。化学工業製品の合成原料として、幅広い用途に使用されている。その代表例は、スチレンとp-キシレンである。ガソリン、自動車排気ガス、たばこの煙に含まれている。あらゆる接触を避ける。許容濃度を超えても臭気として十分に感じないので注意が必要。

394 benzo(a)pyrene

ベンゾ(a)ピレン

CAS番号：50-32-8
多環芳香族炭化水素

- **別名**　1,2-ベンゾピレン、ベンゾピレン
- **建築での主な使用例**　石油、石炭、樹脂、紙、木材など、炭素化合物の不完全燃焼により生じる
- **他の用途**　自動車の排気ガス中に含まれる。たばこの煙にも含まれる。
- **外観的な特徴等**　淡黄色～黄色の結晶または粉末、無臭
- **性状**　［沸点］310～495℃　［水溶解性］溶けない　［融点］179℃　［蒸気圧］7.32×10^{-7}Pa（25℃、外挿値）　［比重（水＝1）］1.4　［相対蒸気密度（空気＝1）］8.7　［分配係数］6.04　［ヘンリー定数］4.57×10^{-7}atmm³/mol　［生物分解性］難分解性（土壌中半減期は100～300日）　［代謝性］肝臓や多くの臓器で代謝を受ける
- **曝露経路**　吸入、経皮、経口摂取により体内へ吸収される
- **毒性症状**　［短期］眼、皮膚、粘膜への接触による刺激、発疹・焼け付き感。［長期］変異原性あり。生殖毒性の可能性あり。［発がん性］人に対しておそらく発がん性を示す（IARC発がん性分類2A）。
- **法規制**　水質汚濁防止法：要調査項目に係わる物質、大気汚染防止法：有害大気汚染物質（優先取り組み物質）、労働安全衛生法

[394]　ベンゾ(a)ピレン

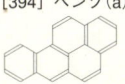

ベンゾ(a)フルオレン／ベンゾ(b)フルオランテン

（名称等の表示）：名称等を通知すべき有害物、家庭用品規制法：規制物質

■ **備考** あらゆる接触を避ける！ 妊婦への曝露を避ける！ 皮膚から吸収されることがある。化石燃料など炭素化合物の不完全燃焼により生じる多環芳香族炭化水素（PAHs）のひとつ。通常は混合物として存在し、大気浮遊粒子状物質中に含まれる。PAHsへの曝露は、がんや循環器疾患に関連づけられている。

395 benzo(a)fluorene
ベンゾ(a)フルオレン

CAS番号：238-84-6
多環芳香族炭化水素

■ **建築での主な使用例** 石油、石炭、樹脂、紙、木材など、炭素化合物の不完全燃焼により生じる
■ **他の用途** 自動車の排気ガス中に含まれる。たばこの煙にも含まれる。
■ **外観的な特徴等** 無色の板状結晶
■ **性状** ［沸点］399℃ ［水溶解性］非常に溶けにくい ［融点］189℃ ［分配係数］5.12
■ **曝露経路** エアロゾルの吸入により体内へ吸収される
■ **毒性症状** ［短期］眼の発赤・痛み。［長期］人の健康への影響に関するデータが不十分であり、注意を払う必要がある。［発がん性］人に対して発がん性について分類できない（IARC発がん性分類3）。
■ **法規制** 水質汚濁防止法：要調査項目に係わる物質
■ **備考** あらゆる接触を避ける！ 化石燃料など炭素化合物の不完全燃焼により生じる多環芳香族炭化水素（PAHs）のひとつ。通常は混合物として存在し、大気浮遊粒子状物質中に含まれる。PAHsへの曝露は、がんや循環器疾患に関連づけられている。

396 benzo(b)fluoranthene
ベンゾ(b)フルオランテン

CAS番号：205-99-2
多環芳香族炭化水素

■ **別名** ベンゾフルオランテン、ベンゾアセフェナントリレン、ベンゾ（e）アセフェナントリレン、ベンツアセフェナントリレン、ベンツ（e）アセフェナントリレン
■ **建築での主な使用例** 石油、石炭、樹脂、紙、木材など、炭素化合物の不完全燃焼により生じる
■ **他の用途** 自動車の排気ガス中に含まれる。たばこの煙にも含まれる。
■ **外観的な特徴等** 無色の結晶
■ **性状** ［沸点］481℃ ［水溶解性］溶けない ［融点］168℃ ［蒸気圧］6.7×10^{-5}Pa（25℃） ［比重（水=1）］1.274 ［分配係数］6.12 ［ヘンリー定数］6.57×10^{-7}atm㎥/mol
■ **曝露経路** エアロゾルの吸入、経皮により体内へ吸収される
■ **毒性症状** ［短期］眼、皮膚、粘膜への接触による刺激、発疹・焼け付き感。［長期］人の健康への影響に関するデータが不十分であり、最大の注意を払う必要がある。［発がん性］人に対して発がん性を示す可能性がある（IARC発がん性分類2B）。
■ **法規制** 水質汚濁防止法：要調査項目に係

わる物質、大気汚染防止法：有害大気汚染物質
■**備考**　あらゆる接触を避ける！　皮膚から吸収されることがある。化石燃料など炭素化合物の不完全燃焼により生じる多環芳香族炭化水素（PAHs）のひとつ。通常は混合物として存在し、大気浮遊粒子状物質中に含まれる。PAHsへの曝露は、がんや循環器疾患に関連づけられている。

397 benzo(d,e,f)phenanthrene
ベンゾ(d,e,f)フェナントレン

CAS番号：129-00-0
多環芳香族炭化水素

■**別名**　ピレン、ベンゾフェナンスレン
■**建築での主な使用例**　石油、石炭、樹脂、紙、木材など、炭素化合物の不完全燃焼により生じる
■**他の用途**　自動車の排気ガス中に含まれる。たばこの煙にも含まれる。
■**外観的な特徴等**　無色～淡黄色の様々な形状の固体
■**性状**　[沸点]404℃　[水溶解性]溶けない　[融点]151℃　[蒸気圧]1.19×10^{-2} Pa(25℃)　[比重(水=1)]1.271　[分配係数]4.88　[ヘンリー定数]1.19×10^{-5} atm m^3/mol　[生物分解性]生物濃縮あり
■**曝露経路**　吸入、経皮、経口摂取により体内へ吸収される
■**毒性症状**　[短期]皮膚の刺激剤。皮膚や眼の発赤。日光により慢性的な皮膚変色の原因となることがある。[長期]不快感・吐き気・頭痛などを起こすことがある。人の健康への影響に関するデータが不十分であり、最大の注意を払う必要がある。[発がん性]人に対して発がん性について分類できない（IARC発がん性分類3）。
■**法規制**　水質汚濁防止法：要調査項目に係わる物質、大気汚染防止法：有害大気汚染物質
■**備考**　皮膚から吸収されることがある。化石燃料など炭素化合物の不完全燃焼により生じる多環芳香族炭化水素（PAHs）のひとつ。通常は混合物として存在し、大気浮遊粒子状物質中に含まれる。PAHsへの曝露は、がんや循環器疾患に関連づけられている。人にとって重要な食物連鎖において、甲殻類、魚類、乳汁、藻類、軟体動物などで生物濃縮が起こる。

398 benzo(g,h,i)fluoranthene
ベンゾ(g,h,i)フルオランテン

CAS番号：203-12-3
多環芳香族炭化水素

■**建築での主な使用例**　石油、石炭、樹脂、紙、木材など、炭素化合物の不完全燃焼により生じる
■**他の用途**　自動車の排気ガス中に含まれる。たばこの煙にも含まれる。
■**外観的な特徴等**　黄色の結晶
■**性状**　[水溶解性]溶けない　[融点]149℃　[相対蒸気密度（空気＝1）]7.8　[分配係数]7.23　[生物分解性]生物濃縮あり
■**曝露経路**　エアロゾルの吸入、経皮により体内へ吸収される
■**毒性症状**　[長期]人の健康への影響に関するデータが不十分であり、最大の注意を払う必要がある。[発がん性]人に対して発がん性について分類できない（IARC発がん性

分類3)。
- ■ **法規制**　水質汚濁防止法：要調査項目に係わる物質
- ■ **備考**　皮膚から吸収されることがある。化石燃料など炭素化合物の不完全燃焼により生じる多環芳香族炭化水素（PAHs）のひとつ。通常は混合物として存在し、大気浮遊粒子状物質中に含まれる。PAHsへの曝露は、がんや循環器疾患に関連づけられている。人にとって重要な食物連鎖において、特に油分、脂肪で生物濃縮が起こる。

399 benzo(g,h,i)perylene
ベンゾ(g,h,i)ペリレン

CAS番号：191-24-2
多環芳香族炭化水素

- ■ **別名**　ベンゾペリレン
- ■ **建築での主な使用例**　石油、石炭、樹脂、紙、木材など、炭素化合物の不完全燃焼により生じる
- ■ **他の用途**　自動車の排気ガス中に含まれる。たばこの煙にも含まれる。
- ■ **外観的特徴等**　薄黄緑色の結晶
- ■ **性状**　[沸点] 550℃　[水溶解性] 溶けない　[融点] 278℃　[蒸気圧] 1.33×10^{-8} Pa（25℃）　[分配係数] 6.58　[ヘンリー定数] 2.66×10^{-7} atm³/mol
- ■ **曝露経路**　エアロゾルの吸入、経皮により体内へ吸収される
- ■ **毒性症状**　[長期] 人の健康への影響に関するデータが不十分であり、最大の注意を払う必要がある。[発がん性] 人に対して発がん性について分類できない（IARC発がん性分類3)。
- ■ **法規制**　水質汚濁防止法：要調査項目に係わる物質、大気汚染防止法：有害大気汚染物質
- ■ **備考**　化石燃料など炭素化合物の不完全燃焼により生じる多環芳香族炭化水素（PAHs）のひとつ。通常は混合物として存在し、大気浮遊粒子状物質中に含まれる。PAHsへの曝露は、がんや循環器疾患に関連づけられている。

400 benzo(k)fluoranthene
ベンゾ(k)フルオランテン

CAS番号：207-08-9
多環芳香族炭化水素

- ■ **別名**　ベンゾフルオランテン
- ■ **建築での主な使用例**　石油、石炭、樹脂、紙、木材など、炭素化合物の不完全燃焼により生じる
- ■ **他の用途**　自動車の排気ガス中に含まれる。たばこの煙にも含まれる。
- ■ **外観的特徴等**　黄色の結晶
- ■ **性状**　[沸点] 480℃　[水溶解性] 溶けない　[融点] 217℃　[蒸気圧] 1.3×10^{-7} Pa（25℃）　[分配係数] 6.84（概算値）　[ヘンリー定数] 5.84×10^{-7} atm³/mol　[生物分解性] 生物濃縮あり
- ■ **曝露経路**　エアロゾルの吸入、経皮により体内へ吸収される
- ■ **毒性症状**　[長期] 人の健康への影響に関するデータが不十分であり、最大の注意を払う必要がある。[発がん性] 人に対して発がん性を示す可能性がある（IARC発がん性分類2B)。
- ■ **法規制**　水質汚濁防止法：要調査項目に係

わる物質、大気汚染防止法：有害大気汚染物質

■ **備考** あらゆる接触を避ける！ 化石燃料など炭素化合物の不完全燃焼により生じる多環芳香族炭化水素（PAHs）のひとつ。通常は混合物として存在し、大気浮遊粒子状物質中に含まれる。PAHsへの曝露は、がんや循環器疾患に関連づけられている。人にとって重要な食物連鎖において、特に甲殻類、魚類で生物濃縮が起こる。

401 benzoanthracene
ベンゾアントラセン

CAS番号：56-55-3
多環芳香族炭化水素

■ **別名** ベンゾ（a）アントラセン、1,2-ベンゾアントラセン、1,2-ベンツアントラセン、2,3-ベンツフェナントレン、テトラフェン、ベンツアントラセン、ベンツ（a）アントラセン

■ **建築での主な使用例** 石油、石炭、樹脂、紙、木材など、炭素化合物の不完全燃焼により生じる

■ **他の用途** 自動車の排気ガス中に含まれる。たばこの煙にも含まれる。

■ **外観的な特徴等** 無色〜黄茶色の蛍光性薄片、または粉末（昇華性）

■ **性状** ［昇華点］435℃ ［水溶解性］溶けない ［融点］162℃ ［蒸気圧］2.5×10^{-4} Pa（25℃） ［比重（水=1）］1.274 ［分配係数］5.61 ［ヘンリー定数］1.2×10^{-5} atmm^3/mol ［生物分解性］生物濃縮あり

■ **曝露経路** 吸入、経皮、経口摂取により体内へ吸収される

■ **毒性症状** ［短期］眼、皮膚、粘膜への接触による刺激、発疹・焼け付き感。［長期］生殖毒性の可能性。人の健康への影響に関するデータが不十分であり、最大の注意を払う必要がある。［発がん性］人に対しておそらく発がん性を示す（IARC発がん性分類2A）。

■ **法規制** 水質汚濁防止法：要調査項目に係わる物質、大気汚染防止法：有害大気汚染物質、労働安全衛生法（名称等の表示）：名称等を通知すべき有害物、家庭用品規制法：規制物質

■ **備考** あらゆる接触を避ける！ 皮膚から吸収されることがある。化石燃料など炭素化合物の不完全燃焼により生じる多環芳香族炭化水素（PAHs）のひとつ。通常は混合物として存在し、大気浮遊粒子状物質中に含まれる。PAHsへの曝露は、がんや循環器疾患に関連づけられている。人にとって重要な食物連鎖において、特に海産食品で生物濃縮が起こる。

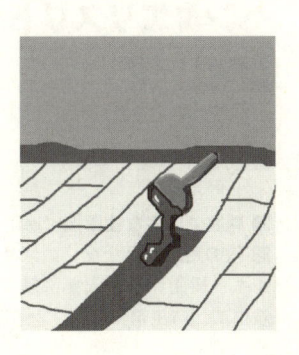

402 benzothiazole
ベンゾチアゾール

CAS番号：95-16-9
チアゾール系化合物

- ■ **建築での主な使用例** 除草剤、殺菌剤
- ■ **他の用途** 除草剤、殺菌剤
- ■ **外観的な特徴等** 無色～黄褐色の液体、特異臭（キノリン臭）
- ■ **性状** ［沸点］231℃ ［水溶解性］難溶 ［融点］2℃ ［蒸気圧］1.90Pa（25℃、概算値） ［比重（水=1）］1.246 ［相対蒸気密度（空気=1）］4.69 ［分配係数］2.01 ［ヘンリー定数］3.74×10^{-7} atm・m^3/mol（概算値） ［生物分解性］難分解性、低濃縮性
- ■ **曝露経路** 吸入、経口摂取により体内へ吸収される
- ■ **毒性症状** ［短期］皮膚への刺激。皮膚炎。
- ■ **法規制** 水質汚濁防止法：要調査項目に係わる物質、消防法（危険物）：危険物第4類第3石油類、化学物質排出把握管理促進法：第二種指定化学物質

403 pentaerythritol
ペンタエリスリトール

CAS番号：115-77-5
エステル類

- ■ **別名** ペンタエリトリット、ペンタエリトリトール
- ■ **建築での主な使用例** 樹脂の原料
- ■ **他の用途** ポリウレタン用ポリオール、アルキド樹脂原料、火薬、爆薬、界面活性剤、殺虫剤、防虫剤、医薬、医薬中間体、合成樹脂、合成中間体、可塑剤、安定剤、酸化・老化防止剤、難燃剤
- ■ **外観的な特徴等** 白色の固体
- ■ **性状** ［水溶解性］溶ける ［融点］260℃ ［比重（水=1）］1.38 ［分配係数］−1.69 ［ヘンリー定数］4.1×10^{-10} atm・m^3/mol（概算値）
- ■ **曝露経路** エアロゾルの吸入、経口摂取により体内へ吸収される
- ■ **毒性症状** ［短期］ほとんど毒性はないが、多量に吸入または経口摂取すれば有害、眼・粘膜の刺激。［長期］不快感・吐き気・頭痛等が起こる恐れあり。
- ■ **備考** 主に塗料の原料として広く使用されている。

404 pentanal
ペンタナール

CAS番号：110-62-3
アルデヒド類

- ■ **別名** n-バレルアルデヒド、ノルマルバレルアルデヒド、バレルアルデヒド、n-吉草酸アルデヒド
- ■ **建築での主な使用例** 意図した用途は不明、何らかの製品の不純物として検出されると考えられる。
- ■ **他の用途** 合成中間体、香料
- ■ **外観的な特徴等** 無色の液体、きわめて強い刺激臭
- ■ **性状** ［沸点］103℃ ［水溶解性］微溶 ［融点］−91℃ ［蒸気圧］3.4kPa（20℃）［比重（水=1）］0.8 ［相対蒸気密度（空気=1）］3.0 ［分配係数］1.31 ［ヘンリー定数］1.47×10^{-4} atm・m^3/mol

[402] ベンゾチアゾール

■ **曝露経路** 吸入、経口摂取により体内へ吸収される
■ **毒性症状** ［短期］眼、皮膚、気道への刺激。吸入、経口摂取によるめまい・頭痛・吐き気・咳・咽頭痛、重症の場合は意識喪失・肺水腫を起こすことがある。眼、皮膚の発赤・痛み。
■ **法規制** 悪臭防止法：特定悪臭物質、労働安全衛生法（名称等の表示）：名称等を通知すべき有害物、消防法（危険物）：危険物第4類第1石油類、海洋汚染防止法：C類物質等
■ **備考** 蒸気は引火しやすい。また、この液体を下水に流してはならない。

405 boric acid
ホウ酸

CAS番号：10043-35-3
ホウ素化合物

■ **別名** オルソホウ酸、オルトホウ酸、セイホウ酸、ボール酸
■ **建築での主な使用例** シロアリ駆除剤、殺虫剤、防腐剤
■ **他の用途** 殺虫剤（ゴキブリ駆除用ホウ酸だんご）・防虫剤、消毒剤、防腐剤（染料・顔料・塗料・洗剤・溶剤・界面活性剤など）、化粧品、ガラス、釉薬、皮革仕上げ、高級セメント、ろうそくの芯、エナメル、防火原料
■ **外観的な特徴等** 無色の結晶または白色の粉末、無臭
■ **性状** ［水溶解性］溶ける ［融点］171℃（分解） ［蒸気圧］6.99×10^{-16} Pa（25℃、概算値） ［比重（水=1）］1.4 ［分配係数］−0.22 ［生物分解性］難分解性、低濃縮性 ［代謝性］大量に摂取すると完全に体内に吸収され、腎臓からの排泄は緩慢。
■ **曝露経路** 吸入、経皮、経口摂取により体内へ吸収される
■ **毒性症状** ［短期］眼、皮膚、気道への刺激。吸入、経口摂取、損傷した皮膚からの吸収による咳・咽頭痛・吐き気・嘔吐・腹痛・下痢・胃腸障害・チアノーゼ・皮疹、大量に摂取すると中枢神経系への影響があり、ショック症状・虚脱・痙攣などを起こして死に至る場合がある。消化管・肝臓・腎臓への影響。皮膚や眼の発赤・痛み。［長期］皮膚炎。動物実験では催奇形性が認められ、人の生殖毒性の可能性が指摘されている。
■ **法規制** 水質汚濁防止法：要監視項目に関わる物質、土壌汚染対策法：第二種特定有害物質、水道法：基準項目、化学物質排出把握管理促進法：第一種指定化学物質
■ **備考** 皮膚、特にやけどや外傷など損傷した皮膚から吸収されることがある。乳児や小児では皮膚接触による毒性あり。致死量は大人20g、幼児5g。消毒剤としての使用は現在、目の洗浄・消毒だけに限られる。

406 portland cement
ポートランドセメント

CAS番号：65997-15-1
その他

■ **別名** ポルトランドセメント
■ **建築での主な使用例** コンクリートの原料
■ **他の用途** 主に土木建築の分野でコンクリート原料として幅広く利用されている
■ **外観的な特徴等** 白色～明るい灰色の粉末
■ **性状** ［水溶解性］反応する ［融点］1000℃

■ **曝露経路** 吸入、経口摂取により体内へ吸収される
■ **毒性症状** ［短期］眼、皮膚、気道への刺激。吸入による咳・咽頭痛。皮膚の乾燥・発赤。眼に対しては腐食性、発赤・痛み・重度の熱傷。経口摂取による腹痛・灼熱感。［長期］皮膚の感作、皮膚炎。
■ **備考** 製品は主に、ケイ酸カルシウム、アルミン酸カルシウム、亜鉄酸カルシウム、硫酸カルシウムの混合物。六価クロムを含むことがあり、これにより皮膚の感作が起こる。この粉末を下水に流してはならない。水分の存在下、曝露後12～48時間で皮膚熱傷が生じる。曝露時には痛みを伴わないこともある。添加された安定剤や抑制剤がこの物質の毒性に影響を与える可能性がある。

407 phoxim
ホキシム

CAS番号：14816-18-3
有機リン系殺虫剤

■ **別名** ベイチオン、2-（ジエトキシホスフィノチオイルオキシイミノ）-2-フェニルアセトニトリル、チオリン酸-O,O-ジエチル-O-アルファ-シアノベンジリデンアミノ
■ **建築での主な使用例** シロアリ防除剤、木材防腐剤
■ **他の用途** 殺虫剤、防虫剤（シロアリ防除剤等）、木材防腐剤
■ **外観的な特徴等** 淡黄色油状の液体、特異臭
■ **性状** ［沸点］102℃ ［水溶解性］微溶 ［融点］6.1℃ ［蒸気圧］2.106×10^{-3}Pa (25℃) ［分配係数］4.38 ［ヘンリー定数］1.51×10^{-6}atmm³/mol（概算値）
■ **曝露経路** 吸入、経口摂取により体内へ吸収される
■ **毒性症状** ［短期］眼・皮膚・粘膜への刺激。［長期］不快感、吐き気、頭痛。
■ **法規制** 消防法（危険物）：危険物第4類第3石油類、食品衛生法（残留農薬基準）：対象物質
■ **備考** 防蟻性に優れるため、シロアリ防除剤等によく用いられる。

408 polychlorinated biphenyl
ポリ塩化ビフェニル

CAS番号：1336-36-3
高分子化合物

■ **別名** ポリクロロビフェニル、PCB、PCBS、ビフェニル類、ピーシービー
■ **建築での主な使用例** 電気製品のコンデンサーやトランスの熱媒体・潤滑油として使われていた。コンクリートの目地材に含まれていた。
■ **他の用途** 潤滑油、可塑剤、溶剤
■ **外観的な特徴等** 薄黄色の粘稠(ねんちゅう)な液体～白色の固体
■ **性状** ［水溶解性］溶けない ［融点］340～350℃ ［蒸気圧］6.59×10^{-2}Pa (25℃) ［比重（水=1）］1.44 ［分配係数］7.10 ［ヘンリー定数］4.15×10^{-4}atmm³/mol ［生物分解性］高濃縮性 ［代謝性］吸収・排泄は塩素数や塩素化の位置によって異なるが、腸管吸収率は極めて高く、排泄は遅い。体外へは主に胆汁を介してフェノール体のグルクロン酸抱合体として腸管内へ排出される。尿中排泄は7%以下、8～9日間で終了。

[407] ホキシム
(C₂H₅O)₂PON=C(S)(CN)C₆H₅

409 formamide

ホルムアミド

CAS番号：75-12-7
含窒素化合物

■ **曝露経路** 吸入、経皮、経口摂取により体内へ吸収される
■ **毒性症状** ［短期］多量の経口摂取による頭痛・しびれ・吐き気・腹痛・体重減少・黄疸・浮腫・肝臓障害、クロルアクネ（塩素痤瘡）・皮膚や爪の黒変。接触による皮膚の乾燥・発赤。［長期］皮膚炎・クロルアクネ（塩素痤瘡）などの皮膚障害。呼吸器・消化器障害、肝臓・胃腸への影響、貧血。生殖毒性の可能性あり。［発がん性］人に対しておそらく発がん性を示す（IARC発がん性分類2A）。
■ **法規制** 化審法：第一種特定化学物質、水質汚濁防止法：人の健康に係わる物質、大気汚染防止法：有害大気汚染物質、労働安全衛生法（製造禁止・許可）：製造許可物質、労働安全衛生法（特化物等）：特定化学物質第1類、化学物質排出把握管理促進法：第一種指定化学物質、下水道法：有害物質、廃棄物処理法：規制物質
■ **備考** ポリ塩化ビフェニル（PCB）はビフェニル骨格に任意の個数の塩素原子が導入された構造の化合物の総称。化合物の種類は209種に及ぶ。主な工業製品はカネクロール：CasNo.1336-36-3、アロクロール1254：CasNo.11097-69-1など。毒性は塩素含量が多いほど高い傾向。1980年ごろまでにほぼ生産・使用が禁止された。人にとって重要な食物連鎖において、特に水生生物で生物濃縮が起こる。スイスではコンクリートの目地材から放散されるポリ塩化ビフェニルによる室内空気汚染が問題となっており、室内空気質濃度のガイドラインが定められている。この問題は、住宅よりも学校に焦点が当てられている。スイスのガイドラインは、$2\mu g/m^3$（住宅、養護施設）、$6\mu g/m^3$（学校、職場）である。

■ **別名** ギ酸アミド
■ **建築での主な使用例** 溶剤、繊維や紙の処理剤
■ **他の用途** 溶剤、合成中間体、凍結防止剤、繊維や紙の処理剤（糊料）、電気化学工業の電解液
■ **外観的な特徴等** 無色の粘稠(ねんちゅう)な液体、無臭～微アミン臭
■ **性状** ［沸点］210℃（分解） ［水溶解性］溶ける ［融点］2.5℃ ［蒸気圧］8.13Pa（25℃） ［比重（水=1）］1.13 ［相対蒸気密度（空気=1）］1.6 ［分配係数］−1.51 ［ヘンリー定数］$1.39 \times 10^{-9} atmm^3/mol$（概算値） ［生物分解性］分解性良好
■ **曝露経路** 吸入、経皮、経口摂取により体内へ吸収される
■ **毒性症状** ［短期］眼、皮膚、気道への強い刺激。中枢神経系への影響。吸入、経口摂取によるめまい・頭痛・吐き気・腹痛・咳・嗜眠、重症の場合は意識喪失・チアノーゼ・肺水腫・化学性肺炎を起こすこともある。眼や皮膚の発赤。［長期］動物実験では人の生殖に毒性影響を及ぼす可能性が指摘されている。
■ **法規制** 消防法（危険物）：危険物第4類第3石油類、労働安全衛生法（名称等の表示）：名称等を通知すべき有害物、海洋汚染防止法：D類物質等
■ **備考** 妊婦への曝露を避ける！ 皮膚からも吸収され、吸収量は比較的多いと考えられる。

410 formaldehyde
ホルムアルデヒド

CAS番号：50-00-0
アルデヒド類

■ **別名**　ホルマリン、メタナール、メチルアルデヒド、メチレンオキサイド

■ **建築での主な使用例**　合板・木質系フローリング・パーティクルボード・中質繊維板・壁紙等の接着剤の合成原料、壁紙・塗料・接着剤の防腐剤、ロックウール・グラスウール・発泡フェノール樹脂などの断熱材に使用される合成樹脂の合成原料、塗料や接着剤に使用される合成樹脂の合成原料

■ **他の用途**　合成樹脂の原料（合板、パーティクルボード、壁紙等の接着剤等）、界面活性剤、殺菌剤、防かび剤、防汚剤、農薬、防腐剤

■ **外観的な特徴等**　無色透明な気体、窒息性の刺激臭

■ **性状**　[沸点] $-20℃$　[水溶解性] 非常に良く溶ける　[融点] $-92℃$　[蒸気圧] 518kPa (25℃)　[比重（水=1）] 0.8　[相対蒸気密度（空気=1）] 1.08　[分配係数] 0.35　[ヘンリー定数] $3.37 \times 10^{-7} atmm^3/mol$　[生物分解性] 分解性良好　[代謝性] 速やかに酸化されてギ酸になる

■ **曝露経路**　吸入により体内へ吸収される

■ **毒性症状**　[短期] 眼を重度に刺激。気道を刺激、肺水腫。吸入による灼熱感・咳・頭痛・吐き気・息切れ。眼の流涙・発赤・痛み・かすみ。[長期] 変異原性あり。[発がん性] 人に対しておそらく発がん性を示す（IARC発がん性分類2A）。

■ **室内濃度指針値**　$0.1mg/m^3$ (0.08ppm)

■ **法規制**　水質汚濁防止法：要調査項目に係わる物質、大気汚染防止法：特定物質・有害大気汚染物質（優先取り組み物質）、水道法：基準項目、労働安全衛生法（名称等の表示）：名称等を表示すべき有害物・名称等を通知すべき有害物、労働安全衛生法（特化物等）：特定化学物質第3類、毒物及び劇物取締法：劇物、家庭用品規制法：規制物質、海洋汚染防止法：C類物質等、建築基準法：規制物質、建築物衛生法：維持管理基準、化学物質排出把握管理促進法：第一種指定化学物質

■ **備考**

　市販品は37〜50％のホルムアルデヒド、少量のメタノール、水を含む溶液。

　ホルムアルデヒドは、尿素、フェノール、メラミンと反応し、木材への接着性に優れる尿素・ホルムアルデヒド樹脂、フェノール・ホルムアルデヒド樹脂、メラミン樹脂となる。これらの樹脂が、接着剤として合板等の木質パネルに使用されている。また、その中でも尿素・ホルムアルデヒド樹脂が最もホルムアルデヒドを放散しやすい。

　尿素・ホルムアルデヒド樹脂からホルムアルデヒドが放散される要因は、2つある。1つは、尿素・ホルムアルデヒド樹脂の製造工程で残留した遊離ホルムアルデヒドである。もう1つは、尿素・ホルムアルデヒド樹脂が、空気中の水分等によって分解されて生成されたホルムアルデヒドである。後者の分解は、加水分解と呼ばれているが、夏場など温度が高く湿気が多いほど加水分解が起こりやすい。また、ホルムアルデヒドの放散は、夏場に多く冬場に少ない傾向を繰り返しながら、数年にわたり徐々に少なくなっていく。このような傾向を示す最大の要因は、尿素・ホルムアルデヒド樹脂の加水分解によるものと考えられる。

　ホルムアルデヒドは、形状記憶シャツなど、

合成繊維の収縮防止にも使用されている。合成樹脂の原料としては、電子・電気、自動車部品として使用されるアセタール樹脂が多い。

411 Malachite Green
マラカイトグリーン

CAS番号：2437-29-8
その他

- **別名**　マラカイトグリーン（シュウ酸塩）、ベイシックグリーン-4
- **建築での主な使用例**　畳表の染料
- **他の用途**　顔料・染料（紙・皮革・木材など）
- **外観的な特徴等**　緑色の結晶（粉末）
- **性状**　［水溶解性］溶ける　［分配係数］－0.17　［生物分解性］難分解性、低蓄積性
- **曝露経路**　吸入、経口摂取により体内へ吸収される
- **毒性症状**　［短期］眼、皮膚、粘膜への接触による刺激。
- **法規制**　毒物及び劇物取締法：劇物
- **備考**　水に溶けやすいため唾液や汗で溶けたものが吸収されやすくなる。

412 dioctyl maleate
マレイン酸ジオクチル

CAS番号：142-16-5
エステル類

- **別名**　マレイン酸ジ-2-エチルヘキシル、ジ-2-エチルヘキシルマレート、ビス-(2-エチルヘキシル)マレート、マレイン酸ビス-(2-エチルヘキシル)、マレイン酸ビス-2-エチルヘキシル
- **建築での主な使用例**　塗料
- **他の用途**　塗料、ポリマー原料、界面活性剤、可塑剤
- **外観的な特徴等**　液体
- **性状**　［沸点］195～207℃　［融点］－60℃　［蒸気圧］1Pa（20℃）　［比重（水＝1）］0.9436　［相対蒸気密度（空気＝1）］11.7
- **曝露経路**　経皮、経口摂取により体内へ吸収される
- **毒性症状**　［短期］皮膚と眼の刺激。経皮または経口摂取で穏やかな毒性。
- **法規制**　消防法（危険物）：危険物第4類第3石油類

413 beeswax
蜜蝋

CAS番号：8012-89-3
その他

- **別名**　密ろう
- **建築での主な使用例**　塗料
- **他の用途**　蝋燭、化粧品や石けんの原料、絵の具
- **外観的な特徴等**　蜂蜜様の香気を有する白

[412] マレイン酸ジオクチル

$$\text{C}_8\text{H}_{17}\text{OOC}\diagdown\diagup\text{COOC}_8\text{H}_{17}$$
$$\text{H}-\text{C}=\text{C}-\text{H}$$

色から薄黄色の粒状物
- **性状** ［水溶解性］溶けない ［融点］60〜66℃ ［比重（水=1）］0.961〜0.973
- **曝露経路** 吸入、経口摂取により体内へ吸収される
- **毒性症状** 大量に吸入または経口摂取すれば有害である
- **備考** ミツバチの巣の原料。高級アルコールと高級脂肪酸エステル（パルミチン酸ミリシルなど）の混合物。

414 mineral spirits
ミネラルスピリット

CAS番号：64742-47-8
脂肪族炭化水素

- **別名** ミネラルシンナー、ペトロリウムスピリット、ホワイトスピリット、ミネラルターペン、石油留分または残油の水素化精製・改質または分解により得られる灯油、石油留分を水素化精製または分解する際の残油重合ガソリンまたはアルキレートを製造する際の残油
- **建築での主な使用例** 接着剤や塗料等の溶剤
- **他の用途** 溶剤
- **外観的な特徴等** 無色の液体
- **性状** ［沸点］175〜270℃ ［水溶解性］微溶 ［融点］-58℃ ［蒸気圧］30〜60Pa（20℃） ［比重（水=1）］0.79〜0.82 ［相対蒸気密度（空気=1）］4.5
- **曝露経路** 吸入、経口摂取により体内へ吸収される
- **毒性症状** ［短期］眼をわずかに刺激。中枢神経系への影響。吸入、経口摂取によるめ

まい・頭痛・吐き気・嘔吐・下痢・咳・咽頭炎・化学性肺炎・意識低下。高濃度の場合は意識低下。皮膚の乾燥、眼の発赤。［長期］皮膚の脱脂。
- **法規制** 労働安全衛生法（名称等の表示）：名称等を通知すべき有害物、労働安全衛生法（特化等令）：第3種有機溶剤
- **備考** 化学性肺炎の症状は遅れて現れることもある。ミネラルスピリットは炭素数4〜10のシクロパラフィン、ノルマルパラフィン、イソパラフィンの混合物であり、芳香族炭化水素やヘキサンの含有量は0.1%以下。

415 phthalic anhydride
無水フタル酸

CAS番号：85-44-9
有機酸

- **建築での主な使用例** 塗料に使用されるアルキド樹脂や不飽和ポリエステル樹脂の原料
- **他の用途** 合成樹脂（不飽和ポリエステル樹脂、アルキド樹脂など）・可塑剤・医薬品・農薬などの合成原料、添加剤
- **外観的な特徴等** 白色の結晶、特異臭
- **性状** ［沸点］284℃ ［水溶解性］微溶 ［融点］131℃ ［蒸気圧］6.89×10^{-2}Pa（25℃外挿値） ［比重（水=1）］1.53 ［相対蒸気密度（空気=1）］5.1 ［分配係数］1.6 ［ヘンリー定数］6.2×10^{-9}atm・m³/mol（概算値） ［生物分解性］分解性良好
- **曝露経路** 吸入、経口摂取により体内へ吸収される
- **毒性症状** ［短期］眼、皮膚、気道への刺激、腐食性。吸入による咳・咽頭痛・喘鳴。経口摂取による腹痛・下痢・嘔吐・悪心。眼

［415］無水フタル酸

や皮膚の発赤・痛み（化学薬傷）。［長期］皮膚の感作。肺への影響、喘息。
■ **法規制**　大気汚染防止法：有害大気汚染物質、労働安全衛生法（名称等の表示）：名称等を通知すべき有害物、海洋汚染防止法：C類物質、化学物質排出把握管理促進法：第一種指定化学物質
■ **備考**　あらゆる接触を避ける！　喘息の症状は2～3時間経過しないと現れないことがあり、安静を保たなければ悪化する。この物質により喘息の症状を起こした場合、以後この物質に触れないこと。この物質は昇華性を有する。

416 maleic anhydride
無水マレイン酸
CAS番号：108-31-6
有機酸

■ **別名**　2,5-フランジオン
■ **建築での主な使用例**　塗料に使用されるアルキド樹脂や不飽和ポリエステル樹脂の原料
■ **他の用途**　合成樹脂（不飽和ポリエステル樹脂、アルキド樹脂など）・可塑剤・医薬品・農薬などの合成原料、添加剤、安定剤、酸化・老化防止剤
■ **外観的な特徴等**　無色または白色の結晶、刺激臭
■ **性状**　［沸点］202℃　［水溶解性］溶ける（水と反応してマレイン酸になる）　［融点］53℃　［蒸気圧］25Pa（25℃）　［比重（水=1）］1.5　［相対蒸気密度（空気=1）］3.4　［分配係数］1.62（概算値）　［ヘンリー定数］3.93×10^{-6} atm㎥/mol（概算値）　［生物分解性］分解性良好

■ **曝露経路**　吸入、経皮、経口摂取により体内へ吸収される
■ **毒性症状**　［短期］眼、皮膚、気道への刺激、腐食性。吸入による頭痛・吐き気・咳・咽頭痛・息苦しさ・息切れ・灼熱感・喘息様症状。経口摂取による腹痛・灼熱感。眼の発赤・痛み・流涙・重度の熱傷（化学薬傷）。皮膚の乾燥・発赤・痛み・熱傷（化学薬傷）。［長期］皮膚炎。喘息。
■ **法規制**　大気汚染防止法：有害大気汚染物質、労働安全衛生法（名称等の表示）：名称等を通知すべき有害物、海洋汚染防止法：D類物質、化学物質排出把握管理促進法：第一種指定化学物質
■ **備考**　喘息の症状は2～3時間経過しないと現れないことがあり、安静を保たなければ悪化する。この物質により喘息の症状を起こした場合、以後この物質に触れないこと。この物質は昇華性を有する。

417 mesityl oxide
メシチルオキシド（4-メチル-3-ペンテン-2-オン）
CAS番号：141-79-7
ケトン類

■ **別名**　酸化メシチル
■ **建築での主な使用例**　溶剤
■ **他の用途**　防虫剤、溶剤中間体、溶剤、洗浄剤、合成中間体
■ **外観的な特徴等**　放置しておくと暗色になる特徴的な臭気のある無色の粘稠液体
■ **性状**　［沸点］130℃　［水溶解性］微溶　［融点］-41.5℃　［蒸気圧］1.2kPa（20℃）　［比重（水=1）］0.865　［相対蒸気密度（空気=1）］3.4　［分配係数］1.7　［ヘンリー

[416] 無水マレイン酸
CHCO
    >O
CHCO

定数］3.67×10⁻⁵atmm³/mol（概算値）　［生物分解性］分解性良好
■ **曝露経路**　蒸気の吸入、経皮、経口摂取により体内へ吸収される
■ **毒性症状**　［短期］吸入による咳・めまい・感覚鈍麻・頭痛・息切れ・咽頭痛。皮膚の乾燥・発赤・痛み。眼の発赤や痛み。経口摂取による胃けいれん。眼・皮膚・気道を刺激する。許容濃度をはるかに超えて曝露すると意識を喪失することがある。［長期］皮膚の脱脂。肝臓・腎臓・肺に影響を与えることがある。
■ **法規制**　労働安全衛生法（名称等の表示）：名称等を通知すべき有害物、消防法（危険物）：危険物第4類第2石油類、海洋汚染防止法：D類物質等
■ **備考**　皮膚から吸収される可能性あり。

418 methacrylic acid
メタクリル酸

CAS番号：79-41-4
（メタ）アクリル酸エステル類

■ **別名**　2-メチル-2-プロペン酸、アルファメチルアクリル酸
■ **建築での主な使用例**　メタクリル系接着剤・塗料、メタクリル系樹脂製品の原料
■ **他の用途**　接着剤・塗料などの合成樹脂の原料、紙・繊維加工剤
■ **外観的な特徴等**　無色の液体または結晶（固体）、特異臭
■ **性状**　［沸点］159〜163℃　［水溶解性］溶ける　［融点］16℃　［蒸気圧］0.13kPa（25℃）　［比重（水=1）］1.02　［相対蒸気密度（空気=1）］2.97　［分配係数］0.93

［ヘンリー定数］3.88×10⁻⁷atmm³/mol　［生物分解性］分解性良好
■ **曝露経路**　吸入、経口摂取により体内へ吸収される
■ **毒性症状**　［短期］眼、皮膚、気道への刺激（腐食性）。吸入による灼熱感・咳・息切れ・息苦しさ・肺水腫。経口摂取による腹痛・胃痙攣・灼熱感・脱力感。皮膚の発赤・痛み・熱傷・水泡。眼の発赤・痛み・重度の熱傷・視力喪失。
■ **法規制**　労働安全衛生法（名称等の表示）：名称等を通知すべき有害物、消防法（危険物）：危険物第4類第3石油類、毒物及び劇物取締法：劇物、海洋汚染防止法：D類物質等、化学物質排出把握管理促進法：第一種指定化学物質
■ **備考**　あらゆる接触を避ける！　皮膚から吸収されることがある。樹脂中の残留モノマーの溶出に注意。肺水腫の症状は2〜3時間経過するまで現れないことが多い。添加された安定剤や抑制剤がこの物質の毒性に影響を与える可能性がある。

419 2-ethylhexyl methacrylate
メタクリル酸-2-エチルヘキシル

CAS番号：688-84-6
（メタ）アクリル酸エステル類

■ **別名**　2-エチルヘキシルメタクリレート
■ **建築での主な使用例**　メタクリル系接着剤・塗料、メタクリル系樹脂製品の原料
■ **他の用途**　接着剤・塗料など合成樹脂の原料、繊維処理剤、歯科用材料
■ **外観的な特徴等**　液体
■ **性状**　［沸点］113〜224℃　［水溶解性］

溶けない　［蒸気圧］10.1Pa（25℃、概算値）　［比重（水＝1）］0.9　［相対蒸気密度（空気＝1）］6.8　［分配係数］4.2～4.8　［ヘンリー定数］1.1×10^{-3}atmm³/mol（概算値）　［生物分解性］分解性良好
■**曝露経路**　吸入、経口摂取により体内へ吸収される
■**毒性症状**　［短期］眼、皮膚、粘膜への接触による刺激。皮膚や眼の発赤。［長期］不快感・吐き気・頭痛などを起こすことがある。人の健康への影響に関するデータは不十分である。
■**法規制**　消防法（危険物）：危険物第4類第3石油類、化学物質排出把握管理促進法：第一種指定化学物質
■**備考**　樹脂中の残留モノマーの溶出に注意。添加された安定剤や抑制剤がこの物質の毒性に影響を与える可能性がある。

420 n-butyl methacrylate
メタクリル酸-n-ブチル

CAS番号：97-88-1
（メタ）アクリル酸エステル類

■**別名**　n-ブチルメタクリレート、ブチル-2-メチルアクリレート、メタクリル酸-n-ブチル、メチルブチルアクリレート
■**建築での主な使用例**　メタクリル系接着剤・塗料、メタクリル系樹脂製品の原料
■**他の用途**　合成樹脂の原料、潤滑油添加剤、金属防錆・防蝕剤、繊維・紙の処理剤（コーティング剤）
■**外観な特徴等**　無色の液体、芳香臭（エステル）
■**性状**　［沸点］163℃　［水溶解性］溶けない　［融点］－25℃　［蒸気圧］0.283kPa（25℃）　［比重（水＝1）］0.9　［相対蒸気密度（空気＝1）］4.9（計算値）　［分配係数］2.26～3.01　［ヘンリー定数］4.96×10^{-4}atmm³/mol（概算値）　［生物分解性］分解性良好
■**曝露経路**　吸入、経口摂取により体内へ吸収される
■**毒性症状**　［短期］眼、皮膚、気道への刺激。吸入、経口摂取による咳・咽頭痛・息切れ・腹痛・めまい・頭痛、重症の場合は意識喪失・肺水腫を起こすこともある。皮膚や眼の発赤・痛み。［長期］皮膚の感作。人の健康への影響に関するデータは不十分である。
■**法規制**　消防法（危険物）：危険物第4類第2石油類、海洋汚染防止法：D類物質等、化学物質排出把握管理促進法：第一種指定化学物質
■**備考**　あらゆる接触を避ける！　樹脂中の残留モノマーの溶出に注意。症状は遅れて現れることもある。引火しやすい。添加された安定剤や抑制剤がこの物質の毒性に影響を与える可能性がある。

421 ethyl methacrylate
メタクリル酸エチル

CAS番号：97-63-2
（メタ）アクリル酸エステル類

■**別名**　EMA、エチルメタクリラート、エチルメタクリレート
■**建築での主な使用例**　メタクリル系接着剤・塗料、メタクリル系樹脂製品の原料
■**他の用途**　接着剤・塗料など合成樹脂の原料、繊維処理剤、歯科用材料
■**外観な特徴等**　無色の液体、特異臭

■ **性状** [沸点] 117℃ [水溶解性] 難溶 [融点] －75℃ [蒸気圧] 2.74kPa（25℃） [比重（水=1）] 0.91 [相対蒸気密度（空気=1）] 3.9 [分配係数] 1.94 [ヘンリー定数] 5.73×10⁻⁴atm³/mol（概算値）
■ **曝露経路** 吸入、経口摂取により体内へ吸収される
■ **毒性症状** [短期] 眼、皮膚、気道への刺激（催涙性）。吸入による咳・咽頭痛。高濃度蒸気の吸入によるめまい・頭痛・吐き気、重症の場合は肺水腫を起こすこともある。経口摂取による腹痛・下痢・吐き気・嘔吐。皮膚や眼の発赤・痛み。[長期] 皮膚の感作。動物実験では発腫瘍性あり。
■ **法規制** 消防法（危険物）：危険物第4類第1石油類、海洋汚染防止法：D類物質等
■ **備考** あらゆる接触を避ける！ 樹脂中の残留モノマーの溶出に注意。症状は遅れて現れることもある。引火しやすい。添加された安定剤や抑制剤がこの物質の毒性に影響を与える可能性がある。

422 methyl methacrylate
メタクリル酸メチル

CAS番号：80-62-6
（メタ）アクリル酸エステル類

■ **別名** MMA、エムエムエー、メチルメタクリラート、メチルメタクリレート
■ **建築での主な使用例** メタクリル系接着剤・塗料、メタクリル系樹脂製品の原料、床や壁のコーティングに使われる。
■ **他の用途** 接着剤・塗料・日用品・コンタクトレンズ・医療用結合剤など合成樹脂の原料

■ **外観的な特徴等** 無色の液体、強い芳香臭（果実様）
■ **性状** [沸点] 100.5℃ [水溶解性] 微溶 [融点] －48℃ [蒸気圧] 5.13kPa（25℃） [比重（水=1）] 0.94 [相対蒸気密度（空気=1）] 3.5 [分配係数] 1.38 [ヘンリー定数] 3.19×10⁻⁴atm³/mol（概算値） [生物分解性] 分解性良好 [代謝性] 体内で代謝されて多くは二酸化炭素として呼気中に排出される。また、尿中にも代謝物が排泄される。
■ **曝露経路** 吸入、経皮、経口摂取により体内へ吸収される
■ **毒性症状** [短期] 眼、皮膚、気道への刺激。吸入によるめまい・頭痛・咳・咽頭痛・息切れ。経口摂取による腹痛・吐き気・嘔吐。重症の場合は胸痛・肺水腫を起こすこともある。皮膚の発赤。眼の発赤・痛み。[長期] 皮膚の感作。呼吸器系・心血管系・末梢神経系への影響、吐き気・脱力感・手足の痺れ・集中力低下・不眠・不安感・記憶障害などの神経衰弱症状。動物実験では催奇形性・発腫瘍性あり。[発がん性] 人に対して発がん性について分類できない（IARC発がん性分類3）。
■ **法規制** 大気汚染防止法：有害大気汚染物質、労働安全衛生法（名称等の表示）：名称等を通知すべき有害物、消防法（危険物）：危険物第4類第1石油類、海洋汚染防止法：D類物質等、化学物質排出把握管理促進法：第一種指定化学物質
■ **備考** あらゆる接触を避ける！ 樹脂中の残留モノマーの溶出に注意。症状は遅れて現れることもある。引火しやすい。また、この物質を下水に流してはならない。添加された安定剤や抑制剤がこの物質の毒性に影響を与える可能性がある（通常、抑制剤としてはヒドロキノン、ヒドロキノンメチルエーテル、

ジメチルt-ブチルフェノールが含有される）。重合したメタクリル樹脂は光ファイバー、航空機や自動車の窓ガラス、建築・家具材料、照明器具、医療用材料、コンタクトレンズなどに使われる。

423 methanol
メタノール

CAS番号：67-56-1
アルコール類

- **別名** メチルアルコール、モクセイ
- **建築での主な使用例** 接着剤、塗料、インキ、ワックスの溶剤
- **他の用途** 溶剤（接着剤や塗料等の樹脂の溶解）、燃料、火薬、染料、顔料、香料中間体、洗浄剤、殺菌剤、防かび剤、防汚剤、医薬、医薬中間体、合成中間体、化学合成原料等、消毒石けん、ワニス、不凍液、光沢剤
- **外観的な特徴等** 無色の液体、刺激臭
- **性状** ［沸点］65℃　［水溶解性］混和する　［融点］－98℃　［蒸気圧］12.3kPa (20℃)　［比重（水=1）］0.79　［相対蒸気密度（空気=1）］1.1　［分配係数］－0.77　［ヘンリー定数］4.55×10^{-6} atm㎥/mol
- **曝露経路** 吸入、経皮、経口摂取により体内へ吸収される
- **毒性症状** ［短期］眼・皮膚・気道の刺激。中枢神経系への影響、意識喪失、失明。吸入による咳・めまい・頭痛・吐き気・脱力感・視力障害。皮膚の乾燥・発赤。眼の発赤・痛み。経口摂取による腹痛・息切れ・嘔吐・痙攣・意識喪失。［長期］皮膚炎、中枢神経系への影響、持続性あるいは反復性の頭痛、視力障害。

- **法規制** 大気汚染防止法：特定物質・有害大気汚染物質、労働安全衛生法（名称等の表示）：名称等を表示すべき有害物・名称等を通知すべき有害物、労働安全衛生法（特化物等）：第2種有機溶剤、消防法（危険物）：危険物第4類アルコール類、毒物及び劇物取締法：劇物、家庭用品規制法：規制物質、海洋汚染防止法：D類物質等
- **備考** 青少年、小児への曝露を避ける！皮膚から吸収される可能性あり。樹脂の溶解性に優れ揮発しやすいため、接着剤や塗料等の有機溶剤に用いられる。ホルムアルデヒドの合成原料としての需要が多い。その他、ガソリンの添加剤であるメチル-t-ブチルエーテル（MTBE）や酢酸の合成原料である。

424 methyl-n-amylketone
メチル-n-アミルケトン

CAS番号：110-43-0
ケトン類

- **別名** 2-ヘプタノン、アミルメチルケトン、メチルアミルケトン、メチルペンチルケトン、メチル-n-ペンチルケトン、n-アミルメチルケトン
- **建築での主な使用例** 塗料等の溶剤
- **他の用途** 香料、溶剤、洗浄剤
- **外観的な特徴等** 特徴的な臭気のある無色の液体
- **性状** ［沸点］151℃　［水溶解性］難溶　［融点］－35.5℃　［蒸気圧］0.2kPa (25℃)　［比重（水=1）］0.8　［相対蒸気密度（空気=1）］3.9　［分配係数］1.89　［ヘンリー定数］1.69×10^{-4} atm㎥/mol
- **曝露経路** 蒸気の吸入により体内へ吸収さ

れる
■**毒性症状** ［短期］吸入による咳・頭痛・めまい・かすみ目・意識喪失。皮膚の乾燥。皮膚や眼の発赤。眼や気道の刺激。中枢神経系への影響、許容濃度をはるかに超えると意識が低下することがある。［長期］皮膚の脱脂。
■**法規制** 労働安全衛生法（名称等の表示）：名称等を通知すべき有害物、消防法（危険物）：危険物第4類第2石油類、海洋汚染防止法：D類物質等

触により皮膚炎を起こすことがある。神経系に影響を与えることがある。
■**法規制** 労働安全衛生法（名称等の表示）：名称等を表示すべき有害物・名称等を通知すべき有害物、労働安全衛生法（特化物等）：第二種有機溶剤、消防法（危険物）：危険物第4類第2石油類、海洋汚染防止法：D類物質等
■**備考** 皮膚から吸収される可能性あり。アルコール飲料の使用により有害作用が増大する。

425 methyl-n-butylketone
メチル-n-ブチルケトン
CAS番号：591-78-6
ケトン類

■**別名** 2-ヘキサノン、ブチルメチルケトン、ヘキサノン-2、メチルブチルケトン
■**建築での主な使用例** 溶剤
■**他の用途** 溶剤
■**外観的な特徴等** 特徴的な臭気のある無色の液体
■**性状** ［沸点］127℃ ［水溶解性］微溶 ［融点］-57℃ ［蒸気圧］0.36kPa（20℃）［比重（水=1）］0.8 ［相対蒸気密度（空気=1）］3.5 ［分配係数］1.38 ［ヘンリー定数］9.32×10^5 atm³/mol（概算値）
■**曝露経路** 吸入、経皮により体内へ吸収される
■**毒性症状** ［短期］吸入による咳・嗜眠・頭痛・吐き気・咽頭痛。皮膚の乾燥。眼の発赤や痛み、かすみ目。経口摂取による腹痛・下痢・咽頭痛。眼・気道の刺激。神経系への影響、高濃度の場合は意識を喪失することがある。［長期］反復または長期の皮膚への接

426 methyl-n-propylketone
メチル-n-プロピルケトン
CAS番号：107-87-9
ケトン類

■**別名** 2-ペンタノン、メチルプロピルケトン
■**建築での主な使用例** 溶剤
■**他の用途** 溶剤、触媒
■**外観的な特徴等** 特徴的な臭気のある無色の液体
■**性状** ［沸点］102℃ ［水溶解性］微溶 ［融点］-78℃ ［蒸気圧］1.6kPa（20℃）［比重（水=1）］0.8 ［相対蒸気密度（空気=1）］3.0 ［分配係数］0.91 ［ヘンリー定数］8.36×10^5 atm³/mol
■**曝露経路** 蒸気の吸入、経口摂取により体内へ吸収される
■**毒性症状** ［短期］吸入による咳・めまい・嗜眠状態・感覚鈍麻・頭痛・咽頭痛。皮膚の乾燥・発赤。眼の発赤や痛み。経口摂取による腹痛や吐き気。皮膚・気道の刺激。高濃度の場合は意識が低下することがある。［長期］

反復あるいは長期にわたる皮膚の接触による皮膚炎。
■ **法規制**　労働安全衛生法（名称等の表示）：名称等を通知すべき有害物、消防法（危険物）：危険物第4類第1石油類、海洋汚染防止法：D類物質等

427 methyl-n-hexylketone
メチル-n-ヘキシルケトン

CAS番号：111-13-7
ケトン類

■ **別名**　2-オクタノン、ヘキシルメチルケトン
■ **建築での主な使用例**　塗料の溶剤
■ **他の用途**　フローラル系調合香料、フルーツフレーバー
■ **外観的な特徴等**　リンゴ臭の無色の液体
■ **性状**　[沸点] 173℃　[水溶解性] 難溶　[融点] －16℃　[蒸気圧] 0.16kPa（25℃）　[比重（水=1）] 0.818　[相対蒸気密度（空気=1）] 4.4　[分配係数] 2.37　[ヘンリー定数] 1.88×10^{-4} atmm³/mol
■ **曝露経路**　吸入、経皮、経口摂取により体内へ吸収される
■ **毒性症状**　[短期] 蒸気は眼・鼻・のど・皮膚の刺激。吸入による咳・頭痛・胸痛、高濃度の場合は麻酔作用あり、肺水腫を起こすことがある。経口摂取によりめまい・興奮・意識喪失等を起こす恐れあり。
■ **法規制**　消防法（危険物）：危険物第4類第3石油類
■ **備考**　ミカン科の植物の葉の精油に含まれる。

428 methyl-n-heptylketone
メチル-n-ヘプチルケトン

CAS番号：821-55-6
ケトン類

■ **別名**　2-ノナノン、ヘプチルメチルケトン
■ **建築での主な使用例**　塗料の溶剤
■ **外観的な特徴等**　花や果実様の甘い香気のある無色の液体
■ **性状**　[沸点] 194〜195.3℃　[水溶解性] 溶けない　[融点] －9〜－8.2℃　[蒸気圧] 83.2Pa（25℃）　[比重（水=1）] 0.8208〜0.832　[相対蒸気密度（空気=1）] 4.9　[分配係数] 3.14　[ヘンリー定数] 3.67×10^{-4} atmm³/mol
■ **曝露経路**　吸入、経皮、経口摂取により体内へ吸収される
■ **毒性症状**　[短期] 蒸気は眼・鼻・のど・皮膚の刺激。吸入による咳・頭痛・胸痛、高濃度の場合は麻酔作用あり、肺水腫を起こすことがある。経口摂取によりめまい・興奮・意識喪失等を起こす恐れあり。
■ **法規制**　海洋汚染防止法：B類物質等
■ **備考**　ミカン科の植物の葉の精油に含まれる。

429 methyl-t-butylether
メチル-t-ブチルエーテル

CAS番号：1634-04-4
エーテル類

■ **別名**　2-メトキシ-2-メチルプロパン、MTBE、t-ブチルメチルエーテル、メチル-

1,1-ジメチルエチルエーテル
■ **建築での主な使用例**　溶剤
■ **他の用途**　ラッカー混和性向上剤、燃料、火薬、爆薬、溶剤、洗浄剤、ガソリンのオクタン価向上剤、アンチノック剤
■ **外観的な特徴等**　特徴的な臭気のある無色の液体
■ **性状**　[沸点] 55℃　[水溶解性] 微溶　[融点] −109℃　[蒸気圧] 27kPa (20℃)　[比重（水=1）] 0.7　[相対蒸気密度（空気=1）] 3.1　[分配係数] 1.06　[ヘンリー定数] 5.87×10^{-4} atm m³/mol
■ **曝露経路**　吸入、経口摂取により体内へ吸収される
■ **毒性症状**　[短期] 吸入による嗜眠・めまい・頭痛・脱力感・意識喪失。皮膚の乾燥。皮膚や眼の発赤。経口摂取による腹痛・吐き気・嘔吐。皮膚の刺激。経口摂取による化学性肺炎、許容濃度をはるかに超えると意識低下を起こす恐れがある。
■ **法規制**　水質汚濁防止法：要調査項目に係わる物質、大気汚染防止法：有害大気汚染物質、労働安全衛生法（名称等の表示）：名称等を通知すべき有害物、消防法（危険物）：危険物第4類第1石油類、海洋汚染防止法：D類物質等

キ、ワックスの溶剤
■ **他の用途**　溶剤（接着剤や塗料等の樹脂の溶解）、洗浄剤、医薬、医薬中間体、合成樹脂、合成中間体、脱油剤
■ **外観的な特徴等**　無色透明の液体、特異臭
■ **性状**　[沸点] 117〜118℃　[水溶解性] 微溶　[融点] −84.7℃　[蒸気圧] 2.1kPa (20℃)　[比重（水=1）] 0.8　[相対蒸気密度（空気=1）] 3.45　[分配係数] 1.38　[ヘンリー定数] 1.38×10^{-4} atm m³/mol（概算値）　[生物分解性] 分解性良好　[代謝性] 侵入量の約半量は呼気中に未変化のまま排泄される
■ **曝露経路**　吸入、経口摂取により体内へ吸収される
■ **毒性症状**　[短期] 眼、皮膚、気道の刺激。経口摂取による化学性肺炎、中枢神経系への影響・昏迷。吸入による咳・下痢・めまい・頭痛・吐き気・咽頭痛・意識喪失・嘔吐・脱力感・食欲不振。皮膚の乾燥・発赤・痛み。眼の発赤・痛み。経口摂取による腹痛。[長期] 皮膚炎。
■ **法規制**　大気汚染防止法：有害大気汚染物質、悪臭防止法：特定悪臭物質、労働安全衛生法（名称等の表示）：名称等を表示すべき有害物・名称等を通知すべき有害物、労働安全衛生法（特化物等）：第2種有機溶剤、消防法（危険物）：危険物第4類第1石油類
■ **備考**　樹脂の溶解性に優れ揮発しやすいため、塗料やインキ等の有機溶剤によく用いられる。

430　methylisobutylketone
メチルイソブチルケトン

CAS番号：108-10-1
ケトン類

■ **別名**　4-メチル-2-ペンタノン、MIBK、イソブチルメチルケトン、ヘキソン
■ **建築での主な使用例**　接着剤、塗料、イン

431 methylethylketone
メチルエチルケトン

CAS番号：78-93-3
ケトン類

■ **別名**　2-ブタノン、MEK、エチルメチルケトン
■ **建築での主な使用例**　接着剤、塗料、インキ、ワックスの溶剤
■ **他の用途**　インキ、溶剤（接着剤や塗料等の樹脂の溶解）、洗浄剤、合成樹脂、人工皮革、加硫剤、加硫促進剤、硬化促進剤
■ **外観的な特徴等**　無色の液体、アセトン様の特徴的な臭気
■ **性状**　［沸点］80℃　［水溶解性］溶ける　［融点］－86℃　［蒸気圧］10.5kPa (20℃)　［比重（水=1）］0.8　［相対蒸気密度（空気=1）］2.41　［分配係数］0.29　［ヘンリー定数］5.69×10^{-5} atmm³/mol　［代謝性］体内に入った量の約1/3は未変化のまま呼気に排泄される
■ **曝露経路**　吸入、経口摂取により体内へ吸収される
■ **毒性症状**　［短期］眼・皮膚・気道の刺激。中枢神経系への影響、意識喪失。吸入による咳・めまい・嗜眠・頭痛・吐き気・嘔吐。眼の発赤・痛み。［長期］皮膚の脱脂、生殖毒性の可能性あり。
■ **法規制**　水質汚濁防止法：要調査項目に係わる物質、大気汚染防止法：有害大気汚染物質、労働安全衛生法（名称等の表示）：名称等を表示すべき有害物・名称等を通知すべき有害物、労働安全衛生法（特化物等）：第2種有機溶剤、毒物及び劇物取締法：劇物、消防法（危険物）：危険物第4類第1石油類
■ **備考**　樹脂の溶解性に優れ揮発しやすいため、接着剤・塗料・インキ等の有機溶剤によく用いられる。

432 methylcyclohexanone
メチルシクロヘキサン

CAS番号：108-87-2
環状アルカン

■ **別名**　シクロヘキシルメタン、ヘキサヒドロトルエン、ヘプタナフテン
■ **建築での主な使用例**　接着剤、塗料、インキ、ワックス、防水剤の溶剤
■ **他の用途**　溶剤（接着剤や塗料等の樹脂の溶解）、洗浄剤
■ **外観的な特徴等**　無色の液体、特異臭
■ **性状**　［沸点］101℃　［水溶解性］溶けない　［融点］－126.7℃　［蒸気圧］5.73kPa (25℃)　［比重（水=1）］0.8　［相対蒸気密度（空気=1）］3.4　［分配係数］3.61　［ヘンリー定数］0.43atmm³/mol
■ **曝露経路**　吸入、経口摂取により体内へ吸収される
■ **毒性症状**　［短期］眼や皮膚の刺激。経口摂取による吐き気、化学性肺炎。中枢神経系への影響、意識低下。吸入によるめまい・嗜眠状態。皮膚の乾燥。眼の発赤。［長期］皮膚の脱脂。
■ **法規制**　労働安全衛生法（名称等の表示）：名称等を通知すべき有害物、消防法（危険物）：危険物第4類第1石油類、海洋汚染防止法：C類物質等
■ **備考**　樹脂の溶解性に優れ揮発しやすいため、接着剤・塗料・インキ等の有機溶剤によく用いられる。

433 methylcyclopentane
メチルシクロペンタン

CAS番号:96-37-7
環状アルカン

■ **建築での主な使用例**　接着剤や塗料等の溶剤
■ **他の用途**　溶剤（接着剤や塗料等の樹脂の溶解）
■ **外観的な特徴等**　無色の液体、特異臭
■ **性状**　［沸点］71.8℃　［水溶解性］溶けない　［融点］－142.5℃　［蒸気圧］18.4kPa(25℃)　［比重（水＝1）］0.7486　［相対蒸気密度（空気＝1）］2.9　［分配係数］3.37　［ヘンリー定数］0.361atm㎥/mol
■ **曝露経路**　吸入、経口摂取により体内へ吸収される
■ **毒性症状**　［短期］眼、皮膚、気道への刺激。吸入、経口摂取による咳・咽頭痛・息切れ、重症の場合は急性気管支炎・肺炎を起こすことがある。中枢神経系への影響・反射運動喪失・意識喪失。高濃度の場合は麻酔性あり。
■ **法規制**　消防法（危険物）：危険物第4類第1石油類
■ **備考**　蒸気は引火しやすい。

434 methyl cellulose
メチルセルロース

CAS番号:9004-67-5
その他

■ **建築での主な使用例**　増粘剤
■ **他の用途**　食品添加物、化粧品、乳化剤、安定剤
■ **外観的な特徴等**　白色～類白色の無臭の粉末
■ **性状**　［水溶解性］溶ける
■ **曝露経路**　吸入、経皮、経口摂取により体内へ吸収される
■ **毒性症状**　［短期］多量に吸入または経口摂取すれば有害である。粉塵は眼、粘膜、皮膚を刺激。通常の取り扱いでは危険性は低い。［長期］不快感、吐き気、頭痛等を起こす恐れがある。

435 methyl cellosolve
メチルセロソルブ

CAS番号:109-86-4
エーテル類

■ **別名**　2-メトキシエタノール、エチレングリコールモノメチルエーテル、グリコールメチルエーテル、メチルグリコール
■ **建築での主な使用例**　塗料、インキ、ワックスの溶剤
■ **他の用途**　溶剤（接着剤や塗料等の樹脂の溶解）、顔料、洗浄剤、合成樹脂、合成繊維、合成中間体
■ **外観的な特徴等**　無色の液体、特徴的な臭気
■ **性状**　［沸点］125℃　［水溶解性］混和する　［融点］－85℃　［蒸気圧］0.83kPa(20℃)　［比重（水＝1）］0.96　[相対蒸気密度（空気＝1）］2.6　［分配係数］－0.503　［ヘンリー定数］3.3×10^{-7}atm㎥/mol　［生物分解性］分解性良好
■ **曝露経路**　吸入、経皮、経口摂取により体内へ吸収される

---

［433］メチルシクロペンタン

■ **毒性症状**　［短期］眼・気道の刺激。中枢神経系・肝臓・腎臓への影響、意識低下。吸入による錯乱・めまい・頭痛・吐き気・意識喪失・嘔吐・脱力感。眼のかすみ。［長期］皮膚の脱脂。血液への影響、貧血および血液細胞の損傷。人で生殖毒性を引き起こすことがある。
■ **法規制**　大気汚染防止法：有害大気汚染物質、労働安全衛生法（名称等の表示）：名称等を表示すべき有害物・名称等を通知すべき有害物、労働安全衛生法（特化物等）：第2種有機溶剤、消防法（危険物）：危険物第4類第2石油類、海洋汚染防止法：D類物質等、化学物質排出把握管理促進法：第一種指定化学物質
■ **備考**　妊婦への曝露を避ける！　皮膚から吸収される可能性あり。揮発速度が遅く、樹脂の溶解性に優れており、塗料等の有機溶剤によく用いられる。

436　methylpentane
メチルペンタン

CAS番号：（2-:107-83-5）、（3-:96-14-0）
脂肪族炭化水素

■ **別名**　イソヘキサン、(2-メチルペンタン、3-メチルペンタン)
■ **建築での主な使用例**　接着剤や塗料などの溶剤
■ **他の用途**　溶剤（接着剤や塗料、印刷用インキ等の樹脂の溶解）、洗浄剤
■ **外観的な特徴等**　無色の液体、ガソリン臭
■ **性状**　［沸点］2-:60℃、3-:63.3℃　［水溶解性］溶けない　［融点］2-:-153℃、3-:-118℃　［蒸気圧］2-:23kPa(20℃)、3-:20.5kPa(20℃)　［比重（水=1)］2-:0.65、3-:0.66　［相対蒸気密度（空気=1)］2-:3.0、3-:2.97　［分配係数］2-:3.74（概算値）、3-:3.60　［ヘンリー定数］2-:1.71 atmm^3/mol（計算値）、3-:1.68atmm^3/mol（概算値）［生物分解性］分解性良好
■ **曝露経路**　吸入、経皮、経口摂取により体内へ吸収される
■ **毒性症状**　［短期］眼、皮膚への刺激。吸入、経口摂取による麻酔作用があり、めまい・手足の感覚麻痺・歩行困難など多発性神経炎の症状を起こし、重症の場合は肺炎・肺水腫を起こす。
■ **法規制**　労働安全衛生法（名称等の表示）：名称等を通知すべき有害物、消防法（危険物）：危険物第4類第1石油類、海洋汚染防止法：C類物質等
■ **備考**　蒸気は空気よりも重く、床に沿って移動することがあり、引火しやすいので火気に注意が必要である。また、この液体を下水に流してはならない。3-メチルペンタンに曝露したときの人の健康への影響は調べられていない。

437　methylene bis thiocyanate
メチレンビスチオシアネート

CAS番号：6317-18-6
チオシアン系化合物

■ **別名**　MBT
■ **建築での主な使用例**　防腐・防かび剤
■ **他の用途**　抗菌剤
■ **外観的な特徴等**　黄色固体
■ **性状**　［水溶解性］溶けない　［融点］105〜107℃　［蒸気圧］0.263Pa(25℃、概算値）　［分配係数］0.62（概算値）　［ヘンリー

定数] $2.61×10^{-8}$ atm·m³/mol（概算値）
■ **曝露経路**　吸入、経皮、経口摂取により体内へ吸収される
■ **毒性症状**　[短期] 眼、皮膚を刺激する。眼や皮膚の発赤や痛み。[長期] 反復または長期の接触により、皮膚が感作されることがある。

438 melamine
メラミン

CAS番号：108-78-1
含窒素化合物

■ **別名**　1,3,5-トリアジン-2,4,6-トリアミン、シアヌルアマイド、シアヌルアミド
■ **建築での主な使用例**　合板の接着剤（メラミン・ユリア樹脂）の原料
■ **他の用途**　接着剤、合成樹脂などの原料。繊維処理剤。
■ **外観的な特徴等**　無色～白色の結晶(固体)
■ **性状**　[沸点]（昇華）　[水溶解性] 難溶（熱湯には溶ける）　[融点] 250℃　[蒸気圧] $4.79×10^{-8}$ Pa(25℃、外挿値)　[比重(水＝1)] 1.6　[相対蒸気密度（空気＝1）] 4.3　[分配係数] －1.37　[ヘンリー定数] $1.84×10^{-14}$ atm·m³/mol（概算値）　[生物分解性] 難分解性、低濃縮性
■ **曝露経路**　吸入、経口摂取により体内へ吸収される
■ **毒性症状**　[短期] 眼、皮膚、気道への刺激。皮膚炎。[長期] 腎臓への影響。[発がん性] 人に対して発がん性について分類できない（IARC発がん性分類3）。
■ **法規制**　水質汚濁防止法：要調査項目に係わる物質

439 pyrolignous acid
木酢液(フェノール類)

フェノール類

■ **建築での主な使用例**　シロアリ防除剤
■ **他の用途**　土壌改良剤、防虫剤、消臭剤、入浴剤
■ **外観的な特徴等**　赤褐色透明の液体
■ **曝露経路**　吸入、経皮、経口摂取により体内へ吸収される
■ **備考**
　炭焼き時に発生する煙を冷やして液化したものを粗木酢液と呼ぶ。これを放置しておくと3つの層に分離する。一番上層の軽油質と一番下層のタール分の両層にはさまれた中層が木酢液である。この中層は3ヶ月以上静置され、さらに木炭や活性炭などで濾過して残留タール分が除去される。
　木酢液は、その大半が水であるが、数％の酢酸、その他には、ギ酸・プロピオン酸プロトン酸・酪酸などの有機酸類、o-,p-クレゾール・o-メトキシフェノール・フェノールなどのフェノール類、アセトンやアセトアルデヒドなどのカルボニル化合物、アルコール類など数百種類の化学物質が含まれている。
　酢酸を含む有機酸類やフェノール類には、眼・皮膚・気道に対する腐食性、カルボニル化合物には、眼・皮膚・気道に対する刺激性や中枢神経に影響するものがある。そのため、日本炭窯木酢液協会は、木酢液の安全確保のための表示として、皮膚に付着した場合は水で洗い流すこと、幼児の手の届かないところに保管すること、誤って目や口に入った場合は速やかに水で洗浄して医師の診断を受けることなどの注意事項を定めている。

さらに木酢液は、抽出する温度によって主成分が異なることが報告されている。そのためメーカーにより製造条件が異なると、得られた木酢液に含まれる成分やその比率が異なってくる可能性がある。特に、木炭を作る釜の中の炭材の温度が425℃以上になると、人に対して発がん性の疑いのあるベンゾ（a）ピレンなどの多環芳香族炭化水素が生成することが報告されている。

440 Japan wax
木蝋

CAS番号：8001-39-6
脂肪族炭化水素

- ■ 建築での主な使用例　自然塗料、ワックス
- ■ 他の用途　和ろうそくの原料、鬢付け、口紅、文具、研磨材
- ■ 外観的な特徴等　固体、特有の臭い
- ■ 性状　［水溶解性］溶けない　［融点］50〜55℃　［比重（水=1）］0.871〜0.878
- ■ 曝露経路　吸入、経皮、経口摂取により体内へ吸収される
- ■ 備考　ウルシ科に属しているハゼノキの実を粉砕加熱し、強く圧搾して作られる。

441 eucalyptus oil
ユーカリ油

CAS番号：8000-48-4
その他

- ■ 建築での主な使用例　塗料
- ■ 他の用途　殺菌剤、消毒剤、防腐剤、殺虫剤、医薬品
- ■ 外観的な特徴等　特異な芳香を有する無色から薄黄色の液体
- ■ 性状　［水溶解性］溶けない　［比重（水=1）］0.905〜0.925
- ■ 曝露経路　吸入、経皮、経口摂取により体内へ吸収される
- ■ 毒性症状　目、皮膚、呼吸器を刺激する可能性がある
- ■ 法規制　消防法（危険物）：危険物第4類動植物油類
- ■ 備考　シネオールを70％以上含有。ユーカリの木の葉から採れる精油。

442 sodium tetraborate
四ホウ酸ナトリウム

CAS番号：1330-43-4
ホウ素化合物

- ■ 建築での主な使用例　シロアリ駆除剤
- ■ 他の用途　洗濯用漂白剤の原料、合成中間体、標準試薬、釉薬
- ■ 外観的な特徴等　白色の固体、無臭
- ■ 性状　［沸点］1575℃（分解）　［水溶解性］溶ける　［融点］741℃　［比重（水=1）］2.367
- ■ 曝露経路　吸入、経皮、経口摂取により体内へ吸収される
- ■ 毒性症状　［短期］眼、皮膚、気道への刺激。吸入、経口摂取、損傷した皮膚からの吸収による咳・咽頭痛・息切れ・鼻出血・腹痛・下痢・吐き気・嘔吐・脱力感、重症の場合は中枢神経系への影響があり、血圧低下・ショック症状・呼吸停止を起こし死に至ることがある。腎臓・胃腸管への影響。皮膚の乾

燥・発赤。眼の発赤・痛み。［長期］皮膚炎。食欲不振・吐き気・嘔吐・禿頭症・痙攣発作などを起こすことがある。
■**法規制** 水質汚濁防止法：要監視項目に関わる物質、土壌汚染対策法：第二種特定有害物質、水道法：基準項目、労働安全衛生法（名称等の表示）：名称等を通知すべき有害物、化学物質排出把握管理促進法：第一種指定化学物質
■**備考** 皮膚、特にやけどや外傷など損傷した皮膚から吸収されることがある。子どもの玩具や理科教材として作られるスライムにも使用されている。

443 radon
ラドン

CAS番号：10043-92-2
放射性物質

■**建築での主な使用例** 土壌やコンクリートから放散される
■**他の用途** 自然界に存在する放射性元素。土壌や岩石に含まれている。
■**外観的な特徴等** 無色の気体、無臭（液体は燐光を発する）
■**性状** ［沸点］−62℃ ［水溶解性］微溶 ［融点］−71℃ ［蒸気圧］5.65×10^7Pa（25℃、概算値） ［比重（水=1）］9.73 ［分配係数］1.51
■**曝露経路** 吸入により体内へ吸収される
■**毒性症状** ［発がん性］人に対して発がん性を示す（IARC発がん性分類1）。
■**備考** 自然放射線の発生源。ウラニウム→ラジウム→ラドンの放射性崩壊により生成する。気体と固体の崩壊元素を吸入すると肺に堆積し、肺がんの主原因になると考えられる。欧米諸国ではラドンによる室内空気汚染が大きな問題となっており、多くの諸外国でラドンの室内空気質ガイドラインが定められている。世界保健機関欧州事務局のガイドラインは100ベクレル（Bq）／m³である。

444 lavendar oil
ラベンダー油

CAS番号：8000-28-0
その他

■**別名** ラベンダーオイル
■**建築での主な使用例** 自然塗料
■**他の用途** 化粧品、石けん、化粧品、香水
■**外観的な特徴等** 無色〜淡黄色液体
■**性状** ［沸点］204℃ ［水溶解性］溶けない ［比重（水=1）］0.93
■**曝露経路** 吸入、経皮、経口摂取により体内へ吸収される
■**毒性症状** ［短期］軽度に眼や皮膚を刺激する可能性がある。
■**備考** ラベンダーの花や葉を蒸留して作られる。

445 particulate matter
粒子状物質

その他

■**別名** PM
■**建築での主な使用例** 物の粉砕によって発生する粉じん

■ **外観的な特徴等** 固体および液体の粒
■ **曝露経路** 吸入、経皮、経口摂取により体内へ吸収される
■ **備考** 粒子状物質（PM）とは、固体および液体の粒のことである。工場などから排出される煤塵、物の粉砕などによって発生する粉塵、ディーゼル車の排出ガスに含まれるディーゼル排気微粒子（DEP）などがある。

PMのうち粒子径10μ以下のものは浮遊粒子状物質（SPM）、そのうち粒子径が2.5μm以下のものはPM2.5と呼ばれている。SPMは微小なため、大気中に長時間滞留し、肺や気管などに沈着して高濃度で呼吸器に悪影響を及ぼすといわれている。

日本ではオイルショック以降、ディーゼル車の普及が進んでいるが、DEPは発がん性や気管支ぜんそくなどとの関連が指摘されている。特に超微粒子であるPM2.5は、肺の奥に付着しやすく健康影響が大きいと考えられている。

SPMには大気中の環境基準「1時間値の1日平均値が、0.10mg/m³以下であり、かつ1時間値が0.20mg/m³以下であること」が設定されている。

446 triethyl phosphate
リン酸トリエチル

CAS番号：78-40-0
リン酸エステル類

■ **別名** TEP、トリエチルホスフェート
■ **建築での主な使用例** 溶剤、難燃剤、可塑剤
■ **他の用途** 溶剤、洗浄剤、潤滑油添加剤、可塑剤、安定剤、酸化・老化防止剤、触媒、難燃剤、植物成長調整剤
■ **外観的な特徴等** 特徴的な臭気のある無色の液体
■ **性状** ［沸点］215.5℃　［融点］－56.4℃　［蒸気圧］52.4Pa（25℃）　［比重（水=1）］1.074　［相対蒸気密度（空気=1）］6.3　［分配係数］0.80　［ヘンリー定数］3.6×10⁻⁸ atm㎥/mol
■ **曝露経路** 吸入、経皮、経口摂取により体内へ吸収される
■ **毒性症状** ［短期］蒸気は眼・鼻・のどを強く刺激。吸入または経口摂取によるコリンエステラーゼ阻害作用あり。頭痛・腹痛・嘔吐・下痢等の症状が現れ視力減退・痙攣・手足等の末端の筋の脱力や遅脈等が起こる。
■ **法規制** 消防法（危険物）：危険物第4類第3石油類、海洋汚染防止法：D類物質等

447 tricresyl phosphate
リン酸トリクレシル

CAS番号：1330-78-5
リン酸エステル類

■ **別名** TCP、リン酸トリクレジル、トリクレジルホスフェート、リン酸トリトリル
■ **建築での主な使用例** 合成樹脂の可塑剤、難燃剤
■ **他の用途** 合成樹脂の可塑剤、難燃剤。潤滑油添加剤。
■ **外観的な特徴等** 透明でかすかな蛍光を放つ液体、無臭またはかすかなフェノール臭
■ **性状** ［沸点］265～420℃　［水溶解性］難溶　［融点］－35℃　［蒸気圧］8×10⁻⁵Pa（25℃、概算値）　［比重（水=1）］1.16～1.17　［分配係数］5.1　［ヘンリー定数］8.08×10⁻⁷

atmm³/mol（概算値）　［生物分解性］分解性良好　［代謝性］人の手のひらに3時間塗布した場合、塗布量の0.1〜0.36%が尿中に排泄される。蓄積性あり。
■ **曝露経路**　吸入、経皮、経口摂取により体内へ吸収される
■ **毒性症状**　［短期］眼、鼻、のどへの刺激。中枢神経系への影響。多量の経口摂取による腹痛・下痢・嘔吐、10〜20日の潜伏期を経て四肢末端弛緩性運動麻痺。［長期］中枢神経系への影響、運動障害。
■ **法規制**　水質汚濁防止法：要調査項目に係わる物質、労働安全衛生法（名称等の表示）：名称等を通知すべき有害物、消防法（危険物）：危険物第4類第4石油類、海洋汚染防止法：A類物質等（オルト異性体を含むものに限る）
■ **備考**　皮膚から吸収されることがある。

448　tris(1,3-dichloro-2-propyl)phosphate
リン酸トリス(1,3-ジクロロ-2-プロピル)
CAS番号：13674-87-8
リン酸エステル類

■ **別名**　TDCPP、FR2、トリスジクロロプロピルホスフェート、リン酸トリス（1,3-ジクロロイソプロピル）
■ **建築での主な使用例**　難燃剤
■ **他の用途**　潤滑油添加剤、難燃剤
■ **外観的な特徴等**　粘稠な無色の液体
■ **性状**　［沸点］236〜237℃（0.67kPa）［水溶解性］微溶　［融点］27℃　［蒸気圧］9.8×10^{-4}Pa（25℃、概算値）　［比重（水=1）］1.52　［分配係数］3.45　［ヘンリー定数］2.61×10^{-9}atmm³/mol（概算値）
■ **曝露経路**　吸入、経皮、経口摂取により体内へ吸収される
■ **毒性症状**　［短期］経口摂取により中程度の毒性を示す。［長期］動物実験では催奇性を示す。

449　tris(2-ethylhexyl)phosphate
リン酸トリス-2-エチルヘキシル
CAS番号：78-42-2
リン酸エステル類

■ **別名**　トリス-2-エチルヘキシルホスフェート、TEHP
■ **建築での主な使用例**　接着剤・塗料・インキ・ワックスの可塑剤
■ **他の用途**　可塑剤、難燃剤
■ **外観的な特徴等**　無色〜わずかに薄い黄色、澄明の粘稠な液体
■ **性状**　［沸点］220℃（0.7kPa）［水溶解性］溶けない　［融点］−74℃　［蒸気圧］<1Pa（20℃）　［比重（水=1）］0.93　［相対蒸気密度（空気=1）］15　［分配係数］9.49　［ヘンリー定数］7.86×10^{-8} atmm³/mol
■ **曝露経路**　吸入、経口摂取により体内へ吸収される
■ **毒性症状**　［短期］眼・皮膚・粘膜の刺激。皮膚の発赤・痛み。眼の発赤・痛み。［長期］不快感、吐き気、頭痛。
■ **法規制**　消防法（危険物）：危険物第4類第4石油類、化学物質排出把握管理促進法：第二種指定化学物質
■ **備考**　樹脂の可塑化に優れるため、樹脂の可塑剤に用いられる。

リン酸トリス（2-クロロイソプロピル）／リン酸トリス-2-クロロエチル／リン酸トリス-2-ブトキシエチル

450 tris(2-chloroisopropyl)phosphate
リン酸トリス（2-クロロイソプロピル）

CAS番号：13674-84-5
リン酸エステル類

- **別名**　りん酸トリス（2-クロロ-1-メチルエチル）、TCIPP
- **建築での主な使用例**　難燃剤
- **他の用途**　難燃剤
- **外観的な特徴**　無色無臭の液体
- **性状**　[沸点] >270℃　[水溶解性] 難溶　[融点] −40℃　[蒸気圧] 0.27Pa（25℃、概算値）　[分配係数] 2.59　[ヘンリー定数] $5.96×10^{-8}$ atmm^3/mol（概算値）
- **曝露経路**　吸入、経皮、経口摂取により体内へ吸収される
- **毒性症状**　[短期] 眼、皮膚、粘膜への刺激。[長期] 不快感、吐き気、頭痛などの症状を起こす恐れがある。
- **法規制**　消防法（危険物）：危険物第4類第4石油類

451 tris(2-chloroethyl)phosphate
リン酸トリス-2-クロロエチル

CAS番号：115-96-8
リン酸エステル類

- **別名**　トリス-2-クロロエチルホスフェート、TCEP
- **建築での主な使用例**　壁紙等の樹脂用難燃剤
- **他の用途**　難燃剤
- **外観的な特徴**　無色透明の液体、無臭
- **性状**　[沸点] 351℃　[水溶解性] 溶けない　[融点] −55℃　[蒸気圧] 8.2Pa（25℃）　[比重（水=1）] 1.425　[分配係数] 1.43　[ヘンリー定数] $2.55×10^{-8}$ atmm^3/mol
- **曝露経路**　吸入、経皮、経口摂取により体内へ吸収される
- **毒性症状**　[短期] 眼、皮膚、粘膜の刺激。[長期] 不快感、吐き気、頭痛。変異原性あり。[発がん性] 人に対する発がん性について分類できない（IARC発がん性分類3）。
- **法規制**　大気汚染防止法：有害大気汚染物質、消防法（危険物）：危険物第4類第4石油類、化学物質排出把握管理促進法：第一種指定化学物質
- **備考**　難燃性に優れるため、ウレタン樹脂、塩化ビニル樹脂、エポキシ樹脂、ポリエステル樹脂等の難燃剤によく用いられる。

452 tris(2-butoxyethyl)phosphate
リン酸トリス-2-ブトキシエチル

CAS番号：78-51-3
リン酸エステル類

- **別名**　トリス-2-ブトキシエチルホスフェート、TBXP
- **建築での主な使用例**　接着剤・塗料・インキ・ワックスの添加剤
- **他の用途**　難燃剤、可塑剤、溶剤、界面活性剤、消泡剤
- **外観的な特徴**　無色～淡黄色、澄明～ほとんど澄明液体
- **性状**　[沸点] 222℃（532 Pa）　[水溶解性] 微溶　[融点] −70℃　[蒸気圧] 4～533Pa（150～230℃）　[比重（水=1）] 1.02　[分配係数] 3.75　[ヘンリー定数] $1.2×10^{-11}$ atmm^3/mol（概算値）

■ **曝露経路** 吸入、経皮、経口摂取により体内へ吸収される
■ **毒性症状** ［短期］眼・皮膚・粘膜の刺激。［長期］不快感、吐き気、頭痛。
■ **法規制** 水質汚濁防止法：要調査項目に係わる物質、大気汚染防止法：有害大気汚染物質、消防法（危険物）：危険物第4類第4石油類
■ **備考** 樹脂の可塑化に優れるため、樹脂の可塑剤に用いられる。合成ゴムに耐寒性を与える。

453 triphenyl phosphate
リン酸トリフェニル

CAS番号：115-86-6
リン酸エステル類

■ **別名** TPHP、トリフェニルホスフェート
■ **建築での主な使用例** 可塑剤、難燃剤
■ **他の用途** 可塑剤、難燃剤、顔料・塗料の添加剤
■ **外観的な特徴等** 特徴的な臭気のある無色の結晶性粉末
■ **性状** ［沸点］370℃ ［水溶解性］溶けない ［融点］49〜50℃ ［蒸気圧］1.0Pa（20℃） ［比重（水=1）］1.27 ［分配係数］4.59 ［ヘンリー定数］3.31×10^{-6}atmm^3/mol（概算値）
■ **曝露経路** 吸入により体内へ吸収される
■ **毒性症状** ［短期］眼・皮膚・粘膜への刺激。［長期］不快感・吐き気・頭痛などの症状を起こす恐れあり。末梢神経系に影響を与えて機能障害を生じることがある。
■ **法規制** 労働安全衛生法（名称等の表示）：名称等を通知すべき有害物

454 tributyl phosphate
リン酸トリブチル

CAS番号：126-73-8
リン酸エステル類

■ **別名** トリブチルホスフェート、TBP
■ **建築での主な使用例** 接着剤・塗料・インキ・ワックスの添加剤
■ **他の用途** 可塑剤、難燃剤、金属の溶媒抽出、安全ガラス、フィルム、耐光性白色ラッカー、レザー用消泡剤
■ **外観的な特徴等** 無色の粘稠液体、無臭
■ **性状** ［沸点］289℃（分解） ［水溶解性］難溶 ［融点］-80℃ ［蒸気圧］17kPa（177℃） ［比重（水=1）］0.98 ［相対蒸気密度（空気=1）］9.2 ［分配係数］4 ［ヘンリー定数］1.5×10^7atmm^3/mol
■ **曝露経路** 蒸気の吸入により体内へ吸収される
■ **毒性症状** ［短期］眼・皮膚・気道を著しく刺激。吸入による咳・頭痛・吐き気・咽頭痛・意識喪失。皮膚の発赤・灼熱感。眼の発赤・痛み。［長期］動物実験では弱いコリンエステラーゼ阻害作用。
■ **法規制** 大気汚染防止法：有害大気汚染物質、労働安全衛生法（名称等の表示）：名称等を通知すべき有害物、消防法（危険物）：危険物第4類第3石油類、海洋汚染防止法：B類物質等、化学物質排出把握管理促進法：第一種指定化学物質
■ **備考** 床面に沿って換気。合成樹脂や合成ゴムに耐寒性や耐光性を与える。塗料の消泡剤としても使用される。

455 trimethyl phosphate
リン酸トリメチル

CAS番号：512-56-1
リン酸エステル類

■ **別名**　TMP、トリメチルホスフェート
■ **建築での主な使用例**　溶剤、難燃剤
■ **他の用途**　溶剤、洗浄剤、触媒、着色防止剤、難燃剤
■ **外観的な特徴等**　特徴的な臭気のある無色の液体
■ **性状**　［沸点］197.2℃　［水溶解性］溶ける　［融点］－46℃　［比重（水＝1）］1.212～1.222　［相対蒸気密度（空気＝1）］0.110kPa（25℃、推測値）　［分配係数］－0.65　［ヘンリー定数］7.2×10^{-9} atmm³/mol
■ **曝露経路**　蒸気の吸入、経皮、経口摂取により体内へ吸収される
■ **毒性症状**　［短期］脱力感、協調運動失調、振顫。経口摂取による息切れ・脱力感・過剰興奮性・振顫・体重減少、中枢神経系への影響。［長期］中枢神経系に影響を与えて脱力感・振顫・麻痺を生じることがある。人で遺伝子損傷を引き起こすことがある。
■ **法規制**　化審法：第二種監視化学物質
■ **備考**　皮膚から吸収される可能性あり、妊婦への曝露を避ける！

456 resorcinol
レゾルシノール

CAS番号：108-46-3
フェノール類

■ **別名**　1,3-ベンゼンジオール、3-ヒドロキシフェノール、m-ジヒドロキシベンゼン、m-ベンゼンジオール、レゾルシン
■ **建築での主な使用例**　合板接着剤（レゾルシン・ホルマリン接着剤）の原料
■ **他の用途**　防腐剤、医薬品・合成樹脂の合成中間体、紫外線吸収剤
■ **外観的な特徴等**　白色〜わずかに薄紅色の結晶、特異臭
■ **性状**　［沸点］280℃　［水溶解性］溶ける　［融点］110℃　［蒸気圧］6.5×10^{-2} Pa（25℃）　［比重（水＝1）］1.28　［相対蒸気密度（空気＝1）］3.8（計算値）　［分配係数］0.79〜0.93　［ヘンリー定数］9.88×10^{-11} atmm³/mol（概算値）　［生物分解性］分解性良好
■ **曝露経路**　吸入、経皮、経口摂取により体内へ吸収される
■ **毒性症状**　［短期］眼、皮膚、気道への刺激。吸入、経口摂取、皮膚吸収によるめまい・頭痛・吐き気・咳・咽頭痛・腹痛・チアノーゼ、重症の場合は錯乱・痙攣・意識喪失・体温降下・昏睡を起こし死に至ることもある。眼や皮膚の発赤・痛み。血液に影響を与え、メトヘモグロビンが生じることがある。［長期］皮膚の感作。［発がん性］人に対する発がん性について分類できない（IARC発がん性分類3）。
■ **法規制**　水質汚濁防止法：生活環境に係る物質・要調査項目に係わる物質、水道法：基準項目、労働安全衛生法（名称等の表示）：名称等を通知すべき有害物、下水道法：環境項目
■ **備考**　皮膚からも吸収される。症状は遅れて現れることもある。この物質を下水に流してはならない。

[456] レゾルシノール

457 rosin
ロジン

CAS番号：8050-09-7
その他

- **別名** 松脂
- **建築での主な使用例** 接着剤、塗料
- **他の用途** ワニス、印刷インキ、石けん、床材料、電気絶縁材、合成ゴム乳化剤、医薬品、化粧品、バイオリンの弓やダンスシューズの滑り止め、繊維仕上げ剤、染料、乾燥剤、温床紙、研磨材、レコード、革靴、マッチの頭薬、朱肉、蝋燭
- **外観的な特徴等** 特徴的な臭気のある淡黄から琥珀色の砕片または粉末
- **性状** ［水溶解性］溶けない ［融点］100～150℃ ［比重（水=1）］1.07
- **曝露経路** ヒュームの吸入により体内へ吸収される
- **毒性症状** ［長期］接触による皮膚の感作や吸入による喘息を起こすことがある。代表的なアレルゲン。
- **法規制** 労働安全衛生法（名称等の表示）：名称等を通知すべき有害物、海洋汚染防止法：B類物質等
- **備考** 松の木から得られる。主成分はアビエチン酸、ネオアビエチン酸、レボピマル酸、ヒドロアビエチン酸、ピマル酸、デキストロピマル酸など。ロジンの誘導体であるエステルガムは、接着剤や粘着剤の粘着付与樹脂、口紅のつや出し成分、チューインガムなどに利用されている。エステルガムはアレルゲンである。

458 hexavalent chromium
六価クロム

CAS番号：7440-47-3
重金属

- **別名** クロム
- **建築での主な使用例** CCA（クロム・銅・ヒ素化合物）系木材防腐剤処理木材を焼却させた際に生成する
- **他の用途** 合成中間体、合金、メッキ、皮なめし、顔料
- **外観的な特徴等** 青鼠色の光沢ある金属
- **性状** ［沸点］2642℃ ［水溶解性］溶けない ［融点］1900℃ ［蒸気圧］5.65×10⁻⁷Pa（25℃、概算値）［比重（水=1）］7.14 ［分配係数］0.23（概算値）
- **曝露経路** 吸入、経口摂取により体内へ吸収される
- **毒性症状** ［短期］吸入による咳。経口摂取による腎障害・潰瘍。皮膚の発赤。眼の発赤。［長期］皮膚の感作。慢性的な吸入による鼻腔内穿孔・肺炎・気管支炎・喘息。長期にわたる経口摂取は肝臓・腎臓・胃腸への影響。［発がん性］人に対して発がん性について分類できない（IARC発がん性分類3）。
- **法規制** 水質汚濁防止法：生活環境に係る物質・人の健康に係わる物質、大気汚染防止法：有害大気汚染物質（優先取り組み物質）、土壌汚染対策法：第二種特定有害物質、水道法：基準項目、労働安全衛生法（名称等の表示）：名称等を通知すべき有害物、化学物質排出把握管理促進法：第一種指定化学物質、下水道法：環境項目・有害物質、廃棄物処理法：規制物質
- **備考** 化学工場跡地の土壌などから六価クロムが検出され、公害問題となるほど大き

な環境汚染を引き起こしている。

459 rock wool
ロックウール
その他

- **別名** 岩綿
- **建築での主な使用例** 保温材、断熱材、防音材
- **他の用途** 充填材、補強材
- **外観的な特徴等** 繊維状固体
- **性状** ［水溶解性］溶けない
- **曝露経路** 吸入により体内へ吸収される
- **毒性症状** ［短期］眼、皮膚、気道への接触による刺激。吸入による咳・咽頭痛・息苦しさ。皮膚の発赤・かゆみ。眼の発赤・痛み・かゆみ。［長期］肺への影響。［発がん性］人に対して発がん性を示す可能性がある（IARC発がん性分類2B）。
- **法規制** 大気汚染防止法：有害汚染物質、労働安全衛生法（名称等の表示）：名称等を通知すべき有害物
- **備考** ロックウールは岩石から製造された非晶質ケイ酸塩。粉塵防止に結合剤や油が含まれることがある。発がん性は繊維の長さや直径、化学的組成などにより異なるので専門家に助言を受けるようにする。

4.3 化学物質の総称および高分子化合物

■ 4.3.1 化学物質の総称

　同種の基本構造を有する化学物質を総称した表現方法がある。例えば、フタル酸エステル類、重金属、多環芳香族炭化水素などである。メーカーに対して製品の含有成分を問い合わせる際には、こうした総称で回答を得ることがあるだろう。そこで、代表的な建築に使われる化学物質の総称について以下に概説する。どのような化学物質を総称しているか参考にしていただきたい。

[1]（メタ）アクリル酸エステル類
　アクリル酸と各種のアルコールから生成されるエステル類の総称。液体。アクリル酸-2-エチルヘキシル、アクリル酸-n-ブチル、アクリル酸エチル、メタクリル酸メチル、メタクリル酸エチル、メタクリル酸-2-エチルヘキシル、メタクリル酸-n-ブチルなどがある。アクリル繊維やアクリル樹脂の原料、塗料、接着剤、繊維、紙加工剤等に使用される。

[2]アジピン酸エステル類
　無色の液体。アジピン酸ジ-2-エチルヘキシル、アジピン酸ジイソノニル、アジピン酸ジイソデシル、アジピン酸ジイソブチル、アジピン酸ジオクチル、アジピン酸ジn-ヘキシル、アジピン酸ジブチル、アジピン酸ジエチル、アジピン酸ジメチルなどがある。プラスチックの可塑剤として、レザー、一般フィルム、シートなどに利用されている。その他、食品包装用ラップの柔軟剤としても使用されている。日本ではフタル酸エステル類が可塑剤生産量全体の8割以上を占める。アジピン酸エステルはその次に多いが、6%ほどである。

[3]アスベスト（石綿）
　石綿と呼ばれる。蛇紋岩や角閃石が繊維状に変形した天然の鉱物である。蛇紋石質系のクリソタイル（白石綿、温石綿）、角閃石質系のアモサイト（茶石綿）、アンソフィライト（直閃石）、トレモライト（透閃石）、アクチノライト（緑閃石）、クロシドライト（青石綿）がある。これらのうち、産業用として使用されるのは、クリソタイル、アモサイト、クロシドライトである。第4章では、これらの3つのアスベストのデータを収載した。アスベストは、耐久性、耐熱性、耐薬品性、電気絶縁性などの特性に非常に優れている。そのため日本では「奇跡の鉱物」と珍重され、建設資材、電気製品、自動車、家庭用品等、幅広い用途に使用されてきた。アスベストによる健康障害としては、肺がん、胸膜炎、石綿肺、胸膜肥厚斑、悪性中皮腫などがある。潜伏期間が長く、50年を超す場合もあるといわれている。このように潜伏期間が長く、深刻な健康障害を生じることから、「静かな時限爆弾」とも呼ばれている。

[4]アミン
　アンモニアの水素が1個以上炭化水素基に置き換わった化合物をアミンと呼ぶ。水素が1つ置き換わったアミンを第一級アミン、2個置き換わったアミンを第二級アミン、3個置き換わったアミンを第三級アミンと呼ぶ。第一級アミンはアンモニア臭をもち、炭素数が1～2個のものは常温で気体、炭素数が3～11個のものは液体である。さらに炭素数が多いものは、無臭の固体で水にほとんど溶けない。アミンの全ての炭化水素基が、炭素が鎖状につながったアルキル基のものは、脂肪

(*) N：窒素、C：炭素、O：酸素、P：リン

族アミンと呼ぶ。脂肪族アミンの中には、刺激臭を有するものが多い。特に、炭素数が4～7個の脂肪族アミンは、動植物が腐敗分解する時に生ずる腐敗臭の原因となる。アミンの全てまたは一部の炭化水素基が、ベンゼン環構造の芳香族炭化水素基のものは、芳香族アミンと呼ぶ。芳香族アミンの中には、2－ナフチルアミンやベンジジンなど、発がん性あるいは腫瘍性のものが多く、取り扱いには十分な注意が必要である。

[5] アルデヒド類

アルデヒド基（－CHO）を有する化合物の総称。水に良く溶ける。ホルムアルデヒド、アセトアルデヒド、ブチルアルデヒド、バレルアルデヒド、ヘキサナール、ノナナール、デカナール、ベンズアルデヒド、グルタルアルデヒドなどがある。多くの生物にとって有害で、たんぱく質を凝固させる作用を持つ。それを利用したものにホルマリンがある。ホルムアルデヒドやアセトアルデヒドなどの低級アルデヒドは強い刺激臭をもつ。

[6] イソシアネート化合物

イソシアン酸エステルの総称。イソシアネート基-N=C=Oを有する化合物。トルエンジイソシアネート、4,4'-ジフェニルメタンジイソシアネート、ヘキサメチレンジイソシアネートなどがある。イソシアネート化合物は、水に不溶、催涙性があり、反応性に富む。接着剤の硬化剤、ウレタン樹脂の原料に用いられる。

[7] カーバメート系殺虫剤

カルバミン酸系殺虫剤ともいう。フェノブカルブ、プロポキスルなどがある。有機リン殺虫剤の作用発現と同様に、アセチルコリンエステラーゼの阻害作用がある。神経刺激伝達を攪乱することによって殺虫力を発揮する。

[8] クロロフルオロカーボン

フロンの慣用名で呼ばれている。CFCとも呼ばれる。圧力をかけると簡単に液体になり、不燃性であることから、冷媒、スプレー剤、消火剤、発泡剤など非常に幅広く利用されている。建築分野では、発泡断熱材の発泡剤として利用されている。化学的安定性が高いため、大気中でも分解されにくい。そのため、地球を太陽の紫外線から保護しているオゾン層を破壊することで問題となっている。そこで、発泡断熱材に利用されているCFCの代替品が開発されている。

[9] 重金属

密度の大きい金属のことをいう。一般に、密度 $4 \sim 5 \, g/cm^3$ 以上を重金属という。金、白金、銀、銅、水銀、クロム、カドミウム、鉛、鉄、バリウム、六価クロム、アンチモン、ヒ素、セレン、亜鉛などがある。鉄、銅などいくつかは、生物の必須元素である。しかし、必要量は少量である。ある量を超えた重金属は、一般に生物にとって有害である。

[10] 多環芳香族炭化水素

ベンゼン環を数個以上もつ炭化水素の総称。これらの炭化水素は、発がんあるいは突然変異を誘発する潜在性を有する物質として注目されている。ベンゾ（a）ピレン、ベンゾ（a）フルオレン、ベンゾ（b）フルオランテン、ベンゾ（d,e,f）フェナントレン、ベンゾ（g,h,i）フルオランテン、ベンゾ（g,h,i）ペリレン、ベンゾ（k）フルオランテン、ベンゾアントラセンなどがある。発生源は、化

石燃料の燃焼、土壌微生物による合成の2つが挙げられている。

[11] テルペン

テルペノイド、イソプレノイドとも呼ばれている。天然に最も広く分布する天然有機化合物である。6000以上の化合物が発見されている。原則的にイソプレン単位が複数個結合したものをいう。イソプレン単位が1個のものをヘミテルペン、2個のものをモノテルペン、3個のものをセスキテルペン、4個のものをジテルペン、5個のものをセスタテルペン、6個のものをトリテルペン、8個のものをテトラテルペンまたはカロテノイドと呼ぶ。カロテノイドは光合成における重要な色素である。ジテルペンには植物成長ホルモン、甘味物質などがある。セスキテルペンには落葉、落果の植物ホルモンや昆虫幼若ホルモンなどがある。モノテルペンやセスキテルペンには植物の香気成分として存在しているものが多く、香料として利用されている。テルペンには、抗菌作用、植物成長阻害、昆虫摂食阻害、殺虫作用、抗腫瘍作用などを示す化合物がある。食品や化粧用として、香料、医薬品、農薬、天然ゴムなど幅広い用途に利用されている。

[12] パラフィン

化学用語ではアルカンと呼ばれる。炭素同士が単一の結合で鎖状につながっている炭化水素である。アルカンは脂肪族炭化水素の1つである。脂肪族炭化水素には、その他に、炭素同士の二重結合が1つ含まれるアルケン、三重結合が1つ含まれるアルキンがある。アルカンは非常に安定な化合物であり、ラテン語でパラフィンと呼ばれる。最も分子数の小さいアルカンはメタンである。炭素が直鎖上につながっているパラフィンを直鎖パラフィンまたはn-パラフィン、途中で枝分かれしているパラフィンをイソパラフィンと呼ぶ。天然ガスと石油がパラフィンの天然資源として最も重要である。工業的にパラフィンを合成することもできる。パラフィンは可燃性である。常温では、炭素数が1〜4個までのパラフィンは無色無臭の気体、炭素数が5〜17個のパラフィンは液体、炭素数が18個以上のパラフィンはろう状の白色固体である。水に不溶。気体状のパラフィンは燃料、液状のパラフィンはガソリンや軽油に利用されている。固体のパラフィンは、軟膏基剤やろうそく、防水材料に利用されており、パラフィンワックスとも呼ばれている。炭素数1〜6個のパラフィンは、石油化学工業の原料として利用されている。

[13] ピレスロイド

除虫菊の乾燥花から得られる天然殺虫剤の総称。ピレトリン、シネリン、ジャスモリン、の6種の同族体が存在する。ピレスロイドは、優れた殺虫力を有するばかりでなく、速効的で急性毒性が低い特徴を有する。天然ピレトリンをモデルとした合成ピレスロイドが開発されている。エトフェンプロックス、シラフルオフェン、ペルメトリン、ビフェントリン、シフェノトリン、トラロメトリン、α-シペルメトリン、シフルトリン、プラレトリン、アクリナトリンなどがある。

[14] フタル酸エステル類

アルコールと無水フタル酸から合成される化合物の総称。合成に用いるアルコールの違いにより多種類のフタル酸エステルがある。フタル酸ジメチル、フタル酸ジエチル、フタル酸ジ-n-ブチル、フタル酸ジ-n-ヘプチル、フ

タル酸ジ-2-エチルヘキシル、フタル酸ジシクロヘキシル、フタル酸ジイソブチル、フタル酸ジイソオクチル、フタル酸ジイソノニル、フタル酸ジイソデシル、フタル酸ブチルベンジルなどがある。主に塩化ビニル樹脂を中心としたプラスチックに柔軟性を与える可塑剤として用いられている。日本では可塑剤生産量全体の8割以上を占める。比較的、化学的に安定なため、光や熱などによって分解されにくい。ポンプ用のオイル、織物潤滑油、防虫剤などの用途がある。

[15] 有機リン化合物

炭素-リン (C-P) 結合を含む有機化合物の総称。広義には、リン原子を含む有機化合物の総称として用いられる。リン酸エステル類、ホスホン酸エステル類など、C-P結合を含まない化合物も含まれる。

[16] 有機リン系殺虫剤

有機リン酸エステル系殺虫剤。クロルピリホス、ダイアジノン、ホキシム、フェニトロチオン、フェンチオン、ピリダフェンチオン、ジクロルボス、ジクロロフェンチオン、テトラクロルビンホス、プロペタンホスなどがある。多くは、神経系の刺激伝達に重要な役割を果たすアセチルコリンエステラーゼの活性を不可逆的に阻害する。この作用により、神経機能の撹乱を引き起こし、昆虫を死に至らしめる。有機リン系殺虫剤は、構造中にエステル結合を含んでいる。

[17] リン酸エステル類

リン酸エステル類は、遺伝をつかさどる核酸を構成する成分、細胞膜の中心的役割を担うリン脂質、生体内でのエネルギー運搬物質など、生体内で働いているさまざまな物質でもある。また、人工的に合成されたリン酸エステル類は、農薬、洗剤、可塑剤、難燃剤、医薬品などにも利用されている。その他、繊維の帯電防止剤等にも用いられる。例えば、トリブチルホスフェート (TBP)、トリス-2-クロロエチルホスフェート (TCEP)、トリス-2-エチルヘキシルホスフェート (TEHP)、トリス-2-ブトキシエチルホスフェート (TBXP)、リン酸トリクレシルなどがある。

■ 4.3.2 高分子化合物

一般に、分子量が1万以上の化合物を高分子化合物（ポリマー）と呼ぶ。そして、分子量が数百以下を低分子化合物、分子量が数百から1万までをオリゴマーと呼んでいる。また、高分子化合物の構成単位となる低分子量の化合物をモノマー（単量体）と呼んでいる。化学物質の審査及び製造等の規制に関する法律（化審法）では、分子量が1千以上の化合物は高分子フロースキームで試験され、低分子化合物と比べて毒性試験項目が大幅に削減される。一般に、高分子化合物の毒性作用は少ないからである。

スチレンは、単一の分子である。そして、常温で液体の化学物質である。スチレン同士を触媒で反応させて結びつければ、スチレン分子がたくさん結びついたスチレンの高分子化合物ができる。これは、ポリスチレンまたはスチレン樹脂と呼ばれている。つまり、スチレンは、ポリスチレンの構成単位となる低分子量のモノマーである。ポリスチレンは、断熱材や畳床などに使用されている。ポリスチレンは、常温で固体である。つまり、液体のスチレンが結びつき、分子量が増大して高分子化合物になれば、融点が上昇して液体が固体へと変化する。こうした変化は、スチレ

ンの毒性性状も変化させる。スチレンは、眼や皮膚に対する刺激を有するが、ポリスチレンはそのような刺激作用はほとんどない。しかしながら、一般に高分子化合物には、わずかではあるが未反応のモノマーが残留している。このような残留モノマーが空気中に揮発することがある。

ホルムアルデヒドと尿素は、いずれも単一の分子である。ホルムアルデヒドと尿素を触媒で反応させて結びつければ、尿素ホルムアルデヒド樹脂、いわゆるユリア樹脂となる。ホルムアルデヒドは、眼や皮膚に対する強い刺激を有するが、ユリア樹脂はそのような刺激作用はほとんどない。しかし、ユリア樹脂は、空気中の水分などによって徐々に分解する性質がある。これは、加水分解と呼ばれている。ユリア樹脂が加水分解すると、ホルムアルデヒドが再び生成される。合板やパーティクルボードからホルムアルデヒドが放散されることが大きな問題となっており、建築基準法でホルムアルデヒド発散建材に対する使用規制が実施されている。ホルムアルデヒドを多量に放散する合板の接着剤は、ユリア樹脂が使用されていた。

また、高分子化合物を用いた製品（接着剤、塗料、樹脂成形品など）は、一般に可塑剤や難燃剤、酸化防止剤、紫外線劣化防止剤などの添加剤が含まれており、有機溶剤系の塗料や接着剤では有機溶剤が含まれている。これらの製品では、主成分である樹脂名を製品名として呼ぶことがある。そのため、高分子化合物製品と単独の高分子化合物を混同しないように注意する必要がある。高分子化合物を用いた製品で、特に注意が必要なのは、溶剤、添加剤、残留モノマーである。

建築には多種多様な高分子化合物が使用されている。ここでは建築に使用されている代表的な高分子化合物を以下に概説する。

[1] アクリル樹脂

ポリアクリル酸とアクリル酸エステルがある。ポリアクリル酸は接着剤や塗料、アクリル酸エステルは接着剤、粘着テープ、建物の外装塗料、電気器具の樹脂などに多用されている。その他は、革、紙、繊維の加工にも利用されている。ポリメタクリル酸メチル（PMMA）は、透明な合成樹脂板として多用されている。

[2] アルキド樹脂

グリセリン、ペンタエリスリトール、エチレングリコール、トリメチロールエタンなどのポリオールと、油脂から得られるパルミチン酸、無水フタル酸、無水マレイン酸などの脂肪酸から得られるポリエステル樹脂の総称。成形材料には適さず、塗料用として、安価、耐候性、他の樹脂との混合のしやすさなどから、建築物、鉄橋、船舶、車両など幅広い用途に利用されている。

[3] EVA（エチレン酢酸ビニル樹脂）

エチレンと酢酸ビニルを反応させて得られる高分子化合物である。一般にゴムのような弾性があり、耐衝撃性に優れている。酢酸ビニルの含有量によって性質が異なる。酢酸ビニルの含有量が少ないものは、ポリエチレンに比べて軟らかさや衝撃強度が優れている。そのため、重包装袋などに利用されている。酢酸ビニルの含有量が10～20重量%のものは、透明性が良好なため、農業用フィルムや収縮包装用フィルムなどに利用されている。

[4] エポキシ樹脂

エポキシ環（$-\underset{O}{CH-CH_2}-$）を有する樹脂で

ある。代表的なエポキシ樹脂は、ビスフェノールAとエピクロロヒドリンを反応させて得られる。エポキシ樹脂にアミン化合物などを加えると硬化反応が起こって硬化する。接着性、耐摩耗性、耐薬品性に優れている。接着剤や塗料として幅広い分野で利用されている。特に、エポキシ樹脂は、他の合成繊維や天然樹脂系接着剤に比べて接着性に優れている。金属、木材、ガラス、陶器、皮、プラスチックなどの接着剤として多用されている。

[5] シリコーン

有機基をもつ珪素（Si）と酸素（O）が交互に結合した鎖からなる高分子化合物をシリコーンと呼ぶ。シリコーンは、耐熱性や耐寒性に優れており、200～250℃の高温でも−50～−70℃の低温でも物性に大きな差はない。耐候性、電気絶縁性、撥水性、耐溶剤性に優れており、難燃性や泡消し作用がある。その一方で接着性が弱い、強度が弱いという性質も有する。分子の大きさなどにより、油状、ゴム状、樹脂状の3つの形態をもつ。油状のシリコーンは、シリコーンオイルまたはシリコーン油として、自動車のワックス、離型剤、消泡剤、ポンプ油、熱媒体、繊維の撥水剤などに利用されている。ゴム状のシリコーンは、耐溶剤用チューブ、ホース、ゴム栓などに、樹脂状のシリコーンは、電機部品、塗料などの幅広い分野で利用されている。

[6] セルロース（紙繊維）

繊維素とも呼ばれる。ほとんど全ての植物、細菌や動物の一部に含まれる。自然界に産出する有機物中最も多量に存在している。植物繊維はセルロースが主成分である。綿繊維は自然界で得られる最も純粋なセルロースである。セルロースが集まって結晶化し、方向性をもつ繊維となっているものをセルロース繊維と呼ぶ。植物繊維からなる天然セルロース繊維と再生セルロースからなる人造繊維（レーヨン）がある。

[7] ダンマル樹脂

ダマールとも呼ばれている。フタバガキ科の植物から滲出する天然樹脂である。揮発油、樹脂、苦味質を含む。乳白色半透明のもろい固体。融点約120℃で水に不溶。絆創膏、ワニス、ラッカーなどの原料に利用されている。

[8] テルペン樹脂

ポリテルペン、ポリイソプレノイドとも呼ばれる。イソプレン単位が多数結合したもので、天然ゴムはそれが1万程度結合したものである。

[9] ニトリルゴム

アクリロニトリル−ブタジエンゴムとも呼ばれている。略称、NBR。アクリロニトリルとブタジエンを反応させて得られる合成ゴムである。アクリロニトリルの含有量により性質が異なる。アクリロニトリルの含有量が増加すると、耐油性、耐摩耗性、耐熱老化性、耐薬品性が向上する。しかし、反発弾性やガス透過性が低下し、耐寒性や低温特性が悪化する。耐油性を必要とする用途で多用されている。例えば、パッキング、ガスケット、オイルシール、ホースなどである。

[10] 尿素樹脂

ユリア樹脂ともいう。尿素とホルムアルデヒドを反応させて得られる高分子化合物である。尿素―ホルムアルデヒド樹脂と呼ばれることもある。合板用接着剤としての利用が最も多い。木綿やレーヨンのしわ防止、縮み防

止加工に利用されている。

[11] フェノール樹脂

フェノールとホルムアルデヒドを反応させて得られる高分子化合物である。フェノール―ホルムアルデヒド樹脂、石炭酸樹脂とも呼ばれている。アメリカのBakelandが1907年に発見し、ベークライトと名付けた。電気や機械部品の成形材料、紙や布や銅板を基材とした積層品、木材加工用接着剤、塗料などに利用されている。

[12] ブチルゴム

イソブチレンと少量のイソプレンを反応させて得られる合成ゴムである。略称、IIR。各種気体の透過性が極めて低く、耐熱性、耐老化性、耐光性、耐オゾン性、耐薬品性、耐コロナ性、電気絶縁性、防振性、衝撃吸収性に優れている。自動車タイヤのインナーチューブ、電線被覆、ルーフィング材、タンクライニング、自動車用部品、耐熱コンベアベルト、衝撃吸収剤、接着剤、コーキング材などに利用されている。

[13] ポリウレタン

ウレタン結合（―NHCOO―）を主鎖に有する高分子化合物である。通常、ジイソシアネートとジオールを反応させて得られる。衣料用繊維、自動車部品などに利用されている。ポリウレタンを発泡させたものは、ウレタンフォームと呼ばれている。ウレタンフォームは、マットレス、クッション材、自動車部品、断熱材など幅広い用途に利用されている。

[14] ポリエステル

エステル結合（―COO―）を主鎖の中にもつ高分子化合物の総称。テレフタル酸とエチレングリコールを反応させて得られたポリエステルは、ポリエチレンテレフタレートまたは略称、PETと呼ばれる。これは、ペットボトルに利用されている樹脂である。ポリエチレンテレフタレートは、その他に繊維材料、フィルムなど幅広い用途に利用されている。

[15] ポリエチレン

エチレンを反応させて得られる高分子化合物である。略称、PE。密度0.92程度のポリエチレンは低密度ポリエチレンと呼ばれる。軟化点100℃前後。透明性は良いが強度が劣る。密度0.95程度のポリエチレンは高密度ポリエチレンと呼ばれる。軟化点120℃前後。透明性、加工性、耐候性は低密度ポリエチレンより劣るが、硬度や強度、耐熱性は低密度ポリエチレンよりも優れている。ポリエチレンは、生鮮食料品の保存や農業用フィルム、日用品、文房具、コンテナ、容器、電気部品など幅広い用途に利用されている

[16] ポリ塩化ビニル

塩化ビニルを反応させて得られる高分子化合物。略称、PVC。塩化ビニル樹脂とも呼ばれる。軟化点70℃、170℃で溶融し、190℃以上で熱分解して塩化水素ガスを発生する。耐水性、耐酸性、耐アルカリ性、耐溶剤性などが良好である。無色透明で常温では非常に硬い。他の樹脂に比べて熱や光に侵されやすく変色しやすい。そのため安定剤を加える。フタル酸エステル類などの可塑剤をポリ塩化ビニルに添加する、あるいは酢酸ビニルを5％程度塩化ビニルに加えて反応させたポリ塩化ビニルは、軟質ポリ塩化ビニルと呼ばれる。逆に可塑化されていないポリ塩化ビニルは硬質ポリ塩化ビニルと呼ばれる。軟質塩化ビニルは、一般に可塑剤が30〜50％程度添加され

ている。ポリ塩化ビニルは安価に大量生産できる、硬質から軟質まで品数が多い、自由に着色できるなどの特徴がある。硬質ポリ塩化ビニルは、パイプ類、パネル板、厚シート、床タイルなどに幅広く利用されている。また、軟質ポリ塩化ビニルは、ホース、シート、電線被覆、ビニルレザー、おもちゃなどに幅広く利用されている。酢酸ビニルを反応に加えたものは、接着剤や塗料などに利用されている。

[17] ポリカーボネート

カーボネート結合（—O—CO—O—）を主鎖の中にもつ高分子化合物の総称。略称、PC。耐衝撃性に極めて優れている。強度が強く、金属に代わるプラスチックスとして注目された。透明性が高く、成形性に優れている。難燃性である。機械部品、電気絶縁材料、自動車部品など幅広い用途に利用されている。

[18] ポリクロロプレン

クロロプレンを反応させて得られる高分子化合物。耐油性、耐熱性、耐老化性、耐オゾン性に優れている。耐油ホース、パッキング、ベルト、接着剤などに利用されている。

[19] ポリ酢酸ビニル

酢酸ビニルを反応させて得られる高分子化合物である。酢酸ビニル樹脂とも呼ばれる。軟化点55℃の無色の固体。接着剤や塗料、チューインガムベースなどに利用されている。

[20] ポリスチレン

スチレンを反応させて得られる高分子化合物である。軟化点80〜100℃の固体。水には溶けない。常温で硬く、無色透明である。自由に着色ができる。強度や耐衝撃性は低い。電気絶縁性は良好である。溶融流動性が良いため、複雑な形状のものを容易に成形できる。容器、インスタント食品用カップ、歯ブラシの柄、台所用品、文房具、おもちゃなどの日用雑貨品、テレビキャビネット、高周波絶縁体や回路部品などの電気部品、塗料など幅広い用途に利用されている。ポリスチレンのビーズに発泡剤を加えて発泡させたものを発泡ポリスチレンまたはポリスチレンフォームと呼ぶ。発泡ポリスチレンは、包装用パッキング材、保温剤、断熱材、家具、おもちゃ、容器などに利用されている。

[21] ポリプロピレン

プロピレンを反応させて得られる高分子化合物である。略称、PP。半透明の樹脂で表面の硬度が大きく、傷がつきにくい。耐薬品性や耐油性に優れている。しかし、接着、印刷、染色が難しい。紫外線で劣化するため紫外線吸収剤や酸化防止剤が添加される。電気絶縁性に優れている。日用雑貨、台所用品、包装用フィルム、小型容器、コンテナ容器、自動車部品、機械部品、電気部分などの幅広い用途に利用されている。

[22] メラミン樹脂

メラミンとホルムアルデヒドを反応させて得られる高分子化合物である。メラミン樹脂は、表面が硬く、耐熱性や耐薬品性に優れている。そのため、化粧板として利用されている。尿素を反応させたものは接着剤、エポキシ樹脂やアルキド樹脂と混ぜたものは塗料に利用されている。

第5章
建築関連の化学物質の法規・基準

1990年代に入り、シックハウス症候群等の室内空気中の化学物質汚染による健康問題が社会的に大きくなった。そこで関係省庁は、住まい作りに関連するいくつかの法規や基準を改正あるいは制定した。これは、シックハウス症候群の主な原因と考えられている室内空気中の化学物質によるリスクを管理するにあたり、最低限必要と思われる法規や基準を整備したものである。

近年の行政の施策は規制緩和の時代の中、関係業界等への通達が増えることにより事業活動や製品設計の自由度を圧迫しないよう、最低限守らねばならない法規や基準を最小限にとどめて整備する方向にある。それゆえ、近年整備されてきた法規や基準を十分理解したうえで、それらの枠組みを遵守することはもちろんのこと、さらに健康的な室内空気質を確保するための取り組みを怠らないようにしなければならない。ここでは、近年、シックハウス対策として改正または制定された法規や基準を中心にその概要を解説する。

5.1 化学物質の室内濃度指針値

■ ホルムアルデヒドによる健康影響

1960年代半ば、主婦連が実施した健康被害調査において、衣料による皮膚のかぶれの苦情が多数見受けられたと報告された。その原因の1つとして、衣料の樹脂加工に使用されたホルムアルデヒドが指摘され、通産省(現、経済産業省)は、1972年に関係業界に対してホルムアルデヒドの樹脂加工に関する指導通知を行った。そして1974年、「有害物質を含有する家庭用品の規制に関する法律」(家庭用品規制法)が施行され、1975年10月から一部の衣料に含まれるホルムアルデヒド濃度が規制されるに至った。

1970年、東京都消費者センターは、食器戸棚の悪臭は合板由来のホルムアルデヒドであると指摘し、同年、林野庁は、関係業界に対し、食器戸棚の中のホルムアルデヒドに関する指導通知を行った。そして翌年、林野庁と農林省は、住宅の内装材から放散されるホルムアルデヒドに関する指導通知を関係業界に対して行った。

このように我が国では、室内空気中に放散されたホルムアルデヒドによる健康影響問題は、1970年代から報告されていた。

■ ホルムアルデヒド濃度の実態調査と室内濃度指針値

1979年、国立衛生試験所(現、国立医薬品食品衛生研究所)の松村年郎氏のグループが、住宅における空気中のホルムアルデヒド濃度の実態調査を行った。そして、室内空気は外気よりホルムアルデヒド濃度が高く、建材や家具類に使用されている接着剤が原因であろうと報告した。その後も一般住宅の室内や室内家具に関していくつかの実態調査が報告され、居住者の眼の刺激や皮膚の湿疹等と室内空気中のホルムアルデヒド濃度との関係が示唆されてきた。

このような研究者らによる報告があった後、1995年、国立公衆衛生院の池田耕一氏のグループが、築後半年以内の19の新築戸建住宅と、12の中古戸建住宅に対して室内空気中のホルムアルデヒド濃度の実態調査を行った。その結果、中古戸建住宅では世界保健機関(WHO)欧州事務局が1987年に定めたホルムアルデヒド濃度の指針値$0.1mg/m^3$ (0.08 ppm)を超えた住宅はなかったが、新築戸建

住宅では、冬・春季約26%、夏・秋季約5%において、WHO欧州事務局の指針値を超えていたと報告した。

1996年、国立医薬品食品衛生研究所が、全国230の住宅に対して室内空気中のホルムアルデヒド濃度の大規模な実態調査を行った。そして約25%強の住宅において、WHO欧州事務局の指針値を超えていたことが明らかとなった。この結果をふまえ、1997年6月に厚生省（現、厚生労働省）は、「快適で健康的な住宅に関する検討会議」において、人の鼻咽頭粘膜に対する刺激からホルムアルデヒドの室内濃度指針値$0.1mg/m^3$（$0.08ppm$）を策定した。

■ 揮発性有機化合物の実態調査と室内濃度指針値

国立医薬品食品衛生研究所は、1997年（180戸）と1998年（205戸）、ホルムアルデヒド以外の44種類の揮発性有機化合物（VOCs）に関して、全国の一般住宅の居住環境での実態調査を行った。これらのVOCsは、接着剤や塗料などの溶剤、防虫剤、消臭剤などに利用されていた化学物質で、一部はすでに欧州で実態調査が行われ、1987年にWHO欧州事務局によって気中濃度の指針値が策定されていた。

この調査の結果、全般的にVOCsの気中濃度は外気より室内空気の方が高く、防虫剤に利用されていたパラジクロロベンゼンは、厚生省による耐容平均気中濃度を超えた住宅が約5%であった。さらに、接着剤や塗料の溶剤として利用されていたトルエンは、WHO欧州事務局による気中濃度の指針値を超えた住宅が約6%存在した。

厚生省は、この調査結果を踏まえ、室内空気中の化学物質による健康被害防止の対策を推進するために、2000年4月5日に第1回「シックハウス問題に関する検討会」を開催した。そして表5-1に示すように、これまでにホルムアルデヒドを含めた13の化学物質の室内濃度指針値と総揮発性有機化合物（TVOC）の暫定目標値を策定した。

これらの化学物質は、(1) WHOなどにより気中濃度の指針値が提示されているもの、(2) 実態調査の結果から室内濃度が高く、その理由が室内の発生源によると考えられるもの、(3) パブリックコメントから特に要望があったもの、(4) 外国で新たな規制がかけられたこと等の理由により早急に指針値の策定を考慮する必要があるもの、(5) 主要な用途からみて万遍なく網羅していること、(6) 主要な構造分類からみて万遍なく網羅していること、などの指標により選定された。

■ 指針値の概念

厚生労働省の室内濃度指針値は、現時点で入手可能な化学物質の毒性に係わる科学的知見をもとに、化学物質の毒性の「用量／反応」評価によって、人がその濃度の空気を一生涯にわたって摂取しても、有害な健康影響が生じないであろうと判断された値である。

一方、シックハウス症候群に関しては、症状発生の仕組み等において、未解明な部分が多く、現実に、シックハウス症候群による体調不良と指針値との間に明確な因果関係が証明されたわけではない。

しかしながら、その因果関係が明確になっていなくても、現時点で入手可能な科学的知見をもとに指針値を策定し、それを下回る室内空気質を確保することによって、より多くの人に対して、シックハウス症候群様の体調不良をはじめ、有害な健康影響を生じさせないようにすることができるはず、というのが

表5-1 厚生労働省の室内濃度指針値

化学物質	室内濃度指針値：$\mu g/m^3$	主な排出源	設定日
ホルムアルデヒド	100 (0.08)	合板、接着剤	1997.6.13
トルエン	260 (0.07)	接着剤、塗料	2000.6.26
キシレン	870 (0.2)	接着剤、塗料	2000.6.26
パラジクロロベンゼン	240 (0.04)	防虫剤	2000.6.26
エチルベンゼン	3800 (0.88)	断熱材、塗料、床材	2000.12.15
スチレン	220 (0.05)	断熱材、塗料、床材	2000.12.15
クロルピリホス	1 (0.00007)※小児0.1	シロアリ駆除剤	2000.12.15
フタル酸ジ-n-ブチル	220 (0.02)	軟質塩ビ樹脂、塗料	2000.12.15
テトラデカン	330 (0.04)	接着剤、塗料	2001.7.5
フタル酸ジ-2-エチルヘキシル	120 (0.0076)	軟質塩ビ樹脂、塗料	2001.7.5
ダイアジノン	0.29 (0.00002)	シロアリ駆除剤	2001.7.5
アセトアルデヒド	48 (0.03)	合板、接着剤	2002.1.22
フェノブカルブ	33 (0.0038)	シロアリ駆除剤	2002.1.22
ノナナール	41 (0.007)暫定値	合板、接着剤	検討継続
総揮発性有機化合物(TVOC)	400 暫定目標値	内装材、家具、家庭用品	2000.12.15

(　)内は25℃換算時の体積濃度ppm

指針値の概念である。

これらのことからも、室内濃度指針値は、シックハウス症候群を発生させない絶対的な値であると捉えてはならない。化学物質による有害な健康影響を生じさせないうえで、それ以下がより望ましいと判断された値である。

■ 指針値の適用範囲

室内濃度指針値は、室内空間における生活の質（QOL）の保証の見地から、生産的な生活に必須な特殊な発生源がない限り、以下のあらゆる室内空間に対して適用される。

住居（戸建、集合住宅）、オフィスビル（事務所、販売店など）、病院・医療機関、学校・教育機関、幼稚園・保育園、養護施設、高齢者ケア施設、宿泊・保養施設、体育施設、図書館、飲食店、劇場・映画館、公衆浴場、役所、地下街、車両、その他

■ 総揮発性有機化合物（TVOC）について

厚生労働省の室内濃度指針値の中に、TVOCの暫定目標値がある。これは、室内空気汚染の目安を示すもので、個別のVOCsの総量である。個別のVOCsの室内濃度指針値は、すでに述べたようにリスクアセスメントに基づいた健康指針値であり、その濃度以下であれば通常の場合、健康への有害な影響は起こさないと推定された数値である。そして、室内にはまだ指針値が策定されていない複数のVOCsが存在することが前述の全国実態調

査で明らかになっており、順次これらのVOCsの指針値を検討していく必要がある。しかし、それには膨大な時間がかかるため、その間、指針値が策定されていないVOCsによる汚染を予防することが必要になる。このような考えに基づき、TVOCの暫定目標値が設定された。

この目標値の設定にあたっては、リスクアセスメントにおける毒性の「用量／反応」評価から耐容一日摂取量（TDI）または実質安全用量（VSD）を算出するだけの科学的知見が確立されていないため、前述の全国実態調査の結果からTVOCの中央値が算出され、「合理的に達成可能な限り低い」と判断された数値として、この中央値がTVOC暫定目標値に採用された。

5.2 建築物における衛生的環境の確保に関する法律（建築物衛生法）

■ 建築物衛生法の目的と適用範囲

我が国では第二次世界大戦後に社会経済が急速に発展する中で、都市部を中心に大規模な建築物が数多く建設された。これらの建築物は、その中で生活あるいは活動する人たちにとって、健康で衛生的な環境が確保されていなければならない。

しかしながら昭和30年代、不適切な建築物の維持管理に起因する健康影響の事例がいくつも報告された。そのため、多数の人が使用あるいは利用する建築物の維持管理に関して、環境衛生上必要な事項等を定め、それらの建築物における衛生的な環境の確保をはかることを目的として、1970年4月に建築物衛生法が制定された。

この法律の適用範囲は、建築物の用途及び延べ面積等により定められた「特定建築物」のみとなっている。具体的には、(1) 研修所など学校教育法第1条（前述）に規定する学校以外の学校、興行場、百貨店、集会場、図書館、博物館、美術館、遊技場、店舗、事務所、旅館の用途に用いられる建築物のうち、延べ面積が3,000m²以上である建築物、(2) 学校教育法第1条に規定する学校で、延べ面積が8,000m²以上である建築物が政令で規定されている。

■ 改正の背景

建築物衛生法が制定されてから30年以上が経過し、建築物の大型化や衛生に係わる技術的水準の向上など、建築物衛生に係わる環境の変化に伴い、この法律の関係政省令が見直されることになった。

そして、この法律を管轄する厚生労働省は、2001年10月から専門家等を集めた「建築物衛生管理検討会」を数回にわたり開催し、本検討会の報告書の提言をふまえて改正を行い、2003年4月1日から改正建築物衛生法が施行された。以下、シックハウス症候群等の化学物質による室内空気汚染に関連する改正の概要を解説する。

■ 10％除外規定の撤廃

建築物衛生法では、建築物全体を同一基準で維持管理することが前提とされており、共同住宅、診療所、電気通信施設等の特定の用途以外に用いられる面積が、特定の用途に用いられる面積の10％以上である建築物は、10％除外規定として、特定建築物の対象から除外されていた。

しかしながら、近年、建築物の大型化や複合化が進む中で、特定建築物の対象外となる建築物であっても、特定用途の延べ面積が大きく、健康で衛生的な環境を確保するうえで建築物衛生法の適用を考慮すべきものが増えてきた。そのため、特定建築物における10%除外規定が撤廃された。

■ 中央管理方式の限定解除

各居室に供給する空気を中央管理室等で一元的に制御する「中央管理方式」の空気調和設備・機械換気設備を設置している特定建築物に限り、空気環境に係わる維持管理基準として、浮遊粉じん量、一酸化炭素濃度、二酸化炭素濃度、温度、湿度、気流に関する維持管理基準が規定され、2カ月以内に定期的に測定することが規定されていた。

しかしながら、これらの設備の技術進歩に伴い、各居室を個別に管理する設備が比較的大規模な建築物にも導入されるようになった。また、1台の室外機で複数室の室内機に冷媒を供給する方式の空気調和設備も普及してきた。だが、これら中央管理方式以外の設備を有する建築物には、建築物衛生法の空気環境に係わる維持管理基準が適用されなかった。そのため、空気調和設備及び機械換気設備における「中央管理方式」の限定が解除され、その他の方式を採用している特定建築物もこれらの基準が適用されるようになった。

■ ホルムアルデヒド濃度の維持管理基準

建築物衛生法により、換気設備や空気環境に係わる維持管理基準が規定されている建築物であっても、近年、合成化学物質を利用した多様な建材が普及していることから、建築物の構造等の条件によっては、竣工及び使用開始後の一時的な期間、ホルムアルデヒド等の化学物質の濃度が高くなり、健康への有害な影響が生じる懸念があるとの報告が「建築物衛生管理検討会」において指摘されていた。

そのため、空気環境に係わる維持管理基準として、厚生労働省の室内濃度指針値であるホルムアルデヒド濃度0.1mg/m^{3}以下が追加された。また、ホルムアルデヒド濃度の測定は、特定建築物の建築、大規模な修繕、大規模な模様替えが行われ、それから使用開始後の最初の夏期6月1日から9月30日までの間に実施するよう規定された。

夏期の測定は、ホルムアルデヒド濃度が高温高湿度になるほど上昇することから規定されたものであり、ホルムアルデヒドの化学的性質を考慮した非常に重要な規定といえる。

■ ねずみ等の防除方法

ねずみや昆虫等は、病原微生物を媒介し、人に感染症をもたらすおそれがある。そのため改正前の省令では、日常行う清掃のほか、清掃およびねずみ等の「防除」を6カ月以内ごとに1回、定期的かつ統一的に行うよう規定されていた。

しかしながら、この「防除」が、殺虫剤や殺鼠剤を散布することであると誤解されることが多く、これらの薬剤の乱用や不適切な使用が「建築物衛生管理検討会」で指摘されていた。そのため、(1) 日常行う清掃のほか、大掃除を6カ月以内ごとに1回、定期に統一的に行う、(2) ねずみ等の発生場所、生息場所及び侵入経路並びにねずみ等による被害の状況について、6カ月以内ごとに1回、定期に統一的に調査を実施し、その調査の結果に基づき必要な措置を行う、(3) 殺虫剤等を使用す

る場合は薬事法の承認を得た薬剤を用いる、と内容が改正された。

この改正の特徴は、ねずみ等の防除に関して、生息状況の調査を重視しているところにあり、IPM（総合防除）＝「害虫等による被害が許容できないレベルになることを避けるため、最も経済的な手段によって、人や財産、環境に対する影響が最も少なくなるような方法で、害虫等と環境の情報をうまく調和させて行うこと」の考え方が取り入れられている。

5.3 建築基準法

■ 建築基準法の目的と適用範囲

建築基準法の前身は、1919年に制定された「市街地建築物法」である。この法律は、家屋の密集する都市を対象とした法律で、都市の防災対策として制定された。その後、建築物の敷地、構造、設備及び用途に関する最低の基準を定め、国民の生命、健康及び財産の保護を図り、もって公共の福祉の増進に資することを目的とし、1950年に建築基準法として制定された。建築基準法の対象は、一般的な建築物は全て適用範囲に含まれる。しかしながら、文化財保護法の指定建築物、重要美術品の認定を受けた建築物、鉄道の跨線橋や保安施設などは、除外規定により適用範囲に含まれない。

■ シックハウス対策として改正に至るまでの経緯

厚生労働省による全国実態調査と室内濃度指針値の策定をきっかけに、住宅行政を担当する国土交通省を中心とした室内空気対策研究会は、2000年、全国約4,600戸の築後1年以内の住宅を中心に室内空気中の化学物質濃度の大規模な実態調査を行った。その結果、築後1年以上の住宅を含めた全体集計では、約27.3％の住宅において、厚生労働省によるホルムアルデヒドの室内濃度指針値を超えており、約12.3％の住宅において、同様にトルエンの指針値を超えていた。

これらの結果をふまえ、2002年1月30日に公表された社会資本整備審議会の第一次答申において、建築基準法に基づいて、化学物質の室内濃度を厚生労働省が定めた室内濃度指針値以下に抑制するために必要な建築材料や換気設備等に関する構造基準を定める新たな規制を導入すべきである、との意見が報告された。またその中で、規制対象物質としては、公的機関などの実態調査により、実際の建物で室内濃度指針値を超過し得ることが確認され、化学物質の発生源と室内濃度の関係が科学的に明確になっている化学物質として次のものを挙げた。当面、合板等の木質建材等に使用されるホルムアルデヒド、木造住宅の床下等に防蟻剤として使用されるクロルピリホスにすべきであり、トルエンやキシレン等については今回規制対象外とするが、継続して調査すべきとの意見が報告された。

■ シックハウス対策の概要

この答申を受けて国土交通省は、2002年7月12日に建築基準法の改正を公布した。そしてその後、シックハウス対策の技術的基準を策定し、2003年7月1日に改正建築基準法が施行された。図5-1に、住宅でのシックハウス対策の概要を示す。ホルムアルデヒドに対する規制は、ホルムアルデヒドを発散する建材の使用制限、換気設備の設置義務、天井裏など

図5-1　改正建築基準法による住宅におけるシックハウス対策の概要

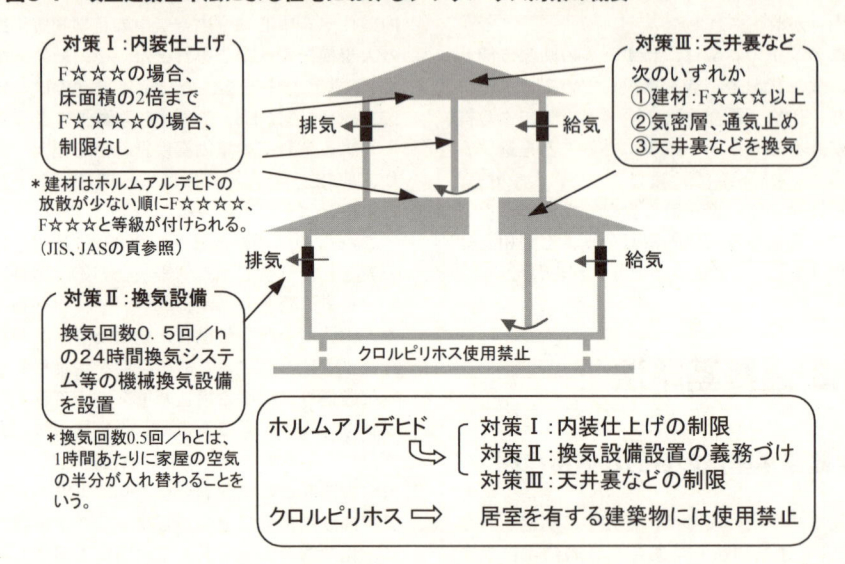

- 対策Ⅰ：内装仕上げ
  F☆☆☆の場合、床面積の2倍までF☆☆☆☆の場合、制限なし
  ＊建材はホルムアルデヒドの放散が少ない順にF☆☆☆☆、F☆☆☆と等級が付けられる。（JIS、JASの頁参照）

- 対策Ⅱ：換気設備
  換気回数0.5回／hの24時間換気システム等の機械換気設備を設置
  ＊換気回数0.5回／hとは、1時間あたりに家屋の空気の半分が入れ替わることをいう。

- 対策Ⅲ：天井裏など
  次のいずれか
  ①建材：F☆☆☆☆以上
  ②気密層、通気止め
  ③天井裏などを換気

排気／給気／排気／給気／クロルピリホス使用禁止

ホルムアルデヒド ⇒ 対策Ⅰ：内装仕上げの制限／対策Ⅱ：換気設備設置の義務づけ／対策Ⅲ：天井裏などの制限
クロルピリホス ⇒ 居室を有する建築物には使用禁止

への制限が規定された。また、室温では揮発性がなく粒子状物質であるクロルピリホスに関しては、換気等の技術的な対策が困難であることから、居室を有する建築物には使用禁止となった。

一般に、換気回数が同じであれば、内装建材からのホルムアルデヒドの発散速度が速いほど室内濃度は高くなる。そのため表5-2に示すようにホルムアルデヒドを発散する建材は、その発散速度によって区分され、その区分に応じて使用面積が制限された。

それに伴い、以前から合板やパーティクルボードなどのホルムアルデヒドを発散する木質建材に設定されていた、日本工業規格（JIS）や日本農林規格（JAS）などの等級も変更され、改正建築基準法との整合性がはかられた。

■ 建築工事の対象範囲とリフォーム

建築基準法の改正にともない、塗料、接着剤、建材、建築等の関係業界は、開発または使用する建材を、ホルムアルデヒド発散速度が遅いF☆☆☆☆等級へと転換し、ホルムアルデヒド対策が急速に進行した。

改正建築基準法の対象範囲となる建築工事は、新築、増築、改築、大規模な修繕、大規模な模様替えであり、建築確認申請の要否は関係ない。しかしながら、建築確認申請の必要がない小規模なリフォームにおいては、建築工事の内容に関して第3者のチェックを受ける機会がないため[1]、これらの関係業界で

---

(1) 建築基準法では、新築・増築・改築・移転等の工事に着手する前に、建築確認申請書を提出し、建築基準法に適合しているかどうか、都道府県や市区町村等の建築主事の確認を受けることが義務づけられている。ただし、防火地域および準防火地域を除く地域で増築や移転する場合において、その部分の床面積の合計が10m²以内の場合はこの確認申請は免除される。

表5-2 建築材料の区分とホルムアルデヒドの発散速度

ホルムアルデヒドの発散速度注1) [μg/(m2·h)]	建築材料の区分	対応規格	内装仕上げの制限注2)
5以下	規制対象外	JIS,JASのF☆☆☆☆ (旧F0.3)	制限なし
5～20以下	第3種ホルムアルデヒド発散材料	JIS,JASのF☆☆☆ (旧E0, Fc0, F0.5)	使用面積の制限
20～120以下	第2種ホルムアルデヒド発散材料	JIS,JASのF☆☆ (旧E1, Fc1, F1.5)	使用面積の制限
120超	第1種ホルムアルデヒド発散材料	JIS,JASのF☆ (旧E2, Fc2, F3.0) 無等級	使用禁止

注1) 測定時:28℃・50%RH、ホルムアルデヒド濃度0.1mg/m³
注2) 建築物の部分に使用して5年以上経過したものは使用制限なし
規制対象となる建築材料は次の通りで、原則としてJIS、JASまたは国土交通大臣認定による等級付けが必要となる。
木質建材(合板、木質フローリング、パーティクルボード、MDFなど)、壁紙
ホルムアルデヒドを含む断熱材、接着剤、塗料、仕上げ塗剤など

表5-3 第2・第3種ホルムアルデヒド発散材料の使用面積制限

居室の種類	換気回数	N₂	N₃
住宅等の居室注1)	0.7回/h以上	1.2	0.2
	0.5回/h～0.7回/h未満	2.8	0.5
上記以外の居室注2)	0.7回/h以上	0.88	0.15
	0.5回/h～0.7回/h未満	1.4	0.25
	0.3回/h～0.5回/h未満	3	0.5

注1) 住宅の居室、下宿の宿泊室、寄宿舎の寝室、家具、その他これに類する物品の販売業を営む店舗の売り場。
注2) 学校、オフィス、病院など他の用途の居室が全て含まれる。

面積計算式　　S_2：第2種ホルムアルデヒド発散建築材料の使用面積
$N_2S_2+N_3S_3 \leq A$　　S_3：第3種ホルムアルデヒド発散建築材料の使用面積
　　　　　　　A：居室の床面積

表5-4 換気回数の基準

居室の種類	換気回数
住宅等の居室*	0.5回/h以上
上記以外の居室*	0.3回/h以上

＊表5-3と同じ区分

在庫となったホルムアルデヒド発散速度が速いF☆☆等の建材が使用されることが懸念されている。そのため、リフォームにどのような建材が使用されるか、契約時によく確認するよう心がける必要がある。

5.4 住宅の品質確保の促進等に関する法律(品確法)

■ 品確法について

2000年4月1日に品確法が施行された。従来、住宅を取得する消費者にとって、(1)住宅の性能に関する表示制度がないため業者間の比較が困難、(2)住宅の性能に関する評価や検査の信頼性が不安、(3)住宅の性能に関してトラブルが生じても専門的な処理体制がなく多大な労力がかかる、(4)契約書での瑕疵担保期間が1年から2年等と短く瑕疵が明らかになっても無償修繕等の請求ができない、といった問題があった。また逆に、住宅の供給者側にとっては、(1)住宅の性能について公平に競争する意識が働かない、(2)消費者から正確かつ客観的な理解を得ることが困難、(3)トラブル処理に多大な労力がかかる、(4)10年を超える長期の保証ができない、といった問題があった。

品確法は、これらの住宅に係わる問題を解決し、消費者が安心して住宅を取得できる仕組みを作るために制定された。(1) 新築住宅の請負または売買契約に関する瑕疵保証制度の充実、(2) 住宅性能表示制度の創設と紛争処理体制の構築、の2つが大きな柱となっている。シックハウス対策とは関係しないが、瑕疵保証制度の充実では、基礎、柱、床、屋根などの基本構造について、10年間の修補や賠償などの瑕疵担保責任が、完成から10年間義務化されることになった。

■ 住宅性能表示制度とシックハウス対策

住宅性能表示制度では、シックハウス対策を含めた9つの分野(既存住宅では6つの分野)

図5-2 性能表示分野

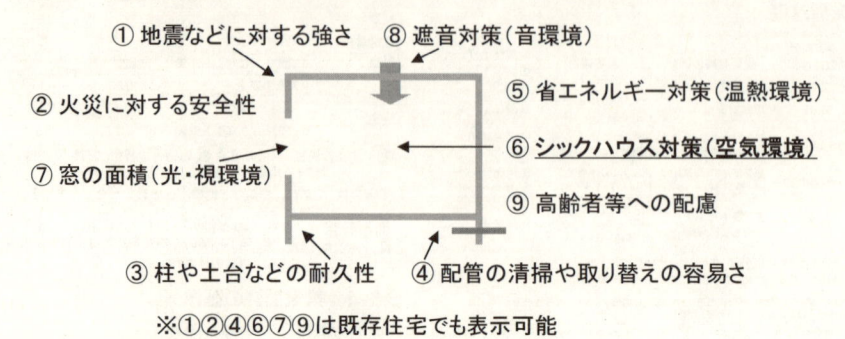

① 地震などに対する強さ
② 火災に対する安全性
③ 柱や土台などの耐久性
④ 配管の清掃や取り替えの容易さ
⑤ 省エネルギー対策（温熱環境）
⑥ <u>シックハウス対策（空気環境）</u>
⑦ 窓の面積（光・視環境）
⑧ 遮音対策（音環境）
⑨ 高齢者等への配慮

※①②④⑥⑦⑨は既存住宅でも表示可能

図5-3 住宅性能表示制度におけるシックハウス対策の表示項目

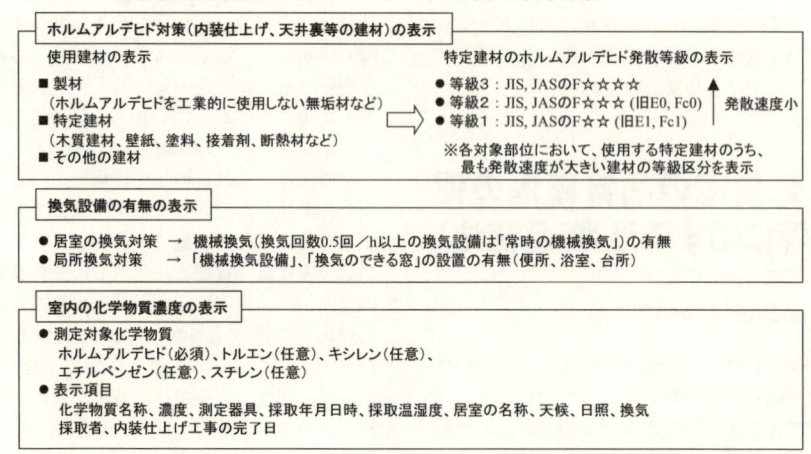

┌─ ホルムアルデヒド対策（内装仕上げ、天井裏等の建材）の表示 ─────────────┐

使用建材の表示
- 製材
  （ホルムアルデヒドを工業的に使用しない無垢材など）
- 特定建材
  （木質建材、壁紙、塗料、接着剤、断熱材など）
- その他の建材

特定建材のホルムアルデヒド発散等級の表示
- 等級3：JIS, JASのF☆☆☆☆
- 等級2：JIS, JASのF☆☆☆（旧E0, Fc0）
- 等級1：JIS, JASのF☆☆（旧E1, Fc1）

発散速度小↑

※各対象部位において、使用する特定建材のうち、最も発散速度が大きい建材の等級区分を表示

┌─ 換気設備の有無の表示 ─────────────────────────┐

- 居室の換気対策 → 機械換気（換気回数0.5回／h以上の換気設備は「常時の機械換気」）の有無
- 局所換気対策 → 「機械換気設備」、「換気のできる窓」の設置の有無（便所、浴室、台所）

┌─ 室内の化学物質濃度の表示 ──────────────────────┐

- 測定対象化学物質
  ホルムアルデヒド（必須）、トルエン（任意）、キシレン（任意）、エチルベンゼン（任意）、スチレン（任意）
- 表示項目
  化学物質名称、濃度、測定器具、採取年月日時、採取温湿度、居室の名称、天候、日照、換気、採取者、内装仕上げ工事の完了日

で表示項目が定められている(図5-2)。シックハウス対策に係る表示項目は、前述の改正建築基準法に基づき2003年4月30日に一部改正され、図5-3に示す項目が表示可能となった。

住宅性能表示制度の利用は、住宅供給者または取得者による任意の選択であり、都道府県に設置された指定住宅性能評価機関により性能評価が行われる。また、その機関から交付された住宅性能評価書を添付して住宅の契約を交わした場合などは、その記載内容が契約内容として保証される仕組みとなっている。さらに、性能評価を受けた住宅に係るトラブルに関しては、第三者的な立場の弁護士や建築士で構成される指定住宅紛争処理機関に申請することにより、調停・斡旋・仲裁などが受けられる。

5.5 学校環境衛生の基準

■ 学校における実態調査

有害な化学物質による室内空気汚染は、住宅だけの問題ではない。特に、子どもは大人よりも体重あたりの呼吸量が多く、空気中の化学物質をより多く吸い込む。また、心身ともに発育段階にあり、外的要因に対して大人よりも感受性が高いことから、子どもが生活する学校環境の安全確保は重要である。

そこで学校を管轄する文部科学省は、厚生労働省から化学物質の室内濃度指針値が示されていることをふまえ、学校環境を衛生的に維持するためのガイドラインである「学校環

表5-5 文部科学省による学校の実態調査結果

数値:厚生労働省の室内濃度指針値超過率(%)

測定対象化学物質	時期	時間帯別		教室別
		午前	午後	
ホルムアルデヒド	夏期	4.3% (12/281)	4.3% (12/278)	コンピュータ教室20% 音楽室4.3% 図工室2.3%
	冬期	0%	0.4% (1/278)	音楽室1.1%
トルエン	夏期	1.1% (3/269)	0.4% (1/271)	図工室3.4% コンピュータ教室1.1%
	冬期	1.5% (4/264)	1.5% (4/260)	普通教室2.2% 音楽室2.2% 体育館2.4% 図工室2.5%
キシレン	夏期	0%	0%	0%
	冬期	0%	0%	0%
パラジクロロベンゼン	夏期	0%	0%	0%
	冬期	0%	0%	0%

(/):厚生労働省の室内濃度指針値超過箇所数/測定箇所数

出典:文部科学省学校健康教育課:学校における室内空気中化学物質の実態調査,2001

境衛生の基準」(1992年6月23日 文部省体育局長裁定)を見直す基礎データとするために、学校における室内空気中の化学物質の実態調査を行い、2001年12月21日に公表した。

夏期(2000年9～10月)、冬期(2000年12月～2001年2月)において、全国各地の新築・改築(1年程度)、全面改修(1年程度)、築5年程度、築10年程度、築20年程度の学校から各10校、合計50校を選定し、各校において、普通教室、音楽室、体育館(講堂を含む)、保健室、図工室(技術室を含む)、コンピュータ教室等が調査対象場所に選ばれた。そして、表5-5に示すように、2000年6月に厚生労働省から指針値が示された4つの化学物質の室内濃度が測定された。キシレンとパラジクロロベンゼンについては厚生労働省の指針値を超えた教室はなかったが、ホルムアルデヒドとトルエンについては、指針値を超えた教室が散見された。

■ 改訂の概要

これらの結果を踏まえ、文部科学省は、2002年2月5日に「学校環境衛生の基準」の改訂を発表し、同日付けで各国公私立大学長、各国公私立高等専門学校長、国立久里浜養護学校長、各都道府県知事、各都道府県教育委員会教育長に通達を出し(13文科ス第411号)、同年4月1日から適用が開始された。

図5-4に示すように、本基準では、学校の実態調査において、厚生労働省の室内濃度指針値を超えた教室が確認されたホルムアルデヒドとトルエンを、毎学年1回定期的に測定すること、本基準が定めた基準値を超えた場合

図5-4 学校環境衛生基準の改訂内容

定期検査

定期検査項目	基準値
温度	望ましい:冬季10℃以上、夏期30℃以下 最も望ましい:冬季18～20℃、夏期25～28℃
相対湿度	30～80%が望ましい
二酸化炭素	1500ppm以下が望ましい
一酸化炭素	10ppm以下が望ましい
気流	0.5m/秒以下が望ましい
浮遊粉塵	0.1mg/m³以下が望ましい
落下細菌	平均10コロニー/教室以下が望ましい
熱輻射	黒球/乾球の温度差5℃未満が望ましい
換気回数	2.2回/hr以上(幼稚園、小学校) 3.2回/hr以上(中学校) 4.4回/hr以上(高校) ※40人在室180m³の教室

測定化学物質を追加

ホルムアルデヒド(夏期が望ましい)	100μg/m³以下であること	2002年2月5日追加
トルエン	260μg/m³以下であること	
キシレン(必要時)注1)	870μg/m³以下であること	2002年5月21日追加
パラジクロロベンゼン(必要時)注2)	240μg/m³以下であること	
二酸化窒素	0.06ppm以下が望ましい	
エチルベンゼン(必要時)	3800μg/m³以下であること	
スチレン(必要時)	220μg/m³以下であること	2004年2月10日追加
ダニまたはダニアレルゲン	ダニ数が100匹/m²以下、又はこれと同等のアレルゲン量以下であること	

留意事項
注1) キシレンを含む建材が使用された場合、新築・改築の場合は測定すること
注2) トイレ等で使用されている場合には測定すること

臨時検査

学校用備品搬入時、新築・改築・改修時には濃度が基準値以下であることを確認させたうえで引渡しを受ける

ホルムアルデヒドおよび揮発性有機化合物

検査回数
● 毎学年1回
 (著しく低濃度なら次回から省略可)

検査場所
◆ 普通教室、音楽室、図工室、体育館、コンピュータ室等の必要な場所
◆ 授業を行う時間帯に通常の授業の状態
◆ 児童がいない場合は窓等を閉めた状態
◆ 部屋の中央、机上の高さで測定

事後措置
■ 換気の励行
■ 発生原因の究明
■ 発生抑制措置

の事後措置として、換気の励行や発生抑制措置などが定められた。また、臨時検査として、机やコンピュータ等の化学物質の発生源が新たに持ち込まれた時や、新築・改築・改装時には、基準値以下であることを確認させたうえで引渡しを受けるよう定められた。

キシレンとパラジクロロベンゼンに関しては、キシレンを含む建材が使用された場合や新築・改築時には室内濃度を測定すること、パラジクロロベンゼンがトイレ等で使用されている場合には測定することが、本基準の留意事項として2002年5月21日に同様に通達された（14スク学健第8号）。さらに、2004年2月10日付け（15文科ス第402号）で、二酸化窒素、エチルベンゼン、スチレン、ダニまたはダニアレルゲンの検査事項が追加された。

この基準は、文部科学省が管轄することから、学校教育法第1条に規定する、小学校、中学校、高等学校、中等教育学校、大学、高等専門学校、盲学校、聾学校、養護学校および幼稚園には適用されるが、厚生労働省が管轄する保育園には適用されないことに注意する必要がある。

5.6 有害物質を含有する家庭用品の規制に関する法律（家庭用品規制法）

1974年に家庭用品規制法が施行された。1983年にトリクロロエチレンとテトラクロロエチレンの基準が追加されて以降、その後は基準が見直されてこなかった。

しかしながら、この法律を管轄する厚生省生活化学安全対策室は2000年12月に公表した「国民の健康確保のための今後の化学物質安

表5-6　家庭用品規制法における基準の概要

化学物質	用途	対象家庭用品	基準
ホルムアルデヒド [1]	樹脂加工剤	① 繊維製品のうち、おしめ、おしめカバー、よだれ掛け、下着、寝衣、手袋、くつした、中衣、外衣、帽子、寝具であって生後24ヶ月以内の乳幼児用のもの、② 繊維製品のうち、下着、寝衣、手袋、くつした（生後24ヶ月以内の乳幼児用のものを除く）、及び足袋、かつら、つけまつげ、つけひげ又はくつしただめに使用される接着剤	① 16 ppm 以下　② 75 ppm 以下
メタノール	溶剤	家庭用エアゾル製品	5w/w%以下
塩化ビニル	噴射剤	家庭用エアゾル製品	検出せず
DTTB（有機塩素系殺虫剤）	防虫加工剤	繊維製品のうち、おしめカバー、下着、寝衣、手袋、くつした、中衣、外衣、帽子、寝具及び床敷物。家庭用毛糸	30ppm以下
テトラクロロエチレン	溶剤	家庭用エアゾル製品、家庭用洗浄剤	0.1% 以下
トリクロロエチレン	溶剤	家庭用エアゾル製品、家庭用洗浄剤	0.1% 以下
トリス(1-アジリジニル)ホスフィンオキシド(APO)	防炎加工剤	繊維製品のうち、寝衣、寝具、カーテン及び床敷物	検出せず
トリス(2,3-ジブロムプロピル)ホスフェイト	防炎加工剤	繊維製品のうち、寝衣、寝具、カーテン及び床敷物	検出せず
トリフェニルスズ化合物	防菌・防かび剤	繊維製品のうち、おしめ、おしめカバー、よだれかけ、下着、衛生バンド、衛生パンツ、手袋及びくつした。家庭用接着剤。家庭用塗料。家庭用ワックス。くつ墨及びくつ墨クリーム	検出せず
トリブチルスズ化合物	防菌・防かび剤	繊維製品のうち、おしめ、おしめカバー、よだれかけ、下着、衛生バンド、衛生パンツ、手袋及びくつした。家庭用接着剤。家庭用塗料。家庭用ワックス。くつ墨及びくつ墨クリーム	検出せず
ビス(2,3-ジブロムプロピル)ホスフェイト化合物	防炎加工剤	繊維製品のうち、寝衣、寝具、カーテン及び床敷物	検出せず
ジベンズ[a,h]アントラセン　ベンズ[a]アントラセン　ベンズ[a]ピレン	木材防腐剤　木材防虫剤	①クレオソート油を含有する家庭用の木材防腐剤及び木材防虫剤中の含有量、②クレオソート油及びその混合物で処理された家庭用の防腐木材及び防虫木材の含有量	① 10ppm　② 3ppm

その他：ディルドリン、塩化水素、水酸化カリウム、水酸化ナトリウム、有機水銀化合物、硫酸に基準値有り

全対策行政の課題について」の報告書の中で、シックハウス症候群に対する施策強化として、シックハウス症候群の主たる原因化学物質の家庭用品からの空気中への放散量について、健康確保の観点から基準の新設を検討する必要性があると報告している。

その後、木材防腐用として、木製枕木を再利用した園芸用品等に利用されているクレオソート油に含まれるベンゾ［a］ピレン、ベンズ［a］アントラセン、ジベンズ［a,h］アントラセン等の3種類の多環芳香族炭化水素（PAHs）が家庭用品規制法の対象物質となった。そして、ホルムアルデヒドの基準改正を含めた新規制は2004年6月15日に施行された（表5-6）。

これらのPAHは発がん性が指摘されている。国土交通省は2003年3月に「公共建築工事標準仕様書」を改訂し、「木材防腐剤はクレオソート油を除く」と明示し、ベンゾ［a］ピレン等の含有量にも関わらず使用禁止とした。

5.7 土壌汚染対策法

アメリカのニューヨーク州ラブキャナル地区では、1930年代から1940年代にかけて埋め立てられた化学系産業廃棄物の処分場跡地やその周辺で、1950年代に住宅や学校が建設された。そして1978年、そこに住む住民の中での低体重児出生、流産、障害児出生の比率が他の地区より高いこと、地下水・下水道・土壌・住宅の室内空気から、ベンゼン・塩化ビニル・ポリ塩化ビフェニル・ダイオキシン類・トルエン・トリクロロエチレン・テトラクロロエチレンなどさまざまな有害性の高い化学物質が検出されたことが大きな問題となった。この事例から明らかなように、建物を建設する土壌の汚染は、そこに住む居住者の健康に有害な影響を及ぼす可能性がある。

我が国でも近年、事業者の工場跡地等の再開発等に伴い、重金属や揮発性有機化合物等による土壌汚染が顕在化してきているが、土壌汚染対策に係わる法規制がなかった。そこで環境省は、土壌汚染の状況把握、土壌汚染による人の健康被害の防止に関する措置等を実施することを内容とする「土壌汚染対策法」を制定し、2003年2月15日に施行した。

図5-5に示すように、この法律では、特定の時期において、土地の所有者が土壌汚染を調査する義務を有しており、その結果を都道府県知事に報告しなければならない。また調査は、結果の信頼性を確保するために、環境大臣が指定した指定調査機関により行われなければならない。そして、汚染が基準に適合していない区域は都道府県知事により指定され、指定区域の台帳を閲覧することができる。

この法律では、表5-7に示す化学物質が調査対象の特定有害物質に指定されている。それぞれの性質に応じて、土壌ガス調査、土壌溶出量調査、土壌含有量調査により、溶出量あるいは含有量の基準が規定されている。

5.8 健康増進法

たばこの喫煙によって発生する化学物質は約3,000種類確認されており、無機ガス、有機酸、アルデヒド、ケトン、芳香族炭化水素、脂肪族炭化水素、ピリジン、フラン、インドール等の複素環化合物、多環芳香族炭化水素など多種類におよんでいる。喫煙による健康

表5-7 土壌汚染対策法が定めた特定有害物質

分類	調査対象物質		試料採取等の方法
第1種特定有害物質 (揮発性有機化合物)	四塩化炭素 1,2-ジクロロエタン 1,1-ジクロロエチレン シス-1,2-ジクロロエチレン 1,3-ジクロロプロペン ジクロロメタン	テトラクロロエチレン 1,1,1-トリクロロエタン 1,1,2-トリクロロエタン トリクロロエチレン ベンゼン	土壌ガス調査 (土壌ガス調査で有害物質が検出された場合は深部の土壌の溶出量を調査)
第2種特定有害物質 (重金属等)	カドミウム及びその化合物 六価クロム化合物 シアン化合物 水銀及びその化合物 セレン及びその化合物	鉛及びその化合物 砒素及びその化合物 ふっ素及びその化合物 ほう素及びその化合物	土壌溶出量調査 土壌含有量調査
第3種特定有害物質 (農薬等)	シマジン チオベンカルブ チウラム ポリ塩化ビフェニル	有機りん化合物 (パラチオン、メチルパラチオン、メチルジメトン、EPN)	土壌含有量調査

図5-5 土壌汚染対策法の概要

土壌汚染状況の調査
- ◆ 特定有害物質を製造、使用又は処理する施設の使用が廃止された場合
- ◆ 土壌汚染による健康被害が生ずるおそれがある場合
→土地の所有者が調査、120日以内に都道府県知事に報告
敷地面積300m²以下かつ地下水が飲用に利用されていない場合は経過措置として調査対象外

指定区域の指定・台帳の調製
- ◆ 汚染が基準に適合しない区域の指定・閲覧

健康被害の防止措置
- ◆ 汚染の除去等の措置命令(都道府県知事)
- ◆ 土地所有者は汚染除去等の措置費用を汚染原因者に請求可能
- ◆ 土地の形質変更の届出及び計画変更命令

影響は、喫煙者はもとより、喫煙者が排出するたばこの煙を吸い込む「受動喫煙」[2]による非喫煙者にも深刻である。流涙、鼻づまり、頭痛、呼吸抑制、心拍数増加、血管収縮、肺がんや循環器疾患等の健康リスクの上昇が確認されている。喫煙者は、非喫煙者の有害な健康影響に対する加害者となることを十分認識しなければならない。

厚生労働省は、このような受動喫煙による健康への有害な影響を排除するために、2002年8月2日に制定した健康増進法の第25条において、受動喫煙の防止に関する条項を規定した。この法律は2003年5月1日に施行された。

法第25条では、「学校、体育館、病院、劇場、観覧場、集会場、展示場、百貨店、事務所、官公庁施設、飲食店その他の多数の者が利用する施設を管理する者は、これらを利用する者について、受動喫煙を防止するために必要な措置を講ずるように努めなければならない」と規定されている。

室内で排出されたたばこの煙は、ニコチンのみならず、浮遊粉じん、ベンゼン、二酸化硫黄、一酸化炭素、窒素酸化物、ホルムアルデヒド、ベンゾ［a］ピレンなどの化学物質の室内濃度上昇に寄与していることが報告されている。室内空気汚染により、非喫煙者への有害な健康影響を排除するためにも、建物の設計者や管理者は、全面禁煙あるいは分煙などの措置を講じる必要がある。

5.9 建材ラベリング

■ 建材ラベリングについて

化学物質の放散量や放散速度によって建材を区分することは、建物の設計者や居住者が、より健康に配慮した建材等の製品を選択する際や、製造者がそれらの製品を開発する際に、重要な目安となる。できる限り有害な化学物質を放散しない建材を使用したい場合は、その区分に応じて最も放散量や放散速度が小さい区分の建材を選択することができる。

表5-8に示すように、我が国では関係省庁や関係団体がさまざまな建材ラベリングを定めている。以下にその概要を解説する。

1）日本農林規格（JAS）

JASは、農林水産省が管轄する規格で、1950年5月11日に制定された「農林物資の規格化及び品質表示の適正化に関する法律」（法律第175号）に基づき制定されている。農林物資は、動植物が起源であるため品質のばらつきが大きい。JASは、適正な品質表示を行い、消費者の正しい選択を支援するために制定される規格であり、飲食料品や木質建材等の品質表示を定めている。

化学物質による室内空気汚染に関連するJASとしては、1980年に普通合板、特殊合板、フローリングに対してホルムアルデヒドの放散量基準が定められ、その後、構造用合板、集成材、単板積層材、構造用パネルなどに対しても同様に定められた。

さらに2002年7月に改正された建築基準法に基づき全面的な見直しが行われ、これら木質建材に関する改正JASは、2003年2月27日に規格改正が告示され、同年3月29日から施行

---

(2) 室内またはこれに準ずる環境において、他人のたばこの煙を吸わされることをいう。

表5-8 建材ラベリング

規格、認定等	省庁、団体	対象化学物質	対象建材、家具等
日本農林規格	農林水産省	ホルムアルデヒド	合板、フローリング、集成材
日本工業規格	経済産業省	ホルムアルデヒド	繊維板、パーティクルボード、壁紙 接着剤、塗料、断熱材、
新建築技術認定	日本建築センター	ホルムアルデヒド VOCs	ホルムアルデヒド、VOCs等を吸着・分解する建材
BL認定	ベターリビング	ホルムアルデヒド	建具、内装ユニット、洗面器 冷暖房システム、キッチンシステム
ISM	日本壁装協会	ホルムアルデヒド VOCs、重金属等	壁紙、カーテン、カーペット 内装用水性塗料、壁紙張り用接着剤
SV	壁紙製品規格協議会	ホルムアルデヒド VOCs、重金属等	壁紙(紙、無機質材、プラスチック)
室内環境配慮マーク	全国家具工業連合会	ホルムアルデヒド	家具に使用する材料(合板、繊維板、パーティクルボード、接着剤、塗料)

された。

2) 日本工業規格(JIS)

JISは、経済産業省が管轄する規格で、1949年6月1日に制定された「工業標準化法」(法律第185号)に基づき制定されている。土木・建築、自動車、電気・電子、化学、日用品、各種物性の試験方法など、さまざまな工業製品に対して規格が定められている。

化学物質による室内空気汚染に関連するJISとしては、1983年にパーティクルボードと繊維板に対してホルムアルデヒドの放散量基準が定められ、その後、壁紙、壁紙施工用でん粉系接着剤などに対しても同様に定められた。

改正JASと同じく、改正建築基準法に基づき全面的な見直しが行われ、建築内装材、塗料、接着剤、断熱材などの改正も含め、2003年3月20日に改正JISが告示され、同日施行された。

表5-9に、これら改正JASと改正JISの放散量基準とそれに基づく等級を示す。表5-8に規定されている建材に関しては、改正建築基準法の区分にあるように、よりホルムアルデヒドの放散量が少ないF☆☆☆☆(エフ・フォー・スター)等級の建材を選択することができる。

ここで気をつけなければならないことは、F☆☆☆☆等級の建材であっても、その建材にはホルムアルデヒドを発散する化学原料が含まれているということである。無垢の木材や自然素材だけで作った塗材など、ホルムアルデヒドを発散する化学原料が含まれていない建材は、JASやJISでは区分されない。

JASやJISで区分される建材は、ホルムアルデヒドを発散する可能性がある建材であること、そしてそのような建材を使用するのであれば、私たちはそれらの等級を確認し、よりホルムアルデヒドの放散量が少ない建材を選択することを可能にする制度であると理解してほしい。

なお、JISには各種物性の試験方法の規格

表5-9 JAS、JISのホルムアルデヒド放散量基準と等級

区分	規格名称	規格番号	放散量基準等[*4]			
			規制対象外 F☆☆☆☆	第三種 F☆☆☆	第二種 F☆☆	第一種 F☆
木質建材	合板	JAS H15告示233	平均0.3mg/L以下 最大0.4mg/L以下	平均0.5mg/L以下 最大0.7mg/L以下	平均1.5mg/L以下 最大2.1mg/L以下	平均5.0mg/L以下 最大7.0mg/L以下
	構造パネル	JAS H15告示238				
	フローリング	JAS H15告示240				
	単板積層板	JAS H15告示236				
	構造用単板積層板	JAS H15告示237				
	集成材	JAS H15告示234				平均3.0mg/L以下 最大4.2mg/L以下[*2]
	構造用集成材	JAS H15告示235				
	繊維板	JIS A5905	平均0.3mg/L以下 最大0.4mg/L以下	平均0.5mg/L以下 最大0.7mg/L以下	平均1.5mg/L以下 最大2.1mg/L以下	
	パーティクルボード	JIS A5908				
ガラス質複層板	火山性ガラス質複層板	JIS A5440	-[*3]			
壁紙	壁紙	JIS A6921	0.2mg/L以下			
接着剤	造作用接着剤	JIS A5549	5μg(m²・h)以下 ②の条件[*1]	20μg(m²・h)以下	120μg(m²・h)以下	-
	床根太用接着剤	JIS A5550				
	床仕上げ材用接着剤	JIS A5536				
	木れんが用接着剤	JIS A5537				
	壁・天井ボード用接着剤	JIS A5538				
	発泡プラスチック保温板用接着剤	JIS A5547				
	陶磁器質タイル用接着剤	JIS A5548	②の条件[*1]			
	酢酸ビニル樹脂エマルジョン木材接着剤	JIS K6804				
	水性高分子-イソシアネート系木材接着剤	JIS K6806				
	壁紙施工用及び建具用でん粉系接着剤	JIS A6922	0.1mg/L以下			
保温材	人造鉱物繊維保温材	JIS A9504	5μg(m²・h)以下 ③の条件[*1]	20μg(m²・h)以下	120μg(m²・h)以下	-
	発泡プラスチック保温材	JIS A9511				
断熱材	住宅用人造鉱物繊維断熱材	JIS A9521				
	吹込み用繊維質断熱材	JIS A9523				
塗料、塗材	建物用床塗料	JIS K5970	0.12mg/L以下	0.35mg/L以下	1.8mg/L以下	-
	アルミニウムペイント	JIS K5492				
	油性調合ペイント	JIS K5511				
	合成樹脂調合ペイント	JIS K5516				
	フタル酸樹脂ワニス	JIS K5562				
	フタル酸樹脂エナメル	JIS K5572				
	油性系下地塗料	JIS K5591				
	一般用さび止めペイント	JIS K5621				
	多彩模様塗料	JIS K5667				
	家庭用屋内木床塗料	JIS K5961				
	家庭用木部金属部塗料	JIS K5962				
	アクリル樹脂非水分散形塗料	JIS K5670	0.12mg/L以下			
	セラックニス類	JIS K5431				
	ニトロセルロースラッカー	JIS K5531				
	ラッカー系下地塗料	JIS K5533				
	ラッカー系シーラー	JIS K5535				
	塩化ビニル樹脂ワニス	JIS K5581				
	塩化ビニル樹脂エナメル	JIS K5582				
	塩化ビニル樹脂プライマー	JIS K5583				
	アクリル樹脂ワニス	JIS K5653				
	アクリル樹脂エナメル	JIS K5654				
	建築用ポリウレタン樹脂塗料	JIS K5656				
	つや有り合成樹脂エマルジョンペイント	JIS K5660				
	合成樹脂エマルジョンペイント及びシーラー	JIS K5663				
	合成樹脂エマルジョン模様塗料	JIS K5668				
	合成樹脂エマルジョンパテ	JIS K5669				
	家庭用屋内壁塗料	JIS K5960				
	建築用仕上塗材	JIS A6909	④の条件[*1]	-	-	-

注) *1：②ユリア樹脂,メラミン樹脂,フェノール樹脂,レゾルシノール樹脂,ホルムアルデヒド系防腐剤,メチロール基含有モノマー及びロンガリット系触媒のいずれも不使用。
③ユリア樹脂,メラミン樹脂,フェノール樹脂,レゾルシノール樹脂のいずれも不使用。
④ユリア樹脂,メラミン樹脂,フェノール樹脂,レゾルシノール樹脂,ホルムアルデヒド系防腐剤のいずれも不使用。
*2：集成材、構造用集成材はF☆S表示
*3：0.1mg/L以下（等級付けなし）
*4：格付け表示は、ホルムアルデヒドを含まない接着剤又はホルムアルデヒドを放散しない塗料・材料を使用している旨の表示する場合を除く。合板（普通合板、天然木化粧合板、特殊加工化粧合板）、集成材（造作用、化粧張用、化粧張り集成柱）、単板積層材、フローリングはホルムアルデヒド放散量の表示を義務化。構造用合板、コンクリート型枠用合板、構造用集成材、構造用単板積層材、構造用パネルについては任意表示。ただし、コンクリート型枠用合板についてはF☆☆☆☆を設けない。

があるが、ホルムアルデヒドの試験方法に係わる規格として、デシケーター法と呼ばれる建築用ボード類の試験方法（JIS A 1460）が2001年3月30日に制定されていた。しかしながら、厚生労働省の室内濃度指針値が策定されたアセトアルデヒドや揮発性有機化合物（VOCs）に関する試験方法の規格がなかった。

そこでJISでは、2003年1月20日に小形チャンバー法による試験方法（JIS A 1901）が制定された。この試験方法では、建材からの放散速度が測定できるため、ホルムアルデヒドやVOCsの室内濃度が予測可能となり、より実用的な結果を得ることができる。ただし、小形チャンバー法では、家具や建具など大きな形態の物を試験することができないため、今後、大形チャンバー法のJISが制定される予定となっている。

3）その他
①新建築技術認定事業

新建築技術認定事業は、財団法人日本建築センターが1999年から実施している事業である。建築基準法やJIS・JAS等で基準・規格化されていない建築技術について、その品質を認定することにより、新建築技術の開発・普及、建築物の品質確保の促進に寄与することを目的として実施されている。

シックハウス対策に係る認定基準としては、2003年11月6日に制定された「室内空気中の揮発性有機化合物汚染低減建材認定基準：BJC-CS-5-2003」があり、建築物の室内空気中の揮発性有機化合物等を吸着・分解することで、その汚染濃度を低減する性能をもつ建材を対象としている。

これまで、シックハウス対策の1つとして、例えば、活性炭やゼオライトなどの化学物質

図5-6　新建築技術認定事業における「室内空気中の揮発性有機化合物汚染低減建材認定基準」の概要

適用範囲	建築物の室内空気中の揮発性有機化合物（VOCs）、ホルムアルデヒド及び他のカルボニル化合物等を吸着、分解等することにより、その汚染濃度を低減する性能を持つ建材
評価規準	
性能	● 低減量の性能（一般建材と比較して著しい低減量） ● 効果の持続性能（一般建材と同等になるまでの時間を把握） ● 効果の妨害に対する性能（各種環境因子によって著しく効果が損なわれない） ● 新たな空気汚染源とならない
品質	● 使用目的に応じた必要な品質（性能、機能、施工性）
環境負荷	● 環境負荷の低減に貢献

を吸着する物質による製品や、光触媒など化学物質を分解する機能を有する物質をもとにした製品が市販されていたが、その性能を第3者機関により客観的に評価する仕組みがなかった。この認定事業では、専門家等から構成される認定委員会による審査を経て認定書が発行される。これまで認定された製品としては、内装仕上材や天井材などがある。

② **BL認定基準**

優良住宅部品（BL部品）認定制度は、1974年から財団法人ベターリビングが実施している制度である。この制度では、優良な住宅部品の技術開発と住宅産業の健全な育成を図り、人々の生活水準の向上と消費者の保護を推進することを目的として、品質、性能、アフターサービス等に優れた住宅部品を認定している。

部品の用途に応じて、空気環境、音環境、温熱環境、高齢者への配慮等に関する基準が定められている。空気環境に関しては、健康上の安全確保として、JASやJISにおけるF☆☆☆☆相当や、改正建築基準法において規制対象外となるホルムアルデヒド発散速度の小さい材料が使用されていることが認定基準となっている。

このような空気環境に関する認定基準が定められた部品としては、キッチンシステム、玄関ドア、住宅内階段・ハシゴ段、床暖房ユニット、天井暖房ユニット、洗面器、手洗器、洗面化粧ユニット、天井ユニット、内装ドア、内装収納ユニット、内装床ユニット、内装壁ユニット、歩行・動作補助手すり、内装枠回りユニットがある。

③ **ISM**

ISMは、日本壁装協会が作成した生活環境の安全に配慮したインテリア材料に係る規格で、製造・施工・使用・廃棄の各段階における基準を定めている。シックハウス対策に係わる基準としては、施工時に使用する接着剤、使用時に内装材料から放出されるホルムアルデヒドやVOCsの基準を定めている（表5-10）。

④ **SV**

壁紙製品標準規格（SV規格）は、快適・健康・安全に配慮した壁紙製品を提供することを目的として、壁紙製品規格協議会が作成した規格である。シックハウス対策に係わる基準としては、使用時に壁紙製品から放出されるホルムアルデヒドやVOCsの基準を定めている（表5-11）。

⑤ **室内環境配慮マーク**

社団法人全国家具工業連合会が2003年7月から始めた会員企業による自主表示制度である。室内環境配慮マークが付いている家具は、JISやJASのF☆☆☆☆の合板、繊維板、パーティクルボード及び接着剤、そしてホルムアルデヒドを含まない塗料が使用されている。ただし、残念ながら、F☆☆☆☆相当、あるいは改正建築基準法において規制対象外となるホルムアルデヒド発散速度の小さい材料を使用基準とするまでには至っていない。

表5-10 ISMの環境技術基準

適用範囲：壁紙、カーテン、カーペット、内装用水性塗料、壁張り用接着剤

物質名		基準値
ホルムアルデヒド		0.01ppm以下
総揮発性有機化合物		300μg/m³以下
塩化ビニルモノマー		0.1ppm 以下
重金属	(1) バリウム	300mg/kg以下
	(2) 鉛	5mg/kg以下
	(3) クロム	5mg/kg以下
	(4) アンチモン	1mg/kg以下
	(5) ひ素	0.5mg/kg以下
	(6) カドミウム	1mg/kg以下
	(7) 水銀	0.1mg/kg以下
	(8) セレン	5mg/kg以下
発泡剤		クロロフルオロカーボン類を使用しない
溶剤		希釈又は洗浄にハロゲン系および芳香族系の溶剤は使用しない
可塑剤		沸点400℃/760mmHg以上
印刷インキ		有機溶剤5%以下の水性インキ
難燃薬剤		有機リン系およびハロゲン系の薬剤は使用しない

表5-11 SVの規格値

適用範囲：壁紙（紙、無機質材、プラスチック）

対象項目		規格
ホルムアルデヒド		0.2 mg/L 以下
残留VOCs	TVOC	100 μg/g 以下
	トルエン、キシレン、エチルベンゼン	10 μg/g 以下
塩化ビニルモノマー		0.1 mg/kg 以下
重金属	砒素	5 mg/kg 以下
	鉛	30 mg/kg 以下
	カドミウム	5 mg/kg 以下
	クロム(VI)	20 mg/kg 以下
	水銀	2 mg/kg 以下
	セレン	10 mg/kg 以下
原材料	安定剤	鉛、カドミウム、有機スズを含む安定剤は使用しない
	可塑剤	沸点が300℃以上の難揮発性可塑剤を使用。但しDBPは使用しない
	発泡剤	フルオロカーボン類は使用しない
	溶剤	トルエン、キシレン、エチルベンゼンは使用しない

5.10 健康で安全な住まい作りを目指して

　我が国では2000年以降、シックハウス症候群に係る多くの法規や基準が整備されてきた。本来、現在のような規制緩和の時代において、法規制が強化されることは時代の流れに逆行している。つまり、それほどシックハウス症候群は、影響の大きさ、深刻さなどから、社会的な緊急性が高かった問題であったといえる。

　シックハウス症候群という病態は、その発症のメカニズムについて未だ解明されていないことが多く、現在でも研究が進められている段階である。しかしながら、早急な対応が必要であることから、主な原因と考えられる室内空気中の化学物質に対し、リスクアセスメントやリスクマネジメントに基づいて、室内濃度指針値、建築基準法、JISなどの法規や基準が整備されるに至った。そして、住宅や建材など、これらの化学物質に関係する業界は、法規や基準を遵守するよう努力を重ねているのが現状である。

　しかし一方、関係する化学工業界は、塗料や接着剤等の製品に使用する化学物質を、指針値の対象外である化学物質へと置き換える傾向がある。これは、化学工業界としても、指針値が策定された化学物質についての対策が精一杯であり、これまで使用してきた化学物質と同等の品質と価格を確保し、より安全性が高い化学物質へと早急に置き換えることが困難なためである。

　しかしながら、これらの置き換えられた化学物質の建物における使用量が増大すると、新たな健康リスクを生み出す原因となりうる恐れがある。このことは、現在、最も注意しなければならないことである。

　このような事態を回避するためには、関係する化学工業界が、化学物質の安全性をしっかり調査し、より安全性の高い化学物質を用いて製品を開発することが最も重要であるとともに、製品の安全性に関する情報を正しく開示する必要がある。そして、消費者がこれらの情報と知識を身につけ、自らの責任のもとで、健康に暮らすことができる居住環境を確保する努力も必要である。

　ここでは、法規や基準以外に知っておくべきシックハウス症候群対策に係わるキーワードや具体的な対策・方法をいくつか紹介する。

■「知る権利」

　シックハウス症候群に限らず、ダイオキシン、環境ホルモン、食品中の残留農薬、廃棄物処理など、化学物質に係わるさまざまな問題が取り沙汰されてきた中で、化学物質を取り巻く状況は大きく変化した。化学物質によるリスクの適正な評価、リスク情報の開示、当事者間のリスクコミュニケーションの重要性が高まってきた。すなわち、消費者には「知る権利」があり、その権利を行使することによって、自らが責任を持って選択できなければならない、という考えがそのベースにある。

　一般に、法規や基準の大半は、問題が起こってから検討されるものであり、関係業界も、法規や基準を遵守することのみを対策の基本としている。このような社会の中では、開示された情報をもとに、消費者が自らの選択により行動を起こし、自ら健康と安全を確保していくことが予防の観点からも重要となる。

　我が国では、シックハウス症候群に係わる

信頼できる情報を消費者が入手できる環境が十分とはいえず、今後、そのような環境の構築が必要である。現時点では、インターネット、保健所への相談、MSDS、建材ラベリング、製品に関する企業への問い合わせ、行政のパブリックコメントなど、さまざまな方法を活用して「知る権利」を行使し、必要な情報を入手すること。そして、疑問に感じたことやわからないことがあれば、情報提供者とのコミュニケーションにより理解を高め、自身の選択に役立てるべきだろう。

■「予防」

子どもや高齢者等は、日常生活において、家族や知人等の他人に物事の判断を委ねることを余儀なくされることが多い。そのため、「知る権利」との選択責任の行使には限界がある。特に子どもは、大人よりも体重あたりの呼吸量が多く、空気中の化学物質をより多く吸い込む。また心身ともに発育段階にあり、外的要因に対して大人よりも感受性が高い。

これらのことからも、子どもや高齢者等に対しては、有害な化学物質の曝露をできる限り未然に防止するよう、通常よりも厳格なシックハウス対策が求められている。

■「ALARA」

何万種類もの化学物質が工業的に利用され、室内空気中から数百種類もの化学物質が検出されているにも関わらず、低濃度で長期間曝露した場合の影響、混在した複数の化学物質に同時に曝露した場合の複合影響など、化学物質の毒性に関する科学的知見は決して十分とはいえないのが現状である。そのため、技術的、社会経済的に可能な限り、室内空気中の化学物質による健康リスクを低く抑えたい。

ALARAはAs Low As Reasonably Achievableの頭文字で、「アララ」と呼ばれており、「合理的に達成可能な限り低く」という思想である。この思想を大切にし、シックハウス対策に最善を尽くす必要がある。

■「家具・家庭用品」

我が国では現在のところ、家具や家庭用品から室内空気中へ放散される化学物質の放散量基準はない。家庭用品規制法の見直し、JISにおける大型チャンバー法の規格制定などによって、今後検討されていくと思われる。その一方で、欧米諸国の一部では、建材ラベリングにおいて、これらの製品のいくつかに対して化学物質の放散量基準が定められており、消費者の選択の一助となっている（389ページの表5-12参照）。

このような現状からも、家具や家庭用品を購入する際には、品質や成分表示の確認、メーカーへの問い合わせ、製品そのものを自分自身で確認することなどにより、その製品が自分自身にとって安全であるかどうかを事前に確認するべきである。

■ 空気の汚れを知るために

[簡易的な測定方法]

室内空気中の化学物質濃度を正確に測定することは難しい。室内空気のサンプルを採取する方法、採取したサンプルの保管・運搬方法、サンプルを分析機器にかける前に行う前処理、分析機器の維持管理、分析機器から得られた結果の解析など、それぞれの工程において厳密な作業とその管理が必要とされる。

そのため、これらの技術を習得した熟練技術者によって行わなければ、信頼のある結果は得られない。

厚生労働省の室内濃度指針値、改正建築基準法、JIS規格などの法規や基準は、このような高度な分析方法により正確な測定値を得ることが要求されている。そのため、専門機関に測定依頼を行うことが一般的であり、時間もかかり、費用も高価となる。しかしながら、部屋の臭いが気になる、シックハウス症候群様の症状を感じるなど、室内空気の異常に気づき、おおよそであっても室内空気中の化学物質濃度を知りたいことがある。このような場合に活用可能な室内濃度の簡易的な測定方法がいくつか開発されている。

検知管に室内空気を吸引し、検知管の色の変化で室内濃度を判別する方法、室内に24時間検知紙を放置し、検知紙の色の変化で室内濃度を判別する方法などがある。これらの方法は、温度や湿度、他に共存する化学物質の影響を受けて実際の濃度よりも高い濃度を示すなど、正確な測定結果は得られにくい。しかしながら、比較的安価で熟練技術を必要とせず、おおよその室内濃度の状況を把握することができる。

財団法人住宅保証機構がホルムアルデヒドの簡易計測サービス事業を行っており、全国の事務機関において、簡易測定機器を消耗品等の実費料金等の低価格で貸し出している。また、ホルムアルデヒドだけでなく、トルエンやパラジクロロベンゼンなどの揮発性有機化合物の測定業務を簡易測定器を用いて安価で対応している保健所もあるので、必要な場合には相談してみるとよい。

図5-7 ホルムアルデヒドの気中濃度の温度変化
建材からの放散速度は温度が高くなるほど速い

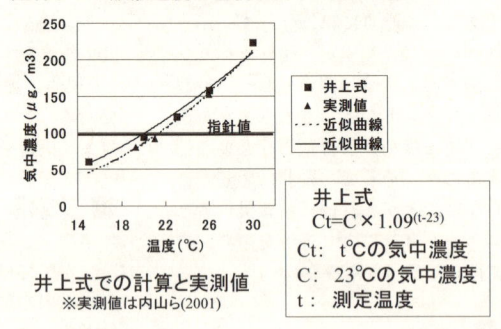

井上式での計算と実測値
※実測値は内山ら(2001)

井上式
$Ct = C \times 1.09^{(t-23)}$
Ct: t℃の気中濃度
C: 23℃の気中濃度
t: 測定温度

[測定時の注意]
〇室内温度

一般に、建材からの化学物質の放散速度は、温度が高いほど速くなり、それにともない室内濃度が高くなる（図5-7参照）。そのため、冬場など室温が低い時期に測定して室内濃度が低くても、夏場では厚生労働省の室内濃度指針値を超える場合がある。改正建築基準法ではその点を考慮し、ホルムアルデヒド発散建材の測定条件を28℃に規定している。また、改正建築物衛生法では、夏期6月1日から9月30日までの間にホルムアルデヒドの室内濃度を測定するよう規定されている。

竣工後、改装後、入居前などの初期の測定時において、室温の低い時期に測定せざるを得なかったとしても、室温の高い時期に再確認することが重要である。

○測定場所

　厚生労働省の室内濃度指針値では、居間と寝室の中央付近の少なくとも壁から1m以上離した高さ1.2～1.5mに測定場所を規定している。また、学校環境衛生の基準では、机上の高さに測定場所を規定している。これは、日常生活において我々が呼吸している高さを想定している。

　しかしながら、必ずしもそうではない場合があることに注意しなければならない。例えば、乳幼児、和室で布団を床に敷いて寝る場合、床に座って過ごすことが多い人などは、床面に近い空気を吸っている。床面が有害な化学物質の排出源であった場合、室内空気中の化学物質濃度は床面に近いほど高くなる。そのため、前述の指針値や基準の測定方法の高さで得た数値をもとにすると、誤った判断をする可能性がある。法規や基準では、総じて一般的な場合を想定した測定条件を設定している。我々の実際の室内における生活環境と、想定される有害化学物質の排出源を認識したうえで、適宜、測定条件を見直すことが重要である。

　2004年、大阪府堺市の保育園において、改装後の園舎で園児や職員がシックハウス症候群様の症状を訴えた。厚生労働省の室内濃度指針値を大きく上回る高濃度のトルエンが検出されたが、床面からの高さ1.2mで測定した数値よりも、高さ10cmで測定した数値の方が高く、床の下地材の固定に使用した接着剤が排出源であった。

■ベイクアウト

　建材から排出される化学物質の放散速度は、温度が高いほど速くなる。そのため、換気回数が同じであれば、室温が高い夏場の方が、室温が低い他の時期よりも室内濃度は高くなる。この原理を利用した室内空気中の化学物質濃度の低減方法がベイクアウトである。

　ベイクアウトでは、電気ストーブなどで室温を約30℃強に加温し、内装建材中の化学物質の蒸気圧と拡散係数を高めることにより、強制的に建材の中から室内へ化学物質を放出させる。この方法により、建材中の化学物質の量を減らすことができるため、その結果、室内濃度を減らすことができる。しかしながら、原理としては有効な方法と考えられるが、実際には必ずしも効果が得られないことがある。

　その1つとして、ベイクアウト直後は室内濃度がいったん下がったが、その後再び室内濃度がほぼ元に戻る「リバウンド現象」が確認されている（野崎ら，2000）。さらに、ベイクアウトによって床材から強制的に放出された化学物質が壁材に吸着し、ベイクアウト後に壁材から再び脱着して放散される現象も確認されている（野田ら，2000、2002）。

　リバウンド現象や吸着・脱着のメカニズムについては、現在さまざまな研究が進められているが、これらの現象の対策としては、換気しながらベイクアウトを行う、あるいはベイクアウト直後に徹底した換気を行う方法がある。換気回数を1時間あたり約1.8回確保しながら約30℃で延べ日数7日間ベイクアウトを行ったところ、総揮発性有機化合物（TVOC）の初期発生量が約28%減少し、厚生労働省の室内濃度指針値まで室内濃度が減衰する日数が約29日間短縮可能と試算した研究結果がある（劉ら，2002）。

　ベイクアウトは、40～50℃といった高い温度で実施できれば、より一層効果が期待できる。しかしながら、十分な換気回数を確保し

なければ、吸着・脱着等による二次汚染が生じる可能性がある。だが、換気回数を増やすとベイクアウト時の室内温度を高く維持することが困難となる。そのため、化学物質の特性や部屋の環境に応じた最適なベイクアウト条件を見出す必要があり、現状においては、室内空気中の化学物質濃度を減らす方法として、ベイクアウトに過度な期待はできない。

■ 部屋の換気

建材から排出される化学物質への曝露が主な発症原因とされるシックハウス症候群は、医学的には関心が得られにくいといわれている。その最大の理由は、換気を十分に行うと症状が軽減されるからである。つまり、窓を開けるなどの換気行為によって室内空気中の有害化学物質を室外に追い出せば、症状が治まることが多い。

このように、シックハウス症候群対策として部屋の換気は非常に重要である。約14m^{2}の学生寮で行った実験では、大窓や玄関ドアを開放することによって、ホルムアルデヒドの室内濃度が30分後に約5分の1に減少した。また、大窓の上部に設置された小窓の開放や浴室の換気扇を動作させることによって、90分後に約半分の濃度に減少することが報告されている（東ら，2002）。日常的なちょっとした換気の心掛けが、部屋の中の有害化学物質濃度を減らしてくれる。

■ 部屋の臭い

「臭い」は、人によって感じ方が異なるため、「臭いが気になる」「いやな臭いがする」といっても、気のせいではないかと思われることがある。しかしながら、「臭い」には、臭いの原因となる何らかの化学物質が存在している。

医師にシックハウス症候群と診断された、あるいは室内空気中から厚生労働省の室内濃度指針値を上回る化学物質が検出された場合、早急な対策として、換気を励行する、あるいはホルムアルデヒドや揮発性有機化合物（VOCs）に対応した空気清浄機を使用するなどにより、室内空気中の化学物質濃度を低減する必要がある。しかしながら、それでも改善されない場合、原因となる化学物質の発生源を推定し、それを取り除く必要が生じる。

その際、第一に、新築住宅への入居、家具の購入、壁や床などの改装、床下の防蟻処理など、症状が出るようになった「きっかけ」を把握することが重要である。そして、家の中でより強い臭いや刺激臭を感じるところがあれば、その部分に注目して発生源を推定できる可能性がある。

科学技術の発達により、化学物質の分析技術は大きく進歩した。そして、より多くの化学物質が特定でき、より少ない濃度でも精度よく測定できるようになった。しかしながら、それでも特定できない場合がある。

筆者が、あるメーカーの樹脂を使用した時のことであるが、その樹脂から刺激的な臭いを感じ、このままでは使えないと判断した。そこで、その樹脂の原料から発生すると推定される、ホルムアルデヒド、アセトアルデヒド、m-キシレンを分析したが、ごく微量検出されたにすぎず、臭いの原因は特定できなかった。そこで、さらに詳細な分析を行った結果、ある物質が高い濃度で存在することが判明した。しかしながら、化学分析のデータベースを調べても、その物質の名称までは特定できず、臭いの原因であるかどうかの判断ができなかった。

樹脂のメーカーに分析結果をもとに相談したところ、過去にそのメーカーの先達たちが苦心して臭いの原因となる物質を把握し、その物質の構造と名称を特定していたことがわかった。しかし、その物質は、大手試薬メーカーでも販売されておらず、入手できなかった。樹脂のメーカーは、独自にその物質を樹脂から抽出して少量保有していたが、機密の関係上、筆者が手にすることはできなかった。最終的には、メーカーが臭いの原因となるその物質を樹脂の中から取り除く製法を採用したため、その樹脂は使用可能となった。

ここで重要なのは、分析技術によって容易に確認できない物質が存在すること、人の知覚感覚がいかに大切かということである。樹脂中に含まれる化学物質に関する専門的な知識と経験があれば、現在の分析技術を駆使することによって、臭いの原因となる未知の物質を特定することは可能だが、容易なことではない。

厚生労働省の室内濃度指針値が定められている化学物質が検出されなくても、何らかの強い臭いや刺激臭を感じるのであれば、それを見過ごしてはならない。臭いの強さ、刺激性、不快さといった臭いに対する人の知覚感覚は、それを感ずる人の健康にとって有害かどうかを判断するうえで、大切な指標となる。

補論：欧米の化学物質対策

■ ホルムアルデヒド濃度の指針値

合板から放散されるホルムアルデヒドの大半は、合板に使用されるユリア樹脂などのホルムアルデヒドを原料とした接着剤が排出源である。この樹脂は、1800年代後半にドイツで発見され、1900年代前半には合板用の接着剤として工業化されていた。そして、この接着剤による接着作業に従事していた労働者において、眼や鼻の刺激などの健康に対する有害な影響が指摘されていたことから、1900年代半ば頃からユリア樹脂中のホルムアルデヒドの含有量を減らすための研究が開始されていた。

その後、1970年代に入り、欧米ではホルムアルデヒドを原料とするユリア樹脂系接着剤や断熱材の使用量が増加し、それらを原料とする合板やパーティクルボードなどの木質系建材や、尿素ホルムアルデヒド発泡樹脂断熱材（UFFI）の使用量も増加した。さらに、1973年の第一次石油危機により、建築物を含む各産業に対する省エネルギー化の要求が高まり、建築物の断熱性と気密性が高まった。このような背景から、欧米では1970年代半ば頃からホルムアルデヒドによる室内空気汚染に関する実態調査が報告されるようになった。

1975年頃、西ドイツでは、新設学校の新築校舎において、頭痛や吐き気、目や鼻の刺激を訴える教員や生徒が現れ、同様の問題が77年に開設した学校の新築校舎でも発生した。そこで、これらの学校を含めたいくつかの学校のホルムアルデヒド濃度を測定した結果、約0.5ppmの濃度が検出され、ホルムアルデヒドの主な排出源は、天井や壁に用いられたユ

リア樹脂系接着剤を使用した合板であることがわかった。

ドイツ連邦環境庁は、これらの調査結果から、早急に対策をとる必要があると判断し、1977年に0.1ppmのホルムアルデヒド濃度の指針値を定めた。この動きは周辺諸国に対しても影響を与え、1978年には、デンマーク（0.12ppm）、オランダ（0.1ppm）、スウェーデン（0.1から0.4ppm）において、ホルムアルデヒド濃度の指針値が定められた。

我が国でホルムアルデヒド濃度の指針値（0.08ppm）が定められたのは1997年であり、西ドイツに遅れること20年であった。西ドイツでは、1977年の指針値以降、パーティクルボード、合板、繊維板などの木質建材に対してホルムアルデヒド濃度の排出基準が定められ、1985年の全国実態調査では、ホルムアルデヒド濃度の指針値0.1ppmを超えていた住宅は、調査戸数329戸のうち4.8%であった。

我が国では国土交通省が中心となり2000年に行った全国実態調査で、厚生労働省の室内濃度指針値を超えた住宅が約27%あった。しかし、近年のホルムアルデヒド対策により、その値は2003年に5～6%まで急速に低下した。

■ 建材ラベリング

本章5.9で解説したJASやJISは、日本の代表的な建材ラベリングである。しかしながら、対象物質はホルムアルデヒドだけであり、トルエンやキシレンなどの他の揮発性有機化合物は対象となっていない。また、日本壁装協会のISMや壁紙製品規格協議会のSVは、総揮発性有機化合物（TVOC）の基準値が設定されているが、これらの基準値は、欧州の建材ラベリング等を参考に自主的に作られた基準値である。そこで、米国も含めた欧米の建材ラベリングを表5-12に示す。

欧米の建材ラベリングは、対象製品及び対象化学物質が我が国よりも多い。特に対象化学物質に関しては、それぞれの製品から空気中に放散される可能性のある有害化学物質を考慮して選定されている。我が国においても、日本の製品から放散される有害化学物質を十分考慮し、関係省庁だけでなく、製品の素性を熟知している関係業界等による自主的なラベリングシステムが必要である。

表5-12 欧米の建材ラベリング

国	機関	規格、法律	対象部材	放散基準設定物質
アメリカ	グリーンガード研究所（GEI）	GREENGUARD™	一般建材、床材、接着、壁紙、塗料、天井材、断熱材、消費者製品	HCHO、全アルデヒド、TVOC、スチレン、4-フェニルシクロヘキセン、PM10
			オフィス家具、	HCHO、全アルデヒド、TVOC、4-フェニルシクロヘキセン
			オフィス機器、電気製品、繊維製品、清掃用品	HCHO、全アルデヒド、TVOC、スチレン、オゾン、ベンゼン、4-フェニルシクロヘキセン、PM10、粉じん
	カーペット・ラグ協会（CRI）	Green Label	カーペット、クッション、接着剤	HCHO、TVOC、スチレン、4-フェニルシクロヘキセン、BHT、2-エチルヘキサノール
		Green Label Plus	カーペット	TVOC、アセトアルデヒド、ベンゼン、カプロラクタム、2-エチルヘキサン酸、ホルムアルデヒド、1-メチル-2-ピロリジノン、ナフタレン、ノナナール、オクタナール、4-フェニルシクロヘキセン、スチレン、トルエン、酢酸ビニル
カナダ	環境省の環境選択プログラム（ECP）	EcoLogo	竹及び他の木質代替床材	HCHO、VOCs
			カーペット	HCHO、TVOC
			繊維製床仕上げ材	HCHO、TVOC、4-フェニルシクロヘキセン、ベンゼン、ブタジエン、塩化ビニル、酢酸ビニル
			可動間仕切り、オフィス家具等	HCHO、VOCs
			コピー機	オゾン、粉じん、TVOC
ドイツ	商品安全・表示協会（RAL）、連邦環境庁	RAL	布張り家具	HCHO、全アルデヒド（HCHO除く）、TVOC、SVOCs、発がん性物質
			床用接着剤	HCHO、アセトアルデヒド、TVOC、SVOCs、発がん性物質
			合板、繊維板、木質ボード	HCHO、MDI、フェノール
			室内用木質製品（家具、ドア、パネル、フローリング）	HCHO、VOCs、CMT物質
			壁用塗料	HCHO
			壁紙	HCHO、TVOC、芳香族TEX（トルエン、エチルベンゼン、キシレン）
	環境配慮カーペット協会	Gut	カーペット、カーペット用接着剤	HCHO、TVOC、酢酸ビニル、塩化ビニル、発がん性物質、臭気試験
	GEV	EMICODE	床用製品（接着剤、レベリング剤、タイル、モルタル、下塗り剤）	TVOC、発がん性物質
フィンランド	建築情報財団（RTS）	RTS	壁材、床材、塗料、接着剤等	HCHO、TVOC、アンモニア、発がん物質、臭気試験
スカンジナビア諸国	エコラベリング・ノルウェー	Nordic Swan Label	フローリング	HCHO
			接着剤	TVOC
			壁装材料	HCHO
デンマーク、ノルウェー	デンマーク室内気候協会（DSIC）、ノルウェー室内気候フォーラム（NFIC）	THE INDOOR CLIMATE LABEL	室内ドア、折り畳み式間仕切り、天井・壁システム、床材、木質系床タイル、窓、外装ドア、キッチン、浴室、洋服収納棚、カーペット	VOCs、粒子状物質、臭気試験

注）HCHO：ホルムアルデヒド　TVOC：総揮発性有機化合物　VOCs：揮発性有機化合物
　　CMT物質：発がん性、変異原性、催奇形性を示す物質　MDI：ジフェニルメタン-4,4'-ジイソシアネート
　　SVOCs：準揮発性有機化合物

建築と化学物質に関する年表
室内空気中のホルムアルデヒド（HCHO）と揮発性有機化合物（VOCs）に関する研究及び対策の経緯

西暦	日本 実態報告	日本 対策・規制	諸外国・国際機関 調査・対策・規制	その他
1839				ポリスチレン発見（独）
1859				ホルムアルデヒド発見
1872				フェノール樹脂発見（独）
1884				尿素樹脂発見（独）
1896				尿素樹脂工業化（独）
1907				合板を膠で製造（日本）
1912				フェノール樹脂系接着剤工業化（米）
1916				合板をミルクカゼインで製造（日本）
1918				尿素樹脂系接着剤工業化（独）
1925				酢酸ビニル樹脂工業化（英）
1930				合板に尿素樹脂系接着剤使用開始（米）、ポリスチレン工業化（独）
1931				塩化ビニル樹脂工業化（独）
1935				メラミン樹脂工業化（スイス）
				尿素樹脂工業化（日本）
1939				酢酸ビニル系接着剤工業化（米）、尿素樹脂系接着剤工業化（日本）
1940				塩化ゴム系接着剤工業化（米）
1941				メラミン樹脂系接着剤工業化（米）
1942				不飽和ポリエステル系接着剤工業化（米）
1950				日本でクロルデン（農薬）が使われ始める〜1986年まで、合成樹脂塗料工業化（日本）
1951				メラミン樹脂工業化（日本）
1957	尿素樹脂接着剤による合板のHCHO臭の研究（堀岡ら）			ポリスチレン工業化（日本）
1959				発泡ポリスチレンビーズ工業化（日本）
1966	暮らしの中の危険と不衛生に関する健康被害調査（主婦連）			
1967		HCHOの樹脂加工に関する指導通知（通産省）		
1968			HCHO気中濃度0.1ppm勧告（米AIHA）	
1970	・食器戸棚の悪臭は合板の接着剤由来のHCHOであると指摘（東京都消費者センター） ・衣料処理剤に関する基礎調査資料（科学技術庁）	・建築物衛生法施行（厚生省） ・食器戸棚内のHCHOに関する指導通知（林野庁）		
1971	日用品等に含まれる化学物質の健康に及ぼす影響に関する研究（豊川、厚生科学研究）	「住宅の内装材から放散するHCHOについて」日本合板工業組合連合会及び日本特殊合板工業界に指導通知（農林省、林野庁）		
1972		HCHOの樹脂加工に関する指導通知（通産省）		
1973				第一次石油危機
1974		・有害物質を含有する家庭用品の規制に関する法律施行（厚生省）・消費生活用製品安全法施行（通産省）	合板から放散されるHCHOとデンマークの23の住居内の室内空気汚染の実態調査1973（Andersen et al）	
1976			アメリカで在郷軍人病（シックビルディング症候群）発生	
1977			・尿素樹脂発泡断熱材から室内へ放散するホルムアルデヒドの実態調査（Baumann et al） ・HCHO濃度0.1ppm勧告（西独）	

西暦	日本		諸外国・国際機関	その他
	実態報告	対策・規制	調査・対策・規制	
1978			・室内空気中のVOCsの実態調査（Johansson） ・HCHO濃度 0.1ppm公布(オランダ) 0.12ppm勧告(デンマーク) 0.1-0.4ppm勧告(スウェーデン)	第1回IAQ国際会議（コペンハーゲン）
1979			省エネルギー目的による住宅の気密化と室内汚染への影響(Hollowell et al)	第二次石油危機 第1回WHO欧州によるIAQ会議：IAQと健康（ビルトーベン）
1980	一般住宅等におけるホルムアルデヒドによる室内空気汚染実態調査1979（松村ら）	・住宅の省エネルギー基準告示 ・普通及び特殊合板、複合フローリングのHCHO放散基準(JAS)	・パーティクルボードからのHCHO放散0.1ppm(西独) ・HCHO濃度0.1ppm公布（米ASHRAE） ・ニスのRAL規格（西独） ・総曝露評価手法(TEAM)研究～1987年まで(米国)	ホルムアルデヒドによる健康影響報告書（米国研究審議会）
1981	家具中のホルムアルデヒドの実態調査（佐藤ら）		・建物へのUFFI使用禁止(カナダ) ・HCHO濃度0.4ppm公布（米ウィスコンシン州） ・HCHO濃度0.12ppmガイドライン(フィンランド) ・ASHRAE Standard 62-1981	第2回IAQ国際会議（アマースト）
1982	一般住宅等におけるホルムアルデヒドによる室内空気汚染実態調査1981（林ら）		・建物へのUFFI使用禁止（米CPSC） ・HCHOの暫定目標(豪) ・室内空気中のVOCの実態調査(Seifert et al)	第2回WHO欧州によるIAQ会議：室内空気汚染と健康影響（ネルトリンゲン）
1983	・一般住宅等におけるホルムアルデヒドによる室内空気汚染実態調査1979～1981（松村ら） ・家庭用品から発生する有機溶剤による室内濃度（深堀ら）	パーティクルボード、繊維板のHCHO放散基準(JIS)	建物へのUFFI使用禁止解除(米第5巡回控訴裁判所)	
1984			HCHO放散基準：合板0.2ppm、パーティクルボード0.3ppm(米HUD)	第3回IAQ国際会議（ストックホルム） 第3回WHO欧州によるIAQ会議：IAQ調査（ストックホルム）
1985	・室内ホルムアルデヒド濃度の実態調査と人への影響（三谷ら） ・ホルムアルデヒドの個人曝露濃度1983～1984（松村ら）		・UFFIからのHCHO放散基準を0.1ppmを達成するための使用規定（西独） ・建物へのUFFI使用禁止が有害製品法で規定(カナダ) ・害虫駆除剤のRAL規格（西独）	第4回WHO欧州によるIAQ会議：ラドンとホルムアルデヒド（ドゥブロブニク）
1986		クロルデン類及びその代謝産物が化審法の第1種特定化学物質に指定	・木質建材のHCHO排出濃度基準0.1ppmを州の有害物質条例で規定（西独） ・室内用木材製品のRAL規格（西独） ・北イタリアの15軒の一般住宅におけるVOCsの実態調査（Bortoli et al） ・オランダの300軒の一般住宅におけるVOCsの実態調査（Lebert et al）	
1987	クロルデン類の室内汚染に関する実態調査1986（寶成ら）		・WHO欧州空気質ガイドライン（HCHO濃度0.08ppm、個々のVOCs） ・HCHO濃度0.2ppm(スイス) ・HCHO濃度0.1ppm行動ガイドライン、0.05ppm目標ガイドライン(カナダ) ・西ドイツの500軒の一般住宅におけるVOCsの実態調査GerES。1985～1986（Krause et al） ・アメリカの600軒の一般住宅におけるVOCsの実態調査（Wallace et al）	第4回IAQ国際会議（ベルリン） 第5回WHO欧州によるIAQ会議：有機汚染物質（ベルリン）

西暦	日本		諸外国・国際機関	その他
	実態報告	対策・規制	調査・対策・規制	
1988			UFFIのHCHO放散基準(仏)	第1回ヘルシービルディング国際会議(ストックホルム) 第6回WHO欧州によるIAQ会議:生物汚染(ラウタバーラ)
1989			・木質建材のHCHO放散基準(スウェーデン) ・連邦省庁間室内空気質委員会発足(米国)	第7回WHO欧州によるIAQ会議:燃焼製品(チャールストン)
1990			・カーペット等に対するHCHO、TVOC等の放散基準(ドイツGut規格) ・木質建材のHCHO放散量(オーストリア)	第5回IAQ国際会議(トロント) 第8回WHO欧州によるIAQ会議:無機繊維と粒子状物質(キングストン)
1991			・HCHO濃度0.05ppm勧告(ノルウェー) ・HCHO濃度0.11ppmガイドライン(スウェーデン) ・HCHO濃度0.05ppm目標レベル,0.1ppm低減行動レベル(米カリフォルニア州) ・壁紙のRAL規格(独) ・HCHO放散基準0.1ppm(オランダ) ・HCHO濃度0.2ppm(スイス)	第2回ヘルシービルディング国際会議
1992		住宅の新省エネルギー基準告示(北海道に気密住宅、北東北に気密住宅推奨)	・カーペット等に対するHCHO、TVOC等の放散基準(米CRI) ・フローリングに対するTVOC放散基準(スウェーデンNFTA)	
1993			・TVOCの暫定目標(豪) ・合板パネルのRAL規格(独)	第6回IAQ国際会議(ヘルシンキ)
1994				第3回ヘルシービルディング国際会議(ブダペスト)
1995			・室内空気質の目標値(フィンランド室内空気質気候学会) ・内装建材に対するHCHO、TVOC等放散基準(フィンランドRTS)	第4回ヘルシービルディング国際会議(ミラノ)
1996	ビル管法適用の建物の室内化学物質等の実態調査(世界ビルサービス業者連盟(WFBSC)と国立公衆衛生院)1992~1994	・シックハウス症候群に関して衆議院で質問趣意書 ・健康住宅研究会(建設省他)~1997年まで	・35物質のガイドライン(ポーランド) ・HCHO濃度0.1ppm(シンガポール) ・室内ドアに対するVOCs等放散基準(デンマークDSIC) ・トルエンのガイドライン(独) ・西ドイツの一般住宅におけるVOCsの実態調査GerES「a1991~1992(Hoffmann et al)	第7回IAQ国際会議(名古屋)
1997	31の戸建住宅におけるホルムアルデヒドとVOCsの実態調査(国立公衆衛生院)1995~1996	・HCHO濃度指針値0.08ppm(厚生省)、健康的な居住環境形成技術の開発(建設省他) ・健康的な居住環境形成技術の開発(建設省他) ・構造合板、他合板のHCHO放散基準(JAS)	・床用製品に対するHCHO、TVOC等の放散基準(ドイツGEV) ・天井、壁に対するVOCs等放散基準(デンマークDSIC) ・ジクロロメタン、一酸化炭素、ペンタクロロフェノールのガイドライン(独)	第5回ヘルシービルディング国際会議(ワシントン)
1998	・室内化学物質空気汚染の解明と健康・衛生居住環境の開発(建築学会他)~2000 ・230の家屋のホルムアルデヒドに関する全国実態調査(国立医薬品食品衛生研究所)1996 ・居住環境中の揮発性有機化合物全国実態調査(厚生省)1997~1998	・壁紙に対するHCHO、VOCsの濃度基準-SV-(壁紙製品規格協議会) ・壁紙施工用澱粉系接着剤のHCHO放散基準(JIS)	・床、収納棚等に対するVOCs等放散基準(デンマークDSIC) ・壁装材料に対するHCHO等放散基準(ノルウェーSwan) ・カーペットに対するHCHO、TVOC放散基準(カナダECP) ・二酸化窒素、スチレンのガイドライン(独)	

注)TVOC:総揮発性有機化合物

西暦	日本		諸外国・国際機関	その他
	実態報告	対策・規制	調査・対策・規制	
1999		・住宅の次世代省エネルギー基準告示(全国に気密住宅) ・壁装材料に対するHCHO、TVOCの濃度基準-ISM-(壁装材料協会)	・WHO空気質ガイドライン ・WHO欧州の戦略的取組方法 ・水銀、TVOCのガイドライン(独) ・HCHO濃度0.08ppm等のガイドライン(ノルウェー) ・ASHRAE Standard 62-1999 ・壁用塗料のRAL(独)	第8回IAQ国際会議(エジンバラ)
2000		・室内空気対策研究会(建設省他)～2002年まで ・住宅品質確保促進法施行(国土交通省) ・構造用パネル、集成材のHCHO放散基準(JAS)、7物質の室内濃度指針値とTVOCの暫定目標値(厚生省) ・火山性ガラス質複層板のHCHO放散基準(JIS)	・WHO欧州空気質ガイドライン第2版、健康な室内空気の権利 ・カーペットに対するVOCs等放散基準(デンマークDSIC) ・ジイソシアネートのガイドライン(独) ・建物へのクロルピリホスとダイアジノン使用禁止(米EPA)	第6回ヘルシービルディング国際会議(エスポー)
2001	・居住環境中の化学物質の全国実態調査報告(国土交通省)2000年度調査 ・本態性多種化学物質過敏状態の調査研究報告書(環境省)	・3物質の室内濃度指針値(厚生労働省) ・改正BL認定基準において内装部材にHCHO放散量追加(ベターリビング) ・壁紙のHCHO放散基準(JIS)	・フローリング、線維製床仕上げ材に対するHCHO、VOCs等放散基準(カナダECP) ・ASHRAE Standard 62-2001 ・グリーンガード(米GEI) ・米ヒト曝露評価調査(NHEXAS) (Moschandreas et al. 2001)	
2002	居住環境中の化学物質の全国実態調査(室内空気対策研究会)2001年度調査	・2物質の室内濃度指針値(厚生労働省) ・改正学校環境衛生基準においてHCHO、3VOCの検査項目と濃度基準を追加(文部科学省)	・フローリング、接着剤に対するHCHO、VOCs等放散基準(ノルウェー Swan) ・室内空気質基準(中国) ・TCEPのガイドライン(独) ・PCBsのガイドライン(スイス) ・米ヒト曝露評価調査(NHEXAS) (Jonathan et al. 2002, Pang et al. 2002)	第9回IAQ国際会議(モントレーWHO欧州第1回住宅と健康国際会議)
2003	室内空気中の化学物質の全国実態調査報告(国土交通省)2002年度調査	・建築材料からの放散量測定法(JIS)、HCHO放散量改正及び制定(JAS、JIS) ・改正ビル管理法においてHCHO基準追加(厚生労働省) ・改正建築基準法においてHCHOとクロルピリホスを規制(国土交通省)	・室内空気質目標、室内空気質認定制度(香港特別行政区) ・二環式テルペンのガイドライン(独) ・欧州連合INDEXプロジェクト ・室内空気管理法(韓国) ・床用接着剤のRAL規格(独)	第7回ヘルシービルディング国際会議(シンガポール)
2004	・シックハウス症候群に関する医学的知見の整理の報告書(厚生労働省) ・室内空気中の化学物質の全国実態調査報告(国土交通省)2003年度調査	・改正学校環境衛生基準においてエチルベンゼン、スチレン、ダニまたはダニアレルゲンの検査項目と濃度基準を追加(文部科学省) ・家庭用品規制法でクレオソート油に含まれるPAHsに対する規制基準追加	・国際がん研究機関がホルムアルデヒドの発がん性分類をグループ1に変更 ・HCHO室内勧告値0.027ppm(米カリフォルニア州) ・ナフタレンのガイドライン(独) ・ASHRAE Standard 62.2-2004 ・ASHRAE Standard 55-2004 ・室内空気質ガイドライン(英) ・布張り家具のRAL(独) ・グリーンラベルプラス(米CRI)	WHO欧州第2回住宅と健康国際会議(ビリニュス)
2005	室内空気中の化学物質の全国実態調査報告(国土交通省)2004年度調査		・HCHOのガイドライン改訂(カナダ)短期曝露0.1ppm(1時間平均値)、長期曝露0.04ppm(8時間平均値) ・欧州連合INDEXプロジェクト室内曝露濃度限界値に関する最終報告書	第10回IAQ国際会議(北京)

参考資料一覧

第1章
- 安藤正典（1997）室内空気汚染と化学物質,資源環境対策, 33 (7)
- 化学工業日報社（2002）化学物質環境・安全管理用語事典（改訂第2版）
- 国際がん研究機関（IARC）：発がん性分類モノグラフ
- 国立医薬品食品衛生研究所（1997）化学物質のリスクアセスメント,薬業時報社
- 関沢純、他2名（2001）化学物質の健康リスク評価,丸善
- 東京都：化学物質の子どもガイドライン; http://www2.kankyo.metro.tokyo.jp/chem/kids/
- 日本毒科学会編（1995）毒科学の基礎と実際,薬業時報社
- Environment Leaders' Summit of the Eight （1997）,Miami, Florida, May 5-6
- Indoor Air Hygiene Commission （1996） Richtwerte für die Innenraumluft: Basisschema, Bundesgesundheitsblatt, 39, pp.422-426
- J.V.ロドリックス（1994）危険は予測できるか！─化学物質の毒性とヒューマンリスクー,化学同人

第2章
- 赤羽根巌、須山祐之、板越久子（2004）線香の煙による室内空気汚染に関する研究,平成16年度日本環境管理学会・室内環境学会合同研究発表会講演集,pp.320-321
- 涌井健、新井良延、武廣絵里子（2001）建材の含有成分とVOC放散量に関する研究（その1）木質系化粧板の含有成分調査とVOC放散量試験,日本建築学会学術講演梗概集, pp. 835-836
- 涌井健 他（2002）建材の含有成分とVOC放散量に関する研究 その2 内装仕上及び接着剤がVOC放散量に与える影響,日本建築学会大会学術講演梗概集, D-2, pp.1027
- 大貫、斎藤、瀬戸、上原、加納（2003）ワックス清掃による室内空気中化学物質濃度の変化—VOCについて—,室内環境学会総会・研究発表会講演集, pp.30-31
- 勝又寛子、村上周三、加藤信介、朱清宇、星野邦広、安宅勇二（2004）建材・家具・家電製品から発生するSVOC放散量測定,平成16年度日本環境管理学会・室内環境学会合同研究発表会講演集, pp.196-199
- 株式会社マグ：http://www.mag.co.jp/
- 工学図書発行「改正建築基準法に対応した建築物のシックハウス対策マニュアル」第2版, p.222
- 小谷野道子、大久保忠利、角田真澄、後藤純雄、渡辺征夫（2004）加熱調理により発生する浮遊粒子中のPAH,平成16年度日本環境管理学会・室内環境学会合同研究発表会講演集, pp.366-367
- 鈴木昭人、野崎淳夫（2003）住設機器から発生するアルデヒド類とVOCに関する研究,日本建築学会大会学術講演梗概集, D-2, pp.965-966
- 財団法人建材試験センター（2003）平成14年度経済産業省委託事業成果「基準認証研究開発事業 建材からのVOC等放散量の評価方法に関する標準化」
- 財団法人日本合板検査会：http://www.jpic-ew.or.jp/
- 財団法人日本住宅・木材技術センター（2003）化学物質汚染防止検討事業報告書
- 財団法人木材総合情報センター 木のなんでも相談コーナー：http://www.jawic.or.jp/main.pl?main=soudan
- 財団法人林業科学技術振興会（2004）シックハウスと木質建材 資料集
- 斎藤、大貫、瀬戸、上原、加納（2003）ワックス清掃による室内空気中化学物質濃度の変化—可塑剤について—,室内環境学会・研究発表会講演集, pp.32-33
- 斎藤育江、大貫文、瀬戸馬、上村尚（2004）室内空気中クロルデン類の測定,日本環境管理学会・室内環境学会合同研究発表会講演集, pp.88-91
- 社団法人日本木材保存協会（JWPA）：http://wwwsoc.nii.ac.jp/jwpa/yakuzai/yukuzai.html
- 朱清宇、加藤信介、星野邦広、安宅勇二、安福勝（2002）実温度条件下における材料から放散される半揮発性有機化合物（SVOC）測定に関する研究（その2）建材,家電製品からのSVOC放散量の測定,日本建築学会大会学術講演梗概集, pp.859-860
- 徐長厚、加藤信介、朱清宇、安宅勇二（2004）大形テストチャンバーにおける建材や家電製品等からの揮発性有機化合物放散量の測定に関する研究─パソコンからの揮発性有機化合物放散量の測定—,平成16年度日本環境管理学会・室内環境学会合同研究発表会講演集, pp.244-245
- 中川雅至、本田純司、土橋芳郎、于頴、小林康彦（1999a）「6.室内空間におけるHCHO揮発量挙動調査」, pp.51-60,「健康住宅ワークショップ」 平成9・10年度 通産省 室内環境汚染対策調査プロジェクト（1999年4月21日 千代田区 内幸町ホール）
- 中川、于、土橋、本田、小林（1999b）建材や家具からのホルムアルデヒド放散速度の測定に関する研究 その4〜その7,日本建築学会大会学術講演梗概集
- 中川（2004）家具のホルムアルデヒド放散挙動調査2,日本建築学会大会学術講演梗概集, pp.919-920
- 日経ホームビルダー2004年4月号
- 日本ウレタン工業会：http://www.urethane-jp.org/
- 日本建築学会編（2002）シックハウス対策のバイブル,2002年第1版,株式会社彰国社発行, pp.104
- 日本セルローズファイバー工業会：http://www.cellulosefiber.jp/index.html

- 日本繊維板工業会：http://www.jfpma.jp/index.html
- 日本壁装協会HP（2005年7月16日）
- 日本集成材工業協同組合：http://www.syuseizai.com/
- 全国フローリング技能協会：http://www.afta.jp/index.html
- ロックウール工業会：http://www.rwa.gr.jp/
- 日本建築学会環境基準 AIJES-A001-2005　ホルムアルデヒドによる室内空気汚染に関する設計・施行等基準・同解説
- 野口美由貴、熊谷一清、松村年郎、河原純子、山本尚理、伊藤一秀、柳沢幸雄（2004）熱蒸散型ピレスロイド系殺虫剤の蒸散特性、平成16年度日本環境管理学会・室内環境学会合同研究発表会講演集、pp.292-293
- 野崎淳夫、池田耕一、松村年郎（2000）防蟻・防虫剤による室内空気汚染の実態とメカニズム、室内環境学会総会講演集、pp.138-141
- 野崎淳夫、淺野康明（2003a）：学校用木製家具からの化学物質の発生に関する研究、平成15年度室内環境学会総会講演集、pp.64-65
- 野崎淳夫、吉澤晋、折笠智昭（2003b）開放型石油暖房器具からのVOCの発生に関する研究、平成15年度室内環境学会総会講演集、pp.62-63
- 野崎淳夫、浅野康明（2003c）家電製品からの化学物質の発生に関する研究、日本建築学会大会学術講演梗概集、D-II、pp.957-958
- 野崎淳夫、橋本康弘（2003d）事務機器からの化学物質の発生に関する研究、平成15年度室内環境学会総会講演集、pp.66-67
- 野崎淳夫、折笠智昭、吉澤晋（2003e）開放型燃焼器具からの化学物質の発生に関する研究、日本建築学会大会学術講演梗概集、D-II、pp.963-964
- 野崎淳夫、橋本康弘（2004a）家具による室内化学物質汚染に関する研究、平成16年度日本環境管理学会・室内環境学会合同研究発表会講演集、pp.294-295
- 野崎淳夫、淺野康明（2004b）電気式暖房器具から発生する化学物質による室内空気汚染に関する研究、平成16年度日本環境管理学会・室内環境学会合同研究発表会講演集、pp.288-291
- 野崎淳夫、成田泰章（2004c）事務機器による室内オゾン汚染に関する研究、室内オゾン濃度予測と発生源発生量算定法、平成16年度日本環境管理学会・室内環境学会合同研究発表会講演集、pp.246-247
- 野中辰夫、大川典子、大橋一俊、竹田菊男、藤本武利（2004）家具・家電製品等からの放散ガス分析法の検討、平成16年度日本環境管理学会・室内環境学会合同研究発表会講演集、pp.248-249
- フェノールフォーム協会：http://www.jpfa.org/index.html
- 舟木理香、中川貴文、田中博、田辺新一（2002）小型チャンバーADPACを用いたアルデヒド類、VOC放散量の測定に関する研究（その7 小型チャンバーADPACを用いた電化製品・生活用品の測定）、日本建築学会大会学術講演梗概集、D-II、pp.863-864
- 舟木理香、田辺新一（2003）小型チャンバーを用いた壁装材からの揮発性有機化合物の放散速度測定、日本建築学会環境系論文集、第570号、pp.45-51
- 星野邦広、今中務志、加藤信介、朱清宇、安宇勇二（2003）実温度条件下における材料から放散される半揮発性有機化合物（SVOC）測定に関する研究（その4）チャンバー内吸着‐加熱脱着法によるノートパソコンから放散されるSVOCの測定、日本建築学会大会学術講演梗概集、D-II、pp.959-960
- 堀場容平、鍵直樹、藤井修二、並木則和、田村一（2003）プリンタから発生する化学物質と室内空気汚染、日本建築学会大会学術講演梗概集、D-II、pp.961-962
- 村上順也　他（2001）日本建築学会大会学術講演梗概集、建築材料・部材からの化学物質放散挙動に関する研究 —その1　各種チャンバーを用いたフローリング直張り床部材試験体の測定、A-1, pp.67
- 村上順也　他（2003）建築材料・部材からの化学物質放散挙動に関する研究その7　板材3枚構成の床部材における接着剤位置2箇所からの放散挙動の推定、日本建築学会大会学術講演梗概集、A-1, pp.655
- 木材総合情報センター：http://www.jawic.or.jp/index.htm
- 本橋健司　他（1998）塗料及び接着剤から放出された揮発性有機化合物の経時変化に関する研究、本建築学会大会学術講演梗概集、A-1, pp.337-338
- 森俊之、大野貴久、大平辰郎、山田誠、吉田弥明（2001）小型チャンバー（ADPAC）による木材由来のVOCs放散測定、日本建築学会大会学術講演梗概集、D-II、pp.837-838
- 若林宏　他（2002）変成シリコーン系接着剤のチャンバー法VOC放散量試験結果、日本建築学会大会学術講演梗概集、A-1, pp.245
- EPS建材推進協議会：http://www.epskenzai.gr.jp/
- JIS A 1901 :2003：建築材料の揮発性有機化合物（VOC）、ホルムアルデヒドおよび他のカルボニル化合物放散量測定方法—小形チャンバー法
- JIS A 5905 :2003：繊維板
- JIS A 9504 :2003：人造鉱物繊維保温材
- JIS A 9521 :2003：住宅用人造鉱物繊維断熱材
- JIS A 9523 :2003：吹込み用繊維質断熱材

第3章
- 加藤信介（2005）室内化学物質空気汚染濃度の標準測定法制定される、標準化ジャーナル、vol.35, pp.3-6

- 熊野康子（2002）日本建築学会関東支部材料施工専門委員会：健康に生活していく住環境を提供していくために今必要なこと，健康住宅WG編，pp.78-84
- 財団法人建材試験センター（2005）シックハウス対策に関する標準化の枠組みと今後の展望
- 田辺ら（2002）建材から発生するアルデヒド類のパッシブ測定法（ADSEC）の開発　その5, 日本建築学会大会梗概集
- 藤井ら（2004）パッシブフラックスサンプラー（PFS）を用いた化学物質放散特性の解析方法, 室内環境学会誌, pp.17-24
- 厚生労働省（2000）シックハウス（室内空気汚染）問題に関する検討会中間報告書―第1回～第3回のまとめについて,2000年6月29日
- 厚生労働省（2001）第7回シックハウス（室内空気汚染）問題に関する検討会配布資料, 平成13年7月5日
- 厚生労働省（2001）第8回シックハウス（室内空気汚染）問題に関する検討会配布資料, 平成13年10月11日
- 財団法人建材試験センター（2003）シックハウス対策JISの構造と概要　建材のホルムアルデヒド・VOCに関する試験・評価法JISの最前線, 講演会テキスト, 平成15年12月3日
- シグマアルドリッチジャパン　スペルコ事業部　技術資料
- 日本環境衛生センター：有害大気汚染物質測定の実際
- 日本規格協会：JIS使い方シリーズ　シックハウス対策に役立つ小形チャンバー法解説　[JIS A 1901]
- 日本建築学会　関東支部　材料施工専門委員会：健康に生活していく住環境を提供していくために今必要なこと，健康住宅WG編
- ISO/DIS 16000-6：Determination of volatile organic compounds in indoor and test chamber air by active sampling on TENAX TA sorbent, thermal desorption and gas chromatography using MS/FID
- ISO 16017-1：Indoor, ambient and workplace air － Sampling and analysis of volatile organic compounds by sorbent tube/thermal desorption/capillary gas chromatography
- J.C.Miller, J.N.Miller著, 宗森　信訳：データのとり方とまとめ方　分析化学のための統計学, 共立出版株式会社
- JIS A 1901:2003：建築材料の揮発性有機化合物（VOC）ホルムアルデヒド及び他のカルボニル化合物放散測定方法－小形チャンバー法
- JIS K 0303：排ガス中のホルムアルデヒド分析方法
- Scientific Instrument Services,Inc　技術資料

第4章

- 東　賢一（2001）インターネットで探る住まいの化学物質情報, 公衆衛生研究, Vol.50（3）, pp.151-156
- 東　賢一（2004）しろあり防除に使われる化学物質の作用と安全性, 季刊チルチンびと, 風土社, No.28, pp.94-96
- 東　賢一（2004）防腐・防カビに使われる薬剤とその安全性, 季刊チルチンびと, 風土社, No.29, pp.130-131
- アメリカ環境保護庁殺虫剤部門ホームページhttp://www.epa.gov/pesticides/
- アメリカ国立医学図書館：有害物質データバンク（HSDB）, http://toxnet.nlm.nih.gov/cgi-bin/sis/htmlgen?HSDB
- 植村振作, 他4名（2002）農薬毒性の事典（改訂版）,三省堂
- 化学工業日報社（1999）化学工業年鑑
- 化学工業日報社（2002）化学物質環境・安全管理用語事典（改訂第2版）
- 化学大辞典, 東京化学同人, 1989年10月
- 神奈川県環境科学センター：化学物質安全情報提供システム（kis-net）, http://www.k-erc.pref.kanagawa.jp/kisnet/menu.asp
- 環境省：化学物質の環境リスク評価, 第1巻2002年3月, 第2巻2003年3月
- 環境省：PRTR対象化学物質情報, http://www.env.go.jp/chemi/prtr/db/index.html
- 国際化学物質安全性計画（IPCS）：国際化学物質安全性カード（ICSC）, http://www.nihs.go.jp/ICSC/
- 国際がん研究機関（IARC）：発がん性分類モノグラフ, http://www-cie.iarc.fr/
- 国民生活センター（1997）シロアリ防除剤の安全性
- 国立環境研究所：化学物質データベース（Webkis-Plus）, http://w-chemdb.nies.go.jp/
- シーエムシー（1998）健康住宅とVOC対策建材の開発
- 社団法人日本塗料工業会（2003）VOCの環境負荷と塗料業界の対応
- 社団法人日本しろあり対策協会（1994）しろあり及び腐朽防除施工の基礎知識
- 社団法人日本芳香族工業会MSDS
- 住友化学工業株式会社MSDS
- 世界保健機関：環境保健クライテリア, http://www.inchem.org/ehc.html
- 世界保健機関：有害性による農薬の分類勧告, 2000-2002
- 高橋旨象（1995）分野別使用例の現状と展望3, 防菌防黴, Vol.23, pp.115-119
- 土井修一（2003）木材防腐剤の現状と課題, 防菌防黴, Vol.31, pp.659-662
- 東京都生活文化局消費生活部（2002）家庭内で使用される化学物質の安全性等に関する調査, 平成14年3月
- 東京都環境局（2002）鉛ガイドライン―塗料編―
- 日本化学工業協会監修（2003）化学品法規制検索システム, 2003年度版
- 日本炭窯木酢液協会ホームページ, http://www.jewa.jp/
- 溶剤ハンドブック, 講談社, 1976年3月

- 和光純薬工業株式会社MSDS
- United States National Toxicology Program: Review of Toxicological Literature
- United State Environmental Protection Agency: Pesticide Fact Sheet
- Vermont SIRI: SIRI MSDS （hazard.com）
- Syracuse Research Corporation （SRC）： http://www.syrres.com/esc/physdemo.htm

第5章
- 東 賢一 （2001） 快適で健康的な室内空気質, 社団法人 大阪建築士事務所協会, まちなみ, Vol.25 （285）, pp.18-21
- 東 賢一 （2001） インターネットで探る住まいの化学物質情報, 国立公衆衛生院, 公衆衛生研究, Vol.50 （3）, pp.151-156
- 東 賢一 （2003） 法規・規準などからみたシックハウス・シックスクール, 季刊チルチンびと別冊6, 風土社, pp.102-122
- 東 賢一 （2003） シックハウスと改正建築基準法, 東京くらしねっと, 東京都消費生活総合センター, No.80
- 東 実千代, 他 （2002） 学生寮における暮らし方とホルムアルデヒド濃度の実測調査, 日本建築学会学術講演梗概集環境工学II, pp.937-938
- 内山茂久, 他 （2001） 新築集合住宅における揮発性有機化合物の挙動と発生源の推定, 日本建築学会計画系論文集, No.547, pp.75-80
- 壁紙製品規格協議会： 壁紙製品安全規格, 2001年1月改正
- 黒木勝一, 他 （2003） ホルムアルデヒド、VOC対策からみた建築材料の基礎知識と開発動向, 空気調和・衛生工学, Vol.77 （1）, pp.39-44
- 経済産業省 産業技術環境局 標準課 産業基盤標準化推進室 （2003） シックハウス対策のための環境JISの制定・改定, ホルムアルデヒドの規定を追加 （又は修正） した建材関連JIS一覧, 2003年1月20日
- 健康増進法： 法律第103号, 平成14年8月2日公布
- 厚生省 生活衛生局 企画課 生活科学安全対策室 監修 （1991） Q＆A家庭用品の安全対策, ぎょうせい
- 厚生省 （2000） シックハウス（室内空気汚染）問題に関する検討会中間報告書ー第4回～第5回のまとめ, 2000年12月22日
- 厚生労働省 （2002） シックハウス（室内空気汚染）問題に関する検討会中間報告書ー第8回～第9回のまとめ, 2002年1月22日
- 厚生労働省 健康局 生活衛生課 （2002） 建築物における衛生的環境の確保に関する法律 （略称：建築物衛生法）関連政省令の一部改正について, トピックス, 2002年12月26日
- 国土交通省 住宅局 住宅生産課 （2002） 日本住宅性能表示基準のポイント, 2002年4月14日改訂版
- 国土交通省 （2002） シックハウス対策に係る技術的基準 （政令・告示） 案の概要, 2002年11月22日
- 国土交通省 （2002） シックハウス対策に係る技術的基準 （政令・告示） 案について, 2002年11月22日
- 国土交通省 住宅局 住宅生産課 （2002） 既存住宅の住宅性能表示制度ガイド, 2002年12月17日初版
- 財団法人日本建築センター （2001） 室内空気中の揮発性有機化合物汚染低減建材認定基準, 新技術建築認定事業, BCJ-CS-5, 2001年3月6日
- 財団法人ベターリビング （2001） BL認定基準, 2001年10月基準改正
- 財団法人日本環境協会：エコマーク商品認定基準
- 島田和明 （2003） 改正建築基準法におけるシックハウス対策の技術的基準, 空気調和・衛生工学, Vol.77 （1）, pp.11-23
- 日本工業規格 （JIS）
- 日本農林規格 （JAS）
- 日本壁装協会 （1999） ISM, 環境技術基準, 1999年2月22日制定
- 野崎敦夫 （2000） 新築住宅の室内化学物質汚染低減化対策について, 平成12年度室内環境学会総会 講演集, Vol.3, No.2, pp.26-33
- 野田耕右 （2000） ベークアウトによる建材相互の影響, 環境の管理, Vol.31, pp.73-76
- 野田耕右, 他 （2002） ベイクアウトによる建材からの化学物質放散量低減効果の検証, 日本建築学会計画系論文集, No.552, pp.55-62
- 文部科学省体育局長 （2002） 学校環境衛生の基準, 2002年2月5日
- 劉瑜, 他 （2002） Bake-outによるVOCs汚染の低減とその効果の評価, 室内環境学会誌, Vol.5 （1）, pp.1-6

索引

化学物質名索引

第4章「4.2 個別物質のデータベース」に収録した化学物質名を掲載した。「no.」は本書中に記載の番号を示す。掲載順は頭文字に、数字が付くもの、ABCが付くもの、ギリシャ文字が付くもの、五十音の順になっている。なお、「化学物質群一覧」「高分子化合物一覧」は、第4章「4.3 化学物質の総称および高分子化合物」に収録したものを記載した。「群」の数字は本書中に記載の番号を示す。

別名索引

第4章「4.2 個別物質のデータベース」に収録した化学物質の別名を掲載した。「no.」は本書中に記載の番号を示す。掲載順は頭文字に、記号が付くもの、数字が付くもの、ABCが付くもの、ギリシャ文字が付くもの、五十音の順になっている。

分類別索引

第4章「4.2 個別物質のデータベース」に収録した化学物質を分類別に掲載した。「no.」は本書中に記載の番号を示す。分類名は五十音順になっている。

用語索引

建築に使われる化学物質をめぐる専門的な用語や、よく使われる用語を掲載した（第4章「4.2」を除く）。数字は本書の掲載ページを示す。掲載順は五十音、記号、欧語の順になっている。

略語一覧

建築に使われる化学物質をめぐる略語と、その正式名称、和訳を掲載した（第4章「4.2」を除く）。掲載順は英語のアルファベット順になっている。

化学物質名索引
[1〜N]

化学物質名索引

no.	索引	化学物質名	CAS No.
		数字順	
1	1	1-オクテン	111-66-0
2		1-デセン	872-05-9
3		1-ナフトール	90-15-3
4		1-ニトロプロパン	108-03-2
5		1-ブタノール	71-36-3
6		1-ブロモ-2-メチルプロパン	78-77-3
7		1-ブロモ-3-エトキシカルボニルオキシ-1,2-ジヨード-1-プロペン	52465-53-1
8		1-ヘキサナール	66-25-1
9		1-メチルブチルエーテル	628-28-4
10		1-メトキシ-2-プロパノール	107-98-2
11		1,1-ジクロロエタン	75-34-3
12		1,1-ジクロロエチレン	75-35-4
13		1,1,1-トリクロロエタン	71-55-6
14		1,1,2-トリクロロエタン	79-00-5
15		1,2-ジクロロエタン	107-06-2
16		1,2-ジクロロプロパン	78-87-5
17		1,2,3-トリクロロベンゼン	87-61-6
18		1,2,3-トリメチルベンゼン	526-73-8
19		1,2,4-トリクロロベンゼン	120-82-1
20		1,2,4-トリメチルベンゼン	95-63-6
21		1,3,5-トリクロロベンゼン	108-70-3
22		1,3,5-トリメチルベンゼン	108-67-8
23		1,4-ジオキサン	123-91-1
24		1,5-ペンタンジオール	111-29-5
25	2	2-エチルブタノール	97-95-0
26		2-オクタノール	123-96-6
27		2-ナフトール	135-19-3
28		2-ニトロプロパン	79-46-9
29		2-ピロリドン	616-45-5
30		2-ブタノール	78-92-2
31		2-ブトキシエトキシエタノール	112-34-5
32		2-プロポキシエタノール	2807-30-9
33		2-ブロモブタン	78-76-2
34		2-ブロモ-2-メチルプロパン	507-19-7
35		2-ヘプタノール	543-49-7
36		2-ペンチルフラン	3777-69-3
37		2-メチルシクロヘキサノール	583-59-5
38		2（チオシアノメチルチオ）ベンゾチアゾール	21564-17-0
39		2-エチル-1-ヘキサノール	104-76-7
40		2,2,4-トリメチル-1,3-ペンタンジオールジイソブチレート	6846-50-0
41		2,2,4-トリメチルペンタン	540-84-1
42		2,3,7,8-テトラクロロジベンゾ-p-ジオキシン	1746-01-6
43		2,4-ジメチルペンタン	108-08-7
44		2-(4-チアゾリル)ベンゾイミダゾール	148-79-8
45		2,4,6-トリブロモフェノール	118-79-6
46	3	3-カレン	13466-78-9
47		3-ヘプタノール	589-82-2
48		3-メチルペンテン	760-20-3
49		3-メトキシブタノール	2517-43-3
50		3-メチル-3-ペンタノール	77-74-7
51		3-ヨード-2-プロピニルブチルカーバメート	55406-53-6
52		3,3'-ジクロロ-4,4'-ジアミノジフェニルメタン	101-14-4
53	4	4-フェニルシクロヘキセン	4994-16-5
54		4-メチル-2-ペンタノール	108-11-2
55		4-ブロモ-2,5-ジクロロフェノール	1940-42-7
56		4-クロロフェニル-3-ヨードプロパルギルホルマール	29772-02-9
57		4,4'-ジフェニルメタンジイソシアネート（MDI）	101-68-8
58		4,4'-メチレンジアニリン	101-77-9
		アルファベット順	
59	D	D-リモネン	5989-27-5
60	L	LPG (C3-C4炭化水素混合物)	68476-85-7
61	N	n-ウンデカン	1120-21-4
62		N-エチルモルホリン	100-74-3
63		n-オクタノール	111-87-5
64		n-オクタン	111-65-9
65		n-デカノール	112-30-1
66		n-デカン	124-18-5

化学物質名索引
[N～エ]

no.	索引	化学物質名	CAS No.
67		n-テトラデカン	629-59-4
68		n-ドデカン	112-40-3
69		n-トリデカン	629-50-5
70		n-ノナノール	143-08-8
71		n-ノナン	111-84-2
72		n-プロピルアルコール	71-23-8
73		n-プロピルベンゼン	103-65-1
74		n-ヘキサデカン	544-76-3
75		n-ヘキサノール	111-27-3
76		n-ヘキサン	110-54-3
77		n-ヘプタノール	111-70-6
78		n-ヘプタン	142-82-5
79		n-ペンタデカン	629-62-9
80		n-ペンタン	109-66-0
81		N-メチル-2-ピロリドン	872-50-4
82		N,N-ジデシル-N-メチル-ポリオキシエチルアンモニウムプロピオネート	107879-22-1
83		N,N-ジブチルエタノールアミン	102-81-8
84		N,N-ジメチルアニリン	121-69-7
85		N,N-ジメチルホルムアミド	68-12-2
86		N,N,N',N'-テトラメチルエチレンジアミン	110-18-9
87	P	p-シメン	99-87-6
88		p-フェニレンジアミン	106-50-3
89	T	t-ブタノール	75-65-0

ギリシャ文字順

no.	索引	化学物質名	CAS No.
90	α	α-シペルメトリン	67375-30-8
91		α-ピネン	80-56-8
92	β	β-ピネン	127-91-3
93	γ	γ-ブチロラクトン	96-48-0

アイウエオ順

no.	索引	化学物質名	CAS No.
94	ア	亜鉛	7440-66-6
95		アクリナトリン	101007-06-1
96		アクリル酸	79-10-7
97		アクリル酸-2-エチルヘキシル	103-11-7
98		アクリル酸-n-ブチル	141-32-2
99		アクリル酸エチル	140-88-5
100		アクリロニトリル	107-13-1
101		アザコナゾール	60207-31-0
102		アジピン酸	124-04-9
103		アジピン酸ジ-n-ヘキシル	110-33-8
104		アジピン酸ジイソデシル	27178-16-1
105		アジピン酸ジイソノニル	33703-08-1
106		アジピン酸ジイソブチル	141-04-8
107		アジピン酸ジエチル	141-28-6
108		アジピン酸ジオクチル	103-23-1 (n-: 123-79-5)
109		アジピン酸ジブチル	105-99-7
110		アジピン酸ジメチル	627-93-0
111		アスファルト	8052-42-4
112		アセタミプリド	135410-20-7
113		アセチルクエン酸トリブチル	77-90-7
114		アセトアルデヒド	75-07-0
115		アセトニトリル	75-05-8
116		アセトフェノン	98-86-2
117		アセトン	67-64-1
118		アゼライン酸ジオクチル	103-24-2
119		アゾビスイソブチロニトリル	78-67-1
120		亜麻仁油	8001-26-1
121		アミルベンゼン	538-68-1
122		アレスリン	584-79-2
123		アンチモン	7440-36-0
124		アンモニア	7664-41-7
125	イ	硫黄	7704-34-9
126		イソアミルアルコール	123-51-3
127		イソオクチルアルコール	26952-21-6
128		イソキノリン	119-65-3
129		イソブチルアミン	78-81-9
130		イソブチルアルコール	78-83-1
131		イソブチレン	115-11-7
132		イソプレン	78-79-5
133		イソプロピルアルコール	67-63-0
134		イソプロピルセロソルブ	109-59-1
135		イソプロピルベンゼン	98-82-8
136		イソホロン	78-59-1
137		イタコン酸	97-65-4
138		一酸化炭素	630-08-0
139		イミダクロプリド	105827-78-9
140		イミダゾール	288-32-4
141	ウ	ウコン抽出物	—
142		ウルシオール	53237-59-5
143	エ	エタノール	64-17-5
144		エチル-n-ブチルケトン	106-35-4
145		エチルセロソルブ	110-80-5
146		エチルヘキサン酸	149-57-5
147		エチルベンゼン	100-41-4
148		エチルメチルベンゼン	o-: 611-14-3 m-: 620-14-4 p-: 622-96-8
149		エチレン	74-85-1
150		エチレングリコール	107-21-1
151		エチレングリコールジアセテート	111-55-7
152		エチレングリコールジエチルエーテル	629-14-1

401

化学物質名索引
[エ～シ]

no.	索引	化学物質名	CAS No.
153		エチレングリコールモノアセテート	542-59-6
154		エチレングリコールモノフェニルエーテル	122-99-6
155		エチレングリコールモノヘキシルエーテル	112-25-4
156		エチレンジアミン	107-15-3
157		エトフェンプロックス	80844-07-1
158		エピクロロヒドリン	106-89-8
159		エポキシ化大豆油	8013-07-8
160		塩化パラフィン	63449-39-8
161		塩化ビニル	75-01-4
162		塩化ブチル	109-69-3
163		塩化ベンザルコニウム	8001-54-5
164		塩化メチル	74-87-3
165		塩素	7782-50-5
166	オ	オクタクロロジプロピルエーテル	127-90-2
167		オクチルフェノール	140-66-9
168		オゾン	10028-15-6
169		オルトジクロロベンゼン	95-50-1
170		オレイン酸	112-80-1
171		オレンジ油	8008-57-9
172	カ	カーボンブラック	1333-86-4
173		過酸化水素	7722-84-1
174		カテコール	120-80-9
175		カドミウム	7440-43-9
176		カプロラクタム	105-60-2
177		カルナバ蝋	8015-86-9
178		カルバクロール	499-75-2
179		カルボキシメチルセルロースナトリウム	9004-32-4
180	キ	ギ酸	64-18-6
181		キシレノール	1300-71-6
182		キシレン (o-,m-,p-)	1330-20-7
183		吉草酸	109-52-4
184		キノリン	91-22-5
185		キャプタン	133-06-2
186		桐油	8001-20-5
187		キントゼン	82-68-8
188	ク	クエン酸	77-92-9
189		クエン酸トリブチル	77-94-1
190		グラスウール	―
191		グリオキサール	107-22-2
192		グルタルアルデヒド	111-30-8
193		クレオソート油	8001-58-9
194		クレゾール	1319-77-3
			o- : 95-48-7
			m- : 108-39-4
			p- : 106-44-5
195		クロチアニジン	210880-92-5
196		クロルデン	57-74-9
197		クロルピリホス	2921-88-2
198		クロルフェナビル	122453-73-0
199		クロロジブロメタン	124-48-1
200		クロロタロニル	1897-45-6
201		クロロプレン	126-99-8
202		クロロベンゼン	108-90-7
203		クロロホルム	67-66-3
204	ケ	珪藻土（未焼成品）	61790-53-2
205		結晶性シリカ	14464-46-1
206		月桃精油	―
207	コ	コールタールピッチ	65996-93-2
208	サ	酢酸	64-19-7
209		酢酸2-エチルヘキシル	103-09-3
210		酢酸2-エトキシエチル	111-15-9
211		酢酸2-ブトキシエチル	112-07-2
212		酢酸-n-プロピル	109-60-4
213		酢酸-n-ブチル	123-86-4
214		酢酸-s-ブチル	105-46-4
215		酢酸-t-ブチル	540-88-5
216		酢酸-n-ペンチル	628-63-7
217		酢酸アミル（異性体混合物）	酢酸3-アミル : 620-11-1 / 酢酸sec-アミル : 53496-15-4 / 酢酸tert-アミル : 625-16-1
218		酢酸イソブチル	110-19-0
219		酢酸イソプロピル	108-21-4
220		酢酸イソペンチル	123-92-2
221		酢酸エチル	141-78-6
222		酢酸ジエチレングリコールモノブチルエーテル	124-17-4
223		酢酸シクロヘキシル	622-45-7
224		酢酸ビニル	108-05-4
225		酢酸ベンジル	140-11-4
226		酢酸メチル	79-20-9
227		酸化亜鉛	1314-13-2
228		酸化第二銅	1317-38-0
229	シ	ジ-n-ブチルアミン	111-92-2
230		ジ-n-プロピルケトン	123-19-3
231		ジアセトンアルコール	123-42-2
232		ジイソブチルケトン	108-83-8
233		ジイソプロピルケトン	565-80-0
234		ジエタノールアミン	111-42-2
235		ジエチルアミン	109-89-7
236		ジエチレングリコール	111-46-2
237		ジエチレングリコールジベンゾエート	120-55-8

化学物質名索引
[シ〜ト]

no.	索引	化学物質名	CAS No.
238		ジエチレングリコールモノエチルエーテル	111-90-0
239		ジエチレングリコールモノエチルエーテルアセテート	112-15-2
240		ジエチレングリコールモノメチルエーテル	111-77-3
241		ジエチレントリアミン	111-40-0
242		シェラック	9000-59-3
243		四塩化炭素	56-23-5
244		シクロヘキサノール	108-93-0
245		シクロヘキサノン	108-94-1
246		シクロヘキサン	110-82-7
247		ジクロルボス	62-73-7
248		ジクロロフェンチオン	97-17-6
249		ジクロロメタン	75-09-2
250		ジコホル	115-32-2
251		ジシクロヘキシルアミン	101-83-7
252		ジデシルジメチルアンモニウムクロライド	7173-51-5
253		シトラール	5392-40-5
254		ジノテフラン	165252-70-0
255		ジフェニルアミン	122-39-4
256		シフェノトリン	39515-40-7
257		ジブチルスズジラウレート	77-58-7
258		ジブチルヒドロキシトルエン	128-37-0
259		シフルトリン	68359-37-5
260		シプロコナゾール	94361-06-5
261		ジプロピレングリコールモノメチルエーテル	34590-94-8
262		ジブロモエタン	106-93-4
263		ジブロモブタン	110-52-1
264		ジブロモプロパン	109-64-8
265		ジブロモベンゼン	o-: 583-53-9 m-: 108-36-1 p-: 106-37-6
266		ジブロモペンタン	111-24-0
267		ジメチルアミン	124-40-3
268		ジメチルエーテル	115-10-6
269		ジメチルペンタノール	600-36-2
270		臭化ブチル	109-65-9
271		ショウ脳油	8008-51-3
272		シラフルオフェン	105024-66-6
273		白石綿	12001-29-5
274		シンナー	(64742-89-3)
275	ス	水銀	7439-97-6
276		水酸化第二銅	20427-59-2
277		水酸化ナトリウム	1310-73-2
278		スチレン	100-42-5
279		ステアリン酸ブチル	123-95-5
280	セ	青酸ガス	74-90-8
281		青石綿	12001-28-4
282		石英	14808-60-7
283		石油ベンジン	8030-30-6
284		石膏	13397-24-5
285		セドロール	77-53-2
286		セバシン酸ジオクチル	122-62-3
287		セバシン酸ジブチル	109-43-3
288		セレン	7782-49-2
289	ソ	ソルベントナフサ	65996-79-4
290	タ	ダイアジノン	333-41-5
291		タルク	14807-96-6
292		炭酸カルシウム	471-34-1
293	チ	チオフェン	110-02-1
294		茶石綿	12172-73-5
295	ツ	ツヨプセン	470-40-6
296	テ	ディルドリン	60-57-1
297		デカナール	112-31-2
298		デカブロモジフェニルエーテル	1163-19-5
299		デカリン	91-17-8
300		デカン酸	334-48-5
301		テキサノール	25265-77-4
302		テトラエチレンペンタミン	112-57-2
303		テトラクロルビンホス	22248-79-9
304		テトラクロロエチレン	127-18-4
305		テトラヒドロフラン	109-99-9
306		テトラブロモエタン	79-27-6
307		テトラブロモビスフェノールA	79-94-7
308		テトラメチルベンゼン	1,2,3,5-: 527-53-7 1,2,4,5-: 95-93-2
309		テトラリン	119-64-2
310		テブコナゾール	107534-96-3
311		テレビン油	8006-64-2
312		テレフタル酸	100-21-0
313		でんぷん	9005-25-8 9005-84-9
314	ト	灯油	8008-20-6
315		ドデシルベンゼン	123-01-3
316		トラロメトリン	66841-25-6
317		トリエタノールアミン	102-71-6
318		トリエチレングリコール	112-27-6
319		トリエチレングリコールジメチルエーテル	112-49-2
320		トリエチレングリコールモノエチルエーテル	112-50-5
321		トリクロサン	3380-34-5
322		トリクロロエチレン	79-01-6

化学物質名索引
[ト～ミ]

no.	索引	化学物質名	CAS No.
323		トリメリト酸トリオクチル	89-04-3
324		トルエン	108-88-3
325		トルエンジイソシアネート	26471-62-5
326	ナ	ナフサ	8030-30-6
327		ナフタレン	91-20-3
328		ナフテン酸亜鉛	12001-85-3
329		ナフテン酸銅	1338-02-9
330		鉛	7439-92-1
331	ニ	二酸化炭素	124-38-9
332		二酸化窒素	10102-44-0
333		ニトロエタン	79-24-3
334		ニトロセルロース	9004-70-0
335		尿素	57-13-6
336		二硫化炭素	75-15-0
337	ノ	ノナナール	124-19-6
338		ノニルフェノール	25154-52-3
339	ハ	バーサチック酸亜鉛	―
340		八ほう酸ニナトリウム	12008-41-2
341		パラジクロロベンゼン	106-46-7
342		パラフィンワックス	8002-74-2
343		バリウム	7440-39-3
344	ヒ	ビスフェノールA	80-05-7
345		ヒ素	7440-38-2
346		ヒドロキノン	123-31-9
347		ヒノキチオール	499-44-5
348		ビフェントリン	82657-04-3
349		ヒマシ油	8001-79-4
350		ピリジン	110-86-1
351		ピリダフェンチオン	119-12-0
352		ピレトラム	8003-34-7
353		ピロリジン	123-75-1
354	フ	フィプロニル	120068-37-3
355		フェニトロチオン	122-14-5
356		フェノール	108-95-2
357		フェノールスルホン酸	98-67-9
358		フェノブカルブ	3766-81-2
359		フェンチオン	55-38-9
360		ブタジエン	106-99-0
361		ブタナール	123-72-8
362		フタル酸ジ-2-エチルヘキシル	117-81-7
363		フタル酸ジ-n-ブチル	84-74-2
364		フタル酸ジ-n-ヘプチル	3648-21-3
365		フタル酸ジイソオクチル	27554-26-3
366		フタル酸ジイソデシル	26761-40-0
367		フタル酸ジイソノニル	28553-12-0
368		フタル酸ジイソブチル	84-69-5
369		フタル酸ジエチル	84-66-2
370		フタル酸ジシクロヘキシル	84-61-7

no.	索引	化学物質名	CAS No.
371		フタル酸ジメチル	131-11-3
372		フタル酸ブチルベンジル	85-68-7
373		ブタン	106-97-8
374		ブチルセロソルブ	111-76-2
375		ブチルベンゼン	n- : 104-51-8
			sec- : 135-98-8
			tert- : 98-06-6
			イソ:538-93-2
376		ブラレトリン	23031-36-9
377		フラン	110-00-9
378		フルフラール	98-01-1
379		プロピオニトリル	107-12-0
380		プロピオン酸	79-09-4
381		プロピコナゾール	60207-90-1
382		プロピレングリコール	57-55-6
383		プロピレングリコールモノエチルエーテル	1569-02-4
384		プロピレンジアミン	78-90-0
385		プロペタンホス	31218-83-4
386		プロポキスル	114-26-1
387		ブロモベンゼン	108-86-1
388	ヘ	ヘキサメチレンジイソシアネート	822-06-0
389		ヘキサン酸	142-62-1
390		ペルメトリン	52645-53-1
391		ベンジルアルコール	100-51-6
392		ベンズアルデヒド	100-52-7
393		ベンゼン	71-43-2
394		ベンゾ（a）ピレン	50-32-8
395		ベンゾ（a）フルオレン	238-84-6
396		ベンゾ（b）フルオランテン	205-99-2
397		ベンゾ（d,e,f）フェナントレン	129-00-0
398		ベンゾ（g,h,i）フルオランテン	203-12-3
399		ベンゾ（g,h,i）ペリレン	191-24-2
400		ベンゾ（k）フルオランテン	207-08-9
401		ベンゾアントラセン	56-55-3
402		ベンゾチアゾール	95-16-9
403		ペンタエリスリトール	115-77-5
404		ペンタナール	110-62-3
405	ホ	ホウ酸	10043-35-3
406		ポートランドセメント	65997-15-1
407		ホキシム	14816-18-3
408		ポリ塩化ビフェニル	1336-36-3
409		ホルムアミド	75-12-7
410		ホルムアルデヒド	50-00-0
411	マ	マラカイトグリーン	2437-29-8
412		マレイン酸ジオクチル	142-16-5
413	ミ	蜜蝋	8012-89-3
414		ミネラルスピリット	64742-47-8

化学物質名索引
[ム～ロ]

no.	索引	化学物質名	CAS No.
415	ム	無水フタル酸	85-44-9
416		無水マレイン酸	108-31-6
417	メ	メシチルオキシド（4-メチル-3-ペンテン-2-オン）	141-79-7
418		メタクリル酸	79-41-4
419		メタクリル酸-2-エチルヘキシル	688-84-6
420		メタクリル酸-n-ブチル	97-88-1
421		メタクリル酸エチル	97-63-2
422		メタクリル酸メチル	80-62-6
423		メタノール	67-56-1
424		メチル-n-アミルケトン	110-43-0
425		メチル-n-ブチルケトン	591-78-6
426		メチル-n-プロピルケトン	107-87-9
427		メチル-n-ヘキシルケトン	111-13-7
428		メチル-n-ヘプチルケトン	821-55-6
429		メチル-t-ブチルエーテル	1634-04-4
430		メチルイソブチルケトン	108-10-1
431		メチルエチルケトン	78-93-3
432		メチルシクロヘキサン	108-87-2
433		メチルシクロペンタン	96-37-7
434		メチルセルロース	9004-67-5
435		メチルセロソルブ	109-86-4
436		メチルペンタン	2-：107-83-5 3-：96-14-0
437		メチレンビスチオシアネート	6317-18-6
438		メラミン	108-78-1
439	モ	木酢液（フェノール類）	—
440		木蝋	8001-39-6
441	ユ	ユーカリ油	8000-48-4
442	ヨ	四ホウ酸ナトリウム	1330-43-4
443	ラ	ラドン	10043-92-2
444		ラベンダー油	8000-28-0
445	リ	粒子状物質	—
446		リン酸トリエチル	78-40-0
447		リン酸トリクレシル	1330-78-5
448		リン酸トリス（1,3-ジクロロ-2-プロピル）	13674-87-8
449		リン酸トリス-2-エチルヘキシル	78-42-2
450		リン酸トリス（2-クロロイソプロピル）	13674-84-5
451		リン酸トリス-2-クロロエチル	115-96-8
452		リン酸トリス-2-ブトキシエチル	78-51-3
453		リン酸トリフェニル	115-86-6
454		リン酸トリブチル	126-73-8
455		リン酸トリメチル	512-56-1
456	レ	レゾルシノール	108-46-3
457	ロ	ロジン	8050-09-7
458		六価クロム	7440-47-3
459		ロックウール	—

化学物質の総称および高分子化合物

【化学物質群】

群	物質群名
群1	（メタ）アクリル酸エステル類
群2	アジピン酸エステル類
群3	アスベスト（石綿）
群4	アミン
群5	アルデヒド類
群6	イソシアネート化合物
群7	カーバメート系殺虫剤
群8	クロロフルオロカーボン
群9	重金属
群10	多環芳香族炭化水素
群11	テルペン
群12	パラフィン
群13	ピレスロイド
群14	フタル酸エステル類
群15	有機リン化合物
群16	有機リン系殺虫剤
群17	リン酸エステル類

【高分子化合物】

群	高分子化合物名	CAS No.
群1	アクリル樹脂	
群2	アルキド樹脂	
群3	EVA（エチレン酢酸ビニル樹脂）	24937-78-8
群4	エポキシ樹脂	
群5	シリコーン	
群6	セルロース（紙繊維）	9004-34-6
群7	ダンマル樹脂	9000-16-2
群8	テルペン樹脂	
群9	ニトリルゴム	9003-18-3
群10	尿素樹脂	
群11	フェノール樹脂	
群12	ブチルゴム	9003-27-4
群13	ポリウレタン	
群14	ポリエステル	
群15	ポリエチレン	
群16	ポリ塩化ビニル	
群17	ポリカーボネート	
群18	ポリクロロプレン	9010-98-4
群19	ポリ酢酸ビニル	9003-20-7
群20	ポリスチレン	9003-53-6
群21	ポリプロピレン	
群22	メラミン樹脂	

別名索引
[記号]

別名索引

no.	索引 別名	化学物質名	分類	CAS No.
	記号順			
135	（ (1-メチルエチル)ベンゼン	イソプロピルベンゼン	芳香族炭化水素	98-82-8
260	(2RS,3RS;2RS,3SR)-2-(4-クロロフェニル)-3-クロロプロピル-1-(1H-1,2,4-トリアゾール-1-イル)ブタン-2-オール	シプロコナゾール	トリアゾール系化合物	94361-06-5
97	(2-エチルヘキシル)アクリレート	アクリル酸-2-エチルヘキシル	(メタ)アクリル酸エステル類	103-11-7
261	(2-メトキシメチルエトキシ)プロパノール	ジプロピレングリコールモノエチルエーテル	エーテル類	34590-94-8
272	(4-エトキシフェニル)[3-(4-フルオロ-3-フェノキシフェニル)プロピル]ジメチルシラン	シラフルオフェン	ピレスロイド系殺虫剤	105024-66-6
158	(D,L)-α-エピクロロヒドリン	エピクロロヒドリン	含ハロゲン類	106-89-8
195	(E)-1-(2-クロロ-1,3-チアゾール-5-イルメチル)-3-メチル-2-ニトログアニジン	クロチアニジン	ネオニコチノイド系殺虫剤	210880-92-5
141	(E,E)-1,7-ビス(4-ヒドロキシ-3-メトキシフェニル)-1,6-ヘプタジエン-3,5-ジオン	ウコン抽出物	その他	—
381	(RS)-1-[2-(2,4-ジクロロフェニル)-4-プロピル-1,3-ジオキソラン-2-イルメチル]-1H-1,2,4-トリアゾール	プロピコナゾール	トリアゾール系化合物	60207-90-1
310	(RS)-1-p-クロロフェニル-4,4-ジメチル-3-(1H-1,2,4-トリアゾール-1-イルメチル)-ペンタン-3-オール	テブコナゾール	トリアゾール系化合物	107534-96-3
254	(RS)-1-メチル-2-ニトロ-3-(テトラヒドロ-3-フリルメチル)グアニジン	ジノテフラン	ニトログアニジン系殺虫剤	165252-70-0
259	(RS)-α-シアノ-4-フルオロ-3-フェノキシベンジル(1RS,3RS)-(1RS,3SR)-3-(2,2-ジクロロビニル)-2,2-ジメチルシクロプロパンカルボキシラート	シフルトリン	ピレスロイド系殺虫剤	68359-37-5

別名索引
[記号～1]

no.	索引	別名	化学物質名	分類	CAS No.
316		(S)-α-シアノ-3-フェノキシベンジル-(1R,3S)-2,2-ジメチル-3-(1,2,2,2-テトラブロモエチル)シクロプロパンカルボキシラート	トラロメトリン	ピレスロイド系殺虫剤	66841-25-6
316		(S)-α-シアノ-3-フェノキシベンジル-(1R,3S)-2,2-ジメチル-3-[(RS)-1,2,2,2-テトラブロモエチル]シクロプロパンカルボキシラート	トラロメトリン	ピレスロイド系殺虫剤	66841-25-6
95		(S)-α-シアノ-3-フェノキシベンジル(Z)-(1R,3S)-2,2-ジメチル-3-[2-(2,2,2-トリフルオロ-1-トリフルオロメチルエトキシカルボニル)ビニル]シクロプロパンカルボン酸	アクリナトリン	ピレスロイド系殺虫剤	101007-06-1
90		(S)-α-シアノ-3-フェノキシベンジル=3-(2,2-ジクロロビニル)-2,2-ジメチル-cis-シクロプロパンカルボキシラート	α-シペルメトリン	ピレスロイド系殺虫剤	67375-30-8
348		[1α,3α(Z)]-(+/-)-3-(2-クロロ-3,3,3-トリフルオロ-1-プロペニル)-2,2-ジメチルシクロプロパンカルボン酸(2-メチル[1,1'-ビフェニル]-3-イル)メチルエーテル	ビフェントリン	ピレスロイド系殺虫剤	82657-04-3
	数字順				
101	1	1-((2-(2,4-ジクロロフェニル)-1,3-ジオキソラン-2-イル)メチル)-1H-1,2,4-トリアゾール	アザコナゾール	トリアゾール系化合物	60207-31-0
139		1-(6-クロロ-3-ピリジルメチル)-N-ニトロイミダゾリジン-2-イリデンアミン	イミダクロプリド	クロルニコチニル系殺虫剤	105827-78-9
306		1,1,2,2-テトラブロモエタン	テトラブロモエタン	含ハロゲン類	79-27-6
14		1,1,2-TCE	1,1,2-トリクロロエタン	含ハロゲン類	79-00-5
298		1,1'-オキシビス-2,3,4,5,6-ペンタブロモベンゼン	デカブロモジフェニルエーテル	含ハロゲン類	1163-19-5
12		1,1-ジクロロエテン	1,1-ジクロロエチレン	含ハロゲン類	75-35-4
375		1,1-ジメチルエチルベンゼン	ブチルベンゼン	芳香族炭化水素	n-：104-51-8 sec-：135-98-8 tert-：98-06-6 イソ：538-93-2
57		1,1'-メチレンビス-4-イソシアナートベンゼン	4,4'-ジフェニルメタンジイソシアネート	イソシアネート化合物	101-68-8
296		1,2,3,4,10,10-ヘキサクロロ-6,7-エポキシ-1,4,4A,5,6,7,8,8A-オクタヒドロ-1,4-エンド,エキソ-5,8-ジメタノナフタリン	ディルドリン	有機塩素系殺虫剤	60-57-1

409

別名索引
[1～1]

no.	索引	別名	化学物質名	分類	CAS No.
309		1,2,3,4-テトラヒドロナフタレン	テトラリン	フェノール類	119-64-2
196		1,2,4,5,6,7,8,8-オクタクロロ-2,3,3A-4,7,7A-ヘキサヒドロ-4,7-メタノ-1H-インデン	クロルデン	有機塩素系殺虫剤	57-74-9
156		1,2-エタンジアミン	エチレンジアミン	アミン類	107-15-3
150		1,2-エタンジオール	エチレングリコール	アルコール類	107-21-1
151		1,2-エタンジオールジアセテート	エチレングリコールジアセテート	エステル類	111-55-7
153		1,2-エタンジオールモノアセテート	エチレングリコールモノアセテート	エステル類	542-59-6
262		1,2-エチレンジブロミド	ジブロモエタン	含ハロゲン類	106-93-4
86		1,2-ジ-(ジメチルアミノ)-エタン	N,N,N',N'-テトラメチルエチレンジアミン	含窒素化合物	110-18-9
151		1,2-ジアセトキシエタン	エチレングリコールジアセテート	エステル類	111-55-7
156		1,2-ジアミノエタン	エチレンジアミン	アミン類	107-15-3
384		1,2-ジアミノプロパン	プロピレンジアミン	アミン類	78-90-0
152		1,2-ジエトキシエタン	エチレングリコールジエチルエーテル	エーテル類	629-14-1
169		1,2-ジクロロベンゼン	オルトジクロロベンゼン	含ハロゲン類	95-50-1
150		1,2-ジヒドロエタン	エチレングリコール	アルコール類	107-21-1
382		1,2-ジヒドロキシプロパン	プロピレングリコール	アルコール類	57-55-6
174		1,2-ジヒドロキシベンゼン	カテコール	フェノール類	120-80-9
262		1,2-ジブロムエタン	ジブロモエタン	含ハロゲン類	106-93-4
262		1,2-ジブロモエタン	ジブロモエタン	含ハロゲン類	106-93-4
319		1,2-ビス(2-メトキシエトキシ)エタン	トリエチレングリコールジメチルエーテル	エーテル類	112-49-2
86		1,2-ビス(ジメチルアミノ)エタン	N,N,N',N'-テトラメチルエチレンジアミン	含窒素化合物	110-18-9
384		1,2-プロパンジアミン	プロピレンジアミン	アミン類	78-90-0
382		1,2-プロパンジオール	プロピレングリコール	アルコール類	57-55-6
174		1,2-ベンゼンジオール	カテコール	フェノール類	120-80-9
401		1,2-ベンゾアントラセン	ベンゾアントラセン	多環芳香族炭化水素	56-55-3
394		1,2-ベンゾピレン	ベンゾ(a)ピレン	多環芳香族炭化水素	50-32-8
401		1,2-ベンツアントラセン	ベンゾアントラセン	多環芳香族炭化水素	56-55-3
438		1,3,5-トリアジン-2,4,6-トリアミン	メラミン	含窒素化合物	108-78-1
264		1,3-ジブロモプロパン	ジブロモプロパン	含ハロゲン類	109-64-8
360		1,3-ブタジエン	ブタジエン	脂肪族炭化水素	106-99-0
456		1,3-ベンゼンジオール	レゾルシノール	フェノール類	108-46-3
305		1,4-エポキシブタン	テトラヒドロフラン	フラン類	109-99-9
23		1,4-ジエチレンオキサイド	1,4-ジオキサン	エーテル類	123-91-1
23		1,4-ジエチレンオキシド	1,4-ジオキサン	エーテル類	123-91-1
341		1,4-ジクロロベンゼン	パラジクロロベンゼン	含ハロゲン類	106-46-7
263		1,4-ジブロモブタン	ジブロモブタン	含ハロゲン類	110-52-1
102		1,4-ブタンカルボン酸	アジピン酸	有機酸	124-04-9
102		1,4-ブタンジカルボン酸	アジピン酸	有機酸	124-04-9
88		1,4-ベンゼンジアミン	p-フェニレンジアミン	アミン類	106-50-3
346		1,4-ベンゼンジオール	ヒドロキノン	フェノール類	123-31-9
312		1,4-ベンゼンジカルボン酸	テレフタル酸	有機酸	100-21-0

別名索引
[1〜2]

no.	索引	別名	化学物質名	分類	CAS No.
24		1,5-ジオキシペンタン	1,5-ペンタンジオール	アルコール類	111-29-5
266		1,5-ジブロモペンタン	ジブロモペンタン	含ハロゲン類	111-24-0
192		1,5-ペンタンジアール	グルタルアルデヒド	アルデヒド類	111-30-8
388		1,6-ジイソシアナートヘキサン	ヘキサメチレンジイソシアネート	イソシアネート化合物	822-06-0
388		1,6-ジイソシアネートヘキサン	ヘキサメチレンジイソシアネート	イソシアネート化合物	822-06-0
381		1-[2-(2,4-ジクロロフェニル)-4-プロピル-1,3-ジオキソラン-2-イルメチル]-1H-1,2,4-トリアゾール	プロピコナゾール	トリアゾール系化合物	60207-90-1
210		1-アセトキシ-2-エトキシエタン	酢酸2-エトキシエチル	エステル類	111-15-9
383		1-エトキシ-2-プロパノール	プロピレングリコールモノエチルエーテル	エーテル類	1569-02-4
63		1-オクタノール	n-オクタノール	アルコール類	111-87-5
63		1-オクチルアルコール	n-オクタノール	アルコール類	111-87-5
158		1-クロロ-2,3-エポキシプロパン	エピクロロヒドリン	含ハロゲン類	106-89-8
162		1-クロロブタン	塩化ブチル	含ハロゲン類	109-69-3
65		1-デカノール	n-デカノール	アルコール類	112-30-1
65		1-デシルアルコール	n-デカノール	アルコール類	112-30-1
337		1-ノナナール	ノナナール	アルデヒド類	124-19-6
70		1-ノナノール	n-ノナノール	アルコール類	143-08-8
70		1-ノニルアルコール	n-ノナノール	アルコール類	143-08-8
337		1-ノニルアルデヒド	ノナナール	アルデヒド類	124-19-6
63		1-ヒドロキシオクタン	n-オクタノール	アルコール類	111-87-5
3		1-ヒドロキシナフタレン	1-ナフトール	フェノール類	90-15-3
315		1-フェニルデカン	ドデシルベンゼン	芳香族炭化水素	123-01-3
73		1-フェニルプロパン	n-プロピルベンゼン	芳香族炭化水素	103-65-1
121		1-フェニルペンタン	アミルベンゼン	芳香族炭化水素	538-68-1
72		1-プロパノール	n-プロピルアルコール	アルコール類	71-23-8
270		1-ブロモブタン	臭化ブチル	含ハロゲン類	109-65-9
75		1-ヘキサノール	n-ヘキサノール	アルコール類	111-27-3
75		1-ヘキシルアルコール	n-ヘキサノール	アルコール類	111-27-3
77		1-ヘプタノール	n-ヘプタノール	アルコール類	111-70-6
77		1-ヘプチルアルコール	n-ヘプタノール	アルコール類	111-70-6
389		1-ペンタカルボン酸	ヘキサン酸	有機酸	142-62-1
26		1-メチル-1-ヘプタノール	2-オクタノール	アルコール類	123-96-6
87		1-メチル-4-(1-メチルエチル)ベンゼン	p-シメン	芳香族炭化水素	99-87-6
135		1-メチルエチルベンゼン	イソプロピルベンゼン	芳香族炭化水素	98-82-8
214		1-メチルプロピルアセテート	酢酸-s-ブチル	エステル類	105-46-4
35		1-メチルヘキサノール	2-ヘプタノール	アルコール類	543-49-7
9		1-メトキシブタン	1-メチルブチルエーテル	エーテル類	628-28-4
92	2	2(10)ピネン	β-ピネン	テルペン類	127-91-3
134		2-(1-メチルエトキシ)-エタノール	イソプロピルセロソルブ	エーテル類	109-59-1
358		2-(1-メチルプロピル)-フェニル-N-メチルカルバメート	フェノブカルブ	カーバメート系殺虫剤	3766-81-2

411

別名索引
[2〜2]

no.	索引	別名	化学物質名	分類	CAS No.
320		2-(2-(2-エトキシエトキシ)エトキシ)エタノール	トリエチレングリコールモノエチルエーテル	エーテル類	112-50-5
238		2-(2-エトキシエトキシ)エタノール	ジエチレングリコールモノエチルエーテル	エーテル類	111-90-0
31		2-(2-ブトキシエトキシ)エタノール	2-ブトキシエトキシエタノール	エーテル類	112-34-5
240		2-(2-メトキシエトキシ)エタノール	ジエチレングリコールモノメチルエーテル	エーテル類	111-77-3
157		2-(4-エトキシフェニル)-2-メチルプロピル-3-フェノキシベンジルエーテル	エトフェンプロックス	ピレスロイド系殺虫剤	80844-07-1
44		2-(4-チアゾリル)-1H-ベンズイミダゾール	2-(4-チアゾリル)ベンゾイミダゾール	チアゾール系化合物	148-79-8
83		2-(N,N-ジブチルアミノ)エタノール	N,N-ジブチルエタノールアミン	アミン類	102-81-8
158		2-(クロロメチル)オキシラン	エピクロロヒドリン	含ハロゲン類	106-89-8
83		2-(ジ-n-ブチルアミノ)エタノール	N,N-ジブチルエタノールアミン	アミン類	102-81-8
407		2-(ジエトキシホスフィノチオイルオキシイミノ)-2-フェニルアセトニトリル	ホキシム	有機リン系殺虫剤	14816-18-3
83		2-(ジ-ノルマル-ブチルアミノ)エタノール	N,N-ジブチルエタノールアミン	アミン類	102-81-8
155		2-(ヘキシロキシ)エタノール	エチレングリコールモノヘキシルエーテル	エーテル類	112-25-4
318		2,2'-(1,2-エタンジイルビス(オキシ))ビスエタノール	トリエチレングリコール	アルコール類	112-27-6
318		2,2'-(1,2-エタンジイルビスオキシ)ビスエタノール	トリエチレングリコール	アルコール類	112-27-6
317		2,2',2''-トリオキシトリエチルアミン	トリエタノールアミン	アミン類	102-71-6
250		2,2,2-トリクロロ-1,1-ビス(4-クロロフェニル)エタノール	ジコホル	有機塩素系殺虫剤	115-32-2
301		2,2,4-トリメチル-1,3-ペンタンジオールモノイソブチレート	テキサノール	エステル類	25265-77-4
307		2,2',6,6'-テトラブロモビスフェノールA	テトラブロモビスフェノールA	含ハロゲン類	79-94-7
91		2,2,6-トリメチルビシクロ(3.1.1)ヘプト-2-エン	α-ピネン	テルペン類	80-56-8
119		2,2'-アゾビス(2-メチルプピオニトリル)	アゾビスイソブチロニトリル	含窒素化合物	78-67-1
119		2,2'-アゾビス(2-メチルプロパンニトリル)	アゾビスイソブチロニトリル	含窒素化合物	78-67-1
119		2,2'-アゾビス-2-メチルプピオニトリル	アゾビスイソブチロニトリル	含窒素化合物	78-67-1
119		2,2'-アゾビス-2-メチルプロパンニトリル	アゾビスイソブチロニトリル	含窒素化合物	78-67-1
119		2,2'-アゾビスイソブチロニトリル	アゾビスイソブチロニトリル	含窒素化合物	78-67-1

別名索引
[2〜2]

no.	索引 別名	化学物質名	分類	CAS No.
234	2,2'-イミノジエタノール	ジエタノールアミン	アミン類	111-42-2
234	2,2'-イミノビスエタノール	ジエタノールアミン	アミン類	111-42-2
318	2,2'-エチレンジオキシジエタノール	トリエチレングリコール	アルコール類	112-27-6
318	2,2'-エチレンジオキシビス（エタノール）	トリエチレングリコール	アルコール類	112-27-6
318	2,2'-エチレンジオキシビスエタノール	トリエチレングリコール	アルコール類	112-27-6
236	2,2'-オキシビスエタノール	ジエチレングリコール	アルコール類	111-46-6
237	2,2'-オキシビスエタノールジベンゾエート	ジエチレングリコールジベンゾエート	エステル類	120-55-8
234	2,2'-ジオキシジエチルアミン	ジエタノールアミン	アミン類	111-42-2
234	2,2'-ジヒドロキシジエチルアミン	ジエタノールアミン	アミン類	111-42-2
307	2,2-ビス（3,5-ジブロモ-4-ヒドロキシフェニル）プロパン	テトラブロモビスフェノールA	含ハロゲン類	79-94-7
307	2,2-ビス（4'-ヒドロキシ-3',5'-ジブロモフェニル）プロパン	テトラブロモビスフェノールA	含ハロゲン類	79-94-7
344	2,2-ビス(4-ヒドロキシフェニル)プロパン	ビスフェノールA	アルコール類	80-05-7
166	2,3,3,3-2',3',3',3'-オクタクロロジプロピルエーテル	オクタクロロジプロピルエーテル	エーテル類	127-90-2
42	2,3,7,8-TCDD	2,3,7,8-テトラクロロジベンゾ-p-ジオキシン	ダイオキシン類	1746-01-6
42	2,3,7,8-テトラクロロジベンゾ-1,4-ジオキシン	2,3,7,8-テトラクロロジベンゾ-p-ジオキシン	ダイオキシン類	1746-01-6
42	2,3,7,8-テトラクロロジベンゾジオキシン	2,3,7,8-テトラクロロジベンゾ-p-ジオキシン	ダイオキシン類	1746-01-6
401	2,3-ベンツフェナントレン	ベンゾアントラセン	多環芳香族炭化水素	56-55-3
321	2,4,4'-トリクロロ-2'-ヒドロキシジフェニルエーテル	トリクロサン	エーテル類	3380-34-5
269	2,4-ジメチル-3-ペンタノール	ジメチルペンタノール	アルコール類	600-36-2
233	2,4-ジメチル-3-ペンタノン	ジイソプロピルケトン	ケトン類	565-80-0
43	2,4-ジメチルペンタン	2,4-ジメチルペンタン	脂肪族炭化水素	108-08-7
416	2,5-フランジオン	無水マレイン酸	有機酸	108-31-6
258	2,6-ジ-t-ブチル-4-メチルフェノール	ジブチルヒドロキシトルエン	芳香族炭化水素	128-37-0
258	2,6-ジ-t-ブチル-p-クレゾール	ジブチルヒドロキシトルエン	芳香族炭化水素	128-37-0
232	2,6-ジメチル-4-ヘプタノン	ジイソブチルケトン	ケトン類	108-83-8
210	2-EEA	酢酸2-エトキシエチル	エステル類	111-15-9
358	2-sec-ブチルフェニル-N-メチルカルバメート	フェノブカルブ	カーバメート系殺虫剤	3766-81-2
358	2-S-ブチルフェニル-N-メチルカルバメート	フェノブカルブ	カーバメート系殺虫剤	3766-81-2
36	2-アミルフラン	2-ペンチルフラン	フラン類	3777-69-3
290	2-イソプロピル-4-メチルピリミジル-6-ジエチルチオホスフェイト	ダイアジノン	有機リン系殺虫剤	333-41-5

別名索引
[2〜2]

no.	索引	別名	化学物質名	分類	CAS No.
386		2-イソプロピルオキシフェニル-N-メチルカルバメート	プロポキスル	カーバメート系殺虫剤	114-26-1
134		2-イソプロポキシエタノール	イソプロピルセロソルブ	エーテル類	109-59-1
386		2-イソプロポキシフェニル-N-メチルカルバマート	プロポキスル	カーバメート系殺虫剤	114-26-1
25		2-エチル-1-ブタノール	2-エチルブタノール	アルコール類	97-95-0
25		2-エチル-1-ブチルアルコール	2-エチルブタノール	アルコール類	97-95-0
25		2-エチルブチルアルコール	2-エチルブタノール	アルコール類	97-95-0
209		2-エチルヘキサニルアセタート	酢酸2-エチルヘキシル	エステル類	103-09-3
39		2-エチルヘキサノール	2-エチル-1-ヘキサノール	アルコール類	104-76-7
146		2-エチルヘキサン酸	エチルヘキサン酸	有機酸	149-57-5
97		2-エチルヘキシルアクリレート	アクリル酸2-エチルヘキシル	(メタ)アクリル酸エステル類	103-11-7
39		2-エチルヘキシルアルコール	2-エチル-1-ヘキサノール	アルコール類	104-76-7
419		2-エチルヘキシルメタクリレート	メタクリル酸2-エチルヘキシル	(メタ)アクリル酸エステル類	688-84-6
145		2-エトキシエタノール	エチルセロソルブ	エーテル類	110-80-5
29		2-オキソピロリジン	2-ピロリドン	含窒素化合物	616-45-5
176		2-オキソヘキサメチレンイミン	カプロラクタム	含窒素化合物	105-60-2
427		2-オクタノン	メチル-n-ヘキシルケトン	ケトン類	111-13-7
26		2-オクチルアルコール	2-オクタノール	アルコール類	123-96-6
201		2-クロロ-1,3-ブタジエン	クロロプレン	含ハロゲン類	126-99-8
201		2-クロロブタジエン	クロロプレン	含ハロゲン類	126-99-8
29		2-ケトピロリジン	2-ピロリドン	含窒素化合物	616-45-5
428		2-ノナノン	メチル-n-ヘプチルケトン	ケトン類	821-55-6
347		2-ヒドロキシ-4-イソプロピル-2,4,6-シクロヘプタ-2,4,6-トリエン-1-オン	ヒノキチオール	その他	499-44-5
26		2-ヒドロキシ-n-オクタン	2-オクタノール	アルコール類	123-96-6
27		2-ヒドロキシナフタレン	2-ナフトール	フェノール類	135-19-3
35		2-ヒドロキシヘプタン	2-ヘプタノール	アルコール類	543-49-7
91		2-ピネン	α-ピネン	テルペン類	80-56-8
29		2-ピロリジノン	2-ピロリドン	含窒素化合物	616-45-5
375		2-フェニルブタン	ブチルベンゼン	芳香族炭化水素	n- : 104-51-8 sec- : 135-98-8 tert- : 98-06-6 イソ : 538-93-2
135		2-フェニルプロパン	イソプロピルベンゼン	芳香族炭化水素	98-82-8
154		2-フェノキシエタノール	エチレングリコールモノフェニルエーテル	エーテル類	122-99-6
431		2-ブタノン	メチルエチルケトン	ケトン類	78-93-3
374		2-ブトキシエタノール	ブチルセロソルブ	エーテル類	111-76-2
211		2-ブトキシエタノールアセテート	酢酸2-ブトキシエチル	エステル類	112-07-2
211		2-ブトキシエチルアセテート	酢酸2-ブトキシエチル	エステル類	112-07-2
378		2-フランカルボキシアルデヒド	フルフラール	アルデヒド類	98-01-1
378		2-フリルアルデヒド	フルフラール	アルデヒド類	98-01-1
378		2-フルアルデヒド	フルフラール	アルデヒド類	98-01-1
133		2-プロパノール	イソプロピルアルコール	アルコール類	67-63-0

別名索引
[2～3]

no.	索引	別名	化学物質名	分類	CAS No.
117		2-プロパノン	アセトン	ケトン類	67-64-1
100		2-プロペンニトリル	アクリロニトリル	含窒素化合物	107-13-1
96		2-プロペン酸	アクリル酸	(メタ)アクリル酸エステル類	79-10-7
99		2-プロペン酸エチル	アクリル酸エチル	(メタ)アクリル酸エステル類	140-88-5
425		2-ヘキサノン	メチル-n-ブチルケトン	ケトン類	591-78-6
37		2-ヘキサヒドロメチルフェノール	2-メチルシクロヘキサノール	アルコール類	583-59-5
424		2-ヘプタノン	メチル-n-アミルケトン	ケトン類	110-43-0
35		2-ヘプチルアルコール	2-ヘプタノール	アルコール類	543-49-7
426		2-ペンタノン	メチル-n-プロピルケトン	ケトン類	107-87-9
348		2-メチル-1,1'-ビフェニル-3-イルメチル=(Z)-3-(2-クロロ-3,3,3-トリフルオロ-1-プロペニル)-2,2-ジメチルシクロプロパンカルボキシラート	ビフェントリン	ピレスロイド系殺虫剤	82657-04-3
132		2-メチル-1,3-ブタジエン	イソプレン	脂肪族炭化水素	78-79-5
130		2-メチル-1-プロパノール	イソブチルアルコール	アルコール類	78-83-1
89		2-メチル-2-プロパノール	t-ブタノール	アルコール類	75-65-0
418		2-メチル-2-プロペン酸	メタクリル酸	(メタ)アクリル酸エステル類	79-41-4
122		2-メチル-4-オキソ-3-(2-プロペニル)-2-シクロペンテン-1-イル=2,2-ジメチル-3-(2-メチル-1-プロペニル)シクロプロパンカルボキシラート(cis,trans異性体混合物)	アレスリン	ピレスロイド系殺虫剤	584-79-2
132		2-メチルエリスレン	イソプレン	脂肪族炭化水素	78-79-5
132		2-メチルジビニル	イソプレン	脂肪族炭化水素	78-79-5
132		2-メチルブタジエン	イソプレン	脂肪族炭化水素	78-79-5
375		2-メチルプロピルベンゼン	ブチルベンゼン	芳香族炭化水素	n- : 104-51-8 sec- : 135-98-8 tert- : 98-06-6 イソ : 538-93-2
131		2-メチルプロペン	イソブチレン	脂肪族炭化水素	115-11-7
436		2-メチルペンタン	メチルペンタン	脂肪族炭化水素	2- : 107-83-5 3- : 96-14-0
137		2-メチレンコハク酸	イタコン酸	有機酸	97-65-4
429		2-メトキシ-2-メチルプロパン	メチル-t-ブチルエーテル	エーテル類	1634-04-4
435		2-メトキシエタノール	メチルセロソルブ	エーテル類	109-86-4
261		2-メトキシメチルエトキシプロパノール	ジプロピレングリコールモノエチルエーテル	エーテル類	34590-94-8
390	3	3-(2,2-ジクロロエテニル)-2,2-ジメチルシクロプロパンカルボン酸(3-フェノキシフェニル)メチル	ペルメトリン	ピレスロイド系殺虫剤	52645-53-1

415

別名索引
[3～4]

no.	索引	別名	化学物質名	分類	CAS No.
390		3-(2,2-ジクロロエテニル)-2,2-ジメチルシクロプロパンカルボン酸(3-フェノキシフェニル)メチルエステル	ペルメトリン	ピレスロイド系殺虫剤	52645-53-1
136		3,5,5-トリメチル-2-シクロヘキセン-1-オン	イソホロン	ケトン類	78-59-1
136		3,5,5-トリメチルシクロヘキセノン	イソホロン	ケトン類	78-59-1
136		3,5,5-トリメチルシクロヘキセン-1-オン	イソホロン	ケトン類	78-59-1
258		3,5-ジ-t-ブチル-4-ヒドロキシトルエン	ジブチルヒドロキシトルエン	芳香族炭化水素	128-37-0
253		3,7-ジメチル-2,6-オクタジエナール	シトラール	アルデヒド類	5392-40-5
46		3-カレン	3-カレン	テルペン類	13466-78-9
158		3-クロロプロピレンオキシド	エピクロロヒドリン	含ハロゲン類	106-89-8
456		3-ヒドロキシフェノール	レゾルシノール	フェノール類	108-46-3
390		3-フェノキシベンジル(1RS,3RS)-(1RS,3RS)-3-(2,2-ジクロロビニル)-2,2-ジメチルシクロプロパンカルボキシラート	ペルメトリン	ピレスロイド系殺虫剤	52645-53-1
390		3-フェノキシベンジル=3-(2,2-ジクロロビニル)-2,2-ジメチルシクロプロパンカルボキシラート	ペルメトリン	ピレスロイド系殺虫剤	52645-53-1
144		3-ヘプタノン	エチル-n-ブチルケトン	ケトン類	106-35-4
47		3-ヘプチルアルコール	3-ヘプタノール	アルコール類	589-82-2
126		3-メチル-1-ブタノール	イソアミルアルコール	アルコール類	123-51-3
48		3-メチル-1-ペンテン	3-メチルペンテン	脂肪族炭化水素	760-20-3
436		3-メチルペンタン	メチルペンタン	脂肪族炭化水素	2-：107-83-5 3-：96-14-0
49		3-メトキシ-1-ブタノール	3-メトキシブタノール	エーテル類	2517-43-3
307	4	4,4-イソプロピリデンビス(2,6-ジブロモフェノール)	テトラブロモビスフェノールA	含ハロゲン類	79-94-7
52		4,4'-ジアミノ-3,3'-ジクロロジフェニルメタン	3,3'-ジクロロ-4,4'-ジアミノジフェニルメタン	アミン類	101-14-4
58		4,4'-ジアミノジフェニルメタン	4,4'-メチレンジアニリン	アミン類	101-77-9
57		4,4'-ビアセトアニリド	4,4'-ジフェニルメタンジイソシアネート	イソシアネート化合物	101-68-8
52		4,4'-メチレンビス(2-クロロアニリン)	3,3'-ジクロロ-4,4'-ジアミノジフェニルメタン	アミン類	101-14-4
58		4,4'-メチレンビスベンゼンジアミン	4,4'-メチレンジアニリン	アミン類	101-77-9
53		4-PC	4-フェニルシクロヘキセン	芳香族炭化水素	4994-16-5
53		4-PCH	4-フェニルシクロヘキセン	芳香族炭化水素	4994-16-5
347		4-イソプロピルトロポロン	ヒノキチオール	その他	499-44-5
62		4-エチルモルホリン	N-エチルモルホリン	含窒素化合物	100-74-3

別名索引
[4〜D]

no.	索引	別名	化学物質名	分類	CAS No.
167		4-オクチルフェノール	オクチルフェノール	フェノール類	140-66-9
231		4-ヒドロキシ-4-メチル-2-ペンタノン	ジアセトンアルコール	アルコール類	123-42-2
357		4-ヒドロキシフェニルスルホン酸	フェノールスルホン酸	有機酸	98-67-9
198		4-ブロモ-2-(4-クロロフェニル)-1-エトキシメチル-5-トリフルオロメチルピロール-3-カルボニトリル	クロルフェナピル	フェニルピロールピラゾール系殺虫剤	122453-73-0
230		4-ヘプタノン	ジ-n-プロピルケトン	ケトン類	123-19-3
258		4-メチル-2,6-ジ-t-ブチルフェノール	ジブチルヒドロキシトルエン	芳香族炭化水素	128-37-0
430		4-メチル-2-ペンタノン	メチルイソブチルケトン	ケトン類	108-10-1
354	5	5-アミノ-1-[2,6-ジクロロ-4-(トリフルオロメチル)フェニル]-3-シアノ-4-[(トリフルオロメチル)スルフィニル]ピラゾール	フィプロニル	フェニルピラゾール系殺虫剤	120068-37-3
178		5-イソプロピル-2-メチルフェノール	カルバクロール	フェノール類	499-75-2
92	6	6,6-ジメチル-2-メチレン-ビシクロ(3.1.1)ヘプタン	β-ピネン	テルペン類	127-91-3
274		641シンナー	シンナー	芳香族炭化水素	(64742-89-3)
176		6-アミノカプロン酸ラクタム	カプロラクタム	含窒素化合物	105-60-2
176		6-ヘキサンラクタム	カプロラクタム	含窒素化合物	105-60-2
170	9	9-オクタデセン酸	オレイン酸	有機酸	112-80-1
170		9-オクタデセン酸(シス)	オレイン酸	有機酸	112-80-1
	アルファベット順				
119	A	AIBN	アゾビスイソブチロニトリル	含窒素化合物	78-67-1
372	B	BBP	フタル酸ブチルベンジル	フタル酸エステル類	85-68-7
55		BDCP	4-ブロモ-2,5-ジクロロフェノール	含ハロゲン類	1940-42-7
374		BG	ブチルセロソルブ	エーテル類	111-76-2
258		BHT	ジブチルヒドロキシトルエン	芳香族炭化水素	128-37-0
163		BKC	塩化ベンザルコニウム	第4級アンモニウム塩	8001-54-5
344		ＢＰＡ	ビスフェノールA	アルコール類	80-05-7
358		BPMC	フェノブカルブ	カーバメート系殺虫剤	3766-81-2
170	C	CIS-9-オクタデセン酸	オレイン酸	有機酸	112-80-1
40		CS-16	2,2,4-トリメチル-1,3-ペンタンジオールジイソブチレート	エステル類	6846-50-0
303		CVMP	テトラクロルビンホス	有機リン系殺虫剤	22248-79-9
298	D	DBDPE	デカブロモジフェニルエーテル	含ハロゲン類	1163-19-5

417

別名索引
[D～I]

no.	索引	別名	化学物質名	分類	CAS No.
298		DBDPO	デカブロモジフェニルエーテル	含ハロゲン類	1163-19-5
363		DBP	フタル酸ジ-n-ブチル	フタル酸エステル類	84-74-2
287		DBS	セバシン酸ジブチル	セバシン酸エステル類	109-43-3
252		DDAC	ジデシルジメチルアンモニウムクロライド	第4級アンモニウム塩	7173-51-5
247		DDVP	ジクロルボス	有機リン系殺虫剤	62-73-7
238		DEGEE	ジエチレングリコールモノエチルエーテル	エーテル類	111-90-0
240		DEGME	ジエチレングリコールモノメチルエーテル	エーテル類	111-77-3
362		DEHP	フタル酸ジ-2-エチルヘキシル	フタル酸エステル類	117-81-7
369		DEP	フタル酸ジエチル	フタル酸エステル類	84-66-2
241		DETA	ジエチレントリアミン	アミン類	111-40-0
364		DHP	フタル酸ジ-n-ヘプチル	フタル酸エステル類	3648-21-3
232		DIBK	ジイソブチルケトン	ケトン類	108-83-8
368		DIBP	フタル酸ジイソブチル	フタル酸エステル類	84-69-5
366		DIDP	フタル酸ジイソデシル	フタル酸エステル類	26761-40-0
105		DINA	アジピン酸ジイソノニル	アジピン酸エステル類	33703-08-1
367		DINP	フタル酸ジイソノニル	フタル酸エステル類	28553-12-0
365		DIOP	フタル酸ジイソオクチル	フタル酸エステル類	27554-26-3
122		DL-3-アリル-2-メチルシクロペンタ-2-エン-4-オン-1-イル-DL-シス,トランス-クリサンテメート	アレスリン	ピレスロイド系殺虫剤	584-79-2
84		DMA	N,N-ジメチルアニリン	含窒素化合物	121-69-7
85		DMF	N,N-ジメチルホルムアミド	含窒素化合物	68-12-2
371		DMP	フタル酸ジメチル	フタル酸エステル類	131-11-3
82		DMPAP	N,N-ジデシル-N-メチル-ポリオキシエチルアンモニウムプロピオネート	第4級アンモニウム塩	107879-22-1
362		DOP	フタル酸ジ-2-エチルヘキシル	フタル酸エステル類	117-81-7
248	E	ECP	ジクロロフェンチオン	有機リン系殺虫剤	97-17-6
156		EDA	エチレンジアミン	アミン類	107-15-3
262		EDB	ジブロモエタン	含ハロゲン類	106-93-4
15		EDC	1,2-ジクロロエタン	含ハロゲン類	107-06-2
421		EMA	メタクリル酸エチル	(メタ)アクリル酸エステル類	97-63-2
159		ESBO	エポキシ化大豆油	その他	8013-07-8
448	F	FR2	リン酸トリス(1,3-ジクロロ-2-プロピル)	リン酸エステル類	13674-87-8
388	H	HDI	ヘキサメチレンジイソシアネート	イソシアネート化合物	822-06-0
388		HMDI	ヘキサメチレンジイソシアネート	イソシアネート化合物	822-06-0
262	I	IBD	ジブロモエタン	含ハロゲン類	106-93-4

別名索引
[I～N]

no.	索引	別名	化学物質名	分類	CAS No.
56		IF-1000	4-クロロフェニル-3-ヨードプロパルギルホルマール	有機ヨウ素	29772-02-9
133		IPA	イソプロピルアルコール	アルコール類	67-63-0
51		IPBC	3-ヨード-2-プロピニルブチルカーバメート	有機ヨウ素	55406-53-6
375		i-ブチルベンゼン	ブチルベンゼン	芳香族炭化水素	n- : 104-51-8 sec- : 135-98-8 tert- : 98-06-2 イソ : 538-93-2
437	M	MBT	メチレンビスチオシアネート	チオシアン系化合物	6317-18-6
202		MCB	クロロベンゼン	含ハロゲン類	108-90-7
58		MDA	4,4'-メチレンジアニリン	アミン類	101-77-9
57		MDI	4,4'-ジフェニルメタンジイソシアネート	イソシアネート化合物	101-68-8
431		MEK	メチルエチルケトン	ケトン類	78-93-3
355		MEP	フェニトロチオン	有機リン系殺虫剤	122-14-5
430		MIBK	メチルイソブチルケトン	ケトン類	108-10-1
422		MMA	メタクリル酸メチル	(メタ)アクリル酸エステル類	80-62-6
52		MOCA	3,3'-ジクロロ-4,4'-ジアミノジフェニルメタン	アミン類	101-14-4
359		MPP	フェンチオン	有機リン系殺虫剤	55-38-9
429		MTBE	メチル-t-ブチルエーテル	エーテル類	1634-04-4
456		m-ジヒドロキシベンゼン	レゾルシノール	フェノール類	108-46-3
456		m-ベンゼンジオール	レゾルシノール	フェノール類	108-46-3
241	N	N-(2-アミノエチル)-1,2-エタンジアミン	ジエチレントリアミン	アミン類	111-40-0
83		N,N-ジ-n-ブチルアミノエタノール	N,N-ジブチルエタノールアミン	アミン類	102-81-8
234		N,N-ジエタノールアミン	ジエタノールアミン	アミン類	111-42-2
235		N,N-ジエチルアミン	ジエチルアミン	アミン類	109-89-7
251		N,N-ジシクロヘキシルアミン	ジシクロヘキシルアミン	アミン類	101-83-7
83		N,N-ジブチルエタノールアミン	N,N-ジブチルエタノールアミン	アミン類	102-81-8
84		N,N-ジメチルフェニルアミン	N,N-ジメチルアニリン	含窒素化合物	121-69-7
84		N,N-ジメチルベンゼンアミン	N,N-ジメチルアニリン	含窒素化合物	121-69-7
334		NC	ニトロセルロース	高分子化合物	9004-70-0
329		NUC	ナフテン酸銅	その他	1338-02-9
328		NZN	ナフテン酸亜鉛	その他	12001-85-3
121		n-アミルベンゼン	アミルベンゼン	芳香族炭化水素	538-68-1
424		n-アミルメチルケトン	メチル-n-アミルケトン	ケトン類	110-43-0
385		N-エチル-O-(2-イソプロポキシカルボニル-1-メチルビニル)-O-メチルチオホスホルアミド	プロペタンホス	有機リン系殺虫剤	31218-83-4
235		N-エチルエタンアミン	ジエチルアミン	アミン類	109-89-7
209		n-オクチルアセテート	酢酸2-エチルヘキシル	エステル類	103-09-3
63		n-オクチルアルコール	n-オクタノール	アルコール類	111-87-5

別名索引
[N～O]

no.	索引	別名	化学物質名	分類	CAS No.
300		n-カプリン酸	デカン酸	有機酸	334-48-5
389		N-カプロン酸	ヘキサン酸	有機酸	142-62-1
251		N-シクロヘキシルシクロヘキサミン	ジシクロヘキシルアミン	アミン類	101-83-7
300		n-デカン酸	デカン酸	有機酸	334-48-5
65		n-デシルアルコール	n-デカノール	アルコール類	112-30-1
297		n-デシルアルデヒド	デカナール	アルデヒド類	112-31-2
185		N-トリクロロメチルチオ-4-シクロヘキセン-1,2-ジカルボジイミド	キャプタン	含ハロゲン類	133-06-2
185		n-トリクロロメチルメルカプト-4-シクロヘキセン-1,2-ジカルボジイミド	キャプタン	含ハロゲン類	133-06-2
337		n-ノナナール	ノナナール	アルデヒド類	124-19-6
70		n-ノニルアルコール	n-ノナノール	アルコール類	143-08-8
337		n-ノニルアルデヒド	ノナナール	アルデヒド類	124-19-6
404		n-バレルアルデヒド	ペンタナール	アルデヒド類	110-62-3
255		N-フェニルアニリン	ジフェニルアミン	アミン類	122-39-4
255		N-フェニルベンゼンアミン	ジフェニルアミン	アミン類	122-39-4
361		n-ブタナール	ブタナール	アルデヒド類	123-72-8
5		n-ブタノール	1-ブタノール	アルコール類	71-36-3
5		n-ブチルアルコール	1-ブタノール	アルコール類	71-36-3
361		n-ブチルアルデヒド	ブタナール	アルデヒド類	123-72-8
162		n-ブチルクロライド	塩化ブチル	含ハロゲン類	109-69-3
375		n-ブチルベンゼン	ブチルベンゼン	芳香族炭化水素	n- : 104-51-8 sec- : 135-98-8 tert- : 98-06-6 イソ : 538-93-2
420		n-ブチルメタクリレート	メタクリル酸-n-ブチル	(メタ)アクリル酸エステル類	97-88-1
389		n-ヘキサン酸	ヘキサン酸	有機酸	142-62-1
75		n-ヘキシルアルコール	n-ヘキサノール	アルコール類	111-27-3
8		n-ヘキシルアルデヒド	1-ヘキサナール	アルデヒド類	66-25-1
155		n-ヘキシルセロソルブ	エチレングリコールモノヘキシルエーテル	エーテル類	112-25-4
77		n-ヘプチルアルコール	n-ヘプタノール	アルコール類	111-70-6
358		N-メチルカルバミン酸2-sec-ブチルフェニル	フェノブカルブ	カーバメート系殺虫剤	3766-81-2
81		N-メチルピロリドン	N-メチル-2-ピロリドン	含窒素化合物	872-50-4
267		N-メチルメタナミン	ジメチルアミン	アミン類	124-40-3
267		N-メチルメタンアミン	ジメチルアミン	アミン類	124-40-3
183		n-吉草酸	吉草酸	有機酸	109-52-4
404		n-吉草酸アルデヒド	ペンタナール	アルデヒド類	110-62-3
270		n-臭化ブチル	臭化ブチル	含ハロゲン類	109-65-9
248	O	o,o-2,4-ジクロロフェニルo,o-ジエチルホスホロチオアート	ジクロロフェンチオン	有機リン系殺虫剤	97-17-6

別名索引
[O～P]

no.	索引	別名	化学物質名	分類	CAS No.
351		O,O-ジエチル=O-(1,6-ジヒドロ-6-オキソ-1-フェニル-3-ピリダジニル)=ホスホロチオアート	ピリダフェンチオン	有機リン系殺虫剤	119-12-0
290		O,O-ジエチル-O-(2-イソプロピル-4-ピリミジニル)チオリン酸	ダイアジノン	有機リン系殺虫剤	333-41-5
290		O,O-ジエチルO-(2-イソプロピル-6-メチルピリジン-4-イル)ホスホロチオアート	ダイアジノン	有機リン系殺虫剤	333-41-5
351		O,O-ジエチルO-2,3-ジヒドロ-3-オキソ-2-フェニル-6-ピリダジニルホスホロチオアート	ピリダフェンチオン	有機リン系殺虫剤	119-12-0
197		O,O-ジエチルO-3,5,6-トリクロロ-2-ピリジルチオホスファート	クロルピリホス	有機リン系殺虫剤	2921-88-2
303		O,O-ジメチル2-クロロ-1-(2,4,5-トリクロロフェニル)ビニルホスファート	テトラクロルビンホス	有機リン系殺虫剤	22248-79-9
355		O,O-ジメチル-O-3-メチル-4-ニトロフェニルモノチオリン酸塩	フェニトロチオン	有機リン系殺虫剤	122-14-5
169		ODB	オルトジクロロベンゼン	含ハロゲン類	95-50-1
113		o-アセチルクエン酸トリブチル	アセチルクエン酸トリブチル	エステル類	77-90-7
174		o-ジヒドロキシベンゼン	カテコール	フェノール類	120-80-9
265		o-ジブロモベンゼン(1,2-ジブロモベンゼン),m-ジブロモベンゼン(1,3-ジブロモベンゼン),p-ジブロモベンゼン(1,4-ジブロモベンゼン)の3つの異性体がある	ジブロモベンゼン	含ハロゲン類	o-：583-53-9 m-：108-36-1 p-：106-37-6
37		o-ヘキサヒドロメチルフェノール	2-メチルシクロヘキサノール	アルコール類	583-59-5
37		o-メチルシクロヘキサノール	2-メチルシクロヘキサノール	アルコール類	583-59-5
167	P	p-(1,1,3,3-テトラメチルブチル)フェノール	オクチルフェノール	フェノール類	140-66-9
58		p,p'-ジアミノジフェニルメタン	4,4'-メチレンジアニリン	アミン類	101-77-9
408		PCB	ポリ塩化ビフェニル	高分子化合物	1336-36-3
408		PCBS	ポリ塩化ビフェニル	高分子化合物	1336-36-3
187		PCNB	キントゼン	含ハロゲン類	82-68-8
341		p-DCB	パラジクロロベンゼン	含ハロゲン類	106-46-7
386		PHC	プロポキスル	カーバメート系殺虫剤	114-26-1
445		PM	粒子状物質	その他	―
88		PPD	p-フェニレンジアミン	アミン類	106-50-3
312		PTA	テレフタル酸	有機酸	100-21-0
87		p-イソプロピルトルエン	p-シメン	芳香族炭化水素	99-87-6
167		p-オクチルフェノール	オクチルフェノール	フェノール類	140-66-9
312		p-カルボキシベンゼン	テレフタル酸	有機酸	100-21-0
312		p-カルボキシ安息香酸	テレフタル酸	有機酸	100-21-0
88		p-ジアミノベンゼン	p-フェニレンジアミン	アミン類	106-50-3
341		p-ジクロロベンゼン	パラジクロロベンゼン	含ハロゲン類	106-46-7
346		p-ヒドロキシベンゼン	ヒドロキノン	フェノール類	123-31-9
357		p-フェノールスルホン酸	フェノールスルホン酸	有機酸	98-67-9

別名索引
[P～T]

no.	索引	別名	化学物質名	分類	CAS No.
312		p-フタル酸	テレフタル酸	有機酸	100-21-0
87		p-メチルイソプロピルベンゼン	p-シメン	芳香族炭化水素	99-87-6
87		p-メチル-キュメン	p-シメン	芳香族炭化水素	99-87-6
166	S	S-421	オクタクロロジプロピルエーテル	エーテル類	127-90-2
30		SBA	2-ブタノール	アルコール類	78-92-2
214		sec-ブチルアセテート	酢酸-s-ブチル	エステル類	105-46-4
375		sec-ブチルベンゼン	ブチルベンゼン	芳香族炭化水素	n- : 104-51-8
					sec- : 135-98-8
					tert- : 98-06-6
					イソ : 538-93-2
54		sec-ヘキサノール	4-メチル-2-ペンタノール	アルコール類	108-11-2
150		sym-ジオキシエタン	エチレングリコール	アルコール類	107-21-1
15		sym-ジクロロエタン	1,2-ジクロロエタン	含ハロゲン類	107-06-2
262		sym-ジブロモエタン	ジブロモエタン	含ハロゲン類	106-93-4
306		sym-テトラブロモエタン	テトラブロモエタン	含ハロゲン類	79-27-6
26		s-オクチルアルコール	2-オクタノール	アルコール類	123-96-6
30		s-ブタノール	2-ブタノール	アルコール類	78-92-2
214		s-ブチルアセテート	酢酸-s-ブチル	エステル類	105-46-4
30		s-ブチルアルコール	2-ブタノール	アルコール類	78-92-2
33		s-ブチルブロマイド	2-ブロモブタン	含ハロゲン類	78-76-2
375		s-ブチルベンゼン	ブチルベンゼン	芳香族炭化水素	n- : 104-51-8
					sec- : 135-98-8
					tert- : 98-06-6
					イソ : 538-93-2
25		s-ヘキサノール	2-エチルブタノール	アルコール類	97-95-0
291	T	TALC	タルク	その他	14807-96-6
89		TBA	t-ブタノール	アルコール類	75-65-0
454		TBP	リン酸トリブチル	リン酸エステル類	126-73-8
452		TBXP	リン酸トリス-2-ブトキシエチル	リン酸エステル類	78-51-3
44		TBZ	2-(4-チアゾリル)ベンゾイミダゾール	チアゾール系化合物	148-79-8
13		TCA	1,1,1-トリクロロエタン	含ハロゲン類	71-55-6
17		TCB	1,2,3-トリクロロベンゼン	含ハロゲン類	87-61-6
19		TCB	1,2,4-トリクロロベンゼン	含ハロゲン類	120-82-1
21		TCB	1,3,5-トリクロロベンゼン	含ハロゲン類	108-70-3
42		TCDD	2,3,7,8-テトラクロロジベンゾ-p-ジオキシン	ダイオキシン類	1746-01-6
322		TCE	トリクロロエチレン	含ハロゲン類	79-01-6
451		TCEP	リン酸トリス-2-クロロエチル	リン酸エステル類	115-96-8
450		TCIPP	リン酸トリス(2-クロロイソプロピル)	リン酸エステル類	13674-84-5
38		TCMTB	2-(チオシアノメチルチオ)ベンゾチアゾール	チアゾール系化合物	21564-17-0
447		TCP	リン酸トリクレシル	リン酸エステル類	1330-78-5
448		TDCPP	リン酸トリス(1,3-ジクロロ-2-プロピル)	リン酸エステル類	13674-87-8

別名索引
[T～ア]

no.	索引	別名	化学物質名	分類	CAS No.
325		TDI	トルエンジイソシアネート	イソシアネート化合物	26471-62-5
449		TEHP	リン酸トリス-2-エチルヘキシル	リン酸エステル類	78-42-2
446		TEP	リン酸トリエチル	リン酸エステル類	78-40-0
305		THF	テトラヒドロフラン	フラン類	109-99-9
381		TILT	プロピコナゾール	トリアゾール系化合物	60207-90-1
455		TMP	リン酸トリメチル	リン酸エステル類	512-56-1
323		TOTM	トリメリト酸トリオクチル	エステル類	89-04-3
312		TPA	テレフタル酸	有機酸	100-21-0
453		TPHP	リン酸トリフェニル	リン酸エステル類	115-86-6
200		TPN	クロロタロニル	含ハロゲン類	1897-45-6
89		t-ブチルアルコール	t-ブタノール	アルコール類	75-65-0
34		t-ブチルブロミド	2-ブロモ-2-メチルプロパン	含ハロゲン類	507-19-7
375		t-ブチルベンゼン	ブチルベンゼン	芳香族炭化水素	n- : 104-51-8 sec- : 135-98-8 tert- : 98-06-6 イソ : 538-93-2
429		t-ブチルメチルエーテル	メチル-t-ブチルエーテル	エーテル類	1634-04-4
161	V	VCM	塩化ビニル	含ハロゲン類	75-01-4
339		VZN	バーサチック酸亜鉛	その他	—
	ギリシャ文字順				
263	α	α,ω-ジブロモアルカン	ジブロモブタン	含ハロゲン類	110-52-1
264		α,ω-ジブロモアルカン	ジブロモプロパン	含ハロゲン類	109-64-8
157		α-[(p-エトキシ-β,β-ジメチルフェネチル)オキシ]-m-フェノキシトルエン	エトフェンプロックス	ピレスロイド系殺虫剤	80844-07-1
3		α-ナフトール	1-ナフトール	フェノール類	90-15-3
241	β	β,β'-ジアミノジエチルアミン	ジエチレントリアミン	アミン類	111-40-0
117		β-ケトプロパン	アセトン	ケトン類	67-64-1
347		β-ツヤプリシン	ヒノキチオール	その他	499-44-5
14		β-トリクロロエタン	1,1,2-トリクロロエタン	含ハロゲン類	79-00-5
27		β-ナフトール	2-ナフトール	フェノール類	135-19-3
132		β-メチルブタジエン	イソプレン	脂肪族炭化水素	78-79-5
93	γ	γ-オキシ酪酸ラクトン	γ-ブチロラクトン	エステル類	96-48-0
158		γ-クロロプロピレンオキシド	エピクロロヒドリン	含ハロゲン類	106-89-8
176	ε	ε-アミノカプロラクタム	カプロラクタム	含窒素化合物	105-60-2
176		ε-カプロラクタム	カプロラクタム	含窒素化合物	105-60-2
	アイウエオ順				
94	ア	亜鉛	亜鉛	重金属	7440-66-6
227		亜鉛華	酸化亜鉛	その他	1314-13-2
227		亜鉛箔	酸化亜鉛	その他	1314-13-2
100		アクリル酸ニトリル	アクリロニトリル	含窒素化合物	107-13-1
98		アクリル酸ノルマルブチル	アクリル酸-n-ブチル	(メタ)アクリル酸エステル類	141-32-2

423

別名索引
[ア～イ]

no.	索引	別名	化学物質名	分類	CAS No.
98		アクリル酸ブチル	アクリル酸-n-ブチル	(メタ)アクリル酸エステル類	141-32-2
100		アクリロニトリル	アクリロニトリル	含窒素化合物	107-13-1
108		アジピン酸-2-エチルヘキシル	アジピン酸ジオクチル	アジピン酸エステル類	103-23-1
108		アジピン酸ジ-2-エチルヘキシル	アジピン酸ジオクチル	アジピン酸エステル類	103-23-1
108		アジピン酸ジエチルヘキシル	アジピン酸ジオクチル	アジピン酸エステル類	103-23-1
103		アジピン酸ジノルマルヘキシル	アジピン酸ジ-n-ヘキシル	アジピン酸エステル類	110-33-8
103		アジピン酸ジヘキシル	アジピン酸ジ-n-ヘキシル	アジピン酸エステル類	110-33-8
108		アジピン酸ビス(2-エチルヘキシル)	アジピン酸ジオクチル	アジピン酸エステル類	103-23-1
108		アジピン酸ビス2-ヘチルヘキシル	アジピン酸ジオクチル	アジピン酸エステル類	103-23-1
111		アスファルトヒューム	アスファルト	その他	8052-42-4
273		アスベスト	白石綿	その他	12001-29-5
281		アスベスト	青石綿	その他	12001-28-4
294		アスベスト	茶石綿	その他	12172-73-5
306		アセチレンテトラブロマイド	テトラブロモエタン	含ハロゲン類	79-27-6
172		アセチレンブラック	カーボンブラック	その他	1333-86-4
116		アセトフェノン	アセトフェノン	ケトン類	98-86-2
118		アゼライン酸ジ-2-エチルヘキシル	アゼライン酸ジオクチル	エステル類	103-24-2
118		アゼライン酸ビス(2-エチルヘキシル)	アゼライン酸ジオクチル	エステル類	103-24-2
118		アゼライン酸ビス-2-エチルヘキシル	アゼライン酸ジオクチル	エステル類	103-24-2
119		アゾビスイソブチロニトリル	アゾビスイソブチロニトリル	含窒素化合物	78-67-1
273		温石綿	白石綿	その他	12001-29-5
244		アノール	シクロヘキサノール	アルコール類	108-93-0
245		アノン	シクロヘキサノン	ケトン類	108-94-1
120		アマニ油	亜麻仁油	その他	8001-26-1
424		アミルメチルケトン	メチル-n-アミルケトン	ケトン類	110-43-0
294		アモサイト	茶石綿	その他	12172-73-5
163		アルキルジメチルベンジルアンモニウムクロリド	塩化ベンザルコニウム	第4級アンモニウム塩	8001-54-5
391		アルファ-ヒドロキシトルエン	ベンジルアルコール	アルコール類	100-51-6
91		アルファ-ピネン	α-ピネン	テルペン類	80-56-8
418		アルファ-メチルアクリル酸	メタクリル酸	(メタ)アクリル酸エステル類	79-41-4
123		アンチモン	アンチモン	重金属	7440-36-0
124		アンモニア	アンモニア	その他	7664-41-7
125	イ	硫黄	硫黄	その他	7704-34-9
136		イソアセトフォロン	イソホロン	ケトン類	78-59-1
136		イソアセトホロン	イソホロン	ケトン類	78-59-1
127		イソオクタノール	イソオクチルアルコール	アルコール類	26952-21-6
41		イソオクタン	2,2,4-トリメチルペンタン	脂肪族炭化水素	540-84-1
127		イソオクチルアルコール(異性体混合物)	イソオクチルアルコール	アルコール類	26952-21-6
128		イソキノリン	イソキノリン	含窒素化合物	119-65-3

別名索引
[イ～エ]

no.	索引	別名	化学物質名	分類	CAS No.
73		イソキュメン	n-プロピルベンゼン	芳香族炭化水素	103-65-1
73		イソクメン	n-プロピルベンゼン	芳香族炭化水素	103-65-1
178		イソチモール	カルバクロール	フェノール類	499-75-2
308		イソデュレン(1,2,3,5-)	テトラメチルベンゼン	芳香族炭化水素	1,2,3,5-：527-53-7
					1,2,4,5-：95-93-2
27		イソナフトール	2-ナフトール	フェノール類	135-19-3
28		イソニトロプロパン	2-ニトロプロパン	含窒素化合物	79-46-9
130		イソブタノール	イソブチルアルコール	アルコール類	78-83-1
129		イソブチルアミン	イソブチルアミン	アミン類	78-81-9
41		イソブチルトリメチルメタン	2,2,4-トリメチルペンタン	脂肪族炭化水素	540-84-1
6		イソブチルブロミド	1-ブロモ-2-メチルプロパン	含ハロゲン類	78-77-3
375		イソブチルベンゼン	ブチルベンゼン	芳香族炭化水素	n-：104-51-8
					sec-：135-98-8
					tert-：98-06-6
					イソ：538-93-2
54		イソブチルメチルカルビノール	4-メチル-2-ペンタノール	アルコール類	108-11-2
430		イソブチルメチルケトン	メチルイソブチルケトン	ケトン類	108-10-1
54		イソブチルメチルメタノール	4-メチル-2-ペンタノール	アルコール類	108-11-2
301		イソブチレート	テキサノール	エステル類	25265-77-4
131		イソブテン	イソブチレン	脂肪族炭化水素	115-11-7
133		イソプロパノール	イソプロピルアルコール	アルコール類	67-63-0
32		イソプロピルグリコール	2-プロポキシエタノール	エーテル類	2807-30-9
134		イソプロピルグリコール	イソプロピルセロソルブ	エーテル類	109-59-1
32		イソプロピルセロソルブ	2-プロポキシエタノール	エーテル類	2807-30-9
87		イソプロピルトルエン	p-シメン	芳香族炭化水素	99-87-6
134		イソプロポキシエタノール	イソプロピルセロソルブ	エーテル類	109-59-1
436		イソヘキサン	メチルペンタン	脂肪族炭化水素	2-：107-83-5
					3-：96-14-0
126		イソペンチルアルコール	イソアミルアルコール	アルコール類	123-51-3
220		イソペンチルアルコール酢酸塩	酢酸イソペンチル	エステル類	123-92-2
138		一酸化炭素	一酸化炭素	その他	630-08-0
140		イミダゾール	イミダゾール	含窒素化合物	288-32-4
142	ウ	ウルシオール	ウルシオール	その他	53237-59-5
335		ウレア	尿素	その他	57-13-6
61		ウンデカン	n-ウンデカン	脂肪族炭化水素	1120-21-4
60	エ	液化石油ガス	LPG（C3-C4炭化水素混合物）	脂肪族炭化水素	68476-85-7
114		エタナール	アセトアルデヒド	アルデヒド類	75-07-0
191		エタンジアール	グリオキサール	アルデヒド類	107-22-2
115		エタンニトリル	アセトニトリル	含窒素化合物	75-05-8
208		エタン酸	酢酸	有機酸	64-19-7
115		エタン酸ニトリル	アセトニトリル	含窒素化合物	75-05-8
322		エチニルトリクロライド	トリクロロエチレン	含ハロゲン類	79-01-6
11		エチリデンクロライド	1,1-ジクロロエタン	含ハロゲン類	75-34-3
11		エチリデンクロリド	1,1-ジクロロエタン	含ハロゲン類	75-34-3
11		エチリデンジクロライド	1,1-ジクロロエタン	含ハロゲン類	75-34-3
15		エチリデンジクロライド	1,2-ジクロロエタン	含ハロゲン類	107-06-2

別名索引
[エ～エ]

no.	索引 別名	化学物質名	分類	CAS No.
99	エチルアクリレート	アクリル酸エチル	(メタ)アクリル酸エステル類	140-88-5
143	エチルアルコール	エタノール	アルコール類	64-17-5
114	エチルアルデヒド	アセトアルデヒド	アルデヒド類	75-07-0
145	エチルグリコール	エチルセロソルブ	エーテル類	110-80-5
238	エチルジグリコール	ジエチレングリコールモノエチルエーテル	エーテル類	111-90-0
320	エチルトリグリコール	トリエチレングリコールモノエチルエーテル	エーテル類	112-50-5
148	エチルトルエン	エチルメチルベンゼン	芳香族炭化水素	o-：611-14-3 m-：620-14-4 p-：622-96-8
147	エチルベンゾール	エチルベンゼン	芳香族炭化水素	100-41-4
421	エチルメタクリラート	メタクリル酸エチル	(メタ)アクリル酸エステル類	97-63-2
421	エチルメタクリレート	メタクリル酸エチル	(メタ)アクリル酸エステル類	97-63-2
431	エチルメチルケトン	メチルエチルケトン	ケトン類	78-93-3
96	エチレンカルボン酸	アクリル酸	(メタ)アクリル酸エステル類	79-10-7
155	エチレングリコール-n-ヘキシルエーテル	エチレングリコールモノヘキシルエーテル	エーテル類	112-25-4
210	エチレングリコールアセテート	酢酸2-エトキシエチル	エステル類	111-15-9
32	エチレングリコールイソプロピルエーテル	2-プロポキシエタノール	エーテル類	2807-30-9
134	エチレングリコールイソプロピルエーテル	イソプロピルセロソルブ	エーテル類	109-59-1
134	エチレングリコールモノイソプロピルエーテル	イソプロピルセロソルブ	エーテル類	109-59-1
145	エチレングリコールモノエチルエーテル	エチルセロソルブ	エーテル類	110-80-5
210	エチレングリコールモノエチルエーテルアセテート	酢酸2-エトキシエチル	エステル類	111-15-9
154	エチレングリコールモノフェニルエーテル	エチレングリコールモノフェニルエーテル	エーテル類	122-99-6
374	エチレングリコールモノブチルエーテル	ブチルセロソルブ	エーテル類	111-76-2
32	エチレングリコールモノプロピルエーテル	2-プロポキシエタノール	エーテル類	2807-30-9
435	エチレングリコールモノメチルエーテル	メチルセロソルブ	エーテル類	109-86-4
151	エチレングリコール酢酸エステル	エチレングリコールジアセテート	エステル類	111-55-7
151	エチレンジアセテート	エチレングリコールジアセテート	エステル類	111-55-7
151	エチレンジアセテート	エチレングリコールジアセテート	エステル類	111-46-6
236	エチレンジグリコール	ジエチレングリコール	アルコール類	111-46-6
262	エチレンジブロマイド	ジブロモエタン	含ハロゲン類	106-93-4
262	エチレンジブロミド	ジブロモエタン	含ハロゲン類	106-93-4
304	エチレンテトラクロリド	テトラクロロエチレン	含ハロゲン類	127-18-4

別名索引
[エ～カ]

no.	索引	別名	化学物質名	分類	CAS No.
278		エテニルベンゼン	スチレン	芳香族炭化水素	100-42-5
149		エテン	エチレン	脂肪族炭化水素	74-85-1
320		エトキシトリグリコール	トリエチレングリコールモノエチルエーテル	エーテル類	112-50-5
157		エトキシプロフェン	エトフェンプロックス	ピレスロイド系殺虫剤	80844-07-1
422		エムエムエー	メタクリル酸メチル	(メタ)アクリル酸エステル類	80-62-6
360		エリスレン	ブタジエン	脂肪族炭化水素	106-99-0
162		塩化-n-ブチル	塩化ブチル	含ハロゲン類	109-69-3
163		塩化アルキルジメチルベンジルアンモニウム	塩化ベンザルコニウム	第4級アンモニウム塩	8001-54-5
11		塩化エチリデン	1,1-ジクロロエタン	含ハロゲン類	75-34-3
252		塩化ジデシルジメチルアンモニウム	ジデシルジメチルアンモニウムクロライド	第4級アンモニウム塩	7173-51-5
12		塩化ビニリデン	1,1-ジクロロエチレン	含ハロゲン類	75-35-4
161		塩化ビニルモノマー	塩化ビニル	含ハロゲン類	75-01-4
202		塩化フェニル	クロロベンゼン	含ハロゲン類	108-90-7
16		塩化プロピレン	1,2-ジクロロプロパン	含ハロゲン類	78-87-5
202		塩化ベンゼン	クロロベンゼン	含ハロゲン類	108-90-7
249		塩化メチレン	ジクロロメタン	含ハロゲン類	75-09-2
165		塩素	塩素	その他	7782-50-5
160		塩素化パラフィン	塩化パラフィン	含ハロゲン類	63449-39-8
160		塩パラ	塩化パラフィン	含ハロゲン類	63449-39-8
161		塩ビモノマー	塩化ビニル	含ハロゲン類	75-01-4
194	オ	オキシトルエン	クレゾール	芳香族炭化水素	1319-77-3 o-：95-48-7 m-：108-39-4 p-：106-44-5
356		オキシベンゼン	フェノール	フェノール類	108-95-2
63		オクタノール	n-オクタノール	アルコール類	111-87-5
64		オクタン	n-オクタン	脂肪族炭化水素	111-65-9
39		オクチルアルコール	2-エチル-1-ヘキサノール	アルコール類	104-76-7
63		オクチルアルコール	n-オクタノール	アルコール類	111-87-5
1		オクテン	1-オクテン	脂肪族炭化水素	111-66-0
168		オゾン	オゾン	その他	10028-15-6
405		オルソホウ酸	ホウ酸	ホウ素化合物	10043-35-3
405		オルトホウ酸	ホウ酸	ホウ素化合物	10043-35-3
171		オレンジ花油	オレンジ油	その他	8008-57-9
243	カ	カーボンテトラクロリド	四塩化炭素	含ハロゲン類	56-23-5
173		過酸化水素	過酸化水素	その他	7722-84-1
332		過酸化窒素	二酸化窒素	その他	10102-44-0
277		苛性ソーダ	水酸化ナトリウム	その他	1310-73-2
227		活性亜鉛華	酸化亜鉛	その他	1314-13-2
291		滑石	タルク	その他	14807-96-6
175		カドミウム	カドミウム	重金属	7440-43-9
185		カプタン	キャプタン	含ハロゲン類	133-06-2

427

別名索引
[カ～ク]

no.	索引	別名	化学物質名	分類	CAS No.
297		カプリンアルデヒド	デカナール	アルデヒド類	112-31-2
8		カプロンアルデヒド	1-ヘキサナール	アルデヒド類	66-25-1
300		カプロン酸	デカン酸	有機酸	334-48-5
177		カルナウバワックス	カルナバ蝋	脂肪族炭化水素	8015-86-9
239		カルビトールアセテート	ジエチレングリコールモノエチルエーテルアセテート	エステル類	112-15-2
356		カルボール	フェノール	フェノール類	108-95-2
180		カルボキシ水素酸	ギ酸	有機酸	64-18-6
335		カルボニルアミド	尿素	その他	57-13-6
271		カンフラ油	ショウ脳油	その他	8008-51-3
459		岩綿	ロックウール	その他	—
182	キ	キシロール	キシレン	芳香族炭化水素	1330-20-7
346		キノール	ヒドロキノン	フェノール類	123-31-9
135		キュメン	イソプロピルベンゼン	芳香族炭化水素	98-82-8
186		桐油	桐油	その他	8001-20-5
409		ギ酸アミド	ホルムアミド	含窒素化合物	75-12-7
280		ギ酸ニトリル	青酸ガス	その他	74-90-8
188	ク	くえん酸	クエン酸	有機酸	77-92-9
113		クエン酸アセチルトリブチル	アセチルクエン酸トリブチル	エステル類	77-90-7
189		クエン酸トリ-n-ブチル	クエン酸トリブチル	エステル類	77-94-1
135		クメン	イソプロピルベンゼン	芳香族炭化水素	98-82-8
135		クモール	イソプロピルベンゼン	芳香族炭化水素	98-82-8
190		グラスウール	グラスウール	その他	—
191		グリオキザール	グリオキサール	アルデヒド類	107-22-2
151		グリコールジアセテート	エチレングリコールジアセテート	エステル類	111-55-7
435		グリコールメチルエーテル	メチルセロソルブ	エーテル類	109-86-4
205		クリストバライト	結晶性シリカ	その他	14464-46-1
205		クリストバル石	結晶性シリカ	その他	14464-46-1
273		クリソタイル	白石綿	その他	12001-29-5
192		グルタラール	グルタルアルデヒド	アルデヒド類	111-30-8
192		グルタル酸ジアルデヒド	グルタルアルデヒド	アルデヒド類	111-30-8
194		クレゾール酸	クレゾール	芳香族炭化水素	1319-77-3 o-：95-48-7 m-：108-39-4 p-：106-44-5
281		クロシドライト	青石綿	その他	12001-28-4
458		クロム	六価クロム	重金属	7440-47-3
202		クロルベンゾール	クロロベンゼン	含ハロゲン類	108-90-7
164		クロルメチル	塩化メチル	含ハロゲン類	74-87-3
161		クロロエチレン	塩化ビニル	含ハロゲン類	75-01-4
161		クロロエテン	塩化ビニル	含ハロゲン類	75-01-4
160		クロロパラフィン	塩化パラフィン	含ハロゲン類	63449-39-8
201		クロロブタジエン	クロロプレン	含ハロゲン類	126-99-8
164		クロロメタン	塩化メチル	含ハロゲン類	74-87-3
164		クロロメチル	塩化メチル	含ハロゲン類	74-87-3
158		クロロメチルオキシラン	エピクロロヒドリン	含ハロゲン類	106-89-8

別名索引
[ケ～サ]

no.	索引	別名	化学物質名	分類	CAS No.
204	ケ	ケイソウド	珪藻土（未焼成品）	その他	61790-53-2
314		軽油	灯油	芳香族炭化水素	8008-20-6
206		月桃精油	月桃精油	その他	―
245		ケトシクロヘキサン	シクロヘキサノン	ケトン類	108-94-1
117		ケトプロパン	アセトン	ケトン類	67-64-1
245		ケトヘキサメチレン	シクロヘキサノン	ケトン類	108-94-1
250		ケルセン	ジコホル	有機塩素系殺虫剤	115-32-2
314		ケロシン	灯油	芳香族炭化水素	8008-20-6
314		ケロセン	灯油	芳香族炭化水素	8008-20-6
314		ケロセンオイル	灯油	芳香族炭化水素	8008-20-6
193	コ	コールタールクレオソート	クレオソート油	芳香族炭化水素	8001-58-9
289		コールタールナフサ	ソルベントナフサ	芳香族炭化水素	65996-79-4
207		コールタールピッチ	コールタールピッチ	その他	65996-93-2
228		黒色酸化銅	酸化第二銅	その他	1317-38-0
342		固形パラフィン	パラフィンワックス	脂肪族炭化水素	8002-74-2
187		コブトール	キントゼン	含ハロゲン類	82-68-8
334		コロジオン	ニトロセルロース	高分子化合物	9004-70-0
44	サ	サイアベンダゾール	2-(4-チアゾリル)ベンゾイミダゾール	チアゾール系化合物	148-79-8
221		サクエチ	酢酸エチル	エステル類	141-78-6
239		酢酸-2-(2-エトキシエトキシ)エチル	ジエチレングリコールモノエチルエーテルアセテート	エステル類	112-15-2
220		酢酸3-メチルブチル	酢酸イソペンチル	エステル類	123-92-2
216		酢酸-n-アミル	酢酸-n-ペンチル	エステル類	628-63-7
214		酢酸-sec-ブチル	酢酸-s-ブチル	エステル類	105-46-4
216		酢酸アミル	酢酸-n-ペンチル	エステル類	628-63-7
114		酢酸アルデヒド	アセトアルデヒド	アルデヒド類	75-07-0
220		酢酸イソアミル	酢酸イソペンチル	エステル類	123-92-2
218		酢酸イソブチル	酢酸イソブチル	エステル類	110-19-0
214		酢酸イソブチルエステル	酢酸-s-ブチル	エステル類	105-46-4
219		酢酸イソプロピル	酢酸イソプロピル	エステル類	108-21-4
210		酢酸エチルセロソルブ	酢酸2-エトキシエチル	エステル類	111-15-9
210		酢酸エチレングリコールモノエチルエーテル	酢酸2-エトキシエチル	エステル類	111-15-9
239		酢酸ジエチレングリコールモノエチルエーテル	ジエチレングリコールモノエチルエーテルアセテート	エステル類	112-15-2
223		酢酸シクロヘキサノール	酢酸シクロヘキシル	エステル類	622-45-7
223		酢酸シクロヘキシルエステル	酢酸シクロヘキシル	エステル類	622-45-7
213		酢酸ノルマルブチル	酢酸-n-ブチル	エステル類	123-86-4
213		酢酸ブチル	酢酸-n-ブチル	エステル類	123-86-4
212		酢酸プロピル	酢酸-n-プロピル	エステル類	109-60-4
216		酢酸ペンチル	酢酸-n-ペンチル	エステル類	628-63-7
217		酢酸ペンチル	酢酸アミル（異性体混合物）	エステル類	酢酸3-アミル：620-11-1 酢酸sec-アミル：53496-15-4 酢酸tert-アミル：625-16-1
226		酢酸メチル	酢酸メチル	エステル類	79-20-9

別名索引
[サ～シ]

no.	索引	別名	化学物質名	分類	CAS No.
213		サクブチ	酢酸-n-ブチル	エステル類	123-86-4
215		サクブチ	酢酸-t-ブチル	エステル類	540-88-5
322		三塩化エチレン	トリクロロエチレン	含ハロゲン類	79-01-6
322		三塩化エテン	トリクロロエチレン	含ハロゲン類	79-01-6
17		三塩化ベンゼン	1,2,3-トリクロロベンゼン	含ハロゲン類	87-61-6
19		三塩化ベンゼン	1,2,4-トリクロロベンゼン	含ハロゲン類	120-82-1
21		三塩化ベンゼン	1,3,5-トリクロロベンゼン	含ハロゲン類	108-70-3
228		酸化銅	酸化第二銅	その他	1317-38-0
228		酸化銅（Ⅱ）	酸化第二銅	その他	1317-38-0
417		酸化メシチル	メシチルオキシド（4-メチル-3-ペンテン-2-オン）	ケトン類	141-79-7
7		サンプラス	1-ブロモ-3-エトキシカルボニルオキシ-1,2-ジヨード-1-プロペン	有機ヨウ素	52465-53-1
118	シ	ジ-2-エチルヘキシルアゼレート	アゼライン酸ジオクチル	エステル類	103-24-2
362		ジ-2-エチルヘキシルフタレート	フタル酸ジ-2-エチルヘキシル	フタル酸エステル類	117-81-7
412		ジ-2-エチルヘキシルマレート	マレイン酸ジオクチル	エステル類	142-16-5
229		ジ-n-ブチルアミン	ジ-n-ブチルアミン	アミン類	111-92-2
363		ジ-n-ブチルフタレート	フタル酸ジ-n-ブチル	フタル酸エステル類	84-74-2
364		ジ-n-ヘプチルフタレート	フタル酸ジ-n-ヘプチル	フタル酸エステル類	3648-21-3
438		シアヌルアマイド	メラミン	含窒素化合物	108-78-1
438		シアヌルアミド	メラミン	含窒素化合物	108-78-1
100		シアノエチレン	アクリロニトリル	含窒素化合物	107-13-1
115		シアノメタン	アセトニトリル	含窒素化合物	75-05-8
100		シアン化エチレン	アクリロニトリル	含窒素化合物	107-13-1
100		シアン化ビニル	アクリロニトリル	含窒素化合物	107-13-1
379		シアン化エチル	プロピオニトリル	含窒素化合物	107-12-0
115		シアン化メタン	アセトニトリル	含窒素化合物	75-05-8
115		シアン化メチル	アセトニトリル	含窒素化合物	75-05-8
280		シアン化水素	青酸ガス	その他	74-90-8
365		ジイソオクチルフタレート	フタル酸ジイソオクチル	フタル酸エステル類	27554-26-3
104		ジイソデシルアジペート	アジピン酸ジイソデシル	アジピン酸エステル類	27178-16-1
366		ジイソデシルフタレート	フタル酸ジイソデシル	フタル酸エステル類	26761-40-0
105		ジイソノニルアジペート	アジピン酸ジイソノニル	アジピン酸エステル類	33703-08-1
367		ジイソノニルフタレート	フタル酸ジイソノニル	フタル酸エステル類	28553-12-0
106		ジイソブチルアジペート	アジピン酸ジイソブチル	アジピン酸エステル類	141-04-8
368		ジイソブチルフタレート	フタル酸ジイソブチル	フタル酸エステル類	84-69-5
269		ジイソプロピルカルビノール	ジメチルペンタノール	アルコール類	600-36-2
248		ジエチル-2,4-ジクロロフェニルチオホスファート	ジクロロフェンチオン	有機リン系殺虫剤	97-17-6
197		ジエチル-3,5,6-トリクロロ-2-ピリジルチオホスフエイト	クロルピリホス	有機リン系殺虫剤	2921-88-2
107		ジエチルアジペート	アジピン酸ジエチル	アジピン酸エステル類	141-28-6
152		ジエチルセロソルブ	エチレングリコールジエチルエーテル	エーテル類	629-14-1
369		ジエチルフタレート	フタル酸ジエチル	フタル酸エステル類	84-66-2
23		ジエチレンエーテル	1,4-ジオキサン	エーテル類	123-91-1

430

別名索引
[シ〜シ]

no.	索引	別名	化学物質名	分類	CAS No.
	23	ジエチレンオキサイド	1,4-ジオキサン	エーテル類	123-91-1
	31	ジエチレングリコールブチルエーテル	2-ブトキシエトキシエタノール	エーテル類	112-34-5
	31	ジエチレングリコールモノブチルエーテル	2-ブトキシエトキシエタノール	エーテル類	112-34-5
	222	ジエチレングリコールモノブチルエーテルアセタート	酢酸ジエチレングリコールモノブチルエーテル	エステル類	124-17-4
	222	ジエチレングリコールモノブチルエーテルアセテート	酢酸ジエチレングリコールモノブチルエーテル	エステル類	124-17-4
	234	ジエチロールアミン	ジエタノールアミン	アミン類	111-42-2
	304	四塩化エチレン	テトラクロロエチレン	含ハロゲン類	127-18-4
	23	ジオキサン	1,4-ジオキサン	エーテル類	123-91-1
	23	ジオキシエチレンエーテル	1,4-ジオキサン	エーテル類	123-91-1
	108	ジオクチルアジペート	アジピン酸ジオクチル	アジピン酸エステル類	103-23-1
	118	ジオクチルアゼレート	アゼライン酸ジオクチル	エステル類	103-24-2
	286	ジオクチルセバケート	セバシン酸ジオクチル	セバシン酸エステル類	122-62-3
	239	ジグリコールモノエチルエーテルアセテート	ジエチレングリコールモノエチルエーテルアセテート	エステル類	112-15-2
	248	ジクロロフェンチオン	ジクロロフェンチオン	有機リン系殺虫剤	97-17-6
	376	シクロプロパンカルボン酸	プラレトリン	ピレスロイド系殺虫剤	23031-36-9
	223	シクロヘキシルアセテート	酢酸シクロヘキシル	エステル類	622-45-7
	432	シクロヘキシルメタン	メチルシクロヘキサン	環状アルカン	108-87-2
	299	ジクロロ(4,4,0)デカン	デカリン	環状アルカン	91-17-8
	11	ジクロロエタン	1,1-ジクロロエタン	含ハロゲン類	75-34-3
	15	ジクロロエタン	1,2-ジクロロエタン	含ハロゲン類	107-06-2
	12	ジクロロエチレン	1,1-ジクロロエチレン	含ハロゲン類	75-35-4
	243	四クロロメタン	四塩化炭素	含ハロゲン類	56-23-5
	250	ジコホール	ジコホル	有機塩素系殺虫剤	115-32-2
	370	ジシクロヘキシルフタレート	フタル酸ジシクロヘキシル	フタル酸エステル類	84-61-7
	306	四臭化アセチレン	テトラブロモエタン	含ハロゲン類	79-27-6
	306	四臭化エタン	テトラブロモエタン	含ハロゲン類	79-27-6
	170	シス-9-オクタデセン酸	オレイン酸	有機酸	112-80-1
	103	ジノルマルヘキシルアジペート	アジピン酸ジ-n-ヘキシル	アジピン酸エステル類	110-33-8
	236	ジヒドロキシジエチルエーテル	ジエチレングリコール	アルコール類	111-46-6
	360	ジビニル	ブタジエン	脂肪族炭化水素	106-99-0
	57	ジフェニルメタンジイソシアネート	4,4'-ジフェニルメタンジイソシアネート	イソシアネート化合物	101-68-8
	256	シフェノトリン	シフェノトリン	ピレスロイド系殺虫剤	39515-40-7
	109	ジブチルアジペート	アジピン酸ジブチル	アジピン酸エステル類	105-99-7
	363	ジブチルフタレート	フタル酸ジ-n-ブチル	フタル酸エステル類	84-74-2
	230	ジプロピルケトン	ジ-n-プロピルケトン	ケトン類	123-19-3
	261	ジプロピレングリコールメチルエーテル	ジプロピレングリコールモノメチルエーテル	エーテル類	34590-94-8
	199	ジブロモクロロメタン	クロロジブロモメタン	含ハロゲン類	124-48-1
	103	ジヘキシルアジペート	アジピン酸ジ-n-ヘキシル	アジピン酸エステル類	110-33-8
	364	ジヘプチルフタレート	フタル酸ジ-n-ヘプチル	フタル酸エステル類	3648-21-3
	290	ジムピレート	ダイアジノン	有機リン系殺虫剤	333-41-5

431

別名索引
[シ～セ]

no.	索引	別名	化学物質名	分類	CAS No.
247		ジメチル-2,2-ジクロルビニルホスフェイト	ジクロルボス	有機リン系殺虫剤	62-73-7
247		ジメチル-2,2-ジクロロビニルホスフェート	ジクロルボス	有機リン系殺虫剤	62-73-7
359		ジメチル-4-メチルメルカプト-3-メチルフェニルチオホスフェイト	フェンチオン	有機リン系殺虫剤	55-38-9
110		ジメチルアジペート	アジピン酸ジメチル	アジピン酸エステル類	627-93-0
84		ジメチルアニリン	N,N-ジメチルアニリン	含窒素化合物	121-69-7
133		ジメチルカルビノール	イソプロピルアルコール	アルコール類	67-63-0
117		ジメチルケタール	アセトン	ケトン類	67-64-1
117		ジメチルケトン	アセトン	ケトン類	67-64-1
247		ジメチルジクロルビニルホスフェート	ジクロルボス	有機リン系殺虫剤	62-73-7
28		ジメチルニトロメタン	2-ニトロプロパン	含窒素化合物	79-46-9
181		ジメチルフェノール	キシレノール	フェノール類	1300-71-6
371		ジメチルフタレート	フタル酸ジメチル	フタル酸エステル類	131-11-3
85		ジメチルホルムアマイド	N,N-ジメチルホルムアミド	含窒素化合物	68-12-2
85		ジメチルホルムアミド	N,N-ジメチルホルムアミド	含窒素化合物	68-12-2
156		ジメチレンジアミン	エチレンジアミン	アミン類	107-15-3
87		シメン	p-シメン	芳香族炭化水素	99-87-6
20		シュードキュメン	1,2,4-トリメチルベンゼン	芳香族炭化水素	95-63-6
92		シュードピネン	β-ピネン	テルペン類	127-91-3
33		臭化s-ブチル	2-ブロモブタン	含ハロゲン類	78-76-2
34		臭化t-ブチル	2-ブロモ-2-メチルプロパン	含ハロゲン類	507-19-7
6		臭化イソブチル	1-ブロモ-2-メチルプロパン	含ハロゲン類	78-77-3
387		臭化フェニル	ブロモベンゼン	含ハロゲン類	108-86-1
334		硝化綿	ニトロセルロース	高分子化合物	9004-70-0
334		硝酸セルロース	ニトロセルロース	高分子化合物	9004-70-0
334		硝酸繊維素	ニトロセルロース	高分子化合物	9004-70-0
311		しょうせい油	テレビン油	芳香族炭化水素	8006-64-2
271		樟脳油	ショウ脳油	その他	8008-51-3
257		ジラウリン酸ジブチルスズ	ジブチルスズジラウレート	その他	77-58-7
282		シリカ	石英	その他	14808-60-7
278		シンナメン	スチレン	芳香族炭化水素	100-42-5
275	ス	水銀	水銀	重金属	7439-97-6
276		水酸化銅	水酸化第二銅	その他	20427-59-2
278		スチレンモノマー	スチレン	芳香族炭化水素	100-42-5
278		スチロール	スチレン	芳香族炭化水素	100-42-5
291		ステアタイト	タルク	その他	14807-96-6
279		ステアリン酸n-ブチル	ステアリン酸ブチル	エステル類	123-95-5
355		スミチオン	フェニトロチオン	有機リン系殺虫剤	122-14-5
66	セ	セイデカン	n-デカン	脂肪族炭化水素	124-18-5
5		セイブタノール	1-ブタノール	アルコール類	71-36-3
405		セイホウ酸	ホウ酸	ホウ素化合物	10043-35-3
356		石炭酸	フェノール	フェノール類	108-95-2
273		石綿	白石綿	その他	12001-29-5

432

別名索引
[セ〜チ]

no.	索引	別名	化学物質名	分類	CAS No.
281		石綿	青石綿	その他	12001-28-4
294		石綿	茶石綿	その他	12172-73-5
314		石油	灯油	芳香族炭化水素	8008-20-6
326		石油ナフサ	ナフサ	芳香族炭化水素	8030-30-6
314		石油留分または残油の水素化精製、改質または分解により得られる灯油	灯油	芳香族炭化水素	8008-20-6
414		石油留分または残油の水素化精製・改質または分解により得られる灯油	ミネラルスピリット	脂肪族炭化水素	64742-47-8
414		石油留分を水素化精製または分解する際の残油重合ガソリンまたはアルキレートを製造する際の残油	ミネラルスピリット	脂肪族炭化水素	64742-47-8
342		セキロウ	パラフィンワックス	脂肪族炭化水素	8002-74-2
285		セドロール	セドロール	その他	77-53-2
287		セバシン酸n-ブチル	セバシン酸ジブチル	セバシン酸エステル類	109-43-3
286		セバシン酸ジ-2-エチルヘキシル	セバシン酸ジオクチル	セバシン酸エステル類	122-62-3
286		セバチン酸ジオクチル	セバシン酸ジオクチル	セバシン酸エステル類	122-62-3
287		セバチン酸ジブチル	セバシン酸ジブチル	セバシン酸エステル類	109-43-3
286		セバチン酸ビス(2-エチルヘキシル)	セバシン酸ジオクチル	セバシン酸エステル類	122-62-3
286		セバチン酸ビス-2-エチルヘキシル	セバシン酸ジオクチル	セバシン酸エステル類	122-62-3
242		セラック	シェラック	その他	9000-59-3
288		セレニウム	セレン	重金属	7782-49-2
210		セロソルブアセテート	酢酸2-エトキシエチル	エステル類	111-15-9
179		繊維素グリコール酸ナトリウム	カルボキシメチルセルロースナトリウム	その他	9004-32-4
291	ソ	ソープストーン	タルク	その他	14807-96-6
311	タ	ターペン油	テレビン油	芳香族炭化水素	8006-64-2
30		ダイ2ブタノール	2-ブタノール	アルコール類	78-92-2
89		第3ブタノール	t-ブタノール	アルコール類	75-65-0
291		タルカム	タルク	その他	14807-96-6
292		炭酸塩	炭酸カルシウム	その他	471-34-1
331	チ	炭酸ガス	二酸化炭素	その他	124-38-9
44		チアベンダゾール	2-(4-チアゾリル)ベンゾイミダゾール	チアゾール系化合物	148-79-8
293		チオフラン	チオフェン	その他	110-02-1
197		チオリンサン-O,O-ジエチル-O-3,5,6-トリクロロ-2-ピリジル	クロルピリホス	有機リン系殺虫剤	2921-88-2
290		チオりん酸O,O-ジエチル-O-2-イソプロピル-6-メチル-4-ピリミジニル	ダイアジノン	有機リン系殺虫剤	333-41-5

別名索引
[チ～テ]

no.	索引	別名	化学物質名	分類	CAS No.
351		チオりん酸O,O-ジエチル-O-(6-オキソ-1-フェニル-1,6-ジヒドロ-3-ピリダジニル)	ピリダフェンチオン	有機リン系殺虫剤	119-12-0
197		チオりん酸-O,O-ジエチル-O-3,5,6-トリクロロ-2-ピリジル	クロルピリホス	有機リン系殺虫剤	2921-88-2
407		チオリン酸-O,O-ジエチル-O-アルファ-シアノベンジリデンアミノ	ホキシム	有機リン系殺虫剤	14816-18-3
355		チオりん酸O,O-ジメチル-O-(3-メチル-4-ニトロフェニル)	フェニトロチオン	有機リン系殺虫剤	122-14-5
359		チオりん酸O,O-ジメチル-O-(3-メチル-4-メチルチオフェニル)	フェンチオン	有機リン系殺虫剤	55-38-9
248		チオりん酸o-2,4-ジクロロフェニル-o,o-ジエチル	ジクロロフェンチオン	有機リン系殺虫剤	97-17-6
172		チャンネルブラック	カーボンブラック	その他	1333-86-4
295	ツ	ツヨプセン	ツヨプセン	その他	470-40-6
65	テ	デカノール	n-デカノール	アルコール類	112-30-1
299		デカヒドロナフタレン	デカリン	環状アルカン	91-17-8
298		デカブロモジフェニルオキサイド	デカブロモジフェニルエーテル	含ハロゲン類	1163-19-5
298		デカブロモジフェニルオキシド	デカブロモジフェニルエーテル	含ハロゲン類	1163-19-5
66		デカン	n-デカン	脂肪族炭化水素	124-18-5
65		デシルアルコール	n-デカノール	アルコール類	112-30-1
2		デセン	1-デセン	脂肪族炭化水素	872-05-9
302		テトラエチレンペンタミン	テトラエチレンペンタミン	含窒素化合物	112-57-2
200		テトラクロロイソフタロニトリル	クロロタロニル	含ハロゲン類	1897-45-6
243		テトラクロロメタン	四塩化炭素	含ハロゲン類	56-23-5
67		テトラデカン	n-テトラデカン	脂肪族炭化水素	629-59-4
93		テトラヒドロ-2-フラノン	γ-ブチロラクトン	エステル類	96-48-0
309		テトラヒドロナフタリン	テトラリン	フェノール類	119-64-2
309		テトラヒドロナフタレン	テトラリン	フェノール類	119-64-2
353		テトラヒドロピロール	ピロリジン	含窒素化合物	123-75-1
401		テトラフェン	ベンゾアントラセン	多環芳香族炭化水素	56-55-3
306		テトラブロモアセチレン	テトラブロモエタン	含ハロゲン類	79-27-6
306		テトラブロモエタン	テトラブロモエタン	含ハロゲン類	79-27-6
86		テトラメチルエチレンジアミン	N,N,N',N'-テトラメチルエチレンジアミン	含窒素化合物	110-18-9
263		テトラメチレンジブロマイド	ジブロモブタン	含ハロゲン類	110-52-1
309		テトラリン	テトラリン	フェノール類	119-64-2
308		デュレン(1,2,4,5-)	テトラメチルベンゼン	芳香族炭化水素	1,2,3,5-：527-53-7 1,2,4,5-：95-93-2
311		テルペン油	テレビン油	芳香族炭化水素	8006-64-2
311		テレビン油	テレビン油	芳香族炭化水素	8006-64-2
313		澱粉	でんぷん	その他	9005-25-8 9005-84-9

別名索引

[ト～ト]

no.	索引	別名	化学物質名	分類	CAS No.
171	ト	橙花油	オレンジ油	その他	8008-57-9
227		透明性亜鉛箔	酸化亜鉛	その他	1314-13-2
251		ドデカヒドロジフェニルアミン	ジシクロヘキシルアミン	アミン類	101-83-7
68		ドデカン	n-ドデカン	脂肪族炭化水素	112-40-3
315		ドデシルベンゼン	ドデシルベンゼン	芳香族炭化水素	123-01-3
112		トランス-N-（6-クロロ-3-ピリジルメチル)-N'-シアノ-N-メチルアセトアミジン	アセタミプリド	ネオニコチノイド系殺虫剤	135410-20-7
446		トリエチルホスフェート	リン酸トリエチル	リン酸エステル類	78-40-0
317		トリエチロールアミン	トリエタノールアミン	アミン類	102-71-6
318		トリグリコール	トリエチレングリコール	アルコール類	112-27-6
447		トリクレジルホスフェート	リン酸トリクレジル	リン酸エステル類	1330-78-5
322		トリクレン	トリクロロエチレン	含ハロゲン類	79-01-6
13		トリクロロエタン	1,1,1-トリクロロエタン	含ハロゲン類	71-55-6
14		トリクロロエタン	1,1,2-トリクロロエタン	含ハロゲン類	79-00-5
322		トリクロロエテン	トリクロロエチレン	含ハロゲン類	79-01-6
17		トリクロロベンゼン	1,2,3-トリクロロベンゼン	含ハロゲン類	87-61-6
19		トリクロロベンゼン	1,2,4-トリクロロベンゼン	含ハロゲン類	120-82-1
21		トリクロロベンゼン	1,3,5-トリクロロベンゼン	含ハロゲン類	108-70-3
203		トリクロロメタン	クロロホルム	含ハロゲン類	67-66-3
317		トリス（ヒドロキシエチル）アミン	トリエタノールアミン	アミン類	102-71-6
449		トリス-2-エチルヘキシルホスフェート	リン酸トリス-2-エチルヘキシル	リン酸エステル類	78-42-2
451		トリス-2-クロロエチルホスフェート	リン酸トリス-2-クロロエチル	リン酸エステル類	115-96-8
452		トリス-2-ブトキシエチルホスフェート	リン酸トリス-2-ブトキシエチル	リン酸エステル類	78-51-3
448		トリスジクロロプロピルホスフェート	リン酸トリス(1,3-ジクロロ-2-プロピル)	リン酸エステル類	13674-87-8
317		トリスヒドロキシエチルアミン	トリエタノールアミン	アミン類	102-71-6
69		トリデカン	n-トリデカン	脂肪族炭化水素	629-50-5
317		トリヒドロキシトリエチルアミン	トリエタノールアミン	アミン類	102-71-6
453		トリフェニルホスフェート	リン酸トリフェニル	リン酸エステル類	115-86-6
454		トリブチルホスフェート	リン酸トリブチル	リン酸エステル類	126-73-8
89		トリメチルカルビノール	t-ブタノール	アルコール類	75-65-0
375		トリメチルフェニルメタン	ブチルベンゼン	芳香族炭化水素	n-：104-51-8 sec-：135-98-8 tert-：98-06-6 イソ：538-93-2
18		トリメチルベンゼン	1,2,3-トリメチルベンゼン	芳香族炭化水素	526-73-8
20		トリメチルベンゼン	1,2,4-トリメチルベンゼン	芳香族炭化水素	95-63-6
22		トリメチルベンゼン	1,3,5-トリメチルベンゼン	芳香族炭化水素	108-67-8
455		トリメチルホスフェート	リン酸トリメチル	リン酸エステル類	512-56-1
264		トリメチレンブロミド	ジブロモプロパン	含ハロゲン類	109-64-8
325		トリレンジイソシアネート	トルエンジイソシアネート	イソシアネート化合物	26471-62-5
324		トルオール	トルエン	芳香族炭化水素	108-88-3

別名索引
[ナ～ハ]

no.	索引	別名	化学物質名	分類	CAS No.
327	ナ	ナフタリン	ナフタレン	芳香族炭化水素	91-20-3
27		ナフタレン-2-オール	2-ナフトール	フェノール類	135-19-3
329		ナフテン酸銅塩	ナフテン酸銅	その他	1338-02-9
330		ナマリ	鉛	重金属	7439-92-1
11	ニ	二塩化エチリデン	1,1-ジクロロエタン	含ハロゲン類	75-34-3
15		二塩化カエタン	1,2-ジクロロエタン	含ハロゲン類	107-06-2
16		二塩化プロピレン	1,2-ジクロロプロパン	含ハロゲン類	78-87-5
249		二塩化メタン	ジクロロメタン	含ハロゲン類	75-09-2
249		二塩化メチレン	ジクロロメタン	含ハロゲン類	75-09-2
151		二酢酸エチレングリコール	エチレングリコールジアセテート	エステル類	111-55-7
262		二臭化エチレン	ジブロモエタン	含ハロゲン類	106-93-4
28		ニトロイソプロパン	2-ニトロプロパン	含窒素化合物	79-46-9
333		ニトロエタン	ニトロエタン	含窒素化合物	79-24-3
4		ニトロプロパン	1-ニトロプロパン	含窒素化合物	108-03-2
28		ニトロプロパン	2-ニトロプロパン	含窒素化合物	79-46-9
336		二硫炭	二硫化炭素	その他	75-15-0
201	ネ	ネオプレン	クロロプレン	含ハロゲン類	126-99-8
70	ノ	ノナノール	n-ノナノール	アルコール類	143-08-8
71		ノナン	n-ノナン	脂肪族炭化水素	111-84-2
70		ノニルアルコール	n-ノナノール	アルコール類	143-08-8
338		ノニルフェノール	ノニルフェノール	フェノール類	25154-52-3
92		ノピネン	β-ピネン	テルペン類	127-91-3
300		ノルマルデカン酸	デカン酸	有機酸	334-48-5
404		ノルマルバレルアルデヒド	ペンタナール	アルデヒド類	110-62-3
375		ノルマルブチルベンゼン	ブチルベンゼン	芳香族炭化水素	n- : 104-51-8 sec- : 135-98-8 tert- : 98-06-6 イソ : 538-93-2
73		ノルマルプロピルベンゼン	n-プロピルベンゼン	芳香族炭化水素	103-65-1
76		ノルマルヘキサン	n-ヘキサン	脂肪族炭化水素	110-54-3
389		ノルマルヘキサン酸	ヘキサン酸	有機酸	142-62-1
304	ハ	パークレン	テトラクロロエチレン	含ハロゲン類	127-18-4
304		パークロロエチレン	テトラクロロエチレン	含ハロゲン類	127-18-4
243		パークロロメタン	四塩化炭素	含ハロゲン類	56-23-5
315		ハードアルキルベンゼン	ドデシルベンゼン	芳香族炭化水素	123-01-3
299		パーヒドロナフタレン	デカリン	環状アルカン	91-17-8
390		パーメトリン	ペルメトリン	ピレスロイド系殺虫剤	52645-53-1
386		バイゴン	プロポキスル	カーバメート系殺虫剤	114-26-1
359		バイジット	フェンチオン	有機リン系殺虫剤	55-38-9
259		バイスロイド	シフルトリン	ピレスロイド系殺虫剤	68359-37-5
346		ハイドロキノン	ヒドロキノン	フェノール類	123-31-9
340		八ほう酸ニナトリウム四水和物	八ほう酸ニナトリウム	ホウ素化合物	12008-41-2
358		バッサ	フェノブカルブ	カーバメート系殺虫剤	3766-81-2
220		バナナ油	酢酸イソペンチル	エステル類	123-92-2

別名索引
[ハ〜ヒ]

no.	索引	別名	化学物質名	分類	CAS No.
87		パラシメン	p-シメン	芳香族炭化水素	99-87-6
88		パラミン	p-フェニレンジアミン	アミン類	106-50-3
343		バリウム	バリウム	重金属	7440-39-3
404		バレルアルデヒド	ペンタナール	アルデヒド類	110-62-3
258	ヒ	ビーエイチティー	ジブチルヒドロキシトルエン	芳香族炭化水素	128-37-0
408		ビーシービー	ポリ塩化ビフェニル	高分子化合物	1336-36-3
412		ビス-(2-エチルヘキシル)マレート	マレイン酸ジオクチル	エステル類	142-16-5
108		ビス(2-エチルヘキシルアジペート)	アジピン酸ジオクチル	アジピン酸エステル類	103-23-1
118		ビス(2-エチルヘキシルアゼレート)	アゼライン酸ジオクチル	エステル類	103-24-2
286		ビス(2-エチルヘキシルセバケート)	セバシン酸ジオクチル	セバシン酸エステル類	122-62-3
363		ビス(n-ブチル)フタレート	フタル酸ジ-n-ブチル	フタル酸エステル類	84-74-2
298		ビス(ペンタブロモフェニル)エーテル	デカブロモジフェニルエーテル	含ハロゲン類	1163-19-5
118		ビス-2-エチルヘキシルアゼレート	アゼライン酸ジオクチル	エステル類	103-24-2
286		ビス-2-エチルヘキシルセバケート	セバシン酸ジオクチル	セバシン酸エステル類	122-62-3
52		ビスアミン	3,3'-ジクロロ-4,4'-ジアミノジフェニルメタン	アミン類	101-14-4
234		ビスヒドロキシエチルアミン	ジエタノールアミン	アミン類	111-42-2
345		ヒ素	ヒ素	重金属	7440-38-2
194		ヒドロキシトルエン	クレゾール	芳香族炭化水素	1319-77-3 o-：95-48-7 m-：108-39-4 p-：106-44-5
12		ビニリデンクロライド	1,1-ジクロロエチレン	含ハロゲン類	75-35-4
12		ビニリデンクロリド	1,1-ジクロロエチレン	含ハロゲン類	75-35-4
12		ビニリデンジクロライド	1,1-ジクロロエチレン	含ハロゲン類	75-35-4
224		ビニルアセテート	酢酸ビニル	エステル類	108-05-4
360		ビニルエチレン	ブタジエン	脂肪族炭化水素	106-99-0
161		ビニルクロライド	塩化ビニル	含ハロゲン類	75-01-4
14		ビニルクロリド	1,1,2-トリクロロエタン	含ハロゲン類	79-00-5
161		ビニルクロリド	塩化ビニル	含ハロゲン類	75-01-4
14		ビニルトリクロライド	1,1,2-トリクロロエタン	含ハロゲン類	79-00-5
278		ビニルベンゼン	スチレン	芳香族炭化水素	100-42-5
360		ビビニル	ブタジエン	脂肪族炭化水素	106-99-0
408		ビフェニル類	ポリ塩化ビフェニル	高分子化合物	1336-36-3
191		ビホルミル	グリオキサール	アルデヒド類	107-22-2
349		ヒマシ油	ヒマシ油	その他	8001-79-4
245		ヒメリンケトン	シクロヘキサノン	ケトン類	108-94-1
208		氷酢酸	酢酸	有機酸	64-19-7
350		ピリジン	ピリジン	含窒素化合物	110-86-1
352		ピレトラム	ピレトラム	ピレスロイド系殺虫剤	8003-34-7

437

別名索引
[ヒ～フ]

no.	索引	別名	化学物質名	分類	CAS No.
397		ピレン	ベンゾ (d,e,f) フェナントレン	多環芳香族炭化水素	129-00-0
174		ピロカテキン	カテコール	フェノール類	120-80-9
174		ピロカテコール	カテコール	フェノール類	120-80-9
172	フ	ファーネスブラック	カーボンブラック	その他	1333-86-4
255		フェニルアニリン	ジフェニルアミン	アミン類	122-39-4
147		フェニルエタン	エチルベンゼン	芳香族炭化水素	100-41-4
278		フェニルエチレン	スチレン	芳香族炭化水素	100-42-5
391		フェニルカルビノール	ベンジルアルコール	アルコール類	100-51-6
154		フェニルセロソルブ	エチレングリコールモノフェニルエーテル	エーテル類	122-99-6
387		フェニルブロミド	ブロモベンゼン	含ハロゲン類	108-86-1
391		フェニルメタノール	ベンジルアルコール	アルコール類	100-51-6
324		フェニルメタン	トルエン	芳香族炭化水素	108-88-3
225		フェニルメチルアセテート	酢酸ベンジル	エステル類	140-11-4
88		フェニレンジアミン	p-フェニレンジアミン	アミン類	106-50-3
20		プソイドキュメン	1,2,4-トリメチルベンゼン	芳香族炭化水素	95-63-6
20		プソイドクメン	1,2,4-トリメチルベンゼン	芳香族炭化水素	95-63-6
20		プソイドクモール	1,2,4-トリメチルベンゼン	芳香族炭化水素	95-63-6
92		プソイドピネン	β-ピネン	テルペン類	127-91-3
5		ブタノール	1-ブタノール	アルコール類	71-36-3
363		フタル酸ジブチル	フタル酸ジ-n-ブチル	フタル酸エステル類	84-74-2
364		フタル酸ジヘプチル	フタル酸ジ-n-ヘプチル	フタル酸エステル類	3648-21-3
363		フタル酸ノルマルジブチル	フタル酸ジ-n-ブチル	フタル酸エステル類	84-74-2
362		フタル酸ビス-2-エチルヘキシル	フタル酸ジ-2-エチルヘキシル	フタル酸エステル類	117-81-7
373		ブタン	ブタン	脂肪族炭化水素	106-97-8
374		ブチセル	ブチルセロソルブ	エーテル類	111-76-2
420		ブチル-2-メチルアクリレート	メタクリル酸-n-ブチル	(メタ)アクリル酸エステル類	97-88-1
98		ブチルアクリレート	アクリル酸-n-ブチル	(メタ)アクリル酸エステル類	141-32-2
213		ブチルアセテート	酢酸-n-ブチル	エステル類	123-86-4
215		ブチルアセテート	酢酸-t-ブチル	エステル類	540-88-5
5		ブチルアルコール	1-ブタノール	アルコール類	71-36-3
361		ブチルアルデヒド	ブタナール	アルデヒド類	123-72-8
144		ブチルエチルケトン	エチル-n-ブチルケトン	ケトン類	106-35-4
146		ブチルエチル酢酸	エチルヘキサン酸	有機酸	149-57-5
374		ブチルオキシトール	ブチルセロソルブ	エーテル類	111-76-2
31		ブチルカルビトール	2-ブトキシエトキシエタノール	エーテル類	112-34-5
222		ブチルカルビトールアセテート	酢酸ジエチレングリコールモノブチルエーテル	エステル類	124-17-4
374		ブチルグリコール	ブチルセロソルブ	エーテル類	111-76-2
162		ブチルクロライド	塩化ブチル	含ハロゲン類	109-69-3
31		ブチルジグリコール	2-ブトキシエトキシエタノール	エーテル類	112-34-5
211		ブチルセロソルブアセテート	酢酸2-ブトキシエチル	エステル類	112-07-2
372		ブチルベンジルフタレート	フタル酸ブチルベンジル	フタル酸エステル類	85-68-7
9		ブチルメチルエーテル	1-メチルブチルエーテル	エーテル類	628-28-4
425		ブチルメチルケトン	メチル-n-ブチルケトン	ケトン類	591-78-6

別名索引
[フ〜ヘ]

no.	索引	別名	化学物質名	分類	CAS No.
177		ブラジルワックス	カルナバ蝋	脂肪族炭化水素	8015-86-9
120		フラックスオイル	亜麻仁油	その他	8001-26-1
120		フラックスシードオイル	亜麻仁油	その他	8001-26-1
377		フラン	フラン	フラン類	110-00-9
378		フルフリルアルデヒド	フルフラール	アルデヒド類	98-01-1
378		フルフロール	フルフラール	アルデヒド類	98-01-1
291		フレンチチョーク	タルク	その他	14807-96-6
378		フロール	フルフラール	アルデヒド類	98-01-1
72		プロパノール	n-プロピルアルコール	アルコール類	71-23-8
379		プロパンニトリル	プロピオニトリル	含窒素化合物	107-12-0
380		プロパン酸	プロピオン酸	有機酸	79-09-4
379		プロピオノニトリル	プロピオニトリル	含窒素化合物	107-12-0
72		プロピルアルコール	n-プロピルアルコール	アルコール類	71-23-8
73		プロピルベンゼン	n-プロピルベンゼン	芳香族炭化水素	103-65-1
10		プロピレングリコールモノアルキルエーテル	1-メトキシ-2-プロパノール	エーテル類	107-98-2
10		プロピレングリコールモノメチルエーテル	1-メトキシ-2-プロパノール	エーテル類	107-98-2
16		プロピレンジクロライド	1,2-ジクロロプロパン	含ハロゲン類	78-87-5
45		ブロモール	2,4,6-トリブロモフェノール	含ハロゲン類	118-79-6
270		ブロモブチル	臭化ブチル	含ハロゲン類	109-65-9
203		フロン-20	クロロホルム	含ハロゲン類	67-66-3
356		分留石炭酸	フェノール	フェノール類	108-95-2
411	ヘ	ベイシックグリーン-4	マラカイトグリーン	その他	2437-29-8
407		ベイチオン	ホキシム	有機リン系殺虫剤	14816-18-3
92		ベーターピネン	β-ピネン	テルペン類	127-91-3
296		ヘキサクロロエポキシオクタヒドロエンドエキソジメタノナフタリン	ディルドリン	有機塩素系殺虫剤	60-57-1
74		ヘキサデカン	n-ヘキサデカン	脂肪族炭化水素	544-76-3
8		ヘキサナール	1-ヘキサナール	アルデヒド類	66-25-1
246		ヘキサナフテン	シクロヘキサン	環状アルカン	110-82-7
425		ヘキサノン-2	メチル-n-ブチルケトン	ケトン類	591-78-6
176		ヘキサヒドロ-2H-アゼピン-2-オン	カプロラクタム	含窒素化合物	105-60-2
37		ヘキサヒドロクレゾール	2-メチルシクロヘキサノール	アルコール類	583-59-5
432		ヘキサヒドロトルエン	メチルシクロヘキサン	環状アルカン	108-87-2
244		ヘキサヒドロフェノール	シクロヘキサノール	アルコール類	108-93-0
246		ヘキサヒドロベンゼン	シクロヘキサン	環状アルカン	110-82-7
246		ヘキサメチレン	シクロヘキサン	環状アルカン	110-82-7
388		ヘキサメチレンジイソシアナート	ヘキサメチレンジイソシアネート	イソシアネート化合物	822-06-0
244		ヘキサリン	シクロヘキサノール	アルコール類	108-93-0
223		ヘキサリンアセテート	酢酸シクロヘキシル	エステル類	622-45-7
76		ヘキサン	n-ヘキサン	脂肪族炭化水素	110-54-3
102		ヘキサン二酸	アジピン酸	有機酸	124-04-9
75		ヘキシルアルコール	n-ヘキサノール	アルコール類	111-27-3
427		ヘキシルメチルケトン	メチル-n-ヘキシルケトン	ケトン類	111-13-7

439

別名索引
[ヘ～ヘ]

no.	索引	別名	化学物質名	分類	CAS No.
430		ヘキソン	メチルイソブチルケトン	ケトン類	108-10-1
414		ペトロリウムスピリット	ミネラルスピリット	脂肪族炭化水素	64742-47-8
432		ヘプタナフテン	メチルシクロヘキサン	環状アルカン	108-87-2
77		ヘプタノール	n-ヘプタノール	アルコール類	111-70-6
78		ヘプタン	n-ヘプタン	脂肪族炭化水素	142-82-5
77		ヘプチルアルコール	n-ヘプタノール	アルコール類	111-70-6
428		ヘプチルメチルケトン	メチル-n-ヘプチルケトン	ケトン類	821-55-6
18		ヘミメリテン	1,2,3-トリメチルベンゼン	芳香族炭化水素	526-73-8
304		ペルクロロエチレン	テトラクロロエチレン	含ハロゲン類	127-18-4
187		ペルクロロニトルベンゼン	キントゼン	含ハロゲン類	82-68-8
163		ベンザルコニウムクロリド	塩化ベンザルコニウム	第4級アンモニウム塩	8001-54-5
243		ベンジノホルム	四塩化炭素	含ハロゲン類	56-23-5
225		ベンジルアセテート	酢酸ベンジル	エステル類	140-11-4
163		ベンジルドデシルジメチルアンモニウムクロリド	塩化ベンザルコニウム	第4級アンモニウム塩	8001-54-5
283		ベンジン	石油ベンジン	脂肪族炭化水素	8030-30-6
401		ベンゾ(a)アントラセン	ベンゾアントラセン	多環芳香族炭化水素	56-55-3
395		ベンゾ(a)フルオレン	ベンゾ(a)フルオレン	多環芳香族炭化水素	238-84-6
184		ベンゾ(b)ピリジン	キノリン	含窒素化合物	91-22-5
396		ベンゾ(e)アセフェナントリレン	ベンゾ(b)フルオランテン	多環芳香族炭化水素	205-99-2
398		ベンゾ(g,h,i)フルオランテン	ベンゾ(g,h,i)フルオランテン	多環芳香族炭化水素	203-12-3
225		ベンゾアセテート	酢酸ベンジル	エステル類	140-11-4
396		ベンゾアセフェナントリレン	ベンゾ(b)フルオランテン	多環芳香族炭化水素	205-99-2
392		ベンゾイックアルデヒド	ベンズアルデヒド	アルデヒド類	100-52-7
393		ベンゾール	ベンゼン	芳香族炭化水素	71-43-2
402		ベンゾチアゾール	ベンゾチアゾール	チアゾール系化合物	95-16-9
184		ベンゾピリジン	キノリン	含窒素化合物	91-22-5
394		ベンゾピレン	ベンゾ(a)ピレン	多環芳香族炭化水素	50-32-8
397		ベンゾフェナンスレン	ベンゾ(d,e,f)フェナントレン	多環芳香族炭化水素	129-00-0
396		ベンゾフルオランテン	ベンゾ(b)フルオランテン	多環芳香族炭化水素	205-99-2
400		ベンゾフルオランテン	ベンゾ(k)フルオランテン	多環芳香族炭化水素	207-08-9
399		ベンゾペリレン	ベンゾ(g,h,i)ペリレン	多環芳香族炭化水素	191-24-2
403		ペンタエリトリット	ペンタエリスリトール	エステル類	115-77-5
403		ペンタエリトリトール	ペンタエリスリトール	エステル類	115-77-5
187		ペンタクロロニトロベンゼン	キントゼン	含ハロゲン類	82-68-8
132		ペンタジエン	イソプレン	脂肪族炭化水素	78-79-5
79		ペンタデカン	n-ペンタデカン	脂肪族炭化水素	629-62-9
391		ペンタノール	ベンジルアルコール	アルコール類	100-51-6
298		ペンタブロモフェニルエーテル	デカブロモジフェニルエーテル	含ハロゲン類	1163-19-5
24		ペンタメチレングリコール	1,5-ペンタンジオール	アルコール類	111-29-5
266		ペンタメチレンジブロマイド	ジブロモペンタン	含ハロゲン類	111-24-0
80		ペンタン	n-ペンタン	脂肪族炭化水素	109-66-0
401		ベンツ(a)アントラセン	ベンゾアントラセン	多環芳香族炭化水素	56-55-3
396		ベンツ(e)アセフェナントリレン	ベンゾ(b)フルオランテン	多環芳香族炭化水素	205-99-2
396		ベンツアセフェナントリレン	ベンゾ(b)フルオランテン	多環芳香族炭化水素	205-99-2
401		ベンツアントラセン	ベンゾアントラセン	多環芳香族炭化水素	56-55-3
271		片脳油	ショウ脳油	その他	8008-51-3

別名索引
[ホ〜メ]

no.	索引	別名	化学物質名	分類	CAS No.
405	ホ	ボール酸	ホウ酸	ホウ素化合物	10043-35-3
271		芳白油	ショウ脳油	その他	8008-51-3
271		芳油	ショウ脳油	その他	8008-51-3
408		ポリクロロビフェニル	ポリ塩化ビフェニル	高分子化合物	1336-36-3
406		ポルトランドセメント	ポートランドセメント	その他	65997-15-1
410		ホルマリン	ホルムアルデヒド	アルデヒド類	50-00-0
85		ホルミルジメチルアミン	N,N-ジメチルホルムアミド	含窒素化合物	68-12-2
414		ホワイトスピリット	ミネラルスピリット	脂肪族炭化水素	64742-47-8
271		ホンショウ油	ショウ脳油	その他	8008-51-3
457	マ	松脂	ロジン	その他	8050-09-7
411		マラカイトグリーン（シュウ酸塩）	マラカイトグリーン	その他	2437-29-8
412		マレイン酸ジ-2-エチルヘキシル	マレイン酸ジオクチル	エステル類	142-16-5
412		マレイン酸ビス-(2-エチルヘキシル)	マレイン酸ジオクチル	エステル類	142-16-5
412		マレイン酸ビス-2-エチルヘキシル	マレイン酸ジオクチル	エステル類	142-16-5
413	ミ	密ろう	蜜蝋	その他	8012-89-3
414		ミネラルシンナー	ミネラルスピリット	脂肪族炭化水素	64742-47-8
414		ミネラルターベン	ミネラルスピリット	脂肪族炭化水素	64742-47-8
415	ム	無水フタル酸	無水フタル酸	有機酸	85-44-9
22	メ	メシチレン	1,3,5-トリメチルベンゼン	芳香族炭化水素	108-67-8
420		メタクリル酸-n-ブチル	メタクリル酸-n-ブチル	（メタ）アクリル酸エステル類	97-88-1
410		メタナール	ホルムアルデヒド	アルデヒド類	50-00-0
424		メチル-n-ペンチルケトン	メチル-n-アミルケトン	ケトン類	110-43-0
429		メチル-1,1-ジメチルエチルエーテル	メチル-t-ブチルエーテル	エーテル類	1634-04-4
117		メチルアセチル	アセトン	ケトン類	67-64-1
54		メチルアミルアルコール	4-メチル-2-ペンタノール	アルコール類	108-11-2
424		メチルアミルケトン	メチル-n-アミルケトン	ケトン類	110-43-0
423		メチルアルコール	メタノール	アルコール類	67-56-1
410		メチルアルデヒド	ホルムアルデヒド	アルデヒド類	50-00-0
54		メチルイソブチルカルビノール	4-メチル-2-ペンタノール	アルコール類	108-11-2
268		メチルエーテル	ジメチルエーテル	エーテル類	115-10-6
30		メチルエチルカルビノール	2-ブタノール	アルコール類	78-92-2
358		メチルカルバミンサン-2-s-ブチルフェニル	フェノブカルブ	カーバメート系殺虫剤	3766-81-2
435		メチルグリコール	メチルセロソルブ	エーテル類	109-86-4
164		メチルクロライド	塩化メチル	含ハロゲン類	74-87-3
13		メチルクロロホルム	1,1,1-トリクロロエタン	含ハロゲン類	71-55-6
115		メチルシアナイド	アセトニトリル	含窒素化合物	75-05-8
50		メチルジエチルカルビノール	3-メチル-3-ペンタノール	アルコール類	77-74-7
37		メチルシクロヘキサノール	2-メチルシクロヘキサノール	アルコール類	583-59-5
433		メチルシクロペンタン	メチルシクロペンタン	環状アルカン	96-37-7

別名索引
[メ～ラ]

no.	索引	別名	化学物質名	分類	CAS No.
434		メチルセルロース	メチルセルロース	その他	9004-67-5
182		メチルトルエン	キシレン(o-,m-,p-)	芳香族炭化水素	1330-20-7
194		メチルフェノール	クレゾール	芳香族炭化水素	1319-77-3
					o- : 95-48-7
					m- : 108-39-4
					p- : 106-44-5
420		メチルブチルアクリレート	メタクリル酸-n-ブチル	(メタ)アクリル酸エステル類	97-88-1
9		メチルブチルエーテル	1-メチルブチルエーテル	エーテル類	628-28-4
425		メチルブチルケトン	メチル-n-ブチルケトン	ケトン類	591-78-6
426		メチルプロピルケトン	メチル-n-プロピルケトン	ケトン類	107-87-9
324		メチルベンゼン	トルエン	芳香族炭化水素	108-88-3
424		メチルペンチルケトン	メチル-n-アミルケトン	ケトン類	110-43-0
422		メチルメタクリラート	メタクリル酸メチル	(メタ)アクリル酸エステル類	80-62-6
422		メチルメタクリレート	メタクリル酸メチル	(メタ)アクリル酸エステル類	80-62-6
410		メチレンオキサイド	ホルムアルデヒド	アルデヒド類	50-00-0
249		メチレンクロライド	ジクロロメタン	含ハロゲン類	75-09-2
249		メチレンクロリド	ジクロロメタン	含ハロゲン類	75-09-2
137		メチレンコハク酸	イタコン酸	有機酸	97-65-4
57		メチレンジ-4-フェニルイソシアネート	4,4'-ジフェニルメタンジイソシアネート	イソシアネート化合物	101-68-8
249		メチレンジクロライド	ジクロロメタン	含ハロゲン類	75-09-2
57		メチレンビス-4-フェニルイソシアネート	4,4'-ジフェニルメタンジイソシアネート	イソシアネート化合物	101-68-8
57		メチレンビスフェニルイソシアネート	4,4'-ジフェニルメタンジイソシアネート	イソシアネート化合物	101-68-8
49		メトキシブタノール	3-メトキシブタノール	エーテル類	2517-43-3
334		綿火薬	ニトロセルロース	高分子化合物	9004-70-0
439	モ	木酢液（フェノール類）	木酢液（フェノール類）	フェノール類	―
423		モクセイ	メタノール	アルコール類	67-56-1
440		木蝋	木蝋	脂肪族炭化水素	8001-39-6
202		モノクロルベンゼン	クロロベンゼン	含ハロゲン類	108-90-7
202		モノクロロベンゼン	クロロベンゼン	含ハロゲン類	108-90-7
164		モノクロロメタン	塩化メチル	含ハロゲン類	74-87-3
387		モノブロモベンゼン	ブロモベンゼン	含ハロゲン類	108-86-1
153		モノ酢酸エチレングリコール	エチレングリコールモノアセテート	エステル類	542-59-6
441	ユ	ユーカリ油	ユーカリ油	その他	8000-48-4
442	ヨ	四ホウ酸ナトリウム	四ホウ酸ナトリウム	ホウ素化合物	1330-43-4
315	ラ	ラウリルベンゼン	ドデシルベンゼン	芳香族炭化水素	123-01-3
443		ラドン	ラドン	放射性物質	10043-92-2
444		ラベンダーオイル	ラベンダー油	その他	8000-28-0
314		ランプオイル	灯油	芳香族炭化水素	8008-20-6

別名索引
[ラ〜ロ]

no.	索引	別名	化学物質名	分類	CAS No.
59	リ	リモネン	D-リモネン	テルペン類	5989-27-5
336		硫化炭素	二硫化炭素	その他	75-15-0
284		硫酸カルシウム	石膏	その他	13397-24-5
336		硫炭	二硫化炭素	その他	75-15-0
303		りん酸(Z)-2-クロロ-1-(2,4,5-トリクロロフェニル)ビニル=ジメチル	テトラクロルビンホス	有機リン系殺虫剤	22248-79-9
247		りん酸ジメチル=2,2-ジクロロビニル	ジクロルボス	有機リン系殺虫剤	62-73-7
447		リン酸トリクレジル	リン酸トリクレシル	リン酸エステル類	1330-78-5
448		リン酸トリス(1,3-ジクロロイソプロピル)	リン酸トリス(1,3-ジクロロ-2-プロピル)	リン酸エステル類	13674-87-8
450		りん酸トリス(2-クロロ-1-メチルエチル)	リン酸トリス(2-クロロイソプロピル)	リン酸エステル類	13674-84-5
447		リン酸トリトリル	リン酸トリクレシル	リン酸エステル類	1330-78-5
456	レ	レゾルシン	レゾルシノール	フェノール類	108-46-3
154	ロ	ローズエーテル	エチレングリコールモノフェニルエーテル	エーテル類	122-99-6

443

分類別索引

no.	化学物質名	別名	CAS No.
	（メタ）アクリル酸エステル類		
96	アクリル酸	2-プロペン酸	79-10-7
96		エチレンカルボン酸	79-10-7
97	アクリル酸-2-エチルヘキシル	(2-エチルヘキシル)アクリレート	103-11-7
97		2-エチルヘキシルアクリレート	103-11-7
98	アクリル酸-n-ブチル	アクリル酸ノルマルブチル	141-32-2
98		アクリル酸ブチル	141-32-2
98		ブチルアクリレート	141-32-2
99	アクリル酸エチル	2-プロペン酸エチル	140-88-5
99		エチルアクリレート	140-88-5
418	メタクリル酸	2-メチル-2-プロペン酸	79-41-4
418		アルファ-メチルアクリル酸	79-41-4
419	メタクリル酸-2-エチルヘキシル	2-エチルヘキシルメタクリレート	688-84-6
420	メタクリル酸-n-ブチル	n-ブチルメタクリレート	97-88-1
420		ブチル-2-メチルアクリレート	97-88-1
420		メタクリル酸-n-ブチル	97-88-1
420		メチルブチルアクリレート	97-88-1
421	メタクリル酸エチル	EMA	97-63-2
421		エチルメタクリラート	97-63-2
421		エチルメタクリレート	97-63-2
422	メタクリル酸メチル	MMA	80-62-6
422		エムエムエー	80-62-6
422		メチルメタクリラート	80-62-6
422		メチルメタクリレート	80-62-6
	アジピン酸エステル類		
103	アジピン酸ジ-n-ヘキシル	アジピン酸ジノルマルヘキシル	110-33-8
103		アジピン酸ジヘキシル	110-33-8
103		ジノルマルヘキシルアジペート	110-33-8
103		ジヘキシルアジペート	110-33-8
104	アジピン酸ジイソデシル	ジイソデシルアジペート	27178-16-1
105	アジピン酸ジイソノニル	DINA	33703-08-1
105		ジイソノニルアジペート	33703-08-1
106	アジピン酸ジイソブチル	ジイソブチルアジペート	141-04-8
107	アジピン酸ジエチル	ジエチルアジペート	141-28-6
108	アジピン酸ジオクチル	アジピン酸-2-エチルヘキシル	103-23-1
108		アジピン酸ジ-2-エチルヘキシル	103-23-1

no.	化学物質名	別名	CAS No.
108		アジピン酸ジエチルヘキシル	103-23-1
108		アジピン酸ビス(2-エチルヘキシル)	103-23-1
108		アジピン酸ビス2-ヘチルヘキシル	103-23-1
108		ジオクチルアジペート	103-23-1
108		ビス(2-エチルヘキシルアジペート)	103-23-1
109	アジピン酸ジブチル	ジブチルアジペート	105-99-7
110	アジピン酸ジメチル	ジメチルアジペート	627-93-0

アミン類

no.	化学物質名	別名	CAS No.
52	3,3'-ジクロロ-4,4'-ジアミノジフェニルメタン	4,4'-ジアミノ-3,3'-ジクロロジフェニルメタン	101-14-4
52		4,4'-メチレンビス(2-クロロアニリン)	101-14-4
52		MOCA	101-14-4
52		ビスアミン	101-14-4
58	4,4'-メチレンジアニリン	4,4'-ジアミノジフェニルメタン	101-77-9
58		4,4'-メチレンビスベンゼンジアミン	101-77-9
58		MDA	101-77-9
58		p,p'-ジアミノジフェニルメタン	101-77-9
88	p-フェニレンジアミン	1,4-ベンゼンジアミン	106-50-3
88		PPD	106-50-3
88		p-ジアミノベンゼン	106-50-3
88		パラミン	106-50-3
88		フェニレンジアミン	106-50-3
317	トリエタノールアミン	2,2',2''-トリオキシトリエチルアミン	102-71-6
317		トリエチロールアミン	102-71-6
317		トリス(ヒドロキシエチル)アミン	102-71-6
317		トリスヒドロキシエチルアミン	102-71-6
317		トリヒドロキシトリエチルアミン	102-71-6
83	N,N-ジブチルエタノールアミン	2-(N,N-ジブチルアミノ)エタノール	102-81-8
83		2-(ジ-n-ブチルアミノ)エタノール	102-81-8
83		2-(ジ-ノルマル-ブチルアミノ)エタノール	102-81-8
83		N,N-ジ-n-ブチルアミノエタノール	102-81-8
83		N,N-ジブチルエタノールアミン	102-81-8
129	イソブチルアミン	イソブチルアミン	78-81-9
156	エチレンジアミン	1,2-エタンジアミン	107-15-3
156		1,2-ジアミノエタン	107-15-3
156		EDA	107-15-3
156		ジメチレンジアミン	107-15-3
229	ジ-n-ブチルアミン	ジ-n-ブチルアミン	111-92-2
234	ジエタノールアミン	2,2'-イミノジエタノール	111-42-2
234		2,2'-イミノビスエタノール	111-42-2
234		2,2'-ジオキシジエチルアミン	111-42-2
234		2,2'-ジヒドロキシジエチルアミン	111-42-2
234		N,N-ジエタノールアミン	111-42-2
234		ジエチロールアミン	111-42-2
234		ビスヒドロキシエチルアミン	111-42-2
235	ジエチルアミン	N,N-ジエチルアミン	109-89-7
235		N-エチルエタンアミン	109-89-7

分類別索引
[ア～ア]

no.	化学物質名	別名	CAS No.
241	ジエチレントリアミン	DETA	111-40-0
241		N-(2-アミノエチル)-1,2-エタンジアミン	111-40-0
241		β,β'-ジアミノジエチルアミン	111-40-0
251	ジシクロヘキシルアミン	N,N-ジシクロヘキシルアミン	101-83-7
251		N-シクロヘキシルシクロヘキサミン	101-83-7
251		ドデカヒドロジフェニルアミン	101-83-7
255	ジフェニルアミン	N-フェニルアニリン	122-39-4
255		N-フェニルベンゼンアミン	122-39-4
255		フェニルアニリン	122-39-4
267	ジメチルアミン	N-メチルメタナミン	124-40-3
267		N-メチルメタンアミン	124-40-3
384	プロピレンジアミン	1,2-ジアミノプロパン	78-90-0
384		1,2-プロパンジアミン	78-90-0

アルコール類

no.	化学物質名	別名	CAS No.
24	1,5-ペンタンジオール	1,5-ジオキシペンタン	111-29-5
24		ペンタメチレングリコール	111-29-5
51	3-メチル-3-ペンタノール	メチルジエチルカルビノール	77-74-7
72	n-プロピルアルコール	1-プロパノール	71-23-8
72		プロパノール	71-23-8
72		プロピルアルコール	71-23-8
150	エチレングリコール	1,2-エタンジオール	107-21-1
150		1,2-ジヒドロエタン	107-21-1
150		sym-ジオキシエタン	107-21-1
231	ジアセトンアルコール	4-ヒドロキシ-4-メチル-2-ペンタノン	123-42-2
236	ジエチレングリコール	2,2'-オキシビスエタノール	111-46-6
236		エチレンジグリコール	111-46-6
236		ジヒドロキシジエチルエーテル	111-46-6
269	ジメチルペンタノール	2,4-ジメチル-3-ペンタノール	600-36-2
269		ジイソプロピルカルビノール	600-36-2
318	トリエチレングリコール	2,2'-(1,2-エタンジイルビス(オキシ))ビスエタノール	112-27-6
318		2,2'-(1,2-エタンジイルビスオキシ)ビスエタノール	112-27-6
318		2,2'-エチレンジオキシジエタノール	112-27-6
318		2,2'-エチレンジオキシビス(エタノール)	112-27-6
318		2,2'-エチレンジオキシビスエタノール	112-27-6
318		トリグリコール	112-27-6
344	ビスフェノールA	2,2-ビス(4-ヒドロキシフェニル)プロパン	80-05-7
344		ＢＰＡ	80-05-7
382	プロピレングリコール	1,2-ジヒドロキシプロパン	57-55-6
382		1,2-プロパンジオール	57-55-6
391	ベンジルアルコール	アルファ-ヒドロキシトルエン	100-51-6
391		フェニルカルビノール	100-51-6
391		フェニルメタノール	100-51-6
391		ベンタノール	100-51-6
5	1-ブタノール	n-ブタノール	71-36-3
5		n-ブチルアルコール	71-36-3
5		セイブタノール	71-36-3

分類別索引
[ア～ア]

no.	化学物質名	別名	CAS No.
5		ブタノール	71-36-3
5		ブチルアルコール	71-36-3
39	2-エチル-1-ヘキサノール	2-エチルヘキサノール	104-76-7
39		2-エチルヘキシルアルコール	104-76-7
39		オクチルアルコール	104-76-7
25	2-エチルブタノール	2-エチル-1-ブタノール	97-95-0
25		2-エチル-1-ブチルアルコール	97-95-0
25		2-エチルブチルアルコール	97-95-0
25		s-ヘキサノール	97-95-0
26	2-オクタノール	1-メチル-1-ヘプタノール	123-96-6
26		2-オクチルアルコール	123-96-6
26		2-ヒドロキシ-n-オクタン	123-96-6
26		s-オクチルアルコール	123-96-6
30	2-ブタノール	SBA	78-92-2
30		s-ブタノール	78-92-2
30		s-ブチルアルコール	78-92-2
30		ダイ2ブタノール	78-92-2
30		メチルエチルカルビノール	78-92-2
35	2-ヘプタノール	1-メチルヘキサノール	543-49-7
35		2-ヒドロキシヘプタン	543-49-7
35		2-ヘプチルアルコール	543-49-7
37	2-メチルシクロヘキサノール	2-ヘキサヒドロメチルフェノール	583-59-5
37		o-ヘキサヒドロメチルフェノール	583-59-5
37		o-メチルシクロヘキサノール	583-59-5
37		ヘキサヒドロクレゾール	583-59-5
37		メチルシクロヘキサノール	583-59-5
47	3-ヘプタノール	3-ヘプチルアルコール	589-82-2
54	4-メチル-2-ペンタノール	sec-ヘキサノール	108-11-2
54		イソブチルメチルカルビノール	108-11-2
54		イソブチルメチルメタノール	108-11-2
54		メチルアミルアルコール	108-11-2
54		メチルイソブチルカルビノール	108-11-2
63	n-オクタノール	1-オクタノール	111-87-5
63		1-オクチルアルコール	111-87-5
63		1-ヒドロキシオクタン	111-87-5
63		n-オクチルアルコール	111-87-5
63		オクタノール	111-87-5
63		オクチルアルコール	111-87-5
65	n-デカノール	1-デカノール	112-30-1
65		1-デシルアルコール	112-30-1
65		n-デシルアルコール	112-30-1
65		デカノール	112-30-1
65		デシルアルコール	112-30-1
70	n-ノナノール	1-ノナノール	143-08-8
70		1-ノニルアルコール	143-08-8
70		n-ノニルアルコール	143-08-8
70		ノナノール	143-08-8
70		ノニルアルコール	143-08-8

分類別索引
[ア～ア]

no.	化学物質名	別名	CAS No.
75	n-ヘキサノール	1-ヘキサノール	111-27-3
75		1-ヘキシルアルコール	111-27-3
75		n-ヘキシルアルコール	111-27-3
75		ヘキシルアルコール	111-27-3
77	n-ヘプタノール	1-ヘプタノール	111-70-6
77		1-ヘプチルアルコール	111-70-6
77		n-ヘプチルアルコール	111-70-6
77		ヘプタノール	111-70-6
77		ヘプチルアルコール	111-70-6
89	t-ブタノール	2-メチル-2-プロパノール	75-65-0
89		TBA	75-65-0
89		t-ブチルアルコール	75-65-0
89		トリメチルカルビノール	75-65-0
89		第3ブタノール	75-65-0
126	イソアミルアルコール	3-メチル-1-ブタノール	123-51-3
126		イソペンチルアルコール	123-51-3
127	イソオクチルアルコール	イソオクタノール	26952-21-6
127		イソオクチルアルコール(異性体混合物)	26952-21-6
130	イソブチルアルコール	2-メチル-1-プロパノール	78-83-1
130		イソブタノール	78-83-1
133	イソプロピルアルコール	2-プロパノール	67-63-0
133		IPA	67-63-0
133		イソプロパノール	67-63-0
133		ジメチルカルビノール	67-63-0
143	エタノール	エチルアルコール	64-17-5
244	シクロヘキサノール	アノール	108-93-0
244		ヘキサヒドロフェノール	108-93-0
244		ヘキサリン	108-93-0
423	メタノール	メチルアルコール	67-56-1
423		モクセイ	67-56-1
アルデヒド類			
191	グリオキサール	エタンジアール	107-22-2
191		グリオキザール	107-22-2
191		ビホルミル	107-22-2
253	シトラール	3,7-ジメチル-2,6-オクタジエナール	5392-40-5
378	フルフラール	2-フランカルボキシアルデヒド	98-01-1
378		2-フリルアルデヒド	98-01-1
378		2-フルアルデヒド	98-01-1
378		フルフリルアルデヒド	98-01-1
378		フルフロール	98-01-1
378		フロール	98-01-1
8	1-ヘキサナール	n-ヘキシルアルデヒド	66-25-1
8		カプロンアルデヒド	66-25-1
8		ヘキサナール	66-25-1
114	アセトアルデヒド	エタナール	75-07-0
114		エチルアルデヒド	75-07-0

分類別索引
[ア～エ]

no.	化学物質名	別名	CAS No.
114		酢酸アルデヒド	75-07-0
192	グルタルアルデヒド	1,5-ペンタンジアール	111-30-8
192		グルタラール	111-30-8
192		グルタル酸ジアルデヒド	111-30-8
297	デカナール	n-デシルアルデヒド	112-31-2
297		カプリンアルデヒド	112-31-2
337	ノナナール	1-ノナナール	124-19-6
337		1-ノニルアルデヒド	124-19-6
337		n-ノナナール	124-19-6
337		n-ノニルアルデヒド	124-19-6
361	ブタナール	n-ブタナール	123-72-8
361		n-ブチルアルデヒド	123-72-8
361		ブチルアルデヒド	123-72-8
392	ベンズアルデヒド	ベンゾイックアルデヒド	100-52-7
404	ペンタナール	n-バレルアルデヒド	110-62-3
404		n-吉草酸アルデヒド	110-62-3
404		ノルマルバレルアルデヒド	110-62-3
404		バレルアルデヒド	110-62-3
410	ホルムアルデヒド	ホルマリン	50-00-0
410		メタナール	50-00-0
410		メチルアルデヒド	50-00-0
410		メチレンオキサイド	50-00-0

イソシアネート化合物

no.	化学物質名	別名	CAS No.
57	4,4'-ジフェニルメタンジイソシアネート	1,1'-メチレンビス-4-イソシアナートベンゼン	101-68-8
57		4,4'-ビアセトアニリド	101-68-8
57		MDI	101-68-8
57		ジフェニルメタンジイソシアネート	101-68-8
57		メチレンジ-4-フェニルイソシアネート	101-68-8
57		メチレンビス-4-フェニルイソシアネート	101-68-8
57		メチレンビスフェニルイソシアネート	101-68-8
325	トルエンジイソシアネート	TDI	26471-62-5
325		トリレンジイソシアネート	26471-62-5
388	ヘキサメチレンジイソシアネート	1,6-ジイソシアナートヘキサン	822-06-0
388		1,6-ジイソシアネートヘキサン	822-06-0
388		HDI	822-06-0
388		HMDI	822-06-0
388		ヘキサメチレンジシソシアナート	822-06-0

エーテル類

no.	化学物質名	別名	CAS No.
23	1,4-ジオキサン	1,4-ジエチレンジオキサイド	123-91-1
23		1,4-ジエチレンジオキシド	123-91-1
23		ジエチレンエーテル	123-91-1
23		ジエチレンオキサイド	123-91-1
23		ジオキサン	123-91-1
23		ジオキシエチレンエーテル	123-91-1

分類別索引

[エ〜エ]

no.	化学物質名	別名	CAS No.
9	1-メチルブチルエーテル	1-メトキシブタン	628-28-4
9		ブチルメチルエーテル	628-28-4
9		メチルブチルエーテル	628-28-4
32	2-プロポキシエタノール	イソプロピルグリコール	2807-30-9
32		イソプロピルセロソルブ	2807-30-9
32		エチレングリコールイソプロピルエーテル	2807-30-9
32		エチレングリコールモノプロピルエーテル	2807-30-9
49	3-メトキシブタノール	3-メトキシ-1-ブタノール	2517-43-3
49		メトキシブタノール	2517-43-3
134	イソプロピルセロソルブ	2-(1-メチルエトキシ)-エタノール	109-59-1
134		2-イソプロポキシエタノール	109-59-1
134		イソプロピルグリコール	109-59-1
134		イソプロポキシエタノール	109-59-1
134		エチレングリコールイソプロピルエーテル	109-59-1
134		エチレングリコールモノイソプロピルエーテル	109-59-1
152	エチレングリコールジエチルエーテル	1,2-ジエトキシエタン	629-14-1
152		ジエチルセロソルブ	629-14-1
154	エチレングリコールモノフェニルエーテル	2-フェノキシエタノール	122-99-6
154		エチレングリコールモノフェニルエーテル	122-99-6
154		フェニルセロソルブ	122-99-6
154		ローズエーテル	122-99-6
155	エチレングリコールモノヘキシルエーテル	2-(ヘキシロキシ)エタノール	112-25-4
155		n-ヘキシルセロソルブ	112-25-4
155		エチレングリコール-n-ヘキシルエーテル	112-25-4
166	オクタクロロジプロピルエーテル	2,3,3,3-2',3',3',3'-オクタクロロジプロピルエーテル	127-90-2
166		S-421	127-90-2
238	ジエチレングリコールモノエチルエーテル	2-(2-エトキシエトキシ)エタノール	111-90-0
238		DEGEE	111-90-0
238		エチルジグリコール	111-90-0
240	ジエチレングリコールモノメチルエーテル	2-(2-メトキシエトキシ)エタノール	111-77-3
240		DEGME	111-77-3
261	ジプロピレングリコールモノメチルエーテル	(2-メトキシメチルエトキシ)プロパノール	34590-94-8
261		2-メトキシメチルエトキシプロパノール	34590-94-8
261		ジプロピレングリコールメチルエーテル	34590-94-8
268	ジメチルエーテル	メチルエーテル	115-10-6
319	トリエチレングリコールジメチルエーテル	1,2-ビス(2-メトキシエトキシ)エタン	112-49-2
320	トリエチレングリコールモノエチルエーテル	2-(2-(2-エトキシエトキシ)エトキシ)エタノール	112-50-5
320		エチルトリグリコール	112-50-5
320		エトキシトリグリコール	112-50-5
321	トリクロサン	2,4,4'-トリクロロ-2'-ヒドロキシジフェニルエーテル	3380-34-5
383	プロピレングリコールモノエチルエーテル	1-エトキシ-2-プロパノール	1569-02-4
429	メチル-t-ブチルエーテル	2-メトキシ-2-メチルプロパン	1634-04-4
429		MTBE	1634-04-4
429		t-ブチルメチルエーテル	1634-04-4
429		メチル-1,1-ジメチルエチルエーテル	1634-04-4
10	1-メトキシ-2-プロパノール	プロピレングリコールモノアルキルエーテル	107-98-2
10		プロピレングリコールモノメチルエーテル	107-98-2
31	2-ブトキシエトキシエタノール	2-(2-ブトキシエトキシ)エタノール	112-34-5

分類別索引

[エ～エ]

no.	化学物質名	別名	CAS No.
31		ジエチレングリコールブチルエーテル	112-34-5
31		ジエチレングリコールモノブチルエーテル	112-34-5
31		ブチルカルビトール	112-34-5
31		ブチルジグリコール	112-34-5
145	エチルセロソルブ	2-エトキシエタノール	110-80-5
145		エチルグリコール	110-80-5
145		エチレングリコールモノエチルエーテル	110-80-5
374	ブチルセロソルブ	2-ブトキシエタノール	111-76-2
374		BG	111-76-2
374		エチレングリコールモノブチルエーテル	111-76-2
374		ブチセル	111-76-2
374		ブチルオキシトール	111-76-2
374		ブチルグリコール	111-76-2
435	メチルセロソルブ	2-メトキシエタノール	109-86-4
435		エチレングリコールモノメチルエーテル	109-86-4
435		グリコールメチルエーテル	109-86-4
435		メチルグリコール	109-86-4

エステル類

no.	化学物質名	別名	CAS No.
93	γ-ブチロラクトン	γ-オキシ酪酸ラクトン	96-48-0
93		テトラヒドロ-2-フラノン	96-48-0
113	アセチルクエン酸トリブチル	o-アセチルクエン酸トリブチル	77-90-7
113		クエン酸アセチルトリブチル	77-90-7
118	アゼライン酸ジオクチル	アゼライン酸ジ-2-エチルヘキシル	103-24-2
118		アゼライン酸ビス(2-エチルヘキシル)	103-24-2
118		アゼライン酸ビス-2-エチルヘキシル	103-24-2
118		ジ-2-エチルヘキシルアゼレート	103-24-2
118		ジオクチルアゼレート	103-24-2
118		ビス(2-エチルヘキシルアゼレート)	103-24-2
118		ビス-2-エチルヘキシルアゼレート	103-24-2
151	エチレングリコールジアセテート	1,2-エタンジオールジアセテート	111-55-7
151		1,2-ジアセトキシエタン	111-55-7
151		エチレングリコール酢酸エステル	111-55-7
151		エチレンジアセテート	111-55-7
151		エチレンジアセテート	111-55-7
151		グリコールジアセテート	111-55-7
151		二酢酸エチレングリコール	111-55-7
153	エチレングリコールモノアセテート	1,2-エタンジオールモノアセテート	542-59-6
153		モノ酢酸エチレングリコール	542-59-6
189	クエン酸トリブチル	クエン酸トリ-n-ブチル	77-94-1
209	酢酸2-エチルヘキシル	2-エチルヘキサニルアセタート	103-09-3
209		n-オクチルアセテート	103-09-3
211	酢酸2-ブトキシエチル	2-ブトキシエタノールアセテート	112-07-2
211		2-ブトキシエチルアセテート	112-07-2
211		ブチルセロソルブアセテート	112-07-2
222	酢酸ジエチレングリコールモノブチルエーテル	ジエチレングリコールモノブチルエーテルアセタート	124-17-4
222		ジエチレングリコールモノブチルエーテルアセテート	124-17-4

分類別索引

[エ～エ]

no.	化学物質名	別名	CAS No.
222		ブチルカルビトールアセテート	124-17-4
224	酢酸ビニル	ビニルアセテート	108-05-4
237	ジエチレングリコールジベンゾエート	2,2'-オキシビスエタノールジベンゾエート	120-55-8
239	ジエチレングリコールモノエチルエーテルアセテート	カルビトールアセテート	112-15-2
239		ジグリコールモノエチルエーテルアセテート	112-15-2
239		酢酸-2-(2-エトキシエトキシ)エチル	112-15-2
239		酢酸ジエチレングリコールモノエチルエーテル	112-15-2
279	ステアリン酸ブチル	ステアリン酸n-ブチル	123-95-5
323	トリメリト酸トリオクチル	TOTM	89-04-3
403	ペンタエリスリトール	ペンタエリトリット	115-77-5
403		ペンタエリトリトール	115-77-5
412	マレイン酸ジオクチル	ジ-2-エチルヘキシルマレート	142-16-5
412		ビス-(2-エチルヘキシル)マレート	142-16-5
412		マレイン酸ジ-2-エチルヘキシル	142-16-5
412		マレイン酸ビス-(2-エチルヘキシル)	142-16-5
412		マレイン酸ビス-2-エチルヘキシル	142-16-5
214	酢酸-s-ブチル	1-メチルプロピルアセテート	105-46-4
214		sec-ブチルアセテート	105-46-4
214		s-ブチルアセテート	105-46-4
214		酢酸-sec-ブチル	105-46-4
214		酢酸イソブチルエステル	105-46-4
223	酢酸シクロヘキシル	シクロヘキシルアセテート	622-45-7
223		ヘキサリンアセテート	622-45-7
223		酢酸シクロヘキサノール	622-45-7
223		酢酸シクロヘキシルエステル	622-45-7
225	酢酸ベンジル	フェニルメチルアセテート	140-11-4
225		ベンジルアセテート	140-11-4
225		ベンゾアセテート	140-11-4
40	2,2,4-トリメチル-1,3-ペンタンジオールジイソブチレート	CS-16	6846-50-0
212	酢酸-n-プロピル	酢酸プロピル	109-60-4
216	酢酸-n-ペンチル	酢酸-n-アミル	628-63-7
216		酢酸アミル	628-63-7
216		酢酸ペンチル	628-63-7
215	酢酸-t-ブチル	サグブチ	540-88-5
215		ブチルアセテート	540-88-5
218	酢酸イソブチル	酢酸イソブチル	110-19-0
219	酢酸イソプロピル	酢酸イソプロピル	108-21-4
220	酢酸イソペンチル	イソペンチルアルコール酢酸塩	123-92-2
220		バナナ油	123-92-2
220		酢酸3-メチルブチル	123-92-2
220		酢酸イソアミル	123-92-2
301	テキサノール	2,2,4-トリメチル-1,3-ペンタンジオールモノイソブチレート	25265-77-4
301		イソブチレート	25265-77-4
210	酢酸2-エトキシエチル	1-アセトキシ-2-エトキシエタン	111-15-9
210		2-EEA	111-15-9
210		エチレングリコールアセテート	111-15-9
210		エチレングリコールモノエチルエーテルアセテート	111-15-9
210		セロソルブアセテート	111-15-9

分類別索引
[エ〜ガ]

no.	化学物質名	別名	CAS No.
210		酢酸エチルセロソルブ	111-15-9
210		酢酸エチレングリコールモノエチルエーテル	111-15-9
213	酢酸-n-ブチル	酢酸ノルマルブチル	123-86-4
213		酢酸ブチル	123-86-4
213		サクブチ	123-86-4
213		ブチルアセテート	123-86-4
217	酢酸アミル（異性体混合物）	酢酸ペンチル	酢酸3-アミル：620-11-1 酢酸sec-アミル：53496-15-4 酢酸tert-アミル：625-16-1
221	酢酸エチル	サクエチ	141-78-6
226	酢酸メチル	酢酸メチル	79-20-9

カーバメート系殺虫剤

no.	化学物質名	別名	CAS No.
358	フェノブカルブ	2-(1-メチルプロピル)-フェニル-N-メチルカルバメート	3766-81-2
358		2-sec-ブチルフェニル-N-メチルカルバメート	3766-81-2
358		2-S-ブチルフェニル-N-メチルカルバマート	3766-81-2
358		BPMC	3766-81-2
358		N-メチルカルバミン酸2-sec-ブチルフェニル	3766-81-2
358		バッサ	3766-81-2
358		メチルカルバミンサン-2-s-ブチルフェニル	3766-81-2
386	プロポキスル	2-イソプロピルオキシフェニル-N-メチルカルバメート	114-26-1
386		2-イソプロポキシフェニル-N-メチルカルバマート	114-26-1
386		PHC	114-26-1
386		バイゴン	114-26-1

環状アルカン

no.	化学物質名	別名	CAS No.
246	シクロヘキサン	ヘキサナフテン	110-82-7
246		ヘキサヒドロベンゼン	110-82-7
246		ヘキサメチレン	110-82-7
299	デカリン	ジクロロ(4,4,0)デカン	91-17-8
299		デカヒドロナフタレン	91-17-8
299		パーヒドロナフタレン	91-17-8
432	メチルシクロヘキサン	シクロヘキシルメタン	108-87-2
432		ヘキサヒドロトルエン	108-87-2
432		ヘプタナフテン	108-87-2
433	メチルシクロペンタン	メチルシクロペンタン	96-37-7

含窒素化合物

no.	化学物質名	別名	CAS No.
4	1-ニトロプロパン	ニトロプロパン	108-03-2
28	2-オクタノール	イソニトロプロパン	79-46-9
28		ジメチルニトロメタン	79-46-9
28		ニトロイソプロパン	79-46-9
28		ニトロプロパン	79-46-9
29	2-ピロリドン	2-オキソピロリジン	616-45-5
29		2-ケトピロリジン	616-45-5

分類別索引
[ガ～ガ]

no.	化学物質名	別名	CAS No.
29		2-ピロリジノン	616-45-5
62	N-エチルモルホリン	4-エチルモルホリン	100-74-3
81	N-メチル-2-ピロリドン	N-メチルピロリドン	872-50-4
84	N,N-ジメチルアニリン	DMA	121-69-7
84		N,N-ジメチルフェニルアミン	121-69-7
84		N,N-ジメチルベンゼンアミン	121-69-7
84		ジメチルアニリン	121-69-7
62	N-エチルモルホリン	4-エチルモルホリン	100-74-3
85	N,N-ジメチルホルムアミド	DMF	68-12-2
85		ジメチルホルムアマイド	68-12-2
85		ジメチルホルムアミド	68-12-2
85		ホルムアルジメチルアミン	68-12-2
86	N,N,N',N'-テトラメチルエチレンジアミン	1,2-ジ-(ジメチルアミノ)-エタン	110-18-9
86		1,2-ビス（ジメチルアミノ）エタン	110-18-9
86		テトラメチルエチレンジアミン	110-18-9
100	アクリロニトリル	2-プロペンニトリル	107-13-1
100		アクリル酸ニトリル	107-13-1
100		アクリロニトリル	107-13-1
100		シアノエチレン	107-13-1
100		シアン化エチレン	107-13-1
100		シアン化ビニル	107-13-1
115	アセトニトリル	エタンニトリル	75-05-8
115		エタン酸ニトリル	75-05-8
115		シアノメタン	75-05-8
115		シアン化メタン	75-05-8
115		シアン化メチル	75-05-8
115		メチルシアナイド	75-05-8
119	アゾビスイソブチロニトリル	2,2'-アゾビス(2-メチルプピオニトリル)	78-67-1
119		2,2'-アゾビス(2-メチルプロパンニトリル)	78-67-1
119		2,2'-アゾビス-2-メチルプピオニトリル	78-67-1
119		2,2'-アゾビス-2-メチルプロパンニトリル	78-67-1
119		2,2'-アゾビスイソブチロニトリル	78-67-1
119		AIBN	78-67-1
119		アゾビスイソブチロニトリル	78-67-1
128	イソキノリン	イソキノリン	119-65-3
140	イミダゾール	イミダゾール	288-32-4
176	カプロラクタム	2-オキソヘキサメチレンイミン	105-60-2
176		6-アミノカプロン酸ラクタム	105-60-2
176		6-ヘキサンラクタム	105-60-2
176		ε-アミノカプロラクタム	105-60-2
176		ε-カプロラクタム	105-60-2
176		ヘキサヒドロ-2H-アゼピン-2-オン	105-60-2
184	キノリン	ベンゾ(b)ピリジン	91-22-5
184		ベンゾピリジン	91-22-5
333	ニトロエタン	ニトロエタン	79-24-3
409	ホルムアミド	ギ酸アミド	75-12-7
438	メラミン	1,3,5-トリアジン-2,4,6-トリアミン	108-78-1
438		シアヌルアマイド	108-78-1

分類別索引
[ガ～ガ]

no.	化学物質名	別名	CAS No.
438		シアヌルアミド	108-78-1
302	テトラエチレンペンタミン	テトラエチレンペンタミン	112-57-2
350	ピリジン	ピリジン	110-86-1
353	ピロリジン	テトラヒドロピロール	123-75-1
379	プロピオニトリル	シアン化エチル	107-12-0
379		プロパンニトリル	107-12-0
379		プロピオノニトリル	107-12-0

含ハロゲン類

no.	化学物質名	別名	CAS No.
13	1,1,1-トリクロロエタン	TCA	71-55-6
13		トリクロロエタン	71-55-6
13		メチルクロロホルム	71-55-6
14	1,1,2-トリクロロエタン	1,1,2-TCE	79-00-5
14		β-トリクロロエタン	79-00-5
14		トリクロロエタン	79-00-5
14		ビニルクロリド	79-00-5
14		ビニルトリクロライド	79-00-5
11	1,1-ジクロロエタン	エチリデンクロライド	75-34-3
11		エチリデンクロリド	75-34-3
11		エチリデンジクロライド	75-34-3
11		塩化エチリデン	75-34-3
11		ジクロロエタン	75-34-3
11		二塩化エチリデン	75-34-3
12	1,1-ジクロロエチレン	1,1-ジクロロエテン	75-35-4
12		ジクロロエチレン	75-35-4
12		ビニリデンクロライド	75-35-4
12		ビニリデンクロリド	75-35-4
12		ビニリデンジクロライド	75-35-4
12		塩化ビニリデン	75-35-4
17	1,2,3-トリクロロベンゼン	TCB	87-61-6
17		トリクロロベンゼン	87-61-6
17		三塩化ベンゼン	87-61-6
19	1,2,4-トリクロロベンゼン	TCB	120-82-1
19		トリクロロベンゼン	120-82-1
19		三塩化ベンゼン	120-82-1
15	1,2-ジクロロエタン	EDC	107-06-2
15		sym-ジクロロエタン	107-06-2
15		エチリデンジクロライド	107-06-2
15		ジクロロエタン	107-06-2
15		二塩化エタン	107-06-2
16	1,2-ジクロロプロパン	プロピレンジクロライド	78-87-5
16		塩化プロピレン	78-87-5
16		二塩化プロピレン	78-87-5
21	1,3,5-トリクロロベンゼン	TCB	108-70-3
21		トリクロロベンゼン	108-70-3
21		三塩化ベンゼン	108-70-3
6	1-ブロモ-2-メチルプロパン	イソブチルブロミド	78-77-3

分類別索引
[ガ〜ガ]

no.	化学物質名	別名	CAS No.
6		臭化イソブチル	78-77-3
34	2-ブロモ-2-メチルプロパン	t-ブチルブロミド	507-19-7
34		臭化t-ブチル	507-19-7
33	2-ブロモブタン	s-ブチルブロマイド	78-76-2
33		臭化s-ブチル	78-76-2
45	2,4,6-トリブロモフェノール	ブロモール	118-79-6
55	4-ブロモ-2,5-ジクロロフェノール	BDCP	1940-42-7
158	エピクロロヒドリン	(D,L)-α-エピクロロヒドリン	106-89-8
158		1-クロロ-2,3-エポキシプロパン	106-89-8
158		2-(クロロメチル)オキシラン	106-89-8
158		3-クロロプロピレンオキシド	106-89-8
158		γ-クロロプロピレンオキシド	106-89-8
158		クロロメチルオキシラン	106-89-8
161	塩化ビニル	VCM	75-01-4
161		クロロエチレン	75-01-4
161		クロロエテン	75-01-4
161		ビニルクロライド	75-01-4
161		ビニルクロリド	75-01-4
161		塩ビモノマー	75-01-4
161		塩化ビニルモノマー	75-01-4
169	オルトジクロロベンゼン	1,2-ジクロロベンゼン	95-50-1
169		ODB	95-50-1
185	キャプタン	N-トリクロロメチルチオ-4-シクロヘキセン-1,2-ジカルボジイミド	133-06-2
185		n-トリクロロメチルメルカプト-4-シクロヘキセン-1,2-ジカルボジイミド	133-06-2
185		カプタン	133-06-2
187	キントゼン	PCNB	82-68-8
187		コブトール	82-68-8
187		ペルクロロニトルベンゼン	82-68-8
187		ペンタクロロニトロベンゼン	82-68-8
199	クロロジブロモメタン	ジブロモクロロメタン	124-48-1
200	クロロタロニル	TPN	1897-45-6
200		テトラクロロイソフタロニトリル	1897-45-6
201	クロロプレン	2-クロロ-1,3-ブタジエン	126-99-8
201		2-クロロブタジエン	126-99-8
201		クロロブタジエン	126-99-8
201		ネオプレン	126-99-8
202	クロロベンゼン	MCB	108-90-7
202		塩化フェニル	108-90-7
202		塩化ベンゼン	108-90-7
202		クロルベンゾール	108-90-7
202		モノクロルベンゼン	108-90-7
202		モノクロロベンゼン	108-90-7
203	クロロホルム	トリクロロメタン	67-66-3
203		フロン-20	67-66-3
243	四塩化炭素	カーボンテトラクロリド	56-23-5
243		テトラクロロメタン	56-23-5

分類別索引
[ガ～ガ]

no.	化学物質名	別名	CAS No.
243		パークロロメタン	56-23-5
243		ベンジノホルム	56-23-5
243		四クロロメタン	56-23-5
249	ジクロロメタン	塩化メチレン	75-09-2
249		メチレンクロライド	75-09-2
249		メチレンクロリド	75-09-2
249		メチレンジクロライド	75-09-2
249		二塩化メタン	75-09-2
249		二塩化メチレン	75-09-2
262	ジブロモエタン	1,2-エチレンジブロミド	106-93-4
262		1,2-ジブロムエタン	106-93-4
262		1,2-ジブロモエタン	106-93-4
262		EDB	106-93-4
262		IBD	106-93-4
262		sym-ジブロモエタン	106-93-4
262		エチレンジブロマイド	106-93-4
262		エチレンジブロミド	106-93-4
262		二臭化エチレン	106-93-4
263	ジブロモブタン	1,4-ジブロモブタン	110-52-1
263		α,ω-ジブロモアルカン	110-52-1
263		テトラメチレンジブロマイド	110-52-1
264	ジブロモプロパン	1,3-ジブロモプロパン	109-64-8
264		α,ω-ジブロモアルカン	109-64-8
264		トリメチレンジブロミド	109-64-8
265	ジブロモベンゼン	o-ジブロモベンゼン(1,2-ジブロモベンゼン),m-ジブロモベンゼン(1,3-ジブロモベンゼン),p-ジブロモベンゼン(1,4-ジブロモベンゼン)の3つの異性体がある	o-：583-53-9 m-：108-36-1 p-：106-37-6
266	ジブロモペンタン	1,5-ジブロモペンタン	111-24-0
266		ペンタメチレンジブロマイド	111-24-0
298	デカブロモジフェニルエーテル	1,1'-オキシビス-2,3,4,5,6-ペンタブロモベンゼン	1163-19-5
298		DBDPE	1163-19-5
298		DBDPO	1163-19-5
298		デカブロモジフェニルオキサイド	1163-19-5
298		デカブロモジフェニルオキシド	1163-19-5
298		ビス(ペンタブロモフェニル)エーテル	1163-19-5
298		ペンタブロモフェニルエーテル	1163-19-5
304	テトラクロロエチレン	エチレンテトラクロリド	127-18-4
304		パークレン	127-18-4
304		パークロロエチレン	127-18-4
304		ペルクロロエチレン	127-18-4
304		四塩化エチレン	127-18-4
306	テトラブロモエタン	1,1,2,2-テトラブロモエタン	79-27-6
306		sym-テトラブロモエタン	79-27-6
306		アセチレンテトラブロマイド	79-27-6
306		テトラブロモアセチレン	79-27-6
306		テトラブロモエタン	79-27-6
306		四臭化アセチレン	79-27-6
306		四臭化エタン	79-27-6

457

分類別索引
[ガ～ケ]

no.	化学物質名	別名	CAS No.
307	テトラブロモビスフェノールA	2,2',6,6'-テトラブロモビスフェノールA	79-94-7
307		2,2-ビス(3,5-ジブロモ-4-ヒドロキシフェニル)プロパン	79-94-7
307		2,2-ビス(4'-ヒドロキシ-3',5'-ジブロモフェニル)プロパン	79-94-7
307		4,4-イソプロピリデンビス(2,6-ジブロモフェノール)	79-94-7
322	トリクロロエチレン	TCE	79-01-6
322		エチニルトリクロライド	79-01-6
322		トリクレン	79-01-6
322		トリクロロエテン	79-01-6
322		三塩化エチレン	79-01-6
322		三塩化エテン	79-01-6
341	パラジクロロベンゼン	1,4-ジクロロベンゼン	106-46-7
341		p-DCB	106-46-7
341		p-ジクロロベンゼン	106-46-7
387	ブロモベンゼン	フェニルブロミド	108-86-1
387		モノブロモベンゼン	108-86-1
387		臭化フェニル	108-86-1
160	塩化パラフィン	クロロパラフィン	63449-39-8
160		塩パラ	63449-39-8
160		塩素化パラフィン	63449-39-8
162	塩化ブチル	1-クロロブタン	109-69-3
162		n-ブチルクロライド	109-69-3
162		ブチルクロライド	109-69-3
162		塩化-n-ブチル	109-69-3
164	塩化メチル	クロルメチル	74-87-3
164		クロロメタン	74-87-3
164		クロロメチル	74-87-3
164		メチルクロライド	74-87-3
164		モノクロロメタン	74-87-3
270	臭化ブチル	1-ブロモブタン	109-65-9
270		n-臭化ブチル	109-65-9
270		ブロモブチル	109-65-9

クロルニコチニル系殺虫剤

no.	化学物質名	別名	CAS No.
139	イミダクロプリド	1-(6-クロロ-3-ピリジルメチル)-N-ニトロイミダゾリジン-2-イリデンアミン	105827-78-9

ケトン類

no.	化学物質名	別名	CAS No.
136	イソホロン	3,5,5-トリメチル-2-シクロヘキセン-1-オン	78-59-1
136		3,5,5-トリメチルシクロヘキセノン	78-59-1
136		3,5,5-トリメチルシクロヘキセン-1-オン	78-59-1
136		イソアセトフォロン	78-59-1
136		イソアセトホロン	78-59-1
144	エチル-n-ブチルケトン	3-ヘプタノン	106-35-4
144		ブチルエチルケトン	106-35-4
230	ジ-n-プロピルケトン	4-ヘプタノン	123-19-3
230		ジプロピルケトン	123-19-3

no.	化学物質名	別名	CAS No.
232	ジイソブチルケトン	2,6-ジメチル-4-ヘプタノン	108-83-8
232		DIBK	108-83-8
233	ジイソプロピルケトン	2,4-ジメチル-3-ペンタノン	565-80-0
417	メシチルオキシド(4-メチル-3-ペンテン-2-オン)	酸化メシチル	141-79-7
424	メチル-n-アミルケトン	2-ヘプタノン	110-43-0
424		n-アミルメチルケトン	110-43-0
424		アミルメチルケトン	110-43-0
424		メチル-n-ペンチルケトン	110-43-0
424		メチルアミルケトン	110-43-0
424		メチルペンチルケトン	110-43-0
425	メチル-n-ブチルケトン	2-ヘキサノン	591-78-6
425		ブチルメチルケトン	591-78-6
425		ヘキサノン-2	591-78-6
425		メチルブチルケトン	591-78-6
426	メチル-n-プロピルケトン	2-ペンタノン	107-87-9
426		メチルプロピルケトン	107-87-9
427	メチル-n-ヘキシルケトン	2-オクタノン	111-13-7
427		ヘキシルメチルケトン	111-13-7
428	メチル-n-ヘプチルケトン	2-ノナノン	821-55-6
428		ヘプチルメチルケトン	821-55-6
116	アセトフェノン	アセトフェノン	98-86-2
117	アセトン	2-プロパノン	67-64-1
117		β-ケトプロパン	67-64-1
117		ケトプロパン	67-64-1
117		ジメチルケタール	67-64-1
117		ジメチルケトン	67-64-1
117		メチルアセチル	67-64-1
245	シクロヘキサノン	アノン	108-94-1
245		ケトシクロヘキサン	108-94-1
245		ケトヘキサメチレン	108-94-1
245		ピメリンケトン	108-94-1
430	メチルイソブチルケトン	4-メチル-2-ペンタノン	108-10-1
430		MIBK	108-10-1
430		イソブチルメチルケトン	108-10-1
430		ヘキソン	108-10-1
431	メチルエチルケトン	2-ブタノン	78-93-3
431		MEK	78-93-3
431		エチルメチルケトン	78-93-3

高分子化合物

no.	化学物質名	別名	CAS No.
334	ニトロセルロース	NC	9004-70-0
334		コロジオン	9004-70-0
334		硝化綿	9004-70-0
334		硝酸セルロース	9004-70-0
334		硝酸繊維素	9004-70-0
334		綿火薬	9004-70-0
408	ポリ塩化ビフェニル	PCB	1336-36-3

分類別索引
[コ～シ]

no.	化学物質名	別名	CAS No.
408		PCBS	1336-36-3
408		ピーシービー	1336-36-3
408		ビフェニル類	1336-36-3
408		ポリクロロビフェニル	1336-36-3

脂肪族炭化水素

no.	化学物質名	別名	CAS No.
1	1-オクテン	オクテン	111-66-0
2	1-デセン	デセン	872-05-9
41	2,2,4-トリメチルペンタン	イソオクタン	540-84-1
41		イソブチルトリメチルメタン	540-84-1
43	2,4-ジメチルペンタン	2,4-ジメチルペンタン	108-08-7
48	3-メチルペンテン	3-メチル-1-ペンテン	760-20-3
60	LPG(C3-C4炭化水素混合物)	液化石油ガス	68476-85-7
61	n-ウンデカン	ウンデカン	1120-21-4
64	n-オクタン	オクタン	111-65-9
66	n-デカン	セイデカン	124-18-5
66		デカン	124-18-5
67	n-テトラデカン	テトラデカン	629-59-4
68	n-ドデカン	ドデカン	112-40-3
69	n-トリデカン	トリデカン	629-50-5
71	n-ノナン	ノナン	111-84-2
74	n-ヘキサデカン	ヘキサデカン	544-76-3
76	n-ヘキサン	ノルマルヘキサン	110-54-3
76		ヘキサン	110-54-3
78	n-ヘプタン	ヘプタン	142-82-5
79	n-ペンタデカン	ペンタデカン	629-62-9
80	n-ペンタン	ペンタン	109-66-0
131	イソブチレン	2-メチルプロペン	115-11-7
131		イソブテン	115-11-7
132	イソプレン	2-メチル-1,3-ブタジエン	78-79-5
132		2-メチルエリスレン	78-79-5
132		2-メチルジビニル	78-79-5
132		2-メチルブタジエン	78-79-5
132		β-メチルブタジエン	78-79-5
132		ペンタジエン	78-79-5
149	エチレン	エテン	74-85-1
177	カルナバ蝋	カルナウバワックス	8015-86-9
177		ブラジルワックス	8015-86-9
283	石油ベンジン	ベンジン	8030-30-6
342	パラフィンワックス	セキロウ	8002-74-2
342		固形パラフィン	8002-74-2
360	ブタジエン	1,3-ブタジエン	106-99-0
360		エリスレン	106-99-0
360		ジビニル	106-99-0
360		ビニルエチレン	106-99-0
360		ビビニル	106-99-0
373	ブタン	ブタン	106-97-8

no.	化学物質名	別名	CAS No.
414	ミネラルスピリット	ペトロリウムスピリット	64742-47-8
414		ホワイトスピリット	64742-47-8
414		ミネラルシンナー	64742-47-8
414		ミネラルターベン	64742-47-8
414		石油留分または残油の水素化精製・改質または分解により得られる灯油	64742-47-8
414		石油留分を水素化精製または分解する際の残油重合ガソリンまたはアルキレートを製造する際の残油	64742-47-8
436	メチルペンタン	2-メチルペンタン	2-：107-83-5 3-：96-14-0
436		3-メチルペンタン	2-：107-83-5 3-：96-14-0
436		イソヘキサン	2-：107-83-5 3-：96-14-0
440	木蝋	木蝋	8001-39-6

重金属

no.	化学物質名	別名	CAS No.
94	亜鉛	亜鉛	7440-66-6
123	アンチモン	アンチモン	7440-36-0
175	カドミウム	カドミウム	7440-43-9
275	水銀	水銀	7439-97-6
288	セレン	セレニウム	7782-49-2
343	バリウム	バリウム	7440-39-3
345	ヒ素	ヒ素	7440-38-2
458	六価クロム	クロム	7440-47-3
330	鉛	ナマリ	7439-92-1

セバシン酸エステル類

no.	化学物質名	別名	CAS No.
286	セバシン酸ジオクチル	ジオクチルセバケート	122-62-3
286		セバシン酸ジ-2-エチルヘキシル	122-62-3
286		セバチン酸ジオクチル	122-62-3
286		セバチン酸ビス（2-エチルヘキシル）	122-62-3
286		セバチン酸ビス-2-エチルヘキシル	122-62-3
286		ビス（2-エチルヘキシルセバケート）	122-62-3
286		ビス-2-エチルヘキシルセバケート	122-62-3
287	セバシン酸ジブチル	DBS	109-43-3
287		セバシン酸n-ブチル	109-43-3
287		セバチン酸ジブチル	109-43-3

第4級アンモニウム塩

no.	化学物質名	別名	CAS No.
82	N,N-ジデシル-N-メチル-ポリオキシエチルアンモニウムプロピオネート	DMPAP	107879-22-1
163	塩化ベンザルコニウム	BKC	8001-54-5
163		アルキルジメチルベンジルアンモニウムクロリド	8001-54-5
163		ベンザルコニウムクロリド	8001-54-5

分類別索引
[ダ～テ]

no.	化学物質名	別名	CAS No.
163		ベンジルドデシルジメチルアンモニウムクロリド	8001-54-5
163		塩化アルキルジメチルベンジルアンモニウム	8001-54-5
252	ジデシルジメチルアンモニウムクロライド	DDAC	7173-51-5
252		塩化ジデシルジメチルアンモニウム	7173-51-5

ダイオキシン類

no.	化学物質名	別名	CAS No.
42	2,3,7,8-テトラクロロジベンゾ-p-ジオキシン	TCDD	1746-01-6

多環芳香族炭化水素

no.	化学物質名	別名	CAS No.
397	ベンゾ(d,e,f)フェナントレン	ピレン	129-00-0
397		ベンゾフェナンスレン	129-00-0
394	ベンゾ(a)ピレン	1,2-ベンゾピレン	50-32-8
394		ベンゾピレン	50-32-8
395	ベンゾ(a)フルオレン	ベンズ(a)フルオレン	238-84-6
396	ベンゾ(b)フルオランテン	ベンゾ(e)アセフェナントリレン	205-99-2
396		ベンゾアセフェナントリレン	205-99-2
396		ベンゾフルオランテン	205-99-2
396		ベンツ(e)アセフェナントリレン	205-99-2
396		ベンツアセフェナントリレン	205-99-2
398	ベンゾ(g,h,i)フルオランテン	ベンゾ(g,h,i)フルオランテン	203-12-3
399	ベンゾ(g,h,i)ペリレン	ベンゾペリレン	191-24-2
400	ベンゾ(k)フルオランテン	ベンゾフルオランテン	207-08-9
401	ベンゾアントラセン	1,2-ベンゾアントラセン	56-55-3
401		1,2-ベンツアントラセン	56-55-3
401		2,3-ベンツフェナントレン	56-55-3
401		テトラフェン	56-55-3
401		ベンゾ(a)アントラセン	56-55-3
401		ベンツ(a)アントラセン	56-55-3
401		ベンツアントラセン	56-55-3

チアゾール系化合物

no.	化学物質名	別名	CAS No.
44	2-(4-チアゾリル)ベンゾイミダゾール	2-(4-チアゾリル)-1H-ベンズイミダゾール	148-79-8
44		TBZ	148-79-8
44		サイアベンダゾール	148-79-8
44		チアベンダゾール	148-79-8
38	2-(チオシアノメチルチオ)ベンゾチアゾール	TCMTB	21564-17-0
402	ベンゾチアゾール	ベンゾチアゾール	95-16-9

チオシアン系化合物

no.	化学物質名	別名	CAS No.
437	メチレンビスチオシアネート	MBT	6317-18-6

テルペン類

no.	化学物質名	別名	CAS No.
46	3-カレン	3-カレン	13466-78-9

分類別索引
[テ～ピ]

no.	化学物質名	別名	CAS No.
59	D-リモネン	リモネン	5989-27-5
91	α-ピネン	2,2,6-トリメチルビシクロ(3.1.1)ヘプト-2-エン	80-56-8
91		2-ピネン	80-56-8
91		アルファ-ピネン	80-56-8
92	β-ピネン	2(10)ピネン	127-91-3
92		6,6-ジメチル-2-メチレン-ビシクロ(3.1.1)ヘプタン	127-91-3
92		シュードピネン	127-91-3
92		ノピネン	127-91-3
92		プソイドピネン	127-91-3
92		ベータ-ピネン	127-91-3

トリアゾール系化合物

no.	化学物質名	別名	CAS No.
101	アザコナゾール	1-((2-(2,4-ジクロロフェニル)-1,3-ジオキソラン-2-イル)メチル)-1H-1,2,4-トリアゾール	60207-31-0
260	シプロコナゾール	(2RS,3RS;2RS,3SR)-2-(4-クロロフェニル)-3-クロロプロピル-1-(1H-1,2,4-トリアゾール-1-イル)ブタン-2-オール	94361-06-5
310	テブコナゾール	(RS)-1-p-クロロフェニル-4,4-ジメチル-3-(1H-1,2,4-トリアゾール-1-イルメチル)-ペンタン-3-オール	107534-96-3
381	プロピコナゾール	(RS)-1-[2-(2,4-ジクロロフェニル)-4-プロピル-1,3-ジオキソラン-2-イルメチル]-1H-1,2,4-トリアゾール	60207-90-1
381		1-[2-(2,4-ジクロロフェニル)-4-プロピル-1,3-ジオキソラン-2-イルメチル]-1H-1,2,4-トリアゾール	60207-90-1
381		TILT	60207-90-1

ニトログアニジン系殺虫剤

no.	化学物質名	別名	CAS No.
254	ジノテフラン	(RS)-1-メチル-2-ニトロ-3-(テトラヒドロ-3-フリルメチル)グアニジン	165252-70-0

ネオニコチノイド系殺虫剤

no.	化学物質名	別名	CAS No.
112	アセタミプリド	トランス-N-(6-クロロ-3-ピリジルメチル)-N'-シアノ-N-メチルアセトアミジン	135410-20-7
195	クロチアニジン	(E)-1-(2-クロロ-1,3-チアゾール-5-イルメチル)-3-メチル-2-ニトログアニジン	210880-92-5

ピレスロイド系殺虫剤

no.	化学物質名	別名	CAS No.
122	アレスリン	2-メチル-4-オキソ-3-(2-プロペニル)-2-シクロペンテン-1-イル=2,2-ジメチル-3-(2-メチル-1-プロペニル)シクロプロパンカルボキシラート(cis,trans異性体混合物)	584-79-2
122		DL-3-アリル-2-メチルシクロペンタ-2-エン-4-オン-1-イル-DL-シス,トランス-クリサンテメート	584-79-2
157	エトフェンプロックス	2-(4-エトキシフェニル)-2-メチルプロピル-3-フェノキシベンジルエーテル	80844-07-1
157		α-[(p-エトキシ-β,β-ジメチルフェネチル)オキシ]-m-フェノキシトルエン	80844-07-1

463

分類別索引
[ピ〜フ]

no.	化学物質名	別名	CAS No.
157		エトキシプロフェン	80844-07-1
272	シラフルオフェン	(4-エトキシフェニル)[3-(4-フルオロ-3-フェノキシフェニル)プロピル]ジメチルシラン	105024-66-6
90	α-シペルメトリン	(S)-α-シアノ-3-フェノキシベンジル=3-(2,2-ジクロロビニル)-2,2-ジメチル-cis-シクロプロパンカルボキシラート	67375-30-8
95	アクリナトリン	(S)-α-シアノ-3-フェノキシベンジル(Z)-(1R,3S)-2,2-ジメチル-3-[2-(2,2,2-トリフルオロ-1-トリフルオロメチルエトキシカルボニル)ビニル]シクロプロパンカルボン酸	101007-06-1
256	シフェノトリン	シフェノトリン	39515-40-7
259	シフルトリン	(RS)-α-シアノ-4-フルオロ-3-フェノキシベンジル(1RS,3RS)-(1RS,3SR)-3-(2,2-ジクロロビニル)-2,2-ジメチルシクロプロパンカルボキシラート	68359-37-5
259		バイスロイド	68359-37-5
316	トラロメトリン	(S)-α-シアノ-3-フェノキシベンジル-(1R,3S)-2,2-ジメチル-3-(1,2,2,2-テトラブロモエチル)シクロプロパンカルボキシラート	66841-25-6
316		(S)-α-シアノ-3-フェノキシベンジル-(1R,3S)-2,2-ジメチル-3-[(RS)-1,2,2,2-テトラブロモエチル]シクロプロパンカルボキシラート	66841-25-6
348	ビフェントリン	[1α,3α(Z)]-(+/-)-3-(2-クロロ-3,3,3-トリフルオロ-1-プロペニル)-2,2-ジメチルシクロプロパンカルボン酸(2-メチル[1,1'-ビフェニル]-3-イル)メチルエーテル	82657-04-3
348		2-メチル-1,1'-ビフェニル-3-イルメチル=(Z)-3-(2-クロロ-3,3,3-トリフルオロ-1-プロペニル)-2,2-ジメチルシクロプロパンカルボキシラート	82657-04-3
352	ピレトラム	ピレトラム	8003-34-7
376	プラレトリン	シクロプロパンカルボン酸	23031-36-9
390	ペルメトリン	3-(2,2-ジクロロエテニル)-2,2-ジメチルシクロプロパンカルボン酸(3-フェノキシフェニル)メチル	52645-53-1
390		3-(2,2-ジクロロエテニル)-2,2-ジメチルシクロプロパンカルボン酸(3-フェノキシフェニル)メチルエステル	52645-53-1
390		3-フェノキシベンジル(1RS,3RS)-(1RS,3RS)-3-(2,2-ジクロロビニル)-2,2-ジメチルシクロプロパンカルボキシラート	52645-53-1
390		3-フェノキシベンジル=3-(2,2-ジクロロビニル)-2,2-ジメチルシクロプロパンカルボキシラート	52645-53-1
390		パーメトリン	52645-53-1

フェニルピラゾール系殺虫剤

no.	化学物質名	別名	CAS No.
354	フィプロニル	5-アミノ-1-[2,6-ジクロロ-4-(トリフルオロメチル)フェニル]-3-シアノ-4-[(トリフルオロメチル)スルフィニル]ピラゾール	120068-37-3

フェニルピロールピラゾール系殺虫剤

no.	化学物質名	別名	CAS No.
198	クロルフェナピル	4-ブロモ-2-(4-クロロフェニル)-1-エトキシメチル-5-トリフルオロメチルピロール-3-カルボニトリル	122453-73-0

no.	化学物質名	別名	CAS No.
フェノール類			
3	1-ナフトール	1-ヒドロキシナフタレン	90-15-3
3		α-ナフトール	90-15-3
27	2-ナフトール	2-ヒドロキシナフタレン	135-19-3
27		β-ナフトール	135-19-3
27		イソナフトール	135-19-3
27		ナフタレン-2-オール	135-19-3
167	オクチルフェノール	4-オクチルフェノール	140-66-9
167		p-(1,1,3,3-テトラメチルブチル)フェノール	140-66-9
167		p-オクチルフェノール	140-66-9
174	カテコール	1,2-ジヒドロキシベンゼン	120-80-9
174		1,2-ベンゼンジオール	120-80-9
174		o-ジヒドロキシベンゼン	120-80-9
174		ピロカテキン	120-80-9
174		ピロカテコール	120-80-9
178	カルバクロール	5-イソプロピル-2-メチルフェノール	499-75-2
178		イソチモール	499-75-2
181	キシレノール	ジメチルフェノール	1300-71-6
309	テトラリン	1,2,3,4-テトラヒドロナフタレン	119-64-2
309		テトラヒドロナフタレン	119-64-2
309		テトラヒドロナフタレン	119-64-2
309		テトラリン	119-64-2
338	ノニルフェノール	ノニルフェノール	25154-52-3
346	ヒドロキノン	1,4-ベンゼンジオール	123-31-9
346		p-ヒドロキシベンゼン	123-31-9
346		キノール	123-31-9
346		ハイドロキノン	123-31-9
356	フェノール	オキシベンゼン	108-95-2
356		カルボール	108-95-2
356		石炭酸	108-95-2
356		分留石炭酸	108-95-2
456	レゾルシノール	1,3-ベンゼンジオール	108-46-3
456		3-ヒドロキシフェノール	108-46-3
456		m-ジヒドロキシベンゼン	108-46-3
456		m-ベンゼンジオール	108-46-3
456		レゾルシン	108-46-3
439	木酢液(フェノール類)	木酢液(フェノール類)	—
フタル酸エステル類			
365	フタル酸ジイソオクチル	DIOP	27554-26-3
365		ジイソオクチルフタレート	27554-26-3
366	フタル酸ジイソデシル	DIDP	26761-40-0
366		ジイソデシルフタレート	26761-40-0
367	フタル酸ジイソノニル	DINP	28553-12-0
367		ジイソノニルフタレート	28553-12-0
368	フタル酸ジイソブチル	DIBP	84-69-5

分類別索引
[フ〜ホ]

no.	化学物質名	別名	CAS No.
368		ジイソブチルフタレート	84-69-5
369	フタル酸ジエチル	DEP	84-66-2
369		ジエチルフタレート	84-66-2
370	フタル酸ジシクロヘキシル	ジシクロヘキシルフタレート	84-61-7
371	フタル酸ジメチル	DMP	131-11-3
371		ジメチルフタレート	131-11-3
372	フタル酸ブチルベンジル	BBP	85-68-7
372		ブチルベンジルフタレート	85-68-7
362	フタル酸ジ-2-エチルヘキシル	DEHP	117-81-7
362		DOP	117-81-7
362		ジ-2-エチルヘキシルフタレート	117-81-7
362		フタル酸ビス-2-エチルヘキシル	117-81-7
363	フタル酸ジ-n-ブチル	DBP	84-74-2
363		ジ-n-ブチルフタレート	84-74-2
363		ジブチルフタレート	84-74-2
363		ビス(n-ブチル)フタレート	84-74-2
363		フタル酸ジブチル	84-74-2
363		フタル酸ノルマルジブチル	84-74-2
364	フタル酸ジ-n-ヘプチル	DHP	3648-21-3
364		ジ-n-ヘプチルフタレート	3648-21-3
364		ジヘプチルフタレート	3648-21-3
364		フタル酸ジヘプチル	3648-21-3

フラン類

no.	化学物質名	別名	CAS No.
36	2-ペンチルフラン	2-アミルフラン	3777-69-3
305	テトラヒドロフラン	1,4-エポキシブタン	109-99-9
305		THF	109-99-9
377	フラン	フラン	110-00-9

芳香族炭化水素

no.	化学物質名	別名	CAS No.
18	1,2,3-トリメチルベンゼン	トリメチルベンゼン	526-73-8
18		ヘミメリテン	526-73-8
20	1,2,4-トリメチルベンゼン	シュードキュメン	95-63-6
20		トリメチルベンゼン	95-63-6
20		プソイドキュメン	95-63-6
20		プソイドクメン	95-63-6
20		プソイドクモール	95-63-6
22	1,3,5-トリメチルベンゼン	トリメチルベンゼン	108-67-8
22		メシチレン	108-67-8
53	4-フェニルシクロヘキセン	4-PC	4994-16-5
53		4-PCH	4994-16-5
73	n-プロピルベンゼン	1-フェニルプロパン	103-65-1
73		イソキュメン	103-65-1
73		イソクメン	103-65-1
87	p-シメン	1-メチル-4-(1-メチルエチル)ベンゼン	99-87-6
87		p-イソプロピルトルエン	99-87-6

no.	化学物質名	別名	CAS No.
87		p-メチルイソプロピルベンゼン	99-87-6
87		p-メチル-キュメン	99-87-6
87		イソプロピルトルエン	99-87-6
87		シメン	99-87-6
87		パラシメン	99-87-6
121	アミルベンゼン	1-フェニルペンタン	538-68-1
121		n-アミルベンゼン	538-68-1
135	イソプロピルベンゼン	(1-メチルエチル)ベンゼン	98-82-8
135		1-メチルエチルベンゼン	98-82-8
135		2-フェニルプロパン	98-82-8
135		キュメン	98-82-8
135		クメン	98-82-8
135		クモール	98-82-8
147	エチルベンゼン	エチルベンゾール	100-41-4
147		フェニルエタン	100-41-4
148	エチルメチルベンゼン	エチルトルエン	o-：611-14-3 m-：620-14-4 p-：622-96-8
182	キシレン(o-,m-,p-)	キシロール	1330-20-7
182		メチルトルエン	1330-20-7
193	クレオソート油	コールタールクレオソート	8001-58-9
194	クレゾール	オキシトルエン	1319-77-3 o-：95-48-7 m-：108-39-4 p-：106-44-5
194		クレゾール酸	1319-77-3 o-：95-48-7 m-：108-39-4 p-：106-44-5
194		ヒドロキシトルエン	1319-77-3 o-：95-48-7 m-：108-39-4 p-：106-44-5
194		メチルフェノール	1319-77-3 o-：95-48-7 m-：108-39-4 p-：106-44-5
258	ジブチルヒドロキシトルエン	2,6-ジ-t-ブチル-4-メチルフェノール	128-37-0
258		2,6-ジ-t-ブチル-p-クレゾール	128-37-0
258		3,5-ジ-t-ブチル-4-ヒドロキシトルエン	128-37-0
258		4-メチル-2,6-ジ-t-ブチルフェノール	128-37-0
258		BHT	128-37-0
258		ビーエイチティー	128-37-0
274	シンナー	641シンナー	(64742-89-3)
278	スチレン	エテニルベンゼン	100-42-5
278		シンナメン	100-42-5
278		スチレンモノマー	100-42-5
278		スチロール	100-42-5

分類別索引
[ホ～ホ]

no.	化学物質名	別名	CAS No.
278		ビニルベンゼン	100-42-5
278		フェニルエチレン	100-42-5
289	ソルベントナフサ	コールタールナフサ	65996-79-4
308	テトラメチルベンゼン	イソデュレン(1,2,3,5-)	1,2,3,5-：527-53-7 1,2,4,5-：95-93-2
308		デュレン(1,2,4,5-)	1,2,3,5-：527-53-7 1,2,4,5-：95-93-2
311	テレビン油	しょうせい油	8006-64-2
311		ターペン油	8006-64-2
311		テルペン油	8006-64-2
311		テレピン油	8006-64-2
314	灯油	ケロシン	8008-20-6
314		ケロセン	8008-20-6
314		ケロセンオイル	8008-20-6
314		ランプオイル	8008-20-6
314		軽油	8008-20-6
314		石油	8008-20-6
314		石油留分または残油の水素化精製、改質または分解により得られる灯油	8008-20-6
315	ドデシルベンゼン	1-フェニルドデカン	123-01-3
315		ドデシルベンゼン	123-01-3
315		ハードアルキルベンゼン	123-01-3
315		ラウリルベンゼン	123-01-3
324	トルエン	トルオール	108-88-3
324		フェニルメタン	108-88-3
324		メチルベンゼン	108-88-3
326	ナフサ	石油ナフサ	8030-30-6
327	ナフタレン	ナフタリン	91-20-3
375	ブチルベンゼン	1,1-ジメチルエチルベンゼン	n-：104-51-8 sec-：135-98-8 tert-：98-06-6 イソ：538-93-2
375		2-フェニルブタン	n-：104-51-8 sec-：135-98-8 tert-：98-06-6 イソ：538-93-2
375		2-メチルプロピルベンゼン	n-：104-51-8 sec-：135-98-8 tert-：98-06-6 イソ：538-93-2
375		i-ブチルベンゼン	n-：104-51-8 sec-：135-98-8 tert-：98-06-6 イソ：538-93-2
375		n-ブチルベンゼン	n-：104-51-8 sec-：135-98-8 tert-：98-06-6 イソ：538-93-2

分類別索引
[ホ～ユ]

no.	化学物質名	別名	CAS No.
375		sec-ブチルベンゼン	n- : 104-51-8 sec- : 135-98-8 tert- : 98-06-6 イソ : 538-93-2
375		s-ブチルベンゼン	n- : 104-51-8 sec- : 135-98-8 tert- : 98-06-6 イソ : 538-93-2
375		t-ブチルベンゼン	n- : 104-51-8 sec- : 135-98-8 tert- : 98-06-6 イソ : 538-93-2
375		イソブチルベンゼン	n- : 104-51-8 sec- : 135-98-8 tert- : 98-06-6 イソ : 538-93-2
375		トリメチルフェニルメタン	n- : 104-51-8 sec- : 135-98-8 tert- : 98-06-6 イソ : 538-93-2
375		ノルマルブチルベンゼン	n- : 104-51-8 sec- : 135-98-8 tert- : 98-06-6 イソ : 538-93-2
393	ベンゼン	ベンゾール	71-43-2

放射性物質

no.	化学物質名	別名	CAS No.
443	ラドン	ラドン	10043-92-2

ホウ素化合物

no.	化学物質名	別名	CAS No.
340	八ほう酸二ナトリウム	八ほう酸二ナトリウム四水和物	12008-41-2
405	ホウ酸	オルソホウ酸	10043-35-3
405		オルトホウ酸	10043-35-3
405		セイホウ酸	10043-35-3
405		ボール酸	10043-35-3
442	四ホウ酸ナトリウム	四ホウ酸ナトリウム	1330-43-4

有機塩素系殺虫剤

no.	化学物質名	別名	CAS No.
196	クロルデン	1,2,4,5,6,7,8,8-オクタクロロ-2,3,3A-4,7,7A-ヘキサヒドロ-4,7-メタノ-1H-インデン	57-74-9
250	ジコホル	2,2,2-トリクロロ-1,1-ビス(4-クロロフェニル)エタノール	115-32-2
250		ケルセン	115-32-2
250		ジコホール	115-32-2
296	ディルドリン	1,2,3,4,10,10-ヘキサクロロ-6,7-エポキシ-1,4,4A,5,6,7,8,8A-オクタヒドロ-1,4-エンド,エキソ-5,8-ジメタノナフタリン	60-57-1

分類別索引
[ユ~ユ]

no.	化学物質名	別名	CAS No.
296		ヘキサクロルエポキシオクタヒドロエンドエキソジメタノナフタリン	60-57-1

有機酸

no.	化学物質名	別名	CAS No.
102	アジピン酸	1,4-ブタンカルボン酸	124-04-9
102		1,4-ブタンジカルボン酸	124-04-9
102		ヘキサン二酸	124-04-9
137	イタコン酸	2-メチレンコハク酸	97-65-4
137		メチレンコハク酸	97-65-4
146	エチルヘキサン酸	2-エチルヘキサン酸	149-57-5
146		ブチルエチル酢酸	149-57-5
170	オレイン酸	9-オクタデセン酸	112-80-1
170		9-オクタデセン酸（シス）	112-80-1
170		CIS-9-オクタデセン酸	112-80-1
170		シス-9-オクタデセン酸	112-80-1
180	ギ酸	カルボキシ水素酸	64-18-6
188	クエン酸	くえん酸	77-92-9
208	酢酸	エタン酸	64-19-7
208		氷酢酸	64-19-7
300	デカン酸	n-カプリン酸	334-48-5
300		n-デカン酸	334-48-5
300		カプロン酸	334-48-5
300		ノルマルデカン酸	334-48-5
312	テレフタル酸	1,4-ベンゼンジカルボン酸	100-21-0
312		PTA	100-21-0
312		p-カルボキシベンゼン	100-21-0
312		p-カルボキシ安息香酸	100-21-0
312		p-フタル酸	100-21-0
312		TPA	100-21-0
357	フェノールスルホン酸	4-ヒドロキシフェニルスルホン酸	98-67-9
357		p-フェノールスルホン酸	98-67-9
380	プロピオン酸	プロパン酸	79-09-4
389	ヘキサン酸	1-ペンタカルボン酸	142-62-1
389		N-カプロン酸	142-62-1
389		n-ヘキサン酸	142-62-1
389		ノルマルヘキサン酸	142-62-1
415	無水フタル酸	無水フタル酸	85-44-9
416	無水マレイン酸	2,5-フランジオン	108-31-6
183	吉草酸	n-吉草酸	109-52-4

有機ヨウ素

no.	化学物質名	別名	CAS No.
7	1-ブロモ-3-エトキシカルボニルオキシ-1,2-ジヨード-1-プロペン	サンプラス	52465-53-1
51	3-ヨード-2-プロピニルブチルカーバメート	IPBC	55406-53-6
56	4-クロロフェニル-3-ヨードプロパルギルホルマール	IF-1000	29772-02-9

分類別索引

[ユ～ユ]

no.	化学物質名	別名	CAS No.
有機リン系殺虫剤			
197	クロルピリホス	O,O-ジエチルO-3,5,6-トリクロロ-2-ピリジルチオホスファート	2921-88-2
197		ジエチル-3,5,6-トリクロロ-2-ピリジルチオホスフエイト	2921-88-2
197		チオリンサン-O,O-ジエチル-O-3,5,6-トリクロロ-2-ピリジル	2921-88-2
197		チオリン酸-O,O-ジエチル-O-3,5,6-トリクロロ-2-ピリジル	2921-88-2
247	ジクロルボス	DDVP	62-73-7
247		ジメチル-2,2-ジクロルビニルホスフェイト	62-73-7
247		ジメチル-2,2-ジクロロビニルホスフェート	62-73-7
247		ジメチルジクロルビニルホスフェート	62-73-7
247		りん酸ジメチル=2,2-ジクロロビニル	62-73-7
248	ジクロロフェンチオン	ECP	97-17-6
248		o,o-2,4-ジクロロフェニルo,o-ジエチルホスホロチオアート	97-17-6
248		ジエチル-2,4-ジクロロフェニルチオホスファート	97-17-6
248		ジクロフェンチオン	97-17-6
248		チオりん酸o-2,4-ジクロロフェニル-o,o-ジエチル	97-17-6
290	ダイアジノン	2-イソプロピル-4-メチルピリミジル-6-ジエチルチオホスフェイト	333-41-5
290		O,O-ジエチル-O-(2-イソプロピル-4-ピリミジニル)チオリン酸	333-41-5
290		O,O-ジエチルO-(2-イソプロピル-6-メチルピリジン-4-イル)ホスホロチオアート	333-41-5
290		ジムピレート	333-41-5
290		チオりん酸O,O-ジエチル-O-(2-イソプロピル-6-メチル-4-ピリミジニル)	333-41-5
303	テトラクロルビンホス	CVMP	22248-79-9
303		O,O-ジメチル2-クロロ-1-(2,4,5-トリクロロフェニル)ビニルホスファート	22248-79-9
303		りん酸(Z)-2-クロロ-1-(2,4,5-トリクロロフェニル)ビニル=ジメチル	22248-79-9
351	ピリダフェンチオン	O,O-ジエチル=O-(1,6-ジヒドロ-6-オキソ-1-フェニル-3-ピリダジニル)=ホスホロチオアート	119-12-0
351		O,O-ジエチルO-2,3-ジヒドロ-3-オキソ-2-フェニル-6-ピリダジニルホスホロチオアート	119-12-0
351		チオりん酸O,O-ジエチル-O-(6-オキソ-1-フェニル-1,6-ジヒドロ-3-ピリダジニル)	119-12-0
355	フェニトロチオン	MEP	122-14-5
355		O,O-ジメチル-O-3-メチル-4-ニトロフェニルモノチオリン酸塩	122-14-5
355		スミチオン	122-14-5
355		チオりん酸O,O-ジメチル-O-(3-メチル-4-ニトロフェニル)	122-14-5
359	フェンチオン	MPP	55-38-9
359		ジメチル-4-メチルメルカプト-3-メチルフェニルチオホスフェイト	55-38-9
359		チオりん酸O,O-ジメチル-O-(3-メチル-4-メチルチオフェニル)	55-38-9
359		バイジット	55-38-9
385	プロペタンホス	N-エチル-O-(2-イソプロポキシカルボニル-1-メチルビニル)-O-メチルチオホスホルアミド	31218-83-4

471

分類別索引
[ユ～その他]

no.	化学物質名	別名	CAS No.
407	ホキシム	2-(ジエトキシホスフィノチオイルオキシイミノ)-2-フェニルアセトニトリル	14816-18-3
407		チオリン酸-O,O-ジエチル-O-アルファ-シアノベンジリデンアミノ	14816-18-3
407		ベイチオン	14816-18-3

リン酸エステル類

449	リン酸トリス-2-エチルヘキシル	TEHP	78-42-2
449		トリス-2-エチルヘキシルホスフェート	78-42-2
451	リン酸トリス-2-クロロエチル	TCEP	115-96-8
451		トリス-2-クロロエチルホスフェート	115-96-8
452	リン酸トリス-2-ブトキシエチル	TBXP	78-51-3
452		トリス-2-ブトキシエチルホスフェート	78-51-3
454	リン酸トリブチル	TBP	126-73-8
454		トリブチルホスフェート	126-73-8
446	リン酸トリエチル	TEP	78-40-0
446		トリエチルホスフェート	78-40-0
447	リン酸トリクレシル	TCP	1330-78-5
447		トリクレジルホスフェート	1330-78-5
447		リン酸トリクレジル	1330-78-5
447		リン酸トリトリル	1330-78-5
448	リン酸トリス(1,3-ジクロロ-2-プロピル)	FR2	13674-87-8
448		TDCPP	13674-87-8
448		トリスジクロロプロピルホスフェート	13674-87-8
448		リン酸トリス(1,3-ジクロロイソプロピル)	13674-87-8
450	リン酸トリス(2-クロロイソプロピル)	TCIPP	13674-84-5
450		りん酸トリス(2-クロロ-1-メチルエチル)	13674-84-5
453	リン酸トリフェニル	TPHP	115-86-6
453		トリフェニルホスフェート	115-86-6
455	リン酸トリメチル	TMP	512-56-1
455		トリメチルホスフェート	512-56-1

その他

281	青石綿	アスベスト	12001-28-4
281		クロシドライト	12001-28-4
281		石綿	12001-28-4
111	アスファルト	アスファルトヒューム	8052-42-4
120	亜麻仁油	アマニ油	8001-26-1
120		フラックスオイル	8001-26-1
120		フラックスシードオイル	8001-26-1
124	アンモニア	アンモニア	7664-41-7
125	硫黄	硫黄	7704-34-9
138	一酸化炭素	一酸化炭素	630-08-0
141	ウコン抽出物	(E,E)-1,7-ビス(4-ヒドロキシ-3-メトキシフェニル)-1,6-ヘプタジエン-3,5-ジオン	—
142	ウルシオール	ウルシオール	53237-59-5

分類別索引
[その他]

no.	化学物質名	別名	CAS No.
159	エポキシ化大豆油	ESBO	8013-07-8
165	塩素	塩素	7782-50-5
168	オゾン	オゾン	10028-15-6
171	オレンジ油	オレンジ花油	8008-57-9
171		橙花油	8008-57-9
172	カーボンブラック	アセチレンブラック	1333-86-4
172		チャンネルブラック	1333-86-4
172		ファーネスブラック	1333-86-4
173	過酸化水素	過酸化水素	7722-84-1
179	カルボキシメチルセルロースナトリウム	繊維素グリコール酸ナトリウム	9004-32-4
186	桐油	桐油	8001-20-5
190	グラスウール	グラスウール	—
204	珪藻土（未焼成品）	ケイソウド	61790-53-2
205	結晶性シリカ	クリストバライト	14464-46-1
205		クリストバル石	14464-46-1
206	月桃精油	月桃精油	—
207	コールタールピッチ	コールタールピッチ	65996-93-2
227	酸化亜鉛	亜鉛華	1314-13-2
227		亜鉛箔	1314-13-2
227		活性亜鉛華	1314-13-2
227		透明性亜鉛箔	1314-13-2
228	酸化第二銅	黒色酸化銅	1317-38-0
228		酸化銅	1317-38-0
228		酸化銅（Ⅱ）	1317-38-0
242	シェラック	セラック	9000-59-3
257	ジブチルスズジラウレート	ジラウリン酸ジブチルスズ	77-58-7
271	ショウ脳油	カンプラ油	8008-51-3
271		ホンショウ油	8008-51-3
271		樟脳油	8008-51-3
271		片脳油	8008-51-3
271		芳白油	8008-51-3
271		芳油	8008-51-3
273	白石綿	アスベスト	12001-29-5
273		クリソタイル	12001-29-5
273		石綿	12001-29-5
273		温石綿	12001-29-5
276	水酸化第二銅	水酸化銅	20427-59-2
277	水酸化ナトリウム	苛性ソーダ	1310-73-2
280	青酸ガス	ギ酸ニトリル	74-90-8
280		シアン化水素	74-90-8
282	石英	シリカ	14808-60-7
284	石膏	硫酸カルシウム	13397-24-5
285	セドロール	セドロール	77-53-2
291	タルク	TALC	14807-96-6
291		ステアタイト	14807-96-6
291		ソープストーン	14807-96-6
291		タルカム	14807-96-6
291		フレンチチョーク	14807-96-6

分類別索引
[その他]

no.	化学物質名	別名	CAS No.
291		滑石	14807-96-6
292	炭酸カルシウム	炭酸塩	471-34-1
293	チオフェン	チオフラン	110-02-1
294	茶石綿	アスベスト	12172-73-5
294		アモサイト	12172-73-5
294		石綿	12172-73-5
295	ツヨプセン	ツヨプセン	470-40-6
313	でんぷん	澱粉	9005-25-8
			9005-84-9
328	ナフテン酸亜鉛	NZN	12001-85-3
329	ナフテン酸銅	NUC	1338-02-9
329		ナフテン酸銅塩	1338-02-9
331	二酸化炭素	炭酸ガス	124-38-9
332	二酸化窒素	過酸化窒素	10102-44-0
335	尿素	ウレア	57-13-6
335		カルボニルアミド	57-13-6
336	二硫化炭素	二硫炭	75-15-0
336		硫化炭素	75-15-0
336		硫炭	75-15-0
339	バーサチック酸亜鉛	VZN	—
347	ヒノキチオール	2-ヒドロキシ-4-イソプロピル-2,4,6-シクロヘプタ-2,4,6-トリエン-1-オン	499-44-5
347		4-イソプロピルトロポロン	499-44-5
347		β-ツヤプリシン	499-44-5
349	ヒマシ油	ヒマシ油	8001-79-4
406	ポートランドセメント	ポルトランドセメント	65997-15-1
411	マラカイトグリーン	ベイシックグリーン-4	2437-29-8
411		マラカイトグリーン(シュウ酸塩)	2437-29-8
413	蜜蝋	密ろう	8012-89-3
434	メチルセルロース	メチルセルロース	9004-67-5
441	ユーカリ油	ユーカリ油	8000-48-4
444	ラベンダー油	ラベンダーオイル	8000-28-0
445	粒子状物質	PM	—
457	ロジン	松脂	8050-09-7
459	ロックウール	岩綿	—

用語索引
[ア行～カ行]

用語索引

	用語	掲載ページ
ア行	亜急性毒性	11
	アクティブ法	85～87
	アクリル樹脂	29,33,41,42,44～47,352,356,378
	アルカン	354
	安定剤	50,358,381
	閾値	12,13
	一日許容摂取量	13
	遺伝毒性	11
	インシュレーションボード	23,35
	エポキシ樹脂	29,31,32,33,42～46,71,356,357,359
	エマルジョン	29,32,33,41,42,44～47,57～59,378
	塩化ビニル樹脂	44,48～50,52,53,355,358,378
	大形チャンバー法	105,106,110,379,383
カ行	化学物質過敏症	3
	化学物質等安全データシート	71,72,120
	ガスクロマトグラフ	83,89,95,98,100
	ガスクロマトグラフ-質量分析計	95,98,100
	可塑剤	50,52,67,124,352,355,356,358,381
	加熱加速試験法	112,113
	加熱脱離法	89,90,95,99,102,103,109
	カラム	91～93,100,101,103
	簡易法	85
	換気回数	60,70,107,109,112～114,368～370,372,385,386
	換気量	69
	感作性	11,72
	肝毒性	11
	気中濃度	18,20～22,26,69,70,95,109,125,126,363,384
	揮発性有機化合物	19,89,94,95,100,107,363,372,379,386
	キャニスター	90
	吸光光度法	94
	急性毒性	11,72,123,126,354
	許容濃度	69,70,72
	グラスウール	35,37
	健康リスク	12,15,376,382,383
	検知紙	79,384
	検知管	79,81,82,110,113,384
	検量線	93,97,102
	硬質ウレタンフォーム	35,37,38

用語索引
[カ行〜ハ行]

	用語	掲載ページ
	合成ゴム系ラテックス	29,33
	高速液体クロマトグラフ	90,91,100
	合板	10,18〜21,26〜28,30,56,57,63,65,356,357,362,364,367〜369,376〜378,380,387〜389
	小形チャンバー法	20,22,24,25〜29,32,37〜40,55〜57,102,105〜112,115,379
	個人差	13
	個体差	15
	コリンエステラーゼ阻害剤	127
サ行	催奇形性	11,389
	最小毒性量	13
	酢酸ビニル樹脂	32,33,57,58,359
	シックハウス症候群	3,4,125,362〜365,373,374,382,384〜386
	実質安全用量	12,13,365
	室内空気質	48,51,103,362,363
	集成材	25,26,377,378
	住宅性能表示制度	368,370,371
	受動喫煙	376
	準揮発性有機化合物	95,103,112
	蒸気圧	124,385
	シリコーン樹脂	31
	神経毒性	11
	腎毒性	11
	スタティックヘッドスペース法	105〜107,110
	生殖毒性	11,72,105
	製品安全データシート	105,120,122
	精密法	85
	石膏ボード	51
	セルロースファイバー	35,40
	繊維板	23,377,378,380,388,389
	総揮発性有機化合物	19,102,363,364,381,385
	相対蒸気密度	124
タ行	代謝機能	10,15
	ダイナミックヘッドスペース法	105,106,110
	耐容一日摂取量	13,365
	超揮発性有機化合物	95
	定量下限	40,52,53,101,103
	デシケーター法	25,26,56,105,107,110,379
	テドラーバッグ法	105,106,110
	でんぷん系のり	29,34
	毒性	11,13,14,122,123,125〜127,355,363,365,383
	特定建築物	365,366
	トラベルブランク	91
ハ行	パーティクルボード	18,21〜23,55,56,58,356,368,369,377,378,380,387,388
	曝露	10〜15,22,123,125,383,386
	発がん性	11〜13,72,120,122,125,127,128,353,374,389

用語索引
[ハ行〜ラ行]

	用語	掲載ページ
	パッシブサンプラー	85,98,106,115
	パッシブフラックスサンプラー	79,80,116
	パッシブ法	85,86,88,107
	発泡剤	38,39,50,57,353,359,381
	ビニル共重合樹脂	31,33,34
	フェノールフォーム	35,39,40
	不確実係数	13,15
	沸点	10,51,95,96,103,106,112,381
	フラスコ法	106
	フローリング	19,20,27〜29,31,32,70,369,376〜378,389
	分配係数	124
	ベイクアウト	385,386
	ベークライト	358
	ヘッドスペース法	32,106,110
	変異原性	11,71,128,389
	変性シリコーン樹脂	29,32
	ヘンリー定数	124
	防蟻剤	61,63,64,367
	放散挙動	70
	放散速度	18〜20,22,24,25,27〜29,31〜34,36,37,39,40,41,44,46,51,53,56,60,69,70, 106,109,113,376,384,385
	放散量	18〜28,31〜34,36,37,40,44,49,55〜57,59,60,69,70,78,80,105〜107, 110〜113,115,376〜378,383
	防虫剤	61,63〜65,123,363,373
	防腐剤	34,64,66,123,373,374,378
	捕集管	86〜88,90,91,95〜98,101,109,110,113,114
	ポリスチレンフォーム	38
マ行	マイクロチャンバー法	105,106,112
	慢性毒性	11
	無毒性量	13,71
	免疫毒性	11
	木材保存剤	61,65
	モノマー	49〜51,59,355,356,378,381
ヤ行	融点	10,357
	ユリア	20〜22
	ユリア樹脂	20,21,29,30,43,356,357,378,387,388
	溶媒抽出法	89,95,97,99,102,103,115
	用量／反応	13,14,363,365
ラ行	リスク	12〜14,123,362,382
	リスクアセスメント	13,14,364,365,382
	リスクアナリシス	14
	リスクコミュニケーション	14,124,382
	リスクマネジメント	14,382
	粒子状物質	62,95,103,368,369,389
	ロックウール	35,36,39

用語索引
[ワ行、記号、欧語]

	用語	掲載ページ
ワ行	ワックス	66,67,373
記号	F☆	56
	F☆☆	24,25,31,368〜370
	F☆☆☆	22〜24,31,56,368,370,380
	F☆☆☆☆	20〜24,26,31,34,49,58,60,105,368,370,377,380
	JIS A 1460	379
	JIS A 1901	24,25,27,28,37〜39,44,55,102,106,107,379
	JIS A 6921	49,378
	JIS A 6922	34,378
	JIS A 9504	36,378
	JIS A 9511	37,39
	JIS A 9521	37
	JIS A 9523	40
欧語	ADI	13
	ADSEC	115,116
	ALARA	383
	AMHT	94
	DNPH	83,89〜93,108,110
	GC/MS	89,93,98,100〜102,115,116
	HPLC	89,91,92,100,115
	IPM	367
	ISM	49,377,380,381,388
	JAS	26,65,368〜370,376〜380,388
	JIS	31,49,88,95,107,110〜113,115,368〜370,377〜380,382〜384,388
	LOAEL	13
	MDF	23〜25,29,55,57〜60,369
	MSDS	18,71〜73,105,120〜122,127,128,383
	NOAEL	13
	POM	95
	SV	50,51,377,380,381,388
	SVOCs	68,95,103,106,112
	TDI	13,14,365
	TVOC	19,21,23,25,27,28,31〜34,36〜38,40,41,43,44,46,49,52,59,60,102,103,363〜365,381,385,388,389
	VOCs	19〜23,25〜34,36〜41,43〜47,49,52,53,57〜60,63,64,67,68,80,83,89,94,95,98〜102,107〜111,113,116,363〜365,377,379〜381,386,389
	VSD	13,365
	VVOCs	95

479

略語一覧

略語	正式名称	和訳
ADI	acceptable daily intake	一日許容摂取量
ALARA	As Low As Reasonably Achievable	合理的に達成可能な限り低く
AMHT	4-amino-3-hydrazino-5-mercapto-1,2,4-triazole	4-アミノ-3-ヒドラジノ-5-メルカプト-1,2,4-トリアゾール
BL	Better Living	ベターリビング
CAS	Chemical Abstracts Service	ケミカルアブストラクツサービス
DNPH	2,4-Dinitrophenylhydrazine	2,4-ジニトロフェニルヒドラジン
ECD	Electron Capture Detector	電子捕獲型検出器
EVA	ethylene vinylacetate	エチレン酢酸ビニル樹脂
FID	Flame Ionization Detector	水素炎イオン化検出器
FLEC	Field and Laboratory Emission Cell	「フレック」と呼ばれる現場および実験用の排出セル
GC/MS	Gas Chromatograph/Mass Spectrometer	ガスクロマトグラフ質量分析計
HB	hard fiberboard	ハードボード
HPLC	High performance liquid chromatography	高速液体クロマトグラフ
IARC	International Agency for Research on Cancer	国際がん研究機関
IB	insulation fiberboard	インシュレーションボード
IIR	isobutylene isoprene rubber	ブチルゴム
IPM	Integrated Pest Management	総合防除
ISM	Interior Safety Material	生活環境の安全に配慮したインテリア材料
ISO	International Organization for Standardization	国際標準化機構
JAS	Japan Agricultural Standards	日本農林規格
JIS	Japanese Industrial Standards	日本工業規格
LD50	lethal dose 50%	半数致死量
LOAEL	lowest observed adverse effect level	最小毒性量
MDF	medium density fiberboard	中質繊維板
MSDS	Material Safety Data Sheet	化学物質等安全データシート、製品安全データシート
NBR	nitrile butadiene rubber	アクリロニトリルーブタジエンゴム
ND	not detectable, no detected	不検出、検出限界未満、検出限界値未満、検出下限値未満
NOAEL	no observed adverse effect level	無毒性量
PAHs	Polycyclic Aromatic Hydrocarbons	多環芳香族炭化水素
PC	polycarbonate	ポリカーボネート
PE	polyethylene	ポリエチレン
PET	polyethylene terephthalate	ポリエチレンテレフタレート
PFS	Passive Flux Sampler	パッシブフラックスサンプラー
PMMA	polymethylmethacrylate	ポリメタクリル酸メチル
POM	Particulate Organic Matter	粒子状物質
PP	polypropylene	ポリプロピレン
PRTR	Pollutant Release and Transfer Register	環境汚染物質排出・移動登録
PVC	polyvinyl chloride	ポリ塩化ビニル、塩化ビニル樹脂

略語一覧

略語	正式名称	和訳
QOL	quality of life	生活の質
SIM	Selected Ion Monitoring	選択イオン検出
SV	Standard Value	壁紙製品標準規格
SVOCs	Semi Volatile Organic Compounds	準揮発性有機化合物
TDI	tolerable daily intake	耐容一日摂取量
TVOC	Total Volatile Organic Compound	総揮発性有機化合物
UFFI	urea formaldehyde foam insulation	尿素ホルムアルデヒド発泡樹脂断熱材
VOCs	Volatile Organic Compounds	揮発性有機化合物
VSD	Virtually Safety Dose	実質安全用量
VVOCs	Very Volatile Organic Compounds	超揮発性有機化合物
WACOA	Wallcoverings Association of Japan	日本壁装協会
WHO	World Health Organization	世界保健機関

著者略歴

東　賢一　（あずま・けんいち）
1965年神戸市生まれ。国立保健医療科学院建築衛生部協力研究員。化学会社研究所勤務。主に環境中の化学物質による健康リスク評価に関する研究に携わっている。専門分野は、環境リスク評価、室内空気汚染。著書に『シックハウスを防ぐ最新知識』（分担執筆、丸善、2005年）、『予防原則―人と環境の保護のための基本理念―』（共著、合同出版、2005年）など。

池田耕一　（いけだ・こういち）
1947年東京都生まれ。国立保健医療科学院建築衛生部部長。工学博士。専門分野は、建築環境工学、空気環境、室内空気汚染。著書に『室内空気汚染のメカニズム』（鹿島出版、1992年）、『室内空気汚染の原因と対策』（日刊工業新聞社、1998年）、『シックハウス相談回答マニュアル』（財団法人住宅リフォーム・紛争処理支援センター、2005年）など多数。社団法人空気調和・衛生工学会、人間－生活環境系学会などの理事、厚生労働省、国土交通省、経済産業省のシックハウス問題に関する各種委員を歴任。

久留飛克明　（くるび・かつあき）
1951年広島県生まれ。大阪府営箕面公園昆虫館館長。1973年より大阪府保健所で環境衛生を担当し、害虫駆除指導、住居衛生の業務等に関わる。2001年昆虫館に異動。移動昆虫教室などの教育活動や昆虫館に対する意見交換の場を作ったり、ボランティアを積極的に受け入れる等、力を入れている。

中川雅至　（なかがわ・まさし）
1971年奈良県生まれ。大和ハウス工業（株）総合技術研究所研究員。専門分野は、材料・空気環境の研究開発。経済産業省や国土交通省のプロジェクト、日本健康住宅協会の空気環境部会などで、住宅性能における空気環境にかかわる研究に携わる。『WEB Journal』『月刊Eco Industry』『月刊地球環境』などに執筆。

長谷川あゆみ　（はせがわ・あゆみ）
1969年山形県生まれ。（株）住化（すみか）分析センター環境技術センター所属。組成分析、構造解析が専門。現在は健康で安全な住環境評価法の研究開発に従事している。著書に『シックハウス対策に役立つ小形チャンバー法解説（JIS A 1901）』（分担執筆、日本規格協会、2003年）。

森有紀子　（もり・ゆきこ）
1968年大阪府生まれ。有限責任中間法人「もく（木）の会」事務局。消費生活アドバイザー。女性建築士のネットワークグループ「もく（木）の会」で、住まいにおける化学物質について様々な立場の人が共に考えるための活動を進めている。「もく（木）の会」：URL（http://www.mokunokai.jp）

山田裕巳　（やまだ・ひろみ）
1965年福井県生まれ。積水ハウス（株）技術研究所勤務。換気システムの研究開発やVOC対策のための室内空気環境調査・建材からのVOC放散量測定などの研究に携わっている。著書に『シックハウス対策に役立つ小形チャンバー法解説（JIS A 1901）』（分担執筆、日本規格協会、2003年）など。

執筆分担

監修 ……… 東賢一
巻頭言 ……… 池田耕一
本書のご利用にあたって ……… 東賢一
第1章 ……… 東賢一
第2章 ……… 山田裕巳 (2.1、2.1.1、2.1.2、2.1.3、2.2)
　　　……… 中川雅至 (2.1.4、2.1.5、2.1.6、2.1.7、2.3)
　　　……… 久留飛克明 (補論)
第3章 ……… 長谷川あゆみ
第4章 ……… 東賢一 (4.1、4.2、4.3)
　　　……… 森有紀子 (4.2)
第5章 ……… 東賢一
建築と化学物質に関する年表 ……… 東賢一
イラスト ……… 久留飛克明

建築に使われる
化学物質事典
CHEMICAL DICTIONARY FOR ARCHITECTURE

2006年5月1日　第1版第1刷発行

著　者　東賢一・池田耕一・久留飛克明・中川雅至・
　　　　長谷川あゆみ・森有紀子・山田裕巳

発行人　山下武秀

発行所　株式会社　風土社
　　　　〒101-0064 東京都千代田区猿楽町1-2-2 日賀ビル2F
　　　　TEL 03-5281-9537
　　　　FAX 03-5281-9539
　　　　URL http://www.fudosha.com

© Kenichi Azuma, Koichi Ikeda, Katsuaki Kurubi,
Masashi Nakagawa, Ayumi Hasegawa,
Yukiko Mori, Hiromi Yamada

2006 Printed in Japan
ISBN 4-938894-80-7

乱丁本・落丁本はお取り替えいたします。
定価はカバーに表示してあります。
無断で本書の全部または一部の複写・複製を禁じます。

地球生活マガジン●住まいは、生き方
チルチンびと ［バックナンバー］

※創刊号は完売いたしました。

2号［1997年／秋］
特集「自然素材で五感に心地よい家をつくる」環境先進国ドイツの「エコ・メッセ」取材／保存版「自然素材図鑑」木・土・紙・塗料・断熱材の徹底研究 ほか

3号［1998年／冬］
特集「長持ちする木の家に住みたい」木の家基礎講座／特別企画「炭を科学する」／森をつくり、守り、育てる人々／青木玉インタビュー　ほか

4号［1998年／春］
特集「温故知新の住まい術」障子と襖の徹底研究／特別企画「清家清・私の家」／柿渋を見直す／イーデス・ハンソンインタビュー　ほか

5号［1998年／夏］
特集「備えある住まいのすすめ。」頑丈な木の家づくり基礎講座／住まいを守る床下点検／特別企画「雨水利用と合併浄化槽」／仙頭直美インタビュー　ほか

6号［1998年／秋］
特集「緑とともに暮らす」緑を科学する──住まいの植栽術／特集「自然素材でマンションをリフォームする」／柳宗理ロングインタビュー　ほか

7号［1999年／冬］
特集「ごはんをつくる日本の台所・考」実例台所研究・知恵ある台所道具選／特別企画「有機栽培の現状を探る」／椎名誠インタビュー　ほか

8号［1999年／春］
SOLD OUT

9号［1999年／夏］
特集「風通しのいい家」風を誘う家づくり・住まいの「風」を科学する／特集「借家暮らしもわるくない」／稲本正インタビュー　ほか

10号［1999年／秋］
特集「ひと任せにしない、家づくり。」できるところは自分でつくる／特集「美味しいあかり、くつろぐあかり」／里山に暮らす／大林宣彦インタビュー　ほか

11号［2000年／冬］
特集「やっぱり、木の家。」古材の力に触れる・木の家具をオーダーする／特別企画「蘇る素材——畳・瓦」／小田まゆみインタビュー　ほか

12号［2000年／春］
特集「もったいないという美学」新しいだけの家に住みたくない／古民家・古材にいのちを吹き込む／住まいは、バランス／阿川佐和子インタビュー　ほか

13号［2000年／夏］
特集「子どもの五感を育む家づくり。」自然素材に囲まれて、育つ／特集「大家さんの思いが息づく集合住宅」／特別企画「木炭・竹炭の活用術」ほか

14号［2000年／秋］
特集「縁側のある暮らし。」特集「建築家や大工さんと一緒に考えるリフォーム」／ごはんがおいしい弁当箱／フジ子・ヘミングインタビュー　ほか

15号［2001年／冬］
特集「復活する囲炉裏」／特集「暖房を科学する」／和蝋燭を灯す／住みつづけるまち・福井県熊川宿／林のり子インタビュー　ほか

16号［2001年／春］
特集「原点回帰」／特別企画「台形集成材をめぐる話」／「自然素材の家を原価公開で建てる」／日常づかいのお茶道具選／吉沢久子インタビュー　ほか

17号［2001年／夏］
特集「永く暮らせる家。」仕上げ材の選び方／特集「心地よい寝室」／自分の生き方を表現する店づくり／食材紀行・かつお節／天野祐吉インタビュー　ほか

18号［2001年／秋］
特集「やさしい佇まいの家」／特集「木材の燻煙乾燥を科学する」／自分の生き方を表現する店づくり／ぬくもりのあるうちの器・小家具／室井滋インタビュー　ほか

19号［2002年／冬］
特集「住みたい家を誰とつくるか」／建築家・工務店・ネットワークリスト／坪単価の謎／自然分娩にこだわるお産の家／布のある暮らし／つくり手を訪ねる旅・土鍋　ほか

20号[2002年/春]
特集「この家を壊したくない!」それぞれの住み継ぎの物語/特集「耐震リフォーム」チェックリスト付/駒方どぜう/アパート再生下北沢の店/中川李枝子インタビュー ほか

21号[2002年夏]
特集「二人で暮らすこぢんまりした家」/特集「やっぱり木の風呂」/[鳥取]林業の再生に挑む、Jパネル/つくり手を訪ねる旅・手ぬぐい/俵萠子インタビュー ほか

22号[2002年/秋]
特集「夏涼しく、冬暖かい家」/特集「吸放湿性のある素材」/水道のないまち・秋田県六郷町/[紀州]変化する林業の役割/村山由佳インタビュー ほか

23号[2003年/冬]
特集「民家の再生と創造」/特集「伝統構法を科学する。」/伝統構法の得意な建築家・工務店・ネットワークリスト/吉野川・緑のダム構想/毛利子来インタビュー ほか

24号[2003年/春]
特集「小さなお店のある家」/特集「シックハウス・シックスクールを検証する」/今様"百姓"工務店地場財産をまわしき/大石芳野インタビュー ほか

25号[2003年/夏]
特集「木の家は地域工務店がきめ手です。」/特集「職人的生き方のすすめ」/自然素材の断熱材/新連載・誌上ギャラリー・木工家具/大岡信インタビュー ほか

26号[2003年/秋]
特集「建築家直伝・木の家の間取り塾」/特別企画「オーガニックな空間。食から住に広がる有機規格」/新連載「民家暮らし訪問」/米原万里インタビュー ほか

27号[2004年/冬]
特集「『和』のある住まい」/特集「『和』の素材研究」/骨太の「和」論/特別よみもの・ふだん着の「京」を設い愉しむ/足立倫行インタビュー ほか

28号[2004年/春]
特集「住まいもオーガニック。」/保存版・シロアリ対策入門/暖簾がいざなうまち勝山の草木染め工房/建築に使われる化学物質「有害性」事典ミニ版/長倉洋海インタビュー ほか

29号[2004年/夏]
特集「民家の暮らし再発見」/民家の本質に学ぶ/保存版・木の家のカビを科学する/新連載「住まいを守る耐震性入門」/加藤登紀子インタビュー ほか

30号[2004年/秋]
特集「この家に手を入れて住む」/建築家・セルフ・工務店のリフォーム・アイデア集/特集「リフォームのための自然素材の使い方」/手づくりキッチンで、自分らしく/村松友視インタビュー　ほか

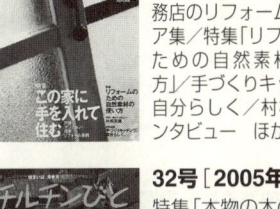

31号[2005年/冬]
特集「子どもがのびのび育つ家」/子どもを科学する/"生きる力"を育む保育園の実践/子どものための木のおもちゃ/"陶人"が遺した、手の跡のやわらかな家。/山口正介インタビュー　ほか

32号[2005年/春]
特集「本物の木の家の値段」/木の家のプロジェクトマネジメント/楽しいDIY・住まいに手を入れる技術を学ぼう/京都大原・庭師が見立てた和の空間/西江雅之インタビュー　ほか

33号[2005年/夏]
特集「古材を活かした家づくり」/古材を知る/建築家・工務店・お店リスト/古照明・古建具・古色/古材を活かした家具/つくり手が技を合わせ「かながわの家」を復興する/西川勢津子インタビュー　ほか

34号[2005年/秋]
特集「夏涼しく、冬暖かい木の家Part2」/季節と折り合う京町家の暮らし/特集「住まいのエコ・エネルギー最新事情〜身近に使える6種類〜」/連載「和」の手ざわり/渡辺えり子インタビュー　ほか

35号[2006年/冬]
特集「新しい住まいの和」/「和」をつくる―和家具・建具・囲炉裏/特集「自分で愉しむ和の素材」左官・土間・紙・畳/最新ドイツ・エコロジー紀行/魚柄仁之助インタビュー　ほか

36号[2006年/春]
特集「家族を育てる食空間」/食空間のすぐれもの「伝統の台所道具＋キッチンストーブ」/「加藤武志の設計ノート・食空間をつくる」/「住まいとアスベスト」/土器典美インタビュー　ほか

チルチンびと
37号より隔月刊
(2月、4月、6月、8月、10月、12月)
：各5日発売
A4変形
定価：980円(本体933円＋税)
(※〜36号までは季刊です)

「チルチンびと」定期購読及びバックナンバーは全国の書店でご注文いただけます。
小社からの直送も致しますがその場合送料(1冊¥300、2冊¥500、3冊以上¥800)がかかりますのでご了承ください。尚、最新号からの定期購読10冊分(9,800円)をご注文頂いた場合には送料をサービスさせていただきます。詳しくは風土社販売部にお問い合わせください。

チルチンびと【別冊】

チルチンびと別冊 1
まちに出た、建築家たち。いま、家づくりの現場から

B5・240頁
定価:1,470円
(本体1,400円+税)

"住宅設計を天職"と考えている設計者36人が登場。建て主と設計者を結ぶ出合いの場——家づくりの会のメンバーである彼らの仕事ぶりを紹介する。家づくりへの提言／素材が生まれる現場へ／職人たちは、いま／36人の建築家登場——私が提案する家づくり／体験記・建築家とつくったわが家

チルチンびと別冊 2
SE構法による新しいかたちの木の家

A4変・128頁
定価:1,600円
(本体1,524円+税)

SE構法は、集成材を利用した家づくりの方法の一つ。この構法で建てられた住宅を多数紹介。また木の温かみを失わず、大きな空間を生み出すことができる構造の強さの理由を解説。コラムとして、木という素材の文化的、芸術的な側面にもスポットをあてた。家を建てる人だけでなく、建築関係者にも参考になる。

チルチンびと別冊 3
「地域主義工務店」宣言
環境と共生するエアパスソーラーの家づくり

A4変・168頁
定価:990円
(本体943円+税)

21世紀。家づくりのもつ意味も工務店も変わる。東北の一工務店が、材や職人技に設計力を加えることで、環境と共生できる家を地域の人びとに提供しようと考えた工法がはじまった。「地域循環型家づくり」とは何か／エアパス工法を科学する——地域循環型をめざすエアパス工法の家々

チルチンびと別冊 4
ディテールで読む木の建築　吉田桂二の設計作法

A4変・208頁
定価:2,940円
(本体2,800円+税)

今、木造建築に携わる多くの設計者・工務店が本当に知りたい実践的なディテールの考え方を、木造建築の最良の伝統を受け継いできた建築家・吉田桂二が、実践の中で開発してきたさまざまなディテールの工夫を通して、ビジュアルに示しながら解説する。これまでにないプロのための木造建築の教科書。

チルチンびと別冊 5
子どもたちの育つ家だから　安全で健康な木の家をつくる

A4変・160頁
定価：1,800円
（本体1,714円＋税）

自発的に材料の成分を開示し、ユーザーへ安心できる住まいの提供をコンセプトとした活動を行っている『チルチンびと「地域主義工務店」の会』に焦点をあて、会員工務店が建てた「木の家」を一挙公開する。

チルチンびと別冊 6
有害化学物質ゼロの家づくりをめざして
成分を表示したエコ建材カタログ'04

A4変・224頁
定価：1,980円
（本体1,886円＋税）

自然素材にこだわった住まいや学校の事情、シックハウス・シックスクールにかかわる法規や規制の解説、建築に使われる化学物質の事典など、自然志向の『チルチンびと』がまとめた決定版。カラーで見やすいエコ建材カタログも収載。住まい手はもとより、住まいづくりのプロも必携の1冊。

チルチンびと別冊 7
脱、シックハウス。「住宅の成分表示」宣言

A4変・192頁
定価1,400円
（本体1,333円＋税）

安全で、環境にも優しく、末永く住み続けられる──そんな住まいをつくるためには、つくり手と住まい手が住宅建材の情報を共有する「住宅の成分表示」が必要だ。『チルチンびと「地域主義工務店」の会』では、法整備に先駆けて、会で使用する建材すべての成分を調査し、公開する体制を整えた。その時代に先んじた新たな挑戦をあますことなく紹介する。

チルチンびと別冊 8
本物の自然素材で家を建てるための本
成分を表示したエコ建材カタログ'05

A4変・208頁
定価1,470円
（本体1,400円＋税）

シックハウスなど、住まいの安全性が問われている今、木・土・紙などの自然素材が改めて見直されつつある。「チルチンびと」より取り上げてきた自然素材の良さ、機能性などを改めて見つめなおした一冊。自然素材図鑑／自然素材に取り組む若手建築家／成分を表示したエコ建材カタログ'05　ほか

チルチンびと別冊 9
建築家とほんものの工務店がつくった木の家
「デザインする地域主義工務店」宣言

A4変・184頁
定価1,400円
（本体1,333円＋税）

地域に根ざし誠実で確かな仕事をする工務店と、美しく住まう空間を計算し設計する建築家とが、それぞれの強みを生かして家づくりをしたらどんな家ができるだろう？『チルチンびと』地域主義工務店」が、風土や職人技にこだわる建築家とともに自然素材でかつデザインの美しい住宅づくりに取り組んだ家々を紹介。

NPO木の建築

地域に根ざした生活環境を創造する

先人たちの優れた知恵と技術に学び、新しい木造建築のあり方を提案。

- **1号** 特集・森と木のまちに循環する、ものづくりの心・技
- **2号** 特集・伝統的な町並みの防火対策
- **3号** 特集・木の建築フォーラム第1回総会報告
- **4号** 特集・森とともに街と住まいを考える
- **5号** 特集・木造を学ぶ 新しい木造教育の場、学校教育、社内教育、社会教育
- **6号** 特集・秩父三峯建築集会 古建築、森林、技術
- **7号** 特集・民家再生の思想と技術
- **8号** 特集・第4回木の建築フォーラム（愛媛） 第5回木の建築フォーラム（岩国）
- **9号** 特集・第1回木の建築大賞
- **10号** 特集・日本の森は今 森と人の新たな仕組みを求めて
- **11号** 特集・第7回木の建築フォーラム（都城） 五重の塔を揺らす2004・シンポジウム
- **12号** 特集・第4回総会・会員活動ギャラリー報告 太子町研究集会

13号
特集・第3回木の建築フォーラム研究集会／長崎・五島 教会建築・歴史と自然環境をいかした島づくり
連載・木の建築探訪／諫早市森林保健センター
技術情報／善光寺三門の栩葺について／金沢エムビルの木質

不定期刊行 年3回
B5・48頁
1号のみ　定価：1,001円
　　　　（本体953円＋税）
2号〜　　定価：1,000円
　　　　（本体952円＋税）